आलोचना का आत्मसंघर्ष

(सन्दर्भ : मैनेजर पाण्डेय का आलोचना कर्म)

सम्पादक

रवि रंजन

प्रोफ़ेसर एवं अध्यक्ष
हिन्दी विभाग
हैदराबाद केन्द्रीय विश्वविद्यालय,
हैदराबाद - 500 046

वाणी प्रकाशन

वाणी प्रकाशन

4695, 21-ए, दरियागंज, नयी दिल्ली 110 002

शाखा

अशोक राजपथ, पटना 800 204

फ़ोन: +91 11 23273167 फ़ैक्स: +91 11 23275710

www.vaniprakashan.in

vaniprakashan@gmail.com

ALOCHANA KA ATMSANGHARSH

Edited by Ravi Ranjan

ISBN : 978-93-5000-771-6

Criticism

प्रथम संस्करण

मूल्य : ₹ 495

आर. टेक ऑफ़सेट, दिल्ली-110095 में मुद्रित

वाणी प्रकाशन का लोगो मक़बूल फ़िदा हुसेन की कूची से

कवि-आलोचक
अशोक वाजपेयी
को
सादर

अनुक्रम

आलोचना का आत्मसंघर्ष
(मैनेजर पाण्डेय का आलोचना कर्म)

शब्दानाम् विविनक्ति गुम्फनविधीनामोदते सूक्तिभिः,
सान्द्रम् लेहि रसामृतम, विचिनुते तात्पर्यमुद्राम् च यः।
पुण्यै सङ्घटते विवेक्तृ-विरहादन्तर्मुखम् ताम्यताम्,
केषामेव कदाचिदेव सुधियाम् काव्य-श्रमज्ञोजनः।।

—राजशेखर : 'काव्यमीमांसा'

('किसी कवि को बड़े पुण्य प्रभाव से काव्य-रचना के परिश्रम को समझने वाला ऐसा विद्वान्-आलोचक व्यक्ति प्राप्त होता है, जो शब्दों की रचना-विधि का भली-भाँति विवेचन करता है, सूक्तियों-अनोखी सूझों से आहलादित होता है, काव्य के सघन रसामृत का पान करता है और रचना के गूढ़ तात्पर्य को ढूँढ़ निकालता है।' नामवर सिंह द्वारा किया गया भावार्थ, आलोचना, जनवरी-मार्च, 2008 पृ. 128)

"... मैं समीक्षा को सृजनात्मक चीज मानता हूँ... एक समीक्षक सही माने में कृतिकार के साथ मिलकर कृति के आन्तरिक मूल्य और उन मूल्यों की ओर इंगित करने वाली दिशा का अध्ययन करता है...स्पेंगलर का एक वाक्य याद आ रहा है, द लिटररी आर्ट ऑफ फार्म ऑफ द फ्यूचर वुड बि क्रिटिसिज्म।

—मलयज (डायरी, 31 जनवरी, 1958)

'इस लज्जित और पराजित युग में
कहीं से ले आओ वह दिमाग
जो खुशामद आदतन नहीं करता...
और उसे एक बार आँख से आँख मिलाने दो।'

—रघुवीर सहाय

हिन्दी में आजकल रचनात्मक साहित्य तो प्रभूत मात्रा में लिखा जा रहा है, पर हम सब यह अनुभव कर रहे हैं कि अच्छे आलोचनात्मक लेखन की कमी है। नये आलोचक लगभग चुप हैं और कई बार स्तुति-निन्दा को आलोचना का नाम दिया जा रहा है। दरअसल आलोचना, रचना और रचनाकार के द्वारा दुनिया की पहचान कराती है और जीवन को

आगे बढ़ाती है। जहाँ यह सब नहीं होता वहाँ केवल साहित्य ही नहीं, साहित्यिक समाज की गति भी थम जाती है। आलोचना का एक अर्थ आत्मालोचन भी है–जहाँ देखने का अर्थ है केवल अपने आप को न देखना, बल्कि खुली आँखों से जीवन जगत्, सभ्यता, इतिहास, वर्तमान को देखना और भविष्य की रूपरेखा को निर्धारित करना। आलोचना की तीक्ष्ण दृष्टि सिर्फ देखती ही नहीं, दिखाती भी है और एक प्रकार से वह समाज की आलोचना से भी जुड़ जाती है। इसलिए समाज को समझे बिना साहित्य और आलोचना के संघर्ष को नहीं समझा जा सकता। इन दोनों दशाओं के तालमेल से ही आलोचना में एक पड़ाव यह भी आता है, जब साहित्य के संघर्ष और समाज के संघर्ष में अद्वैत की स्थिति उत्पन्न होती है। इसीलिए कहा जाता है कि आलोचना के संघर्ष के बिना साहित्य दिखावटी रह जाता है। आलोचना के सलीके और आलोचना की समझ के बिना न तो साहित्य पूर्ण हो सकता, न ही साहित्य का अध्येता। दूसरी बात यह कि जब आलोचना केवल अकादमिक होकर रह जाती है तो वह पाठकों और आम जन से दूर हो जाती है, कुछ के लिए वह विकर्षक भी हो जाती है और धीरे-धीरे हाशिये पर खिसक जाने की नियति का शिकार होती है। ऐसे में हमें उन आलोचकों की जरूरत शिद्दत के साथ महसूस होने लगती है, जो वस्तुनिष्ठ होकर मनुष्य और समाज के आपसी सम्बन्ध को बताये और पाठकीय अभिरुचि को समुन्नत करे, नयी बदलती हुई सामाजिकता और सौन्दर्यात्मकता पर बहस करें, नयी रचना में उसकी तलाश करें और साहित्य के आन्तरिक मूल्यों के साथ-साथ बाह्य मूल्यों को भी समझें। हम ऐसे समय में जी रहे हैं जो जान, बेकमेन के शब्दों में कहें तो वर्तमान पूँजीवादी सभ्यता सामूहिक अनुभव को व्यक्तिगत बनाती है और सामूहिक विवेक पर प्रतिबन्ध लगाती है।' यह रवैया पूरे साहित्य को इतिहास और समाज से काट देता है और ऐसे ही समय में हमें शब्द और कर्म में ऐक्य रखने वाले आलोचक की आवश्कता पड़ती है।

आज जबकि आलोचना-कर्म कठिन हो गया है। वित्तीय पूँजी के इस दौर में जब सत्ता और प्रजा के बीच व्यवस्था और आम आदमी के बीच संघर्ष बढ़ता ही जा रहा है, लोकतन्त्र के प्रति असहिष्णुता का अन्त होता दिखायी नहीं दे रहा, ऐसे में आलोचना भी खतरे में है, वह भी बहुस्तरीय संघर्ष कर रही है। बकौल खगेन्द्र ठाकुर, यह ऐसा दौर है, जिसमें चमत्कार अथवा चमत्कारिक उपलब्धि के बिना जीने में मजा नहीं आता, सामान्य लोगों का जीना मुश्किल है, इसलिए लेखक भी आयोजित और प्रायोजित चर्चा-परिचर्चा के माध्यम से अपने व्यक्तित्व में चमत्कार अर्जित करना चाहता है। ऐसी स्थिति में आलोचना और खासतौर से 'निर्मम आलोचना' कम ही लोगों को सह्य होती है। यह असहिष्णुता जनतान्त्रिक समाज की बुनियाद को कमजोर करने के साथ ही आलोचना की संस्कृति के रास्ते में भी बाधा उपस्थित करती है। इसके साथ ही आलोचना के सामने संघर्ष के कई अन्य मुद्दे भी हैं। हमारा साहित्य पुराने मूल्यों-मापदण्डों की जगह नयी दुनिया के मूल्यों को, कई बार अन्धानुकरण के कारण अपनाने का प्रयास कर रहा है। इसलिए आलोचना के सामने इसे सही सन्दर्भ में समझने और साथ ही पाठक को

सही रास्ता दिखाने की चुनौती है। तमाम मनुष्य विरोधी शक्तियों की भीड़ में से मानवतावादी जनतान्त्रिक मूल्यों को खोज निकालना आज की आलोचना से अपेक्षित है। जो साहित्य जीवन के यथार्थ के चित्रण के साथ साहित्य को बोधगम्य बना सके, उसकी आलोचना करना, देश और काल के प्रवाह में रचना की अवस्थिति को चीन्हना आदि आलोचना का काम है। इसके अलावा पाठ केन्द्रित आलोचना जैसी नूतन आलोचनात्मक पद्धतियों के माध्यम से साहित्यिक रचना को अर्थ देने का दायित्व भी उसी का है।

कहना न होगा कि हमारे समय में लाभ-लोभ के व्याकरण से दूर रहकर जिन गिने-चुने आलोचकों ने पूरी ईमानदारी से उपर्युक्त दायित्व का निर्वाह किया है, उनमें मैनेजर पाण्डेय भी एक हैं। हिन्दी में प्रगतिशील-जनवादी आन्दोलन की देन होने के साथ ही वे उसका विकास करने वाले आलोचक हैं। वे हिन्दी आलोचना के क्षेत्र में सतत सक्रिय उन थोड़े से लेखकों में एक हैं, जिनके शब्द और कर्म के बीच फाँक सम्भवतः न के बराबर है। उनके जीवन और लेखन में बनावटीपन, दिखावा या दुराव-छिपाव प्रायः नहीं है। उनकी आलोचना कृतियों में पहली शताब्दी के कवि भर्तृहरि से लेकर समकालीन कथाकार भगवानदास मोरवाल की रचनाओं पर सम्यक विचार-विश्लेषण किया गया है। उनके शब्द-कर्म में परिवेश के प्रति गहरा जुड़ाव झलकता है और ऐसा प्रतीत होता है जैसे सामने बैठे पाठक से बतकही में मशगूल हों। उनकी भाषा की यह देशजता अपनी प्रकृति में पर्याप्त संश्लिष्ट है। यह एक ओर उस वैचारिकता या सिद्धान्त तक पहुँचती है, जिसे जनवादी मानवतावाद कहा जाता है तो दूसरी ओर लोक-जीवन के उस उष्ण और भौतिक धरातल तक पहुँचती है, जहाँ गजब की सक्रियता और जीवन्तता है। उनकी आलोचना में सतही यथार्थ के बजाय विभिन्न प्रातिनिधिक कलाकृतियों में अन्तर्निहित यथार्थ की द्वन्द्वात्मकता को चीन्हने की चाह है। सच तो यह है कि उनका आलोचना साहित्य हमारे समय-समाज की विसंगति और विडम्बना को उजागर करने के साथ ही इनसे मुक्ति का मार्ग बतलाने में भी सक्षम है। उसमें पाठक को केवल सावधान ही नहीं, बल्कि आवश्कतानुसार हर तरह का जोखिम उठाने, अपने समय के ज्वलन्त प्रश्नों से टकराने और अन्याय का प्रतिरोध करने की चेतना जगाने की क्षमता है तथा विभिन्न रचनाकारों और रचनाओं के बारे में केवल आलोचकीय मन्तव्यों या उपदेशों की अभिव्यक्ति के बजाय रचनाओं में अनुस्यूत अपने समय की जटिल वास्तविकता एवं समग्र सत्य को उसके द्वन्द्वात्मक सिरों से पकड़ने की बेचैनी है। नतीजतन, वह पाठ के यथार्थबोध को विकसित कर उसके चिन्तन और चेतना के दायरे का विस्तार कर सकने में समर्थ आलोचना सिद्ध होती है।

मैनेजर पाण्डेय का मानना है कि आलोचना रचना की व्याख्या करती हुई, उसे व्यापक पाठक समुदाय तक पहुँचने में मदद करती हुई, खुद सामाजिक बनती है और रचना को भी सामाजिक बनाती है...आलोचना, चाहे समाज की हो या साहित्य की, वह सामाजिक बनती है, एडवर्ड सईद के शब्दों में, 'सत्ता के सामने सच कहने के साहस से।' हिन्दी आलोचना के बेजान और बीमार होने का एक कारण हमारे समाज का वह

बौद्धिक वातावरण है, जिसमें साहित्यवाद का सहयोगी सहमतिवाद है। सच तो यह है कि भूमण्डलीकरण के चलते वैश्विक जगत् के साथ-साथ भारतीय समाज पर आये 'संकट के बावजूद' मैनेजर पाण्डेय की आलोचना, पाठक को समाज के प्रभुत्वशाली वर्ग के प्रपंच और क्रूर आतंक के सामने पलायन की जगह, विपरीत स्थितियों से जमकर लोहा लेने के लिए प्रेरित करती है। देश और समाज की राजनीति और संस्कृति को आकार देने में कलम की शक्ति के प्रति उनकी आस्था दृढ़ है और यह आस्था ही उनके 'शब्द और कर्म' की मूल अन्तर्धारा है। उनकी आलोचना में सत्ता के ढाँचे की संरचना तथा वैयक्तिक प्रतिरोध, विरोध और पराजय के जो जीवन्त सन्दर्भ विद्यमान हैं, भारतीय और पाश्चात्य काव्यशास्त्रीय चिन्तन की जो सांस्कृतिक आभा एवं दार्शनिक उच्चाशय हैं या फिर गहरी स्वाधीनता की माँग और प्रबल मुक्ति की युगान्तरकारी आकांक्षा है, वह भारत की गंगा-जमुनी तहजीब के आत्मसातीकरण का प्रमाण है। निस्संदेह वह अपने समय के सुपठ समाज के प्रति अधिक उन्मुख और संवादमयी है, किन्तु जीवन के स्वाभाविक और सजीव स्पर्श से दूर रहने के अभ्यस्त आलोचकों की भाँति वहाँ आम जनता के सुख-दुःख, आशा-आकांक्षा को परे रखकर विवादैषणा मात्र की प्रवृत्ति कतई नहीं है। अनेकानेक सामाजिक-सांस्कृतिक मुद्दों पर विचारते हुए या विभिन्न साहित्यिक कृतियों के आलोचना-क्रम में समूचे भारतीय जनमानस को उसकी विविधता और व्यापकता में पकड़ने की छटपटाहट के चलते मैनेजर पाण्डेय की छवि केवल हिन्दी साहित्य के आलोचक के बजाय, भारतीय समाज के एक संश्लिष्ट सर्जक बुद्धिजीवी या 'पब्लिक क्रिटीक' के रूप में उभरती है। अशोक वाजपेयी ने सही कहा है कि मैनेजर पाण्डेय हिन्दी के उन उँगली पर गिने जाने योग्य आलोचकों में एक हैं, जिन्होंने हिन्दी आलोचना को साहित्यवाद से मुक्त किया है।

उनके आलोचना साहित्य में जगह-जगह धारदार व्यंग्य है, जिसकी चोट से न तो लेखक बिरादारी बच पायी है और न ही वह मध्यवर्ग, जिससे वे नाभिनाल सम्बद्ध हैं। अली सरदार ज़ाफरी ने अपने एक भाषण में कहा था कि साहित्य की लोकशाही समाज की लोकशाही से बड़ी होती है, इस अर्थ में आलोचना का काम साहित्य की सब विधाओं में सबसे बड़ा सार्वजनिक कार्य है। बदलते हुए समय के साथ आलोचना अपने आप को किस तरह बदलती है, इस सम्बन्ध में टी.एस. इलियट के हवाले से सरदार ज़ाफरी ने कहा कि वर्तमान फ़नपारे स्वयं ही एक आदर्श व्यवस्था बना लेते हैं, जिसमें एक नयी यथार्थता फ़नपारे की रचना से खुद ही परिवर्तित हो जाती है। वर्तमान व्यवस्था नये फ़नपारे के अस्तित्व में आने के पश्चात् इस जीवन-पद्धति के लिए आवश्यक हो जाती है कि सारी वर्तमान व्यवस्था में परिवर्तन हो। चाहे वह परिवर्तन कितना ही छोटा क्यों न हो। इस प्रकार हर फ़नपारे के सम्बन्ध तनासिबात और अकदार (मूल्य) पूरी व्यवस्था में तरतीब पा लेते हैं। जो आलोचना जीवन की यथार्थता से अलग होकर खुद में ही मगन रहती है, उससे साहित्य पर कोई प्रभाव नहीं पड़ता। इस अर्थ में मैनेजर पाण्डेय की आलोचना जीवन्त रचनात्मक प्रयत्नों से सरोकार रखने वाली आलोचना है, यहीं पर

उनकी आलोचना रचनात्मक गतिविधियों का हिस्सा बनकर अपने समय की हर रचनात्मक हलचल से जुड़ जाती है। सिनेमा और समाज के बीच परस्पर अन्तर्सम्बन्धों पर बातचीत के दरमियान मैनेजर पाण्डेय कहते हैं, "आजकल हिन्दी में जो कविताएँ लिखी जा रहीं है, उनकी भाषा, बनावट और उनसे व्यक्त होने वाली बौद्धिकता सामान्य पाठकों की पहुँच के परे है। कुछ कवि यह तर्क देने लगे हैं कि आज का जीवन जटिल है, इसलिए उस जीवन से जुड़ी पूरी कविता भी जटिल हो रही है। यह आत्मरक्षा में गढ़ा गया कुतर्क है...मैं कई बार यह कहता हूँ कि आज स्थिति यह है कि कवि लगातार पुरस्कृत हो रहे हैं और कविता तिरस्कृत हो रही है। ...आज के बहुत सारे कवि पाठकों की आलोचना आत्मरक्षा में करते हैं, पर उससे नुकसान कवि या पाठक का भले ही न हो पर कविता का जरूर होता है।" (कथादेश, सितम्बर 2010)

इसी प्रकार 'सुविधा में रहकर दुविधा की भाषा' बोलने के आदतन शिकार भारतीय मध्यवर्ग को जब वे बेनकाब करते हैं तो अनायास नागार्जुन की 'घिन तो नहीं आती' कविता का स्मरण हो आता है, जिसमें कलकत्ते में खचाखच भरी ट्राम में कुली-मजूरों के प्रति मध्यवर्गीय अभिजनों की बेरुखी का उपहास किया गया है। जाहिर है कि गहरे आत्मसंघर्ष की प्रक्रिया से गुजरे बगैर कोई लेखक अपने ही वर्ग की दुखती रग पर कतई उँगली नहीं रख सकता। मैनेजर पाण्डेय ने खुद लिखा है कि लेखक का आत्मसंघर्ष तभी सार्थक और सर्जनात्मक होता है, जब वह व्यापक सामाजिक संघर्षों से जुड़ा हो। इसलिए अध्येताओं से यह अपेक्षा स्वाभाविक है कि वे उनकी आलोचना में अन्तर्निहित आत्मसंघर्ष की शिनाख्त अवश्य करें, जो वस्तुतः आत्मालोचन से निर्मित है और जिसको नजरअन्दाज करने पर न केवल आलोचना, बल्कि उन तमाम रचनाओं का सामाजिक सन्दर्भ भी अनदेखा रह जाएगा, जिनकी सामाजिकता की पहचान उनकी आलोचना का मुख्य लक्ष्य रहा है।

मार्क्स ने जहाँ 'दुराग्रह से मुक्ति' को सच्ची आलोचना की बुनियादी शर्त माना है, वहाँ जार्ज लुकाच ने आलोचनात्मक टेक्स्ट के लिए पठनीय होना जरूरी बतलाया है। मैनेजर पाण्डेय की आलोचना में यदि एक ओर जगह-जगह अपने निजी वर्गीय व वर्णीय आग्रह से मुक्ति के लिए आत्मसंघर्ष झलकता है, वहीं वह पठनीय आलोचना का भी बेहतर उदाहरण है। आमतौर पर माना जाता है कि आमफहम भाषा में आलोचना के नंगे हो जाने के अपने खतरे हैं। बावजूद इसके उन्होंने साबित कर दिया है कि आलोचना केवल प्रभावोत्पादक भाषा, गझिन शब्दावली और पश्चिमी सैद्धान्तिकी पर बहस करने का नाम नहीं, बल्कि जीवन्त एवं रचनात्मक वास्तविकताओं को समझने-समझाने के साथ-साथ अपने समय के ज्वलन्त प्रश्नों से टकराने, आदर्श को यथार्थ में बदलने का वातावरण बनाने, वर्तमान को अतीत से जोड़कर भी उससे अलग करने, अपनी सभ्यता और संस्कृति का अवगाहन करते हुए क्षयिष्णु एवं उदीयमान तत्त्वों की पहचान करने और साहित्य की रचना के लिए अनुकूल वातावरण बनाने और गतिरोध तोड़ने का नाम भी है। आलोचनात्मक लेखन में अपने मिथ्या पाण्डित्य का प्रकाण्ड-दर्शन उड़ेलने वाले

आलोचकों से भिन्न व विपरीत वे रामचन्द्र शुक्ल, हजारी प्रसाद द्विवेदी, नन्ददुलारे वाजपेयी, विजयदेव नारायण साही, मलयज, रामविलास शर्मा, नामवर सिंह एवं अशोक वाजपेयी की समृद्ध परम्परा को संग्रह-त्याग के विवेक से आत्मसात् कर उसे विकसित करने का उपक्रम करते हैं। कहना न होगा कि इस उपक्रम में सहमति-असहमति के अनेकानेक बिन्दु उभरकर सामने आये हैं।

साहित्यिक कृतियों की आलोचना के क्रम में मैनेजर पाण्डेय उनकी अर्थवत्ता के साथ-साथ सार्थकता की पड़ताल करते हुए कृति-विशेष के रचनात्मक अभिप्राय एवं प्रभाव की मीमांसा पर बल देते हैं। वे अपने समय के चिन्तन एवं मूल्यों, चेतना एवं विवेक को एक तार्किक क्रम के द्वारा अपने समय की दशाओं, समस्याओं को भी जाँचते-परखते हैं और उनको चिन्तन और विवेक की शक्ल देकर केवल साहित्य की रचना में ही नहीं, स्वस्थ बौद्धिक समाज और रचनात्मक वातावरण के निर्माण में भी महत्त्वपूर्ण भूमिका निभाते रहे हैं।

मैनेजर पाण्डेय के आलोचना साहित्य का बीज शब्द है—'संघर्ष' और स्पष्ट ही उनके यहाँ इसका फलक वैचारिक संघर्ष से लेकर आत्मसंघर्ष तक प्रसारित है। यहाँ संघर्ष का मकसद है मुक्ति, जिसका अर्थ स्पष्ट ही मोक्ष नहीं है। यह मुक्ति केवल भारतीय समाज में व्याप्त गुलामी की संरचनाओं, दमन, यातना आदि से मनुष्य की मुक्ति ही नहीं, बल्कि अपने पूर्वाग्रहों एवं खासतौर पर दुराग्रहों से मुक्ति के लिए आत्मसंघर्ष भी है। तमाम बड़े लेखकों की तरह आत्मसंघर्ष को जिन्दगी का रस-रक्त बनाये चलना उनकी भी नियति रही है। वे उन गिने-चुने आलोचकों में से एक हैं, जो जितनी दूसरों की आलोचना करते हैं उतनी ही अपनी और अपनों की भी। वस्तुतः यह उनके आलोचना कर्म की विश्वसनीयता का सबसे महत्त्वपूर्ण पक्ष है। दूसरे शब्दों में उनकी आलोचना में एक तरह की मूलगामिता है, जिसके तहत वहाँ किसी मुद्दे की जड़ तक जाने की प्रवृत्ति दिखायी देती है। चूँकि मनुष्य के लिए मूल मनुष्य ही है, इसलिए उनमें मनुष्य की मुक्ति को दृष्टिपथ में रखते हुए सारे संसार की आलोचना करने, अपने समाज की आलोचना करने और आवश्यकतानुसार अपनी आलोचना करने और सुन सकने का नैतिक बल भी है। एक सुधी आलोचक के रूप में उनकी संघर्षशीलता में 'असहमति का साहस और सहमति का विवेक' काबिलेगौर है। अन्तोनियो ग्राम्शी के हवाले से वे मानते हैं कि आलोचना का एक दायित्व नयी संस्कृति के निर्माण के लिए संघर्ष भी है, जो साहित्य और समाज दोनों की होगी। वस्तुतः मैनेजर पाण्डेय का सम्पूर्ण आलोचना कर्म 'नये समाज के निर्माण के लिए वैचारिक संघर्ष' है। इस संघर्ष में हथियार के तौर पर आलोचना को माध्यम बनाने के क्रम में उन्होंने सबसे पहले उसे साहित्यवाद से मुक्त किया और इतिहास और समाजशास्त्र जैसे ज्ञान के दूसरे अनुशासनों से साहित्यलोचन का आवयविक सम्बन्ध स्थापित किया। जाहिर है कि इसके चलते तथाकथित शुद्धतावादियों ने उन पर साहित्य को ज्ञान के दूसरे अनुशासनों का उपनिवेश बनाने का बचकाना आरोप भी लगाया।

मैनेजर पाण्डेय का आलोचक साहित्य की भावभूमि और समाज-विज्ञान की विचार-भूमि पर एक साथ खड़ा होकर बहुराष्ट्रीय कम्पनियों के भारत में पूँजी निवेश, भारत सरकार द्वारा 'कल्याणकारी राज्य' की जवाबदेही को बरतरफ करके सार्वजनिक क्षेत्रों में विनिवेश को बढ़ावा देने, लघु उद्योगों की लगभग समाप्ति, बाजारवाद, उपभोक्तावाद एवं वृद्ध पूँजीवाद के सर्वग्रासी प्रसार, विसंस्कृतिकरण, जातिवाद, तथाकथित सांस्कृतिक राष्ट्रवाद आदि की गिरफ्त में फँसे भारतीय मनुष्य की अनुभूति की संरचना में तेजी से आ रहे नकारात्मक बदलाव के चलते दिनानुदिन लुप्त होती जा रही सामाजिकता व इनसानियत के कारणों की पड़ताल और इस 'संकट के बावजूद' मुक्ति का मार्ग खोजने के लिए बेचैन दिखायी देता है। इस क्रम में परम्परा के अन्धस्वीकार अथवा अन्धनिषेध से बचते हुए मैनेजर पाण्डेय साहित्यिक एवं सामाजिक विकास की प्रक्रिया को इतिहास की धारा में रखकर देखने-दिखाने के आग्रही हैं। कहना न होगा कि जो लोग इतिहास से फरार होकर अपनी विरासत का मूल्यांकन करते हैं, वे या तो यथास्थितिवाद के शिकार होते हैं या रूमानी क्रान्तिकारिता के। इतिहास पर बल देने के बावजूद मैनेजर पाण्डेय की आलोचना में इतिहासवाद का भी कोई आग्रह नहीं है। सुविख्यात विचारक रॉबर्ट वाइमान द्वारा महान कलाकृतियों के सन्दर्भ में कथित 'विगत सार्थकता और वर्तमान अर्थवत्ता का द्वन्द्वात्मक सम्बन्ध' को अपने अनोखे अन्दाज में व्याख्यायित करते हुए उन्होंने लिखा है : किसी कलाकृति की उत्पत्ति, उसका अस्तित्व और उसका जीवन समाज तथा इतिहास के बाहर नहीं होता। कृतिकार और पाठक भी समाज और इतिहास से परे नहीं होते। मनुष्य की चेतना और उसकी सृजनशीलता की उपज में अपने समय, समाज और ऐतिहासिक परिस्थितियों की सीमाओं से ऊपर उठने की क्षमता होती है। इसका यह अर्थ नहीं कि ऐसी चेतना और उसकी सर्जनाओं का अपने समय, समाज और ऐतिहासिक स्थितियों से कोई सम्बन्ध नहीं होता। किसी महत्त्वपूर्ण रचना में यथार्थ का केवल प्रतिबिम्बन ही नहीं होता, उसमें यथार्थ सम्बन्धी चिन्तन और यथार्थ की पुनर्रचना भी होती है। इस तरह रचना में कालबद्धता से कालजयीपन का केवल विरोध नहीं होता, बल्कि विरोधी गुणों का संघर्षधर्मी साहचर्य भी होता है। ...कोई भी सार्थक रचना इतिहास की उपज होती है, लेकिन उसका अपना भी एक इतिहास होता है, जिसे वह स्वयं बनाती है। उसका वर्तमान होता है तो उसका अतीत भी होता है। उसके पाठकीय ग्रहण का वर्तमान होता है तो उत्पत्ति-मूलक अतीत भी होता है। इन दोनों के द्वन्द्वात्मक सम्बन्ध के बोध के आधार पर ही किसी रचना की प्रासंगिता का निर्णय हो सकता है। (आलोचना की सामाजिकता, पृ. 292)। मैनेजर पाण्डेय के इस मन्तव्य से गुजरते हुए याद आते हैं मलयज, जिन्होंने एक पत्र में किसी भी ईमानदार बुद्धिजीवी के भीतर चलने वाले कशमकश को रेखांकित करते हुए लिखा था : ऐसे चिन्तक के सामने एक ओर तो समसामयिक मुहावरों और अर्थ-सन्दर्भों का आकर्षण और खिंचाव होता है और दूसरी ओर सतह के भीतर डूबने की और कुछ ऐसा अभूतपूर्व पाने की, जो स्थायित्व की

गरिमा में उसके चिन्तन के परिणामों को बाँध सके, वैसी कामना रहती है। वह 'समसामयिक' की फुरफुरी से पैदा करने वाले संवेदनों से ही सन्तुष्ट नहीं हो जाता। वह किसी ऐसी दृष्टि की तलाश करता है जो अधिक संश्लिष्ट और वजनी हो। ऐसा चिन्तक कभी आराम से नहीं रहता। तरह-तरह की शंकाएँ और अन्तर्द्वन्द्व उसे परेशान करते रहते हैं। उसकी अपनी ईमानदारी कभी-कभी उसके लिए यन्त्रणा देने वाली हो जाती है, क्योंकि वह कोई समझौता या शॉर्टकट नहीं अपना सकता।

राजशेखर ने 'काव्य-मीमांसा में तीन प्रकार के आलोचकों का उल्लेख किया है—सतृणाभ्याव्हारी, अरोचकी एवं तत्त्वाभिनिवेशी। हमारे समय के सतृणाभ्याव्हारी आलोचकों को टेरी इगल्टन के हवाले से मैनेजर पाण्डेय हिन्दी आलोचना का 'जनसम्पर्क पदाधिकारी' कहते हैं जो आलोचना के नाम पर थोक भाव में पुस्तक समीक्षा लिखकर अपने मनचीते कवियों-लेखकों का गुणगान व गुट-गान करते हुए अपनी जान-पहचान का दायरा बढ़ाने में लगे रहते हैं। एक विद्वान् ने तो अपना ईमानदार क्षोभ प्रकट करते हुए यहाँ तक कह डाला है कि "आज पुस्तक-समीक्षा साहित्य के कलेवर पर एक ऐसे बदसूरत नासूर की तरह है, जो साहित्य के रक्त पर पोषित होता है।" इनसे भिन्न तथाकथित प्रगतिशीलता और जनवाद की कसौटी पर साहित्यिकता की बलि चढ़ाकर शोक शैली में आलोचना लिखने वाले 'अरोचकी' आलोचकों का एक वर्ग है। अंग्रेज़ी की एक कहावत का इस्तेमाल किया जाये तो इस वर्ग के आलोचक उन तथाकथित समझदार लोगों की तरह हैं जो बाथटब में बच्चे को नहलाने के बाद पानी के साथ-साथ बच्चे को भी फेंक आते हैं। याद आते हैं प्रेमचन्द, जिन्होंने तत्कालीन रचनाओं में जीवन के उल्लास, आह्लाद एवं विनोदवृत्ति के अभाव से चिन्तित होकर लिखा था : 'इस जीवन संग्राम में साहित्य पर जो सबसे बुरा असर पड़ा है, वह यह कि वह मर्सिया हुआ जाता है।' कहना न होगा कि समकालीन आलोचना में कुछेक अपवादों को छोड़कर तथाकथित क्रान्तिकारिता और आत्यन्तिक वैचारिकता की कोख से पैदा हुए मर्सियाकरण के इस दौर में मैनेजर पाण्डेय का आलोचना साहित्य किसी मरुभूमि में जलाशय की तरह है। वे हिन्दी के अक्षर जगत् में प्रगतिशील-जनवादी कही जाने वाली बिरादरी में अपने खुले जीवट, अद्वितीय सत्यनिष्ठा, मूलगामी आलोचना-दृष्टि एवं वाग्मिता के प्रकर्ष के चलते लगभग सर्वसमादृत हैं। अन्तोनियो ग्राम्शी उनके प्रिय विचारकों में से एक है, जिन्होंने लिखा है कि "कलाकार के सम्मुख भी एक राजनीतिक परिदृश्य अवश्य होता है पर वह किसी राजनीतिकर्मी की तुलना में कम नपातुला होता है, इसीलिए वह कम कट्टर होता है।" मैनेजर पाण्डेय का भी मानना है कि 'अपने समय और समाज के सन्दर्भ में प्रगतिशील होने के लिए मार्क्सवादी होना आवश्यक नहीं है। अगर कोई रचनाकार अपने समय और जीवन से गहरे स्तर पर जुड़ा हुआ है तो उसकी रचनाशीलता में प्रगतिशीलता होगी।' उनके आलोचनात्मक लेखन और खासतौर से व्याख्यानों में निहित आवेग, आवेश व संवेग कई बार उनके सुन्दर-सुगठित गद्यात्मक वाक्य को कविता में बदल

देता है। साहित्य-सृजन के बुनियादी सौन्दर्यात्मक मूल्यों को अतिक्रान्तिकारिता के आवेश में नजरअन्दाज कर अपने ही पैरों पर कुल्हाड़ी मारने को आमादा बहुतेरे आलोचकों से नितान्त भिन्न व विपरीत वे एक तत्त्वाभिनिवेशी आलोचक की तरह इस आत्मघाती विभ्रम के दुष्परिणामों को लेकर शुरू से ही सावधान रहे हैं। इसी वजह से उनकी आलोचना राजनीति-शून्य कला और केवल राजनीति से अभिप्रेरित कला जैसे दो अतिवादी छोरों के बीच की खाली जगह को भर सकने में समर्थ है।

मुक्ति-बोध ने लिखा है कि साहित्य विवेक मूलतः जीवन-विवेक है। उनका यह भी कहना है कि मनुष्य सबसे ज्यादा पारिवारिक संघर्ष में टूटता है। मैनेजर पाण्डेय के व्यक्तिगत एवं पारिवारिक जीवन में एक बड़ी त्रासद घटना (जिसका उल्लेख 'अनभै साँचा' की भूमिका में है।) के बावजूद 'अनभै साँचा' और उसके बाद 'आलोचना की सामाजिकता' जैसी कृतियों के साथ-साथ विभिन्न पत्र-पत्रिकाओं में प्रकाशित उनके अनेकानेक विनिबन्धों, आलेखों, व्याख्यानों, साक्षात्कारों, सम्पादन कार्य, अनुवाद कार्य आदि की गुणात्मकता एवं परिमाण तथा साहित्य-संस्कृति के क्षेत्र में उनके निरन्तर जीवन्त और सार्थक हस्तक्षेप को देखते हुए कालिदास की एक उक्ति का अनायास स्मरण हो जाता है : 'क्लेशः फलेन हि पुनर्नवताम् विधत्ते।'

दरअसल, आलोचना और आलोचक की हमारे साहित्यिक-सांस्कृतिक परिदृश्य में जो केन्द्रीय भूमिका होनी चाहिए थी, वह कई कारणों से पूरी तरह सम्भव नहीं हो सकी। हिन्दी समाज में साहित्यिक विवेक का संचार करने में आलोचना एक महत्त्वपूर्ण भूमिका निभा सकती है, इस पर विश्वास रखने वाले अध्यापकों-विद्यार्थियों के लिए समकालीन आलोचकों के साहित्यिक योगदान को परखने और विश्लेषित किए जाने की आवश्यकता को ध्यान में रखते हुए हैदराबाद केन्द्रीय विश्वविद्यालय के हिन्दी विभाग द्वारा केन्द्रीय हिन्दी संस्थान, आगरा के सहयोग से 'हिन्दी आलोचना और मैनेजर पाण्डेय' विषय पर त्रिदिवसीय राष्ट्रीय संगोष्ठी का आयोजन किया जाना तय हुआ। यह संगोष्ठी चिन्तनपरक जरूरी बहसों को विस्तार देती हुई समकालीन आलोचना के कई मुद्दों को उठाने वाली साबित हुई। इस पुस्तक में संकलित अधिकांश आलेख व व्याख्यान हिन्दी के अक्षर-जगत् में सतत सक्रिय शब्दकर्मियों द्वारा राष्ट्रीय संगोष्ठी में प्रस्तुत किये गये। इनमें से ज्यादातर जाने-माने कवि और आलोचक हैं और कुछ उदीयमान। एकाध अपवाद को छोड़कर शब्द-चेतन समुदाय के नये सदस्यों के लेखक से गुजरते हुए भी शिद्दत के साथ 'तेजवन्त लघु गनिअ न रानी' का निहितार्थ महसूस किया जा सकता है। हिन्दी विभाग के सहकर्मियों एवं विद्यार्थियों की ओर से 'केन्द्रीय हिन्दी संस्थान' के मित्रों, सभी विद्वान् प्रतिभागियों एवं विशेष रूप से हमारे समय के सुप्रसिद्ध कवि-आलोचक श्री अशोक वाजपेयी के प्रति आभार ज्ञापित करना औपचारिकता-मात्र नहीं है। रवीन्द्रनाथ ठाकुर ने अपनी एक कविता में कहा है कि गान अकेले गायक का नहीं, जो सुनता है उसका भी है। सार्थक गान को जगाने के लिए गायक और श्रोता—दोनों का मिलन अनिवार्य है। यह पुस्तक हमारे समय के लिए

महत्त्वपूर्ण आलोचक के अवदान के मूल्यांकन हेतु 'सहयोगी प्रयास' के रूप में सुधी जनों के सम्मुख प्रस्तुत है। यदि कुछ कमी है तो वह मेरी है। अनुशंसा के पात्र मेरे सभी सहयोगी प्राध्यापक, छात्र एवं राष्ट्रीय संगोष्ठी के विद्वान् प्रतिभागी हैं। पुस्तक को उसके घोषित उद्देश्य से अधिक उपयुक्त बनाने और पुस्तक प्रकाशन के लिए वाणी प्रकाशन के स्वत्त्वाधिकारी श्री अरुण माहेश्वरी को धन्यवाद।

हिन्दी विभाग
हैदराबाद केन्द्रीय विश्वविद्यालय
हैदराबाद - 500 046

–रवि रंजन

डॉ. मैनेजर पाण्डेय का आलोचना-कर्म

■ शिवकुमार मिश्र

सन्दर्भ : किसान-संवेदना और सूरदास की कविता

डॉ. मैनेजर पाण्डेय, हमारे समय के आलोचना-कर्म को सही दिशा देने वाले, उससे जुड़ी दायित्व-चेतना के साथ निष्ठापूर्वक स्वीकार करने और उसका निर्वाह करने वाले आलोचकों की अगली कतार के आलोचक हैं, यह तथ्य प्रायः निर्विवाद है। प्रगतिशील-आलोचकों में भी पाण्डेय जी के आलोचना कर्म का वैशिष्ट्य इस बात में है कि वे अपने पूर्ववर्तियों के आलोचना-कर्म की शक्ति और सीमाओं की सही शिनाख्त करते हुए अपने आलोचना-कर्म को विचार की सही जमीन से जोड़े रख सके हैं, सिद्धान्तों के स्तर पर उसे प्रामाणिक और विश्वसनीय बनाये रख सके हैं तथा व्यवहार के धरातल पर उसे धार दे सके हैं, जिसके लिए प्रगतिशील समीक्षा ख्यात रही है तथा आलोचना की दूसरी दृष्टियों के बरक्स हिन्दी आलोचना की मुख्य धारा के रूप में प्रबुद्ध पाठक-समाज द्वारा स्वीकृत और मान्य हुई है।

डॉ. पाण्डेय के आलोचना कर्म की शुरुआत सूरदास के काव्य पर उनके शोध कार्य से हुई जो 'भक्ति आन्दोलन और सूरदास का काव्य' शीर्षक से पुस्तक रूप में प्रकाशित है। सूरदास के काव्य पर परम्परा से अब तक काफी कुछ कहा और लिखा जा चुका है, हिन्दी के दिग्गज और शीर्ष समीक्षकों के द्वारा। उनके काव्य पर ढेरों शोध प्रबन्ध और स्वतन्त्र पुस्तकें भी प्रकाशित हैं। सूर के काव्य लोक में शृंगार और वात्सल्य का जो रूप उनके आराध्य श्रीकृष्ण के जीवन-सन्दर्भों की संगति में अभिव्यक्ति का विषय बना है, इसके अलावा श्रीकृष्ण के प्रति उनकी भक्ति-भावना जितने विशद और जितने संश्लिष्ट रूप से सामने आयी है, प्रायः उसी की विवृत्ति आचार्यों, विद्वानों और शोधकों ने अपने-अपने ढंग और अपनी-अपनी मनोभूमि के अनुरूप की है। पाण्डेय जी के सूरदास के काव्य-विमर्श में भी यह सब कुछ उनके अपने अर्जित काव्य-विवेक के तहत विवेचन का विषय बना है। परन्तु उनके सूरदास के काव्य-विमर्श का वैशिष्ट्य इस बात में है कि अपने विवेचन में उन्होंने सूरदास के काव्य के कुछ ऐसे पहलुओं पर विचार किया

है, उनके काव्य-लोक के ऐसे कुछ गलियारों से भी वे गये हैं जो अब तक के विवेचन में, बड़े आचार्यों के विवेचन में भी प्रायः अनदेखे रहे हैं या समुचित महत्त्व नहीं पा सके हैं। मार्क्सवाद की अपनी बुनियादी विचार-भूमि के तहत पाण्डेय जी ने सूर-काव्य के इन अनछुए परन्तु बेहद महत्त्वपूर्ण पक्षों को उद्घाटित किया है, जो न केवल सूरदास के काव्य-विमर्श में तमाम कुछ मूल्यवान और नया जोड़ते हैं, आगे के सूर-विमर्श को नयी दिशा तथा नये प्रस्थान बिन्दु भी देते हैं।

सूरदास के काव्य के पारम्परिक विवेचन में प्रायः विद्वानों का यह मानना रहा है कि सूर श्रीकृष्ण के अपने भक्तिभाव में या उनके लीला-गायन में इतना तन्मय रहे हैं कि अपने समय और अपने समाज के जीवन की ओर, उस जीवन के यथार्थ सन्दर्भों की ओर उनकी दृष्टि नहीं गयी है। पाण्डेय जी ने तथ्यों के साथ इस सत्य का उद्घाटन किया है कि न केवल सूरदास की काव्य-भाषा में जनजीवन का यथार्थ उद्घाटित हुआ है, उसकी संरचना में भी उसकी बारीक बुनावट है। यही नहीं, उनके काव्य में उस युग के सामाजिक जीवन की ओर उसमें चल रहे विचारधारात्मक संघर्षों की भी कलात्मक अभिव्यक्ति हुई है। सूर के काव्य में उनके अपने युग के यथार्थ और इतिहास का कलात्मक पुनः सृजन हुआ है, जिसे हम बार-बार अपने अनुभव के दायरे में ला सकते हैं। उनका मानना है कि सूर की कविता कालबद्ध भी है और कालजयी भी। पाण्डेय जी के सूरदास के काव्य-विवेचन की बेहद महत्त्वपूर्ण स्थापना इस भ्रांति का निराकरण है कि ब्रज के लोकजीवन की छवियाँ भले उसमें उजागर हुई हों, कृषि-संस्कृति और किसान-जीवन से जुड़ी संवेदना का उनके काव्य में अभाव है। इस सन्दर्भ में पाण्डेय जी ने खासतौर से डॉ. रामविलास शर्मा के इस विषय में किये गये विवेचन का हवाला देते हुए उनकी इस बात को अमान्य किया है कि जिस तरह तुलसीदास के काव्य में किसान जीवन से जुड़ी संवेदना अपने पूरे उत्कर्ष में दिखाई पड़ती है, सूर के काव्य में वैसा नहीं है। अपने शोध प्रबन्ध के प्रकाशित रूप में अलग से एक नया अध्याय जोड़ते हुए पाण्डेय जी ने उदाहरणों और तथ्यों के साथ सूर के काव्य और किसान जीवन से उसके गहरे सम्बन्ध को स्पष्ट किया है। अध्याय का शीर्षक है—"सूर का काव्य और किसान जीवन।"

पाण्डेय जी इस बात को मानते हैं कि कवि के रूप में सूर की ननोभूमि वैसी नहीं है जैसी कबीर या तुलसी की थी। सूर ना तो कबीर की तरह समाज-सुधारक हैं ना ही तुलसी की तरह उपदेशक। वे वस्तुतः सौन्दर्य और प्रेम के अनन्त अनुभवों के कवि हैं। तुलसी और कबीर की तरह सूर अपनी कविता में सीधे बात नहीं करते। इसके बजाय सामाजिक यथार्थ के अनुभव का अभिव्यक्ति के उपकरण के रूप में प्रयोग करते हैं। सूर की कविता में नन्द, यशोदा, श्रीकृष्ण, गोप-गोपियाँ, गाएँ, गोचारण आदि की प्रधानता है, परन्तु इसके मायने यह नहीं है कि सूर का सम्पूर्ण काव्य गोचारण काव्य है। डॉ. रामविलास शर्मा की इस स्थापना से कि सूर 'पशुपालकों के कवि हैं' पाण्डेय जी अपनी असहमति व्यक्त करते हैं। वे डॉ. शर्मा की इस मान्यता से भी सहमत नहीं

हैं कि कबीर और सूर किसान जीवन से परिचित तो हैं, परन्तु इस जीवन की जो समग्रता तुलसी के काव्य में है, उस युग के किसी कवि में नहीं है।

वस्तुतः यही वह प्रस्थान बिन्दु है, जिससे सूर के काव्य लोक में प्रवेश करते हुए पाण्डेय जी ने सूर के काव्य में किसान जीवन की बहुआयामी छवियों को खोजा और उजागर किया है।

उनके अनुसार किसान जीवन सूर के काव्य में प्रत्यक्ष और परोक्ष दोनों रूपों में है। प्रत्यक्ष चित्रण से अधिक सूर के काव्य में किसान जीवन अनुभवों की सांकेतिक व्यंजना के जरिये आया है। उनके विनय के पदों में किसान जीवन के प्रातिनिधिक यथार्थ के चित्र अधिक हैं, जबकि भ्रमर गीत में मुहावरों, कहावतों, लोकोक्तियों और अलंकारों के माध्यम से उस जीवन के अनुभव सांकेतिक रूप में आये हैं।

पाण्डेय जी लिखते हैं कि किसान जीवन की पहचान है खेती और वही किसान जीवन का सबसे बड़ा यथार्थ है। इस खेती की जितनी समग्र और संश्लिष्ट पहचान सूर में है वैसी अन्यत्र विरलता से मिलेगी। इस सन्दर्भ में पाण्डेय जी ने उनका जो पद उद्धृत किया है, उसमें खेती से जुड़ी सारी प्रक्रिया सजीव रूप में सामने आ गयी है। पद है—"प्रभु जू, यों कीन्ही हम खेती"—सूरसागर, भाग-1, पृष्ठ 185। किसान की खेती के ढेरों उदाहरण सूर के काव्य में भरे पड़े हैं, जिन्हें पाण्डेय जी ने बड़े श्रम से खोजकर उजागर किया है। खेती के साथ पशुपालन का भी किसान-जीवन से गहरा सम्बन्ध है और जहाँ तक पशुपालन और उसमें जुड़ी बातों का सवाल है, सूर के काव्य में वे बड़े विशद रूप में उपलब्ध हैं।

सूर के काव्य में चित्रित किसान के महत्त्व का एक विशिष्ट आयाम तत्कालीन सामन्ती-व्यवस्था का सन्दर्भ है, जो न केवल अन्याय, अत्याचार, लूट और कपट पर आधारित व्यवस्था है, किसान जीवन नारकीय नियति से जीता है यह सामन्ती व्यवस्था ही उसके मूल में है। सामन्ती व्यवस्था के इस सामाजिक और ऐतिहासिक सन्दर्भ में सूरदास के काव्य में किसान जीवन के जो चित्र उभरे और उजागर हुए हैं वे साक्षात् हैं कि सूर की मनोभूमि में किसान जीवन के दुःख-दर्द, उसकी व्यथा-कथा कितने गहन रूप में विद्यमान रही है। महाजनों के ऋण का दुष्चक्र किस तरह किसान जीवन को अपने पाश में बाँधकर उसके रक्त तक को निचोड़ लेता है, सूर उससे कितने परिचित थे, यह बात उनके तमाम पदों में बार-बार अपने विशिष्ट सन्दर्भों में सामने आयी है। दो एक उदाहरण देखें जो पाण्डेय जी ने भी तमाम दूसरे उदाहरणों के साथ दिये हैं।

'सबै कूर मोसौं' ऋण चाहत कहौ कहा तिन दीजै,
बिना दिये दुख देत दयानिधि कहौ कौन विधि कीजै।।

इसके साथ गोपियों का यह कथन तो ख्यात ही है—'सूर मूर अक्रूर लै गये, व्याज निवेरत ऊधौ।।' मूल धन की अदायगी से ज्यादा कष्टकारी उससे उपजे ब्याज की अदायगी होती है, जिसके नागपाश में बँधा आदमी दम तोड़ देता है, ऋण मुक्त नहीं हो पाता, आम किसान की तरह सूरदास को ऋण के इस दुष्चक्र का पूरा बोध था।

पाण्डेय जी लिखते हैं—"सामन्ती व्यवस्था के सेवक पुरोहितों ने ऋण की प्रथा को धर्म से जोड़ा और उसके बन्धनों को अकाट्य बनाने के लिए उसके दुष्प्रभावों का लोक से परलोक तक विस्तार किया, ताकि कर्ज लेने वाला किसी हालत में कर्ज से मुकर न जाये।" सूर ने इस स्थिति की ओर भी संकेत किया है—

मुकर जाइ, कै दीन वचन सुनि जमपुर बाँधि पठावैं,
लेखो करत लाख ही निकसत का गनि सकत अपार।।

—सूरसागर, 1-196

"सूर की कविता में सामन्ती व्यवस्था का जो चित्र उभरता है उसमें ठाकुर लुटेरा है, कोतवाल—दगाबाज और पटवारी कपटी, जो झूठी बही लिखता है। इस लूट और झूठ की व्यवस्था के कुछ अन्य अमलो के क्रिया कलांप का ब्यौरा यह है"—

मोहरित पाँच साथ करि दीने तिनकी बड़ी विपरीति।
जिम्मे उनके मागें मो तैं, यह तो बड़ी अीनीति।
पाँच पचीस साथ अगवानी, सब मिलि काज बिगारे।
सुनी तगीरी, बिसरि गयी सुधि, मो तजि भये नियारे।
बढ़ौ तुम्हार बरामद हूँ कौ, लिखि कीनो है साफ।
सूरदास की यहै बीनती दस्तक कीजै माफ।।

—सूरसागर-1, पृष्ठ-143

इतने पर भी यदि कोई कहे कि सूर किसान-जीवन से बस परिचित भर थे, उसे उसके अन्तरंग में नहीं जानते थे, तो क्या कहा जा सकता है? हुआ यह है कि सूरदास की भक्ति और लीला गायन के प्रसंगों की जो विशद छवि उनके काव्य-विमर्श में सामने आयी है, उसकी छटा से अभिभूत उनकी कविता में उतनी ही विशदता से विद्यमान किसान-जीवन के इन सन्दर्भों में अध्येताओं और विवेचकों की दृष्टि गयी ही नहीं। पाण्डेय जी पहले आलोचक हैं, जिन्होंने सूर काव्य के इन मूल्यवान अनछुए पहलुओं को खोजा और सूर के काव्य के महत्त्व का एक नया आयाम उद्घाटित किया, उनकी किसान संवेदना को उसकी सम्पूर्णता में हिन्दी जगत् के समक्ष रखा। पाण्डेय जी के अनुसार—"विनय के पदों में उस समय की शासन-व्यवस्था का जो वर्णन है, उसकी शब्दावली भी ध्यान देने के लायक है। इसमें ज्यादातर शब्द अरबी-फारसी के हैं। वे मुगलकाल की शासन व्यवस्था की प्रचलित शब्दावली से आये हैं और 'आईने अकबरी' में भी मिलते हैं। सूर की इस सजगता से जाहिर है कि वे अपने समय के समाज से बेखबर कवि न थे।" वस्तुतः सूरदास ने अपने समय और समाज के जो चित्र उकेरे हैं वे प्रत्यक्षतः नजर में नहीं आते, कारण सूर ने उनकी अभिव्यक्ति के लिए प्रायः रूपकों का सहारा लिया है। पाण्डेय जी के अनुसार सूर के काव्य में सामन्ती सत्ता का चित्रण हो, सामाजिक व्यवस्था, भूमि व्यवस्था की बात हो, ग्राम प्रबन्ध हो, किसान जीवन के अनुभवों का ही चित्रण उनमें हुआ है। इसके साक्ष्य हैं उनके 'जनम साहिबी करत गयो', 'हरि हौं सब पतितन पतिनेश', 'साँचो सो लिखहार कहावे', हरि हौ ऐसे अमेल कमायो', 'प्रभु

जी यौं कीन्ही हम खेती', आदि पद। इन पदों में जैसा पाण्डेय जी का कहना है—"किसान जीवन की प्रातिनिधिकता है और मूल्यबोध भी, वस्तुस्थिति का वर्णन है और उसके प्रति कवि की विशेष दृष्टि भी, किसान जीवन का ज्ञान है और उससे सहानुभूति भी।" यहाँ तक कि 'भ्रमर-गीत' तक में, जो उद्धव-गोपी संवाद पर आधारित है, उसमें व्यक्त प्रेम की अनुभूति की संस्कृति, उसकी संरचना और अभिव्यक्ति में भी किसान जीवन के अनुभव हैं। इन पदों में जिन अलंकारों, मुहावरों और लोकोक्तियों का प्रयोग सूर ने किया है, उनमें ग्राम-समाज के अनेक पक्ष गुँथे हुए हैं, कारण सूर की अनुभव-सम्पदा का बहुत हिस्सा उनके द्वारा जिये गये ग्राम्य-जीवन से जुड़ा हुआ है। पाण्डेय जी ने इस बात का उदाहरण दिया है—

कछुवै कहति कछू कहि आवत, प्रेम पुलक स्रम स्वेद चुई।
सूखति सूर धान अंकुर सौं, बिनु बरसा ज्यौ मूल तुई।।

सूर की काव्य-भाषा में किसान जीवन की छाप को स्पष्टतः देखा जा सकता है। कहावतों, मुहावरों, लोकोक्तियों के अलावा बातचीत की शैली में भी किसान जीवन की छाप है। पाण्डेय जी उदाहरण देते हैं, गोपियों की उक्ति का, जो अपनी बात पर अड़े उद्धव से खीझकर कहती हैं—

धान को गाँव पयार तै जानो ज्ञान विषय रस भोरे,
सूर सु बहुत कहे न रहै रस, गूलर को फल फोरे।।

जिसे सचमुच शोधपरक अध्ययन कहना चाहिए, सूर के काव्य की किसान संवेदना को उजागर करने में पाण्डेय जी ने उसी जमीन पर शोध को उसकी चरितार्थता प्रदान की है। सूर के काव्य लोक का उनके द्वारा यह जो नया पक्ष उजागर हुआ है, हमने कहा है, सूर पर होने वाले विमर्शों में उसे एक नया दिशा-निर्देश, नया प्रस्थान बिन्दु माना जायेगा।

भक्ति और प्रेम के विह्वल गायक होते हुए भी, अपने आराध्य के लीला-जगत् के सम्मोहन भीतर तक डूबे रहकर भी, सूरदास ने उस अनुभव सम्पदा को सहेजे रखा जो ग्राम्य-जीवन के अपने जिये और भोगे हुए से उन्होंने अर्जित की थी। यह अनुभव सम्पदा बड़ी महीन बुनावट में, बड़ी मनोहारी और बड़ी सारगर्भित व्यंजनाओं के साथ उनकी कविता में विद्यमान है। कबीर और तुलसीदास की तरह उनकी कविता में यह सब मुखर होकर न आया हो, यह और बात है, परन्तु जहाँ तक बुनियादी किसान संवेदना का सवाल है सूरदास की कविता किसान संवेदना से उतनी ही घनिष्ठता से जुड़ी है जितनी तुलसीदास की कविता तथा सामन्ती सत्ता, धार्मिक कट्टरता तथा अन्याय तथा शोषणमूलक सत्ता-व्यवस्था के विरोध में वह उतनी ही प्रखर है, जितनी कबीर की कविता। शास्त्र और सत्ता के आतंक विरोध तो उसमें है ही, वह शास्त्र और सत्ता के आतंक से मुक्ति की प्रेरणा देने वाली कविता भी है। पाण्डेय जी ने सूर के काव्य के अध्ययन में अपनी ओर से यह जो मूल्यवान इजाफा किया है, हम उसका हृदय से स्वागत और समर्थन करते हैं।

हिन्दी आलोचना और मैनेजर पाण्डेय

आलोचना की भूमि और भूमिका का विस्तार

■ रवि भूषण

हिन्दी आलोचना का जन्म और विकास राष्ट्रीय स्वाधीनता आन्दोलन के दौर में हुआ। भारतेन्दु युग में सर्वप्रथम साहित्य को 'जनसमूह के हृदय का विकास' कहा गया है। साहित्य का जीवन और समाज से जो सम्बन्ध-विच्छेद हो गया था, वह इसी युग में दूर हुआ। भारतेन्दु हरिश्चन्द्र के निबन्ध 'नाटक' और बालकृष्ण भट्ट के निबन्ध 'साहित्य जनसमूह के हृदय का विकास है' के द्वारा हिन्दी आलोचना का शुभारम्भ हुआ। निबन्ध नवजागरण की देन है और हिन्दी आलोचना के जन्म और विकास में हिन्दी निबन्धों की बड़ी भूमिका है। हिन्दी आलोचना का सम्बन्ध नवजागरण से है। भारतेन्दु ने नाटक पर विचार करते हुए 'सहृदय जन के अन्तःकरण की वृत्ति और सामाजिक रीति-पद्धति' इन दोनों विषयों की समीचीन समालोचना' पर बल दिया था। इस युग के प्रायः सभी लेखकों का ध्यान देश की सामाजिक, आर्थिक और राजनीतिक समस्याओं पर था। बालकृष्ण भट्ट ने साहित्य के अतिरिक्त राजनीतिक, सामाजिक, धार्मिक आदि विषयों पर आलोचनाएँ लिखीं और इतिहास-विज्ञान आदि पर भी विचार किया। 'हिन्दी प्रदीप' केवल साहित्यिक पत्र नहीं था। उसमें दर्शन, इतिहासादि से सम्बन्धित लेख भी प्रकाशित होते थे। बालकृष्ण भट्ट के एक निबन्ध 'साहित्य का सभ्यता से घनिष्ठ सम्बन्ध है' की कम चर्चा होती है। इस निबन्ध में उन्होंने लिखा था—'जैसे कमल को अपने विकास के लिए सूर्य की आवश्यकता है, वैसे ही समाज को अपने विकास के लिए साहित्य की आवश्यकता है। सभ्यता का असर जितना अधिक देश के साहित्य पर पड़ता है और चिरस्थायी रहता है, उतना किसी दूसरी बात पर नहीं। मैनेजर पाण्डेय ने हिन्दी साहित्य सम्मेलन प्रयाग के 38वें अधिवेश के अवसर पर गुवाहाटी में 7 मार्च, 2006 को दिये गये भाषण 'संस्कृति का समाज शास्त्र' में कहा था कि 'संस्कृति' भारतीय परम्परा का शब्द नहीं है, पर 'सभ्यता' शब्द संस्कृति के कोशों में है और 'उसके अर्थों में संस्कृति के अर्थ का समावेश है।' भारतेन्दु युग में ही झूठी और सच्ची 'समालोचना' का सामान्य भेद स्पष्ट था। बालकृष्ण भट्ट ने श्रीनिवासदास के नाटक 'संयोगिता स्वयंवर' की

आलोचना 'सच्ची समालोचना' शीर्षक से की थी। हिन्दी आलोचना अपने आरम्भ से ही मात्र साहित्य से जुड़ी नहीं रही है। उसमें सामाजिक पक्ष प्रबल रहा है।

बीसवीं सदी के आरम्भ से हिन्दी आलोचना का रूप निखरा। रामचन्द्र शुक्ल का आगमन इसी समय हुआ। स्वाधीनता आन्दोलन के प्रथम उत्ताल तरंग से तीसरे उत्ताल तरंग का काल रामचन्द्र शुक्ल के लेखन-चिन्तन का काल है। स्वाधीनता आन्दोलन के ये तीनों काल 1900 से 1919, 1920 से 1930 और 1931 से बाद का है। रामचन्द्र शुक्ल ने 1901 से अनुवाद आरम्भ किया और 1903 से निबन्ध लेखन। 1903 में उन्होंने 'What has India to do' लेख लिखा था। साहित्यिक आलोचना लिखने से पूर्व। 1907 से वे कविता पर विचार करने लगे थे और अप्रैल, 1909 की 'सरस्वती' में उनका लेख 'कविता क्या है' प्रकाशित हुआ था। उनकी आलोचना का विकास राष्ट्रीय स्वाधीनता आन्दोलन की दूसरी उत्ताल तरंग के दौर में (1920 के बाद) हुआ। 1912-13 में उन्होंने मनोविकारों पर निबन्ध लिखे थे और 1922 में सूर, तुलसी की कविताओं का मूल्यांकन किया। तीसरी उत्ताल तरंग के समय उन्होंने हिन्दी साहित्य के इतिहास को परिवर्धित किया। 'कविता क्या है' निबन्ध को 20-22 वर्षों तक उन्होंने परिवर्तित-परिवर्धित किया। उन्होंने कविता और साहित्य को राष्ट्रीय नवजागरण से जोड़ा। 1909 से 1930 के बीच कविता सम्बन्धी उनके विचारों में हुए परिवर्तन का सम्बन्ध स्वाधीनता आन्दोलन और नवजागरण से है। अब भावयोग, ज्ञानयोग और कर्मयोग के साथ हुआ। 'आत्मा की मुक्तावस्था' का सम्बन्ध स्वाधीनता आन्दोलन से जुड़ा हुआ था। निराला ने भी 'छन्दों से मुक्ति' की बात कही थी। प्रेमचन्द, निराला और रामचन्द्र शुक्ल कथा-साहित्य, 'कविता और आलोचना के शीर्ष पर हैं और इन सबके यहाँ मुक्ति का स्वर प्रमुख है। शुक्ल जी ने हिन्दी आलोचना का व्यवस्थित ढाँचा तैयार किया। उन्होंने सामाजिक, राजनीतिक आदि परिस्थितियों को सदैव ध्यान में रखा। हिन्दी आलोचना का सम्बन्ध आरम्भ से ही मात्र साहित्य से नहीं रहा। बीसवीं सदी के आरम्भ में (1901) ही 'समालोचक पत्रिका प्रकाशित हुई। शुक्ल जी से हिन्दी आलोचना का विशुद्ध रूप आरम्भ हुआ। साहित्यिक कृतियों पर लिखने के पूर्व साहित्येत्तर ग्रन्थों पर उन्होंने लिखा था। उनकी आलोचना-दृष्टि के निर्माण में इसकी बड़ी भूमिका थी। उन्होंने बाह्य जगत् और मानव जीवन की वास्तविकता के आधार पर नये साहित्य-सिद्धान्त स्थापित किये। उनके पूर्व हिन्दी आलोचना गुण-दोष विवेचन में ही सीमित थी। आलोचना के लिए उन्होंने इतिहास, देशकाल जातीय संस्कृति पर विशेष ध्यान दिया। उनके अनुसार 'लोक के भीतर ही कविता क्या किसी कला का प्रयोजन और विकास होता है' उन्होंने तुलनात्मक, प्रभाववादी, अभिव्यंजनावादी फ्रायडीय आदि आलोचना-पद्धतियों की आलोचना की।

रामचन्द्र शुक्ल के शिष्य नन्ददुलारे वाजपेयी ने उनकी आलोचना की। उनकी आलोचना का महत्त्व है। उनके यहाँ सामाजिक-सांस्कृतिक चिन्ताएँ हैं, पर उन्होंने शुक्लजी की आलोचना का सार्थक और सुसंगत ढंग से विकास नहीं किया। हजारी प्रसाद

द्विवेदी का महत्त्व निर्विवाद रूप से रामचन्द्र शुक्ल के बाद दूसरा सबसे बड़ा है, जिन्होंने हिन्दी आलोचना में सर्वप्रथम 'संस्कृति' को केन्द्र में रखा। 'साहित्य' उनके लिए 'गतिशील सांस्कृतिक प्रवाह का अंग' है। उन्होंने सामाजिक, सांस्कृतिक और साहित्यिक विकास को एक-दूसरे से जोड़ा। इस धारणा को मैनेजर पाण्डेय ने 'आधुनिक और वैज्ञानिक' कहा है। उनके अनुसार 'साहित्य के इतिहास को व्यापक सांस्कृतिक इतिहास के अंग के रूप में देखने वाला यह व्यापक दृष्टिकोण हिन्दी साहित्य के इतिहास-दर्शन सम्बन्धी चिन्तन के क्षेत्र में द्विवेदी जी की नयी देन है।' द्विवेदी जी की समीक्षा-दृष्टि ऐतिहासिक-सामाजिक है। सामाजिकता के आग्रह के कारण उन्हें मानवतावादी समीक्षक कहा जाता है। वे एक दृष्टि से सांस्कृतिक समीक्षक भी हैं।

हजारी प्रसाद द्विवेदी ने शुक्ल जी को 'आधुनिक भारत का सबसे बड़ा आलोचक' कहा है। स्वतन्त्र भारत में हिन्दी-आलोचना किसी एक मार्ग पर नहीं चली। स्वाधीनता का प्रश्न भी बहुतों के लिए गौण हो गया। रूपवादी आलोचना-पद्धति का विकास स्वतन्त्र भारत में बड़ी तेजी से हुआ। इस आलोचना-दृष्टि ने 'रचना की स्वायत्तता' की बात की। यह आलोचना-दृष्टि हिन्दी आलोचना की एक नयी दृष्टि थी, स्वतन्त्र भारत में मुक्ति-आन्दोलन के विरुद्ध, नवजागरण के विरुद्ध, हिन्दी भाषी जनता और समाज के विरुद्ध यह दृष्टि विकसित हुई, जिसका कम समय में ही कमजोर होना स्वाभाविक था। हिन्दी की प्रगतिशील और मार्क्सवादी आलोचना ने रामचन्द्र शुक्ल से बहुत कुछ ग्रहण किया। मैनेजर पाण्डेय के अनुसार 'आचार्य शुक्ल की इतिहास-दृष्टि द्वन्द्वात्मक इतिहास-दृष्टि के निकट है।' स्वतन्त्र भारत में सुनियोजित रूप से द्वन्द्वात्मक दृष्टि को कमजोर करने और उस पर प्रहार करने के प्रयत्न हुए। 1947 से 1951 तक का समय संघर्ष का समय था, पर 1952 के चुनाव के समय से सभी क्षेत्रों में संघर्ष कमजोर हुए। साहित्य में यह नयी कविता और नयी कहानी का समय था। बाद में 'नयी आलोचना' का समय। यह नेहरू का शासनकाल था। विजयदेव नारायण साही स्वाधीनता आन्दोलन की युग-भूमि को संघर्ष या द्वन्द्व न कहकर 'सन्तुलन का नाटक' कह रह थे। 1950 के दशक से राजकीय पूँजीवाद ने अपने भीतर मध्यवर्ग के एक बड़े हिस्से को समेटना आरम्भ कर लिया था। राष्ट्रीय स्वाधीनता आन्दोलन समाप्त हो चुका था और मुक्ति का प्रश्न हिन्दी के कई प्रगतिशील और मार्क्सवादी आलोचकों के लिए गौण हो चुका था। स्वतन्त्र भारत के आरम्भिक वर्षों से ही मार्क्सवादी आलोचकों में दृष्टि-भेद और विचार-भेद बढ़ने लगा। अक्टूबर 1952 की 'आलोचना' में शुक्ल जी के विरोध में तीन मार्क्सवादी एक साथ खड़े थे (शिवदान सिंह चौहान, रांगेय राघव और नामवर सिंह) इन्होंने अपने लेखों में रामचन्द्र शुक्ल पर आक्रमण किये, जिसका उत्तर रामविलास शर्मा ने दो वर्ष बाद एक स्वतन्त्र पुस्तक 'आचार्य रामचन्द्र शुक्ल और हिन्दी आलोचना' (1955) लिखकर दिया। रामविलास शर्मा आलोचना के क्षेत्र में अपने प्रिय कवि 'निराला' पर प्रहार किए जाने के बाद उतरे थे। 1934 में प्रकाशित उनका पहला लेख निराला की कविता पर है। भारतेन्दु हरिश्चन्द्र और निराला पर पुस्तक लिखने के बाद उनका

आलोचक रूप स्वतन्त्र भारत में पूर्णतः विकसित हुआ। रामविलास शर्मा ने शुक्ल जी के आलोचना-कार्य को विकसित किया। स्वतन्त्र भारत के आरम्भिक वर्षों से हिन्दी आलोचना के भीतर सघन टकराहटों का दौर आरम्भ हुआ। मार्क्सवादी आलोचना के भीतर भी बहसें और टकराहटें तीव्र हुईं और कलावादियों, रूपवादियों से भी मार्क्सवादी आलोचना की टकराहट हुई। रामविलास शर्मा पर मार्क्सवादियों ने ही सर्वाधिक प्रहार किये और उन्होंने भी मार्क्सवादी लेखकों-आलोचकों पर सर्वाधिक आक्रमण किये। शुक्ल जी ने अपने समय में रीतिग्रन्थों का विरोध किया था। कलावादियों और भाववादियों की आलोचना की थी। बाद में हिन्दी आलोचकों की सामाजिक-सांस्कृतिक और राजनीतिक चेतना में एक बड़ा फर्क दिखायी पड़ा। प्रगतिशील आलोचकों में भी यह फर्क बड़े स्तर पर था। कांग्रेस और नेहरू की नीतियों के समर्थन से द्वन्द्व और संघर्ष की स्थिति कमजोर पड़ती थी, साहित्य-लेखन भी परम्परा से कटकर होने लगा था। 'नये' और 'आधुनिक' के प्रति विशेष आग्रह था। शुक्ल जी ने 'काव्य में समष्टिवाद' की धारणा प्रस्तुत की थी। अब 'व्यष्टि' पर बल दिया जाने लगा। स्वतन्त्र भारत में पाश्चात्य समीक्षा-सिद्धान्तों के समर्थकों की भीड़ लगी, 'विकास' का हमने अपना कोई 'मॉडल' नहीं अपनाया था। नेहरू का 'मॉडल' भी अपना नहीं था और न आज मनमोहन सिंह का 'मॉडल' अपना है। आलोचना का अपना 'मॉडल' जो रामचन्द्र शुक्ल ने विकसित किया था, उस पर कुछ सार्थक और अधिक निरर्थक ढंग से प्रश्न खड़े किये जाने लगे। रामविलास शर्मा और नामवर सिंह के बीच का संघर्ष केवल साहित्य केन्द्रित ही नही है वह दो दृष्टियों का संघर्ष है, जिसे नादान लोग व्यक्ति-संघर्ष समझते हैं और चालाक लोग दृष्टि और विचार-संघर्ष को ओझल करते हैं।

मैनेजर पाण्डेय का हिन्दी आलोचना में शुभागमन सत्तर के दशक के आरम्भ में हुआ। उनका पहला आलोचनात्मक लेख 'भक्तिकाव्य की लोकधर्मिता' 1968 में प्रकाशित हुआ था। उनकी आलोचना के आरम्भिक काल में शीतयुद्ध का दौर लगभग समाप्त हो चुका था। हिन्दी के मार्क्सवादी आलोचकों में रामविलास शर्मा के बाद नामवर सिंह का शीर्ष स्थान था। राजनीति में सत्ता इन्दिरा गांधी के हाथों में थी और राजनीतिज्ञ स्वाधीनता आन्दोलन से विमुख हो चुके थे। नामवर सिंह 'कविता के नये प्रतिमान' 1968 के बाद अपनी पूर्व इतिहास और आलोचना-दृष्टि से अलग हो चुके थे। नेमिचन्द्र जैन ने 'कविता के नये प्रतिमान' पर रूपवाद का आरोप लगाया था। रामविलास शर्मा ने इसकी असंगतियों पर तीखा प्रहार किया था। 1967 के चतुर्थ आम चुनाव के नतीजों ने कांग्रेस को अवसन्न कर दिया था। पहली बार कई प्रदेशों में उसकी सरकार नहीं बनी थी। भारतीय जनसंघ को इस चुनाव में पहली बार पिछले चुनावों की तुलना में सर्वाधिक मत प्राप्त हुए थे, नक्सलबाड़ी में 'बसन्त का वज्रनाद' हो चुका था। यह वह समय था, जब भारतीय समाज में क्रान्तिकारी परिवर्तन की भूमिका तैयार होने लगी थी। नये सिरे से प्रगतिशील आन्दोलन पूरे देश में सक्रिय-संगठित हुआ। 1970 में तेलुग कवि श्री श्री का एक क्रान्तिकारी कवि के रूप में रूपान्तरण हुआ—वे अभ्युदय रचयितला संघम्

(प्रगतिशील लेखक संघ) से सम्बन्ध-विच्छेद कर 4 जुलाई, 1970 को 'विरसं (विप्लव रचयितला संघम यानी क्रान्तिकारी लेखक संघ) के अध्यक्ष्य बनने को तैयार हुए। 4 जुलाई, 1970 की आधी रात 1 बजकर 10 मिनट पर इम्पीरियल होटल में 'विरसं' की स्थापना हुई थी, इसी समय 1968 में फ्रांस में छात्रों ने अभूतपूर्व ऐतिहासिक आन्दोलन और संघर्ष आरम्भ किया, जिसकी आवाज पूरे विश्व में सुनायी पड़ी और जाँ पाल सार्त्र छात्रों के समर्थन में आगे आये, अज्ञेय के स्थान पर अब नागार्जुन, केदारनाथ अग्रवाल और त्रिलोचन मुख्य काव्य-परिदृश्य में आये। यह एक नया दौर था। मैनेजर पाण्डेय ने लिखा है—'1967 ई. के बाद जनवादी रचनाशीलता के नये उत्थान के साथ-साथ हिन्दी आलोचना का भी विकास हुआ।' हिन्दी आलोचना का यह विकास मैनेजर पाण्डेय ने किया है। वे हिन्दी के पाँच महाभूत आलोचकों (रामचन्द्र शुक्ल, हजारी प्रसाद द्विवेदी, रामविलास शर्मा, नामवर सिंह और मैनेजर पाण्डेय) और हिन्दी के तीन प्रमुख मार्क्सवादी आलोचकों (रामविलास शर्मा, नामवर सिंह और मैनेजर पाण्डेय) में एक हैं। हिन्दी के मार्क्सवादी आलोचकों की एक अन्य त्रयी (विश्वम्भरनाथ उपाध्याय, शिवकुमार मिश्र और रमेश कुन्तल मेघ) और भी हैं, जो वृहत्त्रयी से भिन्न है। 'शब्द और कर्म' (1981) मैनेजर पाण्डेय का पहला निबन्ध-संकलन है, जिसके तहत निबन्ध 'साहित्य और सर्वहारा', का आरम्भ और अन्त मार्क्स की पक्तियों से हुआ है—'दार्शनिकों ने संसार की भिन्न-भिन्न ढंग से केवल व्याख्या की है, किन्तु असली काम उसे बदलना है' और 'निस्सन्देह, आलोचना के हथियार हथियारों की आलोचना की जगह नहीं ले सकते। भौतिक शक्ति का तख्ता भौतिक शक्ति से ही उल्टा जाना चाहिए। किन्तु जनता के हृदय में घर कर लेने पर सिद्धान्त भी एक भौतिक शक्ति बन जाता है।'

मैनेजर पाण्डेय ने रामविलास शर्मा की तरह किसी कवि, लेखक, आलोचक और युग-विशेष पर कोई स्वतन्त्र पुस्तक नहीं लिखी है और न ही नामवर सिंह की तरह किसी विधा, युग और किसी आलोचक के बहाने किसी परम्परा-विशेष पर भी पुस्तक लिखी है। उनकी मुख्य चिन्ता 'मुक्तिधर्मी चेतना के विकास' की है और 'मुक्ति के प्रयत्नों से जुड़ने' की है। इसका यह अर्थ नहीं है कि वे साहित्य विचार और सिद्धान्त के क्षेत्र में कम सक्रिय हैं। इतनी अधिक चिन्ता और सक्रियता और किसमें है? वे पिछले चालीस वर्षों से निरन्तर सक्रिय और संघर्षरत हैं। वे आलोचना को साहित्य की दुनिया तक सीमित नहीं मानते। उनके अनुसार 'आलोचना का भविष्य व्यापार सामाजिक, सांस्कृतिक तथा राजनीतिक सवालों से मुठभेड़ पर निर्भर है,' उनके लिए समकालीन रचनाओं से कहीं अधिक महत्त्वपूर्ण समकालीन प्रश्न हैं। उन्होंने आलोचना को रचना केन्द्रित भर न मानकर उसे समय और समाज केन्द्रित बनाया है। उनकी आलोचना 'नयी सांस्कृतिक चेतना के निर्माण के लिए संघर्ष करने वाली आलोचना' है। आलोचना के प्रति प्राचीन दृष्टि रखने वालों की यह शिकायत है कि मैनेजर पाण्डेय ने व्यावहारिक आलोचना कम लिखी है, समकालीन कवियों, लेखकों पर अधिक नहीं लिखा है। ऐसे शिकायत कर्ताओं के यहाँ पुस्तक या लेखक का सर्वाधिक महत्त्व होता है। यह आलोचना

सम्बन्धी सही, समुचित उपयोगी और आवश्यक दृष्टि नहीं है। मैनेजर पाण्डेय ने लिखा है—'हजारी प्रसाद द्विवेदी के किसी समकालीन रचना पर कोई महत्त्वपूर्ण लेख नहीं है, जिसके लिए उन्हें याद किया जाए, पर वे हिन्दी के बड़े आलोचक हैं,' उन्होंने 'समकालीनता की मारी हुई हिन्दी आलोचना' को पुनर्जीवित किया है। रामचन्द्र शुक्ल ने तुलसीदास की, हजारी प्रसाद द्विवेदी ने कबीर की, विजयदेव नारायण साही ने जायसी और विश्वनाथ त्रिपाठी ने मीरा की जैसी सारगर्भित और महत्त्वपूर्ण आलोचना प्रस्तुत की, उसी तरह मैनेजर पाण्डेय ने सूरदास की आलोचना की, जिस ओर हमारा कम ध्यान जाता है। उन्होंने सूर की कविता का नया अर्थ, मर्म और महत्त्व उद्घाटित किया। मैनेजर पाण्डेय का पहला आलोचनात्मक लेख 'भक्तियुगीन कविता की लोकधर्मिता,' था। टी. एस. इलियट के एक महत्त्वपूर्ण निबन्ध 'Tradition of Individual Talent' से प्रभावित-प्रेरित होकर उन्होंने अपने शोध का शीर्षक 'सूर का काव्य : परम्परा और प्रतिभा' रखा था। इस पुस्तक के दूसरे संस्करण (1993) में उन्होंने आरम्भ और अन्त में दो नये अध्याय—'भक्ति-काव्य और हिन्दी आलोचना' तथा 'सूर का काव्य और किसान-जीवन' जोड़े। दूसरे संस्करण में पुस्तक का नाम भी बदला 'भक्ति-आन्दोलन' और सूरदास का काव्य।' भक्तिकाल और सूरदास के सम्बन्ध में मैनेजर पाण्डेय की दृष्टि रामचन्द्र शुक्ल, हजारी प्रसाद द्विवेदी, रामविलास शर्मा और नामवर सिंह से भिन्न है। महत्त्वपूर्ण भी। 'दूसरी परम्परा की खोज' के प्रकाशन के बाद यह विवाद और गहरा-तीखा हुआ। तुलसी, रामचन्द्र शुक्ल और रामविलास शर्मा को एक ओर और दूसरी ओर कबीर, हजारी प्रसाद द्विवेदी और नामवर सिंह को खड़ाकर एक-दूसरे से भिड़ाया गया। आश्चर्य की बात यह है कि इस भिड़न्त से अलग मैनेजर पाण्डेय की ओर कम ध्यान दिया गया, जिन्होंने 'भक्ति आन्दोलन के समग्र स्वरूप' की सही पहचान की थी। वे रामविलास शर्मा की तरह परम्परा-प्रेमी नहीं हैं और न नामवर सिंह की तरह समकालीनता के प्रति उनमें विशेष आग्रह है। उनकी दृष्टि अधिक सन्तुलित, वस्तुपरक और वैज्ञानिक है। रामचन्द्र शुक्ल, हजारी प्रसाद द्विवेदी, रामविलास शर्मा, नामवर सिंह—सबने 'प्रेम' को भक्ति-आन्दोलन का केन्द्रीय भाव कहा है। एकता रेशासूत्र को पाण्डेय जी स्वीकारते हैं, पर वे इसके अन्तर्विरोधों पर भी ध्यान देते हैं। वे रामचन्द्र शुक्ल की तरह निर्गुण सन्तों के विरुद्ध सगुण भक्तों को खड़ा नहीं करते, रामविलास शर्मा की तरह निर्गुण-सगुण के बीच कोई द्वन्द्व नहीं देखते, नामवर सिंह की तरह निर्गुण-सगुण विवाद को 'अधिक उग्र' नहीं बनाते और न मुक्तिबोध की मान्यता को कि 'निर्गुण मत के विरुद्ध सगुण मत का संघर्ष निम्न वर्गों के विरुद्ध उच्चवंशीय संस्कारशील अभिरुचि वालों का संघर्ष' अन्तिम निष्कर्ष तक पहुँचाने वाले नामवर सिंह का समर्थन करते हैं। वे निर्गुण बनाम सगुण के विवाद में 'जाति और वंशवाला मुक्तिबोध का तर्क विचित्र' मानते हैं और इससे 'नामवर सिंह की सहमति आश्चर्यजनक'। उदाहरण सहित उन्होंने यह लिखा है कि 'ऐसी स्थिति में सगुण भक्तों को उच्चवंशी और उच्च मार्गीय वर्गों के प्रभुत्व का पोषक कहना सूर की प्रेम भावना और कबीर की विद्रोही चेतना और

तुलसी के आत्मसंघर्ष का अपमान करते हैं।' मैनेजर पाण्डेय हिन्दी के अकेले आलोचक हैं, जिन्होंने 'भक्ति आन्दोलन की जटिल समग्रता' की न केवल पहचान की है, अपितु उसे विश्लेषित भी किया है। नामवर सिंह ने भक्तिकाल में शास्त्र और लोक के बीच के द्वन्द्व को ...अन्तर्विरोध कहा था। मैनेजर पाण्डे ने 'लोक धर्म के आन्तरिक द्वन्द्व की उपेक्षा' की और ध्यान दिलाया। अपने समर्थन में उन्होंने एंतोनियों ग्राम्शीं को उद्धृत किया है कि लोकमत को 'सामाजिक सत्य का निर्भ्रान्त स्रोत' नहीं समझना चाहिए। उसके अन्तर्विरोध भी हैं। उनके अनुसार भक्तिकाल के सभी कवियों में यह लोकधर्म एक समान नहीं है। 'भक्ति-आन्दोलन प्रत्येक कवि के लोकधर्म का रूप उसकी विश्वदृष्टि के अनुरूप है और कवि की विश्व-दृष्टि पर उस वर्ग या समुदाय की जिन्दगी की वास्तविकताओं और आकांक्षाओं की छाप है, जिसका वह प्रदान है।'

भक्ति-आन्दोलन की विफलता पर विचार करते हुए पहली बार उन्होंने धूर्जटि प्रसाद मुखर्जी द्वारा इस आन्दोलन की सामाजिक असफलता के कारणों की ओर किये गये संकेत की चर्चा की है। अब पी.सी. जोशी को छोड़कर धूर्जटि प्रसाद मुखर्जी को बड़ी गम्भीरता से बहुत कम समाजशास्त्री भी याद करते हैं, उनका यह कथन महत्त्वपूर्ण है—भक्ति-आन्दोलन में समाज के स्वरूप की पहचान है, लेकिन सामाजिक हित की कोई धारणा नहीं' और 'सामाजिक संरचनाएँ और सांस्कृतिक परम्पराएँ प्रायः साहित्यिक प्रवृत्तियों और परम्पराओं से अधिक शक्तिशाली होती हैं।' जहाँ तक सूर-काव्य का प्रश्न है, रामचन्द्र शुक्ल ने वहाँ 'लोक-संग्रह का अभाव' देखा था। द्विवेदीजी की दृष्टि भिन्न थी। रामविलास शर्मा और नामवर सिंह ने सूर को महत्त्व नहीं दिया। मैनेजर पाण्डेय ने पहली बार सूर की नयी व्याख्या की। उनकी कविता में राजनीतिक महत्त्व की पहचान की। सूर-काव्य में अधिकारी ऋण और राजनीति को उन्होंने ही पहचाना। वहाँ उन्होंने शासन-व्यवस्था से जुड़े वर्णनों की ओर ध्यान दिलाया। सूर द्वारा 'राजनीति' के साभीप्राय प्रयोग को उन्होंने रेखांकित किया—'राजनीति की नीति सुनो हो, चरत बारिचर खेत', और—'हरि हैं राजनीति पढ़ी आये', में सूर की कल्पना के 'वृन्दावन' का जायसी के 'सिंहल द्वीप' और तुलसी के 'राम राज्य' की तरह कल्पना लोक मानते हैं। हिन्दी में प्रगतिशील आलोचना के दो-तीन चरण हैं। मैनेजर पाण्डेय की आलोचना प्रथम चरण की आलोचना से भिन्न है। उस समय आलोचना 'कविता में सतह पर तैरती विचारधारा और सामाजिक यथार्थ के वर्णन की खोज करती थी'। कबीर और तुलसी के काव्य में यह दिखायी देती थी, पर सूर के काव्य में नहीं। 'सूर की कविता की विशिष्ट बनावट के भीतर समाविष्ट समाज और सामाजिक चिन्ता को वह आलोचना देख नहीं पाती थी। यही कारण है कि सूर हाशिये पर रहें'। मैनेजर पाण्डेय के यहाँ व्यावहारिक समीक्षा और सैद्धान्तिक समीक्षा अलग-अलग नहीं है। वे काव्य-विश्लेषण के द्वारा उसका एक वैचारिक-सैद्धान्तिक आधार प्रस्तुत करते हैं। उन्होंने स्वीकारा है कि रचनाधर्मिता को समझने का उनका विवेक भक्त कवियों से बना है। उनके अनुसार अच्छी रचनाशीलता की पहचान का विवेक गैर-मार्क्सवादी और मार्क्सवादी परम्परा—दोनों के बीच से बनता है। सूर के पदों में

किसान-जीवन का चित्रण, सामन्ती व्यवस्था का सन्दर्भ, किसानों की निर्धनता के कारण लगान देने में असमर्थता, सामन्तों की लूट, कपटी कर्मचारी सूदखोरी की प्रथा, ऋण की प्रथा आदि की ओर मैनेजर पाण्डेय ने ही ध्यान दिलाया है। वे कविता में जीवन की सच्चाइयों को मात्र वस्तु-रूप में न देखकर अभिव्यक्ति के साधनों के माध्यम भी देखते हैं और सूर की कविता के रूपकों के जरिये उस युग की सामन्ती सत्ता, सामाजिक व्यवस्था, भूमि-व्यवस्था आदि की चर्चा करते हैं। 'काव्यानुभूति के प्रभाव में अन्तर्धान की तरह विद्यमान' लोक-चिन्ता की पहचान कठिन है। सूर-सम्बन्धी आचार्य शुक्ल और द्विवेदी की व्याख्या को आगे बढ़ाने के पीछे उस नक्सलबाड़ी आन्दोलन (कृषि-क्रान्ति) की भी एक परोक्ष भूमिका है, क्योंकि उसने किसान को दण्ड में रखा था। इसी के बाद भक्तिकालीन काव्य की नये सिरे से व्याख्या सम्भव हुई।

मैनेजर पाण्डेय ने स्वतन्त्र रूप से केवल एक पुस्तक 'साहित्य के समाजशास्त्र की भूमिका' (1981) लिखी है। उन्होंने निबन्ध अधिक लिखे हैं और प्रत्येक निबन्ध ने आलोचना की एक नयी दृष्टि प्रदान की है। 'साहित्य और इतिहास दृष्टि' के अध्याय पहले स्वतन्त्र निबन्ध के रूप में 'आलोचना' में प्रकाशित हुए थे। इस पुस्तक का एक अध्याय 'आलोचना और इतिहास' है। नामवर सिंह की पुस्तक 'इतिहास और आलोचना' 1957 में प्रकाशित हो चुकी थी। आलोचना-दृष्टि का इतिहास दृष्टि से सीधा सम्बन्ध है। जिस प्रकार रामचन्द्र शुक्ल की इतिहास-दृष्टि कि निर्माण में राष्ट्रीय मुक्ति आन्दोलन की चेतना थी, उसी प्रकार मैनेजर पाण्डेय की इतिहास-दृष्टि के निर्माण में एक साथ भक्तिकालीन काव्य, स्वाधीनता आन्दोलन, नक्सलबाड़ी आन्दोलन के साथ रामचन्द्र शुक्ल, हजारी प्रसाद द्विवेदी, रामविलास शर्मा की इतिहास-दृष्टि का भी योगदान है। मार्क्सवादी दर्शन तो है ही। 'शब्द और कर्म' के निबन्धों का प्रबन्ध अशोक वाजपेयी के सोच-विचार की प्रक्रिया और उसमें शब्द और कर्म-सम्बन्धी उनकी समझ से था। मैनेजर पाण्डेय के समय तक अज्ञेय, विजयदेव नारायण साही और अन्य 'नयी कविता' के कवियों, उनके आलोचकों से रामविलास शर्मा और नामवर सिंह बहस कर चुके थे। अब सत्तर के दशक से अशोक वाजपेयी, प्रमुख हो रहे थे। उनकी 'पहचान' बन चुकी थी। 'पूर्वग्रह' एक मंच बन चुका था। मैनेजर पाण्डेय ने कहा है कि आपातकाल के समय से एक घटना के बाद वे इतिहास की ओर मुड़े। आपातकाल ने शब्द और कर्म के सम्बन्ध पर भी आक्रमण किया था। लोकतन्त्र में ठीक सक्रिय विरोध और आन्दोलन को इस समय दबाया गया। मैनेजर पाण्डेय ने आरम्भ से ही आलोचना को व्यापक सामाजिक सन्दर्भों से जोड़ा। वे आलोचना को 'रचना की तरह स्वतन्त्र वैचारिक कर्म' मानते हैं। अपनी पहली पुस्तक 'शब्द और कर्म' में ही उन्होंने आलोचना को 'रचना-कर्म की तरह एक सामाजिक कर्म और विचारधारात्मक संघर्ष का साधन' माना है। हिन्दी आलोचना सदैव रचना को महत्त्व देती रही है, जबकि मैनेजर पाण्डेय रचना से अधिक आलोचना को महत्त्व देते हैं। 'रचना का सम्बन्ध व्यापक सामाजिक-सांस्कृतिक प्रक्रिया से होता है, लेकिन आलोचना का सम्बन्ध रचना से भी होता है और व्यापक सामाजिक-

सांस्कृतिक प्रक्रिया से भी उसका सम्बन्ध कलात्मक संवेदनशीलता से होता है और सामाजिक संवेदनशीलता से भी।' मैनेजर पाण्डेय की आलोचना दृष्टि से उनकी साहित्य दृष्टि, साहित्य दृष्टि से समाज दृष्टि और समाज दृष्टि से इतिहास दृष्टि जुड़ी हुई है। उनके विचार और चिन्तन के मूल में एक साथ साहित्य, समाज, संस्कृति लोकतन्त्र और इतिहास है। साहित्य के समाजशास्त्र को महत्त्व देने के बाद भी वे मुक्तिबोध द्वारा किये गये 'कामायनी के समाजशास्त्रीय विश्लेषण' को इसलिए अपूर्ण कहते हैं कि 'वहाँ कलात्मक सौन्दर्य का कोई विश्लेषण' नहीं है। वे रचना की साहित्यिकता और सामाजिकता को एक-दूसरे से अभिन्न मानते हैं और आलोचना उनके अनुसार 'रचना की साहित्यिकता और सामाजिकता के बीच अन्तरंग सम्बन्ध की पहचान करती है।' हिन्दी के सभी प्रगतिशील समीक्षक ऐसा नहीं करते। हिन्दी आलोचना में आज भी 'रचना की साहित्यिकता' को ही सब कुछ मानने वाले हैं और कई ऐसे आलोचक भी हैं, जिनका ध्यान रचना की सामाजिकता पर ही टिका रहता है।

मैनेजर पाण्डेय की आलोचना के केन्द्र में इतिहास-बोध और दृष्टि है। इतिहास बोध इसलिए जरूरी है कि सबकुछ का इतिहास होता है। साहित्य और आलोचना का, मनुष्य और समाज का, सभ्यता और संस्कृति का अपना इतिहास है। इतिहास से रहित कुछ भी नहीं है। उनका स्पष्ट कथन है—'केवल पशु इतिहास-बोध और इतिहास-निर्माण के दायित्व से मुक्त होते हैं' हिन्दी-आलोचना के केन्द्र में इतिहास को लाने का श्रेय मैनेजर पाण्डेय को है। उदारीकरण, निजीकरण और भूमण्डलीकरण के दौर में 'इतिहास के अन्त' की घोषणा की गयी। इतिहास का कभी अन्त नहीं होता। जहाँ तक मनुष्य का प्रश्न है, वह इतिहास का व्याख्याता और निर्माता दोनों है। इतिहास-बोध के बाद इतिहास-निर्माण की बात आती है। इन दोनों में घनिष्ठ सम्बन्ध है। मैनेजर पाण्डेय के अनुसार 'इनकी गहरी समझ के बाद ही इतिहास विवेक की अनिवार्यता मालूम होती है।' 'साहित्य और इतिहास दृष्टि' पुस्तक में उन्होंने इतिहास विरोधी आठ आलोचना-सिद्धान्तों—प्रभाववादी, मनोवैज्ञानिक, नयी समीक्षा, मिथकीय और आद्य बिम्बात्मक, बिम्बवादी, संरचनावादी, शैली-वैज्ञानिक और सौन्दर्यशास्त्रीय आलोचना पर विचार किया है। बाद में उत्तर संरचनावाद और उत्तर आधुनिकतावाद की भी उन्होंने आलोचना की है। ये आलोचना-सिद्धान्त स्वतन्त्र भारत में विकसित हुए हैं, जिसका प्रमुख प्रयोजन साहित्य को समाज से विच्छिन्न कर उसकी अग्रगामी और परिवर्तनकामी भूमिका से कवियों, लेखकों, पाठकों, आलोचकों, अध्यापकों को भटकाना है। मैनेजर पाण्डेय ने रामचन्द्र शुक्ल, हजारी प्रसाद द्विवेदी और रामविलास शर्मा के इतिहास पर विचार किया, जिनमें क्रमशः 'साहित्य के विकास के सामाजिक आधार की खोज,' 'परम्पराओं की निरन्तरता का अनुशीलन' और 'जातीय साहित्य के प्रगति की पहचान' है। स्पष्ट है कि उनके यहाँ खोज, अनुशीलन और पहचान का विशेष महत्त्व है, जिसके बिना आलोचना सही प्रामाणिक और सार्थक नहीं हो सकती। मैनेजर पाण्डेय की चिन्ता में आरम्भ से ही केवल साहित्य नहीं रहा। उन्होंने इन तीन इतिहासकारों को इसलिए

महत्त्वपूर्ण माना कि इन्होंने 'अपने-अपने इतिहास और आलोचना सम्बन्धी लेखन में पुराण पन्थियों, रीतिवादियों, आधुनिकतावादियों और रूपवादियों के तरह-तरह के जनविरोधी और इतिहास विरोधी दृष्टिकोणों के विरुद्ध संघर्ष किया है।' यह संघर्ष अभी समाप्त नहीं हुआ है, पर विरोध कम है। 'कविता के नये प्रतिमान' के बाद और बाद में 1985 के बाद नामवर में बदलाव आया। मैनेजर पाण्डेय में सत्तर के दशक से आज तक किसी प्रकार का बदलाव या भटकाव दिखायी नहीं देता। सोवियत रूस के पतन के बाद कई मार्क्सवादी आलोचकों की दृष्टि बदली। 'संकट के बावजूद' मैनेजर पाण्डेय में निराशा और हताशा नहीं है। उनका कथन है, 'जिस प्रकार शोषण के इतिहास का अन्त नहीं हुआ है, उसी प्रकार उससे मुक्ति के लिए संघर्ष का भी अन्त नहीं हुआ है। ये दोनों एक दूसरे से जुड़े हैं।' मार्क्सवाद में मुक्ति और संघर्ष की अवधारणा प्रमुख है। मैनेजर पाण्डेय के आलोचना-कर्म में यह आरम्भ से अब तक है। वे केवल मार्क्सवाद ही नहीं, मुक्ति के अन्य आन्दोलनों से जुड़े रहे हैं, 'चाहे वह नर्मदा बचाओ आन्दोलन हो या दलितों-वंचितों के अधिकारों का आन्दोलन।' मुक्ति के लिए, मुक्ति की आकांक्षा के साथ मुक्ति का संघर्ष भी जरूरी है। यह संघर्ष आन्दोलन से जुड़ा है। मैनेजर पाण्डेय की आलोचना में एक साथ मुक्ति की आकांक्षा, मुक्ति का संघर्ष और मुक्ति के लिए आन्दोलन सर्व प्रमुख है। उन्होंने 'स्वाधीनता की चेतना को हिन्दी आलोचना की धुरी' कहा है। स्वाधीन भारत में पहले की तरह स्वाधीन चेतना सबल नहीं है, स्वाधीनता का प्रश्न सभी आलोचकों के लिए अपने-अपने ढंग से महत्त्वपूर्ण रहा है। देश की स्वाधीनता, सामाजिक-आर्थिक स्वाधीनता और व्यक्ति की स्वाधीनता। मैनेजर पाण्डेय ने दलितों और स्त्रियों की स्वाधीनता को प्रमुखता दी। लोकप्रिय साहित्य को महत्त्व दिया। 'साहित्य के समाजशास्त्र की भूमिका' (1989) में उन्होंने लोकप्रिय साहित्य पर विचार किया। दलितों तथा स्त्रियों के मुक्ति-आन्दोलन से वे 'व्यापक स्तर पर सामाजिक तथा सांस्कृतिक मुक्ति आन्दोलन' मानते हैं। 'भक्ति-आन्दोलन दलितों के साथ-साथ स्त्रियों की राह बताने वाला आन्दोलन' है। जैनेन्द्र के उपन्यास 'सुनीता' और नागार्जुन के उपन्यास 'रतिनाथ की चाची' की आलोचना उन्होंने 'स्त्री की स्वतन्त्रता और स्त्री की पराधीनता के प्रश्न' के साथ की है। महादेवी वर्मा की 'शृंखला की कड़ियाँ' को उन्होंने 'मुक्ति की राहें' कहा है। ये तीनों निबन्ध स्त्री-चिन्तन में विशेष महत्त्वपूर्ण हैं। हिन्दी की प्रगतिशील आलोचना में दलित और स्त्री-चिन्तन कभी नहीं रहा। 'हिन्दी नवजागरण की चिन्ता और बहस के केन्द्र में स्त्री की पराधीनता और स्वाधीनता का प्रश्न कभी नहीं रहा है।' दलित प्रश्न भारतीय प्रश्न है, जबकि स्त्री समस्या और उसकी पराधीनता का प्रश्न पूरे संसार का है। आश्चर्य की बात यह है कि हिन्दी लेखकों ने स्त्री की स्वाधीनता के प्रश्न को महत्त्व दिया, पर मैनेजर पाण्डेय को छोड़कर अन्य किसी प्रगतिशील आलोचक ने उस पर (दलित प्रश्न) अधिक ध्यान नहीं दिया। भारतीय नारी को महादेवी ने 'जन्म से अभिशप्त और जीवन से सन्तप्त' कहा है। 'शृंखला की कड़ियाँ' पर विचार के द्वारा मैनेजर पाण्डेय ने भारतीय समाज में स्त्री की स्थिति वर्णन के साथ

महादेवी वर्मा का एक नया मूल्यांकन प्रस्तुत किया है। यह सामान्य पुस्तक समीक्षा नहीं है। वे इस पुस्तक के कारण महादेवी को एक 'स्त्रीवादी दार्शनिक' के रूप में प्रस्तुत करते हैं। महादेवी की कविता में अन्धकार से आलोचक के संघर्ष को वे 'भारतीय स्त्री के जीवन की पराधीनता के अन्धकार से स्वाधीनता की आकांक्षा का संघर्ष' कहते हैं। उन्होंने ही यह बताया कि सिमोन द बुवा के 'सेकेण्ड सेक्स' से पहले 'शृंखला की कड़ियाँ' का प्रकाशन कितनी बड़ी घटना थी। उन्होंने महादेवी को इस पुस्तक के कारण 'भारतीय स्त्री समुदाय की आवयविक बुद्धिजीवी' कहा है। एक आवयविक बुद्धिजीवी ही दूसरे आवयविक बुद्धिजीवी की ऐसी पहचान कर सकता है।

मैनेजर पाण्डेय ने 'क्या आपने वज्र-सूची' का नाम सुना है' निबन्ध में अश्वघोष की रचना 'वज्रसूची' से अधिसंख्य पाठकों को न केवल परिचित कराया, अपितु 'जातिवाद के विरुद्ध जन-आन्दोलन और वैचारिक संघर्ष की जरूरत' भी बतायी। वे जाति-प्रथा को 'मूलतः अधिनायकवादी और दमनकारी प्रवृत्तियों से जुड़ी' मानते हैं। व्यावहारिक समीक्षा के द्वारा ही उन्होंने सामन्तवाद, पूँजीवाद और साम्राज्यवाद का प्रखर विरोध किया है। दो हजार वर्ष पहले की पुस्तक 'वज्रसूची' को वे 'आज भी जाति-प्रथा के विरुद्ध संघर्ष के लिए अत्यन्त जरूरी और प्रेरणादायक रचना' मानते हैं। मैनेजर पाण्डेय की पुस्तक समीक्षा हिन्दी की पुस्तक-समीक्षाओं में विशिष्ट है। उन्होंने 'शृंखला की कड़ियाँ' के अलावा मोतीराम वर्मा की पुस्तक 'लक्षित मुक्तिबोध' की समीक्षा 'दुनियादारी और ईमानदारी की विडम्बना' शीर्षक से और काडवेल की पुस्तक 'रोमांस एड रियलिज़्म' की 'संकल्पित चिन्तन' का मूल शीर्षक से की। ये समीक्षाएँ उनके किसी भी महत्त्वपूर्ण निबन्ध से कम नहीं है। सार्थक और सुविचारित ढंग से तार्किक और तथ्यपरक ढंग से उन्होंने रामचन्द्र शुक्ल, हजारी प्रसाद द्विवेदी, रामविलास शर्मा और नामवर सिंह के कई विचारों से अपना मतभेद प्रकट किया। 1947 से 1951 के प्रबन्ध में शिवदान सिंह चौहान और नामवर सिंह के विचारों की उन्होंने आलोचना की है। शिवदान सिंह चौहान ने संघर्ष की तीव्रता के बहुत दिनों तक नहीं टिक पाने को 'अभिनन्दनीय' कहा था और नामवर सिंह ने अपने एक लेख में स्वतन्त्रता के प्रारम्भिक तीन-चार वर्षों को 'संक्रान्तिकाल' कहा था। अज्ञेय ने यथार्थवाद और प्रगति-विरोधी रवैये के समय के सम्बन्ध में उनका मत रामविलास शर्मा से भिन्न है। रामविलास शर्मा इसे 'प्रतीक' (1947) के प्रकाशन से जोड़ते हैं और मैनेजर पाण्डेय इसे 1937-38 की 'विश्वभारती क्वार्टली' में प्रकाशित अज्ञेय के हिन्दी साहित्य-सम्बन्धी लेख से जोड़ते हैं। यथार्थवाद और यथार्थ विरोधी रवैये को समझने के लिए यह आवश्यक है। वे रामविलास शर्मा के मत के विपरीत 'नयी कविता' का आरम्भ 'दूसरा सप्तक' (1951) से मानते हैं। इस प्रकार कई मतभेद महत्त्वपूर्ण हैं। पर मैनेजर पाण्डेय का महत्त्व इन विचारों के कारण नहीं है। 'स्वातन्त्र्योत्तर हिन्दी साहित्य के इतिहास लेखन की समस्याओं' पर उनके विचार कम महत्त्वपूर्ण नहीं हैं। बड़ी बात यह है कि उनके विचारों में एक साथ तथ्य, तर्क और दृष्टि—तीनों का योग रहता है।

मैनेजर पाण्डेय साहित्य की किसी एक विधा की बात तो दूर मात्र साहित्य के आलोचक नहीं हैं। उन्होंने नागार्जुन, त्रिलोचन, रघुवीर सहाय और कुमार विकल की कविताओं पर लिखा है। वे मार्क्स को उद्धृत करते हैं। "कविता मनुष्यता की मातृभाषा है।" उन्होंने कुमार विकल और नागार्जुन की कविताओं का सम्पादन किया है। अपने जनपद 'सीवान की कविता'...सम्पादित की है। उन्होंने 'मुक्ति की पुकार' शीर्षक एक पुस्तक सम्पादित की, जिसका प्रकाशन ऑल इंडिया पीपुल्स रेजिस्टेंस फोरम ने किया था। अनेक समकालीन हिन्दी कवियों की उन्होंने चर्चा की है। कहानी, उपन्यास सब पर उन्होंने विचार किया है। उनकी आलोचना इन अनुशासनों से जुड़ी है। वह अपने समय और समाज की सुचिन्तित आलोचना है। उनके देखने, सोचने, विचारने और मूल्यांकण करने की दृष्टि भिन्न है। वहाँ सामाजिक प्रयोजन प्रमुख है। इसी कारण वे 'आलोचना की सामाजिकता' पर विचार करते हैं। उन पर किसी भी बड़े विचारक, चिन्तक और दार्शनिक का आतंक नहीं है और न वे अपनी आलोचना से किसी को आतंकित करते हैं। वहाँ संवाद प्रमुख है। वे संवादधर्मी आलोचक हैं। 'समाज में मनुष्य का अस्तित्व संवाद पर टिका रहता है। इसलिए संवाद से ही मनुष्य की सामाजिकता पूरी तरह व्यक्त होती है'। वे 'साहित्य में लोकतन्त्र के प्रसार के लिए संवाद का विस्तार जरूरी' मानते हैं। मनुष्य की मनुष्यता और समाज की सामाजिकता बचाने के लिए संवाद जरूरी है। इसी कारण वे 'साक्षात्कार' जैसे शब्द को 'स्वभाव से अलोकतान्त्रिक' कहते हैं। इण्टरव्यू की उनकी दूसरी पुस्तक है–'मैं भी मुँह में जुबान रखता हूँ'। उनकी दृष्टि में कविता, उपन्यास और आलोचना, समय, समाज और संस्कृति से अलग नहीं है। अशोक वाजपेयी जहाँ 'कविता का जनपद' और कविता या साहित्य का लोकतन्त्र की बात करते हैं, वहाँ मैनेजर पाण्डेय कविता और जनपद तथा उपन्यास और लोकतन्त्र पर विचार करना आवश्यक समझते हैं। वे उपन्यास को महाकाव्य कहना उचित नहीं समझते। क्योंकि महाकाव्य में केवल एक स्वर-कवि का स्वर प्रमुख होता है, जबकि उपन्यास में स्वरों की अनेकता होती है। उपन्यास पर उन्होंने अधिक गम्भीर विचार 'उपन्यास और लोकतन्त्र' निबन्ध में किया है। उपन्यास 'पूँजीवादी युग का प्रतिनिधि साहित्य रूप' है और कट्टरतावाद और बर्बर पूँजीवाद के कारण उपन्यास और लोकतन्त्र दोनों संकट में है। उपन्यास उनके लिए मात्र साहित्य-रूप न होकर 'जीवन-जगत् को देखने की एक विशेष दृष्टि' भी है। इसी प्रकार 'लोकतन्त्र' उनके लिए 'केवल एक राजनीतिक व्यवस्था और शासन-पद्धति' न होकर एक ऐसी 'मानसिकता' है, 'जो सहिष्णुता की संस्कृति, दूसरों का सम्मान, दूसरों के अन्तरों का स्वीकार, विचारों की अनेकता का आदर, अभिव्यक्ति की स्वतन्त्रता और संवाद की तत्परता विकसित करती है।' क्या इस कसौटी पर भारतीय लोकतन्त्र खरा उतरता है? मैनेजर पाण्डेय की आलोचना एक साथ लोकतन्त्र और उपन्यास की रक्षा-सुरक्षा से जुड़ी है। उनकी आलोचना 'बिकाऊ' नहीं 'टिकाऊ' है। आज जिस आलोचना में राजनीतिक चेतना नहीं होगी, क्या उसकी साहित्यिक चेतना सही होगी? साहित्यिक चेतना, सामाजिक, सांस्कृतिक और राजनीतिक चेतना से अलग

नहीं हो सकती। आज फूको, बार्थ और क्रिस्तोवा 'यथार्थवाद' को 'बुर्जुआ षड्यन्त्र' मानते हैं। ब्रेख्त के अनुसार 'यथार्थवाद' मात्र साहित्यिक दृष्टि और परती नहीं है। वह एक राजनीतिक दृष्टिकोण भी है। मैनेजर पाण्डेय, ब्रेख्त और एडवर्ड सईद के साथ हैं, न कि फूको, बार्थ और क्रिस्तोवा के साथ। उनकी आलोचना स्पष्टता और निर्भीकता के कारण विश्वसनीय है। इनकी आलोचना पाठकों की चेतना को परिष्कृत, परिवर्तित और अग्रगामी करती है। वह हिन्दी के जागरुक पाठकों, कवियों, लेखकों और आलोचकों के लिए ही नहीं, प्राध्यापकों और छात्रों के लिए और साहित्य से जुड़े व्यक्तियों के लिए ही नहीं परिवर्तन कर्मियों के लिए भी उपयोगी है। उसका महत्त्व विश्वविद्यालय के भीतर ही नहीं उसके बाहर भी है। वह सामाजिक परिवर्तन के लिए प्रतिबद्ध है। दूसरे अनुशासनों के लिए भी उनकी आलोचना का अधिक महत्त्व है। उनकी चिन्ता में केवल हिन्दी समाज नहीं, सम्पूर्ण भारतीय समाज है। फकीर मोहन सेनापति के उपन्यास पर उन्होंने विचार किया है और वरवर राव की कविताओं पर उन्होंने लिखा है। वे हिन्दी के ही नहीं भारत के प्रमुख आलोचक हैं। आलोचना उनके लिए या तो सार्थक है या निरर्थक। उनकी आलोचना में एक साथ 'परम्परा की स्मृति' वर्तमान का बोध और भविष्य की चिन्ता है। उनकी आलोचना हमारे समय की 'बौद्धिक उपस्थिति' है। ग्राम्शी के अनुसार, आलोचना का एक दायित्व नयी संस्कृति के लिए संघर्ष भी है, जो साहित्य और समाज दोनों की होगी। मैनेजर पाण्डेय की आलोचना 'नये समाज के निर्माण के लिए वैचारिक संघर्ष' है। वे रामचन्द्र शुक्ल और रामविलास शर्मा से प्रभावित हैं। शुक्लजी से वे जहाँ बार-बार सीखने का उल्लेख करते हैं, वहाँ उनके लिए 'डॉ. शर्मा से सहमत होकर कुछ नया सोचना उतना सम्भव नहीं है, जितना असहमत होकर।' बांग्ला के धूर्जटी प्रसाद मुखर्जी और समरसेन से वे प्रभावित हैं। समरसेन से यह सीखा है कि 'साहस के साथ सच बोलना आलोचना के लिए एक जरूरी कार्य' है और मुखर्जी से यह प्रेरणा मिली कि 'केवल साहित्य की दुनिया में रहकर साहित्य को ठीक ढंग से नहीं समझा जा सकता। साहित्य की प्रक्रिया को सामाजिक प्रक्रिया के एक व्यापक हिस्से के रूप में देखना चाहिए।' यूरोप के मार्क्सवादी आलोचकों में ग्राम्शी, लूकाच और बेंजामिन से वे अधिक प्रभावित हैं। उनके अध्ययन का क्षेत्र व्यापक है। उनकी किसी आलोचना में व्यक्तिगत राग-द्वेष नहीं है। उन्होंने किसी की भी न तो 'अतिरंजित प्रशंसा' की है, न 'रक्त-रंजित निन्दा'। शुक्लजी के कई सूत्रों-संकेतों को उन्होंने विकसित किया है। माधवराव सप्रे पर उन्होने विचार किया है और सखाराम देउस्कर की पुस्तक 'देश की बात' (देशेर कथा) की भूमिका लिखी है। भूमिका में उन्होंने पार्थ चटर्जी के एक महत्त्वपूर्ण निबन्ध 'भूमण्डलीकरण के बाद साम्राज्य' का विस्तारपूर्वक जिक्र किया है। जिसमें उन्नीसवीं सदी के ब्रिटिश साम्राज्यवाद से इक्कीसवीं सदी के अमेरिकी साम्रज्यवाद की तुलना है। मैनेजर पाण्डेय के अनुसार—'यह पुस्तक इतिहास और राजनीति में दिलचस्पी रखने वालों के लिए ही नहीं, साहित्य के सुधी पाठकों के लिए भी उपयोगी है, ...जिसे पढ़ने के बाद 'भारत दुर्दशा' और 'अन्धेर नगरी' जैसे नाटकों तथा 'प्रेमाश्रम',

'रंगभूमि' और 'गोदान' जैसे उपन्यासों को बेहतर ढंग से समझना सम्भव होगा।' मैनेजर पाण्डेय की आलोचना पढ़कर रचना, समय और समाज को और बेहतर ढंग से समझा जा सकता है। साहित्य-विवेक से जीवन-विवेक और जीवन-विवेक से इतिहास-विवेक का घनिष्ठ सम्बन्ध है। मैनेजर पाण्डेय किसी भी रचना के प्रसंग में इसकी पहचान जरूरी समझते हैं। आलोचना-कर्म को गम्भीरता से लेने वालों की चिन्ता भाषा, साहित्य और समाज के प्रति होगी। आज मानव-समाज बर्बर पूँजीवाद के कारण सर्वाधिक संकट में है। संकट में भाषा, साहित्य, आलोचना सब है। आज आलोचक का दायित्व सबसे बड़ा है। मैनेजर पाण्डेय ने अपने इस दायित्व का निर्वाह किया है। वे साहित्य-समीक्षक नहीं, सभ्यता और संस्कृति के समीक्षक हैं। उन्होंने हिन्दी आलोचना की भूमि और भूमिका का विस्तार कर उसे सार्थक दृष्टि और सही दिशा प्रदान की है।

दलित साहित्य और मैनेजर पाण्डेय का आलोचना-कर्म

■ सूर्यनारायण रणसुभे

एक ईमानदार समीक्षक की हैसियत से डॉ. मैनेजर पाण्डेय अपने समकालीन साहित्य की ओर पूरी गम्भीरता से देखते हैं, उन्हें पढ़ते हैं तथा किसी-न-किसी बहाने उस पर अपनी टिप्पणियाँ भी देते हैं। दलित-साहित्य प्रवाह पर डॉ. पाण्डेयजी ने स्वतन्त्र रूप से कोई ग्रन्थ रचना न भी की हो तो भी इस नये साहित्य प्रवाह पर आपने गम्भीरता से सोचा है। उनकी यह सोच उनके निम्नलिखित लेखों में व्यक्त हुई है। इन नौ लेखों में से दो भाषण हैं जो बाद में छपे हैं। ये आठ लेख हैं–

1. दलित साहित्य क्यों? : हंस अक्तूबर, 1992, पृष्ठ 6, 1992
2. हिन्दी साहित्य में दलित लेखन :
   म.प्र. प्रगतिशील लेखक संघ की शिवपुरी इकाई के कार्यक्रम
   'दलित कलम' के द्वितीय सत्र में दिया गया वक्तव्य, 1993
3. क्या आपने वज्र सूची का नाम सुना है : हंस 1993
4. दलित स्त्री जीवन की वास्तविकताएँ :
   बेबी काम्बले की मराठी आत्मकथा के हिन्दी अनुवाद की भूमिका
   1995
5. दलित आन्दोलन की मुकम्मल और जरूरी किताब
   रमणिका गुप्ता द्वारा सम्पादित पुस्तक 'दलित-चेतना सोच' की भूमिका, 1998
6. 'लोकमत और दलित साहित्य' :
   सदानन्द जोशी द्वारा सम्पादित पुस्तक
   'दलित साहित्य की अवधारणा और प्रेमचन्द' में शामिल लेख, 2000
7. दलित साहित्य के सौन्दर्यशास्त्र की समीक्षा :
8. Hind Carriculam with the perspective of Dalit Studies :
   Dalit Studies in Higher Education, edided by Arun Kumar and
   Sanjay Kumar 2005

हिन्दी में श्री ओमप्रकाश वाल्मीकि की आत्मकथा 'जूठन' 1996 में प्रकाशित होती

है। यह हिन्दी की पहली सशक्त दलित-संवेदना से युक्त रचना मानी जाती है। स्पष्ट है कि हिन्दी में दलित-संवेदना की सृजनात्मक अभिव्यक्ति 1996 से शुरू हो जाती है। परन्तु इस साहित्य-प्रवाह की चर्चा 1992 से डॉ. मैनेजर पाण्डेय कर रहे हैं। इनकी इस चर्चा का आधार मराठी का दलित साहित्य है। 1992 में हिन्दी के अन्य किसी भी समीक्षक ने दलित-साहित्य की नोटिस नहीं ली है। एक नया साहित्य-प्रवाह जो मराठी में शुरू हुआ था, और जिस पर श्री कमलेश्वर और राजेन्द्र यादव ने बहस शुरू भी की, हिन्दी के एकमात्र आलोचक मैनजर पाण्डेय इस साहित्य-प्रवाह की ओर पूरी गम्भीरता से देख रहे थे। प्रमाण रूप में 1992 में छपा उनका यह भाषण है, 'दलित साहित्य क्यों?' इस भाषण में वे एक महत्त्वपूर्ण प्रश्न उठाते हैं कि मध्यकाल में भक्ति आन्दोलन में कबीर, रैदास जैसे दर्जनों दलित कवि दिखलायी देते हैं। परन्तु क्या कारण है कि "स्वाधीनता के बाद सारे विकास के नाटक के बावजूद कोई दलित खिलाफ दिखलायी नहीं देता।"[1] दलित लेखक तो जाने दीजिए वे यह भी स्पष्ट करते हैं कि "मेरी जानकारी में तो इस धारा में किसी कवि या लेखक (सवर्ण) ने अछूतों पर कोई महत्त्वपूर्ण रचना लिखी हो, इसकी भी याद नहीं आ रही है।"[2] इसके लिए अभिजनवादी मनोवृत्ति कारण रही है। परन्तु इसके साथ वे एक अन्य महत्त्वपूर्ण कारण की ओर इशारा करते हैं। उनके अनुसार, "दूसरी ओर कुछ परेशानी जनवाद के कारण भी हुई है। जो 'वर्ग' को तो महत्त्व देता है पर 'वर्ण' को महत्त्व नहीं देता।"[3] इस मुद्दे को वे बाद के व्याख्यानों और लेखों में बराबर उठाते हैं। डॉ. बाबासाहेब अम्बेडकर जी का वामपन्थियों से इसी मुद्दे पर तो मतभेद था। महाराष्ट्र के एक कट्टर मार्क्सवादी इसी मुद्दे को लेकर मार्क्सवादी पार्टी से अलग हो गये और उन्होंने (का. शरद पाटील) सत्यशोधक कम्युनिष्ट पार्टी की नींव रखी। यह मुद्दा राजनीतिक नहीं है, अपितु इस देश की विषम समाज रचना की वास्तविकता से सम्बन्धित है। डॉ. मैनेजर पाण्डेय सम्भवतः हिन्दी के पहले वामपन्थी विचारक हैं जो स्पष्ट रूप से भारत के वामपन्थियों के समाज-विश्लेषण से गहरा मतभेद रखते हैं। यहाँ की विषम समाज रचना के मूल में वर्ग के साथ-साथ वर्ण-व्यवस्था भी कारणीभूत है, इसे वे खुले दिल से स्वीकार करते हैं।

प्रस्तुत लेखक में वे हीरा डोम की कविता का विश्लेषण करते हुए यह निष्कर्ष देते हैं कि "हीरा डोम की कविता की परम्परा का विकास प्रेमचन्द के यहाँ दिखायी देता है।"[4] वर्ण-व्यवस्था की क्रूरता को सबसे पहले प्रेमचन्द ने पहचाना और उन्होंने इसका सम्बन्ध राष्ट्रीयता के साथ जोड़ा। "प्रेमचंद ने एक जगह लिखा है कि राष्ट्रीयता की पहली शर्त है, वर्ण-व्यवस्था, ऊँच-नीच के भेद और धार्मिक पाखण्ड की जड़ खोदें।"[5]

प्रेमचन्द के 'ठाकुर का कुआँ' कहानी की तुलना मैनेजर पाण्डेय विश्व के दो श्रेष्ठ कहानकारों की कहानियों के साथ करते हैं। वे लिखते हैं कि "मुझे तो लगता है कि जैसे चेखव की वार्ड नं. 6 अगर पूरे रूस का प्रतिनिधित्व करती कहानी है या लूसून की 'एक पागल की डायरी' पूरे चीन की प्रतिनिधित्व करती है तो ठाकुर का कुआँ केवल एक कुआँ नहीं है, जिसमें अछूतों को डूब मरने की सुविधा है, परन्तु पीने का पानी लेने

की सुविधा नहीं है।"[6] वे फिर से स्वाधीनता के बाद के हिन्दी साहित्य लेखन की सीमाओं को स्पष्ट करते हैं। मन्नू भण्डारी जी ने अपने 'महाभोज' उपन्यास की भूमिका में लिखा, "जब घर में आग लगी हो तो सिर्फ अपने अन्तरजगत् में बने रहना या उसका प्रकाशन करना यह खुद ही अप्रासंगिक, हास्यास्पद और अश्लील नहीं लगने लगता क्या?"[7] महाभोज बिहार के बेलछी-हत्याकाण्ड के बाद उससे प्रेरणा लेकर लिखा गया उपन्यास है। मन्नू जी के इस वक्तव्य के आलोक में डॉ. मैनेजर पाण्डेय स्वातन्त्र्योत्तर हिन्दी साहित्य की समीक्षा करते हुए लिखते हैं–"इस वक्तव्य के प्रकाश में स्वाधीनता के बाद के हिन्दी साहित्य को देखें, तो मुझे लगता है कि बहुत सारा साहित्य सारी कलाबाजियों के बावजूद अप्रासंगिक, हास्यास्पद और अश्लील है।"[8] उनके इस निष्कर्ष से स्पष्ट है कि दलित संवेदना की अभिव्यक्ति मात्र से कोई भी लेखन-साहित्य के अन्तर्गत नहीं आ सकता, इसका अहसास उन्हें है। इसी कारण वे लिखते हैं कि "दलित साहित्य के लिए रचनात्मक दृष्टिकोण आना चाहिए जो मराठी और गुजराती की दलित कविताओं में या कहानियों में दिखायी देता है।"[9]

दलित साहित्य के सन्दर्भ में वे लिखते हैं कि "ये इनकार से भरी हुई चीख की कहानियाँ हैं। इनकार–बहुत सारी चीजों का इंकार, ये जो रूढ़िवादी हिन्दू समाज है उसकी मान्यताएँ, उसके मूल्य, उसके आदर्श इन सबका इनकार, अस्वीकार और अस्वीकार स्वभावतः चीख के साथ।"[10] आगे वे लिखते हैं कि "यह केवल शिकायत का साहित्य नहीं है, यह विरोध का साहित्य है।"[11]

उपर्युक्त विवेचन से स्पष्ट है कि डॉ. मैनेजर पाण्डेय 1992 में दलित साहित्य का न केवल स्वागत कर रहे थे, अपितु उसके समर्थन में पूरी शक्ति के साथ खड़े थे। एक ईमानदार मार्क्सवादी की तरह वे भारतीय मार्क्सवादियों की सोच की सीमा को भी स्पष्ट करते हैं। अपने आरम्भ के इस लेख में ही वे दलितेतरों द्वारा दलित जीवन पर लिखे साहित्य की सीमाओं को भी स्पष्ट करते हैं। दलित साहित्य जिस नकार और विरोध को व्यक्त कर रहा है, उसे भी वे रेखांकित करते हैं। उसके स्वतन्त्र सौन्दर्यशास्त्र की जरूरत को भी स्पष्ट करते हैं। वे दलित प्रश्न या दलित साहित्य की ओर सहानुभूति, दया या करुणा से नहीं, अपितु विशुद्ध मानवतावादी भूमिका पर खड़े होकर देखते हैं।

मध्यप्रदेश प्रगतिशील लेखक संघ की शिवुरी इकाई के कार्यक्रम 'दलित कलम' के द्वितीय सत्र में 20 जून, 1993 को डॉ. मैनेजर पाण्डेय जी ने एक भाषण दिया था–जो बाद में 'वसुधा' के अंक में प्रकाशित हुआ का–शीर्षक था–'हिन्दी साहित्य में दलित लेखन', हालाँकि 1993 में हिन्दी में दलित-लेखन अधिक मात्रा में प्रकाशित नहीं हुआ था। परन्तु जो भी लेखन प्रकाशित हुआ था, उसका वे पूरी गम्भीरता से विवेचन-विश्लेषण करते हैं। इसके लिए वे आरम्भ में हिन्दी साहित्य की परम्परा का विवेचन करते हैं। मध्यकाल में जिन कवियों ने वर्ण और जाति-व्यवस्था पर प्रहार किये उनके नाम और कविताओं के साथ सवर्णों ने कैसे मजाक किया इसे वे साबित करते हैं। "हमारे यहाँ होली के समय कबीर के नाम पर कुछ गीत गाये जाते हैं, जिन्हें 'कबीरा' कहा जाता

है। संसारभर में इतने अश्लील गीत शायद और कहीं गाये जाते हों। कहाँ कबीर की कविता और कहाँ कबीरा जैसा अश्लील गति। विकृत करने की प्रक्रिया का एक प्रमाण यह भी है।"[12] कबीर की परिवर्तनवादी कविता की व्याख्या किस प्रकार की जा रही है, इसे भी वे स्पष्ट करते हैं और दलित लेखकों को आगाह करते हैं कि "बाबासाहब अम्बडेकर ने क्या लिखा है, केवल यह बता देने से काम नहीं चलेगा। महत्त्वपूर्ण यह है कि साहित्य, संस्कृति और समाज के स्तर पर हम अम्बेडकर जी के विचारों को किस रूप में लागू करते हैं। हमें उनके विचारों को परिवर्तनकारी शक्ति के रूप में विकसित करना होगा न कि कबीरपन्थियों की तरह उन्हें पोथियों में बाँधने की कोशिश करनी है।"[13]

वे यह भी स्पष्ट करते हैं कि हिन्दी के प्रगतिशील लेखकों ने दलित जीवन की समस्याओं पर ध्यान नहीं दिया है। अपवाद रूप में वे नागार्जुन की लम्बी कविता 'हरिजन गाथा' का तथा मन्नू भण्डारी के उपन्यास 'महाभोज' का उल्लेख करते हैं। नागार्जुन अपनी इस लम्बी कविता के अन्त में लिखते हैं कि दलित माँओं के सब बच्चे अब बागी होंगे। डॉ. पाण्डेय जी यहाँ यह स्पष्ट करते हैं कि सामाजिक परिवर्तन की प्रक्रिया में केवल 'आलोचना के हथियारों' से ही काम पूरा नहीं होता, अपितु 'हथियारों की आलोचना' की भी जरूरत पड़ती है।

दलित साहित्य आन्दोलन के सन्दर्भ में वे एक महत्त्वपूर्ण बात यह भी कहते हैं कि "दलित साहित्य आन्दोलन के विकास के लिए हिन्दी क्षेत्र के समाज, संस्कृति और साहित्य के इतिहास का पुनर्लेखन जरूरी है।" इस प्रकार के पुनर्लेखन की जरूरत दलित कविता और चिन्तकों को अधिक महसूस हो रही है। आन्ध्र के डॉ. कांचा इल्लय्या इस प्रकार की खोज कर रहे हैं। हिन्दू धर्म, समाज और संस्कृति का वे नया इतिहास लिख रहे हैं। कुछ इसी प्रकार की खोज उड़िया, बंगाली, मराठी और गुजराती के चिन्तक भी कर रहे हैं। अपने विवेचन में वे ओमप्रकाश वाल्मीकि की कविता की पंक्तियों को उद्धृत करते हुए यह स्पष्ट करते हैं कि इस देश के दर्शन में किस प्रकार के अन्तर्विरोध हैं।

इस लेख के अन्त में प्रश्न उठाते हैं कि दलित जीवन के बारे में केवल दलितों को लिखने का अधिकार है या गैर-दलितों को भी। इस प्रश्न की चर्चा करते हुए वे लिखते हैं कि "दलित जीवन के बारे में गैर-दलितों के द्वारा लिखे साहित्य के प्रसंग में एक प्रश्न विचारणीय है। यह प्रश्न संस्कार एवं अनुभव के द्वन्द का है।" लेखक चाहे गैर-दलित हो या दलित, उसे संस्कार और अनुभव के बारे में सावधान रहना चाहिए।[15]

इसे भी वे स्पष्ट करते हैं कि "आजकल जो दलित साहित्य विकसित हो रहा है, उसमें आक्रोश अधिक है। जबकि प्रायः लोगों की आदत साहित्य में करुणा और सहानुभूति खोजने की रही है। आक्रोश में आवाज कर्कश हो जाती है और स्वर सधा हुआ नहीं रहता। इसलिए जो लोग साहित्य में सधे हुए स्वर और सुरीली आवाज की खोज करते हैं, वे लोग दलित साहित्य से निराश होते हैं। ऐसे लोगों को गालिब के शब्दों में कहा जा सकता है—

"फरियाद की कोई लै नहीं है
नाः पाबन्द-ए-नै नहीं है।"

तात्पर्य, फरियाद किसी लय की मुहँताज नहीं होती और आर्तनाद के लिए बाँसुरी की जरूरत नहीं होती।"[16] गालिब के इस शेर को दलित साहित्य के सन्दर्भ में वे कई स्थानों पर उद्धृत करते हैं। प्रकारान्तर से वे दलित साहित्य में व्यक्त नकार, विरोध, विद्रोह और आक्रोश का समर्थन करते हैं। इसी वक्तव्य में दलित साहित्य के स्वतन्त्र सौन्दर्यशास्त्र तथा स्वतन्त्र आलोचना का भी आग्रह करते हैं। उनके अनुसार—"हिन्दी में जो दलित साहित्य लिखा जा रहा है, उसकी जाँच-परख और व्याख्या के लिए और साथ ही उसके सौन्दर्य-बोध की पहचान के लिए आलोचना और सौन्दर्यशास्त्र का विकास आवश्यक है।" दूसरे शब्दों में डॉ. मैनेजर पाण्डेय इसे स्वीकार कर रहे हैं कि साहित्य आलोचना के पारम्परिक और शास्त्रीय मानदण्ड दलित साहित्य-विवेचन के लिए न केवल अधूरे हैं, अपितु इस साहित्य विवेचन के लिए अन्यायकारक हैं तथा हमारा पारम्परिक सौन्दर्यशास्त्र भी बेमतलब का साबित हो जाता है। इस वक्तव्य द्वारा वे यह स्वीकार कर रहे हैं कि साहित्य की आलोचना के मानदण्ड तथा सौन्दर्यशास्त्र के निकष कालजयी या कालातीत नहीं होते अथवा यूँ कहें कि हमारी आलोचना के निकष तथा हमारा तथाकथित भारतीय सौन्दर्यशास्त्र वर्गीय हित-सम्बन्धों में बँधा हुआ है। वह विशिष्ट वर्ग द्वारा तैयार किया गया है। इसी कारण तो दलित साहित्य की आलोचना करते समय इसकी सीमाएँ स्पष्ट हो जाती हैं। इसीलिए मैनेजर पाण्डेय जी आलोचना के हथियारों की आलोचना की माँग करते हैं। दलित साहित्य के आरम्भिक दौर में ही इस साहित्य की समीक्षा को लेकर पाण्डेय जी कुछ मूलभूत प्रश्न उपस्थित करते हैं। सन् 2010 तक आते-आते भारतीय भाषाओं में लिखे जाने वाले दलित साहित्य को लेकर विभिन्न भाषाओं के समीक्षकों में इस बात को लेकर सहमति हो गयी है कि दलित साहित्य की आलोचना के लिए पारम्परिक आलोचना के मानदण्ड बदलने होंगे।

काम्बले नामक एक दलित स्त्री की आत्मकथा मराठी में 'जीणं अमुचं' शीर्षक से प्रकाशित हुई। उसका हिन्दी अनुवाद, 'जीवन हमारा' शीर्षक से 1995 में प्रकाशित हुआ। इस हिन्दी आत्मकथा की भूमिका डॉ. पाण्डेय जी ने लिखी है तथा इस आत्मकथा के बहाने दलित स्त्री जीवन अथवा यूँ कहें कि भारतीय स्त्री जीवन पर उन्होंने अपने विचार व्यक्त किये हैं। म. जोतिबा फुले ने 1873 में गुलामगीरी में लिखा था—"जो सहता है, वही जानता है।" इस वाक्य के आगे पाण्डेय जी एक छोटा-सा वाक्य जोड़ देते हैं—"और जो जानता है, वही कह सकता है।" इस छोटे से वाक्य द्वारा उन्होंने यह स्पष्ट किया है कि दलित ही दलित जीवन पर लिख सकता है।

1993 के किसी माह के हंस के अंक में डॉ. पाण्डेय जी का एक लम्बा लेख प्रकाशित हुआ था—"क्या आपने वज्र-सूची का नाम सुना है?" बाद में यह लेख उनकी पुस्तक 'अनभै साचा' में संकलित किया गया। इस लेख में वे अश्वघोष की वज्र-सूची

का परिचय ही नहीं कराते, अपितु इस बहाने वे यहाँ के इतिहास, समाज-व्यवस्था, राजनीति को लेकर कुछ गम्भीर प्रश्न उपस्थित करते हैं। इतिहास इस बात का गवाह है कि यहाँ के सवर्णों ने विशेषतः ब्राह्मणों ने यहाँ विकसित अनात्मवादी विचारों को फैलने नहीं दिया। ''बौद्धों के अतिरिक्त चार्वाक, आजीवक और अन्य अनेक भौतिकवादी, अनात्मवादी विचारकों की रचनाएँ भी इस देश में नहीं मिलतीं।''[17] अनेक प्रमाणों द्वारा वे यह स्पष्ट करते हैं कि ''यहाँ की परम्परा के प्रतिनिधि अपने विरोधी और विकल्पी विचारों के साथ जो व्यवहार करते रहे हैं, उसकी प्रक्रिया ध्यान देने लायक है। इस प्रक्रिया में सबसे पहले विरोधी विचार का उग्र विरोध होता है। विरोध के बाद भी अगर वह नष्ट नहीं होता तो उसे 'विकृत' करके बदनाम करने की कोशिश होती है। इसके बाद भी यदि विरोधी विचार जीवित रहता है, तो उसके विरोध की याद को तेजी से नष्ट करके उसे अपने भीतर समेट लेने का प्रयत्न होता है। विरोध, विकृत और समाहार की इस सर्वग्रासी प्रक्रिया का शिकार चार्वाक, आजीवक और बुद्ध ही नहीं कबीर जैसे कवि भी हो चुके हैं। वैदिक-पौराणिक परम्परा की यह प्रवृत्ति इस देश में आलोचना की संस्कृति का स्वभाव बन गई है।''[18] डॉ. रामविलास शर्मा जी के विवेचन पर भी इस प्रवृत्ति की गहरी छाया है, इसे सोदाहरण स्पष्ट करते हुए वे लिखते हैं, ''वे (डॉ. रामविलास शर्मा) बौद्ध साहित्य को भारत के राष्ट्रीय साहित्य में शामिल नहीं करते। यही नहीं, उनके अनुसार वाल्मीकि और व्यास की एक उपलब्धि है, बौद्ध मत को निर्मूल करना।''[19]

वे लिखते हैं--''प्राचीन भारतीय साहित्य में वज्र-सूची सम्भवतः पहली ऐसी रचना है, जिसमें वर्णभेद तथा जातिभेद पर टिकी व्यवस्था, उस व्यवस्था के नियामक, संचालक ब्राह्मण वर्ण, उनकी विचारधारा और उस विचारधारा के पाखण्ड का पर्दाफाश किया गया है।''[20] एक ओर वे अनेक प्रमाणों द्वारा यह साबित करते हैं कि वर्ण-व्यवस्था का अस्तित्व बहुत पुराना है, तो उसके विरोध की परम्परा भी कम पुरानी नहीं है तो दूसरी ओर इस यथार्थ को भी स्पष्ट करते हैं कि 'जाति-प्रथा' पर लिखने वाले और अधिकांश समाजशास्त्री 'वज्र-सूची' का नाम भी नहीं जानते।

वज्र-सूची में व्यक्त विचारों की धीरे-धीरे एक परम्परा कैसे बन जाती है, इसे स्पष्ट करते हैं, ''जाति प्रथा, शोषण, दमन और उत्पीड़न की ऐसी अमानुषिक व्यवस्था है, जिसे देखकर समाज के बारे में सजग, संवेदनशील और सहृदय रचनाकारों और विचारकों के मन में बेचैनी और विद्रोह की भावना पैदा होती रही है। ऐसी ही बेचैनी और विद्रोह की पहली सशक्त अभिव्यक्ति 'वज्र-सूची' में हुई। इसकी अगली कड़ी सिद्धों और नाथों की कविता में मिलती है। फिर वहाँ से कबीर में।''[21]

अन्य भारतीय भाषाओं की तुलना में हिन्दी में 'वज्र-सूची' की अत्यधिक उपेक्षा हुई है। इस उपेक्षा के मूल में हिन्दी प्रदेश की सामन्ती मानसिकता है। डॉ. पाण्डेय इस सन्दर्भ में लिखते हैं--''हिन्दी में 'वज्र-सूची' की उपेक्षा केवल एक किताब की उपेक्षा नहीं है। वह भारतीय समाज में सामन्तवाद के सबसे मजबूत और घिनौने अवशेष--जाति-प्रथा की

उपेक्षा है, जाति-प्रथा की क्रूरता और वीभत्सता की उपेक्षा है और जाति-प्रथा के उन्मूलन के लिए कटिबद्ध एक क्रान्तिकारी दृष्टि की उपेक्षा है। इस उपेक्षा के कारण हिन्दी नवजागरण की चेतना लँगड़ी हुई है, उसका सामन्तवादी विरोधी स्वर दुर्बल हुआ है।"[22]

हिन्दी में डॉ. हजारी प्रसाद द्विवेदी एक मात्र ऐसे आलोचक हैं जो वज्र-सूची के महत्त्व को स्वीकारते हैं तथा हिन्दी साहित्य की कबीरवादी परम्परा का एक महत्त्वपूर्ण स्रोत बौद्ध-दर्शन और साहित्य की सामाजिक दृष्टि है, इसे प्रमाणित करते हैं। अन्य इतिहासकार वज्र-सूची और बौद्ध-परम्परा का उल्लेख तक नहीं करते।

इस लेख के अन्त में वे लिखते हैं कि "जातिवाद के विरुद्ध जन-आन्दोलन और वैचारिक संघर्ष की जरूरत आज भी बनी हुई है। जाति-प्रथा मूलतः अधिनायकवादी और दमनकारी प्रवृत्तियों से जुड़ी हुई है।"[23]

रमणिका गुप्ता द्वारा सम्पादित एक पुस्तक है, 'दलित-चेतना-सोच'। 1998 में प्रकाशित इस पुस्तक की भूमिका डॉ. पाण्डेय जी ने लिखी है। इस पुस्तक के महत्त्व को रेखांकित करते हुए उन्होंने भूमिका को शीर्षक दिया है, "दलित-आन्दोलन की मुकम्मल और जरूरी किताब" इस पूरे लेख में वे व्यवस्था की निरर्थकता को प्रमाणित करते हैं। दलित साहित्य का प्रस्थान बिन्दु ही है, जाति विरहित समाज अर्थात् विषम समाज के स्थान पर समताधिष्ठित समाज। ऐसे समाज के निर्माण में सबसे बड़ी बाधा जाति-व्यवस्था की है। इस व्यवस्था के सम्बन्ध में वे लिखते हैं—"हिन्दू समाज की जाति-व्यवस्था रबर से भी अधिक लचीली और इस्पात से भी अधिक मजबूत है।"... भारतीय समाज को पूरी तरह बदलने की पहली शर्त है—जाति-व्यवस्था का अन्त।"

इस जाति-व्यवस्था को दृढ़ और स्थिर करने में मनुस्मृति ने महत्त्वपूर्ण भूमिका अदा की है। वे लिखते हैं—"वर्ण और जाति की व्यवस्था को हिन्दू समाज की संरचना में पूरी तरह स्थिर और स्थापित करने, उसे शासन और शोषण की व्यापक व्यवस्था बनाने, उसमें सत्ता की बागडोर ब्राह्मणों के हाथों में सौंपने और दलितों तथा स्त्रियों को गुलामी की अटूट जंजीरों में जकड़ देने की जैसी कोशिश 'मनुस्मृति' में है, वैसी कहीं और नहीं। यद्यपि मनुस्मृति का दूसरा नाम—'मानव धर्म शास्त्र' है, लेकिन उससे अधिक अमानवीय शास्त्र और कोई नहीं है। यह आश्चर्यजनक नहीं कि नीत्से मनुस्मृति का घोर प्रशंसक था। ...जातिभेद, गुलामी और तानाशाही के एक समर्थक को 'मनुस्मृति' क्यों न पसन्द आये?"[24]

हिन्दी में दलित साहित्य का विरोध दो ओर से हो रहा है—इसे वे स्पष्ट करते हैं—एक तो कलावादियों की ओर से और दूसरे मार्क्सवादियों की ओर से। कलावादी कहते हैं कि साहित्य वर्ग, समाज, देश और काल से बँधा नहीं है, इसलिए उसे वर्ण, जाति और लिंग से जोड़ना गलत है। उनका यह तर्क कितना सतही तथा साहित्य की नासमझी पर आधारित है, इसे वे स्पष्ट करते हैं, कलावादी दलित साहित्य में कला की जटिलताएँ और बारीकियाँ खोजते हैं। दलित साहित्य में यह सब नहीं है। फिर पूछते हैं कि आखिर उसमें यह सब क्यों हो? दलित साहित्य रसिकों के लिए नहीं साधारण दलित जनता के लिए है। उसका उद्देश्य मानसिक ऐय्याशी नहीं है, नयी चेतना का

जागरण है, इसलिए उसमें कला की जटिलताएँ नहीं, सम्प्रेषण की सहजता है। "दलित साहित्य में शिकायत है, फ़रियाद है, विरोध है और आर्तनाद भी है।"[25] इसके स्वतन्त्र सौन्दर्यशास्त्र की माँग करते हुए वे आगे लिखते हैं—"दलित साहित्य का आन्दोलन केवल साहित्यिक नहीं है। वह दलित समाज के जागरण, परिवर्तन और विकास से जुड़ा आन्दोलन है।"[26]

इस भूमिका में वे फिर से नये सौन्दर्यशास्त्र का आग्रह पकड़ते हैं। उन्हें इस बात का अहसास है कि "कोई भी सौन्दर्यशास्त्र एक दिन में नहीं बनता। प्रतिरोध और विकल्प का सौन्दर्यशास्त्र तो और भी नहीं।"[27] जो सौन्दर्यशास्त्र को कालातीत मानते हैं उनके सम्बन्ध में वे लिखते हैं—"जो लोग कहते हैं कि सौन्दर्यशास्त्र का जाति, वर्ग और विचारधारा से कोई लेना-देना नहीं है—वे यां तो बेवकूफ हैं या बदमाश।"[28] इसे स्पष्ट करते हुए वे लिखते हैं कि "सौन्दर्यशास्त्र कला की अनुभूति का शास्त्र नहीं है। वह कलात्मक सौन्दर्य के बोध और मूल्यों का शास्त्र है और बोध की प्रक्रिया तथा मूल्यों के निर्माण में जाति, वर्ग और लिंग से जुड़ी विचारधारा की महत्त्वपूर्ण भूमिका होती है।"[29] दलित सौन्दर्यशास्त्र एक लम्बी प्रक्रिया के बाद विकसित होगा—ऐसा विश्वास भी वे व्यक्त करते हैं। यह कैसे होगा। उनके अनुसार, "दलित सौन्दर्यशास्त्र का विकास दलित समाज, उसकी चेतना, संस्कृति, विचारधारा और दलित साहित्य के विकास पर निर्भर है, जो एक लम्बी प्रक्रिया में होगा।"[30]

दलित साहित्य के प्रति कलावादियों के सारे तर्कों का खण्डन करने के बाद वे मार्क्सवादियों की भूमिका की तलाश करते हैं। उन्हें इस बात का आश्चर्य होता है कि मार्क्सवादी इस साहित्य का विरोध क्यों कर रहे हैं? इस सम्बन्ध में मार्क्सवादियों के सिद्धान्तों का विवेचन वे करते हैं। नक्सलवादी आन्दोलन के नेता चारू मजुमदार की पार्टी के प्रोग्राम का एक वाक्य वे उद्धृत करते हैं—"क्रान्ति सम्पन्न होने के बाद सत्ता में आने के पश्चात् जाति का उन्मूलन किया जाएगा।"[31] उनके अनुसार कमोबेश यही दृष्टिकोण दूसरे मार्क्सवादी दलों का भी है। इससे दो बातें सामने आती हैं। "एक तो यह कि क्रान्ति से पहले जाति उन्मूलन की आवश्यकता नहीं है। दूसरी, सत्ता हासिल करने के बाद जाति को कानूनन रद्द किया जाएगा। अर्थात् सांस्कृतिक क्रान्ति के द्वारा जाति का उन्मूलन नहीं, क्रान्तिकारी सरकार के आदेशों से जाति का उन्मूलन होगा।"[32] इस पर डॉ. पाण्डेय प्रतिक्रिया देते हैं—"ऐसी समझ के बाद मार्क्सवादी दलित आन्दोलन और उनके साहित्य का विरोध करें तो क्या आश्चर्य!"[33]

सदानन्द शाही द्वारा सम्पादित पुस्तक 'दलित साहित्य की अवधारणा और प्रेमचंद'

(प्रकाशन वर्ष 2006) में डॉ. मैनेजर पाण्डेय जी का एक लेख संकलित है—शीर्षक है—'लोकमत और दलित साहित्य'। इस लेख के आरम्भ में वे यह स्पष्ट करते हैं कि इस

देश के लोकमत की बुनावट में सवर्णों की मानसिकता अधिक झलकती है। इसे प्रमाणित करने के लिए वे लिखते हैं कि "लोकमत प्रायः शास्त्र मत से भी अधिक प्रभावकारी तथा साथ ही दमनकारी भी होता है। हिन्दू समाज के सवर्ण समुदाय ने ऐसी दृष्टि बना रखी है, जिसमें दलितों के प्रति उपेक्षा और विरोध ही नहीं, बल्कि घृणा के भाव मौजूद हैं। हिन्दी क्षेत्र में ऐसी अनेक कहावतें प्रचलित हैं, जो दलितों के बारे में घृणा से भरी हुई हैं।"[34]

इस देश में दो प्रकार के लोकमत हैं—एक सवर्ण लोकमत जिसमें दलित समुदाय के प्रति तिरस्कार और अपमान के भाव हैं। दूसरा दलित, उपेक्षित या नाकारे गये वर्ग का लोकमत। इस वर्ग के लोक-साहित्य, लोक-गीत या लोकमत का अभी तक अध्ययन ही नहीं हुआ है। उनके अनुसार दलित साहित्य आज एक बहुत महत्त्वपूर्ण दायित्व का निर्वाह कर रहा है और वह है, "सवर्णों द्वारा बनाये गये इस लोकमत को ठीक ढंग से समझने और उनको तोड़ने का काम दलित लेखक करते हैं या कर रहे हैं, क्योंकि दलित चेतना के विकास के कारण दलित समुदाय सवर्णवादी लोकमत के शिकंजे से बाहर निकल रहा है।"[35] यहाँ डॉ. मैनेजर पाण्डेय दलित साहित्य के एक महत्त्वपूर्ण प्रयोजन की ओर संकेत कर रहे हैं। दलित साहित्य के इस प्रयोजन की ओर मराठी समीक्षकों ने भी संकेत नहीं किया है, इसे यहाँ रेखांकित करना जरूरी है।

उन्हें इस बात का भी दुःख है कि "हिन्दी के दलित साहित्य की दुर्भाग्यपूर्ण स्थिति यह है कि वह आरम्भ से ही अभिजात्य या कहिए कलावादी या कहिए कि वर्णवादी आलोचना या नासमझी का शिकार हो रहा है।"[36] दलित साहित्य किसे कहेंगे, इस प्रश्न की चर्चा करते हुए वे लिखते हैं, "मेरे विचार में, करुणा और सहानुभूति के सहारे गैर-दलित लेखक भी दलितों के बारे में अच्छा साहित्य लिख सकते हैं। लेकिन सच्चा दलित साहित्य वही है जो दलितों द्वारा अपने बारे में या सवर्ण समुदाय के बारे में लिखा जाता है। क्योंकि ऐसा साहित्य सहानुभूति या करुणा से नहीं, बल्कि स्वानुभूति से उपजा होता है।"[37] कुछ इसी प्रकार का प्रतिपादन मराठी के दलित समीक्षकों में डॉ. गंगाधर पानतावणे जी ने किया है।

दलित साहित्य के वैचारिक आधार की चर्चा वे इसी लेख में करते हैं। लिखते हैं कि हिन्दी ही नहीं मराठी में भी यह विवाद का विषय है कि दलित लेखन का वैचारिक आधार क्या होना चाहिए—मार्क्सवाद या अम्बेडकरवाद।"[38] एक मराठी भाषी होने के नाते मैं यहाँ स्पष्ट करना चाहता हूँ कि मराठी में इस प्रकार का कोई विवाद नहीं है। मराठी के दलित साहित्य का मूल आधार अम्बेडकरवाद ही है। विवाद मार्क्सवाद या अम्बेडकरवाद ऐसा नहीं है। विवाद अम्बेडकरवाद तथा मार्क्सवाद अथवा केवल अम्बेडकरवाद ऐसा है। अम्बेडकरवाद के बाद 'या' यह शब्द मराठी में सम्भव ही नहीं है। हाँ, अम्बेडकर के विचारों के साथ मार्क्स को स्वीकारें या नहीं ऐसा है। प्रेमचन्द के विचारों पर अम्बेडकर जी के विचारों का कितना गहरा असर था, इसे वे अनेक प्रमाणों द्वारा साबित करते हैं। जैसे—प्रेमचन्द की कहानियों में दलित चेतना के अभिव्यक्ति की शुरुआत चवदार-तालाब के आन्दोलन के बाद ही आने लगती है।

दलित आन्दोलन से केवल दलितों का ही फायदा नहीं है, अपितु सम्पूर्ण हिन्दी समाज के विकास में इस आन्दोलन से सहायता मिलेगी, इसे भी वे स्पष्ट करते हैं। दलित साहित्य के कारण हिन्दी साहित्य की भाषा में भी एक सार्थक मोड़ आयेगा—इसे वे रेखांकित करते हैं।

डॉ. पाण्डेय जी का संक्षिप्त लेख 'दलित साहित्य के सौन्दर्यशास्त्र की समस्या' पर छपा है। इसमें व्यक्त विचार इसके पूर्व के एक लेख में आये हैं, इसलिए यहाँ उसकी पुनरावृत्ति न करते हुए केवल एक ही बात पर मैं बल देना चाहूँगा कि हिन्दी में डॉ. मैनेजर पाण्डेय अकेले ऐसे आलोचक हैं, जो दलित साहित्य के सौन्दर्यशास्त्र पर लगातार बहस कर रहे हैं, आलोचना के तथा सौन्दर्यशास्त्र के पारम्परिक मानदण्ड अब बे मतलब के साबित हो रहे हैं। जब समाज का एक बहुत बड़ा वर्ग अपनी रचनाओं को लेकर उपस्थित हो जाता है, तब आलोचना और सौन्दर्यशास्त्र के सम्मुख कई चुनौतियाँ खड़ी हो जाती हैं। या यूँ कहिए कि उनका अस्तित्व ही खतरे में आ जाता है। इस खतरे को वे महसूस कर रहे हैं और इसी कारण वे आलोचना के तथा सौन्दर्यशास्त्र के नये मानदण्डों की खोज का आह्वान करते हैं।

इस विषय का इनका अन्तिम लेख अंग्रेजी में है और उसका सम्बन्ध अकादमिक निर्णय अनिर्णय के साथ है! हिन्दी साहित्य के पाठ्यक्रमों में दलित अध्ययन का समावेश होना चाहिए, इससे सम्बन्धित यह बहस है। यह एक विचित्र और विसंगत स्थिति है कि बहुसंख्यकों की अनुभूति, उनके सुख-दुःख, उनकी समस्याएँ, उनके रीति-रिवाज, उनकी संस्कृति का अध्ययन उच्च शिक्षा में हो कि नहीं इस पर जनतान्त्रिक व्यवस्था में कुछ तथाकथित बुद्धिजीवी कर रहे हों तो प्रश्न उठता है कि आखिर यह व्यवस्था किसकी पक्षधर है? अल्पसंख्यकों का प्रश्न हो या दलितों का, कुछ विद्वान् कहते हैं कि उस भूतकाल की चर्चा अब किस काम की। इस पर डॉ. पाण्डेय जी की प्रतिक्रिया है—"Knowledge of the past shall be a part of the developing process of History" विश्वविद्यालय और समाज के भीतरी सम्बन्ध को लेकर वे एक व्यंग्य भरा वाक्य लिखते हैं, जो इतिहास से सम्बन्धित है। "Some people make history, some others manage it & still others are the consumers of history"[40] इस पूरे लेख में इस देश की समाज-व्यवस्था में दलितों की जो स्थिति की गयी—उसका विवेचन और विश्लेषण है। स्पष्ट करते हैं कि—But there are some who are victims of knowledge. The tragedy of Indian society which is divededment why phisically, economically & sociely is that the producers of knowledge are its consumers and a large no. of people are the victims of knowlege. To talk about the Dalits is the talk about the victims of knowledge."[41]

उच्च शिक्षा में दलित अध्ययन पर वे जोर देते हैं। दलित साहित्य की भूमिका क्या है, इसे भी वे स्पष्ट करते हैं। भाषा के सन्दर्भ में दलित साहित्य के योगदान को

रेखांकित करते हैं। "At the level of language, Dalit literature is democratising the Hindi language."[42]

इन आठ आलेखों में से डॉ. पाण्डेय जी का दलित साहित्य के सन्दर्भ में जो चिन्तन व्यक्त हुआ है, उसे निष्कर्ष रूप में इस प्रकार रख सकते हैं–

1. हिन्दी में दलित साहित्य की धारा के पनपने के मूल में अथवा दलित-जीवन पर दलितेतर लेखकों द्वारा भी न 'लिखने के मूल में' यहाँ की अभिजनवादी मनोवृत्ति या जनवादी सोच, कारण रही है। जनवादी सोच वर्ग को महत्त्व देती है, वर्ण को नहीं।
2. दलित चेतना की अभिव्यक्ति मात्र से कोई भी लेख साहित्य के अन्तर्गत नहीं आ सकता। दलित साहित्य के लिए रचनात्मक दृष्टिकोण आना चाहिए, जो मराठी और गुजराती के दलित कहानियों में या कविताओं में दिखलायी देता है।
3. दलित साहित्य केवल शिकायत का साहित्य नहीं है, वह विरोध का साहित्य भी है।
4. दलित प्रश्न या दलित साहित्य की ओर वे सहानुभूति या करुणा से नहीं, विशुद्ध मानवतावादी दृष्टिकोण से देखते हैं।
5. सामाजिक परिवर्तन की प्रक्रिया में केवल 'आलोचना के हथियारों से ही काम पूरा नहीं होता, अपितु 'हथियारों की आलोचना' की भी जरूरत होती है।
6. दलित साहित्य आन्दोलन के विकास के लिए हिन्दी क्षेत्र के समाज, संस्कृति और साहित्य के इतिहास का पुनर्लेखन जरूरी है।
7. लेखक चाहे गैर-दलित हो या दलित, उसे संस्कार और अनुभव के बारे में सावधान रहना चाहिए।
8. दलित साहित्य में व्याप्त नकार, विद्रोह और आक्रोश का वे समर्थन करते हैं।
9. दलित साहित्य की जाँच-परख और व्याख्या के लिए और साथ ही उसके सौन्दर्य-बोध की पहचान के लिए, आलोचना और सौन्दर्यशास्त्र का विकास आवश्यक है।
10. जो सहता है, वही जानता है। (म. फुले) और जो जनता है वही कह सकता है। अर्थात् दलित ही दलित जीवन पर लिख सकता है।
11. यहाँ की परम्परा के प्रतिनिधि अपने विरोधी और विकल्पी विचारों के साथ जो व्यवहार करते रहे हैं–उसकी प्रक्रिया विरोध, विकृति और समाहार की रही है। इस प्रक्रिया का शिकार चार्वाक, आजीवक और बुद्ध ही नहीं, कबीर जैसे कवि भी हो चुके हैं।
12. डॉ. रामविलास शर्मा बौद्ध साहित्य को भारत के राष्ट्रीय साहित्य में शामिल नहीं करते। यही नहीं उनके अनुसार वाल्मीकि और व्यास की एक उपलब्धि है, बौद्ध मत को निर्मूल करना।

13. जातिवाद के विरुद्ध जन-आन्दोलन और वैचारिक संघर्ष की जरूरत आज भी बनी हुई है। जाति-प्रथा मूलतः अधिनायकवादी और दमनकारी प्रवृत्तियों से जुड़ी हुई है।
14. यद्यपि मनुस्मृति का दूसरा नाम 'मानव धर्म शास्त्र है', लेकिन उससे अधिक अमानवीय शास्त्र और कोई नहीं है। यह आश्चर्यजनक नहीं कि नीत्से मनुस्मृति का घोर प्रशंसक था।....जातिभेद, गुलामी और तानाशाही के एक समर्थक को मनुस्मृति क्यों न पसन्द आये?
15. हिन्दी में दलित साहित्य का विरोध दो ओर से हो रहा है—एक तो कलावादियों की ओर से और दूसरे मार्क्सवादियों की ओर से।
16. दलित साहित्य रसिकों के लिए नहीं, साधारण दलित जनता के लिए है। उसका उद्देश्य मानसिक ऐय्याशी नहीं, नयी चेतना का जागरण है, इसीलिए उसमें कला की जटिलताएँ नहीं, सम्प्रेषण की सहजता है।
17. दलित साहित्य का आन्दोलन केवल साहित्यिक आन्दोलन नहीं है। यह दलित समाज के जागरण, परिवर्तन और विकास से जुड़ा आन्दोलन है।
18. जो लोग कहते हैं कि सौन्दर्यशास्त्र का जाति, वर्ग और विचारधारा से कोई लेना-देना नहीं है—वे या तो बेवकूफ हैं या बदमाश।
19. दलित सौन्दर्यशास्त्र का विकास दलित समाज, उसकी चेतना, संस्कृति, विचाराधारा और दलित साहित्य के विकास पर निर्भर है, जो एक लम्बी प्रक्रिया में होगा।
20. सवर्णों द्वारा बनाये गये दलित विरोधी लोकमत को ठीक ढंग से समझने और उनको तोड़ने का काम दलित लेखक करते हैं या कर रहे हैं, क्योंकि दलित चेतना के विकास के कारण दलित समुदाय सवर्णवादी लोकमत के शिकंजे के बाहर निकल रहा है।
21. मेरे विचार में करुणा और सहानुभूति के सहारे गैर-दलित लेखक भी दलितों के बारे में अच्छा साहित्य लिख सकते हैं। लेकिन सच्चा दलित साहित्य वही है, जो दलितों द्वारा अपने बारे में या सवर्ण समुदाय के बारे में लिखा जाता है, क्योंकि ऐसा साहित्य सहानुभूति या करुणा से नहीं बल्कि स्वानुभूति से उपजा होता है।
22. दलित आन्दोलन से केवल दलितों का ही फायदा नहीं है, अपितु सम्पूर्ण हिन्दी समाज के विकास में इस आन्दोलन में सहायता मिलेगी।
23. दलित साहित्य के कारण हिन्दी साहित्य की भाषा में भी सार्थक मोड़ आयेगा।

इन सम्पूर्ण 23 मुद्दों में दो ऐसे मुद्दे हैं जो दलित साहित्य पर न्याय न करने वाले हैं। क्रमांक 16 तथा 17 उस मुद्दे में वे यह कहते हैं कि दलित साहित्य साधारण दलित जनता के लिए है। 17वें मुद्दे में वे इसी का विस्तार करते हैं।

दलित साहित्य केवल साधारण दलित जनता के लिए नहीं है तथा केवल दलित

समाज के जागरण, परिवर्तन और विकास से जुड़ा आन्दोलन नहीं है, अपितु उसका लक्ष्य तो सम्पूर्ण भारतीय समाज है। दलित साहित्य का प्रस्थान बिंदु 'समताधिष्ठित समाज' है और लक्ष्य भी वही है। वास्तविकता यह है कि इस देश में असली समस्या सवर्णों की विभेदवादी मानसिकता की है। इसलिए सुधार, परिवर्तन, जागरण की सही जरूरत सवर्णों के लिए है। दलित तो विशुद्ध मानवतावादी भूमिका को लेकर जीना चाहता है। इस कारण यह साहित्य उनके लिए है जो मनुष्य को जाति में बाँटकर देखते हैं और जिनके मन में दलितों को लेकर घृणा, तिरस्कार और उपेक्षा है।

मराठी की दलित आत्मकथाओं ने सवर्णों की मानसिकता बदलने में बहुत बड़ी भूमिका अदा की है। आन्दोलन से भी अधिक सूक्ष्मता से साहित्य द्वारा परिवर्तन सम्भव है। ऐसा परिवर्तन स्थायी होता है। दलित साहित्य दलितों के लिए लिखा जा रहा है—यह आरोप दलित साहित्य पर अन्याय करने वाला है, उसके उदात्त हेतु को न समझना है। इस साहित्य का जन्म ही सवर्णों की दूषित मानसिकता के कारण हुआ है। इसलिए यह साहित्य उन सबके परिवर्तन, जागरण और विकास के लिए है, किसी एक जाति के विकास के लिए नहीं। 'दलित साहित्य साधारण दलित जनता के लिए है' ऐसा कहकर पाण्डेय जी ने अप्रत्यक्ष रूप से यह कहा है कि दलित साहित्य का सवर्णों से कोई सम्बन्ध नहीं है। यह साधारण दलित जनता के लिए है मतलब बुद्धिवादी, प्रतिभा सम्पन्न दलितों के लिए भी यह नहीं है, ऐसा भी इस वाक्य से अर्थ निकलता है। सवर्णों का साहित्य अलग, दलितों का अलग—ऐसा भी एक अर्थ इसमें से निकलता है। पाण्डेय जी का यह वाक्य दलित साहित्य पर घोर अन्याय करने वाला है। यह साहित्य एक ओर दलितों को उनकी वास्तविकता से परिचित कराकर उन्हें संगठित होने, अपनी अस्मिता के प्रति सजग होने के लिए प्रेरित करता है तो दूसरी ओर यह सवर्णों को उनकी अमानवीय, क्रूरता के प्रति सजग करता है। उन्हें आगाह करता है कि वे अब दलितों के प्रति अपनी सोच को बदले। सहज मानवीयता से उनके साथ पेश आये। अब वे किसी के अन्याय-अत्याचार को सहेंगे नहीं। वे उनसे केवल मानवीयता की माँग कर रहे हैं। बावजूद इसके अगर वे उन्हें परेशान करना चाहते हैं, तो वे अब प्रतिकार के लिए तैयार हैं।

मैं फिर से इस बात को दुहराना चाहता हूँ कि सुधार तथा परिवर्तन की जरूरत सवर्णों को है। दलित साहित्य की जरूरत तो इस देश की विषम व्यवस्था में जीने वाले प्रत्येक को है। सामन्ती मानसिकता में जीने वालों को यह साहित्य आगाह करना चाहता है कि अब अपने सारे अहंकार, श्रेष्ठता की भावना को उन्हें त्याग देना चाहिए।

मुझे लगता है कि डॉ. पाण्डेय इस पर फिर से गम्भीरता से विचार करेंगे तथा अपने ही इस वाक्य से असहमति व्यक्त करेंगे कि दलित साहित्य किसी जाति-विशेष के लिए नहीं लिखा जा रहा है। उसका उद्देश्य व्यापक मानवता से, समताधिष्ठित समाज के साथ है।

यह एक मुद्दा छोड़ दें तो डॉ. मैनेजर पाण्डेय दलित साहित्य के सन्दर्भ में अत्यन्त सुलझे हुए चिन्तक है। क्योंकि उनका क्षेत्र आलोचना का है, इसीलिए वे इस बात को

महसूस कर रहे हैं कि आलोचना के पुराने निकष अब बदलने होंगे, सौन्दर्यशास्त्र भी बदलना होगा।

हिन्दी के दलित साहित्य के लिए यह एक आश्वस्त करनेवाली घटना है कि एक सवर्ण दलित साहित्य पर विविध आयामों से विचार कर रहा है। वास्तव में सवर्ण और दलित इस प्रकार का वर्गीकरण भी दलित-साहित्य को स्वीकार्य नहीं है। डॉ. पाण्डेय जी वैचारिक स्तर पर तो पूर्णतः जाति और वर्णविहीन होकर ही सोच रहे हैं। दलित साहित्य को लेकर इतना स्वस्थ चिन्तन अपवाद रूप में ही प्राप्त होता है। दलित साहित्य को इस प्रकार गम्भीर आलोचक उसके आरम्भिक काल में मिल जाना, इस साहित्य के उज्ज्वल भविष्य को स्पष्ट करनेवाला है।

इस पारदर्शी, स्वस्थ और मनुष्य केन्द्रित आलोचना के लिए डॉ. पाण्डेय जी बधाई के पात्र हैं।

सन्दर्भ :

1-2. दलित साहित्य क्यों, हंस, अक्तूबर, 92, पृ. 72।
3. दलित साहित्य क्यों, हंस, अक्तूबर, 92, पृ. 72।
4. दलित साहित्य क्यों, हंस, अक्तूबर, 92, पृ. 73।
5-6. दलित साहित्य क्यों, हंस, अक्तूबर, 92, पृ. 73।
7. महाभोज, भूमिका।
8-9-10. दलित साहित्य क्यों, हंस अक्तूबर, 92, पृ. 73।
11. दलित साहित्य क्यों, हंस, अक्तूबर, 92, पृ. 74।
12. दलित साहित्य में दलित लेखन, वसुधा, पृ. 318।
13. दलित साहित्य में दलित लेखन, वसुधा, पृ. 319।
14. दलित साहित्य में दलित लेखन, वसुधा, पृ. 321।
15. दलित साहित्य में दलित लेखन, वसुधा, पृ. 324।
16. दलित साहित्य में दलित लेखन, वसुधा, पृ. 324।
17. अनभै साँचा, मैनेजर पाण्डेय, पृ. 169।
18-19. अनभै साँचा, मैनेजर पाण्डेय, पृ. 170।
20. अनभै साँचा, मैनेजर पाण्डेय, पृ. 171।
21. अनभै साँचा, मैनेजर पाण्डेय, पृ. 174।
22. अनभै साँचा, मैनेजर पाण्डेय, पृ. 175।
23. अनभै साँचा, मैनेजर पाण्डेय, पृ. 177।
24. दलित चेतना सोच, सं. रमणिका गुप्त, भूमिका-II।
25. दलित चेतना सोच, सं. रमणिका गुप्त, भूमिका-IX।
26. दलित चेतना सोच, सं. रमणिका गुप्त, भूमिका-IX।
27-28. दलित चेतना सोच, सं. रमणिका गुप्त, भूमिका-X।
29-30. दलित चेतना सोच, सं. रमणिका गुप्त, भूमिका-X।

31-32-33. दलित चेतना सोच, सं. रमणिका गुप्त, भूमिका-XI।

34. दलित साहित्य की अवधारणा और प्रेमचंद, सं. सदानन्द शाही, पृ. 50।

35-36. दलित साहित्य की अवधारणा और प्रेमचंद, सं. सदानन्द शाही, पृ. 51।

37. दलित साहित्य की अवधारणा और प्रेमचंद, सं. सदानन्द शाही, पृ. 52।

38. दलित साहित्य की अवधारणा और प्रेमचंद, सं. सदानन्द शाही, पृ. 53।

39. Hindi Caririculam with the puspective of Dalit Studies, पृ. 96।

40. Hindi Caririculam with the puspective of Dalit Studies, पृ. 97।

41. Hindi Caririculam with the puspective of Dalit Studies, पृ. 98।

42. Hindi Caririculam with the puspective of Dalit Studies, पृ. 102।

'सभ्यता समीक्षा' के निर्माण में अनभै साँचा

■ गोपेश्वर सिंह

नामवर सिंह के बाद हिन्दी के महत्त्वपूर्ण आलोचकों में अशोक वाजपेयी और मैनेजर पाण्डेय का नाम लिया जाता है। यद्यपि दोनों, आलोचना की दो विचार-सरणियों और शैलियों का प्रतिनिधित्व करते हैं। एक घोषित मार्क्सवाद विरोधी है, रूपवादी है, साहित्य को विचारधारा और समाज से निरपेक्ष मानकर उसकी स्वायत्तता का पक्षधर है तो दूसरा घोषित रूप से इसके विरोध में है। फिर भी दोनों की आलोचना का स्वर स्पष्ट, प्रखर, मौलिक, मुहावरेदार और आकर्षक है। दोनों अपने शिविर में तो अनिवार्य रूप से गढ़े और सुने ही जाते हैं, व्यापक रूप से अपने विरोधी शिविर में भी पढ़े जाते हैं। दोनों प्राच्य और पाश्चात्य साहित्यशास्त्र के ज्ञाता हैं और अपनी-अपनी परम्परा के प्रति सचेत भी। दोनों के वाक्यांश सर्वाधिक उद्धृत होते हैं, उछाले जाते हैं, और बहस को जन्म देते हैं। वाजपेयी जी के मुहावरे अधिक चुस्त और आकर्षक होते हैं, लेकिन कुछ दिनों बाद वे चुस्त फिकरे-से लगने लगते हैं। पाण्डेय जी के मुहावरे कम आकर्षक और सपाट-से लगते हैं, लेकिन उत्तरोत्तर वे अधिक आकर्षक और अर्थयुक्त होते जाते हैं। इसका कारण यह है कि वाजपेयी जी साहित्य से आलोचना पैदा करते हैं, जबकि पाण्डेय जी का मुख्य आधार समाज और उसमें रहने वाली जनता है। पाण्डेय जी की आलोचना में सामाजिक और मानवीय सरोकारों की जद्दोजहद के साथ बेहतरी की वह पक्षधरता है, जिसे वाल्टर वेन्जामिन के शब्दों में नैतिक पक्ष कहा जा सकता है। मैनेजर पाण्डेय उतावले मार्क्सवादी आलोचकों की तरह साहित्य को क्रान्ति का हथियार बनाने की जगह उसको उस जगह का दर्जा देते हैं, जहाँ क्रान्ति का सपना देखा जाता है—'क्रान्ति का सपना साहित्य में ही देखा जाता है।'

मैनेजर पाण्डेय आलोचना को आत्मसुध चेतना की परिणति नहीं मानते। वे आलोचना की सार्थकता मनुष्य की स्वतन्त्रता के लिए बीहड़ यात्रा में उसके साथ चलने में मानते हैं। उनके लिए आलोचना 'अनभै साँचा' है। 'अनभै साँचा' कबीर का प्रिय पद है, जिसका अर्थ है—अनुभव का सच, अनभय सच और अनुभव का अनभय सच। हालाँकि 'अनभै साँचा' को आधार बनाकर आलोचना लिखना समकालीन आलोचना—फैशन के विरुद्ध है, फिर भी वे अनभै साँचा के आधार पर अपने आलोचनात्मक लेखन के

जरिये रूपवादी आलोचना का विकल्प रचते रहते हैं। सन् 1950 के बाद के दशक में जैसे नामवर सिंह ने 'परिमल' की साहित्यिक राजनीति से बहस करते हुए मार्क्सवादी आलोचना की धार तेज की थी और उसका विकास किया था। उसी तरह 1970 के बाद नयी परिस्थितियों में 'पूर्वग्रह' स्कूल द्वारा प्रचारित रूपवादी साहित्यिक मूल्य का वैकल्पिक साहित्यशास्त्र रचने में जिन आलोचकों ने संघर्ष किया, मार्क्सवादी आलोचना को रचनात्मक संस्पर्श देकर वास्तविक रूप में समृद्ध किया और उसके मारक, उच्चाटक एवं वशीकरण मन्त्र से अपनी रक्षा भी की, उनमें सबसे ऊपर मैनेजर पाण्डेय का नाम होगा। इसलिए वे अगर पिछले दिनों प्रकाशित अपनी नव्यतम आलोचनात्मक पुस्तक का नाम 'अनभै साँचा' रखते हैं तो इसका उन्हें नैतिक अधिकार भी है और उनके लिखने के प्रसंग में कबीर के इस पद की सार्थकता भी।

नामवरोत्तर पीढ़ी में मैनेजर पाण्डेय ने यदि एक प्रखर चिन्तक-आलोचक की प्रतिष्ठा अर्जित की तो इसका कारण उनके आलोचना कर्म की वह मौलिकता, वैविध्य, दृष्टि-सम्पन्नता, खुलापन, दो टूकपन और ताज़गी है तो एक साथ कम लोग अर्जित कर पाते हैं। 'शब्द और कर्म', 'साहित्य और इतिहास दृष्टि', भक्ति आन्दोलन और सूरदास का काव्य', 'साहित्य के समाजशास्त्र की भूमिका', 'संकट के बावजूद' आदि पुस्तकों को देखने से उनके आलोचना-कर्म में उपर्युक्त विशेषताएँ स्पष्ट रूप से समझी जा सकती हैं। 'अनभै साँचा' में इन सभी पुस्तकों से आलोचनात्मक लेख तो लिए ही गये हैं, कुछ ऐसे लेख भी इसमें हैं, जो पत्रिकाओं में तो प्रकाशित हैं, किसी पुस्तक में अभी संग्रहित नहीं हैं। इसलिए इस पुस्तक को पढ़ना सिर्फ एक पुस्तक का अध्ययन न होकर उनके सम्पूर्ण आलोचना-कर्म से गुजरना है। प्रस्तुत पुस्तक में भक्तिकाव्य से लेकर दलित साहित्य, साहित्य के समाजशास्त्र के साथ साहित्य और इतिहास दृष्टि, नारी-लेखन के साथ उत्तर-संरचनावाद, उत्तर आधुनिकतावाद आदि पर गम्भीर लेख हैं। इसमें अपने समय, समाज और संस्कृति के विकसनशील तत्त्वों को समझने की गम्भीर कोशिश है तो परम्परा के जीवन्त तत्त्वों का स्वीकार और प्रतिगामी तत्त्वों से उठने वाले खतरों की शिनाख्त भी। इस पुस्तक से हिन्दी-आलोचना का बौद्धिक क्षितिज उन्नत और विस्तृत होता है। पाण्डेय जी की आलोचना से मार्क्सवादी आलोचना की अनेक रूढ़ियाँ टूटती हैं और उसे अधिक विस्तार मिलता है। उनमें अगर मार्क्सवादी आन्दोलन और आलोचना के प्रति खुले मन से आत्मालोचन का भाव है तो इनसे इतर चलने वाले मानव-मुक्ति के आन्दोलन के प्रति स्वीकार का भाव भी, भले ही उन्हें महात्मा गाँधी का अवदान कहा जाये। जो लोग मानते हैं कि पाण्डेय जी सैद्धांतिक लेखन में सिद्धहस्त हैं, उन्हें इसमें त्रिलोचन, रघुवीर सहाय, कुमार विकल, वरवर राव, रेणु आदि के साहित्य पर मनोयोग से लिखी हुई व्यावहारिक समीक्षा पढ़कर अपनी धारणा बदलने पर मजबूर होना पड़ेगा। समाजशास्त्री श्यामाचरण दुबे पर लिखते हुए पाण्डेय जी ने उन्हें 'अपने समय और समाज से जुड़ी बौद्धिकता' कहा है। 'अनभै साँचा' हिन्दी आलोचना में स्वयं इस तरह की बौद्धिकता और आलोचना-कर्म का दुर्लभ उदाहरण है।

रामचन्द्र शुक्ल, हजारी प्रसाद द्विवेदी, रामविलास शर्मा, नामवर सिंह आदि की

भक्ति-काव्य सम्बन्धी आलोचना को मैनेजर पाण्डेय विकसित करते हैं। यह काम वे भक्ति आन्दोलन के 'तिल भर अन्तर्विरोध को ताड़ बनाकर' मूल्यांकन करने वाले और 'केवल सतही समानताओं की आड़ में विभिन्न स्वरों के बीच के विरोध को छिपाने की कोशिश' करने वाले आलोचकों से वाद-विवाद, संवाद करते हुए करते हैं। इसके लिए वे शुक्ल जी और रामविलास शर्मा की तरह न तो तुलसीदास की वर्ण व्यवस्थावादी दृष्टि की अनदेखी करते हैं और न हजारी प्रसाद द्विवेदी एवं नामवर सिंह की भक्तिकाव्य के सन्दर्भ में लोक बनाम शास्त्र को भक्तिकाव्य का मुख्य एवं एक मात्र द्वन्द्व मानते हैं। डॉ. शर्मा सगुण-निर्गुण विभेद को व्यर्थ मानते हैं और भक्तिकाव्य का एक ही संज्ञा 'सन्त साहिंत्य' से अभिहित करते हैं। डॉ. पाण्डेय की इस पर टिप्पणी है : भारतीय समाज के इतिहास, उसकी सांस्कृतिक प्रक्रिया और उसके भीतर उठे भक्ति-आन्दोलन से कबीर, जायसी, सूर, तुलसी और मीरा का सम्बन्ध एक जैसा नहीं है। इसलिए सामाजिक अन्तर्विरोधों और भावात्मक वैचारिक द्वन्द्वों के बारे में उनकी चिन्ताओं में भी अन्तर है। भक्ति-आन्दोलन और उसके काव्य की यह जटिल समग्रता उस व्याख्याकार को भटकाती है जो किसी एक कवि की सामाजिक-सांस्कृतिक दृष्टि को केन्द्रीय दृष्टि मानकर उसकी सापेक्षता में अन्य कवियों का मूल्यांकन करता है या एक कवि के भाव-बोध को दूसरे कवि के भाव बोध की कसौटी बनाता है।" यही कारण है कि केवल सगुण-निर्गुण, लोक-शास्त्र, पुरुष-नारी आदि की सापेक्षता में देखने से आगे डॉ. पाण्डेय भक्ति-आन्दोलन और काव्य को उसकी पूरी समग्रता में देखते हैं और कबीर, सूर, तुलसी आदि के साथ मीरा को भी उसके केन्द्र में रखते हैं। निश्चित रूप से भक्ति-आन्दोलन और काव्य की यह विकसित आलोचनात्मक दृष्टि है। डॉ. पाण्डेय, आचार्य शुक्ल और डॉ. शर्मा विशेषकर आचार्य शुक्ल के प्रति अत्यन्त आदर भाव रखते हैं और उन्हें 'साहित्य-विचारक' मानते हैं, उनके विवेकवाद, रहस्यवाद, विरोध और रीतिवाद की आलोचना को विकसित करते हुए उस परम्परा को विकसित करते हैं, लेकिन उनमें जहाँ वर्णाश्रम का समर्थन और साम्प्रदायिक रुझान है, उसकी कड़ी आलोचना भी करते हैं। तुलसीदास और आचार्य शुक्ल के लोकधर्म पर उनकी टिप्पणी है, "इसमें कोई सन्देह नहीं है कि सामाजिक असमानता और जाति-पाँति के भेदभाव पर टिकी हुई समाज-व्यवस्था और उसकी रक्षा करने वाली मर्यादाओं का विरोध निर्गुण सन्तों के काव्य में है। वही तुलसीदास को असह्य लगता है और रामचन्द्र शुक्ल को लोक-विरोधी। शुक्ल जी का लोकधर्म मूलतः ऐसा समाज-दर्शन है, जिससे पहले से स्थापित और स्थिर सामाजिक सम्बन्धों को यथावत बनाये रखने का आग्रह है।" यहाँ डॉ. पाण्डेय, हजारी प्रसाद द्विवेदी और नामवर सिंह के करीब हैं, लेकिन वे उसे मात्र लोक बनाम शास्त्र के सन्दर्भ तक ही सीमित रखना अनुचित मानते हैं, क्योंकि यह स्थापना न तो मीरा को समेट पाती है और न कबीर के उस व्यक्तित्व को जो लोकमत और शास्त्रमत दोनों से लड़ता है, साथ ही स्त्री के प्रसंग में लोक और शास्त्र का पिछलग्गू बन जाता है और स्त्री को नरक का कुण्ड मान बैठता है।

भक्ति-काव्य सम्बन्धी चिन्तन के विकास का दावा तो बहुतों के सन्दर्भ में किया जाता है, लेकिन जिसे मौलिक और सार्थक विकास कहेंगे, वह मैनेजर पाण्डेय के भक्ति-विषयक लेखन में दिखता है। कुछ लोग भक्ति-काव्य का मूल्यांकन सिर्फ दार्शनिक और वैचारिक धरातल पर करते हैं और भूल जाते हैं कि वे समाज-सुधार सम्बन्धी साहित्य का नहीं, काव्य का मूल्यांकन कर रहे हैं। जाहिर है कि ऐसे लोगों के हाथ निराशा हाथ लगती है। और तब भक्ति काव्य उनके लिए अप्रासंगिक लगने लगता है। डॉ. पाण्डेय भक्ति-काव्य को विचारधारा और संवेदना दोनों दृष्टियों से जाँचते, परखते हैं। यही कारण है कि वर्ण-व्यवस्था समर्थक तुलसीदास के काव्य में उन्हें लोक-संवेदना भी दिखती है और स्त्री-विरोधी कबीर के पदों में स्त्री-जीवन के विरह की मार्मिक पीड़ा भी। डॉ. पाण्डेय मध्यकालीन साहित्य में नारी-विरह के कारणों की तलाश करते हैं और सामन्ती व्यवस्था में नारी की दुर्दशा की प्रत्यक्ष अनुभूति ढूँढ़ते हैं। 'अनभै साँचा' में संग्रहित लेख भक्ति-काव्य और हिन्दी आलोचना से अलग भक्ति-साहित्य सम्बन्धी उनके लेखन को देखने से ज्ञात होता है कि उन्होंने भक्ति-काव्य सम्बन्धी आलोचना की रुढ़ियों पर प्रहार करके न सिर्फ उसे छिन्न-भिन्न किया है, बल्कि बहुत से अलक्षित पक्षों का सन्धान भी किया है। भक्ति-काव्य के सन्दर्भ में नारी-विषयक भक्त-कवियों की दृष्टि और संवेदना का जितनी सूक्ष्मता से वे पड़ताल करते हैं, उतनी ही प्रखरता के साथ उन स्थापनाओं का विरोध करते हैं, जो हिन्दी की मार्क्सवादी आलोचना में रुढ़ि बन गयी है। 'स्वकीया प्रेम' और 'किसान-जीवन' ऐसे आलोचनात्मक धरातल हैं, जो आचार्य शुक्ल से विकसित होते हुए, डॉ. शर्मा के लेखन में विस्तार पाते हैं और अन्ततः रुढ़ि बन जाते हैं। डॉ. पाण्डेय न सिर्फ सबकी प्रेम वाली धारणा का खण्डन करते हैं, बल्कि किसान-जीवन का प्रतिनिधि कवि तुलसीदास को घोषित करने के डॉ. शर्मा के दावे को निराधार भी बताते हैं। सूरदास सम्बन्धी अपनी पुस्तक में 'किसान जीवन और सूरदास' शीर्षक अध्याय में वे न सिर्फ अलक्षित सूर को प्रस्तुत करते हैं, बल्कि किसान जीवन के सन्दर्भ में सूर-काव्य के सौन्दर्य और उसकी मार्मिकता का उद्‌घाटन भी करते हैं।

आलोचक की भूमिका उस योद्धा की है, जो चौतरफा लड़ाई लड़ता है। इस संघर्ष में प्रतिपक्षी तो होता ही है, कई बार अपने भी होते हैं, जिनसे उसे दो-दो हाथ करने होते हैं। मार्क्सवादी आलोचना का विकास इसी पद्धति से हुआ है। वह चाहे पश्चिम में हुआ हो या हिन्दी में। मैनेजर पाण्डेय को हिन्दी का अपने समय में योद्धा आलोचक कहा जा सकता है, जिसने प्रतिपक्षियों के साथ-साथ विकास में बाधक बनने वाले अपने पूर्वजों और अंग्रेजों से भी संघर्ष किया है, साथ ही आलोचना की नयी और अपनी राह बनायी है। रामचन्द्र शुक्ल और हजारी प्रसाद द्विवेदी जैसे गैर-मार्क्सवादी और रामविलास शर्मा और नामवरसिंह जैसे मार्क्सवादी आलोचकों से मैनेजर पाण्डेय सीखते भी हैं और बहस भी करते हैं। कहने की जरूरत नहीं कि विकास की यह ऐतिहासिक और द्वन्द्वात्मक प्रक्रिया है, जिससे गुजरकर उनकी आलोचना विकास की नयी भूमिका निभाती है। इस

प्रक्रिया का पालन उनकी सैद्धान्तिक और व्यावहारिक आलोचना में तो हुआ ही है, वक्तव्यों में भी हुआ है। इसके लिए डॉ. पाण्डेय के सम्पूर्ण लेखन को देखने के साथ उनके एक विशेष लेख : 'हिन्दी की मार्क्सवादी आलोचना : कितनी मार्क्सवादी कितनी आलोचना' को देखना जरूरी है। मार्क्सवाद के नाम पर चलने वाले लेखन के प्रति बिना आलोचनात्मक ढंग अपनाये, अच्छे-बुरे की पहचान नहीं हो सकती। इसके लिए असली और नकली में फर्क करना जरूरी है। हिन्दी के फैशनपरस्त मार्क्सवादियों पर डॉ. पाण्डेय की टिप्पणी है, "आजकल हिन्दी में तरह-तरह के मार्क्सवादी सक्रिय हैं। इधर कुछ ऐसी हवा चली है कि जिसे देखिए, वही मार्क्सवादी बन रहा है।...मार्क्सवादी होने और बनने वालों में फर्क की जरूरत है। साथ ही बने हुए मार्क्सवादियों की आलोचना पर सावधानी से विचार करने की भी जरूरत है, लेकिन इसका मतलब यह नहीं है कि जो चालीस-पचास सालों से मार्क्सवादी होने का दावा कर रहे हैं, उनके सोच-विचार में कहीं कोई गड़बड़ी नहीं है। यह सम्भव है कि कोई लम्बे काल तक मार्क्सवादी बने रहने का भ्रम बनाये रखे, लेकिन वह सचमुच मार्क्सवादी न हो? मार्क्सवादी होने और बनने का फर्क मार्क्सवाद के व्यापक उद्देश्यों की कसौटी पर कसकर ही जाना जा सकता है।"

डॉ. पाण्डेय के अनुसार हिन्दी की मार्क्सवादी आलोचना का जितना मार्क्सवादी होना जरूरी है, उतना ही उसका साहित्यिक होना भी। यहीं वे ग्राम्शी के हवाले से यह बताना नहीं भूलते कि एक ही सामाजिक यथार्थ को उठाने वाले दो लेखकों में एक उसका प्रवक्ता होता है, जबकि दूसरा कलाकार। वे हिन्दी की मार्क्सवादी आलोचना को 'सांस्कृतिक संघर्ष के आन्तरिक उद्देश्यों के अनुरूप विकसित करना' चाहते हैं। इसके लिए वे 'रुढ़िवादी मार्क्सवाद' और 'समकालीन मार्क्सवाद' में अन्तर करते हुए पहले को छोड़ने के पक्ष में हैं। मैनेजर पाण्डेय का कहना है : "मार्क्सवाद का निर्माण और विकास पुरानी पोथियों के सहारे नहीं हुआ है। वह समाज के विकास के बोध और समाज को बदलने-बनाने के प्रयत्न में सक्रिय साझेदारी के बीच से विकसित हुआ है। मार्क्सवादी आलोचना का विकास भी साहित्य-प्रक्रिया की वास्तविकता के बोध और उसको बदलने-बनाने में साझेदारी के माध्यम से ही हुआ है। हिन्दी की मार्क्सवादी आलोचना इसका अपवाद नहीं होगी। आलोचना का एक काम रचना के विकास के लिए अनुकूल बौद्धिक वातावरण तैयार करना है। इसके लिए मार्क्सवादी आलोचना को एक ओर विरोधी दृष्टि कोणों से संघर्ष और दूसरी ओर समकालीन रचनाशीलता का मूल्यांकन करना जरूरी है। हिन्दी की मार्क्सवादी आलोचना ने विरोधी दृष्टिकोणों से संघर्ष का काम जितना किया है, उसकी तुलना में प्रगतिशील रचनाशीलता के मूल्यांकन का काम कम हुआ है। हाल के वर्षों में इस दिशा में कुछ प्रगति हुई है, जिसके पीछे आज के जनान्दोलनों का दबाव और जनान्दोलन के माध्यम से प्रगतिशील रचनाशीलता की व्यापक प्रतिष्ठा की भूमिका है। आज हिन्दी की मार्क्सवादी आलोचना का विकास न अतीत की महानता के गुणगान से सम्भव है, न चालीस के दशक की स्तालिनवादी मान्यताओं के पुनर्कथन और पुनरावृत्ति से।" डॉ. पाण्डेय हिन्दी की मार्क्सवादी आलोचना के विकास के लिए

समकालीन रचनाशीलता का गहरा बोध जितना जरूरी मानते हैं, उतना ही 'जनान्दोलनों के व्यापक उद्देश्यों से सच्ची हमदर्दी' भी आवश्यक मानते हैं। वे हिन्दी की मार्क्सवादी आलोचना के स्वतन्त्र साहित्यशास्त्र की आवश्यकता महसूस करते हैं। उनका यह भी मानना है कि ऐसा साहित्यशास्त्र अपने ही देश के सांस्कृतिक सन्दर्भ और व्यवहार से निर्मित होगा। प्रश्न यहाँ पैदा होंगे तो उत्तर भी यहीं से निकलेंगे। लुकाच, वाल्टर बेन्यामिन, अडोर्नो आदि से कुछ सीख तो सकते हैं, परन्तु अपना साहित्यशास्त्र निर्मित नहीं कर सकते। डॉ. पाण्डेय हिन्दी की मार्क्सवादी आलोचना का सकारात्मक पक्ष कविता की आलोचना के विकास को मानते हैं, जबकि पश्चिम में मार्क्सवादी आलोचना उपन्यास और नाटक की आलोचना के रूप में विकसित हुई। यथार्थवाद का प्रतिमान उपन्यास और नाटक के लिए तो ठीक है, लेकिन कविता के लिए नहीं। वे पाब्लो नेरूदा के इस कथन से सहमत हैं : "जहाँ तक यथार्थवाद का सवाल है, मैं कविता में यथार्थवाद को पसन्द नहीं करता, कविता यथार्थवाद-विरोधी होती है। उसके यथार्थवाद-विरोधी होने के हजार कारण हैं।" मार्क्स ने दुराग्रह को सच्ची आलोचना का दुश्मन कहा है। डॉ. पाण्डेय मार्क्स के इस कथन को दुहराते हैं, हिन्दी की मार्क्सवादी आलोचना को उससे मुक्त होने की सलाह देते हैं और डॉ. रामविलास शर्मा के कुछ दुराग्रहों की चर्चा करते हैं। दुराग्रह से मुक्ति के बिना पाठकों का विश्वास नहीं अर्जित किया जा सकता।

हिन्दी में मार्क्सवादी आलोचना का विधिवत साहित्यशास्त्र भले न निर्मित हुआ हो, उसका कामचलाऊ ढाँचा अवश्य तैयार हुआ है। यह काम रामविलास शर्मा, मुक्तिबोध, नामवर सिंह आदि के प्रयत्नों से सम्भव हुआ है। मैनेजर पाण्डेय के आलोचनात्मक लेखन से इस प्रयत्न को गति भी मिली है और सही दिशा भी। हिन्दी की मार्क्सवादी आलोचना उनके लेखन से मजबूत भी हुई है और विस्तृत भी। हिन्दी की मार्क्सवादी आलोचना स्त्रियों और दलितों के प्रश्न पर प्रायः उदासीन रही है। वहाँ वर्ग की निर्गुण अवधारणा पर अधिक जोर रहा है। डॉ. पाण्डेय वर्ग के साथ दलितों और स्त्रियों के प्रश्न को अलग से उठाते हैं और मार्क्सवादी आलोचना के संकीर्ण कपाट को चौड़ा करते हैं। इस दृष्टि से महादेवी वर्मा पर लिखे उनके लेख 'शृंखला की कड़ियाँ : मुक्ति की राहें' तथा दलित साहित्य पर केन्द्रित उनके इण्टरव्यू 'केवल राख ही जानती है जलने का अनुभव' से एक बार गुजरना पर्याप्त है, यहाँ महादेवी जी छायावादी, रहस्यवादी और वियोगिनी नारी की अवतार बना दी गयीं। रचनाकार से भिन्न अपने समय में विश्व-स्तर पर एक सचेत लेखिका के रूप में उभरती हैं। दलित-साहित्य के प्रश्न पर न सिर्फ हिन्दी की मार्क्सवादी आलोचना, बल्कि किसी भी तरह की आलोचना में व्याप्त चुप्पी को तोड़ते हुए डॉ. पाण्डेय नये विमर्श की शुरुआत करते हैं। इसी तरह गाँधी को लेकर मार्क्सवादियों में विरोध और असमंजस का भाव निरन्तर बना रहा है। उनकी भाववादी दृष्टि के आधार पर उनकी लोकदृष्टि, सत्यनिष्ठा, निर्भीकता, सादगी और आम जन की दृष्टि से सामाजिक-सांस्कृतिक विकास को देखने के उनके प्रयत्न पर सवालिया निशान लगते रहे हैं। डॉ. पाण्डेय के लेख 'गाँधी महात्मा से चेथरिया'

को इस प्रसंग में देखना लाजिमी है, जिसमें हिन्दी की मार्क्सवादी आलोचना में सम्भवतः पहली बार भाववादी दृष्टि की सीमा के बावजूद समग्रता में उनके चिन्तन और कर्म का उद्घाटन हुआ है : "गाँधी जी की एक विशेषता उनकी दृष्टि की समग्रता है जो स्वाधीनता आन्दोलन के किसी दूसरे नेता में नहीं मिलती। उनकी दृष्टि भारत की केवल राजनीतिक स्वाधीनता तक सीमित न थी। उनके सामने भारत के सामाजिक और सांस्कृतिक जागरण का महा प्रश्न था। उनकी आकांक्षा का स्वराज्य केवल राजनीतिक और आर्थिक ही नहीं, नैतिक भी था। उस युग के कुछ लोग भारत के अतीत की समृति में खोये हुए थे, कुछ वर्तमान के बोध से आक्रान्त और कुछ भविष्य की चिन्ता में डूबे हुए। लेकिन गाँधी की दृष्टि में अतीत की स्मृति, वर्तमान के बोध और भविष्य की चिन्ता की जटिल समग्रता थी, केवल एक विचार के रूप में नहीं, हृदय के विवेक के रूप में। उनके हृदय के विवेक के निर्माण में साहित्य की महत्त्वपूर्ण भूमिका थी।" गाँधी के निर्माण में साहित्य की, विशेष रूप से भक्तिकाव्य की, बड़ी भूमिका थी, उसी तरह उनके कर्म और जीवन ने साहित्य को प्रभावित किया। इसका स्वीकार हिन्दी की मार्क्सवादी आलोचना के क्षितिज का विस्तार नहीं, तो और क्या है?

'मुक्तिबोध का आलोचनात्मक संघर्ष' मैनेजर पाण्डेय का गम्भीर और महत्त्वपूर्ण लेख है। इसमें मुक्तिबोध के उस आलोचनात्मक प्रयत्न का विश्लेषण है, जिसके जरिये उन्होंने आलोचना को अपने समय और समाज के विचार धारात्मक संघर्ष का साधन, बताया है। मुक्तिबोध को रामचन्द्र शुक्ल के बाद सबसे बड़ा साहित्य-विचारक मानते हुए निष्कर्ष के रूप में डॉ. पाण्डेय उन्हें हिन्दी के विशिष्ट आलोचक की श्रेणी में रखते हैं। उनके अनुसार जो लोग साहित्य-संसार को पूर्णतः स्वायत्त नहीं मानते, "वे साहित्य और कला के क्षेत्र के आलोचनात्मक संघर्ष को साहित्य के बाहर के व्यापक सांस्कृतिक और विचारधारात्मक संघर्ष तक ले जाते हैं और साहित्य की आलोचना को अपने समय और समाज की आलोचना के रूप में विकसित करते हैं। हिन्दी आलोचना के क्षेत्र में यही काम मुक्तिबोध ने अपने आलोचनात्मक संघर्ष के माध्यम से किया। मुक्तिबोध ने अपने आलोचनात्मक संघर्ष के दौरान ही रचना और आलोचना से सम्बद्ध विभिन्न समस्याओं के बारे में जो महत्त्वपूर्ण और मौलिक चिन्तन किया है, उसके आधार पर वे आचार्य रामचन्द्र शुक्ल के बाद हिन्दी के सबसे बड़े साहित्य-विचारक सिद्ध होते हैं। उनके साहित्य-चिन्तन से हिन्दी के मार्क्सवादी साहित्यशास्त्र और सौन्दर्यशास्त्र के विकास का मार्ग प्रशस्त हुआ है। उन्होंने अपने आलोचनात्मक संघर्ष के दौरान ही हिन्दी आलोचना की भाषा को नये परिभाषिक शब्दों से समृद्ध किया है।" इसी के साथ मुक्तिबोध ने व्यक्तिवाद, श्रद्धावाद, रहस्यवाद आदि का विरोध किया। लेकिन उन्होंने एक बड़ा काम यह किया कि 'नये साहित्य का सौन्दर्यशास्त्र' रचा और इसके लिए प्रगतिशील आलोचना-रूढ़ियों से संघर्ष भी किया।

मैनेजर पाण्डेय भारतीय शब्द वाङ्मय में उस परम्परा का विकास करते हैं, जिसे वर्चस्ववादी परम्परा के विरुद्ध, प्रतिरोध की परम्परा कहा जाता है। यानी जो लोकायत,

बौद्धों, सिद्धों, नाथों, निर्गुणपन्थी सन्तों, राहुल सांकृत्यायन, हजारी प्रसाद द्विवेदी, मुक्तिबोध आदि से होते हुए आगे बढ़ती है। वर्चस्ववादी परम्परा वह है जो वेद-पुराण, सगुण भक्ति, तुलसीदास आदि की है। इसी परम्परा में रामचन्द्र शुक्ल और रामविलास शर्मा को रखा जाने लगा है। मैनेजर पाण्डेय प्रतिरोध की परम्परा के आलोचक हैं। इसके बावजूद रामचन्द्र शुक्ल और रामविलास शर्मा, विशेषकर रामचन्द्र शुक्ल के प्रति उनमें गहरा आदर भाव जगह-जगह दिखायी पड़ता है। आज इन दोनों को ब्राह्मणवादी और साम्प्रदायिक माना जाता है। इनके तत्त्व किंचित मात्रा में इन दोनों आलोचकों में हैं भी। फिर इसे क्या डॉ. पाण्डेय का अन्तर्विरोध माना जाये? ऊपरी तौर पर तो इसे कोई उनका अन्तर्विरोध कह सकता है और दबी जुबान से कुछ लोग कहते भी हैं। लेकिन बात इतनी सरल है नहीं। डॉ. पाण्डेय, आचार्य शुक्ल और डॉ. शर्मा के व्यक्तिवाद-विरोध, रहस्यवाद-विरोध और आध्यात्मिक-विरोध का समर्थन करते हैं और उनके आलोचनात्मक संघर्ष में इस मुद्दे पर उनके साथ हैं। लेकिन उनके निर्गुण-विरोध, पुराणवाद-समर्थन आदि का विरोध करते हैं। ''क्या आपने 'वज्र-सूची' का नाम सुना है'', शीर्षक लेख में स्पष्टतौर पर और अन्य लेखों में जगह-जगह वर्चस्ववादी सांस्कृतिक धारा का विरोध और प्रतिरोध वाली परम्परा से जुड़ाव देखा जा सकता है। वे 'रामायण' और 'महाभारत' को 'राष्ट्रीय साहित्य' मानने की डॉ. शर्मा की धारणा का खण्डन करते हैं और उस साहित्य-परम्परा को रेखांकित करते हैं जो प्रतिरोध की है और जिसे वर्चस्ववादी परम्परा ने विरोध, विकृति और समाहार' द्वारा नष्ट कर दिया। इसलिए डॉ. पाण्डेय की आलोचना पद्धति को सरल-सपाट ढंग से न तो इस धारा का कहा जा सकता है और न उस धारा का। वे प्रतिरोध की धारा के साथ तो हैं, लेकिन उसके उस अन्धलोकवादी धारा के साथ नहीं, जो अन्धविश्वासों के गहरे अँधेरे कुएँ को उसे द्वन्द्वात्मक तरीके से देखने की जरूरत है, जिसकी माँग वे मार्क्सवादी आलोचना के प्रसंग में करते हैं। 'वज्र-सूची' के प्रसंग में वर्चस्ववादी परम्परा के धूर्त चरित्र पर उनकी टिप्पणी है : ''प्रायः वैदिक-पौराणिक परम्परा के प्रतिनिधि अपने विरोधी और विकल्पी विचारों के साथ जो व्यवहार करते रहे हैं, उसकी प्रक्रिया ध्यान देने लायक है। इस प्रक्रिया में सबसे पहले विरोधी विचारों का उग्र विरोध होता है। अगर वह विरोध के बाद भी नष्ट नहीं होता तो उसे विकृत करके बदनाम करने की कोशिश होती है। इसके बाद भी विरोधी विचार जीवित रहता है, तो उसके विरोध की धार की तेजी को नष्ट करके अपने भीतर समेट लेने का प्रयत्न चलता है। विरोध, विकृति और समाहार की इस सर्वग्रासी प्रक्रिया का शिकार चार्वाक, आजीवक, बौद्ध ही नहीं, कबीर जैसे कवि भी हो चुके हैं।'' इसके आगे डॉ. पाण्डेय ने डॉ. शर्मा की संकीर्ण सांस्कृतिक दृष्टि पर प्रहार किया है, जिसमें 'धार्मिक विद्वेष' भी शामिल है।

हिन्दी में आज ऐसा आलोचनात्मक लेखन हो रहा है, जिसमें साहित्य सिद्धान्त, आलोचना और इतिहास-विवेक तीनों के सन्तुलन का अभाव है। ऐसा अनजाने में भी हो रहा है और जानबूझकर भी। अनजाने में जो ऐसा लिखते हैं, उन भोले लोगों की

बात तो जाने दीजिए, लेकिन एक बड़ा और संगठित समुदाय उनका है, जो इतिहास की उपेक्षा करके केवल रचना को ही आलोचना का एक मात्र आधार मानते हैं। जाहिर है कि यह समुदाय रूपवादी साहित्य-चिन्तकों और आलोचकों का है। 'परिमल' के बाद इस समुदाय का नेतृत्व अशोक वाजपेयी ने किया। इस समुदाय की सक्रियता का मंच कभी 'भारत-भवन' और 'पूर्वग्रह' था तो आज 'बहुबचन' और 'महात्मा गाँधी अन्तराष्ट्रीय हिन्दी विश्वविद्यालय' है। नामवर सिंह ने एक जमाने में 'परिमल' से वाद-विवाद करते हुए आलोचनात्मक संघर्ष किया था और साहित्य-चिन्तन और आलोचना की नयी दिशा दी थी। बाद में परिदृश्य बदला और 'पूर्वग्रह' मण्डली से उनका संवाद का रिश्ता बना। इस दौर में डॉ. पाण्डेय ने आलोचना के रूप में अपनी पहचान बनायी और जनवादी साहित्य चिन्तन और आलोचना को साहित्य-सिद्धान्त और इतिहास-विवेक से युक्त किया। 'आलोचना और इतिहास' शीर्षक लेख में डॉ. पाण्डेय ने लिखा है : "...आलोचना में रचना और रचनाकार की विशिष्टता का विवेचन जितना महत्त्वपूर्ण है, उतना ही महत्त्वपूर्ण है उस विशिष्टता के साथ युग-चेतना या परिवेश के सम्बन्ध का भी विवेचन।" डॉ. पाण्डेय का आलोचना के विकास के लिए इतिहास-विवेक पर जितना जोर है उतना ही अन्तर्वस्तु सम्बन्धी अन्वेषणों और रूप सम्बन्धी आविष्कारों के विवेचन को भी वे आलोचना के लिए आवश्यक मानते हैं।

मैनेजर पाण्डेय आलोचना में प्रतिरोध की परम्परा का पक्ष लेते हैं तथा बौद्ध, सिद्ध, नाथ और सन्त साहित्य में उठने वाले प्रश्न और विचारों का आधुनिक सन्दर्भ में विकास करते हैं। यह काम वे विषय के स्तर पर भी करते हैं और विचार के भी स्तर पर। लेकिन इस परम्परा के विकास के लिए ब्राह्मणवादी चिन्तन परम्परा की भाषा संस्कृत के वर्चस्व से मुक्ति आवश्यक है, इस तथ्य को भी वे रेखांकित करना नहीं भूलते। हिन्दी यदि जनता की भाषा है तो इसलिए कि तद्भवीकरण उसके मिजाज में है। संस्कृत सिर्फ एक भाषा ही नहीं, एक परम्परा और संस्कार भी है। ब्राह्मणवाद को मजबूती प्रदान करने और यथास्थितिवाद को बनाये रखने में इसकी महत्त्वपूर्ण भूमिका है। डॉ. पाण्डेय ने सिर्फ सोच-विचार के स्तर पर ब्राह्मणवाद और सम्प्रदायवाद से लड़ते हैं और प्रतिरोध की परम्परा का विकास करते हैं, बल्कि वे भाषायी स्तर पर ऐसी हिन्दी के समर्थक हैं, जो जनता की भाषा है और जिनमें जनभाषा होने की सम्भावना है। यह काम वे लिखते वक्त तो स्वयं करते ही हैं, इसकी माँग रचनाकारों से भी करते हैं। संस्कृत के साथ अंग्रेजियत के हिन्दी पर प्रभाव का वे विरोध करते हैं। उन्होंने लिखा है : "आज की नागर कविता एक गढ़ी हुई नागर हिन्दी में लिखी जा रही है।...कुछ कवियों की भाषा पर अंग्रेजी के शब्द, मुहावरे और संरचना का इतना अधिक प्रभाव है कि वह अनुवाद की भाषा लगती है।...अगर कवि की भाषिक संवेदनशीलता उसकी सामाजिक चेतना का द्योतक है, जो वह है, तो संस्कृत में अपनी जड़ों की खोज करने वाले कवि से लोकभाषाओं की रचनाशीलता में अपनी जड़ें फैलाने वाले कवि की सामाजिक चेतना अधिक व्यापक, समकालीन और लोकधर्मी होगी।" यह बात रूपवादी हिन्दी आलोचना और रचना पर

लागू होती है। प्रतिरोध के साहित्य और आलोचना के लिए डॉ. पाण्डेय जनभाषा के जन-चरित्र के पक्षधर हैं। डॉ. लोहिया की तरह वे संस्कृत और अंग्रेजी के वर्चस्व को यथास्थितिवाद का द्योतक मानते हैं। यह उनके भाषा सम्बन्धी सोच का ही निष्कर्ष है, जिसे वे भक्ति आन्दोलन के सन्दर्भ में लोक भाषाओं के साहित्य की भाषा बनने से जोड़ते हैं। उनके अनुसार भक्ति-आन्दोलन के मूल में भारत की जन-भाषाओं का साहित्य की भाषा बनना है। स्वयं उनकी आलोचना की भाषा ठेठ, व्यंजक और गद्यधर्मी है। निराला के अनुसार यदि गद्य जीवन-संग्राम की भाषा है तो कहना पड़ेगा कि डॉ. पाण्डेय की आलोचना-भाषा में जीवन-संग्राम का तेज विद्यमान है। वहाँ न तो तथाकथित काव्यात्मक और रचनात्मक गद्य-रचना का सायास प्रयास है और न जटिल गद्य की आकांक्षा। मैनेजर पाण्डेय की आलोचना भाषा में जो व्यंजकता, दो टूकपन और पैनापन है, वह कबीर की परम्परा का है। वहाँ आलोचना की भाषा का नया सौन्दर्य है, जिसे सराहने के लिए काव्यात्मकता के दुराग्रह से मुक्ति आवश्यक है।

मैनेजर पाण्डेय से लोगों की शिकायत रही है कि उन्होंने आलोचना के सैद्धान्तिक पक्ष पर जितना गम्भीर लेखन किया है, उतना व्यावहारिक समीक्षा के क्षेत्र में नहीं। यह अपेक्षा समकालीन रचनाकारों की रही है, साथ ही उनकी भी, जो उनकी आलोचना को पसन्द करते हैं। धीरे-धीरे उनकी छवि सैद्धान्तिक लेखन करने वाले आलोचक की बन गयी है या बना दी गयी है। हालाँकि व्यावहारिक समीक्षा भी उन्होंने काफी मात्रा में लिखी है। 'अनभै साँचा' में ही अनेक कवियों-कथाकारों पर उनके गम्भीर मूल्यांकन-परक लेख हैं। सूरदास पर उनकी पूरी पुस्तक है। फिर भी लोगों की शिकायत है, तो इसका कारण स्पष्ट है। उन्होंने समकालीन रचनाशीलता का मूल्यांकन समग्रता में उस तरह नहीं किया, जिस तरह नामवर सिंह ने 1950 के बाद की रचनाशीलता का किया। उनकी वार्ताओं और लेखों में समकालीन रचनाकारों पर प्रसंगवश टिप्पणी अवश्य है, परन्तु अपने समय की रचनाशीलता को समझने-समझाने का गम्भीर और व्यापक आलोचनात्मक संघर्ष नहीं है। समकालीन रचनाशीलता के प्रश्न पर नामवर सिंह पर उनकी टिप्पणी है : "...हाल के वर्षों में उन्होंने समकालीन रचनाशीलता पर जितना कुछ कहा है, उससे बहुत कम लिखा है। सम्भव है कि यह मौखिक आलोचना की दूसरी परम्परा हो। यह भी सम्भव है कि वे समकालीन रचनाशीलता से मौखिक संवाद और परम्परा से लिखित विवाद पसन्द करते हों।" यह टिप्पणी स्वयं डॉ. पाण्डेय पर भी लागू होती है। रामविलास शर्मा और नामवर सिंह के परम्परा-प्रेम पर व्यंग्य करने वाले आलोचक की समकालीन रचनाशीलता पर चुप्पी, बहुतों को चकित करती है। 'आज का समय और कविता का संकट' शीर्षक से उनका एक गम्भीर लेख 'अनभै साँचा' में संकलित है, जो हाल के वर्षों में बहुत-सी पत्रिकाओं में पुनः-पुनः प्रकाशित होता रहा है। इससे इस लेख का महत्त्व स्पष्ट है। यह लेख है भी गम्भीर और चिन्तनपरक। लेकिन इस लेख में समकालीन हिन्दी कविता के जिन संकटों को वे चिह्नित करते हैं, और सही ही करते हैं, उसके लिए उदाहरण देने की जहमत नहीं उठाते। उनकी टिप्पणी का एक उदाहरण देखिए :

''आज की अधिकतर कविताओं में समकालीन जीवन के अनुभवों और संवेदनाओं की अभिव्यक्ति के बदले, जीवन की स्थितियों के बारे में कवियों की वैचारिक प्रतिक्रियाएँ सामने आती हैं, जो प्रायः बिखरी हुई होती हैं। ऐसी अधिकांश कविताओं में सुगठित संरचना नहीं मिलती और आन्तरिक विकास का अभाव भी होता है।'' यह बात यदि सही है, तो समकालीन कविता से इस कथन के समर्थन में उदाहरण की अपेक्षा पाठक की होती है। कहने की जरूरत नहीं कि डॉ. पाण्डेय समकालीन कविता पर बात करते हुए इस तरह के कष्ट नहीं उठाते। उन्होंने अपने एक इण्टरव्यू में एक जगह कहा है कि अच्छी कविता और बुरी कविता की पहचान आलोचना में आवश्यक है। उनकी आलोचना में अच्छी कविता के उदाहरण तो मिल जायेंगे, लेकिन बुरी कविता पर सिर्फ निर्गुण किस्म की टिप्पणी मिलेगी। हों सकता है कि निर्गुण भक्ति का समर्थन करने के कारण निर्गुणवादिता उनके लेखन का कुछ हद तक स्वभाव बन गयी हो! जो साहित्य या लेखक परम्परा बन चुके हैं या बनने वाले हैं, उन पर डॉ. पाण्डेय की सोदाहरण टिप्पणी देखने लायक होती है, लेकिन समकालीनता पर आते ही उनका स्वर निर्गुण वक्तव्य में बदल जाता है। ''हिन्दी की मार्क्सवादी आलोचना...'' शीर्षक लेख में वे रामविलास शर्मा और नामवर सिंह से तो टकराते हैं, शायद इसलिए कि वे परम्परा बन चुके हैं, लेकिन उनके बाद किसी का नाम नहीं लेते और निर्गुणवादिता पर उतर आते हैं। उस लेख में मार्क्सवाद के नाम पर लिखी जा रही किसिम-किसिम की मार्क्सवादी आलोचना पर बड़ी जोरदार टिप्पणी है, किन्तु किसी का नाम नहीं लिया गया है। शायद इसलिए कि डॉ. पाण्डेय उन्हें इस लायक नहीं समझते कि उनका नाम लिया जाये। या शायद इसलिए कि नाम लेकर कौन झंझट मोल ले! जो विरोधी शिविर के हैं, जैसे अशोक वाजपेयी; जो परम्परा बन चुके हैं, जैसे कबीर, तुलसी, रामचन्द्र शुक्ल, हजारी प्रसाद द्विवेदी, रामविलास शर्मा, नामवर सिंह आदि, उन पर डॉ. पाण्डेय अभिधा में भी लिखते हैं और व्यंजना में भी। लेकिन समकालीनता पर लिखते हुए जहाँ खराब रचनाशीलता का उदाहरण देना है, वे प्रायः लक्षणा का सहारा लेते हैं। आलोचना को 'अनभै साँचा' मानने वाले आलोचक का अनभय सच क्या इसी को कहते हैं।

बरहाल, प्रसंग 'अनभै साँचा' का है। यह हमारे समय के सर्वाधिक जाग्रत मति आलोचक के आलोचनात्मक प्रदेय का श्रेष्ठ उदाहरण है। इसलिए डॉ. पाण्डेय का अभिनन्दन भी है और कामना भी कि मात्रात्मक रूप में भी उनके लेखन में गति आये। डॉ. पाण्डेय का विश्वास 'सभ्यता समीक्षा' में है। 'सभ्यता समीक्षा' के लिए जो तैयारी और दृष्टि चाहिए, वह उनके पास है भी। इसलिए उनसे कुछ शिकायतें हैं तो ढेर-सी अपेक्षाएँ भी।

डॉ. मैनेजर पाण्डेय की स्त्री दृष्टि

■ रोहिणी अग्रवाल

आलोचना रचना का विश्लेषण मात्र नहीं है। न ही रचना में फैले संसार की समस्याओं या पात्रों के मनोलोक की ग्रन्थियों को सुलझाने का बौद्धिक अनुष्ठान। बेशक आलोचक की प्रस्थान यात्रा का बिन्दु रचना विशेष ही है, लेकिन उस पर विचार करते समय लेखक उस बिन्दु जितनी रचना में जीवन के विराट समुद्र को बाँध देता है। वह छिछले पानी में नहीं उतरता, गोता लगाकर समाज व्यवस्था की अतल गहराइयों में डूब जाता है। आखिर यही समाज-व्यवस्था ही तो अपने वर्चस्व को बनाये रखने की खातिर कितनी ही सांस्कृतिक-राजनीतिक-नैतिक संरचनाओं, वर्जनाओं, दबावों और षड्यन्त्रों की सृष्टि कर मनुष्य की मानवीय अस्मिता को छिन्न-भिन्न करने का जतन करने लगती है। रचना के बहाने आलोचक युगीन व्यवस्था के दबावों और विडम्बनाओं से जूझता है। जूझता है कि भीतर ही भीतर उनकी बुनियदी संरचना को समझकर उसे तोड़ने का मूल मन्त्र पा जाये। हर तरह की वैचारिक जड़ता उसे असह्य है, क्योंकि संकीर्णता, परम्परा और धर्माडम्बर बनकर यह ऊँची दीवारें खड़ी करती चलती है—इतनी ऊँची और पुख्ता दीवारें कि परम्परा पालन के महिमामण्डित गौरव से भरकर प्राणी अपनी ही मनुष्यता को जिन्दा दीवारों में बुने जाने का विरोध भी नहीं करता। आलोचक की संवेदना का केन्द्रबिन्दु है यह व्यक्ति, जो भेष बदलकर कभी शोषक बन जाता है तो कभी शोषित। आँख पर पट्टी बाँधकर अपनी रुद्ध परिधि में विचरण करना मुक्ति द्वारों की तलाश नहीं। अतिक्रमण की जरूरत और स्वाद को वह नहीं जानता, क्योंकि अतिक्रमण के लिए जिस गहरी अन्तर्दृष्टि की जरूरत है, वह संवेदना (भाव) और विचार के बुर्जुआ रास्ते से चलकर नहीं आती। उसके लिए जरूरी है सामन्तवादी व्यवस्था के सारे दबावों से स्वयं को डिओरिएट करना, ताकि हर तरह के विभाजन—लैंगिक-वर्गीय-धार्मिक-जातीय से परे अपनी अखण्ड अक्षत मनुष्यता के बरक्स दूसरे की अखण्ड साबुत मनुष्यता को पहचान कर उसकी रक्षा और अभिषेक का सांझा दायित्व वहन किया जाए। यहाँ मानवीय संवेदना और उदार वैचारिकता मिलजुल कर जिस अन्तर्दृष्टि की रचना करते हैं, वही जीवन को समझने और उदार वैचारिकता मिलजुल कर जिस अन्तर्दृष्टि की रचना करते हैं,

वही जीवन को समझने और अतिक्रमण कर बेहतर समाज की संरचना का विवेक देते हैं। अपनी मनुष्यता को थहा कर मुकम्मल अन्तर्दृष्टि पाने के अतिरिक्त और कोई औजार नहीं आलोचक के पास—न रचना को परखने का, न समय और समाज को गढ़ने का।

आलोचक किसी नैतिक-बौद्धिक ऊँचाई पर बैठा न्यायाधीश नहीं है। विश्लेषण—रचना के समानान्तर जीवन का पाठ—उसकी कर्मभूमि है और इस प्रक्रिया में वह सबसे पहले अपने ही मानस को अनावृत्त करता चलता है। मानस—जिसमें तैर रहे हैं पूर्वग्रह, संस्कार, अन्तर्विरोध, मक्कारियाँ, हठ, जड़ताएँ और मासूमियतें। विश्लेषण की सजग प्रक्रिया में कितने ही मुखौटे लगा ले आलोचक (और रचनाकार भी), उस जमीन को वह रंचमात्र भी नहीं छोड़ पाता, जिस पर उसके 'होने' की बुनियाद टिकी है। बेशक यही जमीन उसका कुल परिचय है और अन्तर्दृष्टि की यात्रा का घेरा और कद भी।

मैं सुप्रसिद्ध आलोचक प्रो. मैनेजर पाण्डेय की स्त्री दृष्टि पर विचार करने बैठी हूँ, स्त्री होने की संवेदना और अहसास से भर कर। कौतुहल अधिक है और उसमें लिपटा चुनौती भाव उससे कहीं अधिक कि देखें, स्त्री मानस को कितना समझता है हमारे समय का बुद्धिजीवी वर्ग! विश्लेषण के लिए मैंने कुल चार निबन्ध लिए हैं :

❒ मीरा की कविता और मुक्ति की चेतना
❒ शृंखला की कड़ियाँ, मुक्ति की राहें
❒ सुनीता और स्त्री की स्वतन्त्रता
❒ रतिनाथ की चाची और स्त्री की पराधीनता का प्रश्न

एक पुलक भरे आह्लाद के साथ स्पन्दित हूँ कि सभी में पराधीन स्त्री की मुक्ति की व्याकुलता। मीरा हो या महादेवी वर्मा, जैनेन्द्र की सुनीता हो या नागार्जुन के उपन्यास 'रतिनाथ की चाची' की चाची गौरी, सामाजिक व्यवस्था के सन्त्रास में जकड़ी स्त्री की छटपटाहट को चीन्हकर उसे संवेदनशील प्रबुद्ध पाठक के चिन्तन-मनन, उद्बोधन-क्रियान्वयन का विषय बनाना स्त्री मुक्ति आन्दोलन को अपनी तरह से गति और दिशा देना है। लेकिन मैं अपने उत्साह को बरज देती हूँ—शीर्षक देखकर अनुमान को निष्कर्ष बनाने की उतावली क्यों? विचार यात्राएँ बेहद मन्थर गति से आगे बढ़ा करती हैं, क्योंकि सतह पर दृश्यमान रहने के बावजूद वे पाताल तक जाती गहराइयों में छुपे-धँसे रिसाव का एक-एक कतरा खोज लाने को कटिबद्ध होती हैं। स्वयं प्रो. मैनेजर पाण्डेय धीरज भरे संयम और सजग तार्किकता के साथ निबन्ध दर निबन्ध स्त्री प्रश्नों से मुठभेड़ करते हुए स्त्री सन्त्रास के कारणों की पड़ताल करते हैं। मैं उनके साथ उनकी विश्लेषण प्रक्रिया में प्रविष्ट हो रही हूँ, जो कि पुरुष-व्यवस्था से ठगी गयी मेरे भीतर की स्त्री न आशंकाओं की गठरी उतारकर हल्के होने को तैयार है, न अपनी प्रतिबद्धताओं की जमापूँजी छोड़ने को।

कालक्रम के साथ बँधे कायदे को छिन्न-भिन्न कर मैं मीराबाई से नहीं, सुनीता से मुखातिब होती हूँ। शायद इसलिए कि प्रो. मैनेजर पाण्डेय यहाँ अपने सर्वश्रेष्ठ रूप में दिखलायी पड़ते हैं। प्रो. पाण्डेय सीधे विषय की पड़ताल नहीं करते, बल्कि उसके

इर्द-गिर्द घूमकर प्ले करते हैं, ताकि विषय की बारीकियों को सिलसिलेवार पकड़—कह सकें। सुनीता पर बात करने से पहले 'सुनीता' के सर्जक जैनेन्द्र कुमार को नहीं, जैनेन्द्र के साहित्यिक अग्रज प्रेमचन्द की बात करते हैं, उनकी परम्परा की, परम्परा को मोड़ देकर किस्सागोई में सामाजिक यथार्थ को पिरोने की क्रान्तिकारिता की। अरे! लेकिन सामाजिक इकाई के रूप में मनुष्य का अन्तरंग तो छूट ही गया न उनकी नजर से! मनुष्य का अन्तरंग यानी उसका तलघर जिसमें बसता है उसका दमित अहं, उसका घोर एकान्तिक परिचय! क्या इसे छोड़ा जा सकता है? नहीं न! प्रो. पाण्डेय सवाल को जवाब की तार्किक परिणति की तरह उठाते हैं और फिर धम्म से जैनेन्द्र की अपरिहार्य असन्दिग्ध महत्त्वपूर्ण भूमिका पर कूद जाते हैं—वस्तुवादी प्रेमचन्द के बरक्स आत्मवादी जैनेन्द्र की प्रतिष्ठिा करके। तब सुनीता के बन्द मानस में प्रवेश करने के लिए वे कुंजी हस्तगत करते हैं कि यह "आख्यानपरक नहीं, विमर्शपरक उपन्यास है। कोई चाहे तो इसे वैचारिक उपन्यास भी कह सकता है।" यानी एक चेतावनी कि पाठक को अपने साथ सहज ही सहेजकर ले चलने वाले प्रेमचन्दीय लेखक नहीं हैं जैनेन्द्र। वे हैं बर्नार्ड शॉनुमा लेखक—हर पंक्ति में अपने को काटते-छिपाते और पाने की धुन में अपनी ही परतों को उधेड़ते चलते बेहद संश्लिष्ट लेखक। न, प्रो. मैनेजर पाण्डेय अभी भी उपन्यास में डुबकी लगाने को तैयार नहीं। एक बार और रुककर पाठक की अन्तःक्षमताओं की पड़ताल कर लेना चाहते हैं कि कोरी रसज्ञता के साथ-साथ सर्जनात्मकता का भरपूर अन्तः विवेक है न उसमें। वे चेता देते हैं उसे कि जैनेन्द्र के लिए उपन्यास रचना, कथा कहना नहीं है। वह उनके लिए चित्रकला है। संगीत कला भी। एक अलाप! ब्रश का एक स्ट्रोक! बस, उसी के सहारे अभीष्ट को पकड़ना है। इसलिए वे पहले 'परख' उपन्यास से जैनेन्द्र के वक्तव्य के उद्धृत करते हैं कि यथार्थ का यथातथ्य चित्रण करना उनका लक्ष्य नहीं। उनका अभीष्ट है 'दुनिया का कुछ उठा हुआ, उन्नत कल्पित रूप' चित्रित करना। बेशक! पाठक बिना आपत्ति किये इसे स्वीकारेगा, क्योंकि यथार्थ से अतिक्रमण कराने की उदात्त यात्रा ही तो साहिय है। मैनेजर पाण्डेय भोले पाठक की नादानी पर मुस्करा देते हैं और दूने बल के साथ उसे चेताते हैं कि सावधान! जैनेन्द्र ने रचना में जगह-जगह कहानी के तार की कड़ियाँ तोड़ दी हैं। अब पाठक को कूदना पड़ेगा—उन रिक्तियों को फलाँगने के लिए नहीं, रिक्तियों के नीचे से जानबूझकर खिसकायी गयी जमीन को चिनने के लिए। जाहिर है, जैनेन्द्र को पढ़ना सर्जनात्मक पाठ को बुनना है और यही रसलोलुप पाठक के बस की बात नहीं। लेकिन पाण्डेय जी बिदककर भागते पाठक का हाथ कसकर पकड़ लेते हैं—'सभ्यता समीक्षा' के नाम पर दुबकना क्यों भाई?'

अब इनती तामझामपूर्ण तैयारी के बाद कहीं जाकर प्रो. मैनेजर पाण्डेय 'सुनीता' उपन्यास में अवगाहन करते हैं और जब सिर निकालकर पानी से बाहर आते हैं तो एक से एक नायाब मोतियों के साथ। वे कहते हैं—"जैनेन्द्र कुमार उन कथाकारों में से हैं जो मौन के सौन्दर्यशास्त्र का निर्माण करते हैं।" मैं चकित! मौन तो स्त्रियों की भाषा है। स्त्रियों की

वाचालता! तो क्या जैनेन्द्र इसलिए मितभाषी हैं कि वे स्त्री मन के चितेरे हैं। स्त्री को स्त्री की भाषा में चित्रित करते कथाकार? 'सुनीता' उपन्यास के सन्दर्भ में उनकी दूसरी महत्त्वपूर्ण आब्जर्वेशन है—प्रश्न पूछने की प्रवृत्ति! "वे प्रश्न सबसे अधिक स्त्री के मन के हैं, क्योंकि भारतीय स्त्री का जीवन सवालों का एक सिलसिला ही है। वैसे भी प्रश्न स्वतन्त्रता की चेतना के लक्षण हैं और स्वतन्त्रता की राह के मार्गदर्शक भी। जैनेन्द्र के उपन्यासों में स्त्री जब प्रश्न करती है, तब उसका बौद्धिक, तर्कशील और आत्म तेजस रूप सामने आता है। प्रश्नों के माध्यम से ही वह पुरानी नैतिकता को चुनौती देती है, उन्हें तोड़ने और बदलने की माँग करती है।" (मैनेजर पाण्डेय : संकलित निबन्ध, पृ. 133)।

छैनी-हथौड़ी या चाकू की तरह कोई ठोस स्थूल टूल नहीं होता आलोचक के पास कि मर्म-स्थल को टनटनाकर भीतर प्रविष्ट हो जाये। संवेदना और अन्तर्दृष्टि के सहारे लेखकीय मन्तव्य को भाँपकर वह रचना में मर्म-स्थल को बींधने को व्यग्र हो जाता है। बेशक मौन का मुखर-वाचाल उपयोग कर प्रश्न दर प्रश्न उठाती है सुनीता—विवाह संस्था की एकरसता और जड़ता की कैफियत माँगते सवाल; नैतिक आचार संहिता के औचित्य की ओर उँगली उठाते सवाल; गत्यात्मकता और स्वतन्त्र निर्णय क्षमता से वंचित कर स्त्री के भरे पूरे वजूद को घर की देहरी के भीतर भींचते सामाजिक दुराग्रहों को बेनकाब करते सवाल; स्त्री को मनुष्य न मानकर अपनी मनुष्यता का निर्लज्ज महिमामण्डन करती पुरुष मानसिकता से टकराते सवाल! सुनीता के विक्षोभ और बेचारगी से उद्वेलित हैं मैनेजर पाण्डेय। इसलिए भी कि पहली बार स्त्री मानस के साथ अर्धनारीश्वर की भूमिका में उतरकर जैनेन्द्र ने जिन सवालों को अपनी रचनाओं में उठाया, वे आज भी प्रासंगिक हैं और अनुत्तरित भी। वे नहीं समझ पाते कि भारतीय समाज में स्त्री की स्थिति, उसकी पराधीनता का प्रश्न और स्वाधीनतास की आकांक्षा जैसे बेहद बुनियादी सवाल क्यों आज भी पहेली, बाधा ओर वर्जना बनाकर स्त्री से दूर कर दिये जाते हैं। कातर वश सुनीता की तरह वे भी नहीं समझ पाते कि नाम, व्यक्तित्व और पहचान छीन लेने वाली विवाह संस्था स्त्री को पालतू पशु की तरह मालिक के खूँटे से बाँध रखने में क्यों अपनी सार्थकता मानती है? विवाह यदि सृष्टि को चलाने का पूरक संस्कार है या अपनी प्रकृतिजन्य अपूर्णता को सहचर के सहारे पूर्ण कर डालने का उपचार तो स्त्री-पुरुष दोनों के लिए विवाह के स्वरूप, शर्तों और परिणतियों में इतना अन्तर क्यों आ जाता है? प्रो. मैनेजर पाण्डेय दरअसल 'सुनीता' उपन्यास में सुनीता के बहाने स्त्री-पुरुष सम्बध की सामाजिक, सांस्कृतिक, नैतिक संरचना को कई-कई कोणों से परख लेना चाहते हैं—जैनेन्द्र के युग की स्त्री के सन्दर्भ में नहीं, आज की स्त्री के सन्दर्भ में—स्त्री-विमर्श के आक्रामक मुद्दों और बहस के बींच। स्वयं उन्हीं के शब्दों में "भारतीय समाज, परिवार और विवाह में स्त्री की परतन्त्रता और उसकी स्वतन्त्रता की आकांक्षा तथा कोशिश के बारे में सन् 1935 में जो प्रश्न उठाये गये थे, वे आज भी प्रश्न ही हैं। उन प्रश्नों के रू-ब-रू होने और उन्हें हू-ब-हू जानने के लिए 'सुनीता' को एक बार फिर पढ़ना आवश्यक है।" (पृ. 136)

मैं बेहद आज्ञाकारी भाव से 'सुनीता' उपन्यास को एक बार फिर पढ़ जाती हूँ—स्त्री

होने के आहत अभिमान के साथ। इस बार कथा आलोचक की बनायी गयी पगडण्डियों पर चल रही हूँ–संगीत और चित्रकला में निबद्ध प्रतीकात्मक अर्थों के जरिये सुनीता और हरिप्रसन्न की मनोदशाओं को जानने की उत्कण्ठा में। मुझे कबूलना होगा कि इस दृष्टि से उपन्यास का पाठ पहले मैंने कभी नहीं किया। पहले कभी ध्यान नहीं दिया कि श्रीकान्त के घर रहते हुए हरिप्रसन्न दिन-रात चित्र बनाने के उद्योग में ही डूबा हुआ है और बकौल प्रो. मैनेजर पाण्डेय, हरिप्रसन्न ने "सुनीता के घर में रहते हुए उसका जो चित्र बनाया है, उसमें उसकी अपनी मनोदशा के साथ-साथ सुनीता के बारे में उसकी आकांक्षाएँ भी व्यक्त हुई हैं। जैनेन्द्र ने उस चित्र का विश्लेषण भी उपन्यास में किया है। वह चित्र उपन्यास की केन्द्रीय संवेदना और प्रश्न को प्रत्यक्षतः और प्रतीकात्मक रूप में व्यक्त करता है।" (पृ. 131) मैं कथा के सर्जक जैनेन्द्र और आलोचक प्रो. मैनेजर पाण्डेय के साथ 'ओ तू' शीर्षक से सम्बन्धित उस चित्र को ध्यान से देखने लगी हूँ। आकाश में दूर-दूर तक पसरा साँझ का साँवला उजाला जिसमें टिमटिम करते एक-दो उजले तारे, आकाश के चरम छोर पर खड़ा एक स्तूप–पहेली-सा अभेद्य और मरीचिका-सा तरल स्तूप जिसका गात गहरे अँधेरे से बना है। सामने बिछी है अपार धरती–वन्ध्या, ऊजड़ और सपाट। आगे बढ़ने की कोशिश में चित्रकार हरिप्रसन्न के हाथ और दृष्टि बार-बार उसी स्तूप पर ठिठक जाते हैं। न, वह स्तूप नहीं, उसके शीर्ष पर किसी की अधखुली आँखें हैं। उन आँखों में कुछ है–एक निमन्त्रण सरीखा। क्या है वह? प्रलय? या कि प्रणय? उसमें पीड़ा है कि आनन्द? न, वह स्तूप नहीं, रमणी और उसके तल में खड़ा पुरुष किंकर्तव्यविमूढ़ है कि अपनी बाहें फैलाकर उस 'सर्वाहारी रमणी' का आलिंगन करे या दोनों हाथ जोड़ प्रणाम करे? अपने एक अन्य चित्र में वह पहले ही इस रमणी के भाल पर लहू की लाल बिन्दी का अभिषेक कर उसे 'जननी जन्मभूमि स्वर्गादपि गरीयसी' की संज्ञा दे चुका है। फिर कैसा द्वन्द्व! स्त्री माँ है और अपनी मुक्ति के लिए पुत्रों से प्राणों की आहुति माँग रही है तो उसकी मूर्ति में रमणीत्व का आरोपण कर प्रणय और आलिंगन की चाहना क्यों? नहीं समझ पाता हरिप्रसन्न अपने मन की इस बेलगाम दौड़ को। इसलिए व्यथित है और संकल्प करता है कि इस तरल मरीचिका को, 'ओ तू' से सम्बोधित इस रहस्यमयी चेतना को वहीं चित्र पर कीलित कर लौट जाएगा अपनी दुनिया में। "ओ तू! वहीं रह। और ओ रे हठी प्रार्थी मनुष्य, इस अँधेरे स्तूप को छोड़! वहाँ अँधेरा है। वहाँ उत्तर नहीं है। मुड़ आ कठोर पृथ्वी की ओर। उसे उर्वरा कर, उसे हरियाली कर, शस्यदा कर। उस अँधेरे गह्वर में थाह नहीं है, तल नहीं है। अरे अभागे, मुड़ आ। यहाँ कण के बीच तेरी प्रतीक्षा है। वहाँ क्यों भक्ष्य बनने को खड़ा है?" (सुनीता, पृ. 107) यह है हरिप्रसन्न का, पुरुष का स्त्री के प्रति प्रबल आकर्षण और तीव्र विकर्षण के बीच पनपता द्वन्द्व। कर्तव्य और आकांक्षाओं के बीच जंग! अपनी ही प्राथमिकताओं को तोलकर अपने को डिस्कबर करने की अपरिहार्य इच्छा! अपने को निरन्तर भरमाते रहने का अर्थ निरन्तर पलायन करते रहना भी है। हरिप्रसन्न 'ओ तू' यानी स्त्री, यानी एक समर्पित-समन्वित गृहस्थ जीवन

के विकल्पों पर विचार कर रहा है। न, स्त्री त्याज्य, अस्पृश्य और आपदा नहीं होती। उसे नकारकर अपनी हस्ती को अकेले अपने दम साबित करने की वृत्ति वन्ध्या होती है जो चित्त में गाँठ बनकर बैठ जाये तो कस्तूरी मृग की तरह जीवन-लक्ष्य की बदहवास दौड़ में दौड़ाये रखती है। स्वयं जैनेन्द्र उपन्यास के इस चित्र के केन्द्रीय महत्त्व को स्वीकारते हैं। श्रीकांत के जरिये वे कहलाते भी हैं कि यह चित्र हरिप्रसन्न के चित्र की गाँठ है और यहीं वे श्रीकांत को निर्देशित भी करते हैं कि हरिप्रसन्न के चित्त से इस गाँठ को निकालने के लिए सुनीता को माध्यम बनना ही होगा। "तुम इन दोनों के लिए अपने को उसकी इच्छा के नीचे छोड़ देना। यह समझना कि मैं नहीं हूँ, तुम हो और तुम्हारे लिए काम्य कर्म कोई नहीं है। इस भाँति निषिद्ध कर्म भी कोई नहीं रहेगा। ...तुम उसकी वैरागी वृत्ति को किसी तरह कम कर सको, उसमें कहीं बँधकर बैठने की चाह उपजा सको तो शुभ हो।" (सुनीता, पृ. 123) सुनीता के पास बचने की कोई राह नहीं। उसे पति की आज्ञा शिरोधार्य करनी ही है। मन में द्वन्द्व जरूर है कि "परिवार ही क्या व्यक्तित्व की परिधि है? क्या मैं इसी में बीतूँ? क्या इसे तोड़कर, लाँघकर एक बड़े हित में खो जाने को मैं न बढ़ूँ?" (पृ. 130) लेकिन पातिव्रत्य की पुख्ता जमीन ऐसे किसी अवांछित बीज को अंकुरने नहीं देती। 'पति ही तो नारी की सम्पूर्ण कृतार्थता है'—उसकी रग-रग में इंजैक्टेड है यह दीक्षा। इसलिए वह लाचार समर्पण कर अपने कदमों को बढ़ने से पहले ही जकड़ लेती है—"मैं इस घर में टूटकर जाऊँगी तो जीऊँगी नहीं।" सचमुच, प्रो. मैनेजर पाण्डेय ठीक कहते हैं कि "जैनेन्द्र के उपन्यासों में स्वतन्त्रता और नैतिकता के प्रश्न प्रायः अंतरात्मा के प्रश्न हैं", कि जैनेन्द्र की मुख्य चिंता "भारतीय स्त्री की स्वतन्त्रता है, सामाजिक स्वतन्त्रता नहीं, मानसिक स्वतन्त्रता।" क्यों? मैं पाठ के बीच हस्तक्षेप कर अनायास सवाल पूछ डालना चाहती हूँ—सर्जक से! आलोचक से! क्या इसलिए कि सामाजिक बेड़ियों से मुक्त स्त्री जिस नयी आचार-संहिता और मानवीय मूल्यों की सर्जना करेगी, वे सामाजिक व्यवस्था के परम्परागत ढाँचे को शिद्दत के साथ बदल डालना चाहेंगे? प्रो. मैनेजर पाण्डेय के पास मेरे इस 'क्यों' का जवाब है कि 'मानसिक मुक्ति के बिना सामाजिक मुक्ति सम्भव नहीं'। बात ठीक है। लेकिन यह जवाब साथ ही एक विराट चक्रव्यूह की सृष्टि भी करता है। सामाजिक पराधीनता व्यक्ति को मानसिक रूप से पराधीन करती है और मानसिक पराधीनता यथास्थिति के स्वीकार में आत्मदया और आत्मपीड़न का सुख मिलाकर उसे अपनी पहचान बनाती चलती है। यथास्थिति का स्वीकार इकतरफा नहीं होता। स्त्री की हीन पराधीन स्थिति के स्वीकार का अर्थ पुरुष की श्रेष्ठ स्वाधीन नियन्ता स्थिति का स्वीकार भी है, जो स्त्री और पुरुष दोनों द्वारा समान रूप से मनुष्य और मानवीय सम्बन्ध को समान धरातल पर जीने और जाँचने का अवकाश नहीं देती। जाहिर है, मानसिक मुक्ति की लड़ाई भी इकतरफा नहीं हो सकती। यह अपने हितों के लिए लड़ा जाने वाला वर्गीय वैचारिक संघर्ष नहीं, मानवीय मुक्ति का अनुष्ठान है—दोनों पक्षों/लिंगों द्वारा समान संकल्प एवं मिशन के साथ। क्या मानवीय मुक्ति के इस साझे अभियान को लेखन, आन्दोलन

और विमर्श के स्तर पर चीन्हा गया है कभी? ऐसा साझा अभियान जो अनजाने ही इण्टरर्नलाइज्ड किये गये संस्कारों से सजग लड़ाई की पहलकदमी करता हो?

जाहिर है संस्कार ही दृष्टि और सोच दोनों पर शिकंजा कस व्यक्ति को अपने पीछे रपटाये चलते हैं और यहीं मेरी असहमतियाँ मुखर हो जाती हैं। प्रो. मैनेजर पाण्डेय कहते हैं, "सुनीता हरिप्रसन्न के प्रति अपने आकर्षण से उपजे अन्तर्द्वन्द्व और तनाव को सितार के माध्यम से अभिव्यक्त करती है। उसका अत्यन्त संवेदनशील और कलात्मक चित्रण जैनेन्द्र ने इस प्रकार किया है, "उसने सितार खींचा और स्वर मिलाने लगी। वह फिर कुछ झंकार उठायेगी जो गूँज-गूँजकर सब कहीं व्याप जाये। जो गूँजे और गूँजे और थक जाये। तब सो जाये। अत्यन्त सबल राग में उसने सितार को बजाया। यहाँ तक कि सितार के टूटने का डर होने लगा। जितना खिंच सकता था, उतना खींचकर वह उसमें मीड़ देती थी। मानो अपने भीतर की झल्लाहट को, उस अकारण अहेतु खीझ को वह इस प्रकार खींचकर ध्वनि में मूर्त करके भेज देना चाहती है कहीं दूर, कहीं पार।" (पृ. 132) मैं अपने आप से बार-बार एक ही प्रश्न पूछ रही हूँ—क्या वाकई सुनीता हरिप्रसन्न से प्रेम करती है? प्रेम न इन्फैचुएशन है, न लालसाओं की तृप्ति का भौतिक जरिया। प्रेम दूसरे को पाने का अकुण्ठ संवेग भी नहीं। वह सबसे पहले अपने को जानने का एक माध्यम भी है। लेकिन क्या पराधीन स्त्री (स्त्री ही क्यों, पुरुष भी) मुक्त निर्द्वन्द्व भाव से अपने को जान पायी है कभी? वह स्त्री जो बचपन से ही एक आइडिया से प्रेम करने की दीक्षा लेकर पली-बढ़ी है कि पति ही उसका प्रेमी होगा। प्रेम उसके सपने के राजकुमार को पति का चेहरा देता है। पति चाहे बूढ़ा हो या व्यसनी, वह उसी से प्रेम करने को अभिशप्त है, क्योंकि प्रेम का अर्थ है शुष्क दायित्व वहन। कितनी ही बौद्धिक-कलात्मक उड़ानें भर लेने के बावजूद गृहस्थी के खटराग में जुटी, जो स्त्री अपनी हॉबीज को ठीक-ठीक नहीं पहचानती, वह प्रेम को कैसे जानेगी? लेकिन फिर भी साहित्य में स्त्री-प्रेम करती है, प्रेम का व्यापार करती दिखायी जाती है। क्या इसलिए कि साहित्य में स्त्री पात्र यथार्थ स्त्री के प्रतिनिधि बनकर नहीं आते, वे पुरुष आकांक्षा के स्त्री चित्र होते हैं? और इन्हीं सर्जित चित्रों को यथार्थ स्त्री का वास्तविक परिचय मान वह सूक्तियाँ (द्वेषभरी कटूक्तियाँ?) जारी करता है कि स्त्री का चरित्र और पुरुष का भाग्य कोई नहीं जानता। बहरहाल, मैं सितार प्रकरण की ओर लौट रही हूँ और सोचती हूँ कि पति के मित्र से दो दिन की औपचारिक बात से प्रेम ने कहाँ से प्रवेश पाया? हाँ, हरिप्रसन्न के आने पर पति-पत्नी दोनों चहके-लहके जरूर हैं, क्योंकि दोनों समान रूप से वैवाहिक जीवन की जड़ता और एकरसता से सन्त्रस्त हैं। हरि का आगमन उनके ऊब भरे जीवन में चेंज की हिलोर ले आया है। जीवन के स्रोत पर कुण्डली मारकर बैठी मॉनोटनी के टूटने से सुनीता आह्लादित है—पत्नीत्व के भारी-भरकम बोझ से अपनी वैयक्तिक इयत्ता को मुक्त कर एक बार फिर देख पायी है कि धूल चाटती किताबें और सितार कभी उसका वजूद हुआ करती थीं। सितार के साथ वह निःशेष होते जा रहे 'स्व' को फिर से पा लेना चाहती है। वह जानती है शुरू से ही

कि घर की देहरी से बाहर जीवन ठाठें मार रहा है, लेकिन पत्नीत्व देहरी की ओर पीठ कर बैठने की दीक्षा देता है उसे। अब हरिप्रसन्न नहीं, उसके जरिये देहरी के बाहर का ठाठें मारता जीवन उसके धर की परिधि में घुस आया है। वह उन्मुक्त हुई है, निर्द्वन्द्व भी, लेकिन आने का वादा कर भी हरिप्रसन्न नहीं लौटा। हरिप्रसन्न यानी कोई अतिरिक्त बाहरी उपस्थिति। वह आशंकित है और त्रस्त भी कि इस बाहरी व्यक्ति की अनुपस्थिति क्या फिर से पति-पत्नी के एकरस सम्बन्ध में बर्फीली जड़ता नहीं भर देगी? संगीत सृजन और लौकिकता के अतिक्रमण का उत्साह बनकर सुनीता के व्यक्तित्व को कान्ति दे रहा है। सितार पर बजती उग्र धुन उसके भीतर के झंझावात की प्रतीकात्मक अभिव्यक्ति है—जीवन के स्पंदन से काटकर कब्र में लोट कर जीने की आशंका से उपजी।

नहीं, सुनीता हरिप्रसन्न से प्रेम नहीं करती। हरिप्रसन्न के जरिये वह अपने भीतर जीती स्त्री की मुक्ति आकांक्षाओं और सपनों से परिचित होती है। कितनी ऊर्जा है इस स्त्री में! और तर्क-वितर्क की शक्ति भी! लेकिन सब भीतर ही भीतर! मौन की परतों में लिपटा! सतह पर है पति का सबल सत्ता का स्वीकार! प्रेम यानी दायित्व यानी पातिव्रत्य धर्म! सुनीता मृणाल नहीं है, मीरा भी नहीं, गोकि मीरा के लिए उसकी वेदनामयी सहानुभूति उसे मीरा का प्रतिरूप बना डालना चाहती है। ''मीरा के पति की ओर से वह मीरा को भर्त्सना भी देना चाहती है, फिर भी मीरा को समझना चाहती है, मीरा पतिव्रता हुए बिना भी, अरे, क्यों उसकी श्रद्धाभाजन बनी है। ...वह अपने से झगड़कर चाहती है, मीरा को खण्डित और लांछित ठहरा दे, किन्तु मीरा के प्रति उसके भीतर का स्नेह और वेदना उमड़ी ही आती है।'' (सुनीता, पृ. 53) सुनीता का यह द्वन्द्व उसके दाम्पत्येतर प्रेम की पुष्टि का प्रकरण नहीं, नैतिकता के बने बनाये साँचों को लेकर अनास्था की अभिव्यक्ति है। ''सुनीता मीराबाई के माध्यम से दाम्पत्य के बाहर के अपने प्रेम को उचित और सार्थक समझने की कोशिश करती है'' —प्रो. मैनेजर पाण्डेय की यह टिप्पणी स्त्री प्रश्नों पर गहरी संवेदना और सरोकार के बावजूद उनकी आलोचकीय दृष्टि की सीमा बनकर उभरती है जो शायद पुरुषवादी दृष्टि के कारण स्त्री की 'मनुष्यता' का 'सम्पूर्णता' में न देखने का आग्रह देती है। शायद इसी कारण सुनीता के निर्वसन हो जाने वाले प्रसंग को परम्परागत आलोचना के विपरीत अनैतिक न मानते हुए भी वे सही सन्दर्भ और व्याख्या नहीं दे पाये। एक सामान्य स्टेटमेण्ट देकर वे टिप्पणी करते हैं कि ''जैनेन्द्र ने अत्यन्त सावधानी और कुशलता से सुनीता के निर्वसन होने की प्रक्रिया का चित्रण किया है और उसका हरिप्रसन्न पर वैसा ही प्रभाव पड़ा है, जैसा उपन्यासकार चाहता है।'' (पृ. 132)

प्रो. मैनेजर पाण्डेय स्त्री को पराधीन बनाने वाली सामाजिक व्यवस्था की पड़ताल एक अन्य निबन्ध **'मीरा की कविता और मुक्ति की चेतना'** में भी करते हैं। मानो सुनीता की ही दशा का कंटीन्यूम हो यह लेख। ''प्रेम स्वभाव से ही सत्ताविरोधी और स्वतन्त्र होता है''—वे उद्घोष करते हैं और इसे ही मीराबाई की कविता को गुनने का प्रस्थान बिन्दु बनाते हैं। ''मीरा की कविता में मुक्ति की चेतना-प्रेम के माध्यम से व्यक्त

हुई''—वे कहते हैं और मीरा के विद्रोह को तीन शीर्षकों में बाँटते हैं—राजसत्ता से विद्रोह, पुरुष सत्ता से विद्रोह, लोकरुढ़ि और कुलकानि से विद्रोह। उनका यह विश्लेषण मीरा को भक्त कवयित्री की रुढ़ छवि से मुक्त कर उसके संघर्ष को सामाजिक-वैचारिक गत्यात्मकता प्रदान करता है। ''भजन करस्यां सती न होस्यां'', ''लोकलाज कुलकानि जगत् की दई बहायी ज्यों पानी, अपने घर का परदा कर लो मैं अबला बौरानी'', ''मैं चलूँगी चाल अनूठी'', ''थे तो राणा जी म्हाने इसड़ाँ लागे ज्यों बृच्छन में कैर''—मीरा की विद्रोही चेतना को प्रत्यक्ष करने के लिए वे कितने ही उद्धरण देते चलते हैं और फिर तथ्य-तर्क की श्रृंखला में पिरोये हुए निष्कर्ष को सामने लाते हैं कि ''इस तरह वे (मीरा) सामन्ती सत्ता की तुच्छता को सामने लाकर उसके आतंक, भय या प्रलोभन से मुक्ति की प्रेरणा देती हैं और अपने प्रेम की श्रेष्ठता सिद्ध करती हैं।'' (मीरा : एक पुनर्मूल्यांकन, पृ. 120) वे मानते हैं कि ''मीरा का विद्रोह एक विकल्पहीन व्यवस्था में अपनी स्वतन्त्रता के लिए विकल्प की खोज का संघर्ष भी है।'' दबी-घुटी मूक स्त्री का विलोम रचती मीरा की उग्र आक्रामकता और वाचालता को देख वे आह्लादित हैं कि कैसे निर्भीक निर्द्वंद्व अन्दाज में मीरा ईश्वर की सत्ता के स्मरण के बरक्स राजसत्ता के मद को चिथड़े-चिथड़े कर रही हैं। रोमांच भरा यह आह्लाद अतिरिक्त उत्साह बनकर प्रो. मैनेजर पाण्डेय को मीरा के ऊर्ध्व ऊर्जस्वित प्रभामण्डल को चीरकर भीतर प्रविष्ट होने से रोकता है। परिधि के बाहर ठिठक जाने की यह हिचक उन्हें मीराबाई के उन अन्तर्विरोधों को देखने की अनुमति नहीं देती, जो पुरुष सत्ता के विरोध में स्त्री-पुरुष सम्बन्धों की जड़ संरचना का विरोध करते हुए भी स्वप्न पुरुष से पति की उसी सामन्ती/श्रेष्ठ भूमिका की अपेक्षा करती है। 'म्हाने चाकर राखो जी' जैसी उक्तियाँ पति-पत्नी सम्बन्ध में पत्नी की अधीनस्थ भूमिका की स्वीकृति है, भले ही मीराबाई स्वप्न पुरुष को तोल-परखकर मोल लेने का उद्घोष क्यों न करती फिरें। मीरा के अन्तर्विरोध दरअसल पितृसत्तात्मक व्यवस्था के आन्तरिकीकरण की सूचना है—एक ऐसी प्रवंचना जिसमें हम सब एक अटूट सम्मोन के साथ बँधे भी हैं और मुक्त होने को अकुला भी रहे हैं। दरअसल, स्त्री प्रश्नों को सही सन्दर्भ में न समझा जाना और स्त्री-विमर्श को स्त्रियों की ओर से लड़ी जाने वाली अनैतिक या द्वेषपूर्ण 'राजनीतिक' लड़ाई की संज्ञा देना हमारे इन्हीं अन्तर्विरोधों का परिणाम है।

प्रो. मैनेजर पाण्डेय मीरा के प्रेम और विद्रोह में निबद्ध सामाजिक एवं आध्यात्मिक दोनों प्रकार के अर्थों की खोज निकालते हैं। उनकी दृष्टि में मीरा-काव्य में गिरधर मुक्ति का प्रतीक है। लेकिन सवाल यह है कि गिरधर मीरा (स्त्री) को मुक्त कैसे करता है? मुक्ति यानी स्त्री की मानवीय अस्मिता का स्वीकार, हर तरह के लैंगिक डिस्क्रिमिनेशन का अस्वीकार, जबकि मीरा जेंडर डिस्क्रिमिनेशन को अपनी (स्त्री) होने की पहचान बनाये बैठी हैं।

'श्रृंखला की कड़ियाँ' की बात करते हुए प्रो. मैनेजर पाण्डेय महादेवी वर्मा के साथ स्त्री पराधीनता के समाजशास्त्रीय इतिहास की परत दर परत जाँच करते हैं। इस

निबन्ध को महादेवी वर्मा के प्रति उनकी श्रद्धांजलि भी कहा जा सकता है। वे महादेवी वर्मा को स्त्रीवादी दार्शनिक ही नहीं कहते, बल्कि स्वयं कर्मक्षेत्र में कूदकर स्त्रियों में वैचारिक चेतना जागृत करने वाली दीपशिखा भी मानते हैं। वे खासतौर से इस तथ्य का उल्लेख करना नहीं भूलते कि महादेवी वर्मा ने मीरा जयन्ती मनाने की शुरुआत कर स्त्रियों के आदर्श के रूप में सती स्त्री की छवि के बरक्स मीरा की विद्रोही छवि को प्रतिष्ठित किया। वे महादेवी वर्मा की इस मान्यता से सहमत हैं कि "पुरुष के द्वारा नारी का चरित्र अधिक आदर्श बन सकता है, परन्तु अधिक सत्य नहीं; विकृति के अधिक निकट पहुँच सकता है, परन्तु यथार्थ के अधिक समीप नहीं। पुरुष के लिए नारीत्व अनुमान है, परन्तु नारी के लिए अनुभव। अतः अपने जीवन का जैसा सजीव चित्र वह हमें दे सकती है, वैसा पुरुष बहुत साधना के उपरान्त भी शायद न दे सकें।" इसी मान्यता के आलोक में वे स्त्री रचनाकारों की स्वतन्त्र स्त्री-दृष्टि का विरोध करने वाले यथास्थितिवादियों को हड़काने से भी गुरेज नहीं करते। विशेष रूप से उन नामचीन लेखिकाओं को जो साहित्य सृजन में स्त्री-पुरुष दृष्टि के भेद को अस्वीकार कर स्वयं को स्त्री-लेखन के ठप्पे से मुक्त कर लेना चाहती हैं। जाहिर है मैनेजर पाण्डेय पहले आलोचक हैं जो साहित्य में स्त्री लेखन जैसी कोटि को न केवल स्वीकारते हैं, बल्कि स्त्री-दृष्टि से समाज व्यवस्था के दमनकारी स्वरूप को चीन्हने और स्त्री की आकांक्षाओं को जानने का आग्रह भी करते हैं। बेशक लैंगिक विभाजन स्त्री-पुरुष की अखण्ड मनुष्य अस्मिता को खण्डित करता है। इसी विभाजनकारी व्यवस्था के बीच रहते हुए स्त्री जिन संस्कारों, पूर्वग्रहों और द्वेषपूर्ण सामाजिक-सांस्कृतिक मान्यताओं से जूझती हुई अपने भीतर भय और असुरक्षा, घुटन और सन्त्रास की ग्रन्थियाँ पालती है, उन्हीं को रचनात्मक साहित्य में खोलती है।

चूँकि प्रो. मैनेजर पाण्डेय विषय में प्रवेश करने से पूर्व उसके इर्द-गिर्द घूमकर भरपूर पीठिका तैयार करने के अभ्यस्त हैं, इसलिए 'शृंखला की कड़ियाँ' पर लिखने से पूर्व महादेवी वर्मा की नारीवादी पूर्वजाओं—पं. तमाबाई, ताराबाई शिन्दे, 'सीमन्तनी उपदेश' की लेखिका अज्ञात हिन्दू महिला के वैचारिक अवदान पर भी गम्भीरता से विचार करते हैं। यह प्रयास महादेवी वर्मा को नारीवादी लेखन की परम्परा में प्रतिष्ठित करने के लिए ही नहीं हैं, बल्कि भारत में 19वीं सदी के उत्तरार्ध में तेजी से जोर पकड़ रहे नारीवादी विमर्श को पूरे वैभव के साथ हिन्दी पाठकों के समक्ष प्रस्तुत करने के लिए भी है, ताकि इस अवधारणा का खण्डन किया जा सके कि भारत में स्त्री-विमर्श पश्चिम से आयात किया गया है और सीमोन द बउवा विश्व की महत्त्वपूर्ण प्रारम्भिक स्त्री विमर्शकार हैं। वे अपने क्षोभ और आग्रह को दो टूक शब्दों में व्यक्त करते हैं कि 'शृंखला की कड़ियाँ' का प्रकाशन हिन्दी में स्त्रीवादी चिन्तन के इतिहास की एक महत्त्वपूर्ण घटना है, लेकिन उसके ग्रहण और मूल्यांकन का इतिहास निराशाजनक है। यह एक तरह से हिन्दी में स्त्री प्रश्न पर चिन्तन की दुर्दशा का द्योतक है। 'शृंखला की कड़ियाँ" जब छपी थी, तब से आज तक उसकी चर्चा कम हुई और उपेक्षा अधिक।" 'शृंखला की कड़ियाँ'

में संकलित एक-एक निबन्ध की स्वतन्त्र चर्चा कर वे महादेवी वर्मा के सरोकारों के वैविध्य और गहराई दोनों को विश्लेषणात्मक ढंग से उभारते हैं, मसलन हिन्दू स्त्री का पत्नीत्व, स्त्री शिक्षा की अनिवार्यता, विधवा की करुण स्थिति, वेश्या के सन्दर्भ में नैतिकता की समस्या। वे महादेवी वर्मा से सहमत हैं कि अपने जीवनानुभवों को आधार बनाकर स्त्री को स्वयं अपनी दृष्टि विकसित करनी होगी। इस प्रक्रिया में महादेवी वर्मा के संग-संग चलते हुए वे स्त्रियों की दो कोटियाँ बनाते हैं। पहली कोटि में वे परम्परावादी स्त्रियाँ हैं जो अपने व्यक्तित्व और विवेक को खोकर पुरुष का अन्धानुकरण कर रही हैं। दूसरी कोटि में वे तथाकथित 'आधुनिकाएँ' हैं, जो पुरुष का विरोध करते-करते स्वयं 'पुरुष' बन जाना चाहती हैं। ये दोनों स्थितियाँ अतिरेकी हैं। अतः महादेवी वर्मा ऐसी स्त्री दृष्टि का समर्थन करती हैं जो "स्त्री को अपनी अस्मिता की पहचान, विवेक के विकास और नारीत्व की शक्ति की समझ पैदा करने में सहायक हो ताकि स्त्री अपने स्वत्व की रक्षा कर सके।" अपने तमाम स्खलनों और दरकनों के बीच आज के स्त्री-विमर्श का सकारात्मक पक्ष भी स्त्री के पुरुष बन जाने का विरोधी है। वह मृदुला गर्ग के 'कठगुलाब' उपन्यास के स्त्री पात्रों की तरह उद्घोष करता है कि "मैं मर्द नहीं सर्जक होना चाहती हूँ।" दरअसल, पुरुष होने की चाहत पितृसत्तात्मक व्यवस्था को सुदृढ़ करने का भावनात्मक अभियान है जो प्रकारान्तर से स्त्री को हीनतर करता चलता है। यह एक तरह से हमारी अपनी ही मनुष्यता पर सवालिया निशान भी है।

लेकिन मीरा की तरह कहीं-कहीं वे महादेवी वर्मा के अन्तर्विरोधों को भी पकड़ने से चूक जाते हैं।

प्रो. मैनेजर पाण्डेय बहुपठित हैं और बहुज्ञ भी। पश्चिमी विचारकों की थ्योरीज को आत्मसात् कर समाजशास्त्रीय पड़ताल की गहरी अन्तर्दृष्टि उन्होनें अर्जित की है। वह बहुज्ञता उन्हें बार-बार अपने प्रिय आलोचकों और चिन्तकों को उद्धृत करने के लिए प्रेरित करती है। फलतः पाठ के विश्लेषण को स्थगित कर वे सिद्धान्त कथन और सिद्धान्त निर्माण में जुट जाते हैं। फिर पाठ की ओर लौटकर पिछले सूत्र को उठाते हैं तो कहीं झीने से जोड़-टाँके का आभास होता है। दरअसल उनकी आलोचना अनेकानेक बिन्दुओं में बँटकर उभरे हुए सुलझे-तार्किक चिन्तन का उदाहरण है, वैचारिक विश्लेषण को भावोच्छ्वास में पिरोकर अनायास उभरने वाला सर्जनात्मक रचाव नहीं। यह विशेषता **'रतिनाथ की चाची और स्त्री की पराधीनता का प्रश्न'** निबन्ध में खासतौर पर उभरकर आती है। लोकमन, लोकमत, साधुमत के बहाने ग्राम्शी और सी डब्ल्यू मिल्स की स्थापनाओं का विश्लेषण और स्वीकार, 'रतिनाथ की चाची' पर टिककर बात करने की अपेक्षा स्त्री शोषण का खुलासा करते नागार्जुन के अन्य उपन्यासों—कुम्भीपराक, उग्रतारा, पारों की छिटपुट चर्चा प्रभावान्विति को कहीं खण्डित कर देते हैं। शायद इसी कारण रतिनाथ की विधवा चाची गौरी को सम्पूर्ण सहानुभूति देते हुए भी वे उसकी यातना और उत्पीड़न के मूल कारकों का बर्बर चेहरा नहीं उघाड़ते। कामी, बलात्कारी देवर जयनाथ भाभी गौरी के सन्दर्भ में उपन्यास में जितना छिपा है, उतना ही अदृश्य है आलोचना

में भी। आठ माह के गर्भस्थ भ्रूण की सफाई करवाकर न विधवाओं के यौन शोषण की समस्या सुलझती है, न काशीवास करती विधवाओं द्वारा रईस व्यभिचारियों की रखैल बनकर अपना उल्लू सीधा करने की धूर्तता स्त्री मुक्ति का समाधान रचती है। लेखक की भाँति आलोचक भी स्त्री के यौन-शोषण की समस्या की लम्बी चौड़ी सतह को पूरी लम्बाई-चौड़ाई के साथ नाम आते हैं। बस, भीतर उतरकर उन हूकों और टीसों को नहीं सुनते जो स्त्री के आँसुओं में अंगारे भरने की अनिवार्यता की ओर संकेत करे। जयनाथ से चाची कहती है—"किसी भी युग में स्त्री को अमृत पीने का सुयोग नहीं मिला। पुरुष को अमृत पिलाकर स्वयं वह विषपान ही करती आई है...जाने दो, तुम यह सब क्या समझोगे?" या फिर पुत्र उमानाथ द्वारा दुत्कार दिए जाने पर आत्मदया और आत्मघाती सोच से भरकर अपना ही तिरस्कार करती चाची—"अवश्य तू कुतिया से भी गयी-गुजरी है—चाची के अन्तस्तल से आवाज आयी—तू जीने योग्य नहीं है। तेरे कलेजे में जितनी सुइयाँ चुभोई जायें, उतना अच्छा। सिसक-सिसक कर तू जितना रोयेगी, मेरा कलेजा उतना ही ठण्डा होगा। चुड़ैल तेरा सत्यानाश हो। कुहर-कुहर कर मरे तू। तेरे अंग गलकर गिरें..." (नागार्जुन : चुनी हुई रचनाएँ, पृ. 120) आत्मादमन और आत्मानादर में अपने को तिल-तिल गलाती स्त्री क्या हमारी अपनी मनुष्यता का अपमान नहीं? रचना का स्त्रीवादी पाठ सतह के नीचे दबी सच्चाइयों और कण्ठ में अटकी सिसकियों को खुलकर सामने लाने का मिशन है। सच्चाइयों पर झूठी नैतिकता या प्रवंचनाओं का पर्दा क्यों? और कब तक? इसलिए विशेष रूप से वह पितृसत्तात्मक व्यवस्था की इस संरचना का विश्लेषण कर लेना चाहता है कि क्या सच ही स्त्री स्त्री की शत्रु है? हाँ, रोजमर्रा के व्यवहार में दिखायी तो पड़ती है। लेकिन क्यों, स्त्रियों में शत्रु-भाव क्यों? अपना सुख-दुख कहने को उनके पास कन्धा और गला स्त्री का ही तो है न! प्रो. मैनेजर पाण्डेय दम्मी फूफी और उनकी स्त्री टोली द्वारा गर्भवती विधवा चाची के तिरस्कार और बायकाट के प्रसंग को 'एक स्त्री द्वारा स्त्री का शिकार' करने की क्रूर मानसिकता का उदाहरण मानते हैं, दम्मी फूफी जैसी स्त्रियों को पितृसत्तात्मक व्यवस्था की चौकीदार बनने की अलक्षित विवशताओं और विकल्पहीनता का विश्लेषण नहीं करते जो अपनी तमाम बजाहिर आक्रामकता और संवेदनहीनता के बावजूद भीतर से भयाक्रान्त और पराश्रित हैं। तब वे प्रतिपक्षी की तरह चाची के विरुद्ध पाले में खड़ी दिखायी नहीं देतीं, बल्कि जेल की ए बी सी क्लास की कैदियों का आभास देती, एक-सी पराधीन नियति जीती दीखती हैं।

यहीं एक बात और। आलोचना रचना के विश्लेषण से अधिक रचना के बहाने अपने वक्त के पुनरीक्षण और सृजन का दायित्व है। 'रतिनाथ की चाची' में चाची के बरक्स उसकी माँ का चरित्र है—दिलेर, दबंग, संघर्षशील, गतिशील स्त्री जो दुरभिसन्धियाँ रचने वाली सामाजिक ताकतों को ठेंगे पर रखकर अपनी नैतिकता और जीवन का लक्ष्य आप निर्धारित करती है। चाची उत्पीड़कों के बर्बर चेहरे दिखाने वाली आईना है। सामाजिक परिवर्तन के लिए वह नहीं, उसकी माँ सरीखी क्रान्तिदर्शियों की जरूरत है।

आलोचना की सार्थकता तभी है, जब वह रचना में इधर-उधर दबी गूँजों को केन्द्रीय महत्त्व दे।

दरअसल, स्त्री-विमर्श की समस्याओं, आकांक्षाओं को समझने और मुक्ति का भाष्य रचने का वैचारिक आन्दोलन मात्र नहीं है, बल्कि लैंगिक विभाजन और उत्पीड़न के खिलाफ स्त्री-पुरुष दोनों को समान रूप से जागरूक करने का अभियान है, क्योंकि लैंगिक विभाजन की संकीर्णताओं ने पुरुष को भी बन्दी बनाया है, उसकी मनुष्यता का हनन करते हुए। प्रो. मैनेजर पाण्डेय अपने लेखों में स्त्री मुक्ति की प्रबल पैरवी करते हैं—सामाजिक मुक्ति की भी और मानसिक मुक्ति की भी। लेकिन यह बुनियादी तथ्य उनके हाथ से छूट जाता है कि पुरुष की मुक्ति की अनिवार्यता भी ठीक यहीं मौजूद है। बस, उसे उभारना, चीन्हना और स्वीकारना है। एक मुकम्मल स्त्री दृष्टि का अर्थ मानव मुक्ति ही है। वे स्त्री को सहानुभूति देते हैं, उसकी मुक्ति की कामना भी करते हैं, लेकिन पितृसत्तात्मक व्यवस्था की अमानुषिकता की समीक्षा नहीं करते जो मौजूदा सामाजिक ढाँचे को यथावत् बनाये हुए है। सहानुभूति सामाजिक विडम्बनाओं से उपजे आक्रोश और परिवर्तन की आकांक्षा, दोनों की प्रखर आँच पर पानी डालती है। सहानुभूति में यथास्थिति का विवश स्वीकार भी है और उद्वेलित व्यक्ति में वह स्वीकार भाव गाढ़ा करने की नसीहत भी। तो क्या उनकी यह सीमा इसलिए है कि बकौल महादेवी वर्मा और यशपाल पुरुष-स्त्री को सही अर्थों और सन्दर्भों में चित्रित-विश्लेषित नहीं कर सकता? या इसलिए कि अध्यापकीय वृत्ति उनके आलोचक पर हावी हो गयी है और इसीलिए उसमें पाठक के साथ अन्तरंग संवाद नहीं, एक गहरी कर्त्तव्यनिष्ठा के साथ पाठक का मार्गदर्शन करने की आतुरता है जो सूचना, व्याख्या और निष्कर्षों के साथ उभरती है।

प्रो. मैनेजर पाण्डेय की आलोचना में विश्लेषण की अपेक्षा उद्बोधन अधिक है, इसलिए वे युगीन विडम्बनाओं, विकृतियों और विसंगतियों से स्वयं मुठभेड़ नहीं करते। 'सुनीता' उपन्यास में वे स्त्री की स्वतन्त्रता और नैतिकता के प्रश्नों को अन्तरात्मा के प्रश्न बताते हैं जो जताते हैं कि इन प्रश्नों पर पाठक को सजग और विचारशील बनाना जैनेन्द्र का अभीष्ट भी रहा है। लेकिन यहीं से उगे इस प्रश्न से मुठभेड़ नहीं करते कि क्या जैनेन्द्र अपने लक्ष्य में सफल हो पाये? क्या पाठक ने वास्तव में इतनी वैचारिक उदारता और संवेदना के साथ इन प्रश्नों पर विचार किया? यदि हाँ, तो वांछित सकारात्मक परिणाम सामने क्यों नहीं आ रहे? यदि नहीं, तो कहाँ कमी रह गयी? क्या पाठक में इतना सूक्ष्म विचार करने की क्षमता नहीं? यदि नहीं, तो क्यों नहीं प्रबुद्ध संवेदनशील हमसफर का दायित्व वहन कर वे स्वयं पाठक को विचार की सूक्ष्म परतों तक ले जाते? क्यों यह निष्कर्ष उनकी पीड़ा और चिन्ता का विषय नहीं बनता कि 'सुनीता' की समस्याओं में हू-ब-हू आज की स्त्री की समस्याएँ निबद्ध हैं? क्या यह समाज की वैचारिक जड़ता का ही उदाहरण नहीं? क्या जड़ता को प्रश्रय देने वाली ताकतों को चीन्हकर बेनकाब करना आलोचक का दायित्व नहीं? रचनाकार खुले अन्त के साथ समस्या को

रचना में अनुत्तरित छोड़ सकता है, आलोचक को उस पर अपना एक निश्चित स्टैंड लेना जरूरी है। यही उसका सृजन है।

फिर भी प्रो. मैनेजर पाण्डेय की स्त्री दृष्टि का महत्त्व इस बात में है कि वे स्त्री की दोयम दर्जे की स्थिति और पराधीनता के अभिशाप को बेहद मुखर ढंग से सामने लाते हैं, वर्षों के जागरण आन्दोलन के बावजूद उसकी स्थिति के यथावत् बने रहने के कटु तथ्य को उभारते हैं। यह रणभेरी फूँकने का क्रान्तिधर्मी कदम है ताकि अगली पीढ़ी आन्दोलन की जमीन और दिशा को पहचानकर कर्म में जुट जाये।

मैनेजर पाण्डेय का आलोचनात्मक संघर्ष

■ प्रणय कृष्ण

"पूँजीवादी समाज-व्यवस्था के तीव्र वर्ग-संघर्ष के काल में आलोचना विचारधारात्मक संघर्ष का एक महत्त्वपूर्ण साधन है। शासक-वर्ग के सेवक रचनाकार और आलोचकों ने आलोचना का ऐसा उपयोग किया है और शासक-वर्ग के विचारधारात्मक प्रभुत्व के खिलाफ संघर्ष करने वाले रचनाकार और आलोचकों ने भी आलोचना के हथियारों का इस्तेमाल किया है।"

—मैनेजर पाण्डेय (मुक्तिबोध का आलोचनात्मक संघर्ष/पृ. 225-226, शब्द और कर्म)

उपर्युक्त पंक्तियाँ मैनेजर पाण्डेय ने मुक्तिबोध के आलोचनात्मक संघर्ष को समझने की भूमिका के बतौर लिखीं, लेकिन वे स्वयं मैनेजर पाण्डेय के भी आलोचनात्मक संघर्ष को समझने की कुंजी दे देती हैं। आज की हिन्दी आलोचना में विचाराधारात्मक संघर्ष के साधन के बतौर आलोचना को विकसित करने के जितने अन्तःसूत्र मैनेजर पाण्डेय के आलोचना-कर्म में निहित हैं, उतने अन्यत्र कहीं नहीं, जिनका विकास करना आगे के, नयी पीढ़ी के आलोचकों का दायित्व भी है। मैनेजर पाण्डेय के आलोचना-कर्म में यथार्थवाद, इतिहासदृष्टि और विचारधारा की धारणा और प्रतिमान के स्तर पर ऐसा आवयविक त्रिक बनता है कि किसी एक में कोई असंगति हो तो बाकी दो में भी उसका प्रतिफलन स्वतः होता है। ऐसा पाण्डेय जी ने तमाम साहित्य-आलोचकों और विचारकों के विश्लेषण के माध्यम से दिखाया भी है।

मैनेजर पाण्डेय का आलोचनात्मक लेखन पिछले लगभग चार दशकों की अवधि में फैला हुआ है। इस समस्त लेखन को हम हिन्दी आलोचना में एक लम्बी बहस या फिर गम्भीर आलोचनात्मक संघर्ष के बतौर समझ और परख सकते हैं। सवाल है कि यह बहस या संघर्ष किन से है, किन सवालों को लेकर है और किन मूल्यों या प्रतिमानों की स्थापना या तरफदारी के लिए है। मैनेजर पाण्डेय ने आलोचना में इतिहास दृष्टि, विचारधारा और यथार्थवाद की तरफदारी की है, जनान्दोलनों के साथ साहित्य के रिश्ते की हिमायत की है, बाजार, सत्ता और समाज के सम्बन्धों के बीचोंबीच साहित्य को परखने और उसकी प्रतिरोधी भूमिका को जाँचने की जरूरत को भूलने नहीं दिया है।

साहित्य और संस्कृति के समाजशास्त्र, आलोचना की राजनीत, आलोचना की सामाजिकता, संस्कृति विमर्श के समकालीन सन्दर्भ, साम्राज्यवाद के सांस्कृतिक हमले के दौर में जनभाषाओं की चुनौतियों, साहित्य में वर्ग की अवधारणा तथा स्त्री, दलित, आदिवासी, अल्पसंख्यक समूहों की अस्मिता के साहित्य को ऐतिहासिक, भौतिकवादी नजरिये से व्याख्यायित करने के अनवरत कार्यभार को उनकी आलोचना ने जैसा निबाहा है, वह दुर्लभ है। मैनेजर पाण्डेय द्वन्द्वहीन समन्वय के साधक नहीं हैं, सार-संग्रह से उन्हें बड़ी चिढ़ है, इसीलिए उनकी आलोचना महज संवाद या विमर्श नहीं, बल्कि गम्भीर बहस या संघर्ष का रूप अख्तियार करती है। ऊपर जिन सवालों और मूल्यों का उल्लेख है उनके मुखालिफ हिन्दी में ही नहीं, बल्कि दुनिया के स्तर पर प्रभावी तमाम साहित्य-सिद्धान्तों, आलोचना-दृष्टियों से उन्हें जूझना पड़ा है। इसके लिए हिन्दी की मार्क्सवादी आलोचना के भीतर भी दो रुझानों के संघर्ष को तीखा किया है, ताकि औपनिवेशिक विशेषताओं और सामन्ती अवशेषों से मण्डित भारतीय पूँजीवादी समाज में एक जनपक्षधर बुद्धिजीवी अपनी भूमिका के बारे में सचेत रहे, फिसलनों से आगाह रहे।

मैनेजर पाण्डेय के आलोचनात्मक संघर्ष के महत्त्व के समझने के लिए हम उन समकालीन परिस्थितियों को याद रखें जिन्होंने हमारे आज के परिवेश को निर्मित किया है। सोवियत संघ के ढहने के बाद अमरीकी साम्राज्य का एकछत्र प्रभुत्व, भारत में फासीवादी साम्प्रदायिक ताकतों का उभार, जातीय और क्षेत्रीय अस्मिताओं की गोलबन्दी और सत्ता में भागीदारी तथा विश्व सैद्धान्तिकी के स्तर पर उत्तर-आधुनिकता की दुन्दुभी—मोटे तौर पर यही वे परिस्थितियाँ थीं, जिन्होंने 1990 के बाद से साहित्य और उसकी आलोचना को गहरे मथा। साहित्य-चिन्तन के धरातल पर इन स्थितियों ने इतिहास, विचारधारा और यथार्थ जैसी अवधारणाओं के सामने अब तक की सबसे गम्भीर चुनौती प्रस्तुत की।

शीतयुद्ध के समय भी इन अवधारणाओं का एक मजबूत प्रतिपक्ष उपस्थित था। लेकिन समाजवादी परियोजना के संकटग्रस्त होने के साथ इन अवधारणाओं के लिए भी सबसे बड़ा संकट अभी ही उपस्थित हुआ। यह फिसलन, पलायन, समर्पण का मंजर था, बौद्धिक निराशा का भी। हिन्दी ही नहीं, बल्कि दूसरी भाषाओं में वाम खेमे के तमाम विचारक और बौद्धिक अपनी वैचारिक प्रतिबद्धताओं से पीछे हट रहे थे, दशकों के अपने विचार-व्यवहार पर शंका कर रहे थे, लानत भेज रहे थे, क्षमाप्रार्थी हो रहे थे। ठीक इसी वक्त मैनेजर पाण्डेय ने आलोचना के हथियारों को और पैना किया, उत्तरवादी सैद्धान्तिकी और अन्तवादी घोषणाओं से लोहा लिया और विपरीत बौद्धिक शक्ति-सन्तुलन के परिवेश में साम्राज्यवाद और सामन्तवाद विरोधी आलोचकीय भूमिका को नयी ऊँचाई दी। व्यक्तिगत स्तर पर किसी भी सामान्य इन्सान को तोड़कर रख देने वाली परिस्थिति भी उनके जीवन में इसी दौर में आनी थी। पुलिस अध्यक्ष का भी कार्यभार सँभाल लिया। उन्होंने समझा कि वे अकेले नहीं हैं। उनके साथ ग्राम्शी, रेमण्ड विलियम्स, फ्रैंज फैनन,

मुक्तिबोध, डी.डी. कोसम्बी, ज्योतिस्वरूप सक्सेना ही नहीं, बल्कि बौद्धिक दुनिया में सांस्कृतिक प्रतिरोध की एक पूरी परम्परा थी और उसे आत्मसात् कर नयी दिशा खोज रहे दूसरे सैकड़ों संगी साथी भी, युवा बौद्धिक भी, जिनके आगे उन्हें चलना था।

मैनेजर पाण्डेय ने कुहासे और निराशा को छाँटने की आलोचकीय पहल की। बीतती हुई बीसवीं सदी के सर्द अँधेरों के बीच रोशनी के सुराख करती 1997 में लिखी "संकट के बावजूद" शीर्षक पुस्तक की भूमिका एक भारतीय–हिन्दी बौद्धिक की दूरअंदेश, सजग और ऐतिहासिक दृष्टि-सम्पन्नता का बेहतरीन दस्तावेज है। भूमिका में सबसे ऊपर टँका है रेमण्ड विलियम्स का यह वाक्य, "हम अच्छे समय से जितना सीख सकते हैं उससे कम बुरे समय से नहीं।" मैनेजर पाण्डेय ने बीतती बीसवीं सदी के संकट को महज समाजवाद की पराजय और पूँजीवाद की जोत तक महदूद नहीं माना। उनकी निगाह में यह संकट कहीं अधिक गहरा और व्यापक था। उन्होंने इसी भूमिका में लिखा, "इस समय मानव समाज जिस ऐतिहासिक संकट का सामना कर रहा है वह असाधारण है और अपूर्व भी। उसकी चपेट में मानव समाज ही नहीं वह प्रकृति और पर्यावरण भी है जिसके विनाश की स्थिति में मानव समाज का अस्तित्व भी असम्भव है...उसके शिकार पराजय की निराशा में डूबे भूतपूर्व समाजवादी समाज ही नहीं, बल्कि विजय में इतराते पूँजीवादी समाज भी हैं" (9, संकट के बावजूद) संकट की यह शिनाख्त कितनी दूरअन्देश थी, इसे आज ज्यादा आसानी से समझा जा सकता है। 2008 में अमरीकी बैंकों की आत्महत्या में प्रकट हुई वैश्विक मन्दी (जो अब तक बनी हुई है) के लगभग एक दशक पहले यह देख लेना कि ऐतिहासिक संकट के शिकार "विजय में इतराते पूँजीवादी समाज भी हैं" बगैर उस इतिहास दृष्टि के सम्भव नहीं, जिसे लेकर पाण्डेय जी की आलोचना सदैव सजग और संघर्षरत रही। इसी भूमिका में मैनेजर जी आगे लिखते हैं, "ढलती हुई बीसवीं सदी जो स्मृति छोड़े जा रही है उसमें न अतीत से लगाव के चिह्न हैं और न भविष्य से उम्मीद के संकेत, केवल वर्तमान के संकट की गहरी छाया ही सच है, क्योंकि यह सदी राजनीतिक अस्थिरता, आर्थिक अराजकत और वैचारिक विभ्रम को विरासत के रूप में सौंपकर जा रही है।" जिस समय जोर-शोर से यह प्रचार किया जा रहा था (और आज भी किया जा रहा है) कि भूमण्डलीकरण, निजीकरण और उदारीकरण का कोई विकल्प नहीं है। उस समय मैनेजर पाण्डेय उचित ही यह बात उठाते हैं कि "सार्वभौमिकता और भूमण्डलीकरण की प्रवृत्ति पूँजीवाद के लिए कोई नयी बात नहीं है" और मार्क्स तथा रोजा लक्जमबर्ग के साक्ष्य पर लिखते हैं, "बहुत पहले रोजा लक्जमबर्ग ने कहा था कि पूँजीवाद गैर-पूँजीवादी दुनिया में लगातार फैलते हुए ही जीवित रह सकता है, इसलिए जब उसके विस्तार की सम्भावना समाप्त हो जायेगी तब उसके जीवित रहने की सम्भावना का भी अन्त हो जाएगा। क्या इससे जाहिर नहीं है कि पूँजीवाद भी एक भयानक संकट की ओर बढ़ रहा है? क्या भूमण्डलीकरण की प्रक्रिया के अन्त के साथ पूँजीवाद के भी अन्त का आरम्भ होगा?" (10 संकट के बावजूद) सम्भव है। सम्भावनाएँ और भी हैं। ओबामा कह रहे हैं कि 2030 के दशक के मध्य

तक उन्हें उम्मीद है कि नासा मंगल ग्रह पर इनसानों को उतार पायेगा और वापस पृथ्वी पर भी ले आयेगा। यानी पूँजीवाद अपने विस्तार के लिए धरती तक ही नहीं दीखता, बल्कि अन्तरिक्ष में भी सम्भावना तलाश रहा है। सम्भावना यह भी है कि पूँजीवाद की लालच के चलते पृथ्वी पर बसनेवाली मानव प्रजाति खत्म हो जाये। प्रो. रणधीर सिंह ने अपने एक भाषण (इलाहाबाद, 2007) में यह कहा था कि धरती के इतिहास में अनेक प्राणि-प्रजातियाँ लुप्त हो गयीं, जैविक रूप से ऐसा क्या है मानव प्रजाति में कि पूँजी की पर्यावरणनाशी विभीषिकाओं के चलते समय उसका यही हश्र नहीं होगा? लेकिन जैसा कि मैनेजर पाण्डेय ने इसी लेख में लक्ष्य किया है, भूमण्डलीकरण के दौर में उठ रहे एशिया, अफ्रीका और दक्षिण अमेरिका के जनान्दोलनों से भी पूँजीवाद के अन्त की उम्मीद करना बेमानी न होगा। इतिहास की द्वन्द्वगति के भीतर से ही संकट से उत्पन्न निराशा भी आती है और उम्मीद के रोशनदान भी खुलते हैं। समय की गति से बाहर कोई ऐसा मुकाम नहीं जहाँ से मुक्ति के सन्देश आयेंगे। बकौल वामिक–

"यकीं से काम लो, वहमो-गुमाँ से कुछ नहीं होता,
ज़मीं पे रहने वालों आसमाँ से कुछ नहीं होता।"

भूमण्डलीकरण के साथ ही कुछेक वाम बौद्धिक हलकों में यह विचार भी पनपा कि मार्क्स-ऐंगेल्स ने पश्चिम के विकसित देशों में क्रान्तियों के पहले होने की जो उम्मीद लगायी थी, उसके पूरे होने का सही वक्त अब आया है जब कि पूँजी का भूमण्डलीकरण हो रहा है। साथ में यह भी कि चूँकि पूँजीवाद एक वैश्विक व्यवस्था है इसलिए उसे समाप्त करने वाली समाजवादी क्रान्ति भी विश्व क्रान्ति ही होगी, राष्ट्रीय दायरे में क्रान्ति के बारे में सोचना व्यर्थ है। ऐसे रंग-बिरंगे विचार दरअसल एक ओर निराशा तो दूसरी ओर वास्तविकता से कटे हुए बौद्धिकों की ओर से ही आ रहे थे जिनकी नजर प्रतिरोध और जन-आन्दोलनों के वास्तविक रंगमंच पर थी ही नहीं। इन बौद्धिक प्रवृत्तियों का संज्ञान लेते हुए इसी भूमिका में मैनेजर पाण्डेय ने लिखा, "असल में जो बुद्धिजीवी योरोप और अमेरिका को दुनिया की अर्थव्यवस्था, राजनीति और संस्कृति का केन्द्र समझते हैं और एशिया, अफ्रीका तथा दक्षिण अमेरिका के देशों में उनका पिछलग्गू मानते हैं, वही यह सोचते हैं कि जहाँ से पूँजीवाद का संकट आया है, वहीं से उसका समाधान भी आयेगा। यह उपनिवेशवाद के दौर की पुरानी मानसिकता है जो अब भी सक्रिय है। आज पूँजीवाद के भूमण्डलीकरण का सबसे घातक प्रभाव एशिया, अफ्रीका और दक्षिण अमेरिका के देशों की बहुसंख्यक जनता पर पड़ रहा है। वैसे इन्हीं देशों से लूटी गयी सम्पत्ति से योरोप और अमेरिका में पूँजीवाद का विकास हुआ है। क्या यह इतिहास का न्याय नहीं होगा कि भविष्य में इन्हीं देशों में पैदा होने वाले जन-आन्दोलनों से पूँजीवाद के अन्त का आरम्भ हो? इस सदी के अन्त में समाजवाद के प्रयोग की विफलता के बावजूद समकालीन रचनाशीलता की दुनिया की परिस्थिति और विभिन्न समाजों में जन-आन्दोलनों के उभार को देखकर यह लगता है कि आज के समय में संकट तो है, लेकिन उससे उबरने के संकेत भी हैं।" (26, संकट के बावजूद) जाहिर है यह लिखते

वक्त मैनेजर पाण्डेय की निगाह लैटिन अमरीका के देशों और पड़ोसी देश नेपाल में वाम उभार पर भी रही होगी।

1997 में लिखी इस भूमिका में जो उम्मीद पाण्डेय जी ने की वह वास्तविक जन-उभारों पर आधारित थी, इसलिए आगे आने वाले समय ने साबित किया कि यह उम्मीद बेवजह न थी। 1998 में वेनेजुएला में शावेज, 2006 में बोलीविया में इवा मोरालेस, 2007 में इक्वैडोर में रैफेल कोरेया, 2010 में निकारागुआ में डेनियल आरतेगा के नेतृत्व में वामपन्थी जुझारू जन-आन्दोलनों के बूते चुनाव के जरिये सत्ता में आये। इक्कीसवीं सदी के पहले दशक में जिन दूसरे दक्षिण अमेरिकी देशों में वामपन्थी सत्तारुढ़ हुए उनमें प्रमुख हैं–चिली, परागुए, एल सल्वाडोर, अर्जेंटीना, उरुग्वे, डोमिनिकन रिपब्लिक आदि। पेरू, कोलम्बिया और कोस्टारिफा में वामपन्थी ही मुख्य विपक्षी दल हैं। 2003 से ब्राजील में लूला की सरकार है, जिन्हें वामपन्थियों के बीच मध्यमार्गी माना जाता है। सन् 2005 में बी.बी.सी. ने रिपोर्ट किया था कि 2005 से पहले के 6 सालों में पूरे दक्षिण अमरीका का 75 फीसदी हिस्सा वामपन्थी नेतृत्व के अधीन हो गया। आज स्थितियाँ उससे भी कहीं आगे बढ़ चुकी हैं। दक्षिण अमेरिका का वाम उभार पूरी तरीके से भूमण्डलीकरण, निजीकरण और उदारीकरण तथा संयुक्त राज्य अमेरिका के प्रभुत्व के खिलाफ जन-आन्दोलनों का नतीजा था। इसी दशक में नेपाल में राजशाही के खात्मे और संवैधानिक लोकतन्त्र का जुझारू जन-आन्दोलन वाम नेतृत्व में खड़ा हुआ और उसे जीत हासिल हुई। आज का भारत भी तमाम जन-आन्दोलनों से लबरेज है। लोग तमाम जगहों पर बगैर किसी राजनीतिक नेतृत्व के भी जल-जंगल, जमीन, आजीविका और आवास को बचाने के लिए बड़ी-बड़ी बहुराष्ट्रीय कम्पनियों के खिलाफ खड़े हो रहे हैं। कई बार उनके विक्षोभों को बुर्जुआ दल भी भुना ले जा रहे हैं। इसका एक कारण यह है कि हमारे देश में जन-आन्दोलन कभी तो वैचारिक आग्रहों के चलते और कई बार महज पर्याप्त राजनीतिक न होने के चलते दी हुई परिस्थितियों में राजनीतिक विकल्प नहीं बन पा रहे।

एशिया, अफ्रीका और दक्षिण अमरीका के जन-आन्दोलन से ही भूमण्डलीकरण और साम्राज्यवाद के प्रतिरोध की उम्मीद करना कोई ऐसी चीज नहीं, जो मैनेजर पाण्डेय के वैचारिक और आलोचकीय रुख में अभी ही आयी हो। जब सोवियत संघ था, तब भी मैनेजर पाण्डेय का प्रस्थान बिन्दु सदैव ही उपनिवेश रहे। इन महाद्वीपों के देशों के मुक्ति-संघर्ष रहे। भारत की आजादी के बाद जिस तरह भारत के वाम आन्दोलन की मुख्यधारा, डी.डी. कोसम्बी के शब्द उधार लें तो 'आफिशियल मार्क्सिज्म' में तब्दील हुई, उसके बौद्धिक नेहरू के तथाकथित समाजवाद से चमत्कृत हुए, सोवियत क्रान्ति से प्रेरणा लेने तक सीमित न रहकर रूसी कम्युनिस्ट पार्टी से निर्देश प्राप्त करने के सम्बन्ध बने, शीत-युद्ध की परिस्थितियों में सोवियत विदेश नीति के हिसाब से नेहरू और कांग्रेस पार्टी के प्रति वाम नजरिया तय किया जाने लगा, तेलंगाना जैसे क्रान्तिकारी किसान संघर्षों के नेहरू द्वारा दमन किये जाने के बावजूद नेहरू चमत्कारिक रूप से देश के पूँजीपतियों

और वामपन्थियों, दोनों के नेता एक साथ बन बैठे। इन सबसे वाम कार्यकर्ताओं और बुद्धिजीवियों की एक रैडिकल पाँत कभी सहमत नहीं हो सकी। 1970 के दशक में रैडिकल वाम कार्यकर्ताओं, छात्रों और बौद्धिकों ने सोवियत रूस के प्रति भी पर्याप्त आलोचनात्मक रुख अपनाया हुआ था। "संकट के बावजूद" की भूमिका में मैनेजर पाण्डेय ने लिखा है, "रूसी समाजवाद की एक विडम्बना यह थी कि वहाँ के सत्ताधारी तथा बुद्धिजीवी और उनके विदेशी समर्थक भी रूस की कम्युनिस्ट पार्टी, उसकी सत्ता और रूसी समाज की व्यवस्था की किसी भी आलोचना को ध्यान से सुनने और समझने के बदले उसे समाजवाद और मार्क्सवाद की निन्दा के अभियान का हिस्सा कहकर खारिज करते थे।' (12, संकट के बावजूद)

भारत की अपनी विशिष्ट परिस्थितियों के आलोक में वाम आन्दोलन का एक स्वतन्त्र रास्ता हो, इसकी जद्दोजहद वाम आन्दोलन और बौद्धिक जगत् में हरदम ही चलती रही। जिस 1960 के दशक के उत्तरार्द्ध तथा 1970 के दशक में मैनेजर पाण्डेय के आलोचक ने दिशा और ऊर्जा ग्रहण की, वे दुनिया के स्तर पर क्रान्तिकारी जन उभारों के दशक थे। उपनिवेशों के मुक्ति-संघर्षों की आँच अभी मद्धिम नहीं पड़ी थी। वियतनाम जैसे एक छोटे से देश ने दुनिया की महाशक्ति को नाकों चने चबवा दिये। इलाहाबाद में प्रगतिशील छात्र संगठन के एक जलसे में फिराक गोरखपुरी ने वियतनाम को सलाम करते हुए एक शेर पढ़ा था–

छोटी-सी एक कौम ने हिम्मत ही तोड़ दी,
एक दस्त-ए-नातवाँ ने कलाई मरोड़ दी।"

यह दौर ऐसा था जब एशिया, अफ्रीका और दक्षिण अमरीका के तमाम देशों में जनता के साम्राज्यवाद-विरोधी आन्दोलनों का ज्वार-सा आया हुआ था। भारत में नक्सलबाड़ी का किसान विद्रोह (1967) भारत के वाम आन्दोलन में एक नये अध्याय की शुरुआत कर चुका था। योरोप और अमरीका के छात्र वियतनाम के समर्थन और अमरीका द्वारा थोपे युद्ध के खिलाफ सड़कों पर उतरे हुए थे। फिलिस्तीन का मुक्तिसंघर्ष शुरू था। इस दौर के नायक थे हो-ची-मिन्ह, पैट्रिस लुमुम्बा, फिदेल कास्त्रो, अर्नेस्टो-चे-ग्वेवारा और चारू मजूमदार। भारत का वाम आन्दोलन तीखे अन्तःसंघर्ष से गुजर रहा था। प्रतिरोध था तो दमन भी अपूर्व था। बनारस इन दिनों हिन्दी जगत् की इस दौर की बौद्धिक हलचलों का केन्द्र था। इन्हीं दिनों बनारस में उच्च शिक्षा प्राप्त कर रहे मैनेजर पाण्डेय इन हलचलों के सक्रिय सहभागी हो चले। मैनेजर पाण्डेय की आलोचकीय तैयारी के इन दिनों के वैचारिक वायुमण्डल का ध्यान न रखने पर उनके आलोचनातमक संघर्षों को ठीक से नहीं समझा जा सकता।

मैनेजर पाण्डेय ने विचारधारा और कला तथा साहित्य के बीच सम्बन्ध तथा विचारधारा और यथार्थवाद के बीच सम्बन्ध को लेकर जितना संघर्ष किया है, उतना अन्य किसी ने नहीं। साहित्य में यथार्थवाद का विरोध करने वालों में रुढ़िवादी, कलावादी, आधुनिकतावादी, उत्तर-संरचनावादी, उत्तर-आधुनिकतावादी तो रहे ही हैं, खुद मार्क्सवादी

हलकों में भी साहित्य को विचारधारात्मक रूप मानने की धारणा का विरोध तथा यथार्थवाद और विचारधारा के बीच विरोध प्रस्तावित करने वालों की भी एक परम्परा है। जहाँ कलावादी यथार्थवाद और विचारधारा के बीच विरोध प्रस्तावित करने वालों की भी एक परम्परा है। जहाँ कलावादी यथार्थवाद और विचारधारा दोनों का ही विरोध करते हैं, वहीं मार्क्सवादियों का एक दल मार्क्स के लेखन में आये विचारधारा के दो रूपों यानी छद्मचेतना के रूप में विचारधारा और वर्ग-चेतना के रूप में विचारधारा में से पहले रूप को मानकर यथार्थवाद की हिमायत गें विचारधारा का विरोध करना जरूरी समझता है, क्योंकि उसकी नजर में विचारधारा छद्मचेतना ही है, वर्ग-चेतना नहीं। पाण्डेय जी ने "नयी कविता" के दौर से साहित्य की स्वायत्तता, व्यक्ति-स्वातन्त्र्य, सौन्दर्यवाद के नाम पर कविता को विचारधारा से, समाज और राजनीति से स्वतन्त्र बताने की सैद्धान्तिकी के तमाम नये-पुराने प्रारूपों के साथ गम्भीर बहस की है। अज्ञेय ने तथ्य और सत्य में भेद बताते हुए बाह्य यथार्थ को कविता से बहिष्कृत करने का ही सिद्धान्त पेश किया था। उनके अनुसार कविता का सत्य अनुभवाश्रित है, शेष सब तथ्य मात्र है, जिसका रचना से कोई सम्बन्ध नहीं। अब अनुभव करने वाला तो व्यक्ति-कलाकार होता है, अतः आनुभविक यथार्थ शक्ति का ही यथार्थ होगा। बकौल अज्ञेय, "जितना तुम्हारा सच है, उतना ही कहो"। अनुभूति की प्रामाणिकता का यही सूत्र है यानी कवि अगर अपनी निजी अनुभूतियों को व्यक्त करेगा, तभी कविता प्रामाणिक होगी और अगर व्यापक समाज के जीवन और संघर्षों की बात करेगा, तो कविता अप्रामाणिक होगी, क्योंकि वह उसका भोगा हुआ यथार्थ न होगा। इसी अनुभववाद से जुड़ी बात है ईमानदारी की, यानी निजी सच से अलग, भोगे हुए से अलग जो भी कला में होगा, वह गैर-ईमानदार होगा। दरअसल इस तरह के सूत्र अनुभव और यथार्थ दोनों को ही संकुचित करते हैं। अनुभव उसका भी होता है जो निज पर नहीं, वरन् पूरे समय, समाज, जाति, राष्ट्र, समुदाय पर बीतता है और संवेदनाएँ भी उसके प्रति प्रवाहित होती हैं। अन्यथा अज्ञेय खुद 'शरणार्थी' शीर्षक कहानी और कविताओं की श्रृंखला कैसे लिखते? अज्ञेय जिस निजता और वैयक्तिक अनुभव का प्रस्ताव करते हैं, उसकी हवा खुद गैर-यथार्थवादी, गैर-भौतिकवादी सैद्धान्तिकी ने ही निकाल दी, पहले संरचनावाद ने और बाद में समस्त 'उत्तरवादी' सैद्धान्तिकी ने। जब व्यक्ति खुद ही कोई स्थिर, अखण्ड अविभाजित इकाई न रहा, तो भला यथार्थ दर्शन से उत्पन्न होने वाली कुण्ठा और 'साँचे ढले समाज' से बचकर कुण्ठारहित इकाई कैसे रह सकती है? बहरहाल अज्ञेय की कला-वैचारिकी से तत्त्व ग्रहण करते हुए, शीतयुद्ध के वामविरोधी-साम्राज्यवादी वैचारिक घटाटोप से ग्रस्त पहले 'परिमल मण्डली' फिर 'पूर्वग्रह मण्डली' ने साहित्य, खासकर कविता में यथार्थवाद, इतिहास और विचारधारा के विरोध में मुहिम जारी रखी। पाण्डेय जी के शब्दों में, "कविता की इस स्वायत्ततावादी और अनुभववादी धारणा का मुख्य प्रयोजन है आज की हिन्दी कविता को यथार्थवाद-विरोधी विचारधाराविहीन अराजनीतिक रास्ते पर चलाना। यही कलावाद के रथ का राजमार्ग है"। (*10, यथार्थवाद बनाम विचारधारा,* शब्द और कर्म)।

'यथार्थवाद बनाम विचारधारा' शीर्षक लेख के आरम्भ में ही वे उन दिनों (सन् 1980) के आस-पास पत्र-पत्रिकाओं में उपन्यास, कहानी, नाटक आदि में चल रही यथार्थवाद सम्बन्धी बहस का संज्ञान लेते हुए लिखते हैं, "कविता बहस से बाहर है। क्या कविता यथार्थवाद के लिए वर्जित प्रदेश है? यथार्थवाद के समर्थक कविता के क्षेत्र में प्रवेश करने से हिचक रहे हैं और विरोधी खुश हैं कि उनके स्वच्छन्द विचरण के लिए एक क्षेत्र छूटा हुआ है। क्या नागार्जुन, त्रिलोचन, केदारनाथ अग्रवाल आदि की कविता यथार्थवाद पर बहस की सही जमीन नहीं है? प्रायः यथार्थवाद पर बात करते समय कविता की उपेक्षा होती है। कविता के प्रतिमानों की खोज के दौरान भी यथार्थवाद याद नहीं आता। फलतः जन काव्य और अभिजन काव्य में फर्क करना मुश्किल हो जाता है।" (9, यथार्थवाद बनाम विचारधारा, शब्द और कर्म) लेकिन करीब दो दशक बाद कविता में यथार्थवाद को लेकर मैनेजर पाण्डेय के दृष्टिकोण में परिवर्तन है। वे लिखते हैं, "कविता के मूल्यांकन में यथार्थवाद का उपयोग एक तरह से उपन्यास की आलोचना-दृष्टि को कविता पर लागू करना है। यह प्रकारान्तर से प्रतिबिम्बन सिद्धान्त को दोहराना भी है...वर्णनात्मक और कथात्मक कविताओं के प्रसंग में यथार्थवाद की भले ही एक सीमित सार्थकता हो, लेकिन प्रगीत को आलोचना में यथार्थवाद सहायक नहीं लगता।" (74-75, *हिन्दी की मार्क्सवादी आलोचना, अनभै साँचा*) यहाँ मैनेजर पाण्डेय रामविलास जी के "कविता में यथार्थवाद और नयी कविता" शीर्षक निबन्ध के प्रसंग में बात कर रहे हैं, अतः यह तो माना जा सकता है कि रामविलास जी के लिए यथार्थवाद प्रतिबिम्बन सिद्धान्त हो, लेकिन साहित्य में सामाजिक यथार्थ महज प्रतिबिम्ब की तरह नहीं आता, यह खुद मैनेजर पाण्डेय की आलोचना पढ़कर भी कोई जान सकता है। मैनेजर पाण्डेय इस लेख में शमशेर और नागार्जुन की कविताओं को भी उदाहरण के बतौर रखकर सवाल उठाते हैं कि प्रेम और प्रकृति सम्बन्धी अधिकांश महत्त्वपूर्ण कविताएं यथार्थवाद के प्रचलित रूपों—आलोचनात्मक यथार्थवाद और समाजवादी यथार्थवाद के भीतर कैसे समा पायेंगी? अगर यथार्थवाद के प्रचलित रूपों की ही बात है तो यथार्थवाद के दूसरे रूपों का भी इन कविताओं की आलोचना के लिए अन्वेषण हो ही सकता है। सवाल यह भी उठता है कि क्या प्रेम और प्रकृति भी सामाजिक यथार्थ के दायरे में नहीं आते? यदि आते हैं तो काव्य में भी वे कितने ही रूपान्तरित, प्रतीकात्मक और अमूर्त रूप में आयें, उनका सामाजिक-ऐतिहासिक सह-सम्बन्ध प्रकट हुए बगैर नहीं रहेगा। भक्ति-काव्य, छायावाद और अज्ञेय की प्रेम और प्रकृति सम्बन्धी कतिवाओं में फर्क केवल अभिव्यक्ति की शैली का ही तो नहीं है, दृष्टि और संवेदना का भी है, फिर बदली हुई दृष्टि और संवेदना की व्याख्या बगैर समाजैतिहासिक सन्दर्भों के विवेचन के क्या सम्भव है? क्या ऐसा प्रस्ताव विधेयवाद, निर्धारणवाद या प्रतिबिम्बवाद है? पाण्डेय जी इसी लेख में आगे लिखते हैं, "कविता की रचना-प्रक्रिया में जीवन-जगत् की वास्तविकता केवल प्रातिनिधिक रूप में ही नहीं आती, प्रतीकात्मक रूप में भी आती है। वह व्यक्त ही नहीं होती, पुनर्रचित भी होती

है। इस प्रक्रिया में पहली वास्तविकता (जीवन-जगत् की वास्तविकता) का दूसरी वास्तविकता (कविता में पुनर्रचित वास्तविकता) में रूपान्तरण ही नहीं होता, उसका अन्यथाकरण भी होता है। इस अन्यथाकरण की व्याख्या यथार्थवाद के सहारे कैसे होगी? कविता कई बार मानवीय आकांक्षाओं की अभिव्यक्ति भी होती है। कभी-कभी कविता का सौन्दर्य भाषिक सृजनशीलता का सौन्दर्य होता है। इन सबकी व्याख्या यथार्थवाद के भीतर कैसे होगी?'' (75, *हिन्दी की मार्क्सवादी आलोचना, अनभै साँचा*) ''भक्ति आन्दोलन और सूरदास का काव्य'' में मैनेजर जी ने खुद ही सविस्तार दिखलाया है कि जीवन-जगत् की जो वास्तविकता काव्य में प्रतीकात्मक रूप में व्यक्त होती है, उसका भी विवेचन यथार्थवाद के सहारे ही किया जा सकता है। इस पुस्तक में पाण्डेय जी लिखते हैं, ''कविता में जीवन के यथार्थ और अनुभव की अभिव्यक्ति दो रूपों में होती है—प्रत्यक्ष और सांकेतिक। एक में यथार्थ और अनुभव का सीधा वस्तुपरक वर्णन होता है और दूसरे में अलंकारों, बिम्बों, प्रतीकों तथा भाषा के अन्य इशारों के माध्यम से कवि यथार्थ और अनुभव की ओर संकेत करता है...विनय के पदों में किसान-जीवन के प्रातिनिधिक चित्र अधिक हैं, जबकि भ्रमर-गीत में मुहावरों, कहावतों, लोकोक्तियों और अलंकारों के माध्यम से उस जीवन के अनुभव सांकेतिक रूप में आये हैं''। (294-95, *सूर का काव्य और किसान जीवन,* भक्ति आन्दोलन और सूरदास का काव्य) इसके बाद मैनेजर जी सूर के पद ''प्रभू जू यौं कीन्हीं हम खेती...'' को उद्धृत करते हैं, जिसमें प्रतीकात्मक ढंग से किसान-जीवन का यथार्थ आया है। लिखते हैं, ''किसान-जीवन की पहचान है खेती। वही उस जीवन का सबसे बड़ा यथार्थ भी है। खेती की पूरी प्रक्रिया का समग्र चित्र सूर के के पद में है।'' (295, *सूर का काव्य और किसान जीवन, भक्ति आन्दोलन और सूरदास का काव्य*)

'हंस' के उपन्यास केन्द्रित अंक में वे लिखते हैं, ''यथार्थवाद के प्रचलित भेदों से चिपके रहने के कारण ही अनेक आलोचक न तो उस प्रकार के यथार्थ दृष्टिकोण को समझ पाते हैं, जिसे जादुई यथार्थवाद कहा जाता है, और न वे उपन्यास में यथार्थ से अमूर्तन के रचनात्मक सम्बन्ध की पहचान कर पाते हैं, यथार्थ और अमूर्तन को परस्पर विरोधी मानने के कारण ही जार्ज लुकाच काफ्का की प्रायः निन्दा किया करते थे।'' (मैनेजर पाण्डेय : 'उपन्यास और यथार्थः एक टिप्पणी', हंस, जनवरी, 1999, पृ. 14) प्रश्न उठता है कि यदि उपन्यास तक में अमूर्तन का यथार्थवाद में अन्तर्भाव हो जा सकता है, दोनों परस्पर विरोधी नहीं ठहरते, तो कविता में ही, खासतौर से प्रगीत को यथार्थवाद के सहारे समझने के लिए यदि यथार्थवाद का विस्तार किया जाये तो क्योंकर वह सीमाहीन और निरर्थक हो जायेगा, जैसा कि पाण्डेय जी का कहना है। पाण्डेय जी ने अपने समर्थन में नेरुदा को उद्धृत किया है, जहाँ वे कहते हैं कि कविता में यथार्थवाद को वे पसन्द नहीं करते। प्रश्न यह उठता है कि यह कहते समय नेरुदा के सामने यथार्थवाद के किस रूप की परिकल्पना थी? यदि यथार्थवाद से उनका आशय प्रतिबिम्बवाद, प्रातिनिधिकता और निर्धारणवाद से है, तो वे ठीक ही कहते हैं, लेकिन

क्या हम सब नहीं जानते कि यथार्थवाद का यह मतलब खारिज हुए बहुत दिन हुए?

मैनेजर पाण्डेय ने यथार्थवाद और विचारधारा के सम्बन्ध के बारे में अत्यन्त महत्त्वपूर्ण बहस हिन्दी में खड़ी की और मार्क्सवादी आलोचना को समृद्ध किया। 'जर्मन विचारधारा' (1845-46) में मार्क्स-एंगेल्स ने विचारधारा को छद्मचेतना, भ्रम, यथार्थ का उल्टा प्रतिबिम्ब, अवास्तविक वगैरह कहा है। ये विचारधारात्मक रूप मुख्यतः धर्म और दर्शन हैं। दूसरी ओर ''राजनीतिक अर्थशास्त्र की आलोचना को योगदान'' (1859) शीर्षक पुस्तक में मार्क्स-एंगेल्स ने विचारधारा को विशिष्ट सामाजिक चेतना या वर्ग-चेतना कहा है। यहाँ कानूनी, राजनीतिक, धार्मिक और दार्शनिक विचारधारात्मक रूपों के साथ सौन्दर्यबोधी विचारधारा का भी उल्लेख है। मार्क्स-एंगेल्स द्वारा प्रस्तुत विचारधारा के दोनों रूपों को एक सरलीकृत उदाहरण से यों समझा जा सकता है। यदि किसी का बच्चा पैसे के अभाव में इलाज के बगैर मर जाये तो उसके मन में दो तरह की प्रतिक्रियाएँ सम्भावित हैं। एक प्रतिक्रिया तो यह है कि वह अपने दुख के निवारण के लिए परम्परा से चली आयी इस रुढ़िगत चेतना का शिकार हो जाये कि बच्चा इसलिए मरा कि भगवान की यही मर्जी थी, किस्मत में यही लिखा था। यह सामाजिक चेतना का वह रूप है, जिसे छद्म चेतना कहते हैं। दूसरा विकल्प यह है कि वह बच्चे की मृत्यु के वास्तविक कारण को स्वीकार करे। यदि वह ऐसा करता है तो वास्तविक कारण यानी पैसे के अभाव के कारणों की ओर उसका ध्यान जाना स्वाभाविक है। वह कारण है सामाजिक विषमता और वर्ग-शोषण। एक बार इस कारण को आत्मसात् कर लेने पर वह व्यक्ति अपने निजी दुख के वर्गीय कारणों को समझकर तर्कशः उसके निवारण के लिए वर्ग-संघर्ष की राह पकड़ेगा। इस प्रक्रिया में वह जिस चेतना तक पहुँचा वह सामाजिक चेतना का वह रूप है, जिसे वर्ग-चेतना कहा जाता है।

मैनेजर जी ने लिखा है, ''विचारधारा के बारे में मार्क्स-एंगेल्स के विचारों का सारांश यह है कि विचारधारा केवल विचारों की धारा नहीं है, उसमें विचार, आस्था और मूल्य-चेतना का भी योग होता है। वह एक विशेष ऐतिहासिक सन्दर्भ में बनी सामाजिक चेतना है, उस चेतना की गतिविधियों की संघटना है, उसमें चेतना को अपने अनुकूल बनाने की क्षमता भी होती है। एक विचारधारा में अपने समय के यथार्थ से काल्पनिक सम्बन्ध व्यक्त होते हैं तो दूसरी में यथार्थ से वास्तविक सम्बन्ध भी, उसमें यथार्थ का भ्रम होता है और वास्तविकता भी, यथार्थ का सच्चा बोध होता है और यथार्थ की विकृति भी। अपने युग के यथार्थ से सम्बन्ध के रूप के अनुरूप ही विचारधारा का स्वरूप बनता है, इस सम्बन्ध के अनुसार ही वह प्रतिक्रियावादी या क्रान्तिकारी होती है। विचारधाराएँ परम्परा या रूढ़ि के रूप में मिलती हैं, वे विकसित होती हैं, निर्मित की जाती हैं। विचारधारा जबरन थोपी भी जाती है और सामाजिक विकास प्रक्रिया की प्रेरक शक्ति के रूप में स्वीकार भी की जाती है। विचारधारा का ऐतिहासिक सन्दर्भ, जीवन-स्थिति और वर्ग से अनिवार्य सम्बन्ध होता है। एक विचारधारा शोषण और दमन का साधन बनती है तो दूसरी मुक्ति का माध्यम होती है।'' (13, *यथार्थवाद और विचारधारा,* शब्द और कर्म)

विचारधारा का एक रूप सौन्दर्यबोध विचारधारा भी है। मैनेजर पाण्डेय कला और साहित्य की समालोचना में इसकी खास भूमिका मानते हैं। मार्क्स के अनुसार विचारधारा मात्र आर्थिक आधार से सापेक्षतः स्वतन्त्र होती है, लेकिन विचारधारा का वह रूप जिसमें यथार्थ और चेतना का सौन्दर्यपरक सम्बन्ध व्यक्त होता है, अन्य विचारधारात्मक रूपों यानी राजनीतिक, दार्शनिक विचारधाराओं से भी सापेक्षतः स्वतन्त्र होता है। साहित्य में विचारधारा के विरोधी और समर्थक, दोनों ही प्रायः विचारधारा को राजनीतिक विचारधारा मानते हैं, बीसवीं सदी के चौथे दशक से रूस में विचारधारा को राजनीति का पर्याय समझने, कला और विचारधारा में तादात्म्य देखने की प्रवृत्ति बढ़ी जिसने आर्थिक आधार से विचारधाराओं की सापेक्ष स्वतन्त्रता की तो उपेक्षा की ही, साथ ही विभिन्न विचारधारात्मक रूपों के बीच की दूरियों का भी ध्यान नहीं रखा। इसके विपरीत फिशर और मारकूज कला और विचारधारा में विरोध देखते हैं, क्योंकि उनके अनुसार विचारधारा 'छद्म-चेतना' ही है। लुई आल्थ्यूसेर कला को विचारधारा से उत्पन्न तो मानते हैं, लेकिन उनके अनुसार आन्तरिक अलगाव की प्रक्रिया से वह विचारधारा से स्वतन्त्र हो जाती है। आल्थ्युसेर कहते हैं कि कला ये यथार्थ का अनुभव तो होता है, ज्ञान नहीं। वे यह भी मानते हैं कि कला का प्रभाव सौन्दर्य-बोधीय ही नहीं, विचारधारात्मक भी होता है। यदि कला का प्रभाव विचारधारात्मक भी होता है, फिर भी कला से यथार्थ का ज्ञान नहीं होता, तो जाहिर है कि विचारधारा अल्थ्युसेर के लिए भी अन्ततः 'छद्म चेतना' ही ठहरी। मैनेजर पाण्डेय ने इस धारणा से जिरह करते हुए लिखा है, "अगर कला का विचारधारात्मक प्रभाव भी होता है तो कोई कारण नहीं कि कला से यथार्थ का ज्ञान न हो। वास्तव में कलात्मक अनुभव संश्लिष्ट अनुभव होता है। उसमें विचार, भाव और इन्द्रियबोध का योग होता है। इसलिए कला के माध्यम से यथार्थ का जो सौन्दर्यबोधी अनुभव होता है वह ज्ञान-शून्य नहीं हो सकता। आल्थ्युसेर की विचारधारा सम्बन्धी मान्यताएँ काफी कुछ 'जर्मन विचारधारा' में स्थापित विचारधारा की धारणा पर टिकी हुई हैं। उनके चिन्तन में एक कठिनाई विज्ञानवादी दृष्टिकोण से पैदा हुई है और दूसरी, अनुभव तथा ज्ञान के बीच आत्यन्तिक अलगाव से।" (14, *यथार्थवाद और विचारधारा,* शब्द और कर्म) मैनेजर पाण्डेय मुक्तिबोध को याद करते हैं जिनके यहाँ कलात्मक प्रक्रिया और अनुभव का, संवेदना और ज्ञान का कोई अलगाव नहीं, बल्कि एकता की धारणा है। कला और साहित्य से यथार्थ का कितना ज्ञान होता है इसके लिए पाण्डेय जी ने मार्क्स-एंगेल्स और लेनिन के अनुभवों की याद दिलायी है, जिन्हें क्रमशः फ्रांस और रूस के यथार्थ के ज्ञान के लिए डिकेन्स, बालजाक और तालस्ताय के साहित्य से ज्यादा सहायता मिली, समाज वैज्ञानिक लेखन से उतनी नहीं। ऐसे ही हम आजादी के पहले के उत्तर भारतीय समाज के बारे में किसी अन्य ज्ञानानुशासन के बदले, प्रेमचन्द को पढ़कर ज्यादा जान सकते हैं। पाण्डेय जी का कहना है कि सौन्दर्यबोधी प्रभाव भी विचारधारात्मक प्रभाव से बिल्कुल अछूता नहीं होता, फिर भी दोनों में अन्तर होता है और इस अन्तर के आधार पर ही आलोचना के ही रूप—विचारधारात्मक आलोचना और सौन्दर्यबोधी

आलोचना, विकसित होते हैं। हिन्दी में रामविलास जी के आलोचना-कर्म और मुक्तिबोध द्वारा की गयी कामायनी की आलोचना विचारधारात्मक आलोचना के ही रूप हैं। मैनेजर पाण्डेय का कहना है कि किसी भी ऐतिहासिक कालखण्ड में सम्पूर्ण सामाजिक जीवन की जटिलता और अन्तर्विरोध सभी विचारधारात्मक रूपों में एक जैसे ही नहीं व्यक्त होते। राजनीति, धर्म और दर्शन में वे जिस रूप में अभिव्यक्त होते हैं, उसी रूप में कला और साहित्य में नहीं। इन भिन्न विचारधारात्मक रूपों में समानता भी होती है, अन्तर्विरोधी भी। पाण्डेय जी ने लिखा है, "सौन्दर्यबोधी विचारधारा के विभिन्न रूपों को दूसरे विचारधारात्मक रूपों की तरह देखने-समझने से उनकी ऐतिहासिकता तो समझ में आ सकती है, लेकिन विशिष्टता छूट जाती है, इसलिए सौन्दर्यबोधी विचारधारा की विशिष्टता को ध्यान में रखकर ही कला और विचारधारा के सम्बन्ध पर विचार करना बेहतर होगा।" (15, *यथार्थवाद और विचारधारा,* शब्द और कर्म)

बाल्जाक के विषय में एक पत्र में लिखे गये एंगेल्स के एक वाक्य, "यथार्थवाद लेखक के विचारों के बावजूद प्रकट हो सकता है" को कुछ आलोचक आप्तवचन मान उद्धृत करते रहे हैं और यथार्थवाद और विचारधारा को परस्पर-विरोधी सिद्ध करते रहे हैं। यथार्थवाद और विचारधारा के बीच सम्बन्ध को लेकर पाण्डेय जी की मुख्य बहस ऐसे ही चिन्तकों से है, जिनमें महान जार्ज लूकाच अग्रणी हैं। ऐसे आलोचकों को पाण्डेय जी ने व्यंग्य में 'बावजूदवादी' या 'लेकिनवादी' आलोचक कहा है। लूकाच ने विचारधारा और यथार्थवाद के बीच पार्थक्य की अपनी धारणा को बाल्जाक के सन्दर्भ में स्पष्ट करने के क्रम में विचारक बाल्जाक और रचनाकार बाल्जाक में पार्थक्य स्थापित किया, जिसके अनुसार बाल्जाक के साहित्य में यथार्थवाद की विजय विचारक बाल्जाक पर रचनाकार बाल्जाक की वजय है। एक और सूत्र उन्होंने यह पेश किया कि लेखक की विश्वदृष्टि और यथार्थ चित्रण के बीच विरोध, लेखक की चेतना के दो स्तरों का विरोध है। लेखक की चेतना के ऊपरी स्तर और भीतरी अन्तर्दृष्टि में द्वन्द्व होता है और अन्तर्दृष्टि की विजय यथार्थवाद की विजय है। पाण्डेय जी सवाल करते हैं, "क्या किसी लेखक की चेतना के ऊपरी स्तर की विश्वदृष्टि प्रतिक्रियावादी और भीतरी अन्तर्दृष्टि प्रगतिशील हो सकती है? (क्या कोई लेखक सचेत रूप में प्रतिक्रियावादी होने के बावजूद अवचेतन में प्रगतिशील हो सकता है?" (20, *यथार्थवाद और विचारधारा,* शब्द और कर्म) एंगेल्स को जो पत्र 'बावजूदवादियों' के लिए हथियार बना, उस पर वापस आते हुए पाण्डेय जी लिखते हैं, "एंगेल्स के पत्र से स्पष्ट है कि बाल्जाक की वर्गीय सहानुभूति से उसका यथार्थवाद प्रभावित हुआ है, अन्यथा यह कहने का क्या अर्थ कि बाल्जाक की महान रचनाएँ उसके प्रिय वर्ग और समाज के अनिवार्य को देखता है और भविष्य की वास्तविक शक्तियों को भी। क्या इस देखने के पीछे कोई दृष्टि या दृष्टिकोण नहीं है? ...यहाँ इतिहास-प्रक्रिया की अनिवार्यताओं और सम्भावनाओं को देखने-दिखाने की क्षमता ही विचारधारा है।" (22, *यथार्थवाद और विचारधारा,* शब्द और कर्म)

पाण्डेय जी ने विचारधारा और यथार्थवाद के सम्बन्ध पर विचार करते हुए आलोचना

की पद्धति पर भी कुछ बुनियादी बातें कही हैं। लेखक के कथनों और घोषणाओं से ज्यादा महत्त्वपूर्ण है, रचना में व्यक्त उसकी विचारधारा का स्वरूप। रचना ही रचनाकार की विचारधारा जानने का विश्वसनीय सांधन है। वस्तुपरक आलोचना-दृष्टि रचनाकार की विचारधारा और रचना के यथार्थवाद के बीच सम्बन्ध की खोज की जगह रचना के यथार्थवाद और उसकी विचारधारा की खोज करती है। इतना ही नहीं, बल्कि विचारधारा और यथार्थवाद का सम्बन्ध पाठकीय ग्रहण के सन्दर्भ में भी महत्त्वपूर्ण है। "कई बार लेखक के यथार्थबोध और यथार्थ के प्रति दृष्टिकोण से पाठक के यथार्थबोध और यथार्थ के प्रति दृष्टिकोण की टकराहट होती है। पाठक रचना के बोध के समय व्यापक इतिहास-प्रक्रिया में अपनी स्थिति और रचना की स्थिति के बारे में सजग होता है।" (25, *यथार्थवाद और विचारधारा,* शब्द और कर्म)

मैनेजर पाण्डेय का मानना है कि विचारधारा रचना में अन्तर्वस्तु से लेकर रूप तक व्याप्त होती है। कला चेतना और भाषा के चुनाव में, कलाबोध और इन्द्रियबोध के चित्रण में भी इसकी भूमिका होती है। "यथार्थ के अनुभव, चयन, व्याख्या, मूल्यांकन, रूपान्तरण और अभिव्यक्ति की प्रक्रिया स्वतःचालित नहीं होती। इसमें रचनाकार की विश्वदृष्टि के साथ-साथ कला-दृष्टि की महत्त्वपूर्ण भूमिका होती है। कला-दृष्टि के प्रभाव में यथार्थ के अनुभव के बावजूद यथार्थवादी कलाकृति नहीं बन पाती। ग्राम्शी ने ठीक ही लिखा है कि 'एक ही ऐतिहासिक यथार्थ को अभिव्यक्त करने वाले दो लेखकों में से एक उस यथार्थ का कलाकार बन जाता है और दूसरा केवल प्रवक्ता।' यह अन्तर कला, क्षमता के कारण होता है...कुछ आलोचक यथार्थ के इन्द्रियानुभव और भावानुभव के चित्रण में ही यथार्थवाद खोजते हैं...यथार्थवाद की इस धारणा में यथार्थ के बोध और चित्रण में विचारधारा की भूमिका की उपेक्षा होती है। रचना में इन्द्रिय बोध और भावबोध रचना की विचारधारा के अंग के रूप में ही सार्थक होते हैं...यहाँ तक कि रचना की भाषा के स्वरूप में भी विचारधारात्मक प्रभाव मौजूद होते हैं। ग्राम्शी ने लिखा है कि 'भाषा एक साथ ही एक जीवित वस्तु भी है और जीवन और सभ्यता का अजायबघर भी।' यथार्थवादी लेखन के सामने भाषा के इन दोनों रूपों से एक के चुनाव की समस्या होती है। ...व्यवहार में भाषा का विचारधारात्मक प्रभाव एक सच्चाई है।" (25-27, *यथार्थवाद और विचारधारा,* शब्द और कर्म)

पाण्डेय जी के अनुसार रचना की विचारधारा और यथार्थवाद की ऐतिहासिकता, रचना में दोनों का विशिष्ट स्वरूप और रचना की सम्पूर्ण संरचना में दोनों का सम्बन्ध, इनमें से किसी भी स्तर की उपेक्षा करने वाली आलोचना विचारधारा और यथार्थवाद के सम्बन्ध के बारे में सरलीकरण का शिकार होती है। विचारधारा और रचनाशीलता के सम्बन्ध के जटिल आयाम के सन्दर्भ में वे प्रेमचन्द और गांधीवाद के सम्बन्ध का उदाहरण देते हैं, "प्रेमचन्द गांधीवाद के साम्राज्यवाद से संघर्ष और भारतीय जनता को जगाने के प्रयत्न से जुड़ते हैं, लेकिन साम्राज्यवाद से समझौता करने और जन-आन्दोलनों को क्रान्तिकारी दिशा में बढ़ने से रोकने की आलोचना करते हैं। वे भारतीय जन-जीवन

के यथार्थ को, खासतौर से किसान-जीवन के यथार्थ को, हमेशा गांधीवादी पूर्वग्रहों से नहीं देखते। वे यथार्थ के अपने विवेक को महत्त्व देते हैं, लेकिन कई बार यथार्थ के बोध, चरित्रों के निर्माण और कथा की संरचना में गांधीवादी पूर्वग्रहों और यथार्थ के विवेक का द्वन्द्व भी होता है। जहाँ पूर्वग्रह प्रबल होता है वहाँ हृदय परिवर्तन होता है, सदन और आश्रम स्थापित होते हैं। समस्या का समाधान रचना के अन्त को प्रभावित करता है, विचारधारा संरचना को प्रभावित करती है। जहाँ विवेक विजयी होता है वहाँ किसानों का जीवन संघर्ष पूरे समाज की समग्र वास्तविकता के अंग के रूप में चित्रित होता है।'' (27, *यथार्थवाद और विचारधारा,* शब्द और कर्म) यथार्थ के ऐतिहासिक रूप के साथ विचारधारा के सम्बन्ध की अवहेलना करने से कई बार किसी खास रचना प्रवृत्ति की विचारधारा की सामान्य विशेषताओं के आधार पर जब रचनाकार या रचना का मूल्यांकन होता है तो आलोचना में किस किस्म की गड़बड़ियाँ आ सकती हैं, इसके दो उदाहरणों का जिक्र पाण्डेय जी ने किया है, आधुनिकतावाद की सामान्य विशेषताओं के आधार पर लूकाच द्वारा काफ्का का अवमूल्यन और हिन्दी में मुक्तिबोध का अवमूल्यन ऐसे ही उदाहरण हैं।

यथार्थवाद और विचारधारा के सम्बन्ध में विचार करते हुए दोनों का राजनीति से सम्बन्ध भी जानना जरूरी है। जो लोग विचारधारा से सिर्फ राजनीतिक विचारधारा का आशय ग्रहण करते हैं, वे यथार्थवाद के प्रसंग में दोनों का एक साथ विरोध करते हैं और अराजनीतिक यथार्थवाद की माँग करते हैं। मार्क्स-एंगेल्स-लेनिन के कला और साहित्य सम्बन्धी विचारों में राजनीति पर भी ध्यान दिया है। इस सम्बन्ध में पाण्डेय जी ने एक बार फिर बीसवीं सदी के चौथे दशक में लूकाच-ब्रेख्त विवाद की याद की है। पाण्डेय जी लिखते हैं, ''लूकाच कला और साहित्य के क्षेत्र में फासिज्म-विरोधी मोर्चा बनाने के लिए समाजवाद की जगह मानववाद को रख रहे थे। वे समाजवादी यथार्थवाद की जगह उन्नीसवीं सदी के आलोचनात्मक यथार्थवाद का महत्त्व बतला रहे थे...लूकाच के ठीक विपरीत ब्रेख्त क्रान्तिकारी राजनीतिक दृष्टिकोण से नये सामाजिक यथार्थ के बोध और अभिव्यक्ति के लिए लोकप्रिय यथार्थवाद पर बल दे रहे थे। लोकप्रिय यथार्थवाद की धारणा में विचारधारा और राजनीति का विरोध न था, उसमें समाजवादी विचारधारा और राजनीति से कला की एकता पर जोर था...आजकल हिन्दी में यथार्थवाद पर जो बहसें हो रही हैं और उनमें यथार्थवाद से विचारधारा और राजनीति के सम्बन्ध के बारे में जो दृष्टिकोण सामने आ रहे हैं, उन सबको समझने में लुकाच-ब्रेख्त विवाद की जानकारी से मदद की जा सकती है। आजकल जो लोग चुनाव की राजनीति में निरंकुशतावादी दल का विरोध करने के लिए वर्ग और विचारधारा की राजनीति की जगह सिद्धान्तहीन और अवसरवादी संयुक्त मोर्चे की राजनीति का प्रचार-प्रसार कर रहे हैं वही साहित्य में विचारधाराविहीन अराजनीतिक यथार्थवाद की माँग कर रहे हैं।'' (30, *यथार्थवाद और विचारधारा,* शब्द और कर्म)

दरअसल पाण्डेय जी ने लूकाच-ब्रेख्त आदि को हिन्दी साहित्य की मार्क्सवादी

आलोचना में दो लाइनों के संघर्ष के प्रसंग में बहुधा याद किया है। लूकाच 1848 के बाद बुर्जुआ समाज के विकास के चलते महान यथार्थवाद की सम्भावनाओं की आत्मपरक दशाओं का नाश देखते हैं और उन्हें टामस मान और सोल्झेनित्सिन को छोड़ बीसवीं सदी में कोई महान यथार्थवादी नहीं दिखता। हिन्दी में भी रुढ़िवादी मार्क्सवाद का आलम यह रहा कि रामविलास जी अपने समय की रचनाशीलता में, नयी कविता के भीतर कोई यथार्थवादी या प्रगतिशील धारा स्वीकार नहीं कर पाते। पाण्डेय जी ने बीसवीं सदी में यथार्थवाद के ह्रास की लूकाच की धारणा पर प्रश्न उठाते हुए लिखा है, "1848 के बाद इतिहास की महान सामाजिक-राजनीतिक घटनाओं और मुक्ति-आन्दोलनों की अनदेखी करके अगर कोई कहता है कि बीसवीं सदी में यथार्थवाद के विकास की सम्भावना का नाश हो गया है तो मानना होगा कि उसकी नजर वर्तमान पर नहीं अतीत की ओर है।" (22, *यथार्थवाद और विचारधारा,* शब्द और कर्म) 1988 में "हिन्दी की मार्क्सवादी आलोचना" शीर्षक लेख में हिन्दी आलोचना में इस प्रवृत्ति की ओर इशारा करते हुए पाण्डेय जी ने लिखा, "...पिछले कुछ वर्षों से हिन्दी की मार्क्सवादी आलोचना के बीच धुआँधर बहस के केन्द्र में परम्परा रही है, कोई समकालीन समस्या नहीं। परम्परा पर इस बहस में जितना जोर उसकी 'विगत सार्थकता' की खोज पर है, उतना उसकी वर्तमान अर्थवत्ता की पहचान पर नहीं"। (71, *हिन्दी की मार्क्सवादी आलोचना, अनभै साँचा*) एक खास समय और सन्दर्भ में विकसित यथार्थवाद की धारणा कैसे सामाजिकता और स्थानीयता की अवहेलना पर भविष्य-दृष्टि छोड़ परम्परा-प्रेम और अतीतगामिता की ओर अग्रसर होती है, इसका उदाहरण हम लूकाच और हिन्दी में रामविलास शर्मा जैसे बड़े मार्क्सवादी आलोचकों में देख सकते हैं। पाण्डेय जी ने लिखा है, "यह कैसे सम्भव है कि यथार्थ भिन्न हो, लेकिन यथार्थवाद भिन्न न हो, यथार्थ बदले, लेकिन यथार्थवाद न बदले, यथार्थवाद से विचारधारा और राजनीति का सम्बन्ध न बदले?...ब्रेख्त ने ठीक ही लिखा है कि यथार्थवाद का प्रश्न केवल साहित्यिक प्रश्न नहीं है। वह महत्त्वपूर्ण राजनीतिक, दार्शनिक और व्यावहारिक प्रश्न है।" (30, *यथार्थवाद और विचारधारा,* शब्द और कर्म)

शब्द और कर्म की एकता : सरल विपरीतों से आलोचना की मुक्ति का उद्यम

'शब्द और कर्म' (1981) शीर्षक पुस्तक का अन्त होता है, लेनिन के इस कथन से कि "शब्द कर्म भी होता है"। सरल विपरीतों या द्वैतों की अवस्था सुविधाजनक चिन्तन की बुनियाद है। द्वन्द्ववादी पद्धति, चिन्तन और व्यवहार की दुनिया में इसका प्रत्याख्यान है। रचना-प्रक्रिया की संश्लिष्टता के विमर्श ने जिस तरह भाववाद की जमीन छोड़कर अन्ततः अपनी सार्थकता भौतिकवाद में पायी, उसी तरह आलोचना-कर्म भी अन्ततः द्वन्द्वात्मक भौतिकवादी धरातल पर ही सरलीकरण, सुविधा और दुविधा से मुक्त होकर जटिल और समग्र आयाम धारण करता है। शब्द और कर्म, संस्कृति और राजनीति,

साहित्य और क्रान्ति में आत्यन्तिक विपरीतता का प्रस्ताव करने वाले चिन्तकों (हिन्दी में अज्ञेय, निर्मल वर्मा से लेकर अशोक वाजपेयी और उनकी 'पूर्वग्रह मण्डली') तथा रचना-दृष्टियों (नयी समीक्षा) के दर्शन (भाववाद) और वर्ग-दृष्टि (अभिजनवाद) की शिनाख्त इस पुस्तक के शीर्षक लेख में की गयी है, जो पुस्तक का अन्तिम लेख ही नहीं, बल्कि एक तरह से उसके उद्देश्य की पूर्ति करने वाला लेख भी है। अन्यत्र भी पाण्डेयजी यथार्थवाद और विचारधारा, लोकप्रियता और कलात्मक श्रेष्ठता, साहित्यिकता और सामाजिकता को सरल विपरीतों में बाँटने वाली आलोचना-दृष्टियों का प्रत्याख्यान किया है, जिनकी हम यथास्थान चर्चा करेंगे।

साहित्य की दुनिया में शब्द और कर्म के अलगाव की बुनियाद पर अनेक नारे चलाये गये। शब्द को कर्म से काटकर सिर्फ 'स्मृतियों' से जोड़ा निर्मल जी ने। रचना और आलोचना में महज स्मृतियों का पुनर्वास चाहनेवालों, कविता को कवि की सम्पूर्ण नागरिकता घोषित करने वालों और शब्द या भाषा की निरपेक्ष सत्ता की वकालत करने वालों से जिरह करते हुए मैनेजर पाण्डेय इन स्थापनाओं की बुनियाद में साहित्य को यथार्थवाद, इतिहास-दृष्टि और सर्वहारा की विचारधारा से महरूम करने के शासक वर्गीय उपक्रम को बेनकाब करते हैं। मैनेजर पाण्डेय लिखते हैं, "जब भी साहित्य में सामाजिक परिवर्तन का स्वर उभरता है, साहित्य का जनवादी स्वरूप विकसित होने लगता है, साहित्य में जनता की आवाज सुनायी पड़ने लगती है, शब्द और कर्म की दूरी घटने लगती है, क्रान्तिकारी साहित्य का विकास होता है तो शब्द और कर्म की एकता से चिन्तित साहित्यकार तरह-तरह के नये और सिद्धान्तों के सहारे उस एकता को खण्डित करने की कोशिश करने लगते हैं...शब्द और कर्म के अलगाव की बात करने वाले साहित्य को जनता के जीवन, सामाजिक यथार्थ, मुक्ति संघर्ष और विचारधाराओं से अलग करके अतीत की अँधेरी स्मृतियों, रहस्य और कल्पना के बीहड़ जंगलों, अन्तर्मन की गुफाओं, अस्तित्व से काल्पनिक संकटों और भविष्य के भयानक सपनों से जोड़ते हैं।" जनता के कर्मशील जीवन से सम्बद्ध होकर रचे गये साहित्य, शब्द और कर्म की एकता के साहित्य के रूप में वे भक्ति-काल की रचनाओं, भारत के स्वाधीनता-संग्राम और तीसरी दुनिया के मुक्ति-संघर्ष से जुड़े साहित्य-कर्म का उदाहरण देते हैं। मैनेजर पाण्डेय ने व्यावहारिक आलोचना के लिए भी शब्द और कर्म की एकता के साहित्य को चुना। सूरदास के काव्य के ऐतिहासिक और मानवीय आयाम, उसके अनुभव की युगीनता और युगातीतता, कालबद्धता और कालातीतता का विस्तृत विश्लेषण करते हुए पाण्डेय जी ने लिखा, "सूर की कविता हिन्दी क्षेत्र में रहनेवाले लोगों के जातीय जीवन और सांस्कृतिक परम्पराओं को व्यक्त करने वाली कविता है। वह हिन्दी भाषा के जातीय रूप का निर्माण करने वाली कविता है, हिन्दी साहित्य के जातीय काव्य-रूपों को विकसित करने वाली कविता है। सूर की कविता की सबसे बड़ी विशेषता यह है कि वह शास्त्र और सत्ता के आतंक से मुक्त है, इसलिए वह ऐसे आतंक से मुक्ति दिलाने वाली कविता भी है।" (*प्रथम संस्करण की भूमिका,* भक्ति आन्दोलन और सूरदास का काव्य) शब्द

(साहित्य) को जिस स्मृति से निर्मल वर्मा जोड़े जाने का प्रस्ताव करते हैं, उसमें "कर्मशून्य शब्द अयथार्थ अँधेरी स्मृतियों के पीछे भटकते रहते हैं।" सूर काव्य और समग्रतः भक्ति-काव्य में निहित जातीय स्मृतियों का स्वरूप इससे बिल्कुल भिन्न है। सूर और भक्ति-काव्य पर मैनेजर पाण्डेय का आलोचनात्मक लेखन पढ़कर कोई भी पाठक उन्हीं के इस कथन का प्रमाण पा सकता है कि "जातीय स्मृतियाँ निर्वैयक्तिक, गैर-ऐतिहासिक, मिथक सम्पन्न, अन्धेरी स्मृतियाँ नहीं होतीं, वे विशेष ऐतिहासिक अवस्था में जातीय जीवन के कर्म और चिन्तन की स्मृतियाँ होती हैं।" (267, *शब्द और कर्म,* शब्द और कर्म) समकालीन साहित्य से भी मैनेजर पाण्डेय ने व्यावहारिक आलोचना के लिए जिन कवियों, लेखकों, कृतियों का चुनाव किया, वह शब्द और कर्म की एकता के लिए उनके आलोचनात्मक संघर्ष से ही उपजा चुनाव है। एक इंटरव्यू में उन्होंने कहा है, "मुझे तो कई बार व्यावहारिक आलोचना और सैद्धान्तिक आलोचना का भेद गैर-जरूरी लगता है।" (पृ. 54, *समय के साथ सार्थक संवाद,* मैं भी मुँह में जबान रखता हूँ)। सिद्धान्त और व्यवहार को बाँटना भी एक तरीके से शब्द और कर्म को ही बांटना है, आलोचना में रचना की अर्थवत्ता और सार्थकता को अलग करना है, जिसके खिलाफ ही तो मैनेजर पाण्डेय का आलोचनात्मक संघर्ष है। शब्द और कर्म की एकता का संकल्प और कुछ नहीं बल्कि जनता के जीवन, उसके यथार्थ, उसके इतिहास और उसके आन्दोलनों से साहित्य के रिश्ते की हिमायत है।

शब्द और कर्म की जैसी एकता मैनेजर पाण्डेय के लिए रचना और आलोचना दोनों का प्रतिमान है, उसकी चरम अभिव्यक्ति वे नागार्जुन के काव्य में देखते हैं। उन्होंने लिखा है कि "हिन्दी में जनता के कवि बहुत हैं, लेकिन जन-आन्दोलनों के कवि नागार्जुन हैं।" वे समाज के इतिहास के साथ-साथ जनभावनाओं के इतिहास के कवि हैं। नागार्जुन ने मैथिली, हिन्दी, संस्कृत और बांग्ला इन चार भाषाओं में कविताएँ लिखीं। मैनेजर जी के शब्दों में "उनकी कविता में काव्यभाषा के जितने रूप और स्तर हैं, उतने तुलसीदास और निराला को छोड़कर हिन्दी के किसी दूसरे कवि के यहाँ शायद ही मिलें" (189, *नागार्जुन और नयी पीढ़ी,* आलोचना की सामाजिकता) वे किसान मन के कवि हैं और किसान मन से ही वे प्रकृति, समाज और इतिहास को देखते हैं। नागार्जुन ने हिन्दी में कविता की भूमिका का विस्तार किया जिसके चलते उनके काव्य संसार में उन-उन समुदायों के लिए भी जगह है, जिन पर दूसरे कवियों ने ध्यान ही नहीं दिया। ऐसे समुदाय हैं, आदिवासी और दलित। मैनेजर जी ने लिखा, "नागार्जुन भारतीय समाज के भावी परिवर्तन और विकास के बारे में सोचते समय वर्ग और वर्ण के सम्बन्ध की जटिलता और वास्तविकता को नहीं भूलते और क्रान्ति की प्रक्रिया में किसानों-मजदूरों की अनिवार्य एकता को भी नहीं भूलते।" (195, *नागार्जुन और नयी पीढ़ी,* आलोचना और सामाजिकता) 'तालाब की मछलियाँ' नामक उनके काव्य-संग्रह में स्त्री-जीवन की विडम्बनाएँ ऐसे समय व्यक्त हुईं जब हिन्दी में स्त्री-मुक्ति का प्रश्न साहित्य रचना का केन्द्रीय प्रश्न नहीं बना था। उन्होंने नये-पुराने तमाम कवियों पर कविताएँ लिखीं

जिनमें कालिदास, विद्यापति, कबीर, टैगोर, भारतेन्दु, निराला, प्रेमचन्द, केदारनाथ अग्रवाल, रेणु, राजकमल चौधरी और शैलेन्द्र जैसे कवि-लेखक शामिल हैं। संस्कृति और साहित्य की परम्परा में वे कहाँ और किस रूप में जुड़े हुए हैं वह इन कविताओं से जाहिर होता है। यही कारण है कि खुद नागार्जुन पर उनके समकालीन और बाद के कवियों ने जितनी कविताएँ लिखी हैं, उतनी निराला को छोड़कर किसी और कवि पर नहीं लिखी गयीं। मैनेजर पाण्डेय ने नयी पीढ़ी के साथ नागार्जुन के लगाव को अलग से लक्ष्य किया है, "भारतीय समाज के मूलगामी परिवर्तन, पुरानी पीढ़ी की विचारधारा, राजनीति और भूमिका के बारे में जैसे-जैसे नागार्जुन निराश होते गये हैं, वैसे-वैसे नयी पीढ़ी में उनकी आशा बढ़ती गयी है। नयी पीढ़ी में आशा और विश्वास के कारण वे कठिन से कठिन समय में भी हताशा और कुण्ठा के शिकार नहीं होते। भारतीय जनता के बेहतर भविष्य में उनकी आस्था नहीं डगमगाती और शोषक सत्ता के विरोध का स्वर कमजोर नहीं होता।" (196, *नागार्जुन और नयी पीढ़ी,* आलोचना और सामाजिकता) अज्ञेय की तरह नये पथ का निर्माता होने का दम्भ वे व्यक्त नहीं करते और न पुरानी पीढ़ी का निषेध करते हैं। "वे नयी पीढ़ी को गले लगाते हैं, लेकिन उसके गले नहीं पड़ जाते।" (*नागार्जुन और नयी पीढ़ी,* आलोचना की सामाजिकता)।

यदि हम पाण्डेय जी के व्यावहारिक आलोचना-कर्म से कुछ पंक्तियों को बानगी के रूप में अपने सामने रखें तो यह बात और स्पष्ट रूप से सामने आती है–

1. "शृंखला की कड़ियाँ भारत में नारी जागरण की उस प्रक्रिया की उपज है, जिसकी शुरुआत भारतीय नवजागरण के साथ हुई।" (180, *शृंखला की कड़ियाँ : मुक्ति की राहें, अनभै साँचा*)
2. "हिन्दी में वज्र-सूची की उपेक्षा के पीछे एक और कारण है बौद्ध-दर्शन की सामाजिक दृष्टि के प्रति विरोध का भाव। यह विरोध का भाव हिन्दी नवजागरण के अधिकांश निर्माताओं और व्याख्याकारों के लेखन में मौजूद है। इस विरोध का मूल स्रोत वैदिक-पौराणिक परम्परा और उसकी विचारधारा में गहरी आस्था है। यही कारण है कि हिन्दी में वज्र-सूची की चर्चा उन्हीं दो लेखकों ने की है, जिनके मन में बौद्ध-दर्शन की सामाजिक दृष्टि के प्रति विरोध का भाव नहीं है, बल्कि गहरी सहानुभूति है।" (176, *क्या आपने वज्र-सूची का नाम सुना है?* अनभै साँचा)
3. "यह सच है कि जिस दुनिया में मनुष्य की सामाजिकता और समाज की मानवीयता खतरे में हो, उस दुनिया को बदले बिना और जो समाज-व्यवस्था असामाजिक मनुष्य और अमानवीय समाज बना रही हो उसको मिटाये बिना सच्चे अर्थों में समाज को मानवीय और मनुष्य को सामाजिक बनाना सम्भव नहीं है। रेणु ऐसे क्रान्तिकारी दृष्टिकोण के कथाकार नहीं हैं। लेकिन पुरानी दुनिया को बदलकर नयी दुनिया बनाने की प्रक्रिया में, सामाजिक परिवर्तन और विकास की प्रक्रिया में उन रचनाकारों की भूमिका भी महत्त्वपूर्ण होती

है जो अमानवीय समाज व्यवस्था के भयानक तन्त्र के बावजूद बची हुई मानवीयता और सामाजिकता की तलाश करते हैं। रेणु ऐसे ही कहानीकार हैं। उनकी कहानियाँ मानवीयता की पहचान कराती हैं। उसमें आस्था जगाती हैं और मनुष्य विरोधी-व्यवस्था के विरुद्ध उठ खड़े होने की प्रेरणा देती हैं। जो पाठक रचनाओं से केवल ललकार सुनने के आदी हैं, सम्भव है, वे 'रेणु' की कहानियों से निराश हों। लेकिन अगर वे अपनी आदत के दायरे से निकलकर देखें तो 'रेणु' की कहानियों की सार्थकता समझ में आयेगी।" (163, *मानवीयता की तलाश का कलात्मक प्रयास,* अनभै साँचा)

4. "प्रेमचन्द के सामने जो स्वाधीनता आन्दोलन था, उसके साथ होते हुए भी वे उससे न पूरी तरह सहमत थे, न सन्तुष्ट। उनकी आस्था उस आन्दोलन से अधिक जनता की शक्ति में थी। उनकी दृष्टि जितनी स्वाधीनता आन्दोलन पर थी, उससे अधिक जनता के जीवन की समस्याओं से जुड़े छोटे-बड़े जन-आन्दोलनों पर रहती थी, इसलिए उनके उपन्यासों और कहानियों में किसानों, मजदूरों, स्त्रियों और दलितों के जीवन की वास्तविकताओं और उनसे जुड़े आन्दोलन के चित्र और प्रभाव अधिक दिखायी देते हैं।"
5. "त्रिलोचन की कविता के बारे में यह कहना काफी नहीं है कि वह किसानों के जीवन-संघर्ष की कविता है। ...हिन्दी में किसान-जीवन के कवियों की कमी नहीं है। उनमें से अधिकांश कवि मध्यवर्गीय दृष्टि से किसान-जीवन के यथार्थ को देखते हैं...त्रिलोचन ऐसे कवि नहीं हैं। उनकी दृष्टि एक सजग किसान की दृष्टि है जो उस जीवन को जीते, देखते-सुनते और समझते हुए कवि को मिली है, इसलिए उसमें किसान जीवन से आत्मीयता और तादात्म्य है, लेकिन उस जीवन में मौजूद रुढ़ियों की आलोचना भी है। उनकी दृष्टि किसान जीवन की समग्रता को देखती है....त्रिलोचन इसी सजग किसान दृष्टि से प्रकृति, समाज और विश्व को देखते हैं। मानवीय सम्बन्धों और भावों के उनके बोध में भी वही दृष्टि सक्रिय रहती है।" (106-7, *जीवन की लय में मुक्ति,* अनभै साँचा)
6. "आज भी जो कवि अपने नागरिक धर्म और कवि-कर्म के बीच रहस्य का पर्दा डालकर इस ओर नागरिक और उस ओर कवि बने रहते हैं, उन्हें भले ही इस चुनौती का एहसास न हो, लेकिन जो लेखक समाज की जिन्दगी के रोज-रोज के इतिहास में बनते बिगड़ते मनुष्य और मानवीय रिश्तों की पहचान में सचमुच दिलचस्पी रखते हैं, वे इस चुनौती से मुँह नहीं मोड़ सकते। रघुवीर सहाय की कविता में इस चुनौती का एहसास और उसका सामना करने की कोशिश आज के किसी भी दूसरे कवि से अधिक है।" (*कविता खबर भी है,* अनभै साँचा)
7. कुमार विकल की काव्य-यात्रा छोटी जरूर है, लेकिन सरल और सुविधाजनक

नहीं। ...वे एक ओर भारतीय समाज में जनतन्त्र के नाम पर उग रहे वनतन्त्र में बढ़ती दरिन्दगी के विरुद्ध संघर्ष कर रहे थे तो दूसरी ओर अपनी कविता को विश्वास-भरी भाषा में अपने समय का अप्रिय सच कहने लायक बनने के लिए रचनात्मक संघर्ष कर रहे थे। इस दोहरे संघर्ष से पैदा होने के कारण ही उनकी कविता प्रायः आत्मा की चीख लगती है...'' (127, *धूपधर्मी कविताओं का कवि,* अनभै साँचा)

8. वरवर राव अमूर्त बौद्धिक ऊहापोह के कवि नहीं हैं। उनकी कविता में जनता के जीवन, उसके आन्दोलन और सत्ता के दमनकारी रूप का यथार्थपरक चित्रण है। कई कविताओं में स्थानीय स्थितियों और घटनाओं का, पुलिस आतंक और झूठी मुठभेड़ों में हत्याओं का ब्यौरेवार वर्णन है...इन कविताओं में सार्वभौमिकता के लिए स्थानीयता की और शाश्वता के लिए तात्कालिकता की उपेक्षा नहीं हुई है।'' (142, *वह कलम की नोंक से डर रहा है,* अनभै साँचा)

उपरोक्त उद्धरण यह दर्शाते हैं कि शब्द और कर्म की एकता का कोई एक ही सर्वसम्मत रूप नहीं है, कोई सरल फार्मूला नहीं है। वह विविधवर्णी है। शब्द और कर्म का रिश्ता, न सीधा है और न एकतरफा। प्रेमचन्द, त्रिलोचन, नागार्जुन, रघुवीर सहाय या वरवर राव--इन सभी साहित्य का जन-जीवन, यथार्थ, इतिहास से रिश्तों के रूप अलग-अलग हैं, शब्द और कर्म के रिश्ते की प्रक्रियाएँ और प्रणालियाँ भी विशिष्ट हैं जो हरेक रचनाकार को अलग शख्सियत देती हैं। इन उद्धरणों को हमने सीमित उद्देश्य के लिए चुना है : इनमें सौन्दर्यबोध और कला के मूल्यांकन सम्बन्धी पंक्तियाँ कम शुमार हैं, जबकि जिन निबन्धों से इन्हें लिया गया है, उनमें से हरेक में मैनेजर पाण्डेय ने इन साहित्यकारों या कृतियों के सौन्दर्यबोध का पर्याप्त मूल्यांकन किया है। वास्तव में शब्द और कर्म के रिश्तों के बीच ही कला और सौन्दर्यबोध का भी आयाम किसी कृति में विकसित होता है, अलग से नहीं। शब्द और कर्म की एकता न तो स्वतःसिद्ध है और न ही इनमें कोई द्वन्द्वहीन समन्वय हुआ करता है। मैनेजर पाण्डेय ने 'शब्द और कर्म' शीर्षक निबन्ध के आरम्भ में ही स्पष्ट किया, ''शब्द और कर्म के सम्बन्ध के बारे में भ्रम पैदा करने वालों को अच्छी तरह मालूम है कि दोनों के उद्देश्य एक होते हुए भी उनके क्षेत्र और कार्य अलग-अलग हैं। उद्देश्य की एकता ही दोनों को एकता के सूत्र में बाँधती है।'' (261, *शब्द और कर्म,* शब्द और कर्म) शब्द और कर्म की एकता का साहित्य ही वह कैनन है, जिसे मैनेजर पाण्डेय व्यावहारिक आलोचना के निबन्धों में भी विकसित करते हैं, जिनमें वे ही साहित्यकार या कृतियाँ महज नहीं हैं, जिनके बारे में उन्होंने स्वतन्त्र निबन्ध या पुस्तक लिखी है, बल्कि वे तमाम कृतियाँ और कृतिकार भी शामिल हैं, जिन पर वे अबतक नहीं लिख सके हैं, या फिर पर उनके पूर्ववर्ती और समकालीन आलोचकों ने लिखा है या भविष्य के आलोचक लिखेंगे। अगर ध्यान से देखें तो उनकी व्यावहारिक आलोचना के लिए चुने गये कृतिकार और कृतियों के चुनाव

में भी एक संघर्ष है। कई ऐसे कृतिकार हैं, जिनकी जाने-अनजाने उपेक्षा हुई समकालीन आलोचना में, या फिर उनके साहित्य को 'शब्द और कर्म' की एकता की जगह दूसरे कलावादी, रूपवादी कैनन में पचा लेने की कोशिशें हुईं, जिन्हें पाण्डेय जी ने अपने आलोचना-कर्म के जरिये, फिर से उनकी बुनियादी प्रेरणाओं के पक्ष में हासिल किया। हिन्दी में 'वज्र-सूची' की उपेक्षा के कारणों का उल्लेख ऊपर के एक उद्धरण में हुआ है, इसी तरह 'शृंखला की कड़ियाँ' के बारे में उन्होंने लिखा, 'जो समाज और साहित्य में स्त्री की स्वतन्त्रता की बात सुनकर बिदकते हैं, वे यदि 'शृंखला की कड़ियाँ' की उपेक्षा करें तो कोई आश्चर्य नहीं, परन्तु जो स्त्री की स्वाधीनता का समर्थन करते हैं और उसके लिए आन्दोलन चलाते हैं, वे भी जब 'शृखला की कड़ियाँ' को याद नहीं करते, तब आश्चर्य और क्षोभ होता है, जबकि उसके प्रत्येक पन्ने पर भारतीय स्त्री की पराधीनता की चिन्ता और स्वाधीनता की माँग है।" (190, *शृंखला की कड़ियाँः मुक्ति की राहें, अनभै साँचा*)। 1970 के आसपास शुरू होने वाले जनांदोलनों ने नये सिरे से प्रगतिशील कविता में पाठकीय दिलचस्पी को बढ़ाया, आधुनिकतावादी कविता निरर्थक साबित हुई। फिर भी त्रिलोचन की उपेक्षा हिन्दी की मार्क्सवादी आलोचना तक में अन्य प्रगतिशील कवियों के मुकाबले भी कहीं ज्यादा रही। पाण्डेय जी ने लिखा, "पिछले कुछ वर्षों में साहित्य-चेतना के बदलने के साथ त्रिलोचन की कविता की लोकप्रियता बढ़ी है। लेकिन नये-पुराने आचार्यगण उन्हें अब भी कवि मानने को तैयार नहीं हैं : न आधुनिकतावादी आचार्य और न प्रगतिवादी।" (105, *जीवन की लय में मुक्ति का राग,* अनभै साँचा) इसी तरह अपने इण्टरव्यू में कुमार विकल के बारे में उन्होंने कहा, "कुमार विकल की रचनाशीलता के जो मूलगामी या क्रान्तिकारी तत्त्व हैं, उनको किनारे करके उनकी कविता में जो रूप, रस, गन्ध और प्रकृति-प्रेम मिलता है, वह भी काफी है और एक सम्पूर्ण जीवन का कवि होने के नाते इन बातों का भी इनके वहाँ होना जरूरी था, उन पर चर्चा ज्यादा होती है। ऐसे कवि अगर रूप, रस, गन्ध के कवि हैं तो उसकी चर्चा ज्यादा होती है और उनकी सुनिश्चित राजनीतिक दृष्टि की उपेक्षा कर दी जाती है।" (42, *समय के साथ सार्थक संवाद,* मैं भी मुँह में जबान रखता हूँ) नयी कविता से जुड़े आलोचकों के लिए रघुवीर सहाय की काव्य-भाषा में वर्णन-बिम्ब अभेद, जनता और अखबार को जोड़नेवाली आम बोलचाल की भाषा का प्रयोग या फिर गद्य-कविता की ओर उन्मुखता की महत्त्व की चीज है। वे उनकी सामाजिक चेतना की बात करते भी हैं तो 'शान्त विद्रोह' को रेखांकित करते हैं। उनकी कविता की राजनीति की चर्चा से ही परहेज करते है। (रामस्वरूप चतुर्वेदी) यह जिम्मेदारी प्रगतिशील, जनवादी मूल्यों वाली आलोचना पर ही आयद है कि वह देख सके कि कैसे रघुवीर सहाय की कविता जन-संचार के माध्यमों द्वारा आलोचना चेतना को भ्रमित करने, विरूपित करने के तौर-तरीकों का प्रतिरोध है, कैसे उसके हमले से मानवीय चेतना और रिश्तों को बचा ले जाने का संघर्ष भी है, कैसे वह सत्ता और मीडिया के गठजोड़ से पैदा किये जाते झूठे सचों की पहचान करानेवाली कविता है, कैसे वह अमानवीय परिस्थितियों के बीच

मानवीयता की तलाश है। यह जिम्मेदारी बखूबी निभायी है मैनेजर पाण्डेय की आलोचना ने। मार्खेज के उपन्यास 'क्रानिकल ऑफ ए डेथ फोरटोल्ड' और रघुवीर सहाय की उस उपन्यास से काफी पहले लिखी कविता 'रामदास', दोनों में मैनेजर पाण्डेय ''विलक्षण को सहज सम्भव बनाने वाली पत्रकारिता की कला'' देखते हैं। (126, *कविता खबर भी है,* अनभै साँचा) दोनों के भिन्न देशकाल में भयावह स्थितियों की परस्पर समानता को लक्षित करते हैं। पाण्डेय जी ने रघुवीर सहाय पर लिखे, इस आलोचनात्मक लेख के अन्त में लिखा, ''जब समाज में नैतिक साहस मरने लगता है, तब साधारण आदमी अधिक असहाय होने लगता है और हत्यारे अधिक आजाद। यह स्थिति भारत में है और दक्षिणी अमेरिका के अनेक देशों में भी, जिसकी पहचान दोनों रचनाओं में है'' (126, *कविता खबर भी है,* अनभै साँचा) 'शब्द और कर्म' की एकता पर टिकी ऐसी आलोचना पढ़कर ही समझ में अता है कि क्यों नयी कविता से विकसित आलोचना की धारा जो भाषा-प्रयोग विधि और बिम्ब-विधान के विश्लेषण में ही प्रवीण है, रघुवीर सहाय का मूल्यांकन नहीं कर सकती और क्यों ऐसे महत्त्व के कवि को ऐसी आलोचना के हाथों नहीं छोड़ा जा सकता।

साहित्य की सामाजिकता की उपेक्षा शुक्ल जी के यहाँ हुई, उन्होंने सूर साहित्य में प्रेम को जीवनोत्सव के रूप में महत्त्व देते हुए भी मर्यादाविरुद्ध होने के चलते 'ऐकान्तिक' और 'लोकबाह्य' ही माना जबकि मैनेजर पाण्डेय की निगाह में यह मर्यादा और कुछ नहीं, बल्कि रूढ़ि है और ''सूर का प्रेम आज भी रूढ़िमुक्त समाज और प्रेम के लिए संघर्ष में प्रेरणादाय है; क्योंकि भारतीय समाज भी उन्हीं बन्धनों में जकड़ा हुआ है, जिनसे मुक्ति की आकांक्षा सूर के काव्य में है'' (20, अनभै साँचा) आज इक्कीसवीं सदी के पहले दशक में भारत की राजधानी दिल्ली के आसपास लगभग हर रोज होनेवाली भिन्न जाति या एक ही गोत्र के विवाहित प्रेमी-युगलों की हत्याएँ उपर्युक्त कथन को और पुष्ट ही करती हैं, रामविलास जी की निगाह में सूर और कबीर किसान जीवन से परिचित ही नहीं थे, मैनेजर पाण्डेय ने लिखा, ''भ्रमरगीत में किसान-जीवन के अनुभवों का वस्तुपरक वर्णन नहीं है...भ्रमरगीत में भी प्रायः किसान-जीवन के अनुभव-काव्यशिल्प के विभिन्न साधनों के साथ कविता में आये हैं, यहाँ भाषा की बनावट, कथन की शैली, वचन-वक्रता, व्यंग्य, मुहावरों, कहावतों, अलंकारों आदि में किसान-जीवन के अनुभव आते हैं...'' (299 सूरदास) हिन्दी की प्रगतिशील आलोचना में भी शुक्ल जी और द्विवेदी जी की बहस को बढ़ाते हुए रामविलास शर्मा और नामवर सिंह ने क्रमशः 'तुलसी' और 'कबीर' को ही भक्ति-काल के मूल्यांकन के दो ध्रुवों के रूप में रखते हुए अपने-अपने मूल्यांकनों के जरिए सरल विपरीतों की ही सृष्टि की, 'भक्ति आन्दोलन और सूरदार का काव्य' महज सूरदास का पुनर्मल्यांकन ही नहीं, बल्कि हिन्दी आलोचना में भक्तिकाल के मूल्यांकन में रही एकांगिकता को दूर कर उसकी अर्थवत्ता और सार्थकता को विस्तारित करने का आलोचनात्मक संघर्ष ही है।

साहित्य और इतिहास दृष्टि

"ऐतिहासिक चेतना और कला चेतना का जहाँ मेल होता है, वहीं से रचना या आलोचना की शुरुआत होती है" (75, आलोचना और इतिहास, साहित्य और इतिहास दृष्टि)

साहित्येतिहास के विरोधी दृष्टिकोणों से संघर्ष

शब्द और कर्म का अलगाव, एक अन्य स्तर पर साहित्य को समाज और इतिहास दृष्टि से अलग करने का ही उपक्रम है। मैनेजरे पाण्डेय ने हिन्दी आलोचना में साहित्य की समाज और इतिहास दृष्टि की हिफाजत के लिए और उसे समृद्ध करने की लम्बी लड़ाई छेड़ी है। साहित्य और कला को सामाजिक और सांस्कृतिक विकास के अंग के रूप में, साहित्य को एक जीवन्त गतिशील प्रक्रिया के रूप में, रचना कर्म को एक सामाजिक व्यवहार के बतौर समझने तथा साहित्य और कला की विकासशीलता, प्रगति और निरन्तरता की धारणा को चुनौती साहित्य की स्वायत्तता और आन्तरिकता, साहित्य के सौन्दर्यबोध मूल्य की शाश्वतता और सार्वभौमिकता की धारणाओं से मिलती रही है। जाहिर है कि ये सभी धारणाएँ अनेक वैदुषिक स्रोतों से आयी हैं, लेकिन इतिहास-विरोधी दृष्टिकोण अन्तत बुर्जुआ वर्ग के वर्चस्व और शासन को ही यथास्थिति बनाये रखने में काम आता है और सामाजिक परिवर्तन के खिलाफ होता है। 'साहित्य और इतिहास दृष्टि' (1981) पुस्तक इतिहास-विरोधी आलोचना-सिद्धान्तों में प्रभाववादी आलोचना, मनोवैज्ञानिक आलोचना, नयी समीक्षा, मिथकीय और आद्य-बिम्बात्मक आलोचना, बिम्बवादी आलोचना, संरचनावाद, शैली वैज्ञानिक, आलोचना और सौन्दर्यवादी आलोचना के तमाम देशी-विदेशी प्रारूपों के साथ गम्भीर पोलेमिक्स है। उत्तर-आधुनिकता के इतिहास-विरोधी चरित्र का संकेत तो है इस पुस्तक में, लेकिन उत्तर-आधुनिकतावाद और उत्तर-संरचनावादी धारणाओं से गम्भीर जिरह आगे की कृतियों में स्थान पाती है। 'अनभै साँचा' में संकलित 1992 में हेमन्त जोशी और देवेन्द्र चौबे को दिये एक साक्षात्कार में पाण्डेयजी ने उत्तर-संरचनावाद द्वारा स्वतः सिद्ध मान्यताओं को प्रश्नांकित करना, बायनरी अपोजिशंस का विरोध, सत्ता-ज्ञान समीकरण, रचनाओं के अन्तर्पाठीय सम्बन्ध की धारणाओं को सामने लाना, पश्चिमी चिन्तन पद्धति (यूरोकेन्द्रिकता) को चुनौती, केन्द्र का अपकेन्द्रण, पाठ और पाठक के सम्बन्ध को नये ढंग से महत्त्व देना, आदि पहलुओं की सकारात्मक चर्चा की है। बार्थ, फूको और देरिदा की धारणाओं के क्रमशः जापानी, चीनी और बौद्ध भाषाई और सांस्कृतिक चिन्तन से सम्बन्ध को भी रेखांकित किया है। लेकिन इस साक्षात्कार में उत्तर-संरचनावादी ज्ञान-मीमांसा की संदेहवादी, यथार्थ और इतिहासविरोधी भूमिका पर कुछ खास प्रकाश नहीं डाला गया है। लेकिन बाद में समस्त 'उत्तर' वादी सैद्धान्तिकी की असंगतियों और यथार्थ और इतिहास के उनके निषेध पर उन्होंने 'संकट के बावजूद' की भूमिका में और 'मैं भी मुँह में जुबान

रखता हूँ' में संकलित पहले और कुछेक अन्य साक्षात्कारों में विस्तृत चर्चा की है। आलोचना की सामाजिकता के भी निबन्धों में इसकी प्रसंगवश चर्चा है।

हिन्दी में साहित्य-चिन्तन की बहुत-सी धारणाओं का इस्तेमाल बगैर उनके मूल स्रोतों की चर्चा के होता रहा है। साहित्य-चिन्तन की कौन सी धारणाएँ हमारे देश, तीसरी दुनिया और समग्र मानवता की वास्तविकता को समझने और बदलने में तथा जनता की मुक्ति में सहायक हैं और कौन-सी बाधक, इसे तब तक हम नहीं जान-समझ सकते जब तक कि उनके मूल स्रोतों, उनमें निहित वैचारिकता और शक्ति-सम्बन्धों को उजागर न किया जाये, साहित्य की दुनिया में उग आये मानवद्रोही, इतिहास और समाजविरोधी, बुनियादी परिवर्तन के विरोधी विचारों और व्याख्याओं के झाड़-झंखाड़ को साफ न किया जाए। आजादी के बाद की हिन्दी समीक्षा में इस कार्यभार को सबसे ज्यादा मैनेजरे पाण्डेय ने ही निभाया है और आलोचना के फलक का विस्तार किया है।

'साहित्य और इतिहास दृष्टि' के पहले ही निबन्ध में उन्होंने इतिहास सम्बन्धी बदगुमानियों को दूर करते हुए साहित्य या कला को सांस्कृतिक या सामाजिक विकास के अंग के रूप में विवेचन करने वाले साहित्येतिहास के आवयविक सिद्धान्त का प्रस्ताव किया है। सांस्कृतिक इतिहास की चक्रीय धारणा लक्ष्यहीनता और सभ्यता को जैविक प्राणी की तरह जन्मने, प्रौढ़ होने और मर जाने के क्रम में बरतने के कारण युगान्तकारी परिवर्तनों की व्याख्या में अक्षम है। यदि किसी सांस्कृतिक युग की गति लक्ष्यहीन है और वह जन्म और मृत्यु का क्रम पूरा कर लेती है तो आगे के युगों में उसकी निरन्तरता, प्रयोजनीयता और रूपान्तरण असम्भव है। रेखीय गति के सिद्धान्त में द्वन्द्व के निषेध से सरलीकरण का खतरा तो है, फिर भी उसमें मानव और संस्कृति के इतिहास की प्रयोजनमुक्त क्रियाशीलता की व्याख्या की गुंजाइश है। हिन्दी साहित्य में अज्ञेय ने चक्रीय गति की धारणा को भारतीयता की पहचान बताया जो नटराज की मूर्ति में प्रतीकित है। राजनीति के क्षेत्र में डॉ. लोहिया इसके हामी थे, यद्यपि कार्यक्षेत्र भिन्न होने के चलते वे चक्रों की अग्रगति भी मानते थे। निर्मल वर्मा ने भारत में औपनिवेशिक हस्तक्षेप को सनातन के इतिहास का हस्तक्षेप माना। जाहिर है कि उनके लिए इतिहास सनातनता का विलोम है। सनातनता में निरन्तरता तो है लेकिन प्रगति की धारणा नहीं है। वह अनादि और अन्नत का अवर्तीक्रम है, लक्ष्यहीन है, जहाँ काल अतीत, वर्तमान और भविष्य में विभाजित नहीं है। वही उनके लिए परम्परा, स्मृति और धर्म भी है। अज्ञेय के अनुसार साहित्य का यथार्थ आनुभविक है जिसका रचनात्मक संगठन स्मृति करती है। स्मृति में इस बात का फर्क नहीं है कि क्या प्रागैतिहासिक है, क्या पौराणिक , क्या यथार्थ है और क्या अयथार्थ। यह स्मृत शाश्वत वर्तमानता है। इन दोनों साहित्य-चिन्तकों ने भारतीय भाषाओं में भी लचीलापन, मिथकीयता और रूपात्मकता से संस्कार को इतिहास के विरुद्ध आवर्तीकाल और सनातनता का संस्कार माना। निर्मल वर्मा ने अपनी इतिहास-विरोधी शाश्वत समकालिकता या वर्तमानता के लिए खुराक संरचनावाद से पायी। उन्होंने नार्थ राप फ्रई से लेकर लेवीस्ट्रास को अपनी धारणाओं के समर्थन में उद्धृत

भी किया। जिस समय 'साहिय और इतिहास दृष्टि' लिखी गयी। उस समय दुनिया जहान में ही नहीं, खुद हिन्दी के साहित्य चिन्तन में इतिहास-विरोधी साहित्य-दृष्टि का अच्छा-खासा असर था।

मैनेजरे पाण्डेय ने इस इतिहास-विरोधी दृष्टि के मूलस्रोतों तक पहुँचकर बहस की। इस बहस की भंगिमा से बहुत कुछ सीखने लायक है। पहली बात सीखने लायक यह है कि जिस चिन्तन से बहस है, उसकी मूल प्रस्थापनाओं को सुलझे हुए रूप में विस्तार से प्रस्तुत करना, खासकर उन चिन्तन-प्रणालियों को, जो बाहर की हैं और जिन्हें उनके मूलस्वरूप में हिन्दी में बहुत कम जाना जाता है। दूसरे, उन चिन्तन-प्रणालियों के ऐतिहासिक विकास-क्रम और परिवेश को प्रस्तुत करना। संरचनावाद से बहस शुरू करते हुए पाण्डेय जी लिखते हैं, "संरचनावाद इतिहास को अस्वीकार करने का जितना प्रयत्न करे, इतिहास संरचनावाद की उपेक्षा नहीं कर सकता।" तीसरी और सबसे महत्त्वपूर्ण सीखने लायक बात यह है कि जिनसे बहस है, उनके भी अवदान को चाहे वह जितनी भी कम क्यों न हो, स्वीकार करना और पूरी तरह परीक्षा करने के बाद ही उनकी गलत धारणाओं का सतर्क खण्डन करना। जिरह या पालेमिक्स के इस ढंग से आलोचना की विश्वसनीयता बढ़ती है। पहले से चली आ रही जिन चिन्ताधाराओं से संरचनावाद का विकास हुआ उनकी चर्चा करते हुए, रूसी रूपवाद से उसके सम्बन्ध (समानता और भिन्नता), रोमन याकोबसन, यान मुकारोवस्की, रोला बार्थ, लेवीस्ट्रास और गोल्डमन आदि संरचनावाद की स्थापनाओं और उनके अन्तर्विरोधों की इतिहास-दृष्टि के सन्दर्भ में समीक्षा करते हुए उसके विचारधारात्मक स्वरूप पर विचार करने के बाद मैनेजर पाण्डेय पाठक की स्वायत्तता और शाश्वत समकालीनता की धारणाओं का ऐतिहासिकता और सन्दर्भसापेक्षता से स्थाई विरोध है। शाश्वत वर्तमानता या सनातनता में पाठ और सन्दर्भ के द्वन्द्वात्मक सम्बन्ध का कोई बोध नहीं हो सकता, यह ऐतिहासिक काल के भीतर भी सम्भव है। संरचनावादी विश्लेषणात्मक मीमांसा-विधि इतिहास-दर्शन की संश्लेषणात्मक विचार-प्रक्रिया से मेल नहीं खाती। संरचनावाद में पाठ-विश्लेषण का केन्द्रीय महत्त्व है। जबकि साहित्येतिहास के लिए पाठ और उसके राजनीतिक, सामाजिक, कलात्मक आदि सन्दर्भों के बीच द्वन्द्वात्मक सम्बन्ध जरूरी है। सन्दर्भ बदलने से पाठ का अर्थ बदलता है, ऐसे में परिवर्तनशील अर्थ की व्याख्या में संरचनावाद अक्षम है। संरचनावाद चूँकि कृति के वस्तुनिष्ठ, निर्वयक्तिक और स्वायत्त रूप के विश्लेषण तक सीमित रहकर साहित्य-चिन्तन को विज्ञान बनाने का दावा करता है, अतः उसमें रचना की मूल्य चेतना तथा पाठक की मूल्य चेतना से उसके सम्बन्ध, नैतिक और कलात्मक मूल्यों के विकास-परम्परा का कोई बोध ही नहीं होता। संरचनावादी चूँकि कृति की मूल्यवत्ता को आलोचना का काम ही नहीं मानते और चेतना और परिवेश के बीच किसी द्वन्द्वात्मक सम्बन्धों को भी नकारते हैं। अतः वे साहित्येतिहास के स्वाभाविक विरोधी हैं। साहित्येतिहास के लिए कृति के मूल्यांकन की प्रक्रिया में कृति की मूल चेतना और समाज की मूल्यचेतना के द्वन्द्वात्मक सम्बन्ध का विवेचन आवश्यक होता है। इतिहास कलाकृति

के स्थायित्व का विवेचन करता है। स्थायी मानव-मूल्यों और अपने युग के मानवीय सम्बन्धों की समग्रता को व्यंजित करने के चलते ही कोई कृति स्थायी होती है। संरचनावाद रूपात्मक संरचना पर विचार तक सीमित रहने के चलते हद से हद साहित्य परम्परा में रूप सम्बन्धी परिवर्तनों की व्याख्या कर सकता है, लेकिन रचना के संप्रेष्य मूल्यों को अप्रासंगिक मानने के चलते जीवन-मूल्यों के परिवर्तन से रचना-व्यवहार में होने वाले परिवर्तनों तक उसकी दृष्टि जा ही नहीं सकती, जो कि साहित्य के इतिहास का क्षेत्र। रचनाओं के कालक्रम, रचनास्रोत, रचनाकार व्यक्तित्व और पाठकीय संवेदना जिनकी उपेक्षा साहित्य का इतिहास नहीं कर सकता। इन तथ्यों का अनुसन्धान आलोचना के लिए आवश्यक है। साहित्येतिहास अनुसन्धान और आलोचना से लिखा जाता है। निष्कर्षस्वरूप इन बातों को प्रस्तुत करते हुए पाण्डेयजी ने लिखा संरचनावाद विकास, परिवर्तन और प्रगति की धारणाओं का विरोधी होने के कारण मानव समाज, इतिहास और संस्कृति के लिए हानिकारक है और साहित्य के इतिहास के लए अनुपयोगी भी'' ।(59)

नयी समीक्षा की कई धारणाओं को समेटते हुए नयी कविता से जुड़े बहुतेरे आलोचकों ने अज्ञेय के नेतृत्व में साहित्य और उसकी आलोचना का जो भाववादी-रूपवादी प्रारूप विकसित किया, उसे नयी खुराक संरचनावाद से ही मिली। बाद में इस प्रारूप का नेतृत्व निर्मल वर्मा ने सँभाला और 'पूर्वग्रह मण्डली' ने इसे आगे बढ़ाया। जहाँ नयी कविता के दौर में साहित्य की स्वायत्तता निर्वैयक्तिकता और आन्तरिकता, आलोचना की पाठ-केन्द्रिकता साहित्य के मूल्यांकन में काव्यभाषा का केन्द्रीय प्रतिमान बनाने की प्रवृत्ति रही, सामाजिक, ऐतिहासिक तथ्यों को साहित्य के लिए अप्रासंगिक मानते हुए आनुभविक 'सत्य' को तरजीह दी गयी, स्मृति को यथार्थ और इतिहास पर तवज्जो दी गयी वहीं आगे चलकर साहित्य के सारे गुण भाषा के ही गुण माने जाने लगे। नन्दकिशोर आचार्य ने लिखा, ''साहित्य भाषा की सर्जनात्मक आत्मानुभूति है अर्थात् वह भाषा का अपने ही माध्यम से, अपने होने को, होते रहने को अनुभव करना है।'' यानी भाषा भी निरपेक्षतः स्वायत्त हो चली। कहा गया कि ''अतीत और भविष्य कविता में वर्तमान बनकर ही जगह पाते हैं'' नन्दकिशोर आचार्य के 1995 में प्रकाशित काव्यसंग्रह 'कविता में नहीं है जो' की फ्लैप टिप्पणी में अशोक वाजपेयी लिखते हैं, ''कविता उसी शब्द की खोज है और उस खोज में ही अपना सच पाती और आत्मसात करती है। वह उस नाजुक सन्तुलन पर पहुँचती है जिसमें बीतने और बचने के बीच, कविता में अपनी उत्तरजीविता के नजदीक ही शब्द अपना सच पाता है और वही सच अटूट रूप से भाषा का सच और अनुभव का सच दोनों एक साथ है। हमारे समय में आत्मसजग कविता इससे अधिक कुछ कर भी नहीं सकती।'' कला मात्र की व्याख्या एक आध्यात्मिक प्रक्रिया के रूप में की गई जो इतिहास और समाज के दबावों से मुक्त है। कला के लिए पुराण और मिथक विज्ञान, दर्शन और इतिहास से भी अधिक प्रासंगिक सिद्ध किये गये। इन धारणाओं की हिन्दी में अब भी एक धारा के बतौर सचेत उपस्थिति है। 'साहित्य और

इतिहास दृष्टि' के निबन्ध 1976 से 1981 के बीच लिखे गये और उत्तोत्तर उनकी प्रासंगिकता उन लोगों के लिए बढ़ती ही गयी है। जो हिन्दी आलोचना में भाववाद-रूपवाद की आनुवांशिकी समझना चाहते हैं, जो साहित्य को समाज और इतिहास से जुदा नहीं देखना चाहते तो आलोचना को महज साहित्य-चिन्तन नहीं बल्कि समय और समाज में उसकी हस्तक्षेपकारी भूमिका को जरूरी समझते हैं।

बाद से हिन्दी में इतिहास-विरोधी दृष्टि को उत्तर-वादी सैद्धान्तिकी से खुराक मिली। कुछ स्वयंभू उत्तर-आधुनिकतावाद आलोचक सामने आये और कुछ भूतपूर्व प्रगतिशीलों ने पंख बदले। उनके प्रस्ताव आये कि हिन्दी साहित्य के इतिहास का पुनर्लेखन अब विधागत और शिल्पगत प्रयोगों के इतिहास के बतौर होना चाहिए। कालक्रमिक अध्ययन को त्याग सब कुछ को समकालीन मानकर पढ़ा जाना चाहिए। इसी तरह यह भी कहा गया कि आलोचना के लिए दृष्टि से अधिक महत्त्वपूर्ण है, रुचि। यह भी प्रस्तावित किया गया कि हर कृति एक अखण्ड सौन्दर्यात्मक अन्विति है और अन्तर्विरोधी खोजी आलोचना इसे खण्ड-खण्ड कर विचार और अनुभूति को अलगाकर नष्ट करती है। इन सभी प्रस्तावों में साहित्य के समाज और मानवीय इतिहास के साथ द्वन्द्वात्मक सम्बन्ध को आलोचना और साहित्येतिहास से बेदखल करने की व्यग्रता थी। उत्तरवादी वायुमण्डल का लाभ उठाते हुए इन बदले हुए प्रगतिशीलों ने आधुनिकतावादी और पुराने रूपवाद की ओर प्रत्यावर्तन किया। मैनेजर पाण्डेय ने पहले ही लिखा था, "रूपवादियों की धारणा है कि रूप वस्तु को रूपान्तरित कर लेता है : इसलिए रूपों का विकास ही साहित्य के इतिहास का मूल विषय है। उनके अनुसार इतिहास में विवेच्य वस्तु 'साहित्यिकता' है, जो रूप में निहित होती है। इस प्रकार रूपवादी साहित्येतिहास साहित्य का नहीं, 'साहित्यिकता" का इतिहास बन जाता है"। (15) सब कुछ को समकालीन मानकर पढ़ने की सलाह भी 'उत्तरवादी' माहौल में नयी समीक्षा और संरचनावाद के अवशेष के ही पिष्टपेषण से उपजा प्रस्ताव है। पाण्डेयजी ने लिखा था, "रचना के केवल अतीत की मीमांसा करना विधेयवादी इतिहस की कमजोरियों का शिकार होना है और रचना के केवल वर्तमान को या उसके वर्तमान आस्वावद्य रूप की मीमांसा करना नयी समीक्षा की प्रवृत्ति को स्वीकारना है। रचना की उत्पत्ति और उसकी वर्तमान सार्थकता दोनों पर विचार करना इतिहास का उद्देश्य है"। (12)

उत्तर-आधुनिकतावादी ज्ञान-मीमांसा मे 'सत्य' व्याख्या का उत्पाद है, तथ्य विमर्शों की निर्मितियाँ हैं, 'वस्तुगतता' शक्तिशाली व्याख्या व्यवस्थाओं का दावा मात्र है। मानवीय कर्ता स्वयं एक बिखरी हुई, आत्मविभाजित इकाई है जिसका न कोई स्थिर स्वभाव है और न ही कोई सारतत्त्व। ऐसे में कर्मरत मनुष्य का कोई वास्तविक इतिहास तो नहीं सम्भव है, हाँ, विमर्शों का इतिहास सम्भव है, जैसा कि मिशेल फूको के इतिहास लेखन से स्पष्ट है। फूको ने इतिहास की प्रगति की धारणा पर प्रश्न उठाते हुए प्रस्तावित किया कि इतिहासकार निरन्तरताओं की व्याख्या करते हुए विच्छिन्नताओं, असम्बद्धताओं को विकास और प्रगति के वृहत्तर चौखटे में जड़ देता है। जबकि फूको

की दिलचस्पी इन्हीं अन्तरालों, असम्बद्धताओं, व्यतिक्रमों और अन्तर्विरोधों में है। उनके अनुसार ज्ञानोदय प्रसूत प्रगति की विकासवादी धारणा ने इतिहास की 'सर्वसमावेशी' पद्धति को जन्म दिया जिसमें अतीत की हर विसंगति को तराशकर साफ-सुथरे विकासवादी ढांचे में अँटा दिया जाता था। फूको के अनुसार इतिहासकार मुक्त होकर उन वैविध्यपूर्ण परस्पर भिन्न विमर्शों की छितराती, बिखरती अन्योन्यक्रिया के रूप में इतिहास को समझ सकता था जिसमें अतीत और अतीत के हमारे ज्ञान की अनिश्चयता का स्वीकार निहित है। मुश्किल यह है कि फूको ऐतिहासिक पद्धति के कुछ दोषों को भिन्न ज्ञानमीमांसा की भूमि पर उठाकर किसी भी भौतिकवादी इतिहास की असम्भव का प्रस्ताव कर रहे हैं। मार्क्सवाद के साथ फूको की जैसी भी जटिल संलग्नता रही आयी हो, इतना वे अवश्य जानते थे कि ऐतिहासिक और भौतिकवादी द्वन्द्ववाद ने सदैव ही एकरेखीय, सरलीकृत ऐतिहासिक पद्धति से संघर्ष करते हुए इतिहास के अन्तरालों, असम्बद्धताओं, व्यतिक्रमों और अन्तर्विरोधों और विसंगतियों पर उँगली रखी। आखिर क्रान्ति स्वयं में ही सातत्य से एक 'आमूलचूल-विच्छेद' (रैडिकल रप्चर) ही है। 'संकट के बावजूद' में जार्ज लूकाच के मरणोपरान्त छपे साक्षात्कार के अनुवाद में लूकाच इतिहास में विच्छिन्नता के प्रश्न पर विचार करते हैं। तेन और तोक्युविल जैसे विधेयवादियों जिनके लिए हर परिवर्तन कार्य-कारण शृंखला से बँधा सातत्य ही था, उनकी आलोचना करते हैं लेनिन के बारे में कहते हैं, "उसने कभी भी मूलभूत परिवर्तन और नवीन कदमों को सातत्य या सुधार के रूप में प्रस्तुत नहीं किया"। (57) लूकाच लिखते हैं कि उनके लिए सामाजिक अस्तित्व और इतिहास का प्रश्न सामाजिक अनिवार्यताओं और स्वतन्त्रता के सम्बन्ध का प्रश्न है। उत्तर-आधुनिकतावादियों और उत्तर संरचनावदियों के लिए इतिहास और मानव-कर्म की सोद्देश्यता (टेलियोलाजी) विचारधाराओं द्वारा स्थापित अर्थों का वरीयताक्रम मात्र है। वहीं लूकाच अपने इस साक्षात्कार में यह स्थापित करते हैं कि विकल्पों की धारणा मानव श्रम का आधार है, वह एक साथ मानवीय स्वतन्त्रता और सोद्देश्यता, दोनों की व्यंजना करती है, लेकिन इस स्वतन्त्रता का अस्तित्व वस्तुगत भौतिक शक्तियों की गतिमयता पर निर्भर करता है। फूको को समस्या प्रगति की अवधारणा से ही है, उन्हें समस्या भौतिकवाद से है। वे द्वन्द्ववाद की जगह चरम सापेक्षतावाद और अनेकान्तवाद के वकील हैं उनके लिए तो मार्क्सवाद भी "उत्पादन-पद्धति का आख्यान" मात्र है। ऐसे में इतिहास महज विमर्शों का इतिहास हो सकता है और इतिहास का सच वास्तविक नहीं, बल्कि व्याख्या से तय होता है, वह अन्ततः पाठ है, अतः अनिवार्यता बहुवचनीय होता है। उत्तर-आधुनिक इतिहास-दृष्टि पर मैनेजर पाण्डेय ने लिखा, "आजकल इस देश के भविष्य के लिए जो राजनीतिक और वैचारिक लड़ाई चल रही है। उसकी रणभूमि अतीत ही है। ऐसे में इतिहास और उसकी व्याख्या का असाधारण महत्त्व है। लेकिन उत्तर-आधुनिकतावाद में अतीत सम्बन्धी सोच की जो दृष्टि है वह भ्रम ही अधिक पैदा करेगी; क्योंकि उसके अनुसार अतीत के बारे में हर दृष्टिकोण सही है;

वह चाहे फासिस्ट हो, जातिवादी हो, साम्प्रदायिक हो अथवा कुछ और। देरिदा के अनुसार इतिहास एक पाठ है। इतिहास ही क्यों उनके लिए तो विचार, विश्वास, व्यवहार, घटनाएँ और संस्थाएँ भी पाठ ही हैं और पाठ का अपना कोई निश्चित अर्थ नहीं होता, वह पाठक और उसकी व्याख्या पर निर्भर होता है। इस सोच के अनुसार जलियावाला बाग का हत्याकाण्ड भोपाल का गैस हत्याकांड, बाबरी मस्जिद का ध्वंस और सूरत का दंगा, सब पाठ है। इन्हें भयानक ट्रेजेडी कहना एक 'निश्चित अर्थ' देना है, जो उत्तर आधुनिकतावाद को स्वीकार नहीं'' (20, संकट के बावजूद) मैनेजर पाण्डेय ने 'संकट के बावजूद' में चिन्ता व्यक्त की है जिस तरह भारत में उपनिवेशवाद के साथ आधुनिकतावाद आया था, क्या उसी तरह भूमण्डलीकरण के साथ नव-उपनिवेशवादी दौर में उत्तर आधुनिकतावाद का भी शिकार होने को यह देश अभिशप्त है? जिस तरह पश्चिम में आधुनिकतावाद का दौर खत्म होने पर भी भारत में वह चलता रहा, क्या उसी तरह पश्चिम में जो उत्तर-आधुनिकतावाद पिछली सदी के आखिरी सालों में दम तोड़ चला, वह भारत में लम्बे समय तक घसीटा जाता रहेगा? पाण्डेय जी ने लिखा, ''उत्तर आधुनिकतावादियों ने दावा तो यह किया था कि वे ज्ञान, विवेक, भाषा, इतिहास आदि को सत्ता, शक्ति और विचारधारा के खेल से मुक्त करेंगे, लेकिन बदले में उन्होंने मनुष्य को ज्ञान, विवेक, चेतना, अर्थ और इतिहास से मुक्त कर दिया और दूसरी ओर इन सबको अपनी बौद्धिक क्रीड़ा का साधन बना दिया है'' (17-18)।

साहित्य और इतिहास दृष्टि में मैनेजर पाण्डेय ने दिखलाया है कि साहित्य की इतिहास दृष्टि और ऐतिहासिक पद्धति या ऐतिहासिक आलोचना एक ही चीज नहीं हैं, लिहाजा साहित्येतिहास के विरोधियों द्वारा ''ऐतिहासिक पद्धति के सारे दोष साहित्येतिहास के मत्थे मढ़ देने की कोशिश बेमानी है। पाण्डेयजी ने लिखा, ''साहित्य का इतिहास न तो वर्तमान से पलायन का साधन है और न अतीत की आराधना का मार्ग...इतिहास न अतीत की अन्धपूजा है और न वर्तमान का तिरस्कार। इतिहास वर्तमान की समस्याओं से बचने का बहाना नहीं है, वह विकास, प्रगति और कर्म का निषेध नहीं है। साहित्य का इतिहास अतीत की विलुप्त रचनाओं और रचनाकारों के उद्धार का केवल साधन नहीं है। वह काल प्रवाह में अपनी कलात्मक अक्षमता के कारण अपने अस्तित्व की रक्षा में असमर्थ रचनाओं और रचनाकारों का अजायबघर नहीं है। वह न तो रचना और रचनाकार सम्बन्धी तिथियों का कोश है और न 'कविवृत्त संग्रह मात्र'। वह किसी रचना को अपने काल का केवल ऐतिहासिक दस्तावेज या कीर्ति स्तम्भ ही नहीं मानता, रचना को अपने युग के यथार्थ के प्रतिबिम्बन का केवल साधन नहीं समझता है और रचना की परम्परा, परिवेश और प्रभाव का विश्लेषण करके उसे भूल नहीं जाता। साहित्य का इतिहास केवल विचारों का इतिहास नहीं होता, वह संस्कृति के इतिहास का परिशिष्ट भी नहीं होता।'' (4)

हिन्दी साहित्येतिहास की इतिहास दृष्टियाँ

'साहित्य और इतिहास दृष्टि' में पाण्डेय जी ने रामचन्द्र शुक्ल के साहित्येतिहास और उनकी इतिहास दृष्टि का विवेचन करते हुए दिखाया है कि कैसे उनका इतिहास ऐतिहासिक पद्धति के इन कथित दोषों से मुक्त है। आचार्य शुक्ल की इतिहास दृष्टि को एकांगी समाजशास्त्रीय दृष्टि कहने (शिवदान सिंह चौहान) या उन पर विधेयवाद का आरोप लगाने (नलिन विलोचन शर्मा) का सतर्क प्रत्याख्यान मैनेजर पाण्डेय ने किया है। शुक्ल जी की इतिहास दृष्टि एकांगी समाजशास्त्री तो भला क्या होती, उल्टे उनकी "इतिहास दृष्टि में साहित्यिकता सामाजिकता से अधिक प्रबल है, आलोचना इतिहास को अनुशासित करती है।" (109) शुक्ल जी ने न तो विधेयवादियों की तरह साहित्य और समाज में कार्यकारण सम्बन्ध निरूपति किया, न विधेयवाद की तर्ज पर प्राकृतिक विज्ञानों की प्रणाली को इतिहासलेखन पर लागू किया। न तो उन्होंने वैज्ञानिकता के बहाने वैचारिक संघर्ष में तटस्थता बरती और न ही तथ्यपरकरता से बँधकर मूल्यों की उपेक्षा कर इतिहास को महज पुरातात्त्विक बनाया। मैनेजर पाण्डेय ने लिखा, "उनका दृष्टिकोण ऐतिहासिक और वस्तुवादी है। उनकी इतिहास दृष्टि मूल्यपरक और पक्षधर है, वे सामन्ती और पूँजीवादी जीवन-मूल्यों, कला-मूल्यों आदि का विरोध करते हैं और जनवादी संस्कृति, परम्परा और कला-मूल्यों का पक्ष लेते हैं" (110) नलिन विलोचन ने शुक्ल जी को तो विधेयवादी बताया ही, साथ ही मार्क्सवादियों के भीतर उनके इतिहास को लोकप्रियता का कारण भी विधेयवाद को बताया। जब शर्मा जी जैसे विद्वान भी विधेयवाद और ऐतिहासिक, भौतिकवादी द्वन्द्ववाद में अन्तर न कर पायें, तो फिर से सब कुछ साफ-साफ समझाना पड़ता है। मैनेजर पाण्डेय ने पर्याप्त धैर्य के साथ मार्क्सवाद में साहित्य और समाज के द्वन्द्वात्मक सम्बन्ध, साहित्य के वर्गीय स्वरूप, प्रयोजन और विचारधारात्मक रूप की पहचान, साहित्य की सापेक्ष स्वायत्तता का स्वीकार, सामाजिक परिवर्तनों में साहित्य की क्रान्तिकारी पक्षधर भूमिका पर बल तथा साहित्य के कलात्मक मूल्य और सौन्दर्यबोधीय महत्त्व के विवेचन को फिर से रेखांकित करते हुए बताया कि विधेयवाद और मार्क्सवाद में क्या फर्क है और कैसे न तो शुक्ल जी विधेयवादी हैं और न ही इस कारण वे मार्क्सवादियों में लोकप्रिय, कभी-कभी हम जिन बातों को बहुत प्राथमिक समझ की निर्विवाद बातें समझते हैं, उनका भी बार-बार विवेचन करना पड़ता है अन्यथा दुर्व्याख्याओं का जखीरा उन्हें ढँक लेगा और दुर्व्याख्याएँ ही कालान्तर में साधारण बोध बन जायेंगी। इसलिए आलोचनात्मक संघर्ष रोज-ब-रोज का संघर्ष है, सबसे प्राथमिक धारणाओं को भी हम प्रदत्त मानकर उनकी दुर्व्याख्या की सम्भावनाओं को नजरअन्दाज नहीं कर सकते। शुक्ल जी की इतिहास दृष्टि की एक बड़ी विशेषता पाण्डेय जी के शब्दों में यह है कि उन्होंने "हिन्दी साहित्य के विकास में लोकसंस्कृति और लोक साहित्य के योगदान का मूल्यांकन किया और इसके जातीय रूप को उजागर किया। शुक्लजी ने बारम्बार कहा कि शिष्ट साहित्य और उसकी भाषा जब-जब पाण्डित्य और शास्त्र

के हाथों संकुचित होती है, तब तक उसमें नया प्राणसंचार लोक की और सामान्य जनता की स्वच्छन्द भावधारा और भाषा के जरिये होता है। पण्डितों द्वारा प्रवर्तित काव्यपरम्परा के बरक्स पुराने ग्रामगीतों के संग्रह की जरूरत पर उन्होंने इसलिए भी जोर दिया कि इनमें जनभावना और भाषा के बदलते हुए रूप को पहचानने और जातीय जीवन के सहज रूप की अभिव्यक्ति को समझने में मदद मिलती है। उन्होंने सूर काव्य को किसी चली आती हुई मौखिक ही सही, गीतकाव्य परम्परा का पूर्ण विकास कहा, इसी तरह उन्होंने विद्यापति के गीतों में जनसंस्कृति की अभिव्यक्ति और ग्रामगीतों को विकास देखा, पाण्डेयजी के अनुसार हिन्दी साहित्य में जो कुछ संस्कृत, पाली, प्राकृत, अपभ्रंश की परम्पराओं से बहुत कुछ स्वतन्त्र और नया विकसित हुआ, वह लोकसंस्कृतिओं की देन है। पाण्डेयजी हिन्दी साहित्य के इतिहासलेखन में लोकतात्त्विक आधार का संज्ञान आचार्य शुक्ल और आचार्य हजारी प्रसाद द्विवेदी, दोनों में समान रूप से पाते हैं।

मैनेजर पाण्डेय आचार्य शुक्ल की इतिहास दृष्टि के अन्तर्विरोधों की भी शिनाख्त करते हैं। शुक्ल जी की परम्परा की धारणा में भारतीय नवजागरण की चेतना की महत्त्वपूर्ण भूमिका है। उनकी इतिहास-दृष्टि भी इसी चेतना से निर्मित हुई है। इस चेतना के अन्तर्विरोध भी उनकी इतिहास-दृष्टि में दिखायी देते हैं। आचाय शुक्ल मध्यकाल की कविता में जनोन्मुख और सामन्ती परम्पराओं का संघर्ष तथा आधुनिक काल में रहस्यवाद और यथार्थवाद का संघर्ष देखते हैं, दोनों युगों में क्रमशः जनोन्मुखी और यथार्थवादी परम्पराओं का पक्ष लेते हैं, लेकिन वे 'विरुद्धों के संघर्ष' को देखते हैं, परन्तु 'विरुद्धों के सामंजस्य' को स्वीकार करते हैं। यही कारण है कि सन्तों के सम्बन्ध में उनके यहाँ, जो 'जनता' और 'शिक्षित जनता' के बीच तनाव और द्वन्द्व है, वह सामाजिकता और साहित्यिकता के द्वन्द्व और लोकसंग्रह तथा अनुभूतिवाद के द्वन्द्व के रूप में उनके साहित्येतिहास को प्रभावित करता है और कई प्रसंगों में 'शिक्षित जनता' पर साहित्यिकता सामाजिकता पर और अनुभूतिवाद लोकसंग्रह पर तर्जीह पाता है। यही कारण है कि सामन्ती मूल्यों और संस्कृति के प्रति विद्रोह करने वाले सन्तों की वाणी उन्हें लिकविरोधी और उनसे प्रभावित जनता उन्हें मूर्ख लगती है। शिक्षित जनता को जनता पर तरजीह देना मैनेजर जी के अनुसार मध्यवर्गी दृष्टिकोण है। भारतीय नवजागरण की चेतना में भी इसी मध्यवर्गीयता को देखा जा सकता है। शुक्ल जी दर्शानिक स्तर पर दुनिया को अव्यक्त का व्यक्त रूप मानते हैं, जो कि भाववदी दृष्टि है, लेकिन समाज, भाषा साहित्य और इतिहास सम्बन्धी उनका दृष्टिकोण पाण्डेयजी के अनुसार मुख्यतः वस्तुवादी और भौतिकवादी है। लेकिन दर्शन के स्तर का भाववाद उनके साहित्य चिन्तन को प्रभावित भी करता है। कविता को जब वे सभ्यता के आवरण हटाकर भावों के मूलरूप को व्यक्त करने वाली विधा बताते हैं या फिर लोकमंगल को जीवन के नित्य और प्रकृत स्वरूप के भीतर ही लोकमंगल की भावना देख पाते हैं, या विरुद्धों के सामंजस्य के रूप में अभेदवाद का प्रस्ताव करते हैं, तो भाववाद उनके वस्तुवादी दृष्टिकोण पर भारी पड़ता है। पाण्डेयजी ने अपने एक साक्षात्कार में कहा, आचार्य शुक्ल की आलोचना दृष्टि के

पीछे एक सामाजिक दृष्टि है जिसे वे 'लोकमंगल' कहते हैं। उनकी सामाजिक दृष्टि में स्त्रियों की स्वाधीनता की चेतना नहीं है और न दलितों की सामाजिक-सांस्कृतिक मुक्ति की चिन्ता ही।'' (63-64) मैनेजर पाण्डेय शुक्ल जी द्वारा रहस्यवाद की मुखालफत को नवजागरण और स्वाधीनता संघर्ष की माँग से परिचालित यथार्थवाद को प्रशस्त करने वाली बात मानते हैं, लेकिन उसे अभारतीय करार देने में निहित पुनरुत्थानवाद का प्रभाव भी नवजागरण से ही आ रहा था। साम्राज्यवाद की गुलामी के दौर में अपनी महानता और विदेशी परम्पराओं की हीनता साबित करना आत्महीनता से उबरने की एक ऐसी भंगिमा है जो उपनिवेश रहे देशों के मुक्ति-संग्राम में अक्सर ही पायी जाती है। पाण्डेय जी लिखते हैं, ''यह ठीक है कि आचार्य शुक्ल अपने समाज, संस्कृति और साहित्य के स्वतन्त्र विकास की चिन्ता के कारण ही पश्चिमी प्रभाव की आलोचना करते हैं, लेकिन कई बार यह चिन्ता इतनी हावी हो जाती है कि वे अच्छे बुरे का विवेक नहीं कर पाते और हर विदेशी वस्तु का विरोध करने लगते हैं। वे तोलस्तोय के दयावाद के साथ साम्यवादी विचारधारा के भारत में आगमन पर नाराज होते हैं, क्योंकि वे दोनों ही विदेशी हैं...उन्होंने छायावाद पर रहस्यवाद, निराशावाद, अबुद्धिवाद, प्रत्ययवाद, प्रतीकवाद, बिम्बवाद, अभिव्यंजनावाद, संवेदनावाद, प्रभाववाद और कालावाद आदि अनेक पाश्चात्य वादों का प्रभाव खोज लिया था, जबकि कई छायावादी कवि इन वादों के प्रभाव खोजे जाने के पहले शायद ही इनके परिचित हों।'' (126) शुक्ल जी के इन अन्तर्विरोधों के बावजूद वे अचूक दृष्टि से पश्चिम के बुर्जुआ साहित्य चिन्तन के मूल में 'व्यक्तिवाद' को चिह्नित करते हैं। नयी समीक्षा के आरम्भिक दौर में ही 'कृति-केन्द्रियता' के पीछे छिपे व्यक्तिवाद को लक्ष्य कर उन्होंने कहा कि ''व्यक्तिवाद बना हुआ है केवल उसने अपनी जगह बदल ली है।'' (127) मैनेजर पाण्डेय के विवचेन में शुक्ल जी के अन्तर्विरोधों के बावजूद ''भारतीय नवजागरण के प्रतिनिधि और हिन्दी नवजागरण के अग्रणी साहित्यचिन्तक के रूप में उनका मुख्य दृष्टिकोण सामन्तवादविरोधी, साम्राज्यवादविरोधी ही नहीं, 'राष्ट्रीय क्रान्तिकारी' भी है।'' (130)

शुक्ल जी और द्विवेदी जी, दोनों के चिन्तन के निर्माण में भारतीय नवजागरण आन्दोलन की चेतना का मुख्य योगदान है। किन्तु जिस तरह शुक्ल जी के साहित्य सम्बन्धी दृष्टिकोण पर छायावाद युग का प्रभाव है, वैसे ही ''आचार्य द्विवेदी के साहित्येतिहास सम्बन्धी दृष्टिकोण का निर्माण भारतीय साहित्य के प्रगतिशील आन्दोलन के काल में हुआ था।'' (142) यह समय तेज सामाजिक, राजनीतिक और सांस्कृतिक आन्दोलनों का भी समय है। शुक्लजी और द्विवेदी जी के साहित्य-चिन्तन में समानता और भिन्नता के बिन्दुओं को मैनेजर पाण्डेय ने समग्रता में रेखांकित करते हुए उनके परिवेशगत आधार को भी स्पष्ट किया है। मैनेजर पाण्डेय लिखते हैं, ''उनके (द्विवेदीजी के) साहित्य विवेक पर प्रगतिशील आन्दोलन का प्रभाव कई रूपों में पड़ा है। इस प्रभाव के कारण ही आचार्य द्विवेदी साहित्य के विचारात्मक पक्ष को अधिक महत्त्व देते हैं जबकि छायावाद के युग में विकसित आचार्य शुक्ल का साहित्यविवेक अनुभूति को विशेष

महत्त्वपूर्ण मानता है। (142) द्विवेदी जी ने कबीर का जो नया मूल्यांकन किया उसके मूल में प्रगतिशील आन्दोलन से विकसित साहित्य के मूल्यांकन की नयी दृष्टि का प्रभाव है।'' (155)

शुक्लजी से द्विवेदी जी का पहला मतभेद आदिकाल को वीरगाथाकाल कहने के पीछे की मूल्य दृष्टि से है। नाथ-सिद्धों की रचनाओं को द्विवेदीजी भी विशुद्ध काव्य नहीं मानते लेकिन उसकी शास्त्र निरपेक्ष विद्रोही विचारधारा और सन्त साहित्य की परम्परा के स्रोत के रूप में उसे महत्त्व देते हैं। यहाँ उनके लिए साहित्यिकता से अधिक महत्त्वपूर्ण सामाजिकता है। वीरगाथाकाल कहने से सामन्तवर्ग और राज्याश्रय से जुड़ी रचनाओं को ही महत्त्व मिलता है, सामान्य जनता से जुड़ी हुई रचनाओं को नहीं। दूसरे भक्तिकाल के उदय की व्याख्या के प्रसंग में शुक्लजी वीरगाथा की परम्परा को मुस्लिम शासन के अधीन हिन्दुओं की पराधीनता से पहले के जातीय गौरव से जोड़ देते हैं, जब हिन्दू पराधीन नहीं थे। शुक्लजी ने भक्तिकाल और रीतिकाल का मिलाजुला कालपरक नाम मध्यकाल रखा था। द्विवेदीजी ने 'मध्ययुगीनता' जैसी संज्ञा से जुड़ी हुई पतनोन्मुख मनोवृत्ति से भक्तिकाल का अन्तर्विरोध देखकर 1952 में लिखी 'हिन्दी साहित्य' नामक पुस्तक में मध्यकाल नाम को हटा दिया। भक्तिकाल की व्याख्या को लेकर आचार्य शुक्ल और आचार्य द्विवेदी की मतभिन्नता को सभी जानते ही हैं। द्विवेदीजी ने भक्तिकाव्य को इस्लाम के आक्रमण के बाद पौरुष से हताश जाति की रचना मानने से इनकार किया। 1940 में लिखी 'हिन्दी साहित्य की भूमिका' में द्विवेदीजी ने भक्ति आन्दोलन को व्यापक जनान्दोलन और भक्ति साहित्य को लोक साहित्य कहा। मैनजर पाण्डेय लिखते हैं ''1940 से पहले भक्ति आन्दोलन को विराट जनान्दोलन और भक्ति साहित्य को जन साहित्य समझने वाले बहुत कम लोग थे।'' (151, साहित्य और इतिहास दृष्टि) द्विवेदीजी साहित्य की हर प्रवृत्ति की व्याख्या करते हुए परम्पराओं की निरन्तरता का अनुशीलन करते हैं। रीतिकालीन कविता पर उन्होंने प्राकृत और अपभ्रंश की सतसई परम्परा, स्तोत्र साहित्य तथा कामशास्त्र के प्रभाव का जो संकेत किया उससे अधिक महत्त्वपूर्ण है, उनके द्वारा रीतिकालीन कविता पर उत्तरकालीन संस्कृत साहित्य के प्रभाव का रेखांकन। मैनेजर पाण्डेय इसे देखकर ही यह निष्कर्ष निकालते हैं कि रीतिकाल का काव्य एक प्रकार से नव-शास्त्रीयवाद के पुनरुत्थान का काव्य है। द्विवेदीजी की इतिहास दृष्टि की नवीनता परम्परा की खोज और उसके रचनात्मक प्रभाव के मूल्यांकन में निहित है। भारतीय संस्कृति साहित्य और कला की परम्परा की साम्राज्यवादी व्याख्याओं के भ्रमजाल को साफ करना तथा परम्पराओं के संघर्षशील जनोन्मुख और विकासशील स्वरूप को सामने लाने का कार्यभार द्विवेदीजी ने उठाया। द्विवेद्वीजी के इतिहास लेखन से जाहिर होता है कि साहित्य की परम्पराएँ, सामाजिक और सांस्कृतिक परम्पराओं से गहरा जुड़ाव रखती हैं। साहित्य के इतिहास को सांस्कृतिक इहिास के अंगरूप में विकसित करने के लिए वे उसमें जन संस्कृति और जन साहित्य के समावेश को जरूरी मानते हैं। हिन्दी साहित्य के इतिहास को अधिक पूर्ण बनाने के लिए वे लोकगीतों, लोक कथाओं और लोक

प्रचलित काव्यरूपों के अध्ययन पर बल देते हैं। द्विवेदीजी की दृष्टि में हिन्दी साहित्य का इतिहास भारतीय साहित्य के इतिहास का अंग है। जाहिर है कि इस दृष्टि के निर्माण में साहित्य के इतिहास में घटित दो अखिल भारतीय आन्दोलन यानी भक्ति आन्दोलन और प्रगतिशील आन्दोलन से उनकी गहरी संलग्नता का ही हाथ है।

जातीय साहित्य की प्रगति की पहचान मैनेजर पाण्डेय की दृष्टि में रामविलास शर्मा की इतिहास दृष्टि की केन्द्रीय विशेषता है। मैनेजर पाण्डेय जी शब्दों में "रामविलास शर्मा हिन्दी साहित्य की जातीय, राष्ट्रीय, यथार्थवादी, वस्तुवादी और क्रान्तिकारी प्रवृत्तियों के पक्षधर दिखायी देते हैं, वे विजातीय जनविरोधी, प्रतिक्रियावादी, रीतिवादी, व्यक्तिवादी और भाववादी प्रवृत्तियों का विरोध करते हैं...भक्तिकाव्य को जातीय उत्थान के व्यापक सांस्कृतिक आन्दोलन की अभिव्यक्ति मानते हुए उन्होंने उसके सामन्तवाद विरोधी और मानवतावादी स्वरूप का विवेचन किया है। इस प्रक्रिया में एक ओर भक्ति साहित्य को पुराणपन्थियों के हाथों का हथियार बनने से उन्होंने बचाया है और दूसरी ओर प्रगतिशील आन्दोलन के प्रारम्भिक दौर के कुछ प्रगतिवादी आलोचकों की अन्धी आलोचना से भी उसकी रक्षा की है...उनसे पहले भारतेन्दु हरिश्चन्द्र, महावीर प्रसाद द्विवेदी और रामचन्द्र शुक्ल ने हिन्दी भाषा और साहित्य के जातीय रूप को पहचाना था, लेकिन इस तथ्य को हिन्दी साहित्य के इतिहास लेखन से एक व्यापक सत्य के रूप में प्रतिष्ठित करने वाले रामविलास शर्मा पहले व्यक्ति हैं।" (166-67, साहित्य और इतिहास दृष्टि) रामविलास जी ने भारतेन्दु, महावीर प्रसाद द्विवेदी और आचार्य शुक्ल के संकेतों और सूत्रों को विकसित करते हुए हिन्दी भाषा और साहित्य के जातीय स्वरूप से जुड़े तीन प्रमुख प्रश्नों पर गम्भीर विचार किया। ये तीन बातें थीं हिन्दी जाति के निर्माण का प्रश्न, जातीय भाषा के रूप में हिन्दी के विकास का प्रश्न और हिन्दी साहित्य के जातीय रूप का प्रश्न। 'महावीर प्रसाद द्विवेदी और हिन्दी नवजागरण' (1977) नामक पुस्तक में रामविलास शर्मा ने हिन्दी नवजागरण की संकल्पना पेश की। उन्होंने हिन्दी जनजागरण को हिन्दी जाति के गठन से जोड़कर देखा। जातीय गठन को पूँजीवादी विकास का सहवर्ती मानते हुए उन्होनें इसकी शुरुआत बारहवीं सदी से मानी। और चूँकि जातीय भाषा और साहित्य का निर्माण काल आधुनिक काल है, अतः हिन्दी साहित्य का आधुनिक काल भी उनकी योजना में बारहवीं सदी से माना जाना चाहिए। इसी समय से वे हिन्दी क्षेत्र के जनजागरण की शुरुआत मानते हैं। प्लासी की लड़ाई से 1857 तक के समय को वे हिंदी जाति के जनजागरण का दूसरा दौर मानते हैं। यह दूसरा दौर ही नवजागरण है। उन्होंने सन् 1857 के स्वाधीनता संग्राम को हिन्दी प्रदेश के नवजागरण की पहली मंजिल कहा। 'भारतेन्दु युग को उसकी दूसरी मंजिल और 'द्विवेदी युग' को उसकी तीसरी मंजिल बताया। नवजागरण की विशेषता है—साम्राज्वाद का विरोध। हिन्दी नवजागरण और उसके साहित्य की जिन विशेषताओं को रामविलास शर्मा ने रेखांकित किया वे हैं—सामन्तवाद-विरोधी और साम्राज्यवाद-विरोधी चेतना, इतिहास और परम्परा का नया मूल्यांकन, रूढ़िवाद का विरोध, अभिव्यक्ति की स्वतन्त्रता के लिए संघर्ष, खड़ी बोली

हिन्दी का जातीय भाषा के रूप में विकास, आधुनिक बुद्धिवादी दृष्टिकोण का विकास, वैज्ञानिक चेतना का प्रसार, साहित्य में रीतिवाद विरोध, वस्तुवादी चिन्तन का विकास, स्वच्छन्दतावादी और यथार्थवादी रचना प्रवृत्तियों का विकास आदि।

मैनेजर पाण्डेय ने अपनी पुस्तक 'साहित्य और इतिहास दृष्टि' में रामविलास जी की धारणाओं से असहमति व्यक्त करते हुए कुछ महत्त्वपूर्ण बातें कहीं। उन्होंने सौदागरी पूँजी के साथ लघुजातियों के गठन का सम्बन्ध जोड़ा जबकि राष्ट्र या महाजाति को औद्योगिक पूँजीवाद से जुड़ा बताया। मैनेजर पाण्डेय ने रामविलास शर्मा से बहस करते हुए यह रेखांकित किया कि सन् 1955 के बाद उनके लेखन में जातीय निर्माण और जातीय भाषा के विकास में सामन्तवाद की महत्त्वपूर्ण भूमिका बतायी गयी है, साथ ही साथ सामाजिक विकास में उत्पादन पद्धति के बदले व्यापार और बाजार की भूमिका को निर्णायक माना गया है। पाण्डेय जी ने लेनिन और स्तालिन के हवाले से जातीय भाषाओं का विकास पूँजीवाद के उदय के साथ होना बताया है। हिन्दी साहित्य के लगभग 900 वर्षों को रामविलास द्वारा आधुनिक काल का अखण्ड प्रवाह बना देने पर भी उन्होंने आपत्ति जाहिर की। मैनेजर पाण्डेय के अनुसार रामविलास शर्मा द्वारा हिन्दी जाति की संस्कृति और जातीय साहित्य की जो व्याख्या हुई है उसमें वर्गीय और वैचारिक अन्तर्विरोधों की, परम्परा की रक्षा की भावना के कारण अवहेलना हुई है। मैनेजर पाण्डेय ने लिखा "भारत में बारहवीं सदी से आरम्भ होने वाले पूँजीवाद का विकास सफल नहीं हुआ, बाद में अवरुद्ध होकर निष्फल हो गया। समाज का सामन्ती आधार और उससे निर्मित सांस्कृतिक ढाँचा एक बार कमजोर होने के बावजूद कायम रहा। यही कारण है कि भक्तिकाल के बाद रीतिकाल आया। भक्ति-आन्दोलन सामन्ती समाज में विकसित सौदागरी पूँजीवाद और जातीय निर्माण के फलस्वरूप उत्पन्न सामाजिक सम्बन्धों की सांस्कृतिक अभिव्यक्ति है, रीतिकाल का साहित्य सामन्त-विरोधी सामाजिक सम्बन्ध (सम्बन्धों) और सांस्कृतिक चेतना के अवरुद्ध होने का परिणाम तथा प्रमाण है।" मैनेजर पाण्डेय के अनुसार नवजागरण की जो धारणा रामविलास शर्मा ने प्रस्तुत की उसमें नवजागरण की कमजोरियों का स्रोत उन्होंने हिन्दी क्षेत्र के बाहर माना; उदाहरण के लिए नवरहस्यवाद का सम्बन्ध उन्होंने रवीन्द्रनाथ और बंगाल से जोड़ा और विज्ञान और औद्योगीकरण के विरोध को उन्होने गाँधीजी के चिन्तन और गुजरात से जोड़ दिया। हिन्दी नवजागरण के विवेचन में छायावाद तक पहुँचकर ठहर जाना, प्रगतिशील साहित्य की समस्याओं पर विचार करते हुए हिन्दी साहित्य की जातीय विशेषताओं पर ही मुख्य बल देना, हिन्दी नवजागरण और उसके साहित्य को प्रगतिशील सिद्ध करने के लिए वर्गीय और विचारधारात्मक अन्तर्विरोधों की उपेक्षा करना आदि कमजोरियाँ मैनेजर पाण्डेय को रामविलास शर्मा के विवेचन में नजर आयीं। रामविलास शर्मा ने सन् 1984 में 'भारतेन्दु हरिश्चन्द्र' और हिन्दी नवजागरण की समस्याएँ' नामक पुस्तक (जो सन् 53 में भारतेन्दु पर लिखी हुई उनकी पुस्तक का परिवर्द्धित तीसरा संस्करण था) में मैनेजर पाण्डेय की आपत्तियों का उत्तर दिया। सौदागरी पूँजी के साथ महाजातियों

के उदय के सम्बन्ध पर वे डटे रहे। 900 वर्षों के आधुनिक काल को उन्होंने विशेष समस्या न मानते हुए प्रवृत्तियों के अनुसार यथावश्यक विभाग बना देने का प्रस्ताव किया।

व्यापारिक पूँजीवाद के तहत मुख्य अन्तर्विरोध सामन्तों और किसानों, कारीगरों के बीच मानते हुए उन्होंने रीतिकाल के साहित्य में सामन्तवाद-विरोधी सामाजिक सम्बन्धों तथा सामाजिक चेतना के अवरुद्ध होने को पूँजीवाद विकास के अवरुद्ध होने का पर्याय नहीं माना। उन्होंने इस बात से भी इनकार किया कि वे हिन्दी नवजागरण के भीतर कोई कमजोरी नहीं मानते और सारी कमजोरियों का स्रोत हिन्दी क्षेत्र के बाहर से आया मानते हैं। मैनेजर पाण्डेय को दिये गये जवाब के क्रम में उन्होंने अपनी धारणाओं पर हठ पूर्वक डटे रहे। व्यापारिक पूँजीवाद को आधारभूत मानते हुए रामविलास शर्मा जातीय विकास, भाषा, साहित्य और संस्कृति के विकास को उसी से जुड़ा मानकर अपनी मान्यताओं को प्रस्तुत करते रहे।

स्वातन्त्र्योत्तर हिन्दी साहित्य के इतिहास लेखन की समस्याएँ

स्वातन्त्र्योत्तर हिन्दी साहित्य के इतिहास लेखन की समस्याओं पर विचार करते हुए मैनेजर पाण्डेय ने समकालीन मार्क्सवादी आलोचकों से भिन्न दृष्टि अपनायी। 1970 के दशक में ही आजादी के बाद के दो दशकों के हिन्दी साहित्य की मुख्य प्रवृत्तियों की पहचान शीर्ष वामपन्थी आलोचकों, खासकर रामविलास शर्मा, नामवर सिंह और मैनेजर पाण्डेय ने अलग-अलग प्रस्थान-बिन्दुओं से की है जिसे भारत में वामपन्थ के भीतर के दो रुझानों के बीच के संघर्ष के रूप में भी समझा जा सकता है। डॉ. रामविलास शर्मा ने स्वातन्त्र्योत्तर साहित्यिक प्रवृत्तियों, खास तौर पर सन सैंतालिस से लेकर पचास के पूरे दशक तक की प्रवृत्तियों की शिनाख्त करते हुए सामाजिक दायित्व से बचने (पन्त के रहस्यवाद, भारतभूषण अग्रवाल आदि के प्रयोगवाद), साहित्य को सामाजिक हलचल के गर्द-गुबार से दूर रखकर 'कला के लिए कला' का प्रतिपादन, प्रगतिशील साहित्य में संकीर्णतावाद तथा साम्राज्यवाद के सांस्कृतिक प्रभाव के बतौर नयी कविता में अस्तित्ववाद को रेखांकित किया था। दूसरी ओर नामवर सिंह ने आजादी के बाद सन् पचास के दशक को हिन्दी साहित्य की दृष्टि से नव-रोमांटिक उत्थान का दौर कहा। जबकि 60 के दशक को उन्होंने 'मोहभंग का दौर' बताया। नामवर सिंह ने लिखा, "राष्ट्रीय मुक्ति संघर्ष के पहले दौर के समान इस नये दौर में भी आरम्भिक तीन-चार वर्षों के संक्रान्ति-काल के बाद देश में एक सांस्कृतिक पुनर्जागरण की लहर आयी जिसका प्रभाव साहित्य में एक प्रकार के नव-रोमांटिक उत्थान के रूप में प्रकट हुआ।" नामवर सिंह ने 1962 के आसपास मोहयुग का अन्त और मोहभंग की शुरुआत मानी। नामवर सिंह ने आजादी के बाद के पच्चीस वर्षों के साहित्य को 'मोह' और 'मोहभंग' के मुहावरे में परिभाषित किया, जबकि मैनेजर पाण्डेय ने इस दौर में स्वातन्त्र्योत्तर राजसत्ता के

दमनात्मक चरित्र को उभारकर, दमन और प्रतिरोध के मुहावरे में 'स्वातन्त्र्योत्तर' साहित्य की प्रवृत्तियों की पहचान की है। मैनेजर पाण्डेय न तो रामविलास शर्मा की तरह इस दौर को सिर्फ नकारात्मकता में देखते है और न ही 'नेहरू युग' के मोह से उत्पन्न नव-रूमान की सर्वव्यापकता में। वे इस दौर के साहित्य में यथार्थवादी और यथार्थ-विरोधी प्रवृत्तियों का संघर्ष देखते हैं। मैनेजर पाण्डेय ने आलोचना के जनवरी-मार्च, 1979 के अंक में 'स्वातन्त्र्योत्तर हिन्दी साहित्य के इतिहास लेखन की समस्याएँ' शीर्षक से एक लेख प्रकाशित कराया जिसमें 'स्वातन्त्र्योत्तर' की एक बिल्कुल भिन्न समझ परिलक्षित होती है। इस लेख में मैनेजर पाण्डेय ने नामवर सिंह द्वारा प्रस्तावित यह अवधारणा की आजादी के आरम्भिक तीन-चार वर्षों के बाद देश में सांस्कृति नवजागरण की लहर आयी, का खण्डन करते हुए लिखा, "विचारणीय यह है कि इस तथाकथित सांस्कृति नवजागरण की पृष्ठभूमि क्या है? इस कालखण्ड में देश का बँटवारा हुआ, अभूतपूर्व साम्प्रदायिक दंगों के भीषण हत्याकाण्ड में देश डूब गया, गाँधी की हत्या हुई, प्रगतिशील आन्दोलन से जुड़े कलाकारों, साहित्यकारों, पत्रकारों, रंगकर्मियों, पत्र-पत्रिकाओं आदि का कठोर दमन किया गया, तेलंगाना के हजारों क्रान्तिकारी की निर्मम हत्या हुई, राजनीति और साहित्य में क्रान्तिकारी शक्तियों का विघटन और बिखराव हुआ, शोषकवर्ग की सत्ता क्रमशः मजबूत होती गयी। सांस्कृतिक मोर्चे पर नयी सत्ता से प्राप्त सुविधाओं के लोभ और वर्गीय सहानुभूति के कारण नया वर्ग-सन्तुलन स्थापित होने लगा। देश की जनता निराशा, पस्ती और क्षोभ की मनोदशा में जी रही थी। क्या इस सामाजिक, राजनीतिक और सांस्कृतिक परिवेश में किसी सांस्कृतिक नवजागरण की सम्भावना है? प्रायः सांस्कृतिक नवजागरण में जनता की सामाजिक-राजनीतिक आकांक्षाओं की अभिव्यक्ति होती है। तथाकथित सांस्कृतिक नवजागरण में जनता की किन सामाजिक-राजनीतिक आकांक्षाओं की अभिव्यक्ति हुई थी? सवाल यह है कि, इन सबके बावजूद डॉ. नामवर सिंह नयी कविता और नयी कहानी के आन्दोलन के पीछे एक सांस्कृतिक नवजागरण की कल्पना क्यों करते हैं?...दुनिया-भर में रोमाण्टिसिज्म के पीछे नवजागरण की चेतना सक्रिय दिखायी देती है तो यहाँ भी उसे होना चाहिए। सम्भवतः यही कारण है कि डॉ. नामवर सिंह को स्वाधीनता के तीन-चार वर्षों के बाद एक सांस्कृतिक नव-जागरण की लहर दिखायी देती है।" मैनेजर पाण्डेय ने नामवर सिंह द्वारा प्रयुक्त मोह और मोहभंग की शब्दावली और धारणा तथा उसके उत्प्रेरक तत्त्वों की पहचान के प्रति बुनियादी मतभेद प्रकट किया। उन्होंने लिखा, "यहीं इस सवाल पर भी विचार करना जरूरी है कि क्या 1962 के भारत-चीन सीमा संघर्ष के कारण हिन्दी साहित्य में कोई बुनियादी परिवर्तन हुआ था?...मुझे ऐसा लगता है कि इस घटना का हिन्दी साहित्य पर कोई निर्णायक प्रभाव नहीं पड़ा और 1962 को हिन्दी साहित्य का कोई ऐतिहासिक मोड़ नहीं कहा जा सकता।...यही कारण है कि इस घटना से प्रेरित एक भी रचना स्वातन्त्र्योत्तर हिन्दी साहित्य के इतिहास में उल्लेखनीय नहीं है। कहा जाता है कि इस घटना से इस देश के बुद्धिजीवियों का स्वप्नभंग हुआ। सवाल यह है कि इस काल में स्वप्न, भ्रम और

मोह के शिकार कौन लोग थे? नागार्जुन, केदारनाथ अग्रवाल, मुक्तिबोध, यशपाल, अमरकान्त आदि के साहित्य से यही सिद्ध होता है कि जनता के जीवन और समस्याओं से जुड़े हुए रचनाकार उस दौर में स्वप्न, भ्रम या मोह के शिकार न थे। तो क्या उन नयी कवितावादियों का मोह भंग हुआ था जो निरन्तर साहित्य को राजनीति से अलग रखने की वकालत करते हुए शासक वर्ग के असली रूप को व्यक्ति-स्वातन्त्र्य, विवेक, मानवमूल्य, दायित्व, मर्यादा, आत्मान्वेषण, व्यक्तित्व की खोज और आत्मपरक ईमानदारी आदि के रंगीन पर्दे से ढँकने की कोशिश करते थे?'' मोह और मोहभंग की धारणाओं से असहमत होते हुए मैनेजर पाण्डेय साठ के दशक से शासकवर्ग के वादों और असलियत के बीच का भेद खुलने को रेखांकित करते हैं। मैनेजर पाण्डेय ने स्वातन्त्र्योत्तर हिन्दी साहित्य के एक अत्यन्त महत्त्वपूर्ण ऐतिहासिक मोड़ को रेखांकित किया जिसे नामवर सिंह ने अपने सर्वेक्षण में लक्ष्य नहीं किया था। मैनेजर पाण्डेय ने लिखा, ''स्वातन्त्र्योत्तर हिन्दी साहित्य के विकास में दूसरा ऐतिहासिक मोड़ 1967 में आया। 1967 तक आते-आते जनता शोषक वर्ग के भ्रमों से मुक्त हो रही थी, वह सामन्तवाद, पूँजीवाद और साम्राज्यवाद के शोषण से कराह रही थी।...जनता परिवर्तन के लिए बेचैन थी परन्तु उसके सामने विकल्प बहुत स्पष्ट नहीं थे। जाग्रत जन-चेतना की सामाजिक-राजनीतिक परिवर्तन की आकांक्षा 1967 में दो रूपों में व्यक्त हुई—एक तो 1967 के आम चुनाव में और दूसरे नक्सलबाड़ी की कृषि-क्रान्ति की शुरुआत में।...समाज में जब क्रान्तिकारी परिवर्तन की भूमिका तैयार होने लगती है और जन-चेतना में क्रान्तिकारी उभार आता है तो साहित्य में भी उसके प्रभाव परिलक्षित होते हैं। 1967 की व्यापक जन-जागृति का स्वातन्त्र्योत्तर हिन्दी साहित्य पर एक प्रभाव तो यह पड़ा कि साठोत्तरी पीढ़ी के ऐसे अनेक लेखक और कवि जो 'जाँघों के जंगल में पिकनिक' मना रहे थे वे भी इस नये राजनीतिक-सामाजिक वातावरण के प्रति सजग-सचेत हुए। धूमिल, श्रीराम शुक्ल, मुद्राराक्षस, लीलाधर जगूड़ी आदि अस्वीकार के रेगिस्तान से निकलकर समकालीन राजनीतिक-सामाजिक यथार्थ की हलचलों को पहचानने लगे। सन् 67 की इस जन-जागृति का दूसरा परिणाम यह हुआ है कि नये सिरे से सारे देश में प्रगतिशील आन्दोलन पुनः संगठित होने लगा। हिन्दी, बँगला, मराठी, तेलुगु, पंजाबी आदि भाषाओं में प्रगतिशील और क्रान्तिकारी लेखकों के संगठन बनने लगे। एक बार फिर यथार्थवादी रचना-दृष्टि का प्रभाव बढ़ा। लगभग दो दशकों के बाद हिन्दी साहित्य शहरी मध्यवर्गीय दायरे से निकलकर किसानों-मजदूरों की चिन्ता करने लगा। कविता, कहानी, उपन्यास के क्षेत्र में यथार्थविरोधी प्रवृत्तियाँ कमजोर हुईं और यथार्थवाद के विभिन्न रूपों का विकास होने लगा।...इस देश का शोषक शासकवर्ग जनचेतना के इस नये उभार और उसकी क्रान्तिकारी अभिव्यक्ति से भयभीत होकर एक बार फिर निर्ममतापूर्वक किसानों-मजदूरों के क्रूर दमन पर उतारू हो गया। लोकतन्त्र और स्वतन्त्रता की पवित्र पोशाक उतारकर वह नंगे रूप में सामने आया। 1967 से 1972 के बीच हजारों क्रान्तिकारियों को जेलों में ठूँस दिया गया और हजारों की निर्मम हत्या की गयी। सन् 72 में बंगाल

में चुनाव का जो नाटक हुआ उसको देखकर नागार्जुन ने लिखा था–'अब तो बन्द करो हे देवी यह चुनाव का प्रहसन।' शासकवर्ग का आर्थिक संकट क्रमशः गहरा होता गया और सत्ता की कठोर दमनकारी नीति के बावजूद जब किसानों और मजदूरों का मुक्ति संघर्ष न रुका तो 1975 में आपातकाल की घोषणा करके लोकतन्त्र के नाटक का पर्दा गिरा दिया गया।" जब हम याद करें कि 1975 के आपातकाल को ढेरों वाम बुद्धिजीवियों ने समर्थन दिया और बहुत से खामोश रह गये, तब हम मैनेजर पाण्डेय के भिन्न आलोचकीय प्रस्थान-बिन्दु की वैचारिक अहमियत को और अधिक समझ सकते हैं।

मार्क्सवादी आलोचना का क्षेत्रः आत्मसंघर्ष से खुलती नयी दिशाएँ

मुक्तिबोध और मार्क्सवादी आलोचना का आत्मसंघर्ष

विरोधी विचारों और व्यवहारों से लड़ाई सीधी होती है जबकि अपनों से लड़ाई जटिल। दोनों के उद्देश्य भी अलग होते हैं। जहाँ पहले का उद्देश्य मुकम्मल जीत हासिल करना होता है, वहीं दूसरे का उद्देश्य परिप्रेक्ष्य को सही करते हुए, 'संघर्ष और एकता' के माध्यम से सम्यक विकास करना। मार्क्सवादी आलोचना के भीतर मैनेजर पाण्डेय का संघर्ष मार्क्सवादी आलोचना को समृद्ध करने का ही संघर्ष है और इस संघर्ष में भी इतिहास दृष्टि, विचारधारा, यथार्थवाद, सौन्दर्यशास्त्र और आलोचना की सामाजिकता ही संघर्ष के प्रमुख बिन्दु हैं। हिन्दी में मार्क्सवादी आलोचना का सबसे उन्नत रूप वे मुक्तिबोध में पाते हैं क्योंकि वे, "आलोचनात्मक संघर्ष को साहित्य के बाहर व्यापक सांस्कृतिक और विचारधारात्मक संघर्ष तक ले जाते हैं और साहित्य की आलोचना को अपने समय और समाज की आलोचना के रूप में विकसित करते हैं" (226) पाण्डेय जी मुक्तिबोध को रामचन्द्र शुक्ल के बाद हिन्दी का सबसे बड़ा साहित्य-विचारक मानते हैं, जिनके साहित्य-चिन्तन से हिन्दी के मार्क्सवादी साहित्यशास्त्र और सौन्दर्यशास्त्र के विकास का मार्ग प्रशस्त हुआ। जिनके आलोचनात्मक संघर्ष ने हिन्दी आलोचना की भाषा को नये पारिभाषिक शब्दों से समृद्ध किया। मैनेजर पाण्डेय ने मुक्तिबोध की कृति, 'कामायनी : एक पुनर्विचार' को किसी भी मार्क्सवादी द्वारा छेड़े गये आलोचनात्मक संघर्ष की एक गौरवपूर्ण मिसाल के रूप में पेश किया है। मैनेजर पाण्डेय ने दिखलाया कि "कामायनी : एक पुनर्विचार" की रचना के पीछे मुक्तिबोध का उस रचना से लगाव मात्र न था, बल्कि उसके अनेक विचारधारात्मक और साहित्यिक कारण थे। आजादी के बाद हिन्दी कविता में प्रयोगवाद और नयी कविता शीत-युद्ध के दौर की कलावादी रचना दृष्टि और प्रतिक्रियावादी समाज दृष्टि के समर्थन में एक ओर इतिहास और परम्परा से पल्ला झाड़ रही थी तो दूसरी ओर तथाकथित 'गैर-रूमानी' कविता के समर्थन में छायावाद की रूमानियत पर हमला कर रही थी...लेकिन नयी कविता की व्यक्तिवादी, आधुनिकतावादी

धारा में छायावाद से कहीं ज्यादा "रूमानियत, व्यक्तिवाद, रहस्यवाद और यथार्थ से पलायन की प्रवृत्तियाँ थीं" (228) पाण्डेयजी के शब्दों में, "नई कविता की व्यक्तिवादी धारा ने एक ओर छायावाद की जनतन्त्रवादी विचारधारा से युद्ध किया, दूसरी ओर प्रगतिवादी से।" (243) मुक्तिबोध ने दिखाया कि छायावाद के व्यक्तिवाद के सामाजिक गर्भितार्थ थे, जो आधुनिकतावादियों के सचेत समाजविरोधी व्यक्तिवाद से बिल्कुल अलहदा चीज थी। कामायनी की रसवादी-पुराणपन्थी व्याख्या, रहस्यवादी-मनोवैज्ञानिक व्याख्या (नन्ददुलारे वाजपेयी, नगेन्द्र आदि) के जरिए कामायनी नयी प्रगतिशील शक्तियों के खिलाफ हमले का एक अस्त्र बन गयी थी। नयी कविता की व्यक्तिवादी धार से लेकर पुराणपन्थी, रसवादी आलोचना की धारा तक से लोहा लेते हुए मुक्तिबोध ने न केवल कामायनी के जरिए छायावादी की ऐतिहासिक, सामाजिक और साहित्यिक विशेषताओं को प्रकट किया, बल्कि मनु और श्रद्धा के माध्यम से जिस व्यक्तिवाद और श्रद्धावाद की प्रतिष्ठा हुई थी, उसकी ऐतिहासिक असफलता को दिखलाते हुए उन्होंने "स्वातन्त्र्योत्तर हिन्दी साहित्य में व्यक्तिवाद और श्रद्धावाद के समर्थक रचनाकारों, विचारकों और विचारधाराओं पर आक्रमण किया" (231) मुक्तिबोध ने दिखलाया कि प्रसाद जी को वर्तमान पूँजीवाद व्यवस्था की विकृतियों और समस्याओं का गहरा और वास्तविक अनुभव और समृद्ध ज्ञान था, उसका उन्होंने प्रभावशाली चित्रण भी किया लेकिन निदान और सामाजिक समस्याओं का ऐतिहासिक, सामाजिक हल नहीं हुआ। एक वैज्ञानिक विश्वदृष्टि अभाव में प्रसाद जैसा महान कलाकार अपने युग की समस्याओं की पुनर्रचना में तर्कसंगत निष्कर्ष तक नहीं पहुँच सका। यही कामायनी की ट्रेजेडी है। मैनेजर पाण्डेय लिखते हैं, "क्या इससे यह साबित नहीं होता कि आधुनिक युग में गलत विचारधारा का शिकार बड़े से बड़ा रचनाकार भी केवल यथार्थ-बोध और रचना-कौशल के आधार पर सामाजिक विकास और परिवर्तन की दिशा की अभिव्यक्ति करनेवाली महत्त्वपूर्ण कलाकृति का निर्माण नहीं कर सकता" (232) मैनेजर पाण्डेय ने इस सवाल को अपने आलोचना-कर्म का एक अहम सवाल बनाते हुए यथार्थवाद और विचारधारा को अलग और कभी-कभी विरोधी माननेवाले विचारकों से गम्भीर जिरह की है, जिसकी हम यथास्थान चर्चा करेंगे, पाण्डेयजी के निगाह में मुक्तिबोध द्वारा कामायनी की आलोचना का सबसे बड़ा महत्त्व यह है इसके माध्यम से मुक्तिबोध ने "आलोचना का एक नया व्यवस्थित सैद्धान्तिक ढाँचा और नयी पद्धति का निर्माण किया। उन्होंने मूल्यांकन की प्रक्रिया और मूल्य निर्णय का आधार भी सामने रखा है। मुक्तिबोध ने रचना की उत्पत्ति के ऐतिहासिक-सामाजिक परिवेश, रचना की अन्तःप्रकृति और रचना के कलात्मक प्रभाव के विश्लेषण को आलोचना की सुव्यवस्थित पद्धति के लिए आवश्यक माना है। मुक्तिबोध ने कामायनी के कलात्मक सौन्दर्य का विश्लेषण नहीं किया है, उन्होंने उसकी अन्तर्वस्तु को ही आलोचना का विषय बनाया है। मुक्तिबोध ने कामायनी में व्यक्त जीवन-मूल्य, विश्वदृष्टि और यथार्थबोध का विश्लेषण, मूल्यांकन करते हुए अपनी सफल वस्तुवादी आलोचना-दृष्टि का प्रमाण दिया है"(230) मैनेजर

पाण्डेय ने मुक्तिबोध के आलोचनात्मक संघर्ष के दूसरे प्रमुख मोर्चे की शिनाख्त इस रूप में की है, "हिन्दी में मार्क्सवादी आलोचकों में मुक्तिबोध ने सम्भवतः सबसे पहले सर्वाधिक जोरदार ढंग से नयी कविता के प्रतिक्रियावादी साहित्यिक दृष्टिकोण के पीछे सक्रिय शीतयुद्धकालीन साम्राज्यवादी विचारधारा के वास्तविक रूप का उद्घाटन किया।" आजादी के बाद के 4-5 साल तेज वर्ग-संघर्ष के साल थे। तेलंगाना जैसे क्रान्तिकारी किसान संघर्ष के भयानक दमन के साथ राजनीति और साहित्य में प्रगतिशील शक्तियाँ कमजोर पड़ीं और प्रगति-विरोधी ताकतें मजबूत हुईं। हिन्दी साहित्य की दुनिया में प्रयोगवाद, नयी कविता और नयी कहानी की व्यक्तिवादी-कलावादी प्रवृत्तियों का उदय काल यही है। पश्चिम के रूपवादी-आधुनिकतावादी मन्त्रों-समाज और इतिहास से मुक्त व्यक्ति स्वातन्त्र्य, व्यक्तित्व की अद्वितीयता कल की स्वायत्तता, क्षण की अनुभूति, अनुभूति की ईमानदारी और प्रामाणिकता, जीवनानुभूति और काव्यानुभूति में पार्थक्य, लघु मानव का सिद्धान्त—इन्हीं से साहित्यिक वातावरण गुंजायमान था। मुक्तिबोध ने इनमें से हरेक नारे के शासकवर्गीय, शीतयुद्धीय अन्तर्य को उद्घाटित किया। मुक्तिबोध के आलोचनात्मक संघर्ष का तीसरा मोर्चा था, साहित्य की जमीन से खुद मार्क्सवाद पर हो रहे हमले का मुकाबला। 1953 में प्रकाशित विजयदेव नारायण साही का लेख 'मार्क्सवादी समीक्षा और उनकी कम्यूनिस्टी परिणति' भले ही प्रगतिशीलों की ओर से अनुत्तरित चला गया। लेकिन वसुधा में 1960 में छपे गोरखनाथ (प्रमोद वर्मा) के ऐसे ही लेख का मुक्तिबोध ने सतर्क खण्डन करते हुए उसमें जनता और साहित्य की निकटता को खतरे के रूप में देखने के कलावादी तर्क की सम्यक आलोचना की।

मुक्तिबोध के आलोचनात्मक संघर्ष का चौथा प्रसंग उस समय की प्रगतिशील आलोचना से जुड़ा हुआ है। "यह संघर्ष दुश्मन से नहीं, अपनों से था; इसलिए उससे अधिक सावधानी की जरूरत थी। इस दिशा में मुक्तिबोध का आलोनात्मक संघर्ष बहुत कुछ आत्मालोचन जैसा था।" (251) हिन्दी साहित्य की जनवादी परम्परा की रक्षा और मूल्यांकन के अगुवा रहे डा. रामविलास शर्मा, रांगेय राघव, यशपाल और प्रकाशचन्द्र गुप्त सन्त-भक्ति-साहित्य की विचारधारा ही देखते रहे, उसके यथार्थबोध और कलात्मक सौन्दर्य से आँखें मूँद लेने के चलते एकांगिकता का शिकार होकर उन्होंने उसे प्रतिक्रियावादी घोषित किया। रामविलास शर्मा ने दिखलाया कि कई बार कृति की विचारधारा और विषय-वस्तु में अन्तर्विरोध होता है। उन्होंने ऐतिहासिक दृष्टि से सन्त-भक्ति-साहित्य का मूल्यांकन करते हुए यथार्थबोध, विचारधारा और कलात्मक सौन्दर्य का सम्यक मूल्यांकन करते हुए उसे सामन्तवाद विरोधी, मानवतावादी और प्रगतिशील बनाया। मुक्तिबोध ने माना कि भक्ति आन्दोलन को व्यापक जनता के ही सामाजिक सांस्कृतिक आन्दोलन की अभिव्यक्ति माना। लेकिन वे भक्तिकाल के भीतर वैचारिक-सामाजिक द्वन्द्व को भी देखते हैं, उन्हीं के शब्दों में, जो भक्ति आन्दोलनों जनसाधारण से शुरू हुआ और जिसमें सामाजिक कट्टरपन के विरुद्ध जनसाधारण की सांस्कृतिक आकाक्षाएँ बोलती थीं, उसका मनुष्यत्व बोलता था, उसी आन्दोलन को

उच्चवर्गीयों ने आगे चलकर अपनी तरह बना लिया और उससे समझौता करके, फिर उस पर अपना प्रभाव कायम करके अनन्तर जनता के अपने तत्वों को उनमें से निकालकर उन्होंने उस पर अपना पूरा प्रभुत्व स्थापित कर लिया।" मैनेजर पाण्डेय भक्तिकाल के मूल्यांकन में रामविलास जी और मुक्तिबोध की दृष्टि में अन्तर का स्रोत रामविलास जी की साहित्य और विचारधारा के बीच सम्बन्ध की गलत समझ को मानते हैं, पाण्डेयजी लिखते हैं, "...कठिनाई यह है कि डॉ. शर्मा रचना में यथार्थवाद और विचारधार के अन्तर्विरोध को आकस्मिक नहीं मानते, वे ललित कलाओं को (जिनमें साहित्य भी शामिल है) विचारधारात्मक रूपों में गिनना ही गलत मानते हैं। इससे ऐसा लगता है कि डॉ. शर्मा के अनुसार यथार्थबोध और विचारधारा मे शाश्वत अन्तर्विरोध होता है। डॉ. शर्मा विचारधारा को विचार का पर्याय मानते हैं, जबकि विचारधारा केवल विचारों की धारा नहीं है, उसमें इन्द्रिय बोध, भावना, विश्वास और चेतना का भी समावेश होता है। विचारधारा में रचनाकार के समय, समाज, वर्ग और चेतना की ऐतिहासिक स्थिति प्रकट होती है।" (252) विचारधारा को प्राचीन काव्य के मूल्यांकन के प्रसंग में सर्वथा अवांतर मानने के चलते ही रामविलास जी तुलसी की कविता की विषयवस्तु और सौन्दर्यबोध का ऐतिहासिक दृष्टि से मूल्यांकन करते हुए भी उनकी विचारधारा के प्रतिक्रियावादी तत्वों की अवहेलना करते हैं। मुक्तिबोध ने इसी स्थिति पर टिप्पणी करते हुए लिखा" आश्चर्य की बात है कि आजकल प्रगतिवादी क्षेत्रों में तुलसीदास के सम्बन्ध में जो कुछ लिखा जा रहा है, उसमें जिस सामाजिक-ऐतिहासिक प्रक्रिया के तुलसीदास अंग थे, उसको जानबूझकर भुलाया जा रहा है।" मुक्तिबोध अपने विवेचन में भक्तिकाव्य के विचारधारात्मक रूप, प्रभाव और प्रयोजन की उपेक्षा नहीं करते। विचारधारा की उपेक्षा से प्राचीन साहित्य की वर्तमान सार्थकता पर भी विचार सम्भव नहीं रह जाता और परम्परा की रक्षा का आग्रह दुराग्रह में बदलने लगता है। इस प्रसंग में मुक्तिबोध के सन्दर्भ में पाण्डेयजी का कहना है, "उनका विचार है कि वही प्राचीन साहित्य हमारे लिए प्रासंगिक होगा जिसमें व्यक्त जीवन-मूल्य समकालीन समाज और जीवन के विकास में सहायक हो। उनके अनुसार प्राचीन साहित्य का मूल्यांकन करते समय वहाँ अत्यन्त सावधानी की जरूरत होगी जहाँ रचना में जीवन-मूल्य प्रतिक्रियावादी हो, लेकिन कलात्मक सौन्दर्य अत्यन्त आकर्षक, मुक्तिबोध ने विचारधारात्मक और कलात्मक सौन्दर्य की इस अन्तर्विरोधपूर्ण स्थिति की चर्चा कामायनी के सन्दर्भ में की है और रामचरितमानस के सन्दर्भ में भी।" (254) दरअसल मुक्तिबोध के आलोचनात्मक संघर्ष में मैनेजर पाण्डेय ने खुद के आलोचनात्मक संघर्ष का अक्स देखा है। साहित्य में विचारधारा के स्वरूप और साहित्य के साथ विचारधारा के सम्बन्ध को लेकर जो संघर्ष उन्होंने छेड़ा है, वह उन्हें मुक्तिबोध के यहाँ भी दिखाई देता है। इसी तरह आलोचना में रचनानिष्ठ अर्थवता और समाजसापेक्ष सार्थकता की द्वन्द्वात्मकता पहचान का जो उनका संकल्प है, मुक्तिबोध में उन्हें उसका निर्वाह दिखायी देता है।

भक्तिकाल के नये मूल्यांकन का संघर्ष

हिन्दी आलोचना में भक्ति काव्य के मूल्यांकन को लेकर शुरू से ही एक द्वन्द्व रहा है। मैनेजर पाण्डेय मानते हैं कि भक्ति आन्दोलन महज कविता का आन्दोलन नहीं था वह एक अखिल भारतीय समग्र सांस्कृतिक आन्दोलन है, जिसका पहले की संस्कृति, परम्परा और कविता से गहरा सम्बन्ध है और बाद की संस्कृति और परम्परा के विकास में उसकी महत्त्वपूर्ण भूमिका है। ऐसे में जब भी जनता के सामने ऐसी ऐतिहासिक स्थितियाँ और सामाजिक वास्तविकताएँ आती हैं, जो विकल्पों के बीच चुनाव की चुनौती खड़ी करती है; तब जनता भक्ति आन्दोलन के कवियों की ओर देखती है। मराठी के दलित आन्दोलन को नामदेव, एकनाथ, तुकाराम से प्रेरणा मिलती है तो हिन्दी के दलित आन्दोलन के साथ कबीर और रैदास की लोकप्रियता बढ़ती है। साम्प्रदायिकता की समकालीन चुनौती के सामने जनता की संघर्ष की चेतना को कबीर या जायसी आवेग देते हैं। स्त्री-दृष्टि से भारतीय इतिहास पर विचार करने वालों को मीरा के काव्य में राजसत्ता, पुरुषसत्ता, लोकरूढ़ि और कुलीनता के प्रति विद्रोह का स्वर आकर्षित करता है। निराला, नागार्जुन और त्रिलोचन के यहाँ भक्तिकाव्य की गहरी अनुगूँजें हैं। ऐसे में आलोचना का दायित्व होता कि वह भक्ति काव्य को विगत इतिहास का महज एक अध्याय मानकर न चले बल्कि उसकी वर्तमान अर्थवत्ता की भी खोज करें। हिन्दी आलोचना की निपट समकालीनता उसे भक्ति-काव्य की अपार समृद्धि से लगातार संवाद से रोकती है। मैनेजर पाण्डेय के अनुसार कबीर, जायसी, सूर, तुलसी और मीरा की कविता एक व्यापक आन्दोलन से जुड़ी हुई है लेकिन उन सबका अपना विशिष्ट रंग-रूप और स्वर है। इनमें से हर एक का भारतीय समाज के इतिहास और उसकी सांस्कृतिक प्रक्रिया के साथ सम्बन्ध एक जैसा नही है। सामाजिक अन्तर्विरोधों और भावात्मक वैचारिक द्वन्द्वों के बारे में उनकी चिन्ताओं में भी अन्तर है। ऐसे में किसी एक कवि की सामाजिक-सांस्कृतिक दृष्टि को केन्द्रीय मानकर उसकी कसौटी पर बाकी सबका मूल्यांकन करना एक सरलीकरण है। तुलसीदास को केन्द्र में रखकर रामचन्द्र शुक्ल और कबीर को केन्द्र में रखकर हजारी प्रसाद द्विवेदी दोनों ही भक्तिकाव्य के मूल्यांकन में सरलीकरण से बच नहीं पाते। आगे क्रमशः दोनों का अनुसरण करने वाले मार्क्सवादी आलोचक रामविलास शर्मा और नामवर सिंह भक्ति आन्दोलन की अपार रचनात्मक समृद्धि के साथ न्याय नहीं कर पाते। मैनेजर पाण्डेय के अनुसार "आचार्य रामचन्द्र शुक्ल, आचार्य हजारी प्रसाद द्विवेदी, रामविलास शर्मा और नामवर सिंह के महत्त्वपूर्ण आलोचनात्मक प्रयत्नों के बावजूद भक्ति काव्य की व्याख्या हिन्दी आलोचना के लिए आज भी एक चुनौती है। भक्ति काव्य पर विचार करते हुए मैनेजर पाण्डेय यह दिखाते हैं कि भक्ति आन्दोलन से इस्लाम और उससे जुड़ी सामाजिक-सांस्कृतिक प्रक्रिया का सम्बन्ध तुलसी, जायसी, सूर, कबीर और मीरा के यहाँ एक-सा नहीं है। इसी तरह सगुण-निर्गुण विवाद में, प्रेभ भावना, उसके स्वरूप

और महत्त्व के विषय में या स्त्री सम्बन्धी दृष्टिकोण में भी इन कवियों के बीच पर्याप्त अन्तर पाया जाता है, जिसकी व्याख्या सरल विपरीतों के माध्यम से नहीं की जा सकती। भक्ति आन्दोलन शुक्लजी के लिए लोकधर्म की अभिव्यक्ति है लेकिन द्विवेदी जी के लिए यह लोकधर्म शास्त्रीय धर्म के विरोध का वैकल्पिक लोकधर्म है। शुक्लजी का लोकधर्म स्थापित और स्थिर सामाजिक सम्बन्धों को यथावत बनाए रखने के समाजदर्शन से निकला है, जिसके चलते उन्हें तुलसी प्रिय हैं और निर्गुण बानी की विद्रोहशीलता उन्हें लोकविरोधी जान पड़ती है। दूसरी ओर द्विवेदी जी लोकधर्म की व्याख्या में उस युग के किसानों और दस्तकारों के विभिन्न वर्गों की सामूहिक चेतना को लक्ष्य करते हैं और स्थापित सामाजिक-सांस्कृतिक व्यवस्था और मूल्यों के प्रति उनके विद्रोह को लोकधर्म मानते हैं। नामवर सिंह ने द्विवेदी जी की धारणाओं का सारांश बताते हुए लिखा कि मध्यकाल में मुख्य अन्तर्विरोध शास्त्र और लोक के बीच द्वन्द्व का है। मैनेजर पाण्डेय सिर्फ शास्त्र और लोक के बीच ही द्वन्द्व नहीं देखते बल्कि लोक के अन्तर्द्वन्द्वों को भी भक्तिकाल के सन्दर्भ में चिह्नित करते हैं। भक्तिकाव्य के सभी कवियों का लोकधर्म भी एक जैसा नही है। ग्राम्शी के सहारे वे कहते हैं कि किसी भी समाज में एक ही समय में विभिन्न जन समुदायों के अनुभव से जुड़े अनेक लोकमत हो सकते हैं। लोकमत में जीवन की सच्चाई होती है लेकिन उसे सामाजिक सत्य का निभ्रान्त स्रोत समझना गलत है। मैनेजर पाण्डेय ने लिखा है कि "भक्तिकाल के लोकधर्म को लेकर आलोचना में जो धर्मयुद्ध चला है, उसमें शास्त्रीय धर्म से लोकधर्म की पहचान हुई है, लेकिन लोकधर्म के आन्तरिक द्वन्द्व की उपेक्षा हुई। कबीर और दूसरे सन्त कवि शास्त्रमत (जिसे वे प्रायः वेदमत कहते हैं) और उससे प्रभावित लोकमत की आलोचना करते हुए एक नयी नैतिक चेतना और विश्वदृष्टि विकसित करते हैं, जिसे वे प्रायः साधुमत कहते हैं।" (12, अनभै साँचा)

भक्तिकाल के आश्चर्यजनक अन्त और विफलता का कारण मैनेजर पाण्डेय मुक्तिबोध और नामवर सिंह की तर्ज पर निर्गुण से सगुण के द्वन्द्व में खोजना ठीक नहीं मानते, बल्कि वे डी.पी. मुखर्जी से सहमत हैं जिनके अनुसार भक्ति आन्दोलन में समाज के स्वरूप की पहचान है लेकिन सामाजिक हित की कोई धारणा नहीं है। फलतः उसमें आत्मा के अनुरोध और सामाजिक जीवन की ठोस जरूरतों, आध्यात्मिकता की भौतिक अन्तर्वस्तु और लोकधर्म के विभिन्न रूपों के बीच अन्तर्विरोध है। यही उसकी आन्तरिक कमजोरी और सामाजिक विफलता का मुख्य कारण है। केवल साहित्य के सहारे समाज नहीं बदलता। सामाजिक संरचनाएँ तथा सांस्कृतिक परम्पराएँ प्रायः साहित्यिक प्रवृत्तियों और परम्पराओं से अधिक शक्तिशाली होती हैं। भक्तिकाल की सभी धारणाओं की परवर्ती परिणति इसकी गवाह है।

आलोचना की आलोचना

भक्तिकाल के अलावा प्रगतिशील आलोचना के सामने परम्परा के मूल्यांकन की दूसरी महत्त्वपूर्ण चुनौती छायावाद थी, जिसमें मुक्तिबोध के अवदान की पहले चर्चा हुई है। यहाँ उन्हें अपनों से संघर्ष नहीं करना पड़ा था, लेकिन मार्क्सवादी आलोचना को कैसा होना चाहिए और वह क्या हो सकती है, इसका प्रतिमान 'कामायानीः एक पुनर्विचार' अवश्य है। प्रगतिवाद-विरोधी और यथार्थवाद-विरोधी रचना दृष्टि के साथ स्वातन्त्र्योत्तर हिन्दी आलोचना में रामविलास शर्मा, नामवर सिंह, चन्द्रबली सिंह, अमृत राय आदि ने अत्यन्त महत्त्वपूर्ण संघर्ष किये। मैनेजर पाण्डेय के शब्दों में "डॉ. रामविलास शर्मा के 'आस्था और सौन्दर्य' तथा डॉ. नामवर सिंह के 'इतिहास और आलोचना' के अधिकांश निबन्ध इस प्रकार के संघर्ष के 'ऐतिहासिक दस्तावेज' हैं।" (254) बावजूद इसके यदि नयी कविता और नयी कहानी के दौर में व्यक्तिवादी लेखन ही आगे रहा और प्रगतिशील लेखन का प्रभाव घटा, तो उसके पीछे उस समय की प्रगतिशील आलोचना द्वारा प्रगतिशील रचनाशीलता के मूल्यांकन के दायित्व की उपेक्षा भी है। मैनेजर पाण्डेय ने लिखा, "इन प्रगतिशील आलोचकों की उपेक्षा के शिकार नयी कविता के दायरे में रहकर रचना करनेवाले मुक्तिबोध और शमशेर ही नहीं हुए, नयी कविता के बाहर रहकर रचना करने वाले नागार्जुन, केदारनाथ अग्रवाल और त्रिलोचन भी हुए।" (255) मुक्तिबोध शुरू से कहते रहे कि नई कविता में दो धाराएँ हैं–एक प्रगतिवादी, कलावादी, व्यक्तिवादी और दूसरी प्रगतिशील, एक का सम्बन्ध उच्चमध्यमवर्ग और दूसरी का निम्नमध्यवर्गीय भाव-संवेदनाओं से था। आलोचना का काम तो यह था कि दूसरी की शिनाख्त करती, उसकी न्यूनताओं के प्रति भी सहनशील और सहानुभूतिपूर्ण व्यवहार करती और उसे सुसंगत प्रगतिशीलता के पक्ष में मोड़ती, मुक्तिबोध ने श्रीपाद अमृत डंगे को लिखे पत्र में भी इसे ही समझाये जाने का प्रस्ताव किया है। लेकिन मुक्तिबोध का शब्द उधार लें, तो "जड़ीभूत सौन्दर्याभिरुचि' प्रगतिशील आलोचना, वह भी खासकर उस दौर के शीर्ष प्रगतिशील आलोचक और नेतृत्वकर्ता रामविलास शर्मा को नयी कविता में किसी आत्मसंघर्ष, किसी द्वन्द्व की पहचान से रोकती रही। समूची नयी कविता उनके लिए विकृति, अनास्था और कुण्ठा का पर्याय थी। वास्तविक जीवानुभवों का अभाव और व्यापक सामाजिक यथार्थ से आलोचकों की दूरी ही मुक्तिबोध की निगाह में इस जड़ीभूत सौन्दर्याभिरुचि का। उनके अनुसार इस दौर की प्रगतिशील आलोचना ध्वंसात्मक, स्थूल और संकीर्णता से ग्रस्त हुई थी। इसके चलते प्रगतिशील रचनाकार आलोचकों से दूर हटते गये और नयी कविता के कलावादी-व्यक्तिवादियों को उसके भीतर की प्रगतिशील धारा पर हमले की जगह मिली। मुक्तिबोध की बात को आगे बढ़ाते हुए मैनेजर पाण्डेय जोड़ते हैं, "अगर नयी कविता के काल की प्रगतिशील आलोचना उस समय की प्रगतिशील रचनाशीलता के साथ न्याय न कर सकी तो इसका अर्थ यही है कि प्रगतिशील आलोचक रचना में व्यक्त यथार्थ और अनुभव को सामाजिक जीवन के यथार्थ और अनुभव

की कसौटी पर कसने के बदले नयी रचनाशीलता को पुराने काव्य-पैटर्न और सिद्धान्तों की कसौटी पर कसने की कोशिश कर रहे थे।" (257) मैनेजर पाण्डेय याद दिलाते हैं कि नइ कविता के अवसान के 17 साल और मुक्तिबोध की मृत्यु के 10 साल बाद 1977 में रामविलास शर्मा यह मान पाये कि नयी कविता में अनेक धाराएँ थीं, अस्तित्ववाद और मार्क्सवाद की टक्कर थी और शमशेर और मुक्तिबोध मार्क्सवादी थे, मुक्तिबोध और रामविलास शर्मा की बहस की तुलना ब्रेख्त और लुकाच के बीच बहस से करते हुए मैनेजर पाण्डेय ने लिखा, "लूकाच की तरह डॉ. रामविलास शर्मा समकालीन रचनाशीलता के ऊपर परम्परा को प्रतिष्ठित करते हैं...मुक्तिबोध ब्रेख्त की नयी रचनाशीलता के लिए परम्परा से अधिक महत्त्वपूर्ण ऐतिहासिक यथार्थ के प्रवर्तित रूप की पहचान और उसके अनुरूप अभिव्यक्ति प्रणाली के विकास को मानते हैं।" (258) पाण्डेयजी यह याद दिलाना नहीं भूलते कि लूकाच ने जीवन के अन्तिम दिनों में ब्रेख्त की महानता को माना, ब्रेख्त के नये मूल्यांकन का संकल्प लिया, लेकिन रामविलासजी ने मुक्तिबोध की मृत्यु के बाद 'धर्मयुग' में उन पर निर्मम प्रहार किये, 1977 में भी 'नयी कविता और अस्तित्ववाद' में मुक्तिबोध सम्बन्धी अपनी धारणाओं को दोहराया (किसी मार्क्सवादी पद्धति से मूल्यांकन करते हुए नहीं, बल्कि मनोविश्लेषण के सहारे) और लेख के अन्त में जाकर मुक्तिबोध के सकारात्मक पक्षों को हिन्दी कविता के नये विकास में सहायक बताया। मुक्तिबोध का जो आलोचनात्मक संघर्ष अपने दौर की प्रगतिशील आलोचना के साथ रहा, उसे विस्तार के साथ रखकर और सिद्धान्त के स्तर पर विकसित कर मैनेजर पाण्डेय ने प्रगतिशील आलोचना की कमजोरियों की शिनाख्त भी की है और उनसे आगाह भी किया है।

प्रगतिशील आलोचना में परम्परा की रक्षा के तर्क से समकालीन रचनाशीलता को कितना हतोत्साहित किया जा सकता है, इसका एक उदाहरण रामविलास शर्मा हैं। आत्मालोचन के अभाव में हठपूर्वक और दुराग्रहपूर्वक गलत मान्यताओं पर टिके रहना भी उनकी विशेषता थी, जबकि आलोचना और आत्मालोचना एक ही सम्पूर्ण प्रक्रिया का हिस्सा है, जिसका सबसे बेहतरीन नमूना खुद मुक्तिबोध का काव्य है। मैनेजर पाण्डेय ने आत्मालोचन करके अपनी गलतियों में सुधार के आचार्य हजारीप्रसाद द्विवेदी के तौर-तरीके को उदाहरण के रूप में लेते हुए बगैर नाम लिए रामविलास जी के इसके ठीक विपरीत रवैये की ओर इशारा किया है। आचार्य द्विवेदी ने 'हिन्दी साहित्य के आदिकाल' नामक पुस्तक में आदिकाल की दो प्रकार की रचनाओं को दो प्रकार की जातियों (पश्चिमी आर्यों और पूर्वी आर्यों) की रचना बताया। इस धारणा की आलोचना रामविलास जी और नामवर सिंह ने की और द्विवेदी जी इसे धारणा की कमजोरी समझकर अपने बाद के इतिहास-ग्रन्थों में इस धारणा को छोड़ दिया। पाण्डेय जी ने लिखा, "यहाँ यह बात ध्यान देने लायक है कि आचार्य द्विवेदी उन लोगों से कितने अलग हैं जो नये पुराने रचनाकारों और रचनाओं के बारे में एक बार किसी गलत धारणा की व्यापक लोकनिन्दा के बाद भी अपनी राय बदलने को तैयार नहीं होते और बार-बार गलत धारणा

को सही सिद्ध करने की कोशिश करते रहते हैं" (149, साहित्य और इतिहास दृष्टि) रामविलास जी का आलोचनात्मक दुराग्रह न केवल द्वन्द्वात्मकता का शत्रु है बल्कि आलोचना में कट्टरवाद, अवसरवाद और आत्मग्रस्तता का पोषक भी है। राहुल, यशपाल, मुक्तिबोध आदि की आलोचना में जो उनका दुराग्रह है वह मार्क्सवादी आलोचना की विश्वसनीयता, उसकी वैज्ञानिकता, वस्तुपरकता और द्वन्द्वात्मकता को सन्दिग्ध बना देता है।

हिन्दी मार्क्सवादी आलोचना का विकास करने वालों में डॉ. नामवर सिंह का योगदान महत्त्वपूर्ण है। मैनेजर पाण्डेय के शब्दों में "नामवर सिंह के सम्पूर्ण आलोचनात्मक चिन्तन और व्यवहार में समकालीन रचनाशील प्रवृत्तियों की पहचान, उसकी उपलब्धियों और कमजोरियों का विश्लेषण और समकालीन संवेदनशीलता की आलोचनात्मक समीक्षा करते हुए ही 'सामयिक साहित्यिक वातावरण में निहित प्रतिमानों' की खोज का प्रयत्न मिलता है।" (56, आलोचना की सामाजिकता) मैनेजर पाण्डेय, डॉ. नामवर सिंह को मुख्यतः और मूलतः कविता का आलोचक मानते हैं। उनकी आलोचना में सिद्धान्त और व्यवहार को अलग करना मुश्किल है। नामवर सिंह से मैनेजर पाण्डेय का आलोचनात्मक संघर्ष मूलतः मार्क्सवादी आलोचना में दो लाइनों के संघर्ष का ही विस्तार है। जहाँ जटिलता और बिम्बधर्मिता को नामवर सिंह कलात्मकता की विशेषता मानते हैं और लोकप्रियता के तर्क को अन्ध-लोकवादी रुझान वहाँ मैनेजर पाण्डेय लोकप्रियता और कलात्मक श्रेष्ठता में कोई विरोध नहीं देखते। नामवर सिंह की आलोचना-दृष्टि में आये परिवर्तनों को लक्ष्य करके मैनेजर पाण्डेय ने लिखा है, "डॉ. नामवर सिंह 1950-55 के आसपास लोकजीवन की शक्ति को सामाजिक और साहित्यिक गतिरोध समाप्त करने में सक्षम मानते थे...लेकिन 1974-75 में वे लोकवादी रुझान की निन्दा करते दिखायी देते हैं। 1950-55 में वे लोकजीवन में प्राणदायिनी शक्ति देखते थे, लेकिन 1974-75 में उन्हें लगता है कि 'ताजगी और जीवन्तता लोकसंस्कृति तथा लोक साहित्य के प्राकृतिक गुण नहीं हैं'। यहाँ प्रश्न उठ सकता है कि फिर ताजगी और जीवन्तता कहाँ होती है? क्या बुर्जुआ संस्कृति और बुर्जुआ साहित्य में या और कहीं?...पहले जो जनता उन्हें 'मशाल लेकर आगे बढ़ने वाली' दिखायी देती थी अब वही जनता, 'अमूर्त' प्रतीत होती है, इसे दृष्टिदोष कहा जाये या और कुछ?" (67-68 आलोचना की सामाजिकता)।

नामवर सिंह ने 'दूसरी परम्परा की खोज' शीर्षक पुस्तक के जरिये हिन्दी आलोचना में एक महत्त्वपूर्ण विभाजन रेखा खींचने का प्रयास किया। मैनेजर पाण्डेय ने इस सन्दर्भ में लिखा "हिन्दी में दूसरी परम्परा पर बहस की एक विडम्बना यह रही है कि वह बहस व्यापक सामाजिक, सांस्कृतिक और साहित्यिक सन्दर्भ सामने रखने के बदले तुलसी बनाम कबीर, रामचन्द्र शुक्ल बनाम हजारी प्रसाद द्विवेदी और रामविलास शर्मा बनाम नामवर सिंह तक सीमित हो गयी। इस प्रक्रिया में परम्परा पर बहस के व्यापक प्रश्न खो गए हैं। नामवर सिंह ने 'दूसरी' परम्परा की खोज' में बौद्ध धर्म दर्शन और हिन्दी समाज तथा साहित्य पर उसके

प्रभावों की उतनी चिन्ता नहीं की है, जितनी हजारी प्रसाद द्विवेदी की 'हिन्दी साहित्य की भूमिका' में है...'दूसरी परम्परा की खोज' में शास्त्र बनाम लोक के द्वन्द्व की पहचान है, लेकिन लोक के अन्तर्द्वन्द्वों की चिन्ता और चर्चा नहीं है जो कबीर के काव्य में मौजूद है...नामवर सिंह की दूसरी परम्परा की खोज में जायसी और मीरा भी बहस से बाहर हैं। इन दोनों का परम्परा पर बहस से बाहर होना...भक्ति आन्दोलन के भीतर भारतीय स्त्री की पराधीनता के बोध और स्वाधीनता की आकांक्षा को व्यक्त करने वाली रचनाशीलता की उपेक्षा है और साथ ही प्रेम के अमर कवि जायसी को भी परम्परा पर विचार की प्रक्रिया से बाहर रखना है।'' (69-70, आलोचना की सामाजिकता) पाण्डेयजी ने दूसरी परम्परा पर विचार की एक विडम्बना उर्दू भाषा और उसके साहित्य की उपेक्षा को भी माना है। पाण्डेयजी ने लक्ष्य किया कि भारत की पहली खोज के लक्ष्य थे स्वाधीनता, लोकतन्त्र और समाजवाद। 1980 के बाद भारत की जो दूसरी खोज शुरू हुई है, वह इन तीनों के विरुद्ध है। ''दूसरी परम्परा को अगर आलोचनात्मक विवेक की परम्परा के रूप में विकसित करना है तो विचार और व्यवहार के स्तर पर सहमति और समर्पण के बदले परम्परावाद तथा भूमण्डलीकरण के विरुद्ध विद्रोह और संघर्ष की चेतना का विकास आवश्यक होगा।'' (70, आलोचना की सामाजिकता) जाहिर है कि पाण्डेयजी यहाँ परम्परा पर बहस को समकालीनता की जमीन पर भी होते देखना चाहते हैं जो 'दूसरी परम्परा की खोज' नामक पुस्तक से बाहर निलकने की चुनौती, सम्भावना और जरूरत का तकाजा भी है।

मैनेजर पाण्डेय ने हिन्दी की मार्क्सवादी आलोचना के बारे में लिखा, ''हिन्दी की मार्क्सवादी आलोचना के सामने मुख्य समस्या यह है कि वह कैसे मार्क्सवादी हो और साथ ही आलोचना भी हो।'' (69, *हिन्दी की मार्क्सवादी आलोचना,* अनभै साँचा) वे हिन्दी की समकालीन मार्क्सवादी आलोचना में दो धाराओं का टकराव देखते हैं। एक धारा वह है जो रचना की सामाजिक पृष्ठभूमि, लेखक की जीवनी, रचना की अन्तर्वस्तु की पड़ताल करती है तथा कला की समस्याएँ उसकी दृष्टि के बाहर होती हैं। यह धारा कुछ खास विषयों पर लिखी रचनाओं को ही प्रगतिशील मानती है, अपने सर्वोत्तम रूप में राजनीतिक आलोचना होती है और 'समाजशास्त्रीयता' के लिए अभिशप्त होती है। कल की समस्याओं की उपेक्षा करने के चलते यह आलोचना एक ही सामाजिक वास्तविकता की अभिव्यक्ति करने वाले दो लेखकों में फर्क करके यह बताने में असफल होती है कि उनमें से कौन कलाकार है और कौन महज कातिब।'' दूसरी धारा साहित्य को जीवन और जगत् के यथार्थ का विशिष्ट बोध मानती है और रचना में उस यथार्थ की पुनर्रचना पर विचार करती हुई उसकी कला की समस्याओं से टकराती है। यहाँ लेखक की कलात्मक संवेदना में ही उसकी सामाजिक संवेदनशीलता की खोज होती है। पहली धारा में साहित्य और कला के बारे में प्रायः उपयोगितावादी दृष्टिकोण होता है और दूसरी में कला के स्वरूप की पहचान करते हुए उसके सामाजिक अभिप्राय की खोज होती है। ग्राम्शी के अनुसार ''आलोचना की यह दूसरी धारा ही सांस्कृतिक संघर्ष के आन्तरिक उद्देश्यों को पाने में सहायक हो सकती है।'' (70 *हिन्दी की मार्क्सवादी*

आलोचना, अनभै साँचा) इन दो धाराओं में फर्क एक ओर रूढ़िवाद, परम्परावाद तो दूसरी ओर समकालीन चेतना के बीच है। यह फर्क मार्क्सवाद की दो तरह की समझदारी के बीच भी है। पाण्डेयजी के अनुसार, "हिन्दी की मार्क्सवादी आलोचना को अगर सांस्कृतिक संघर्ष के आन्तरिक उद्देश्यों के अनुरूप विकसित करना है तो इन दो धाराओं में से एक चुनाव जरूरी है।" (71, *हिन्दी की मार्क्सवादी आलोचना,* अनभै साँचा) पाण्डेय जी के अनुसार रूढ़िवादी मार्क्सवादी, सदाशयता के बावजूद कैसे समकालीन वैचारिक टकराहटों की नाजानकारी के चलते आत्मघाती प्रस्थापनाओं तक पहुँचता है, इसका उदाहरण रामविलास जी द्वारा मार्क्सवाद को अनेकान्तवादी दर्शन घोषित करना है। अनेकान्तवाद अमेरिकी दर्शन और साहित्य का प्रमुख समकालीन दृष्टिकोण है जो हिन्दी में आलोचना के जनतन्त्र या 'बहुवचन' जैसे मुहावरे में अनूदित हुआ। 1988 के इस लेख में पाण्डेय जी लक्ष्य करते हैं कि कैसे हिन्दी के दो बड़े आलोचकों रामविलास शर्मा और नामवर सिंह के बीच परम्परा पर धुआँधार बहस छिड़ी हुई है (थी), वह भी परम्परा की 'विगत सार्थकता पर केन्द्रित है न कि उसकी वर्तमान अर्थवत्ता पर। रामविलास जी तो वैसे भी आलोचना का क्षेत्र छोड़ इतिहास, परम्परा और भाषा के अध्ययन की ओर मुड़ चले थे। पाण्डेयजी ने व्यंग्य करते हुए लिखा है। "उनका परम्परा-प्रेम इतना सबल है कि वे किसी भी रचनाकार को, चाहे वे केदारनाथ अग्रवाल ही क्यों न हों, तब तक आलोचना के लायक नहीं मानते, जब तक वह परम्परा न हो जाये... दूसरी ओर नामवर सिंह हैं, जिनकी आलोचना यात्रा परम्परा से शुरू होकर समकालीनता की ओर बढ़ी है। यह अलग बात है कि हाल के वर्षों में उन्होंने समकालीन रचनाशीलता पर जितना कुछ कहा है, उससे बहुत कम लिखा है...डॉ. रामविलास शर्मा और नामवर सिंह की आलोचना-दृष्टियों में अनेक अन्तर हैं, लेकिन दोनों में एक दुर्लभ समानता भी है। वे दोनों ही मार्क्सवादी लेखकों की अपेक्षा गैर-मार्क्सवादी या कभी-कभी मार्क्सवाद—विरोधी लेखकों में प्रगतिशीलता और कला अधिक आसानी से खोज लेते हैं।" (71-72, *हिन्दी की मार्क्सवादी आलोचना,* अनभै साँचा) मुक्तिबोध के आलोचनात्मक संघर्ष को याद करते हुए भी पाण्डेय जी ने लक्ष्य किया था कि हिन्दी की मार्क्सवादी आलोचना ने विरोधी दृष्टिकोणों से संघर्ष का जितना काम किया। उसकी तुलना में प्रगतिशील रचनाशीलता के मूल्यांकन का काम बहुत कम हुआ। उन्होंने यह भी दिखलाया कि 1975 के बाद प्रगतिशील धारा की कविता में पाठकों की दिलचस्पी बढ़ने के पीछे 1970 के आसपास से आरम्भ होने वाले जन-आन्दोलनों की महत्त्वपूर्ण भूमिका रही, जिसके दबाव में ही नागार्जुन, त्रिलोचन, शमशेर, मुक्तिबोध और केदार पर फिर से आलोचकीय दृष्टिपात को पुराने आलोचक मजबूर हुए और उनकी कविताओं के मूल्यांकन के लिए नये काव्यशास्त्र की जरूरत महसूस की जाने लगी। किसी हद तक मार्क्सवादी आलोचना समकालीन हुई, लेकिन अभी तो अपना स्वतन्त्र साहित्यशास्त्र नहीं विकसित कर पायी है। समकालीन जनान्दोलनों और उससे जुड़ी रचनाशीलता के गहरे सम्बन्ध बोध और उन जनान्दोलन से सच्ची हमदर्दी से युक्त आलोचना ही आज

के दौर में खुद को सामाजिक व्यवहार के अंग के रूप में, विचारधारात्मक संघर्ष के साधन के रूप में सांस्कृतिक संघर्षों के उद्देश्यों के अनुरूप विकसित कर सकती है। मैनेजर पाण्डेय का आलोचना-कर्म खुद इसी कार्यदिशा का प्रमाण है। मैनेजर पाण्डेय ने मार्क्सवादी आलोचना के सैद्धान्तिक सवालों के साथ गहरी संलग्नता विकसित करते हुए ही जाना कि सैद्धान्तिक सवालों के प्रति कैसी अरुचि और उपेक्षा हिन्दी की मार्क्सवादी आलोचना में व्याप्त रही है, अनुभववाद और व्यवहारवाद का बोलबाला रहा है। साहित्यशास्त्र, आलोचना और इतिहास लेखन पाण्डेयजी की नजर में इतने अन्योन्याश्रित हैं कि किसी एक के अभाव में बाकी दो का प्रभाव भी कम होता है। यदि आचार्य शुक्ल का हिन्दी आलोचना पर इतना गहरा प्रभाव रहा है, तो उसका कारण यही है उन्होंने रीतिवाद-विरोधी अभियान में तीनों का सामान विकास करने में सफलता पायी। हिन्दी की मार्क्सवादी आलोचना सैद्धान्तिक सवालों से कतराने के कारण ही व्यावहारिक आलोचना और इतिहासलेखन के विकास करने के बावजूद अपना साहित्य शास्त्र नहीं निर्मित कर पायी। मैनेजर जी लिखते हैं, "सैद्धान्तिक सवाल जिस सांस्कृतिक सन्दर्भ और व्यवहार से पैदा होते हैं, उनके भीतर से ही उनके उत्तर खोजने की कोशिश भी सार्थक होती है। आखिर यह कब तक चलेगा कि सवाल यह पैदा हो और उनके उत्तर जार्ज लूकाच, वाल्टर बेंजामि अडोर्नो से मिलें।" (73, *हिन्दी की मार्क्सवादी आलोचना,* अनभै साँचा)। विचारधारा और कला का सम्बन्ध एक ऐसा ही सैद्धान्तिक सवाल है जिस पर हिन्दी आलोचना में जितने मुँह, उतनी बात रही है। इस झंखाड़ को पाण्डेयजी ने काफी हद तक साफ कर आगे की राह निकाली है। सैद्धान्तिक सवालों के मसले पर ऐसी विडम्बना देखने में आयी कि डॉ. रामविलास शर्मा जैसे बड़े अलोचक यह प्रस्थापना करते हैं कि साहित्य सहित ललित कलाएँ विचारधारात्मक रूपों में शामिल नहीं हैं, लेकिन इसके ठीक उलट उनकी व्यावहारिक आलोचना का अधिकांश आधार विचारधारात्मक आलोचना ही है।

मार्क्सवादी आलोचना और कविता

मैनेजर जी ने हिन्दी की मार्क्सवादी आलोचना का एक विशिष्ट योगदान कविता की आलोचना का विकास बतलाया है जबकि योरोप में मार्क्सवादी आलोचना मुख्यतः नाटक और उपन्यास केन्द्रित रही। मैनेजर जी का कहना है, "हिन्दी की मार्क्सवादी आलोचना में कविता की आलोचना का जो विकास हुआ है, उसे दुनिया-भर की मार्क्सवादी आलोचना की परम्परा के लिए एक विशिष्ट योगदान मानना अनुचित न होगा। कविता की यह आलोचना मुख्य रूप से रामविलास शर्मा और नामवर सिंह के आलोचनात्मक प्रयासों से विकसित हुई है। हिन्दी की मार्क्सवादी आलोचना में कविता का प्रभाव इतना व्यापक है कि कहानी, उपन्यास और नाटक की आलोचना में भी उसकी छाया दिखाई देती है।" (74, *हिन्दी की मार्क्सवादी आलोचना,* अनभै साँचा) कविता की मार्क्सवादी

आलोचना में खुद मैनेजर पाण्डेय का भी विशिष्ट योगदान है। उन्होंने आज के समय में कविता के संकट के लक्षण, उसके ऐतिहासिक और समाजशास्त्रीय कारणों की शिनाख्त करते हुए मुख्यतः जनान्दोलनों, लोकसंस्कृति और लोकभाषाओं से उसके जुड़ाव का प्रस्ताव किया है। व्यापक समाज से कविता के रिश्ते का टूटना, उसके अत्यन्त सीमित पाठक समुदाय के रूप में दिखायी देता है। ठीक-ठीक समकालीन कवियों के कविता संग्रहों की भी 500 प्रतियाँ औसतन छपती हैं। सरकारी खरीद न हो तो वे भी दुकान में पड़ी रहती हैं। पाण्डेय जी हिन्दी के पहले ऐसे आलोचक हैं जिन्होंने इस संकट की समूची व्याख्या की और उससे उबरने के तरीके और उदाहरण भी सुझाये। पाण्डेय जी ने लिखा, "कविता के इतिहास में अब तक तीन मूलगामी परिवर्तन हुए हैं। सभ्यता के इतिहास में सम्प्रेषण की पहली अवस्था मौखिक थी, दूसरी लिखित और तीसरी अवस्था मुद्रण या प्रकाशन की है। इन तीनों का कविता के स्वरूप पर भी गहरा प्रभाव पड़ा है। (93, *आज का समय और कविता का संकट,* अनभै साँचा) पहली यानी मौखिक अवस्था में काव्य कथा की ही तरह अपनी रचना प्रक्रिया, अभिग्रहण और प्रभाव में भी सामूहिक कर्म था, उसमें पूरे जनसमुदाय की शिरकत होती थी, सामाजिक जीवन से अविभाज्य था और जनजीवन पर उसका व्यापक असर था। दूसरी अवस्था यानी मौखिक संस्कृति से लिखित संस्कृत में संक्रमण से साहित्य की संस्कृति में एक स्थायी विभाजन हुआ। कविता और कथा के अलावा साहित्य के नये रूप विकसित हुए। लिखित साहित्य पढ़े लिखे आभिजात्य समुदाय की चीज बन गयी। जबकि अनपढ़ और निरक्षर जनता लोकसाहित्य से जुड़ी रही। इस प्रक्रिया में मौखिक और लिखित साहित्य में भाषा, बोध और प्रभाव का भी अलगाव हुआ। लिखित साहित्य के पाठक-लेखक समुदाय का समाज पर वर्चस्व था, अतः वही साहित्य की मुख्यधारा बना। मैनेजर जी के शब्दों में, "साहित्य की संस्कृति में मौखिक से लिखित के अलगाव का सर्वाधिक दूरगामी प्रभाव कविता पर पड़ा। उससे कविता का आन्तरिक स्वरूप और बाहरी रूप तो बदला ही, काव्यानुभव की पूरी प्रक्रिया रूपान्तरित हो गई। कविता श्रुति और स्मृति न रहकर पाठ बन गयी। वह सामूहिक संवाद की जीवन्त प्रक्रिया के बदले व्यक्तिगत रूप से आस्वाद की वस्तु हो गई। यही नहीं, वह व्यापक जनजीवन से अलग और उस भाषा से दूर जाकर एक सीमित समुदाय के सांस्कृतिक शौक का सीमित साधन बन गई...अब तक के इतिहास में कविता इस स्थिति से तभी उबरी है जब वह मौखिक और लिखित के विभाजन की सभी सीमाएँ तोड़कर विकसित हुई है। जैसे कि भक्तिकाल की कविता (94, *आज का समय और कविता का संकट,* अनभै साँचा) मुद्रण के दौर में लेखक और पाठक के बीच बाजार आ गया और दोनो के बीच बचा-खुचा आत्मीय संवाद और भी खण्डित हुआ। मुद्रण और बजार के जरिए साहित्य का वितरण व्यापक और सुगम हुआ, जाति और लिंग जैसे विधि-निषेधों से परे कोई भी खरीदकर मुद्रित साहित्य पढ़ सकता था, लेकिन इसकी सीमा यह थी कि हर कोई ना शिक्षित था और न हर किसी के पास क्रय-शक्ति थी। संस्कृति का पूँजीवादी समाज में उद्योग बन जाना भी कविता के लिए

घातक हुआ। टेलीविजन जैसे दृश्य-श्रव्य माध्यमों ने रहस्य, रोमांस, समसनी के सहारे मनोरंजन उद्योग के जरिए वास्तविकता पर मोहक मायावरण चढ़ाये। मैनेजर जी के शब्दों में, "पूँजीवादी सभ्यता में मनुष्य को वस्तु बनाने की जो सर्वग्रासी प्रक्रिया चलती है, उसका शिकार मनुष्य की चेतना ही नहीं इन्द्रियाँ भी होती हैं। फिल्म और टेलीविजन के माध्यम से आँख को अपने अनुकूल बनाने में बुर्जुआ सभ्यता बहुत दूर तक सफल हुई है।" (95, *आज का समय और कविता का संकट,* अनभै साँचा) कविता यदि पूँजी के युग में किसी तरह बची रही तो इसलिए कि वह मौखिक संस्कृति के युग से ही श्रव्य रही, लय, छन्द और नाद से उसका लम्बा सम्बन्ध रहा। कविता को चाक्षुष बनाने की बिम्बवाद ने बड़ी कोशिश की जो आगे बढ़कर ठोस कविता यानी कविता में शब्द किसी अर्थ के संकेत नहीं, बल्कि वस्तु हैं, की धारणा तक पहुँची। "कविता की बनावट अमूर्त चित्रों से होड़ करने लगी, कागज के पन्ने पर कविता का रूपात्मक आधार बनने लगा, कविता की पंक्तियों के ऊपर और नीचे की खाली जगहें कविता की संरचना का हिस्सा होने लगीं। इस तरह कविता की कला लिखावट और छपाई की कल बन गयी।" (96, *आज का समय और कविता का संकट,* अनभै साँचा) पाण्डेय जी का कहना है कि कविता स्वभाव से चाक्षुष कला नहीं है। वे कहते हैं कि निराला, भवानी प्रसाद मिश्र, रघुवीर सहाय, केदारनाथ सिंह और आलोकधन्वा को जिन्होंने सुना है वे जानते हैं कि कविता सुनने का अनुभव उसे महज पढ़ने से कितना भिन्न होता है। गोरख पाण्डेय, बल्ली सिंह चीमा, अष्टभुजा शुक्ल, दिनेश कुमार शुक्ल, वीरेन डंगवाल को भी सुनकर कोई इसे समझ सकता है। इस पूरे विश्लेषण से मैनेजर पाण्डेय जो निष्कर्ष निकालते हैं, वह 'कविता के नए प्रतिमान' से पूरी तरह भिन्न प्रतिमान को सामने लाता है। वे लिखते हैं, "पूँजीवाद समाज में केवल वंचना की मायावी संस्कृति ही सक्रिय नहीं होती, उसके समानान्तर एक और संस्कृति विकसित होती है जो वंचना की संस्कृति का विरोध करती है। पूँजीवादी समाज में कविता न तो संस्कृति के उद्योग का हिस्सा बनकर जिन्दा रह सकती है और न माया की संस्कृति से होड़ करती हुई। वह मुक्तिधर्मी संस्कृति से जुड़कर ही अब तक जीवित रही है और आगे भी रहेगी।" (97, *आज का समय और कविता का संकट,* अनभै साँचा) आकारण नहीं कि मैनेजर पाण्डेय के सम्पादन में विश्व-कविता का जो संचयन छपकर आया, उसका नाम ही था, 'मुक्ति की पुकार', इस संचयन की भूमिका का शीर्षक है। 'अँधेरी रात में जलती मशाल'। भूमिका में पाण्डेयजी ने लिखा, "राष्ट केवल एक भावना नहीं है, वास्तविकता भी है, और उसका ठंस रूप राष्ट्र की धरती, उसकी पूरी प्रकृति, जनता और उसकी संस्कृति में दिखायी देती है। इसलिए इस संग्रह की कविताओं में जहाँ एक ओर कवियों का अपने राष्ट्र की धरती, पूरी प्रकृति, जनता और उसकी संस्कृति के विभिन्न रूपों से सच्चा लगाव व्यक्त हुआ है, वहीं दूसरी ओर उस सबकी लूट और बर्बादी देखकर उपजा हुआ उबला क्रोध भी बार-बार प्रकट हुआ है... इस संकलन में अफ्रीका, एशिया, दक्षिणी अमेरिका, संयुक्त राज्य अमेरिका और योरोप के कवियों की कविताएँ हैं। इन कविताओं में जनवादी

और समाजवादी राष्ट्रीयता के आदर्शों के लिए संघर्ष की चेतना व्यक्त हुई है...ये कतिवाएँ सुख और सुविधाओं के अतिरिक्त मूल्य से उपजी कविताएँ नहीं हैं...इस संकलन में जिन कवियों की कविताएँ हैं, वे साहित्य की जानी-पहचानी दुनिया के कवियों जैसे नहीं हैं। उनके लिए कविता न अपने एकाकीपन की व्याख्या है, न व्यक्तिगत सुख-दुख की अभिव्यक्ति, न एकालाप और न ही कवि समाज में चलने वाला संवाद। वे अपने-अपने राष्ट्रीय मुक्ति-आन्दोलनों के कथाकार भी हैं और कार्यकर्ता भी। वे केवल कलम के सिपाही नहीं हैं, अपने समाज के इतिहास की जरूरत के कारण सचमुच सैनिक बने हैं'' (3-5, मुक्ति की पुकार) अगर आज की हिन्दी कविता में बौद्धिक एकाकीपन बहुत है और उसके वस्तुगत आधार और प्रतिरूप की चिन्ता बहुत कम और कवि की आत्मा का न कोई मित्र है, न शत्रु तो यह गहन संकट है। लेकिन यह संकट न तो अकेले कविता के श्रव्य रूप की पुनः प्राप्ति के लिए उसे गाना या भड़ैती बनाकर प्राप्त होगा, न सिर्फ छन्द की वापसी के नारे से और न ही परम्परा और स्मृति की खुदाई कर कविता में जड़ों तक पहुँचने से। कविता को मुक्तिधर्मी होना पड़ेगा, लोक-संस्कृति और लोकभाषाओं से जुड़कर अपनी जीवनी शक्ति ग्रहण करनी पड़ेगी। पाण्डेयजी का मानना है कि हिन्दी में जिस कविता का चलन है वह नागर या शहराती कविता है, जो लोकजीवन और संस्कृति से प्रेम का ढोंग तो कर सकती है लेकिन गाँव के वास्तविक समाज और जीवन के संघर्ष के अनुभव उसके पास नहीं हैं। ऐसी कविता शहरी मध्यमवर्ग के बौद्धिक समुदाय की आत्मकेन्द्रित दृष्टि की उपज है। इस नागर आभिजात्य के चलते इस कविता में लोकप्रियता और कला के बीच अलगाव पैदा हुआ है जिसके चलते लोकप्रिय कविता कमजोर हो रही है और कलावादी कविता मरणोन्मुख। लोकप्रियता और कलात्मक श्रेष्ठता को एक दूसरे के खिलाफ मानने की अभिजनवादी जिद ने कविता के संकट को गहरा ही किया है। पाण्डेय जी भक्तिकाल के कवियों और आधुनिक समय में नागार्जुन की कविता में लोकप्रियता के बहिष्कार नहीं बल्कि परिष्कार को उस काव्य की शक्ति मानते हैं। आधुनिक हिन्दी कविता में प्रयोगवाद और नयी कविता के दौर में रूपवादी-कलावादी रुझान के बढ़ने के कारण कलात्मकता को लोकप्रियता से अधिक महत्त्व दिया जाने लगा, प्रगतिशील कविता पर यह तोहमत दी गयी कि वह स्थूल, सरलीकृत और कलाहीन है तथा कविता में सूक्ष्मता और अमूर्तन की प्रतिष्ठा की गयी। यह संकट और गहराया जब कुछ प्रगतिशील आलोचक भी लोकप्रियता और कलात्मकता मे अलगाव का जाने-अनजाने समर्थन करने लगे। आलोचना 29, 1974 के सम्पादकीय में नामवर सिंह ने ऐसे युवा रचनाकारों की आलोचना की जो उनके अनुसार 'साहित्य को अपनी गूढ़ राजनीति का लोकप्रिय साधन समझते हैं। उन्होंने यह भी फरमाया कि ऐसे लेखन से प्रचारात्मक साहित्य को बढ़ावा मिलता है, जो रचना नहीं अनुवाद होता है। मैनेजर पाण्डेय ने इसकी आलोचना करते हुए लिखा, ''अच्छा प्रचारात्मक साहित्य लिखना कलावादियों के बस की बात नहीं। प्रयोग और कलात्मकता के नाम पर जटिलता और बिम्बधर्मिता को कविता की कलात्मकता की विशेषता मानने वाले डॉ. नामवर सिंह

को ऐसा लगता है कि 'जनता को वर्ग चेतना के फौलादी संकल्प में ढालने' के लिए ऐसा साहित्य होना चाहिए, जिसको समझना जनता के लिए लोहे के चने चबाना हो...इस सम्पादकीय में शायद ही कोई ऐसी धारणात्मक संज्ञा हो, जिसके अर्थ को सीमित, संकुचित या विकृत करता हुआ कोई न कोई विशेषण साथ न लगा हो। 'राजनीतिक समझ' के साथ 'स्थूल' लगा हुआ है तो 'लोकवादी रुझान' के साथ 'अन्ध'। केवल 'लेखक' के साथ लगभग एक दर्जन विशेषण हैं...इतने विशेषण के बाद किसी संज्ञा के सुरक्षित बचने की कोई सम्भावना नहीं है।'' (62-63, *नामवर सिंह की आलोचना दृष्टि,* आलोचना की सामाजिकता)।

मैनेजर जी ने लोकप्रियता और यथार्थवाद तथा लोकप्रियता और कलात्मक श्रेष्ठता की एकता का मार्ग प्रशस्त करने वाले अग्रणी कवि के रूप में नागार्जुन को ही याद किया है, ''नागार्जुन ने आधुनिक हिन्दी कविता को जटिलता के रोग से बचाने और उसके व्यापक जनजीवन में जीने योग्य बनाने के लिए जटिलता के विरुद्ध सरलता का सौन्दर्यशास्त्र रचने वाली असंख्य कविताएँ लिखीं।'' (212, *नागार्जुन : काव्य की भूमिका और भूमिका का विस्तार,* आलोचना की सामाजिकता)।

सरलता के सौन्दर्यशास्त्र के पक्ष में संघर्ष के लिए मैनेजर पाण्डेय के साथ जिस दूसरे कवि-आलोचक का ध्यान आना स्वाभाविक है, वह हैं गोरख पाण्डेय। लोकप्रिय कविता के लिए संघर्ष करते हुए गोरख पाण्डेय ने रचना और आलोचना दोनों ही स्तर पर एक मिसाल कायम की। गोरख के शब्दों में ''कलात्मकता और लोकप्रियता एक दूसरे की विरोधी नहीं बल्कि सहयोगी हैं। हम मध्यवर्ग के लिए या उच्च वर्ग के लिए किसान और मजदूर के जीवन और संघर्ष से जुड़ी रचनाएँ नहीं करते, हमारे प्राथमिक स्रोता और पाठक खुद मजदूर और किसान हों, इस पर ध्यान देना चाहिए।'' मैनेजर पाण्डेय ने लोकप्रिय कविता के स्वरूप पर लिखते हुए सावधान किया है कि महज लोकसाहित्य, लोककथाओं और लोकप्रिय कलारूपों को अपनाने से ही रचना लोकप्रिय नहीं हो जाती। जब जनता की सांस्कृतिक चेतना शासक वर्ग की विचारधारा के प्रभाव में होती है तो लोक साहित्य और लोक कलाओं में भी यह प्रभाव प्रकट होता है। इसलिए लोकसाहित्य में व्यक्त अन्तर्वस्तु का विवेकपूर्ण मूल्यांकन किये बगैर उसके रूप को अपनाना रूपवाद के जाल में ही फँसाना है। एक समर्थ रचनाकार लोकप्रचलित रूपों का सुधार-परिष्कार करके उनका उपयोग कर सकता है। लोकप्रिय रचनाकार जनता से केवल सीखता ही नहीं उसे सिखाता भी है। गोरख की कविता समकालीन कविता में इसका सबसे बेहतर उदाहरण है। गोरख के लिए लोककथाएँ, किस्से, मुहावरे और मिथक न तो अलंकरण हैं और न ही दृष्टान्त बल्कि वे सामन्ती समाज के लोकमन की सरचनाएँ हैं। वे इन संरचनाओं के भीतर से लोकमन के द्वंद्वमय गतिविज्ञान को उघाड़ देते हैं। उनकी भाषा सामन्तों और ग्रामीण गरीबों, दोनों ही वर्गों की आन्तरिकता को जानती है, जनाती है। वह कभी मिथक को तोड़कर उसके सारभूत यथार्थ को प्रकट कर देती है और कभी यथार्थ को ही मिथक में बदल देती है। आमतौर पर प्रचलित सामन्ती

मिथकों की यथार्थ विडम्बना को वे उजागर कर देते हैं जबकि सर्वहारा अनुभव को नये मिथकों में बदल देते हैं। उन्होंने सरलता के पक्ष में संघर्ष चलाया और यथार्थ के नये कलारूपों के बतौर भोजपुरी लोकगीतों को नया तेवर दिया। गोरख इन कलारूपों की लम्बी परम्परा और जनता के भीतर इनकी जड़ों की ताकत को निचोड़कर बिल्कुल नयी अन्तर्वस्तु से समृद्ध करके इन्हें जनता को वापस करते हैं। कहना न होगा कि सरलता की यह साधना कितनी कठिन रही होगी। सावन के उल्लास को व्यक्त करने वाली पारम्परिक कजरी 'मैना' शीर्षक कविता में गोरख के हाथों, सामन्ती क्रूरता से लहूलुहान लोक की करुणकथा का स्वाभाविक छन्द बन जाती है। होली में गाया जाने वाला फगुआ जमीन-दखल का गीत बन जाता है

निचली समझी जाने वाली जातियों और शिल्पकारों जैसे मेहनतकश तबकों में प्रचलित लोकरूपों को गोरख ने बड़े जतन से क्रान्तिकारी चेतना से जोड़ा है। इन गीतों में 'श्रम की लय' और 'श्रम की विचारधारा' एकरूप हो गयी है। 'कोइला' शीर्षक गीत 'धोबियउवा' (धोबियों का गीत) है। 'मल्लाहों का गीत' में खड़ी बोली भोजपुरी धुन में कहीं भी नहीं अखरती। गजब की सावधानी है कि पारम्परिक रूपों की किसी भी रचना में जनता की चेतना का पिछड़ापन कहीं से भी प्रवेश नहीं पाता क्योंकि गोरख इस तथ्य से पूरी तरह सचेत हैं कि 'किसी भी वर्ग विभाजित समाज में 'शोषितों' के विचार बहुधा शोषकों के ही विचार होते हैं।' किसी समय निराला जी ने छन्द से मुक्ति को कविता की मुक्ति बताया था। गोरख ने लोकछन्द को वर्चस्वशाली वर्गों के विचार और संस्कार से मुक्त करके कविता की मुक्ति को जनता की व्यापक मुक्ति से एकरूप किया।

मैनेजर पाण्डेय ने 'लोकप्रिय कविता का स्वरूप' शीर्षक लेख में लोकप्रिय कविता के बारे में तमाम भ्रमों को दूर किया है। व्यावसायिक दृष्टि से लोकप्रिय बाजारू साहित्य जो सस्ता, मनोरंजन, काल्पनिक विलास और तात्कालिक उत्तेजना को पैदा करता है या कवि सम्मेलनों में सस्ती, रूमानी और तुक्कड़ कविताएँ लोकप्रिय साहित्य नहीं कहला सकते। ऐसे साहित्य को पढ़-सुनकर लोक फेंक देते हैं या बिसरा देते हैं। लोकप्रिय कविता या साहित्य जबकि प्रेमचन्द, नागार्जुन, त्रिलोचन, केदार आदि का साहित्य लोकप्रिय ही नहीं दीर्घजीवी भी है उसका कारण यह है कि इनकी लोकप्रियता की बुनियाद में लोकधर्मिता है। ब्रेख्त के मशहूर कथन को उद्धृत करते हुए पाण्डेयजी ने लिखा है कि लोकप्रियता और यथार्थवाद की धारणाओं की रचनादृष्टि से ही लोकप्रिय कविता का विकास हो सकता है। मुक्तिबोध ने कविता को 'जनचरित्री' कहा है। यह 'जनचरित्री' कविता लोकप्रिय इसलिए होती है कि उसका रचनाकार जनता के संघर्षों और सुख-दुख के साथ, नागार्जुन के शब्द उधार लें तो 'प्रतिबद्ध, सम्बद्ध और आबद्ध' होता है।

नये मार्क्सवादी सौन्दर्य की आवश्यकता

मैनेजर पाण्डेय ने 'नये मार्क्सवादी सौन्दर्यशास्त्र की आवश्यकता' शीर्षक लेख में सौन्दर्यशास्त्र को आलोचना का पूरक मानते हुए उसे विकसित किये जाने पर बल देते हैं। इसमें किस तरह की सावधानी बरतनी है उसे रेखांकित करते हुए वे लिखते हैं "नये के नाम पर कुछ लोग भ्रमवश या चालाकी से नये प्रत्ययवादी सौन्दर्यशास्त्र को जो बुर्जुवा संस्कृति और कला के संरक्षण का शास्त्र है, हमारे लिए उपयोगी न सिद्ध करने लगें यह जरूरी है कि हम तय कर लें कि हमें नये प्रत्ययवादी सौन्दर्यशास्त्र की आवश्यकता है या मार्क्सवादी सौन्दर्यशास्त्र की?" (50, *नये मार्क्सवादी सौन्दर्यशास्त्र की आवश्यकता,* शब्द और कर्म) नया मार्क्सवादी सौन्दर्यशास्त्र अपने देश की राजनीतिक-सामाजिक और कला सम्बन्धी सच्चाइयों और जरूरतों को ध्यान में रखकर ही विकसित करना होगा तभी वह रचनाकर्म का मार्गदर्शक भी होगा। पाण्डेयजी के अनुसार नये मार्क्सवादी सौन्दर्यशास्त्र के लिए पहला संघर्ष समरसता या समन्वय में सौन्दर्य देखने वाले भारतीय सौन्दर्यशास्त्रीय चिन्तन की भाववादी-आध्यात्मवादी परम्परा से करना होगा। संघर्ष का दूसरा मोर्चा पाश्चात्य प्रत्ययवादी सौन्दर्यशास्त्र की नयी-पुरानी प्रवृत्तियों, परम्पराओं और मान्यताओं से संघर्ष का होगा। संघर्ष का तीसरा मोर्चा मार्क्सवादी सौन्दर्यशास्त्रीय चिंतन में समय-समय पर प्रकट होने वाले देशी-विदेशी संशोधनवाद, संकीर्णतावाद और भोंड़े समाजशास्त्रीय भटकावों से संघर्ष का होगा। मैनेजर पाण्डेय ग्राम्शी के सहारे ये कहते हैं कि बुद्धिजीवियों को वर्गों से परे एक सामाजिक इकाई समझने की धारणा एक मिथ है। वर्गसंघर्ष की तीव्रता के दौर में किसी को परम्परागत बुद्धिजीवी बने रहने की सुविधा नहीं हो सकती। ऐसे में सर्वहारा वर्ग से किसी भी मार्क्सवादी बुद्धिजीवी का जुड़ाव एक अनिवार्यता है। सर्वहारा वर्ग से उभरे रचनाकारों की रचनाओं के कलात्मक सौन्दर्य का विश्लेषण तथा किसान-मजदूर वर्ग से प्रगतिशील साहित्य के पाठक तैयार करने का दायित्व नये सौन्दर्यशास्त्र का है। नया सौन्दर्यशास्त्र सिर्फ आन्दोलनकारी साहित्य ही नहीं बल्कि दलित मानवता के विशाल जनसमूह की पीड़ित चेतना को व्यंजित करने वाले कला और साहित्य के सौन्दर्यबोधी मूल्यों को प्रकाश में लाकर जनता के मन में सौन्दर्य की भावना जगाकर ही सार्थक होगा। नया सौन्दर्यशास्त्र साहित्य और कला के सन्दर्भ में सिद्धान्त और व्यवहार के द्वन्द्वात्मक विकासशील सम्बन्ध के बोध से समृद्ध होकर ही आगे बढ़ेगा। उसे रचनात्मक उत्पादन का दुश्मन नहीं बल्कि सहायक होना होगा। पाण्डेयजी के शब्दों में "नये सौन्दर्यशास्त्र को यथार्थ से मनुष्य के सौन्दर्यबोधी सम्बन्ध और श्रमिक के कलाकार रूप तथा कलाकार के श्रमिक रूप की मीमांसा करते हुए रचनाकर्म को जीवन व्यवहार के रूप में व्याख्यायित करना होगा।" (57, *नये मार्क्सवादी सौन्दर्यशास्त्र की आवश्यकता,* शब्द और कर्म) सौन्दर्य की सामाजिक सत्ता और सौन्दर्यानुभूति की सामाजिकता की व्याख्या नये मार्क्सवादी सौन्दर्यशास्त्र का कार्यभार है। बकौल मुक्तिबोध "सौन्दर्यानुभूति वास्तविक जीवन की मनुष्यता है। अपने से परे उठने और परे जाने की मनुष्य क्षमता से उसका सम्बन्ध है।"

साहित्य के समाजशास्त्र से आलोचना की सामाजिकता तक

1989 में मैनेजर पाण्डेय ने ''साहित्य के समाजशास्त्र की भूमिका' नामक पुस्तक लिखी। इस पुस्तक की खूबी यह है कि वह न केवल साहित्य के समाजशास्त्रीय अध्ययन की पूरी परम्परा से परिचय कराती है बल्कि मार्क्सवादी दृष्टिकोण से उसकी समीक्षा भी करती चलती है। 'शब्द और कर्म' में 'साहित्य का समाजशास्त्र और मार्क्सवादी' शीर्षक निबन्ध में पाण्डेयजी के अनुसार, नये-पुराने, देशी-विदेशी, रूपवादी-कलावादी साहित्य-चिन्तन से साहित्य का समाजशास्त्र अधिक उपयोगी है, लेकिन उसे मार्क्सवादी आलोचना के विकल्प के रूप में समझाना या पेश करना गलत है।'' (66, *साहित्य का समाजशास्त्र और मार्क्सवादी आलोचना,* शब्द और कर्म) शब्द और कर्म के सभी निबन्ध 1980 के साल तक के हैं सन् 2000 में लिखा उनका लेख ''साहित्य के समाजशास्त्रीय अध्ययन की जरूरत'' आलोचना की सामाजिकता में संकलित है। इस लेख में साहित्य के समाजशास्त्र को लेकर स्वीकार का भाव अधिक और आलोचना का भाव बहुत कम है जबकि 'शब्द और कर्म' वाले लेख में साहित्य के समाजशास्त्र की मार्क्सवादी नजरिये से उन्होंने काफी आलोचना की है। यो इन दोनों ही लेखों में बहुत-सा हिस्सा 'साहित्य के समाजशास्त्र की भूमिका' से लिया गया है। इस पुस्तक की भूमिका का शीर्षक है, 'संग्रह त्याग न बिनु पहिचाने'। वैसे भी पाण्डेयजी ने इस आदर्श को अपनी आलोचना में लगभग आद्यन्त निभाया है। साहित्य के समाजशास्त्र की जरूरत को समझकर ही पाण्डेयजी ने 'साहित्य के समाजशास्त्र की भूमिका' लिखी। इस पुस्तक में उन्होंने साहित्य के समाजशास्त्र को स्वतन्त्र साहित्य-विधा के रूप में विकसित होता दिखाया है। साहित्य के समाजशास्त्र की तीन दिशाएँ अर्थात् साहित्य में समाज की खोज, समाज में साहित्य तथा साहित्यकार की स्थिति का विवेचन और पाठक से साहित्य के सम्बन्ध का विश्लेषण, इनसे सम्बद्ध तमाम समाजशास्त्रीय अध्ययनों का इस पुस्तक में विस्तार से विवेचन हुआ है। आरम्भ में ही वे स्पष्ट करते हैं कि साहित्य का समाजशास्त्र कोई एक चीज नहीं है, बल्कि उसके भीतर अनेक दृष्टियाँ और पद्धतियाँ है, उन्नीसवीं सदी के विधेयवाद से निकला साहित्य का समाजशास्त्र (डोल्फ तेन), बीसवीं सदी में अमरीका में अनुभववादी और प्रकार्यवादी साहित्य के समाजशास्त्र में विकसित हुआ। फ्रांस में भी अनुभववादी साहित्य का समाजशास्त्र विकसित हुआ (रोबेर एस्कार्पी), अनन्तर साहित्य का संरचनावादी समाजशास्त्र (गोल्डमान), साहित्य का संरचनात्मक-कार्यात्मक समाजशास्त्र (जान हाल) आलोचनात्मक समाजशास्त्र से निकला साहित्य का समाजशास्त्र (फ्रैंकफुर्त स्कूल-लियो लावेंथाल और अडोर्नो) और मार्क्सवाद से प्रभावित साहित्य का समाजशास्त्र (रेमण्ड विलियम्स) आदि कई दृष्टियाँ और पद्धतियों से प्रभावित साहित्य के समाजशास्त्र विकसित हुए। इस पुस्तक में लगातार एक मार्क्सवादी आलोचक की सजगता देखने के काबिल है। पुस्तक के एक अध्याय 'साहित्य का समाजशास्त्र और मार्क्सवाद' में वे लिखते हैं, ''यद्यपि बीसवीं सदी में मार्क्सवाद के समानान्तर एक विरोधी विचार-प्रणाली

के रूप में समाजशास्त्र का विकास हुआ है लेकिन इसी सदी में दोनों को मिलाने के प्रयत्न भी होते रहे हैं। मार्क्सवादी आलोचना से साहित्य के समाजशास्त्र की एकता स्थापित करने के लिए जरूरी है कि मार्क्सवाद और समाजशास्त्र के बीच एकता कायम हो।" (45, *साहित्य का समाजशास्त्र और मार्क्सवाद,* साहित्य के समाजशास्त्र की भूमिका) यहाँ ध्यान देने की जरूरत है कि पाण्डेय जी जहाँ कहीं भी दो पदों में एकता की बात करते हैं, वहाँ उस एकता से अभिप्राय सदैव द्वन्द्वात्मक एकता होती है, न कि समन्वय, जोड़-गाँठ या शान्तिपूर्ण-सह-अस्तित्व, मार्क्सवाद से साहित्य के समाजशास्त्र की प्रचलित दृष्टिकोणों के बारे में वे लिखते हैं, "मार्क्सवाद से समाजशास्त्र की एकता सम्बन्धी तीन दृष्टिकोण हैं। एक दृष्टिकोण मार्क्सवाद को ही सच्चा समाजशास्त्र मानता है, दूसरे के अनुसार समाजशास्त्र मार्क्सवादी समाज विज्ञानों की एक शाखा है, तीसरे दृष्टिकोण के समाजशास्त्री अनुभववाद और रूपवाद की सीमाओं से समाजशास्त्र को मुक्त करके उसमें ऐतिहासिक भौतिकवाद की विशेषताएँ विकसित करने का प्रयास करते हैं। पहले दृष्टिकोण वाले को मार्क्सवाद समाजशास्त्र बनाते हैं और दूसरे तथा तीसरे दृष्टिकोण वाले समाजशास्त्र को मार्क्सवाद बनाते हैं। मार्क्सवाद को समाजशास्त्र बनाने वाले पहले द्वन्द्वात्मक भौतिकवाद से ऐतिहासिक भौतिकवाद को अलग करते हैं। वे पहले को सिद्धान्त और दूसरे को व्यवहार का दर्शन कहते हैं। फिर ऐतिहासिक भौतिकवाद के सामान्य नियमों को इतिहास प्रक्रिया से अलगाते हैं। इसके बाद वे इतिहास प्रक्रिया की समग्र के बोध से विशेष और स्थानीय समस्याओं के विवेचन को अलग करते हैं और यह सामाजिक संस्थाओं, संरचनाओं, समूहों आदि की समस्याओं के विवेचन-विश्लेषण में समाजशास्त्र के लिए जगह बनाते हैं।" (45, *साहित्य का समाजशास्त्र और मार्क्सवाद,* साहित्य के समाजशास्त्र की भूमिका) बुखारिन 1921 में लिखी अपनी पुस्तक 'ऐतिहासिक भौतिकवाद : लोकप्रिय समाजशास्त्र की एक पाठ्यपुस्तक' में पाण्डेयजी के अनुसार ऐसा ही प्रयास करते हैं जिसकी गम्भीर आलोचना ग्राम्शी ने की। (पाण्डेयजी ने इस किताब में लिखा है कि साहित्य के समाजशास्त्र का मार्क्सवाद से समन्वय चाहनेवाले अधिकांश साहित्यिक समाजशास्त्री वर्ग-संघर्ष और उसके राजनीतिक अभिप्राय को अस्वीकार करते हैं। ऐसे मार्क्सवादी समाजशास्त्रियों में न केवल आर्नाल्ड हाउजर बल्कि गोल्डमान भी आते हैं। पाण्डेयजी लिखते हैं, "गोल्डमान समझते हैं कि मार्क्स का पूँजीवादी समाज का विश्लेषण पुराना पड़ गया है...उन्होंने लिखा है कि मार्क्स के चिन्तन के दो पक्ष हैं। एक में पूँजीवादी समाज में बहुसंख्यक मजदूर वर्ग की बढ़ती गरीबी और उसमें क्रान्तिकारी चेतना के विकास की सम्भावना पर जोर है। दूसरे में रैकरण पर जोर है। पहला उन्नीसवीं सदी के उत्तरार्ध में सार्थक था, लेकिन दूसरा पक्ष आज पहले से अधिक सार्थक बन गया है...आज सर्वहारा की क्रान्तिकारी चेतना की बात करना मिथ में जीना है। आर्नाल्ड हाउजेर और गोल्डमान की बातों पर विचार करनेवाला कोई भी व्यक्ति यह समझ लेगा कि उनके चिन्तन में मार्क्सवाद का कौन सा पक्ष गायब हो गया है। साहित्य के अधिकांश समाजशास्त्री विचारों के सन्दर्भ में मार्क्सवादी बने रहते हैं, लेकिन वर्ग-संघर्ष

का सन्दर्भ आते ही समाजशास्त्री हो जाते हैं।" (49, *साहित्य का समाजशास्त्र और मार्क्सवाद,* साहित्य के समाजशास्त्र की भूमिका) फैंकफुर्त स्कूल के मार्क्सवादी साहित्य के समाजशास्त्र के साथ सर्वाधिक अन्तःक्रिया में गये। फैंकफुर्त स्कूल के विचारकों द्वारा समाज की व्याख्या के लिए विकसित मीमांसा सिद्धान्त पहले मार्क्सवाद की ओर झुका हुआ था, लेकिन बाद में उस पर 'जर्मन विचारधारा' छा गयी। मैनेजर पाण्डेय का मूल्यांकन है।" "वह पहले समकालीन समाज का आलोचनात्मक सिद्धान्त था, फिर संस्कृति का सिद्धान्त बना और अन्त में चेतना का सिद्धान्त रह गया" (131, *साहित्य के विचाराधारात्मक रूप की मीमांसा,* साहित्य के समाजशास्त्र की भूमिका) मैनेजर पाण्डेय फैंकफुर्त स्कूल के क्रिटिकल थ्योरी के विचारकों के महत्त्वपूर्ण योगदान की चर्चा करते हुए भी उनके समाजशास्त्रीय विश्लेषण की असंगतियों की मार्क्सवादी नजरिये से आलोचना करते है, उन्हीं के शब्दों में "आलोचनात्मक समाजशास्त्रियों के अनुसार पूँजीवादी समाज भीड़ का समाज है। उसकी संस्कृति भीड़ की संस्कृति है और कला भी भीड़ की कला है। इस समाज में मनुष्य एकायामी जीवन जी रहा है। संस्कृति सर्जन नहीं, एक उद्योग बन गयी है। जो बर्बरता, अर्थहीनता, सहमति, ऊब, उदासी और यथार्थ से पलायन को बढ़ावा देती है। ऐसा समाज संस्कृति, कला और व्यक्ति की स्वायत्तता को नष्ट करता है। भीड़ की संस्कृति में कला की स्वायत्तता के साथ-साथ कलात्मकता और आलोचनात्मक चेतना का भी नाश हो जाता है। कला बाजार की वस्तु बन गयी है। ऐसे समाज में सच्ची कला केवल अवागार्द कला हो सकती है जो भीड़ के समाज, संस्कृति, कला और भाषा को अँगूठा दिखाती हुई अपनी स्वतन्त्रता की रक्षा करती है। हार्खेइमर डोर्नो और हरबर्ट मारकुस के संस्कृति के समाजशास्त्र का यही सारांश है।" (140, *साहित्य के विचारधारात्मक रूप की मीमांसा,* साहित्य के समाजशास्त्र की भूमिका) इतना ही नहीं, बल्कि "उन्होंने भ्रमवश जनकला और बाजारू कला को एक मान लिया और लोकप्रियता को कला की सार्थकता का दुश्मन घोषित कर दिया, अडोर्नो और मारकुस दोनों ही समाज में क्रान्ति से निराश होकर कला में क्रान्ति की माँग करने लगे।" (132, *साहित्य के विचारधारात्मक रूप की मीमांसा,* साहित्य के समाजशास्त्र की भूमिका) पाण्डेयजी के इस मूल्यांकन में बहुत दम है जो हमें विकसित पश्चिमी देशों में विकसित कला और संस्कृति सम्बन्धी मार्क्सवादी सैद्धान्तिकी को बगैर अपने देश-काल, परिस्थिति में परीक्षा किये ज्यों का त्यों अपनाने के प्रति सतर्क करता है। आखिरकार उत्तर-संरचनावादी और उत्तर-आधुनिकतावादी विचारकों का भी लम्बे समय तक मार्क्सवाद के साथ रिश्ता रहा, लेकिन अन्ततः उन्होंने भी समाज में क्रान्ति से निराश होकर विमर्श में क्रान्ति (विखण्डन) का रास्ता चुना जिसकी सीमित उपयोगिता तो है लेकिन विशेषज्ञतावाद अराजकता और भाषिक स्फीति का भी वह सिंहद्वार है, जिसका जनता और उसके सुख-दुख के साथ बहुत दूर का रिश्ता है। इस पुस्तक में पाण्डेय जी ने फैंकफुर्त समुदाय में अकेले लावेंथाल को ही सचेत और व्यवस्थित रूप से साहित्य के समाजशास्त्र के विकास का श्रेय दिया है। क्योंकि उनके अनुसार अडोर्नो आधुनिक कला

के सौन्दर्यशास्त्री हैं मारकुस दार्शनिक। लावेंथाल यथार्थचित्रता से अधिक साहित्य में यथार्थ की अनुभूति और उसके प्रति दृष्टि को महत्त्व देते हैं। उनके अनुसार पूँजीवाद समाज में वही कल महत्त्वपूर्ण है जिसमें विरोध का स्वर है। साहित्यिक कृतियों में सामाजिक चेतना के वे दो रूप मानते हैं। एक प्रकार की रचनाएँ वे होती हैं जिनमें यथार्थ की विविधता के साथ ही सामाजिक चेतनाओं की अनेकता और द्वन्द्व होता है। दूसरे प्रकार की रचनाओं में एक ही सामाजिक चेतना कृति की पूरी संरचना में व्याप्त होती है। लावेंथाल पहले तरह की रचनाओं को ज्यादा महत्त्वपूर्ण मानते हैं। लावेंथाल ने विचारधारा या सामाजिक चेतना के रूप की मार्क्सवादी धारणा का सबसे बेहतर उपयोग अपने विश्लेषण में किया, लेकिन अमेरिका प्रवास के दौरान वे क्रमशः मार्क्सवाद से दूर होते गये, उनके विश्लेषण में विचारधारा और वर्ग से हटकर दूसरी अमूर्त धारणाएँ आ गयीं, लेखकों को वर्ग की जगह दार्शनिक सम्प्रदायों से जोड़कर देखने और रचना के उत्पादन से हटकर साहित्य के संस्थागत विवेचन की ओर उनकी समाजशास्त्रीय दृष्टि मुड़ गयी। बहरहाल ये लावेंथाल ही थे जिन्होंने साहित्य के उत्पादन, वितरण और उपभोग को व्यापक सामाजिक प्रक्रिया से जोड़कर देखा। "उनके यहाँ उत्पादन के अन्तर्गत कृति के वर्गीय आधार, वितरण में सामाजिक सन्दर्भ और उपभोग में साहित्य के पाठकीय ग्रहण का विवेचन है।" (139, *साहित्य के विचारधारात्मक रूप की मीमांसा,* साहित्य के समाजशास्त्र की भूमिका) लावेंथाल ने लोकप्रिय साहित्य का अध्ययन किया, लोकप्रिय संस्कृति के अन्य रूपों—सिनेमा, ओपेरा, थियेटर आदि का नहीं, लेकिन यहाँ भी फैंकफुर्त समुदाय के अन्य आलोचकों की जो सीमा है यानी भीड़ का मिथक, उससे लावेंथाल भी बच नहीं पाये हैं। उनके यहाँ लोकप्रिय साहित्य की अवधारणा में भीड़ से अलग लोक, जन या सर्वहारा का कोई भेद ही नहीं है।

लूसिए गोल्डमान का साहित्य का समाजशास्त्र सामाजिक यथार्थ के साथ रचना में व्यक्त यथार्थ के सम्बन्ध का विश्लेषण और कृति में व्यक्त चेतना के सामाजिक उद्‌गम की खोज करता है। गोल्डमान के साहित्य चिन्तन में विश्वदृष्टि की धारणा और संरचनाओं की समानधर्मिता की धारणाओं के बारे में पाण्डेयजी ने विस्तार से लिखा है। एक वर्ग या समूह की जीवन-जगत् के बारे पें सुसंगत दृष्टि ही विश्वदृष्टि है। चूँकि व्यक्ति के विचारों में प्रायःसंगति और एकान्विति नहीं होती, लिहाजा विश्वदृष्टि वैयक्तिक नहीं, बल्कि परावैयक्तिक चेतना जिसे कोई समूह या वर्ग सामाजिक-ऐतिहासिक प्रक्रिया में विकसित करता है। गोल्डमान विश्वदृष्टि को सामाजिक वर्ग की ऐतिहासिक स्थितियों से सम्बद्ध मानते हैं, लेकिन उसे वर्ग चेतना या विचारधारा से अलगते हैं, क्योंकि उनकी दृष्टि में विचारधारा 'छद्म चेतना' है। विश्वदृष्टि किसी वर्ग या समुदाय की पूर्णतम सम्भावित चेतना है। उसकी विचार व्यवस्था है जो उसके कर्म, चिन्तन और भावों में प्रकट होती है। वह वर्ग के जीवन में निहित होती है, लेकिन वह व्यक्त कला, दर्शन और साहित्य में अलग-अलग रूपों में होती है। इसलिए विश्वदृष्टि की खोज का आरम्भ कृति मे होता है। गोल्डमान के समाजशास्त्र का लक्ष्य है कृति की आन्तरिक एकता में

उसकी विश्वदृष्टि की खोज और उस विश्वदृष्टि से उसके मूलभूत सामाजिक समूह की विश्वदृष्टि के सम्बन्ध का विवेचन। 'गोल्डमान के अनुसार किसी वर्ग की विश्वदृष्टि की संरचनाओं से कृति के भीतर रचित संसार की संरचनाओं की समानधर्मिता की खोज करता है।'' (150, *संरचनाओं की समानधर्मिता,* साहित्य के समाजशास्त्र की भूमिका) जिन रचनाओं में यह समानधर्मिता जितनी सुसंगत होगी, वे उतनी ही महान होंगी, विशुद्ध परीकथाओं में भी किसी एक वर्ग के जीवनानुभवों से समानधर्मिता सम्भव है। यानी समाज या किसी वर्ग से रचना का घनिष्ठ रिश्ता कल्पना की सृजनशीलता का विरोधी नहीं है। गोल्डमान के अनुसार भिन्न अन्तर्वस्तु की रचनाओं में भी चेतना की संरचना के स्तर पर समानधर्मिता हो सकती है। पाण्डेय जी उदाहरण के तौर पर 1930 के दशक में प्रकाशित हिन्दी की तीन महान कृतियों—गोदान, कामायनी और राम की शक्तिपूजा की चर्चा करते हैं। जिनमें व्यक्त संघर्ष, पराजय और निराशा के माध्यम से जो विश्वदृष्टि उभरती है, वही पाठकों को प्रभावित करती है। ''विचार की बात है कि इस विश्वदृष्टि के माध्यम से ये तीनों रचनाएँ किस सामाजिक वर्ग की मानसिक संरचनाओं को व्यक्त करना चाहती हैं।'' (150, *संरचनाओं की समानधर्मिता,* साहित्य के समाजशास्त्र की भूमिका) गोल्डमान के विवेचन में आधुनिकता और यथार्थवाद अनिवार्यतः परस्पर-विरोधी नहीं है। वे अमूर्तन को भी यथार्थवाद के अन्तर्गत रखते थे, जैसे कि ब्रेश्ट। गोल्डमान जिन संरचनाओं का कृति में विश्लेषण करते हैं, वे अर्थ की सरंचनाएँ हैं, रूप की नहीं, दूसरे शब्दों में वे इन्हें 'अन्तर्वस्तु का रूप' भी कहते हैं। गोल्डमान रचना में कलाकार के सचेत अभिप्रायों को महत्त्व नहीं देते जो संरचनावाद की मूल प्रस्थापनाओं के अनुकूल ही है, गोल्डमान के यहाँ रचना की ऐतिहासिकता पर विचार हुआ, उसके कालजयीपन पर नहीं, उसके वर्गीय आधार की खोज हुई, लेकिन वर्ग से परे उसकी मानवीय सार्थकता विवेचन से छूट जाती है। विश्वदृष्टि की अवधारणा में कृति के भीतर उसकी संरचनात्मक एकता और सुसंगति पर अत्यधिक जोर है और उसके भीतर की जटिलता या विविधता पर जोर बिल्कुल नहीं है। क्या किसी रचना में व्यक्त जीवन मूल्यों के अलावा भी दूसरे अवयक्त मूल्य उस पर असर नहीं डालते? गोल्डमान ने बाद में बाख्तिन के चिन्तन के सहारे अपने दृष्टिकोण में विकास किया। ''उन्होंने लिखा कि रचना में व्यक्त मूल्यों की सजगता के साथ-साथ उसकी विश्वदृष्टि द्वारा तिरस्कृत मूल्यों के रचना पर प्रभाव का भी विवेचन जरूरी है।'' (160, *संरचनाओं की समानधर्मिता,* साहित्य के समाजशास्त्र की भूमिका) क्या गोल्डमान प्रकारान्तर से लावेंथाल की तरह रचना में 'सामाजिक चेतनाओं की अनेकता' की धारणा को स्वीकार कर रहे थे या फिर बाख्तिन की तरह 'स्वरों की अनेकता को?'

मैनेजर पाण्डेय ने इस पुस्तक में सबसे अधिक पन्ने जिस विचारक पर लिखे हैं, वे हैं रेमण्ड विलियम्स। ''रेमण्ड विलियम्स का सम्पूर्ण आलोचनात्मक लेखन उनकी लम्बी क्रान्ति की धारणा की तरह निरन्तर चलने वाली एक लम्बी बहस है जो उस क्रान्ति का अनिवार्य अंग भी है'' (163, *अनुभूति की संरचनाएँ,* साहित्य के

समाजशास्त्र की भूमिका) रेमण्ड विलियम्स का लेखन 1940 से 1987 तक फैला हुआ है जिसमें उनके विचारों में निरन्तर परिवर्तन और विकास दिखायी देता है। वे विरोधी विचारों की तरह ही अपने गलत विचारों को अस्वीकार करने का साहस रखने वाले विचारक हैं। '50 के दशक की उनकी पुस्तकों में लीविस और स्क्रूटनी सम्प्रदाय दिखता है। उसके बाद की रचनाओं में क्रमशः इस प्रभाव से मुक्त होकर मार्क्सवाद से संवाद की प्रक्रिया में जाते हैं और 1970 के बाद लिखी पुस्तकों 'दि कण्ट्री एण्ड दि सिटी' (1973) तथा 'मार्क्सिज्म एण्ड लिटरेचर' (1977) तक आते-आते वे संस्कृति के समाजशास्त्र की अपनी महत्त्वपूर्ण धारणाओं तक पहुँचते हैं। हालाँकि इस अन्तिम दौर में भी लीविस की परम्परा से पूर्ण विच्छिन्नता नहीं है और न ही मार्क्सवाद की परम्परागत प्रचलित मान्यताओं की निर्द्वन्द्व स्वीकृति। रेमण्ड विलियम्स क्रमशः साँस्कृतिक अनुभववाद से सांस्कृतिक भौतिकवाद की तरफ बढ़ते गये। संस्कृति के समाजशास्त्र पर अपनी पुस्तक 'लम्बी क्रान्ति' में वे संस्कृति को जीवन की एक समग्र पद्धति के रूप में समझते हैं और उसके विभिन्न तत्त्वों के आपसी सम्बन्धों के अध्ययन पर उनका जोर है। किसी कृति या संस्था का विवेचन करते समय दूसरी कृतियों और संस्थाओं से उसके सम्बन्ध का विवेचन वे महत्त्वपूर्ण मानते हैं। संस्कृति को जीवन की समग्र पद्धति मानने के कारण वे हमेशा समुदाय को वर्ग से अधिक महत्त्व देते हैं। ई. पी. थॉम्पसन ने इसकी आलोचना करते हुए कहा है कि वर्ग समाज में संस्कृति जीवन की समग्र पद्धति के बदले संघर्ष की समग्र पद्धति है। 1970 के बाद उनकी संस्कृति सम्बन्धी धारणाओं में परिवर्तन होता है। उनके लिए 'समाज में संस्कृति वैसा ही आधारभूत व्यवहार है जैसा आर्थिक या राजनैतिक व्यवहार...साँस्कृतिक प्रक्रिया समाज की दूसरी प्रक्रियाओं (जैसे कि) आर्थिक-राजनीतिक प्रक्रियाओं) से प्रभावित होती है और उन्हें प्रभावित भी करती है। इस नये दृष्टिकोण के अनुसार संस्कृति के विश्लेषण में सांस्कृतिक प्रक्रिया के परिणामों और प्रभावों के बदले उनके उत्पादन की प्रक्रियाओं, व्यवहारों, साधनों और परिस्थितियों की ऐतिहासिक प्रक्रिया का अध्ययन महत्त्वपूर्ण हो जाता है...'संस्कृति' नाम की पुस्तक में रेमण्ड विलियम्स ने संस्कृति को सार्थकता की ऐसी व्यवस्था कहा है जिसके माध्यम से सामाजिक व्यवस्था का अनुभव, सम्प्रेषण, पुनरुत्पादन और अनुसंधान सम्भव होता है।'' (173-74, *अनुभूति की सरंचनाएँ,* साहित्य के समाजशास्त्र की भूमिका) रेमण्ड विलियम्स अपने परवर्ती चिन्तन में साहित्य को संस्कृति का प्रमुख रूप मानते हुए भी (जैसा कि अंग्रेजी की परम्परा में है) साहित्य में ही संस्कृति की खोज नहीं करते। वे साहित्य को सांस्कृतिक सन्दर्भ में और संस्कृति को व्यापक सामाजिक सन्दर्भ में रखकर देखते हैं। परम्परा उनके लिए एक ऐसा माध्यम है जिससे वे समाज, संस्कृति और साहित्य के रिश्तों की जटिलता की व्याख्या करते हैं। परम्परा न तो कभी सामाजिक अभिप्रायों से मुक्त होती है और न निष्क्रिय। परम्परा निरन्तर सक्रिय चयन और पुनर्चयन के रूप में सामने आती है और यह चयन (संग्रह और त्याग) की दृष्टि मूलतः सामाजिक दृष्टि से जुड़ी होती है।

रेमण्ड विलियम्स ने कृति को वस्तु की जगह व्यवहार मानकर उसे देखने-समझने का आग्रह किया ताकि साहित्य और कला के उत्पादन पक्ष से जुड़े सवाल केन्द्र में आ सकें। रेमण्ड विलियम्स आलोचना की प्रचलित पद्धतियों का खण्डन करते हुए ऐसी पद्धति का विकास चाहते हैं जिसमें आलोचना सांस्कृतिक कर्म हो, उसका सामाजिक प्रयोजन हो और राजनीतिक अभिप्राय भी हो। समाज और संस्कृति के जीवन्त सर्जनात्मक सम्बन्ध की व्याख्या के लिए रेमण्ड विलियस्म ने 'अनुभूति की संरचना' की धारणा का विकास किया। किसी काल के भौतिक जीवन, सामाजिक संगठन और उसके प्रधान विचारों से निर्मित समग्रता के किसी एक हिस्से से कलाकृति को जोड़कर देखना उपयोगी हो सकता है किन्तु रेमण्ड विलियम्स के शब्दों में "अनुभव यही बताता है कि विश्लेषण के दौरान इस समग्रता के सभी तत्वों से कला का सम्बन्ध खोज लेने पर भी उसमें ऐसा कुछ बच जाता है जिसका बाहर की किसी चीज से सम्बन्ध जोड़ पाना मुश्किल होता है। इसी को मैं काल की अनुभूति की संरचना कहता हूँ, जिसे किसी कलाकृति को समग्रता मे अनुभव करके ही जाना जा सकता है।" (179, *अनुभूति की संरचनाएँ,* साहित्य का समाजशास्त्र की भूमिका) मैनेजर पाण्डेय ने लिखा है कि रेमण्ड विलियम्स ने अपनी इस धारणा में विचार से अधिक अनुभूति को, वर्ग से अधिक समुदाय को और सामाजिक संरचना से अधिक पीढ़ी को जो महत्त्व दिया है, उसकी आलोचना भी हुई है...मार्क्सवादी आलोचना में रचना के आत्मपरक और वैयक्तिक पक्षों की उपेक्षा की प्रवृत्ति की भी उन्होंने आलोचना की। उन्होंने लिखा है कि "जब विश्वदृष्टि विचारधारा अथवा वर्ग-दृष्टि की बात की जाती है तब रचना के जीवन्त अनुभव पक्ष की उपेक्षा हो जाती है। कहीं-कहीं रचना में सचेत विचारधारा और नये अनुभवों के बीच तनाव भी मिलता है। अनुभूति की संरचना के सहारे इस तनाव की व्याख्या की जा सकती है।" (180-81, *अनुभूति की संरचनाएँ,* साहित्य के समाजशास्त्र की भूमिका) अनुभूति की संरचना की धारणा का उपयोग व्यावहारिक स्तर पर रेमण्ड विलियम्स द्वारा उपन्यास के समाजशास्त्रीय विश्लेषण में मिलता है। चार्ल्स डिकेन्स और जॉर्ज इलियट के उपन्यासों में अनुभूति की संरचना रचना के स्तर पर उस सन्तुलन में दिखायी देती है जिसमें एक ओर पूँजीवाद जनित सामाजिक बुराई की पहचान और आलोचना है वहीं दूसरी ओर उससे लड़ने के बजाय बचने की कोशिश। उपन्यास की आलोचना में उन्होंने यथार्थवाद की धारणा का भी उपयोग किया है लेकिन उनके यहाँ यह धारणा मार्क्सवादी आलोचना में प्रचलित यथार्थवाद की धारणा से भिन्न है। इस धारणा के अनुसार न तो समाज वह पृष्ठभूमि है जिसके आधार पर व्यक्तिगत गुणों की व्यंजना होती है और न व्यक्ति सामाजिक जीवन के किसी पक्ष के दृष्टान्त होते हैं। उनके यहाँ समाज और व्यक्ति दोनों को समान महत्त्व प्राप्त है और अपने विश्लेषण में वे चरित्रों को व्यक्ति और प्रतिनिधि रूपों में बाँटकर देखने का खण्डन करते हैं। उन्होंने यथार्थवादी उपन्यासों को दो वर्गों में बाँटा अर्थात् सामाजिक उपन्यास और व्यक्तिगत उपन्यास। सामाजिक उपन्यास के भी दो रूप हैं—एक दस्तावेजी

सामाजिक उपन्यास और दूसरा विचारधाराबद्ध उपन्यास। उपन्यास की आलोचना में वे समुदाय की धारणा को बहुत महत्त्व देते हैं। समुदाय से उनका तात्पर्य ऐसे मानव समूह से है, जिनमें व्यक्तियों के बीच आपस के सम्बन्ध कामकाज, मित्रता या परिवार के स्तर पर ही नहीं होते बल्कि वे बहुस्तरीय होते हैं। अंग्रेजी उपन्यासों की परम्परा के पुनर्मूल्यांकन में रेमण्ड विलियम्स की आलोचना-दृष्टि का लगाव देहात के जनजीवन से है जो मजदूर वर्ग के जीवन मूल्यों से उनके जुड़ाव से अनुशासित रही। रेमण्ड विलियम्स के आलोचनात्मक अवदान के प्रति एक सतर्क आलोचनात्मक मार्क्सवादी नजरिया अपनाते हुए भी मैनेजर पाण्डेय के आलोचना कर्म पर उनका गहरा प्रभाव दिखायी पड़ता है। 'साहित्य के समाजशास्त्र की भूमिका' के आरम्भ में ही उन्होंने साहित्य के पाठकों की घटती संख्या, दृश्य-श्रव्य माध्यमों का जनमानस पर प्रभाव, बाजारू पत्रिकाओं की बाढ़, संस्कृति के विभिन्न रूपों के सरकारीकरण और व्यावसायीकरण, साहित्य के पुराने केन्द्रों का उजड़ना और दिल्ली का साहित्य के मेट्रोपॉलिटन केन्द्र के रूप में विकास आदि का जायजा लेते हुए उन्होंने साहित्य के सामाजिक अस्तित्व पर आये संकट से जूझने के क्रम में साहित्य के समाजशास्त्र की जरूरत पर बल दिया। 'संग्रह त्याग न बिनु पहचाने' शीर्षक भूमिका में लिखा कि कई लोग संस्कृति और साहित्य के क्षेत्र की प्रत्येक घटना, क्रिया और वस्तु को साजिश के सिद्धान्त के सहारे समझने की कोशिश करते हैं और ऐसे ही लोग साहित्य के समाजशास्त्र को भी साजिश कहते हैं। जाहिर है कि पाण्डेयजी इस पुस्तक के जरिये साहित्य के समाजशास्त्र के विकास और उपलब्धियों से परिचय कराने का लक्ष्य लेकर चले हैं ताकि लोग प्रत्येक नये विचार को बगैर जाने-पहचाने खारिज न करें।

आश्चर्य तब होता है जब हम 'शब्द और कर्म' शीर्षक पुस्तक (जिसके सभी लेख 1973 से 1980 के बीच के हैं) में संकलित 'साहित्य का समाजशास्त्र और मार्क्सवादी आलोचना' शीर्षक निबन्ध से गुजरते हैं। यहाँ पाण्डेयजी साहित्य के समाजशास्त्र को बहुत कुछ साजिश की ही तरह देखते हैं और समझते दिखायी पड़ते हैं। पाण्डेयजी इस लेख में स्थापित करते हैं कि समाजशास्त्र को प्रस्तावित करने के पीछे बुर्जुआ वर्ग के हित-चिन्तकों द्वारा मजबूरी को फायदे में बदलने का चिन्तन काम कर रहा है। पाण्डेय जी के अनुसार 'कला, कला के लिए' के तमाम शोर के बावजूद जब साहित्य की सामाजिकता में पाठकों और जनता की दिलचस्पी बढ़ती ही रही तो साहित्य और समाज के सम्बन्ध के असली रूप को छिपाकर दोनों के बीच भ्रामक सम्बन्धों की चर्चा फैलाना बुर्जुआ तबके के हित में था। दूसरे, साहित्य के बारे में पारलौकिक, सामन्ती दृष्टिकोण पराजित अवस्था में है, ऐसे में उसका स्थान क्रान्तिकारी चिन्तन न ले ले, इसके लिए जरूरी था कि साहित्य चिन्तन की वस्तुनिष्ठता और वैज्ञानिकता के नाम पर उसे ऐसी दिशा में मोड़ा जाये कि साहित्य का क्रान्तिकारी प्रयोजन प्रकट न हो। तीसरे, ऊपर से समाजोन्मुख नारे देते हुए भी जिस तरह बुर्जुआ वर्ग पूँजीवादी शोषण को बनाये रखता है, वैसे ही साहित्य का समाजशास्त्र भी साहित्य और समाज के सम्बन्ध को इस

तरह बरतता है कि साहित्य की परिवर्तनकारी भूमिका साकार न हो। पाण्डेयजी लिखते हैं "साहित्य का समाजशास्त्र भी जनचेतना को भ्रमित करने वाले बुर्जुआ वर्ग की चालाकी का एक रूप है" (59-60, *साहित्य का समाजशास्त्र और मार्क्सवादी आलोचना*, शब्द और कर्म) जहाँ 'साहित्य के समाजशास्त्र की भूमिका में वे साहित्य के समाजशास्त्र को एक स्वतन्त्र साहित्यविधा के रूप में विकसित होते देखते हैं, वहीं इस लेख में उनका मानना है कि साहित्य का समाजशास्त्र अपने जनक-समाजशास्त्र के बुनियादी अनुशान के प्रयोजन और पद्धति से एकदम स्वतन्त्र नहीं हो सकता। इस लेख में उन्हें समाजशास्त्रीय पद्धति साहित्य की सामाजिक प्रयोजनीयता, अर्थवत्ता और सार्थकता के विश्लेषण में अक्षम दिखायी देती है। वस्तुनिष्ठता और मूल्य-मुक्तता के नाम पर वह रचनाकार की सृजनात्मक चेतना और सामाजिक प्रतिबद्धता की उपेक्षा करती है और अन्ततः रूपवादी समीक्षा के करीब पहुँच जाती है। साहित्य का समाजशास्त्र साहित्य को एक सामाजिक दस्तावेज, सामाजिक साक्ष्य, सामाजिक तथ्य या सामाजिक संस्था मानकर उसका अध्ययन करता है और समाजशास्त्रीय प्रतिबिम्बन और निर्धारणवाद की धारणा से ग्रस्त होकर साहित्य और समाज की द्वन्द्वात्मक अन्तःक्रिया यथार्थ और कल्पना के जटिल द्वन्द्वात्मक सम्बन्ध और मानव चेतना की सृजनशीलता की उपेक्षा करता है। वह उत्पादन, वितरण और उपभोग की भाषा में सृजन और सम्प्रेषण की व्याख्या का असफल प्रयास करता है। रचना को एक स्वतन्त्र इकाई मानने के कारण वह साहित्य की ऐतिहासिकता समाज सापेक्ष स्वतन्त्रता और निरन्तरता को रेखांकित नहीं कर पाता है। वह रचना की अन्तर्वस्तु का विश्लेषण करते हुए सामाजिक सन्दर्भ को महत्त्व तो देता है लेकिन सन्दर्भ बदलने से सार्थकता में जो परिवर्तन होते हैं, उस पर उसका ध्यान नहीं ज़ाता है। साहित्य का समाजशास्त्र लेखक की राजनीतिक, प्रतिबद्धता, रचना के राजनीतिक प्रभाव और प्रयोजन को अपने विश्लेषण में अनावश्यक मानता है। जाहिर है ये सारी बातें मार्क्सवादी आलोचना में द्वन्द्ववादी पद्धति, वर्ग-दृष्टि, साहित्य को विचारधारात्मक रूपों में से एक मानने की धारणा, साहित्य की क्रान्तिकारी भूमिका की धारणा आदि के खिलाफ हैं। मैनेजर पाण्डेय मार्क्सवाद और समाजशास्त्र को मिलाने के पक्ष में नहीं हैं। उनके शब्दों में "मार्क्सवाद और समाजशास्त्र को मिलाकर साहित्य का समाजशास्त्र विकसित करने के लिए प्रयत्नशील साहित्य चिन्तक अपनी सारी प्रतिभा और विश्लेषण क्षमता के बावजूद समाजशास्त्र की बुनियादी कमजोरियों से मुक्त नहीं हो पाये। उनमें से सबके सब कुत्सित समाजशास्त्री भले ही न बन गये हों, लेकिन इस काजल की कोठरी में जाने के बाद बिना कालिख लगे कोई भी बाहर नहीं आ सका है।" (65, *साहित्य का समाजशास्त्र और मार्क्सवादी आलोचना*, शब्द और कर्म) इस लेख के एकदम अन्त में वे रूपवाद, कलावाद के मुकाबले साहित्य के समाजशास्त्र को अधिक उपयोगी बताते हैं लेकिन मार्क्सवादी आलोचना के विकल्प के रूप में उसे पेश किये जाने के खिलाफ हैं। ऐसा नहीं है कि उनकी यह धारणा साहित्य के समाजशास्त्र नाम की पुस्तक में

नहीं पायी जाती लेकिन उस पुस्तक में साहित्य का समाजशास्त्र न तो बुर्जुआ चालाकी का उत्पाद है और न काजल की कोठरी।

दो दशक बाद सन् 2000 में 'साहित्य के समाजशास्त्रीय अध्ययन की जरूरत' शीर्षक लेख में उनका स्वर एक बार फिर साहित्य के समाजशास्त्र को लेकर बदला हुआ-सा है। इस लेख में उन्होंने फिर से उसे समाजशास्त्र से स्वतन्त्र एक साहित्य विधा के रूप में विकसित होता हुआ बताया है। इस लेख में उनके सामने कुछ ऐसे नये प्रश्न भी हैं, जिसका उत्तर उनके अनुसार साहित्यशास्त्र और सौन्दर्यशास्त्र की मदद से नहीं मिल सकता। उन्होंने लिखा ''भारतीय साहित्य का अध्ययन करने वालों को यह प्रश्न हमेशा परेशान करता है कि भारतीय साहित्य के कई हजार वर्षों के इतिहास में भक्तिकाल के पहले न कोई दलित कवि मिलता है और न कोई महत्त्वपूर्ण स्त्री कवि...इन प्रश्नों का उत्तर न कोई काव्यशास्त्र दे सकता है और न सौन्दर्यशास्त्र। इनके उत्तर के लिए साहित्य के समाजशास्त्र की जरूरत होगी, जो भारतीय समाज और संस्कृति के इतिहास में दलितों और स्त्रियों की स्थिति का विश्लेषण करते हुए भारतीय साहित्य में उनकी अनुपस्थिति और उपस्थिति के कारणों की खोज में मदद करेगा...पिछले कुछ दशकों से सम्पूर्ण भारतीय साहित्य में एक ओर दलित साहित्य की धारा निर्मित हो रही है तो दूसरी ओर स्त्री-दृष्टि की प्रभावशाली अभिव्यक्ति भी हो रही है। पुराने साहित्यशास्त्र और सौन्दर्यशास्त्र उनकी पराधीनता की पीड़ा और मुक्ति की आकांक्षा को समझने मे असमर्थ हैं'' (82-83, *साहित्य के समाजशास्त्रीय अध्ययन की जरूरत,* आलोचना की सामाजिकता) इस लेख में वे न तो कहीं मार्क्सवादी दृष्टि से साहित्य के समाजशास्त्र की अब तक की चली आयी धारा की आलोचना करते हैं और न ही इस बात पर विचार करते हैं कि दलित और स्त्री प्रश्न के केन्द्र में आने के कारण साहित्य के जिस समाजशास्त्र की जरूरत उत्पन्न हुई है, उसका मार्क्सवाद से क्या सम्बन्ध होगा। हाँ, यह अवश्य है कि वे इस लेख में भी साहित्य की समाजशास्त्रीय दृष्टि के विकास के लिए कुछ बातों के बारे में सावधानी बरतने की सलाह देते हैं। पहली बात यह कि साहित्य के सभी रूपों और विधाओं का समाजशास्त्र एक जैसा नहीं हो सकता, दूसरे यह कि समाजशास्त्रीय विवेचन करते वक्त रचना की प्रकृति का ध्यान में रखना जरूरी है। प्रातिनिधिक पद्धति और प्रतीकात्मक पद्धति की रचनाओं, यथार्थपरक कविताओं और प्रगीतों का समाजशास्त्र भिन्न होगा। तीसरी बात सावधानी बरतने के लिहाज से यह है कि जो समाजशास्त्र कलात्मक सौन्दर्य पर ध्यान न दे वह अधूरा होगा। इस लेख में उन्होंने लोकप्रिय साहित्य के बाजारू रूप तथा धार्मिक और सामाजिक उपदेश की पुस्तकों के रूप में उपलब्ध लोकप्रिय साहित्य के समाजशास्त्र पर भी बल दिया है। इस प्रश्न पर उन्होंने स्वतन्त्र रूप से 1991 में लिखे 'लोकप्रिय साहित्य और मार्क्सवाद' शीर्षक लेख में विचार किया जिसमें उन्होंने मार्क्स द्वारा यूजिनसुई के उपन्यास 'पेरिस रहस्य' से लेकर अर्नेस्ट मेंडल द्वारा 'डिलाइटफुल मर्डर' शीर्षक पुस्तक तक मार्क्सवादियों द्वारा रहस्य, रोमांस, जासूसी तथा अपराध पर आधारित बाजारू उपन्यासों के ऐतिहासिक भौतिकवादी नजरिये से विश्लेषण की परम्परा को सामने रखते हुए उसे विकसित किये जाने पर जोर देते हैं। फिर भी वे अनुभव करते हैं कि मार्क्स, ग्राम्शी और

फ्रैंकफुत समुदाय के विचारकों के बावजूद मार्क्सवादी साहित्य चिन्तन की परम्परा में लोकप्रिय साहित्य के विश्लेषण और मूल्यांकन का अधिक विकास नहीं हो सका। इस लेख में वे यह भी दिखलाते हैं कि लोकप्रिय साहित्य के मार्क्सवादी विश्लेषण में अनुभववादियों-संरचनावादियों से अधिक सामाजिक चिन्ता और अन्तर्दृष्टि है। यहाँ फिर वे मार्क्सवाद के उस खुले रूप की वकालत करते हैं जहाँ वह समाज की सिर्फ महान घटनाओं और साहित्य की महान रचनाओं पर ही नहीं बल्कि समाज की प्रत्येक घटनाक्रिया और सच्चाई पर उसकी जटिल समग्रता में विचार करने में सक्षम होता है। हिन्दी की मार्क्सवादी आलोचना के बारे में वे टिप्पणी करते हैं, "अभी हिन्दी के अधिकांश मार्क्सवादी आलोचना गम्भीर साहित्य की सतही चर्चा में लगे हैं, उन्हें सतही साहित्य की गम्भीर चर्चा की अभी फुरसत कहां!" (80, *लोकप्रिय साहित्य और मार्क्सवाद,* आलोचना की सामाजिकता)।

मैनेजर पाण्डेय ने हिन्दी में साहित्यानुशीलन की सामाजिक दृष्टि का आरम्भ बालकृष्ण भट्ट के 1881 में प्रकाशित निबन्ध 'साहित्य जन समूह के हृदय का विकास है' से माना है। आगे चलकर महावीर प्रसाद द्विवेदी ने साहित्य को समाज के विकास और परिवर्तन को प्रभावित करने वाली शक्ति के रूप में चिह्नित किया। साहित्य की सामाजिक दृष्टि का सुसंगत और परिष्कृत रूप आचार्य शुक्ल के यहाँ मिलता है। जब वे साहित्य को जनता की चित्तवृत्ति का संचित प्रतिबिम्ब कहते हैं तो उसमें निहित है कि सामाजिक यथार्थ और साहित्य के बीच चेतना की मध्यस्थता होती है। जनता की चित्तवृत्ति सामाजिक-राजनीतिक परिस्थितियों से प्रभावित होती है और वह साहित्य को प्रभावित करती है। शुक्ल जी की साहित्य-दृष्टि में यह बात उभरती है कि सामाजिक परिस्थितियों से सहित्य की अन्तर्वस्तु ही प्रभावित नहीं होती, उसका रूप भी प्रभावित होता है। वे साहित्य के विकास में पाठकों की रुचि की भूमिका की भी व्याख्या करते हैं। मैनेजर पाण्डेय के अनुसार साहित्य की सामाजिक-दृष्टि का व्यवस्थित विकास हिन्दी की मार्क्सवादी आलोचना ने किया है, जिसमें मुक्तिबोध का स्थान केन्द्रीय है। साहित्य की सामाजिक दृष्टि और ऐतिहासिक दृष्टि के सम्बन्ध पर विचार करते हुए पाण्डेयजी ने डी.डी. कोसम्बी, रोमिला थापर जैसे इतिहासकारों के योगदान को भी रेखांकित किया है। हिन्दी साहित्य को लेकर इतिहासकारों की दिलचस्पी का एक उदाहरण सुधीरचन्द्र द्वारा हिन्दी साहित्य में राष्ट्रीय चेतना और साम्प्रदायिक चेतना के सम्बन्ध का विश्लेषण है। जाहिर है कि सुधीर चन्द्र की निगाह में सामाजिक चेतना के जो पक्ष ऐतिहासिक दस्तावेजों से सामने नहीं आते वे साहित्य के माध्यम से पहचाने जा सकते हैं। सुधीर चन्द्र ने भारतेन्दु मण्डल के लेखकों की रचनाओं में मुसलमानों के प्रति अभिव्यक्त दृष्टिकोण की जाँच करते हुए यह पाया कि इनकी रचनाओं में साम्प्रदायिक चेतना आदि से अन्त तक अन्तर्वस्तु के रूप में मौजूद है। इस साम्प्रदायिक चेतना के साथ राष्ट्रीय दृष्टिकोण का सह-अस्तित्व है। सुधीर चन्द्र से असहमति व्यक्त करते हुए पाण्डेयजी यह लक्ष्य करते हैं कि भारतेन्दु युग के लेखकों में साम्प्रदायिक और राष्ट्रीय दृष्टिकोण का सह अस्तित्व पूरी सच्चाई नहीं है। भारतेन्दु युग अनेक प्रकार के नये और पुराने

दृष्टिकोणों के द्वन्द्व का युग है। राजनीतिक स्तर पर राजभक्ति और देशभक्ति का द्वन्द्व तथा सामाजिक सांस्कृतिक स्तर पर रूढ़िवाद तथा नयी चेतना का द्वन्द्व दिखता है। मैनेजर पाण्डेय के अनुसार "सुधीर चन्द्र ने इन लेखकों के रचनात्मक साहित्य में यथार्थ चित्रण पर कम ध्यान दिया है और उनके विचारात्मक लेखन का विश्लेषण करते हुए ही साम्प्रदायिकता और राष्ट्रीय चेतना के सह-अस्तित्व की खोज की है...उनका साहित्य विश्लेषण मुख्यतः साहित्य में व्यक्त सामाजिक चेतना की खोज करता है, सामाजिक यथार्थ की नहीं...लेकिन रचनात्मक साहित्य में कई बार लेखक के यथार्थबोध और दृष्टिकोण में जो अन्तर होता है वह ऐसे विवेचन से छूट जाता है..एक समस्या पर ध्यान केन्द्रित होने के कारण एक लेखक या एक युग के लेखकों के साहित्य की समग्रता उपेक्षित हो जाती है, जिससे साहित्य और समाज के सम्बन्ध का बोध भी अधूरा रहता है।" (75-77, *साहित्यानुशीलन की सामाजिक दृष्टि : भारतीय परम्परा,* साहित्य के समाजशास्त्र की भूमिका) सुधीर चन्द्र के विवेचन पर पाण्डेयजी की यह टिप्पणी महत्त्वपूर्ण इसलिए भी है कि हिन्दी नवजागरण में साम्प्रदायिक चेतना पर विचार करते हुए आगे के अनेक इतिहासकारों और आलोचकों ने सुधीर चन्द्र की पद्धति की उपर्युक्त कमियों-कमजोरियों को दोहराया है। भारतीय साहित्य की समाजशास्त्रीय दृष्टि के विकास में डी.पी. मुखर्जी और पूरनचन्द्र जोशी जैसे समाजशास्त्रियों के योगदान की पाण्डेय जी ने सविस्तार चर्चा की है। लोकप्रिय उपन्यास के समाजशास्त्र विकसित करने का प्रयास उन्हें राजेन्द्र यादव द्वारा देवकीनन्दन खत्री के तिलिस्मी और जासूसी उपन्यासों की आलोचना में दिखायी देता है।

उपन्यास का समाजशास्त्र और भारतीय उपन्यास की भारतीयता

उपन्यास के समाजशास्त्र और भारतीय उपन्यास की भारतीयता के विषय में मैनेजर पाण्डेय ने महत्त्वपूर्ण स्थापनाएँ दी हैं। उपन्यास के उदय और विकास की परिस्थितियों पर प्रकाश डालते हुए डॉ. मैनेजर पाण्डेय ने लिखा है, "उपन्यास के उदय और विकास के लिए अर्थात् उसके अस्तित्व के लिए कुछ ऐसे भौतिक और विचारधारात्मक आधारों की जरूरत थी, जो आधुनिक युग में ही विकसित हुए। उपन्यास के अस्तित्व के लिए अनिवार्य प्रेस, प्रकाशन और पत्र पत्रिकाएँ आधुनिक युग के वैज्ञानिक विकास की देन हैं तो उसके लेखक और पाठक के रूप में क्रियाशील मध्यवर्ग पूँजीवादी सामाजिक संरचना का परिणाम है। इन भौतिक आधारों के साथ-साथ विचारधारा के स्तर पर व्यक्तिवाद, धर्मनिरपेक्ष जीवनदृष्टि और यथार्थवादी विश्वदृष्टि की जरूरत थी, जो आधुनिक युग की विवेकवादी चेतना की उपज है। उपन्यास की रचनादृष्टि में मनुष्य की स्वतन्त्रता, व्यक्ति की महत्ता और मानवीय सम्बन्धों की गरिमा को तभी केन्द्रीय महत्त्व मिला, जब आधुनिक मानस अपने अनुभव और तर्क के अलावा किसी अलौकिक शक्ति की सत्ता को स्वीकार करने के लिए तैयार न था। यह मध्ययुग में सम्भव न था। उपन्यास मध्ययुगीनता के

विरुद्ध आधुनिकता के विद्रोह की अभिव्यक्ति करने वाला साहित्य रूप है।" (48, *उपन्यास का समाजशास्त्र,* अनभै साँचा)।

'उपन्यास का समाजशास्त्र' शीर्षक अपने लेख में ही मैनेजर पाण्डेय ने यह दिखलाया है कि नयी ऐतिहासिक चेतना और समाजशास्त्रीय अन्वेषण की दृष्टि जिस आधुनिक युग के भौतिक और वैचारिक परिवेश की उपज है, उसी की उपज उपन्यास भी है। ऐसे में यह स्वाभाविक ही है कि साहित्य के समाजशास्त्रीय अध्ययन केन्द्र में उपन्यास ही रहें।

उपन्यास की भारतीयता को लेकर हिन्दी में उत्तर-औपनिवेशिक सैद्धान्तिकी के प्रभाव में महत्त्वपूर्ण बहस चली है। इस बहस में एक ओर निर्मल वर्मा और नामवर सिंह हैं तो दूसरी ओर मैनेजर पाण्डेय। निर्मल वर्मा के अनुसार उपन्यास के पश्चिमी रूप ने बहुस्तरीय भारतीय यथार्थ की अभिव्यक्ति को परिसीमित और क्षतिग्रस्त किया। अठारहवीं और उन्नीसवीं सदी के योरोपीय उपन्यास व्यक्तिकृत चेतना की स्वायत्त संवेदना से निर्मित हुए जबकि भारत में जिस समय उपन्यास एक पहले से ही उपलब्ध विधा के रूप में गृहीत हुआ, उस समय तक भारतीय समाज में व्यक्तिकरण की प्रक्रिया योरोप जैसी अवस्था में नहीं पहुँची थी। निर्मल वर्मा के अनुसार भारतीय नैतिक द्वन्द्वों के भिन्न किस्म के आख्यान की आवश्यकता थी। भले ही महाकाव्य विधा के रूप में समाप्त हो गया रहा हो किन्तु महाकाव्यात्मक संवेदना मृत नहीं हुई थी। (Ramakrishnan, E.V. (Ed.) : Introduction, Narrating India : The Novel In Search of the Nation, Sahitya Academy, Delhi, 2005, pg. 12) यह विडम्बना ही है कि निर्मल जी योरोपीय नावेल की व्यक्तिकृत चेता के बरक्स जिस सामूहिक नैतिक महाकाव्यात्मक चेतना को भारतीय बता रहे हैं, उसके प्रति सजगता साहित्य के क्षेत्र में मिथ और आद्यबिम्बों पर योरपीय चिन्तन का ही परिणाम है। मैनेजर पाण्डेय ने इस यथार्थवाद विरोधी दृष्टिकोण का खण्डन करते हुए लिखा—"भारतीय उपन्यास का स्वतन्त्र रूप तब विकसित हुआ जब उपन्यास रचना के केन्द्र में भारतीय किसान जीवन आया। तभी वह यथार्थवाद विकसित हुआ, जो राष्ट्रीय जागरण का अभिन्न अंग था। किसान जीवन से जुड़कर ही भारतीय उपन्यास की सच्ची भारतीयता विकसित हुई और उपन्यास राष्ट्रीय जीवन की महागाथा का प्रतिनिधि साहित्य रूप बना।" (274, *भारतीय उपन्यास की भारतीयता,* आलोचना की सामाजिकता)।

उपन्यास के पश्चिमी ढाँचे और यथार्थवादी शैली को समानार्थी मानकर नामवर सिंह ने अपने ढंग से उपन्यास की भारतीयता का प्रश्न सामने रखा। नामवर जी उन्नीसवीं सदी के उपन्यासों के बारे में वक्तव्य देते हुए कहते हैं "विधा के रूप में उपन्यास की हमारी धारणा मूलतः औपनिवेशिक है। ब्रिटिश अध्येताओं ने भारतीय उपन्यास को पश्चिम की नकल बताया। चूँकि वे इसे पश्चिम से प्रतिरोपित मानते थे लिहाजा हमने भी प्रारम्भिक उपन्यासों के बारे में थोड़ा क्षमाप्रार्थी होते हुए उसी धारणा को अपना लिया। ...उपन्यास को मूलतः एक उपार्जित (derivative) विधा मानने के विचार की पुनर्परीक्षा

जरूरी है। सम्भवतः हम बंकिमचन्द्र चटर्जी से शुरू कर सकते हैं। उन्होंने उपन्यासकार के रूप में पहले पहल अंग्रेजी ढंग का उपन्यास अंग्रेजी भाषा में ही लिखा। लेकिन उनकी पहली मौलिक कृति 'कपाल कुण्डला' थी जिसकी संरचना (उपन्यास की अपेक्षा) कादम्बरी के अधिक निकट है और उसके संघटक तत्त्व अनुकरणात्मक (imitative) नहीं हैं। आज तक भी हमारे कई महत्त्वपूर्ण उपन्यासों की संरचना एकरेखीय नहीं है। उदाहरण के लिए उड़िया में लिखे गोपीनाथ मोहन्ती के उपन्यास, बांग्ला में लिखे ताराशंकर बन्दोपाध्याय के उपन्यास और हिन्दी में फणीश्वर नाथ रेणु के उपन्यास। मलयालम में भी जब आरम्भिक उपन्यास पर चर्चा होगी तो सम्भवतः मार्तण्ड वर्मा (के उपन्यासों) को 'इन्दुलेखा' की अपेक्षा अधिक महत्त्व मिलेगा, हालाँकि 'इन्दुलेखा' का परिगणन मानक ग्रन्थों में होता है क्योंकि उसका ढाँचा उपन्यास के पश्चिमी चौखटे के नजदीक है।" (Singh, Namwar : Reformulating The Questions in Minkashi Mukharjee (Ed.) introdution, Early Novels In India, Sahitya Academy, 2002, pg. 3)

नामवर जी ने अपने वक्तव्य में कहा 'चूँकि हमने यथार्थवाद को उपन्यास का संकेतचिह्न मान लिया, कुछ कृतियाँ हमारे दृष्टि-पटल से ओझल हो गयी हैं। मैं यहाँ खुद को हिन्दी तक ही सीमित रखूँगा, हालाँकि मैं दूसरी भाषाओं में ऐसे उदाहरणों से अवगत हूँ। आचार्य रामचन्द्र शुक्ल जी ने लाला श्रीनिवास दास के 'परीक्षागुरु' (1885) को अंग्रेजी ढंग से लिखा, हिन्दी का पहला उपन्यास बताया। उन्होंने उसे इसलिए रेखांकित किया कि समकालीन यथार्थ को यथार्थवादी शैली में प्रस्तुत करने वाला उपन्यास है। इस उपन्यास की चर्चा करने से ठीक पहले उन्होंने जगमोहन सिंह के उपन्यास 'श्यामा स्वप्न' (1885) की भूरि-भूरि प्रशंसा की लेकिन उसे उपन्यास का दर्जा नहीं दिया क्योंकि वह उपन्यास की विधागत अपेक्षाओं पर खरा नहीं उतरता। 'श्यामा स्वप्न' ने यथार्थवाद का इस्तेमाल नहीं किया। वह कादम्बरी शैली का पुराने रोमांसों की तरह का ऐसा उपन्यास है जिसमें स्वप्न और फंतासी का समावेश किया गया है।" (Singh, Namwar : Reformulating The Questions in Minakshi Mukharjee (Ed.), Introduction Early Novels in India, Sahitya Academy, 2002, pg.3)

डॉ. मैनेजर पाण्डेय ने 'राष्ट्रवाद , उपन्यास और प्रेमचन्द' नामक अपने महत्त्वपूर्ण लेख में नामवर जी की इस धारणा पर प्रेमचन्द के बहाने प्रश्नचिह्न लगाया है। अपने उक्त निबन्ध में नामवर सिंह के आशय को समेटते हुए मैनेजर पाण्डेय लिखते हैं, "हिन्दी में नामवर सिंह ने बेनेडिक्ट एण्डरसन और फ्रेडरिक जेम्सन की मान्यताओं की मदद से भारतीय राष्ट्रवाद और भारतीय उपन्यास के सम्बन्धों की खोज और दोनों की भारतीयता की पहचान का एक प्रयत्न अपने निबन्ध 'अंग्रेजी ढंग का नावेल और भारतीय उपन्यास' में किया है। नामवर सिंह के अनुसार भारतीय राष्ट्रवाद की चिन्ता का केन्द्र था 'कोई असली भारत। मनोवांछित भारत। कल्पना का भारत।' और उसके राष्ट्रीय रूपक हैं बांग्ला के बंकिम, हिन्दी के ठाकुर जगमोहन सिंह तथा हजारी प्रसाद द्विवेदी के कपाल कुण्डला, यामा स्वप्न और बाणभट्ट की आत्मकथा जैसे ऐतिहासिक और व्यक्तिगत रोमांस या

रोमांसधर्मी उपन्यास। वे न तो उस राष्ट्रवाद को महत्त्वपूर्ण मानते हैं जिसका आधार था उस समय का वास्तविक भारत, "आँखों के सामने रोज-रोज दिखायी पड़ने वाला भारत' और न उस भारत की पराधीनता के यथार्थ, उसकी स्वाधीनता की आकांक्षा और उसके लिए संघर्ष के प्रयत्नों का चित्रण करने वाले सामाजिक यथार्थवाद के उपन्यासों को, क्योंकि उन्हें वे राष्ट्रीय रूपक नहीं लगते।" (146-47, *राष्ट्रवाद, उपन्यास और प्रेमचन्द,* अनभै साँचा) मैनेजर पाण्डेय ने उपन्यास के पश्चिमी ढाँचे और भारतीय ढाँचे की बहस से ज्यादा महत्त्वपूर्ण राष्ट्र की अलग-अलग अवधारणाओं को माना है, जो कि रोमांस शैली और यथार्थवादी शैली के भिन्न-भिन्न उपन्यासों में आकार ग्रहण कर रही थी। जहाँ नामवर सिंह राष्ट्रवाद की धारणागत बहुलता को चिह्नित नहीं करते और राष्ट्रीयता के स्वर को एकवचन में सीमित करते हुए उसकी अभिव्यक्ति कल्पना-प्रधान उपन्यासों में देखते हुए उसे ही देशज परम्परा का विकास मानते हैं, वहीं मैनेजर पाण्डेय के लिए राष्ट्र स्वयं बहुवचनीय है और वह जितना काल्पनिक, रूपकात्मक शैली के उपन्यासों में मुखरित है, उतना ही सामाजिक यथार्थवादी उपन्यासों में। शुक्ल जी की तरह मैनेजर पाण्डेय भी यथार्थवाद के प्रचलित रूपों को छोड़कर अमूर्तन का भी इस्तेमाल करते हुए समय और समाज की धड़कती हुई वास्तविकता के चित्रण को न तो असंगत मानते हैं और न ही निषिद्ध मानते हैं। 'हंस' के उपन्यास केन्द्रित अंक में वे लिखते हैं, "यथार्थवादी के प्रचलित भेदों से चिपके रहने के कारण ही अनेक आलोचक न तो उस प्रकार के यथार्थ दृष्टिकोण को समझ पाते हैं, जिसे जादुई यथार्थदाद कहा जाता है, और न वे उपन्यास में यथार्थ से अमूर्तन के रचनात्मक सम्बन्ध की पहचान कर पाते हैं, यथार्थ और अमूर्तन को परस्पर विरोधी मानने के कारण ही जार्ज लुकाच काफ्का की प्रायः निन्दा किया करते थे।" (मैनेजर पाण्डेय : 'उपन्यास और यथार्थ : एक टिप्पणी', हंस, जनवरी, 1999, पृ0 14) पाण्डेयजी का उपर्युक्त वक्तव्य संचेत ढंग से अमूर्तन का प्रयोग करने वाली उन उपन्यासकारों को ध्यान में रखकर दिया गया लगता है जो यथार्थ की जटिल परतों के उद्घाटन के लिए तथा समग्रतर यथार्थ को सामने लाने के लिए इस प्रविधि का इस्तेमाल करते हैं। काफ्का से लेकर मार्खेज तक इसी कोटि में आते हैं। लेकिन आरम्भिक भारतीय उपन्यासों के उदय का भिन्न परिप्रेक्ष्य स्पष्ट करते हुए उन्होंने लिखा, "जब भारत में उपन्यास का उदय हो रहा था, तब देश गुलाम था। उस समय अंग्रेजी राज के अत्याचारों से भरे हुए असह्य वर्तमान से मुक्ति की तलाश भारतीय जनता को थी और रचनाकारों को भी, रचनाकारों के सामने मुक्ति के दो मार्ग थे। एक अतीत या भविष्य के मायालोक में ले जाने वाला था। दूसरा था वर्तमान के यथार्थ के बोध और प्रतिरोध की ओर पहुँचने वाला। रोमांस के रचनाकार पहले मार्ग पर चल रहे थे और सामाजिक यथार्थवाद के उपन्यासकार दूसरे पर। केवल यही दूसरा ार्ग जनता को भी उपलब्ध था इसलिए सामाजिक यथार्थवाद के लेखक वर्तमान के बोध और प्रतिरोध के मार्ग पर चलने की प्रक्रिया में साधारण जनता के साथ थे।" (147, *राष्ट्रवाद, उपन्यास और प्रेमचन्द,* अनभै साँचा) वे बेनेडिक्ट एण्डरसन

द्वारा परिभाषित राष्ट्र की अवधारणा को प्रश्नांकित करते हुए उपन्यास के साथ उसके सम्बन्ध को एकांगी मानते हैं। उन्हीं के शब्दों में "जब राष्ट्रवाद से उपन्यास के सम्बन्ध पर विचार के आरम्भ में ही यह मान लिया जाता है कि उपन्यास आधुनिक राष्ट्र का आख्यान है, वह एक कल्पित समुदाय के रूप में राष्ट का निर्माता है या कि वह राष्ट्र की उपज है। तब राष्ट्र और राष्ट्रवाद से उपन्यास के सम्बन्ध की खोज का एकतरफा रास्ता सामने रह जाता है जिस पर चलकर यह साबित करना सरल होता है कि राष्ट्र की कल्पना और राष्ट्रवाद की निर्मित में उपन्यास की क्या भूमिका होती है। इसी विचार-प्रक्रिया के कारण उपन्यास को राष्ट्र का संकेत, प्रतीक और रूपक (मेटाफर और अलेगरी) कहा जाता जाता है। लेकिन उपन्यास ऐसी विधा है जिसमें अपनी और दूसरों की आलोचना की अपार क्षमता होती है। वह सभी सामाजिक शक्तियों, भौतिक परिस्थितियों और विचारधाराओं का सशक्त प्रतिरोधक और आलोचक रहा है जो उसके उदय, विकास और रूप के निर्माण के कारण रहे हैं। इसीलिए वह राष्ट्रवाद का जितना पोषक है, उससे अधिक उसका आलोचक है।" (147-48, *राष्ट्रवाद, उपन्यास और प्रेमचन्द*, अनभै साँचा) निर्मल वर्मा ने उपन्यास के सन्दर्भ में पश्चिमी मॉडल की आलोचना करते हुए भारतीय यथार्थ के लिए महाकाव्यात्मक संवेदना को महत्त्वपूर्ण माना था, "हमने अपने कथात्मक गद्य के लिए उपन्यास जैसी 'विधा' को चुना जो (पश्चिम के) नितान्त भिन्न सांस्कृतिक अनुभव क्षेत्र में पनपी और विकसित हुई थी...प्रेमचन्द से लेकर अधुनातन उपन्यासकारों ने कभी उपन्यास की विधा पर शंका प्रकट नहीं की, अपने अनुभव के सन्दर्भ में पुनः परीक्षा तो दूर की बात थी।" (निर्मल वर्मा : 'आलोचना-', अप्रैल-जून, 1980, पृ. 2, सम्पादकीय में नामवर सिंह द्वारा उद्धृत) निर्मल वर्मा लम्बे समय से भारतीयता के एक विशिष्ट स्वरूप को स्मृति और परम्पराओं के सहारे अर्जित करने को लेकर चिन्तित रहे। उपन्यास की अपेक्षा भारतीयता को वे महाकाव्य की संवेदना से अधिक घनिष्ठ रूप से जुड़ा हुआ मानते हैं। यहाँ अवसर नहीं कि हम उनकी भारतीयता की धारणा का विवेचन करें किन्तु उपन्यास के सन्दर्भ में इस नुक्ते से वे जो सैद्धान्तिक विधागत प्रश्न उठाते रहे उसका अधिक सुलझा हुआ विवेचन मैनेजर पाण्डेय के इस लेख में व्यक्त हुआ है, "उपन्यास आधुनिक युग का महाकाव्य कहा जाता है, इसीलिए वह राष्ट्र की पुरानी स्मृति का आधुनिक उत्तराधिकारी है। लेकिन उपन्यास का स्वभाव महाकाव्य से भिन्न होता है। महाकाव्य में जातीय जीवन के अतीत का गौरव गान होता रहा है। जबकि उपन्यास का सम्बन्ध समकालीन सामाजिक प्रक्रियाओं से होता है और वे सामाजिक प्रक्रियाएँ राष्ट्र के शासक वर्ग की विचारधारा की एकान्विति और एकस्वरता का खण्डन करती हैं। यही नहीं, वह राष्ट्र की कल्पित सामूहिकता के समक्ष विभिन्न समुदायों, वर्गों और अस्मिताओं को प्रस्तुत करता हुआ राष्ट्रवाद की समग्रतावादी विचारधारा के एकाधिपत्य को तोड़ता है।

दुनिया भर के उपन्यास के इतिहास से यह साबित होता है कि उपन्यास का रूप अत्यन्त लचीला, गतिशील, बहुआयामी और प्रयोगधर्मी होता है, इसीलिए मिखाइल

बाख़्तिन ने उपन्यास के सिद्धान्तकारों को चेतावनी देते हुए कहा था कि उपन्यास का वह प्रत्येक सिद्धान्त उलझाव का शिकार होता है जो उसे कुछ स्थायी विशेषताओं और विचारधारात्मक बन्धनों में बाँधना चाहता है। राष्ट्रवाद भी एक विचारधारा है, जिसके बन्धनों में बँधना उपन्यास स्वीकार नहीं करता।" (148, *राष्ट्रवाद, उपन्यास और प्रेमचन्द,* अनभै साँचा) मैनेजर पाण्डेय ने न केवल राष्ट्रवाद को एकवचनीय मानने के प्रति सावधान किया बल्कि उसके साथ उपन्यास के सम्बन्ध को भी वैविध्यपूर्ण माना है, "ऐतिहासिक और व्यक्तिगत रोमांस के उपन्यास जिस तरह के राष्ट्रवाद के पोषक होते हैं, वैसे राष्ट्रवाद से सामाजिक यथार्थवाद के उपन्यासों का स्थायी विरोध होता है। रोमांसधर्मी उपन्यासकारों में वर्तमान के बोध की जगह अतीत की स्मृति या भविष्य की कल्पना अधिक होती है। उनकी आख्यान की पूरी संस्कृति पुनरुत्थानवादी राष्ट्रवाद की मदद करती है, जबकि सामाजिक यथार्थवाद के उपन्यास अपने समय और समाज की सच्चाईयों का साक्षात्कार करते हुए मुक्तिधर्मी और अग्रगामी राष्ट्रीय चेतना का निर्माण करते हैं। उनमें जनता की जिन्दगी की वास्तविकताओं तथा लोकतान्त्रिक आकांक्षाओं की अभिव्यक्ति होती है और राष्ट्रवाद के हाशिये पर रहने वालों की आवाज सुनायी देती है।" (148, *राष्ट्रवाद, उपन्यास और प्रेमचन्द,* अनभै साँचा) मैनेजर पाण्डेय ने इस लेख में यह दिखलाया कि योरोप मे उपन्यास का जन्म राष्ट्र-राज्य के साथ हुआ था और वह कभी-कभी उस राष्ट्र-राज्य के उपनिवेशवादी अभियान का सहचर भी बना। एडवर्ड सईद की दो महत्त्वपूर्ण कृतियों—'प्राच्यवाद' तथा 'संस्कृति और साम्राज्यवाद' में इस प्रक्रिया का बेहतर संकेत मिलता है। एशिया, अफ्रीका तथा दक्षिण अफ्रीका के पराधीन देशों के राष्ट्रवादों की चर्चा करते हुए मैनेजर पाण्डेय ने इस लेख में यह उचित ही रेखांकित किया है कि राष्ट्रवाद हमेशा मुक्तिधर्मी और मूलगामी नहीं होता। स्वाधीनता आन्दोलन के समय के राष्ट्रवादी विमर्श में बहुधा किसानों, मजदूरों, स्त्रियों और दलितों को राष्ट्रवाद की मुख्यधारा की कल्पना में स्थान नहीं दिया गया था। सबाल्टर्न इतिहास लेखन इसी राष्ट्रवादी विमर्श के प्रतिरोध में खड़ा हुआ, जिसमें जनता एक बेचेहरा और बेजुबान भीड़ के अलावा कुछ नहीं थी। हिन्दी उपन्यास ने इस उच्चवर्गीय राष्ट्रवादी विमर्श के सुर में सुर नहीं मिलाया बल्कि राष्ट्रनिर्माण में जनता के वास्तविक तबकों की भूमिका को रेखांकित करते हुए प्रभुत्वशाली राष्ट्रवादी विमर्श की खरी आलोचना की। प्रेमचन्द के उपन्यास इसकी सर्वोच्च मिसाल हैं। मैनेजर पाण्डेय लिखते हैं, "यद्यपि स्वाधीनता आन्दोलन के काल में राष्ट्रवादी विमर्श समूचे भारतीय समाज के बारे में बोलने का दावा और दिखावा करता था, लेकिन उसमें उच्च वर्गों और उच्च वर्णों की आकांक्षाओं की आवाज अधिक सुनायी देती थी। उस राष्ट्रवाद ने जिस मुख्यधारा की कल्पना की थी, उसका देश के गरीब किसानों, मजदूरों, स्त्रियों और दलितों के साथ सम्बन्ध उपयोग और उपेक्षा का था। इस स्थिति में स्वाधीनता आन्दोलन के काल में जिन उपन्यासों में राष्ट्रवाद की मुख्यधारा से बहिष्कृत बेजुबान और उपेक्षित किसानों, मजदूरों, स्त्रियों और दलितों की पराधीनता की यातना की ऐतिहासिक ट्रेजडी का आख्यान है, उनमें

उस राष्ट्रवाद का पोषक कोई रूपक नहीं, उसकी खरी आलोचना हैं।" (149, *राष्ट्रवाद, उपन्यास और प्रेमचन्द,* अनभै साँचा) जहाँ तक आजादी के बाद के राष्ट्रवाद का सवाल है तो हिन्दी उपन्यास उसके सतत विरोध में ही खड़ा दिखायी देगा। उपन्यास ही क्यों, हिन्दी का अधिकांश काव्य भी। आजादी के बाद के प्रभुत्वशाली राष्ट्रवाद की चर्चा करते हुए मैनेजर पाण्डेय ने लिखा, "आजादी के बाद के पचास वर्षों में भारतीय जनता को राष्ट्रवाद का जो अनुभव होता रहा है, उससे स्पष्ट है कि राष्ट्रवाद एक बहाना भी है, राजसत्ता को अधिक दमनकारी बनाने का, उच्च वर्गों की हित साधने का, एक समुदाय के वर्चस्व का, हर अस्वीकार के दमन का, देश के भीतर पनपने वाली विभिन्न अस्मिताओं के अस्वीकार का, स्त्रियों के अनेक प्रकार की पराधीनताओं को गौरवान्वित करने का, दलितों की आवाज दबाने का और आजकल बहुराष्ट्रीय कम्पनियों के आगे आत्मसमर्पण का। इन सबके लिए उसके अनेक रूप भी दिखायी देते हैं। राजनीतिक, धार्मिक, सांस्कृतिक, साम्प्रदायिक, नस्लवादी और अनन्यतावादी आदि।" (149, *राष्ट्रवाद, उपन्यास और प्रेमचन्द,* अनभै साँचा) मैनेजर पाण्डये का यह लेख दो हिस्सों में विभाजित है। पहले हिस्से में राष्ट्रवाद के साथ उपन्यास विधा के सम्बन्ध सैद्धान्तिकी पर चर्चा है और दूसरे हिस्से में हिन्दी उपन्यास की श्रेष्ठतम उपलब्धि के बतौर प्रेमचन्द के उपन्यासों की चर्चा है। राष्ट्रवाद और सामाजिक यथार्थवादी उपन्यास के बीच द्वन्द्वात्मक सम्बन्ध की श्रेष्ठ उपलब्धि के रूप में प्रेमचन्द की प्रस्तुति वास्तव में हिन्दी आलोचना में लम्बे समय से प्रेमचन्द की कथा परम्परा को विस्थापित करने के प्रयासों का उचित जवाब भी है। लेकिन इस लेख का सैद्धान्तिक पक्ष भी उतना ही महत्त्वपूर्ण है। उत्तर-औपनिवेशिक विमर्शों के साथ अनालोचनात्मक-अनुकरणात्मक सम्बन्ध हिन्दी साहित्य को समझने का रास्ता नहीं हो सकता है। मैनेजर पाण्डेय का यह लेख इसकी शक्तिशाली अभिव्यक्ति है। वे बेनेडिक्ट एण्डरसन और फ्रेडरिक जेम्सन, दोनों की धारणाओं को समस्याग्रस्त बनाते हैं। लेकिन प्रेमचन्द के प्रसंग में फ्रैंज फैनन का सकारात्मक उद्धरण देते हैं। फ्रैंज फैनन ने लिखा है कि "अगर साम्राज्यवाद विरोधी संघर्ष के समय राष्ट्रीय चेतना को सामाजिक चेतना नहीं बनाया गया तो भविष्य मुक्ति का नहीं, उपनिवेशवाद के बदले हुए रूप का होगा। इसलिए राष्ट्रीय चेतना को सामाजिक और राजनीतिक आवश्यकताओं में रूपान्तरित करते हुए उसे अधिक व्यापक और गहरा अर्थात् वास्तविक रूप में मानवीय बनाना जरूरी है।" (153, *राष्ट्रवाद, उपन्यास और प्रेमचन्द,* अनभै साँचा) लेख के प्रथम हिस्से का समाहार करते हुए उन्होंने पार्थ चटर्जी के हवाले से बेनेडिक्ट एण्डरसन की धारणाओं पर तीखे सवाल उठाये हैं, "पार्थ चटर्जी ने भारत जैसे देशों के राष्ट्रवाद को पश्चिम के राष्ट्रवाद से स्वतन्त्र साबित करने के लए एण्डरसन से यह सवाल पूछा कि राष्ट्र अगर कल्पित समुदाय है, तो वे किसी कल्पना का समुदाय है। यह सवाल भारतीय राष्ट्रवाद के बारे में भी पूछा जाना चाहिए ताकि उसके सामाजिक आधार, राजनीतिक उद्देश्य और विचारधारात्मक अभिप्राय की वास्तविकता सामने आये। एण्डसरन कहते हैं कि राष्ट्र में वास्तविक विषमता और शोषण

होने के बावजूद राष्ट्रवाद में एक प्रकार के गहरे साहचर्य की कल्पना होती है। लेकिन भारत जैसे देशों में जहाँ उपनिवेशवाद के विरुद्ध राष्ट्रीय संघर्ष हुए है, वहाँ कुछ ऐसे लेखक भी हैं जो विषमता और शोषण की वास्तविकता की उपेक्षा करने वाले राष्ट्रवाद के बारे में यह प्रश्न पूछते हैं कि राष्ट्र किसी कल्पना का समुदाय है, सामन्तों, पूँजीपतियों और उनके प्रतिनिधियों की कल्पना का या उनके द्वारा शोषित और दलित जनसमुदाय की कल्पना का। प्रेमचन्द के साहित्य में ऐसे सवाल उनके द्वारा बार-बार पूछे गये हैं जो राष्ट्रवाद के हाशिये पर थे। स्वयं प्रेमचन्द ने भी यह सवाल बार-बार पूछा है और उसका जवाब भी दिया है।" (150, राष्ट्रवाद, उपन्यास और प्रेमचन्द, अनभै साँचा)

आलोचना की सामाजिकता के आयाम

उत्तरवादी और अन्तवादी दौर में साहित्य और आलोचना दोनों की बदली हुई सामाजिकता के स्वरूप पर पाण्डेय जी ने फिर से विचार किया है। उनके शब्दों में "आलोचना की घटती सामाजिकता का कारण केवल बाहरी नहीं है, केवल आज का सांस्कृतिक परिवेश नहीं है, आन्तरिक भी है, जिसका सम्बन्ध आलोचना-दृष्टि से है" (13, *आलोचना की सामाजिकता,* आलोचना की सामाजिकता)। आज की हिन्दी आलोचना की एक विडम्बना तो यह है कि उत्तर आधुनिक होने का दावा करने वाले साहित्य संसार की स्वायत्तता की भी घोषणा कर रहे हैं जबकि उत्तर आधुनिक सापेक्षतावाद के लिए कैसी भी स्वायत्तता अस्वीकार्य है। कुछ लोग साहित्य को अन्य अनुशासनों का उपनिवेश बनाये जाने का खतरा बताकर किसी भी अन्तःअनुशासनिक आलोचना-दृष्टि का विरोध कर रहे हैं। ऐसे लोगों पर व्यंग्य करते हुए मैनेजर जी ने लिखा, "काश! उपनिवेशवाद की यह चिन्ता केवल साहित्य संसार की स्वतन्त्रता तक सीमित नहीं होती, उसका विस्तार भारतीय समाज और संस्कृति के औपनिवेशीकरण तक होता तब आलोचनात्मक चेतना अधिक व्यापक और सामाजिक होती" (13714, *आलोचना की सामाजिकता,* आलोचना की सामाजिकता) आलोचना में नैतिक प्रश्नों से बचने, व्यक्तिगत राग-द्वेष के कारण कभी रचनाकारों की अतिरंजित प्रशंसा, कभी रक्तरंजित निन्दा ने आलोचना की विश्वसनीयता को कम किया। हिन्दी आलोचना मुख्यतः साहित्य संसार के भीतर रहने वालों के लिए लिखी जा रही है। 'टेरी इगल्टन ने लिखा है कि आजकल आलोचना या तो साहित्य उद्योग के जन सम्पर्क विभाग का हिस्सा है या शिक्षा संस्थाओं का आन्तरिक मामला। उसका कोई सामाजिक लक्ष्य या कार्य नहीं है। यह हिन्दी आलोचना के बारे में भी सच है।" (15, *आलोचना की सामाजिकता,* आलोचना की सामाजिकता) देवनागरी लिपि में अंग्रेजी लिखने वाले सुधीश पचौरी का जिक्र करते हुए पाण्डेयजी आलोचना की भाषा को उसकी सामाजिकता को कम करने वाला एक तत्त्व मानते हैं। रचना में मौजूद समाज की उपेक्षा भी आलोचना की सामाजिकता को सन्दिग्ध बनाती है। कबूतरा जनजाति की दारुण जिन्दगी पर लिखे

उपन्यास 'अल्मा कबूतरी' पर ललित कार्तिकेय की लिखी समीक्षा (आलोचना, सहस्राब्दि अंक 6) ऐसा ही उदाहरण है जहाँ आलोचक ने सारी ताकत उस रचना को एक प्रकृतिवादी रचना साबित करने में लगा दी। मैनेजर पाण्डेय आलोचना को सभ्यता समीक्षा या सांस्कृतिक समालोचना के रूप में विकसित देखना चाहते हैं। वह समाज में उसकी हस्तक्षेपकारी भूमिका की हिमायत करते हैं। सांस्कृतिक राष्ट्रवादियों ने जिस तरह एक ओर संस्कृति को पूजा की वस्तु बनाकर और दूसरी ओर उसके नाम पर साम्प्रदायिक बर्बरता का ताण्डव रचा है, उसके बरक्स आलोचना की संस्कृति की रक्षा के संघर्ष में आलोचना अपनी सामाजिकता अर्जित कर सकती है। इसका उदाहरण है 6 दिसम्बर, 1992 को बाबरी मजिस्जद तोड़े जाने की घटनाओं को लेकर नयी पीढ़ी के रचनाकारों द्वारा लिखी कविताओं को रेखांकित करती मैनेजर पाण्डेय की आलोचना। मैनेजर पाण्डेय ने लिखा है कि जहाँ इस घटना पर पुरानी पीढ़ी के अधिकांश कवि चालाकी में चुप थे, वहीं नयी पीढ़ी के कवियों बोधिसत्व, विमल कुमार, अनिल कुमार सिंह, ब्रदीनारायण, कुमार अम्बुज, देवी प्रसाद मिश्र, कृष्ण मोहन झा, कुमार मुकुल जैसे कवियों ने इस भीषण घटना के आलोक में अपने समय और समाज की सच्ची गवाही देते हुए कविताएँ लिखीं। भगवान दास मोरवाल का 'काला पहाड़' और गीतांजलि श्री का उपन्यास 'हमारा शहर उस बरस' को भी इस प्रसंग में मैनेजर पाण्डेय ने खासतौर पर रेखांकित किया। दूसरी ओर सांस्कृतिक राष्ट्रवाद के उफान ने कुछ आलोचकों को दुर्व्याख्या की राजनीति का मौका दिया। कबीर को सांस्कृतिक राष्ट्रवाद के अनुकूल बनाने और उनकी क्रान्तिकारी धार को कुन्द कर उनकी कविता को हथियाने का प्रयास आलोचना में रामस्वरूप चतुर्वेदी ने किया। मैनेजर पाण्डेय ने कबीर को लेकर रामस्वरूप चतुर्वेदी के इस प्रयास से सीधी मुठभेड़ 'आलोचना की राजनीतिक' शीर्षक अपने लेख में की है। भारतीय समाज की मुख्यधारा की सत्ता और संस्कृति से बेदखल स्त्रियाँ, दलित, आदिवासी तथा अन्य जनजातियों की स्वतन्त्रता की आकांक्षाएँ जिस तरह उनकी रचनाशीलता में व्यक्त हो रही हैं, उनकी पहचान परिष्कार और संवर्द्धन भी आलोचना का सामाजिक दायित्व है। यह अकारण नहीं है कि जिस दौर में हिन्दी के दलित साहित्य को कई बड़े आलोचक नकारने की मुद्रा में थे उस समय मैनेजर पाण्डेय ने हिन्दी में दलित साहित्य का वैसा ही स्वागत किया जैसा कि कभी मराठी दलित साहित्य का मुक्तिबोध बन्धुओं ने किया था। उनकी आलोचना महज दलित साहित्य का स्वागत ही नहीं करती बल्कि उसके साथ एक सतत आलोचनात्मक संलग्नता में प्रवृत्त है। 'व्रज-सूची' पर उनका लेख इसका अन्यतम उदाहरण है। जाति की सच्चाई की उपेक्षा पर अनेक प्रसंगों में पाण्डेयजी ने मार्क्सवादियों को भी घेरा है। कहीं-कहीं उनसे अतिरेक भी हुआ है, जैसे कि एक इण्टरव्यू में उन्होंने वर्ग को एक धारणा और जाति को सच्चाई घोषित किया है, लेकिन अधिकांशतः उनकी आलोचना में वर्ग के भीतर जातियों के अस्तित्व और जातियों के भीतर वर्गों के अस्तित्व की जटिल समग्रता को समझने का उपक्रम दिखायी देता है। साहित्य में आदिवासियों की उपस्थिति को लेकर भी सर्वाधिक चिन्ता और

संवेदनशीलता उनके ही आलोचनाकर्म में दिखायी पड़ती है। 1990 के बाद से हिन्दी क्षेत्र में स्त्रियों की रचनात्मक क्रियाशीलता कविता, कहानी और उपन्यास के क्षेत्र में पहले के किसी भी दौर से अधिक दिखायी देती है। मैनेजर पाण्डेय ने मैत्रेयी पुष्पा, गीतांजलि श्री, अलका सरावगी के कथा साहित्य तथा कत्यायनी, सविता सिंह और अनामिका की कविताओं में इस दौर में राजसत्ता-पितृसत्ता और धर्मसत्ता के विरुद्ध सजग स्त्री-दृष्टि की पहचान को रेखांकित किया है। 'शृंखला की कड़ियाँ' पर उनका लेख इस सजग आधुनिक स्त्री-दृष्टि की परम्परा की शिनाख्त करता है। पूँजीवाद के इस भूमण्डलीय दौर में विस्थापित हो रही संस्कृतियों, समाजों, व्यवहारों और भाषाओं की चिन्ता आज की रचना में है, लेकिन आलोचना में नहीं। यहाँ भी आलोचना अपनी सामाजिकता की पहचान नहीं करा पा रही है। मैनेजर पाण्डेय यह देख पाते हैं कि किस तरह भूमण्डलीकरण-उदारीकरण और टेक्नॉलाजी के प्रभाव से संकटग्रस्त भारतीय समाज में अखिलेश, देवेन्द्र, मधु वर्मा, हेमन्त कुकरेती, रामलखन यादव, सुभाष कुशवाहा जैसे रचनाकार अपने साहित्य में अपने समय की विडम्बनाओं को व्यक्त कर रहे हैं।

मैनेजर पाण्डेय आलोचना में राजनीति को छिपाने या उसकी उपेक्षा करने को एक बड़ा संकट मानते हैं। सच तो यह है कि रचना अथवा आलोचना में राजनीति कितनी भी छिपायी जाये वह प्रकट हो ही जाती है। वे कहते हैं कि रामचन्द्र शुक्ल की आलोचना में राजनीति इसलिए मौजूद है क्योंकि स्वाधीनता आन्दोलन के दौर में हिन्दी साहित्य की आधुनिकता की चेतना साम्राज्यवाद विरोध और सामन्तवाद विरोध से जुड़ी हुई थी। आज भी साम्राज्यवाद विरोध और सामन्तवाद विरोध साहित्य की दृष्टि से उतना ही प्रासंगिक है, जितना तब था। आलोचना में राजनीति को पाठ बनाकर लाया गया उत्तर-औपनिवेशिक आलोचना सिद्धान्तों में। उत्तर-औपनिवेशिकता के बारे में मैनेजर पाण्डेय लिखते हैं कि "उत्तर-औपनिवेशिकता की चर्चा करने वाले 'अधिकांशतः' वे लोग हैं जो अमेरिका के विभिन्न विश्वविद्यालयों में काम करते हैं लेकिन भारतीय साहित्य के बारे में आलोचनाएँ लिखते हैं। ये अनिवासी भारतीय बुद्धिजीवी हैं जिनके आलोचनात्मक लेखन में यह दृष्टिकोण सक्रिय है कि हम लोग उत्तर-औपनिवेशिक दुनिया में जी रहे हैं। इसका एक तात्पर्य यह भी है कि अब कहीं किसी तरह का उपनिवेशवाद नहीं है, जबकि भूमण्डलीकरण नये ढंग का अमेरिकी औपनिवेशिक अभियान ही है। किसी भी सावधान पाठक के लिए उत्तर-औपनिवेशिकतावादी आलोचना में मौजूद राजनीति को पहचानना मुश्किल नहीं होगा।" (25, *आलोचना की राजनीति,* आलोचना की सामाजिकता) उत्तर-औपनिवेशिकता आलोचना की राजनीति का जवाब है। मैनेजर पाण्डेय द्वारा सखाराम गणेश देउस्कर की लिखी 'देश की बात' के सौ वर्ष बाद उसके पुनर्प्रकाशन के अवसर पर लिखी गयी भूमिका। इस भूमिका में पुराने उपनिवेशवाद से लेकर आज के भूमण्डलीकरण के रूप में चरितार्थ अमेरिकी साम्राज्यवाद की निरन्तरता के बीच इस महान पुस्तक की समकालीन प्रासंगिकता की व्याख्या की गयी है। इस भूमिका में पूँजीवाद के साथ सैन्यवाद, नस्लवाद और साम्राज्यवाद के

नाभिनाल सम्बन्ध, भारत में ब्रिटिश उपनिवेशवाद द्वारा भयानक कत्लोगारत, लूट और धोखाधड़ी उपनिवेशवादी दृष्टि से इतिहासलेखन के द्वारा भारतीय इतिहास के मुस्लिम शासनकाल की दुर्व्याख्या और उसे बदनाम किया जाना, ब्रिटिश आधिपत्य में भारतीय किसानों और दस्तकारों को पूरी तरह से बर्बाद किया जाना और साथ ही साथ यहाँ के लोगों के दिल और दिमाग पर कब्जे की औपनिवेशिक कोशिशों का सविस्तार विवेचन किया गया है। देउस्कर को इस 'भूमिका' में फ्रैंज फैनन, एडवर्ड सईद और न्गूगी वा थ्योंगो जैसे विचारकों, लेखकों को इस भूमिका में उपनिवेशवाद विरोधी बौद्धिकों के पूर्वज के रूप में याद करते हुए मैनेजर पाण्डेय ने सिर के बल खड़ी उत्तर-औपनिवेशिक पाठ केन्द्रित सैद्धान्तिकी को वास्तविकता की जमीन पर सीधा खड़ा किया है।

सन्दर्भ :

1. अनभै साँचा, पूर्वोदय प्रकाशन, दिल्ली
2. आलोचना की सामाजिकता, वाणी प्रकाशन, दिल्ली, 2008 (2005)
3. मैं भी मुँह में जुबान रखता हूँ, यश पब्लिकेशन, 2010
4. शब्द और कर्म, वाणी प्रकाशन, दिल्ली, 1997
5. साहित्य और इतिहास दृष्टि, अरुणोदय प्रकाशन, दिल्ली, 1992
6. संकट के बावजूद, वाणी प्रकाशन, दिल्ली 2002 (1998)
7. साहित्य के समाजशास्त्र की भूमिका, हरियाणा साहित्य अकादेमी, चण्डीगढ़, 1989
8. भक्ति आन्दोलन और सूरदास का काव्य, वाणी प्रकाशन, दिल्ली 2003 (1993)
9. देश की बात, नेशनल बुक ट्रस्ट, इण्डिया, दिल्ली 2005
10. सीवान की कविता, किताबघर, दिल्ली, 1997
11. मुक्ति की पुकार, ऑल इण्डिया पीपुल्स रजिस्टेंस फोरम, 1996

आलोचना में सामाजिक हस्तक्षेप और मूल्य चिन्ता

■ अरविन्द त्रिपाठी

आलोचना के हलके में प्रायः यह भ्रम बना रहा है कि उसका काम सिर्फ साहित्य की खोज है। इसलिए हिन्दी की ज्यादातर आलोचना जो प्राध्यापकीय धन्धई की शिकार रही है, उसका कार्य व्यापार ज्यादा से ज्यादा साहित्य की जड़ता को पोषित करने की रही है। ऐसी आलोचना 'लकीर की फकीर' तो होती है, ज्यादातर रसहीन, नख-दन्तहीन, उबाऊँ और ऊसर भूमि की चटियल मैदान लगती है।

ऐसे स्वनामधन्य लोग भूल गये कि आलोचना का दायित्व साहित्य में गुरुतर है। क्योंकि उसका काम बुनियादी तौर पर जीवन की खोज है, इसलिए वह गहरे अर्थों में जीवन के साथ समाज, राजनीति, संस्कृति यहाँ तक की सभ्यता की भी खोज है। हर हाल में वह साहित्य के जरिये जीवन की सामाजिक व्यवस्था और सामाजिक हस्तक्षेप है। इसलिए महान आलोचना रचना के साथ-साथ चलती हुई कई बार रचना के आगे चलती है। क्योंकि उसका काम आस्वाद इकट्ठा करना भर नहीं है बल्कि साहित्य में समाज और व्यवस्था की निर्मम चीर-फाड़ है ताकि पाठकों को सच का पता चल सके। इसलिए बेहतर आलोचना हमेशा पाठकों को सम्बोधित और पाठकों के लिए लिखी जाती है। वह रचनाकार की भी मदद करे तो अच्छी बात है। पर कोई जरूरी नहीं कि वह रचना को 'गाइडलाइन' दे। इसलिए सच्ची आलोचना एक ओर खराब और औसत लेखन को बे हिसाब बढ़ने से रोकती है, तो दूसरी तरफ सच्चे साहित्य को पाठकों के बीच लेकर एक व्यापक जनमत तैयार करती है। हिन्दी आलोचना के इतिहास में ऐसे मूर्धन्यों का लेखन गवाह के रूप में देखा जा सकता है।

सौभाग्य में समकालीन हिन्दी आलोचना मे जिन थोड़े से आलोचकों ने आलोचना को सामाजिक कर्म समझकर अत्यन्त महत्त्वपूर्ण कार्य किये है, उनमें मैनेजर पाण्डेय की उपस्थिति और सक्रियता भरोसे की लगती है। उनकी आलोचना दृष्टि की यह खासियत रही है कि वे रचना में समाज की खोज के लिए हमेशा उद्धत रहे हैं। वे खुद कहते हैं, "आलोचना चाहे समाज की हो या साहित्य की वह सामाजिक बनती है। एडवर्ड सईद के शब्दों में 'सत्ता के सामने सच कहने के साहस से।' इस प्रसंग

में यह भी ध्यान रखना होगा कि सत्ता केवल राजनीति की ही नहीं होती। धर्म, संस्कृति और साहित्य की भी सत्ताएँ होती हैं।...ऐसी सत्ताओं के सामने सच कहने का साहस जिस आलोचना में होता है वह मनुष्य की स्वतन्त्रता के पक्ष में खड़ी होती है इसलिए वह सामाजिक होती है।'' ('आलोचना की सामाजिकता' पुस्तक की भूमिका से उद्धृत अंश)।

समकालीन हिन्दी आलोचकों की पंगत में इसलिए मैनेजर पाण्डेय अलग से पहचाने जाते है; क्योंकि उनके लोचन लोगों के साथ चलते हुए भी हमेशा चौकन्नी निगाह रखते हैं जिसमें बौद्धिक आलस्य की शिथिलता नहीं झलकती बल्कि 'शब्द और कर्म' के प्रति सच्ची आस्था झलकती है। इसीलिए उनकी आलोचना हर हाल में कृति के भीतर और बाहर सामूहिक आस्वाद यानी सामाजिकता के पहलू की गहरी मीमांसा करती है। यह और दृष्टि उनकी सैद्धान्तिक और व्यावहारिक आलोचना में साथ-साथ देखी जा सकती है। हालाँकि उन्होंने व्यावहारिक आलोचनाएँ कम लिखीं पर जो लिखी हैं वे वस्तुतः साहित्य में सामाजिकता की खोज है। वे आलोचना की सैद्धान्तिकी में ज्यादा रमते हैं इसीलिए कुछ आलोचक उन्हें 'आलोचकों का आलोचक' मानते हैं।

पर देखने की बात यह है कि आज की अधिकांश आलोचना व्यावहारिक आलोचना के नाम पर सतही, कुछ हद तक अखबारी स्तर पर मात्र सूचना परक हो गयी है, आलोचना की सैद्धान्तिकी एक सिरे से नदारद है। ऐसे में मुझे लगता है कि मैनेजर पाण्डेय का आलोचना में सैद्धान्तिकी की खोज इस दृष्टि से मूल्यवान है। जब मानदण्ड ही नहीं होंगे तब आलोचना क्या होगी। समकालीन आलोचना के सीन का जायजा लेते हुए उन्होंने दो टूक लहजे में जो बातें कहीं हैं वे सर्वथा विचारणीय हैं—''हिन्दी आलोचना के बेजान और बीमार होने का एक कारण हमारे समाज का बौद्धिक वातावरण है जिसमें साहित्यवाद का सहयोगी सहमतिवाद है। ऐसे वातावरण में पलने वाली आलोचना अगर असामाजिक हो तो आश्चर्य की क्या बात है। हिन्दी आलोचना को असामाजिक बनाने में कुछ भूमिका उन आलोचकों की भी है जो अतिरंजना, सरलीकरण, धमकी, फतवा, आशीर्वाद और दुविधा की भाषा में आलोचना लिखते हैं, ऐसी आलोचना गैर जिम्मेदार होती है, इसलिए असामाजिक भी होती है।'' यहाँ 'दुविधा' शब्द पर गौर करें, दरअसल 'दुविधा' की भाषा और दृष्टि आलोचना में अवसरवाद की खोज है। मैनेजर पाण्डेय आलोचना में इस तरह की अराजकता और अचूक अवसरवाद के विरुद्ध खड़े हैं। इसीलिए वे आलोचना के हलके में नवांकुरों की कांस्टीचुयेंसी पोसने और सस्ती लोकप्रियता बटोरने में विश्वास नहीं करते। उतना ही बोलते और लिखते हैं, जितना कि सच और वाजिब होता है। मैनेजर पाण्डेय आलोचना के क्षेत्र में सामाजिक चिन्ता और सामाजिक हस्तक्षेप के साथ मूल्य चिन्ताओं के निर्माण के भी आलोचक हैं; जिनमें सहमति और असहमति के अर्थवान सूत्र मौजूद हैं, 'शब्द और कर्म' में जहाँ उनकी आलोचना की सैद्धान्तिकी परिलक्षित होती है, वहीं उनके द्वारा अनूदित और सम्पादित पुस्तक 'संकट के बावजूद' में विश्वप्रसिद्ध मार्क्सवादी विचारकों, आलोचकों के साक्षात्कारों और निबन्धों का ऐसा संकलन है जो हमारे समय

में आज ज्यादा अर्थवान है। यहाँ इन दोनों पुस्तकों पर दृष्टिपात किया गया है जो मैनेजर पाण्डेय की आलोचना में सामाजिक चिन्ताओं के साथ उनके मूल्य निर्धारण सम्बन्धी विचार को भी पाठकों के सामने उजागर करती है। (आलोचना की सामाजिकता पुस्तक की भूमिका से)

शब्द और कर्म पर नयी बहस :

'शब्द और कर्म' मैनेजर पाण्डेय के आलोचना-कर्म की शायद पहली वह किताब है जो उनके वैचारिकी और आलोचनात्मक मानदण्डों को स्थिर करता है। इन सैद्धान्तिक निबन्धों को पढ़ते हुए मुक्तिबोध द्वारा साठ के दशक में किये गये उन वैचारिक संघर्षों की याद आती है जिन्हें मुक्तिबोध ने नयी कविता के भीतर अकेले लड़ा था। सहज ही शब्द और कर्म के निबन्ध मुक्तिबोध की आलोचना परम्परा को आगे बढ़ाते हैं। मैनेजर पाण्डेय की यह लड़ाई आठवें दशक में प्रारम्भ होती है। पुस्तक के दूसरे संस्करण की भूमिका में वे कहते हैं–"इस बीच कर्म से शब्द की आत्मीयता को तोड़ने वाली प्रक्रिया की ऐसी आँधी चली कि शब्द की संस्कृति और उसकी सार्थकता संकट में पड़ गयी है। उस प्रक्रिया ने शब्द को कर्म से ही नहीं, अर्थ से भी अलग किया है। हाल के वर्षों में व्यक्ति के जीवन और समाज में कर्म के प्रेरक और मार्गदर्शक अनेक शब्दों के अर्थ बदले हैं, बिगड़े हैं, बल्कि भ्रष्ट और नष्ट भी हुए हैं। शब्द को निरर्थक बनाने वाली सर्वग्रासी प्रक्रिया का प्रभाव समाज और साहित्य पर ही नहीं, दोनों के रिश्तों पर भी पड़ रहा है, लेकिन शब्द की सार्थकता की रक्षा के लिए भी संघर्ष समाज में चल रहा है।"

जाहिर है इस पुस्तक में शब्द की सार्थकता को बचाये रखने और साहित्य के प्रसंग में इसे समाज और जीवन में गतिशील बनाये रखने की कोशिश झलकती है। मैनेजर पाण्डेय की आलोचना-दृष्टि पर गौर करें तो वे मार्क्सवादी आलोचना की परम्परा में रामविलास शर्मा और नामवर सिंह की आलोचना-पद्धति के बजाय मुक्तिबोध की आलोचना-दृष्टि के ज्यादा निकट लगते हैं। वे साहित्यिक मसले को हल करने के लिए मुक्तिबोध की तरह सामाजिक, राजनीतिक और सांस्कृतिक द्वन्द्वों की शिनाख्त करते हैं। अपनी परम्परा का पुनरीक्षण करते हैं और साहित्य के भीतर मौजूदा संकटों की व्याख्या करते हैं। दुर्भाग्यवश 'नयी आलोचना' साहित्यिक प्रश्नों को साहित्य से ही उठाती रही है, वह यह तथ्य हमेशा भूलती रही कि साहित्य के प्रश्न दरअसल समाज के प्रश्न होते हैं, जिसका सत्ता और राजनीति अतिक्रमण करती है। मार्क्सवादी आलोचना का इस सन्दर्भ में महत्तम प्रदेय है कि वह साहित्य के प्रश्नों को समाज के प्रश्नों से जोड़ती है और साहित्य में प्रतिक्रियावादी शक्तियों को चुनौती देती है कि देखो! चुनौती यहाँ है, प्रश्न यहाँ है, साहित्य का संघर्ष यहाँ से शुरू होता है।

मैनेजर पाण्डेय की आलोचना-दृष्टि पर गौर करें तो वे अपनी सैद्धान्तिक आलोचना

में रास्ता अपनाते हैं। शब्द और कर्म के अनेक निबन्ध इस तथ्य के साक्ष्य बनते हैं। मसलन यथार्थवाद बनाम विचारधारा, साहित्य और सर्वहारा, नये मार्क्सवादी सौन्दर्यशास्त्र की आवश्यकता, साहित्य का समाजशास्त्र और मार्क्सवादी आलोचना, आलोचना की समकालीनता, सामाजिक सत्य और रचना का माध्यम, अनुभूति और सहानुभूति, लेखक और लोकतन्त्र, वाम कविता या जनवादी कविता, समकालीन जनवादी लेखन की समस्याएँ जैसे निबन्ध उनकी सैद्धान्तिक आलोचना के श्रेष्ठ मानदण्ड है और शायद कलावादी-व्यक्तिवादी शक्तियाँ फिर सिर उठाने लगी हैं, "जब यथार्थवादी के विरोधी ही नहीं उसके समर्थक नयी विचारधारा और राजनीति से यथार्थवाद के सम्बन्ध को उलझा रहे हों तब समस्या की गम्भीरता और जटिलता पर ध्यान देना जरूरी है। यह उलझन कुछ अतीत की देन और कुछ वर्तमान की उपज है। इसका स्रोत यथार्थवाद और विचारधारा के सम्बन्ध की व्याख्या के इतिहास में हैं तो दूसरा वर्तमान राजनीतिक समझ में।" (वही, पृ. 11)।

साहित्य का समाजशास्त्र क्या है और मार्क्सवादी आलोचना की आधारभूमि में उसकी क्या अहमियत है, इस सन्दर्भ में साहित्य के समाजशास्त्र पर मैनेजर पाण्डेय की बहस बेहद महत्त्वपूर्ण है। साहित्य का समाजशास्त्र और मार्क्सवादी आलोचना शीर्षक लेख में मैनेजर पाण्डेय स्पष्ट रूप से साहित्य के समाजशास्त्र को मार्क्सवादी आलोचना का विलोम मानते हैं। उनकी स्थापना है कि यह मार्क्सवादी आलोचना का विकल्प कतई नहीं हो सकता बल्कि उनका कहना है, "साहित्य का समाजशास्त्र भी जनचेतना को भ्रमित करनेवाले बुर्जुआ वर्ग की चालाकी का एक रूप है।" (पृ. 61) चूँकि साहित्य का समाजशास्त्र साहित्यिक कृतियों को साहित्य की परम्परा के सन्दर्भ में नहीं देखता बल्कि रचना को वह एक स्वतन्त्र इकाई के रूप में देखता है जबकि इसके उलट मार्क्सवाद प्रयोग और परम्परा की द्वन्द्वात्मकता से साहित्य की प्रगति को देखने का पक्षपाती है, इसलिए ऊपर से समाजोन्मुख लगते हुए भी साहित्य का समाजशास्त्र मार्क्सवादी आलोचना-दृष्टि का प्रच्छन्न विरोधी है। दिलचस्प बात यह है कि साहित्य का समाजशास्त्र रचना के राजनीतिक प्रभाव और लेखक के कमिटमेण्ट को गैर जरूरी मानता है। मैनेजर पाण्डेय इस प्रसंग में मार्क्सवाद और समाजशास्त्र को मिलाकर मार्क्सवादी समाजशास्त्र के नये पैरोकारों की पेशकश को ठुकरा देते हैं और स्पष्ट करते हैं—"ऐसे प्रयास मार्क्सवाद को समाज की अधूरी व्याख्या की एक पद्धति मात्र बना देने और उसका क्रान्तिकारी कर्म का दर्शन न रहने देने की मनोकामना से प्रेरित होते हैं।" हैरतअंगेज तथ्य यह है कि मार्क्सवादी आलोचना का गढ़ जे.एन.यू. जहाँ मैनेजर पाण्डेय अध्यापन करते हैं वहीं से साहित्य के समाजशास्त्र के द्वार खुले। जहाँ पिछले दशकों में अनेक शोध-प्रबन्ध शोधार्थियों द्वारा प्रस्तुत किये गये जिनमें साहित्य के समाजशास्त्र की आलोचना-पद्धति को मार्क्सवादी आलोचना के वजन पर स्वीकार कर लिया गया लगता है।

लेखक और लोकतन्त्र जैसे निबन्ध में लेखक ने आपातकाल के दिनों की चर्चा करते हुए सत्ता और लेखक के रिश्ते और लेखक की भूमिका पर विचारोत्तेजक बहस

की है। मैनेजर पाण्डेय का कहना है कि "आपातकाल के दौरान उन लेखकों को कोई कठिनाई नहीं हुई जो शाश्वतता में जीत हैं।" कठिनाई उन लेखकों की सबसे ज्यादा थी जो व्यवस्था-विरोधी थे और जनता के साथ थे। उनकी दृष्टि में 'तानाशाही सच्चाई से डरती है और लेखक सच्चाई से प्रेम करता है, इसलिए तानाशाही और लेखन में अनिवार्य विरोध होता है।" (पृ. 125) इसलिए वे मानते हैं कि "लोकतन्त्र में लेखक की आजादी का सवाल जनता की आजादी के सवाल से अलग नहीं है। कुछ लेखक मानते हैं कि स्वतन्त्रता के बिना जनता का काम तो चल सकता है, लेकिन लेखक की स्वतन्त्रता पर हमला होता है तो दूसरे लेखक जाग उठते हैं, लेकिन जब मजदूरों और किसानों का क्रूर दमन होता है तो दूसरे लेखक सोये रहते हैं।" मैनेजर पाण्डेय की दृष्टि में "लेखकों का यह विशिष्टता-बोध उन्हें जनता से अलग करता है। जबकि सच्चाई यह है कि जनता की आजादी से ही लेखक की आजादी जुड़ी हुई है।" उस प्रसंग में मुक्तिबोध को स्मरण करते हुए उनका कहना है, "उनकी कविताओं से यह निष्कर्ष निकलता है कि व्यक्ति की मुक्ति पूरे समाज की मुक्ति से जुड़ी हुई है। साहित्यकार और साहित्य की मुक्ति जनता की मुक्ति है।" (पृ. 136)

कहना न होगा कि मैनेजर पाण्डेय की आलोचना-दृष्टि को विकसित करने में मुक्तिबोध सबसे बड़े प्रेरणास्रोत हैं। वे अपनी आलोचना-पद्धति में मुक्तिबोध की तरह एक रचनाकार जैसा सलूक करते दिखते हैं। शायद यही उनकी आलोचनात्मक उपलब्धि और विशिष्टता दोनों है। ऐसे में वह उन ठस मार्क्सवादी आलोचकों से अलग खड़े दिखते हैं जो सिर्फ विचारधारा की लीक पीटते हैं और विचारधारा की लीक से जरा-सा अलग दीखते रचनाकार को विचारधारा की लाठी से पीट-पीटकर अधमरा करके छोड़ देते हैं। मैनेजर पाण्डेय आलोचना की अतिवादिता से परिचित हैं इसीलिए वे मार्क्सवादी सिद्धान्तकार आलोचकों के पास जाने के बजाय रचनाकार मुक्तिबोध की आलोचना के पास जाते हैं और उसी के आलोक में आठवें दशक के साहित्य के समक्ष आसन्न चुनौतियों का खुलासा करते हैं। यह आकस्मिक नहीं है कि मुक्तिबोध के साहित्य और विचार के सिलसिले में लिखे गये मैनेजर पाण्डेय के दोनों लेख 'दुनियादारी और ईमानदार की विडम्बना' और 'मुक्तिबोध का आलोचनात्मक संघर्ष' बेहद महत्त्वपूर्ण और अर्थपूर्ण है। मुक्तिबोध के आलोचनात्मक संघर्ष के सिलसिले में मैनेजर पाण्डेय ने शायद पहली बार निर्मम होकर मुक्तिबोध के बारे में मार्क्सवादी आलोचकों की अतिवादित और कूढ़मगजता को खारिज किया है। इस प्रसंग में रामविलास शर्मा की मुक्तिबोध के बारे में पूर्वग्रहपूर्ण फैली धारणाओं को निर्वसन किया है। मैनेजर पाण्डेय की रामविलास शर्मा से की गयी यह भिड़न्त शायद इस पुस्तक का सबसे पठनीय, उत्तेजक और ऐतिहासिक हिस्सा है।

कहा जा सकता है कि मैनेजर पाण्डेय ने शब्द और कर्म के जरिये हिन्दी आलोचना के मार्क्सवादी ढाँचे को मुक्तिबोध और नामवर सिंह के बाद एक ठोस रूप में विकसित करने की पुरजोर कोशिश की है। उनकी यह कोशिश मार्क्सवादी आलोचना और समकालीन लेखन में बेकार साबित नहीं होगी।

संकट के बावजूद यह समय :

'हमारी सदी यह साबित करती है कि न्याय और समानता के आदर्शों की विजय हमेशा अल्पजीवी होती है। और यह भी अगर हम अपनी स्वतन्त्रता की रक्षा कर सकें तो नयी शुरुआत की सम्भावना हमेशा बनी रहती है, इसलिए अत्यन्त कठिन समय में निराश होने की जरूरत नहीं है।''

संकट के बावजूद इस सदी के इतिहास का मूल्यांकन करते हुए इटली के इतिहासकार लिओ वेलियानी का यह वक्तव्य इस शताब्दी का शायद सबसे ज्यादा सार्वजनिक सच है। मैनेजर पाण्डेय द्वारा अनूदित और सम्पादित 'संकट के बावजूद' पुस्तक में संकलित विश्वप्रसिद्ध मार्क्सवादी विचारकों-लेखकों के साक्षात्कारों और लेखों को पढ़ते हुए इटली के इस इतिहासकार की बात बार-बार कौंधती है। बीसवीं शताब्दी अवसान के समीप खड़ी अपने पार्श्व में इतिहास के पन्ने समेट रही है। श्रीकान्त वर्मा ने बीसवीं शताब्दी को नरक और दहशत से भरी हुई 'अँधेरे की दुनिया' कहा था। पर उन्होंने यह भी कहा था कि इस शताब्दी ने ऐसे महान लोगों को पैदा किया जिन्होंने इस शताब्दी को महान बनाया। उनकी दृष्टि में ''इस शताब्दी की महान उपलब्धि आधुनिकता है। आधुनिकता के बिना बीसवीं शताब्दी की कल्पना असम्भव है।'' वे कहते हैं कि ''आधुनिक साहित्य का अगर विचारों की दुनिया में इतना विरोध है तो यह बताना जरूरी होगा कि आखिर आधुनिकता का विकल्प क्या है? यद्यपि टेक्नोलॉजी और टेक्नोलॉजी से उत्पन्न खिलवाड़ ने कलाओं को बहुत हद तक असंगत कर दिया है... विशिष्टता और व्यक्तित्व का सबसे अधिक ह्रास इस शताब्दी में हुआ है।'' बीसवीं शताब्दी के अँधेरे में (भूमिका) श्रीकान्त वर्मा रचनावली (1) (पृष्ठ 474)।

इस पुस्तक की भूमिका लिखते हुए मैनेजर पाण्डेय ने बीसवीं शताब्दी को अपूर्व क्रान्तियों के साथ-साथ भयावह क्रान्तियों की शताब्दी माना है। वे कहते हैं, ''ढलती हुई बीसवीं सदी जो स्मृतिचिह्न छोड़े जा रही है, उसमें न अतीत से लगाव के चिह्न हैं और न भविष्य से उम्मीद के संकेत। केवल वर्तमान के संकट की गहरी छाया ही सच है।...यह समय विचारों, आदर्शों, व्यवस्थाओं और संस्थाओं की ऐसी टूट-फूट का समय है जिसके आसपास तो क्या, दूर-दूर तक विकल्पों का कोई अस्तित्व नहीं है। कभी-कभी तो लगता है आजकल विकल्पों की गम्भीर चिन्ता भी कहीं नहीं है।'' उनकी दृष्टि में बीसवीं शताब्दी में पूँजीवादी के किले मजबूत हुए हैं। आज दुनिया में पूँजीवाद एक सार्वभौम सत्ता के रूप में स्थापित हो रहा है। पर मैनेजर पाण्डेय यह नहीं बताते कि पूँजीवाद की पोषक विचारधारा आधुनिकता और अब उत्तर-आधुनिकता का विकल्प क्या है? बल्कि वे आशंका व्यक्त करते हैं कि ''उत्तर-आधुनिकता अब धीरे-धीरे भारत में आ रही है। भारत पहले यूरोप के आधुनिकता का अनेक रूपों में शिकार रहा है। लगता है कि अब वह उत्तर आधुनिकतावाद का शिकार होगा। पहले भारत में उपनिवेशवाद के साथ उत्तर आधुनिकतावाद आयेगा? क्या भारत जैसे देश जो पश्चिम का उपनिवेश

रह चुके हैं वे विचारों का उपनिवेश बनते रहने के लिए अभिशप्त हैं? वह भी ऐसे विचारों का जो अब पश्चिम में मृत घोषित हो चुके हैं और जिनका खोखलापन साबित हो चुका है?'8 (पृ. 19)

सोवियत संघ के विघटन के बाद मार्क्सवाद ने पूरी दुनिया में ऐसी हवा बहायी है जैसे सोवियत संघ का विघटन न हुआ हो, मार्क्सवाद का अन्त हो गया हो। किसी विचारधारा की व्यवस्था के अन्त का मतलब विचारधारा का अन्त नहीं होता, सोवियत संघ में गोर्वाचौब के जमाने से पूँजीवादी शक्तियाँ हावी हो रही थीं। आधुनिकता की हवा सोवियत संघ में दशकों से बह रही थी। इसलिए सोवियत संघ का विघटन होना ही था। पर इसका मतलब मार्क्सवाद का अन्त नहीं है। विचारधाराएँ नहीं मरतीं। उदाहरण के लिए गाँधीवाद इस देश में कहाँ जीवित है? हर सरकार गाँधी की समाधि पर कसमें खाती है और दूसरे दिन से ही सरकार में आकर गाँधीवाद के विरुद्ध षड्यन्त्र रचती है। ऐसे में गाँधी का क्या दोष? मैनेजर पाण्डेय ने ठीक लिखा है : "यह सच है कि 1989 से 1991 के बीच सोवियत संघ और पूर्वी यूरोप के देशों की समाजवादी व्यवस्थाओं का विघटन दुनिया-भर के मार्क्सवादियों और मानव-मुक्ति के अभियान से जुड़े लोगों के लिए भारी सदमा था। वह सब जितना अनपेक्षित और आकस्मिक था उतना ही दहशत पैदा करने वाला। उससे एक ओर पूँजीवाद की विजय का उन्माद पैदा हुआ तो दूसरी ओर समाजवाद की पराजय का गहरा अवसाद।" (पृ. 25)।

सोवियत संघ का विघटन मार्क्सवादी विचारधारा के बुद्धिजीवियों, लेखकों-विचारकों के लिए आज एक सबक है कि व्यवस्थाएँ किसी भी विचारधारा की हों, एक बुद्धिजीवी को बराबर उसकी जाँच-पड़ताल करते रहना चाहिए। उदाहरण के लिए अपने देश में पश्चिम बंगाल की मार्क्सवादी सरकार कोई दूध की धुली नहीं है। अगर वहाँ की सरकार गलत काम करती है तो उसका विरोध प्रत्येक मार्क्सवादी का धर्म है। ऐसा करना व्यवस्था और विचारधारा दोनों के लिए यथेष्ट होगा। शायद एक बुद्धिजीवी की नैतिकता भी यही कहती है।

इस पुस्तक के पहले खण्ड में पाँच साक्षात्कार क्रमशः दो साक्षात्कार कार्ल मार्क्स के हैं, तीसरा साक्षात्कार जार्ज लुकाच का है, चौथा चेकोस्लोवाकिया की लोकतान्त्रिक क्रान्ति की अग्रणी और उपन्यासकार-नाटककार इवान क्लीमा और आखिरी साक्षात्कार क्यूबा के विख्यात कवि-आलोचक रोवेर्तो फेर्नान्देज रेतामार का है। दूसरे खण्ड में चार मार्क्सवादी चिन्तकों और लेखकों के महत्त्वपूर्ण लेखों के अनुवाद संकलित हैं। ये प्रसिद्ध चिंतक हैं—फेडकिर क्रूज, रिचर्ड हागर्ट, रेमण्ड विलियम्स और ज्योतिस्वरूप सक्सेना। जैसा कि भूमिका में लेखक ने कहा है, "इन पाँचों साक्षात्कारों के केन्द्र में समाजवाद और उसके इतिहास की समस्याएँ हैं। उनमें समाजवाद की एक सदी से कुछ अधिक समय का इतिहास है जो 1871 के पेरिस, कम्यून से आरम्भ होकर 1991 में सोवियत संघ के विघटन और समाजवादी व्यवस्था के अन्त तक फैला हुआ है।"

आर. लैंडर का मार्क्स से पहला साक्षात्कार "पूँजी के खिलाफ श्रम का विद्रोह"

न्यूयार्क वर्ल्ड के 18 जुलाई, 1871 के अंक में प्रकाशित हुआ, दूसरा साक्षात्कार 'क्रान्ति पूरा राष्ट्र करता है, केवल एक पार्टी नहीं' 5 जून, 1871 शिकागो ट्रिब्यून में प्रकाशित हुआ। मार्क्स से यह दूसरी बातचीत शिकागो ट्रिब्यून के संवाददाता ने की है। इन दोनों साक्षात्कारों को पढ़ते हुए मार्क्स की जो चीज पाठक को सबसे अधिक आकृष्ट करती है वह है—उसकी साफगोई। बिल्कुल नपे-तुले वाक्यों में प्रश्नों के जवाब। मार्क्स का पहला साक्षात्कार पेरिस में अन्तरराष्ट्रीय मजदूर संगठन की गतिविधियों के बारे में है। यह बातचीत जितने अनौपचारिक ढंग से आरम्भ होती है उसकी तरह खत्म भी होती है। लैटर ने जब मार्क्स से पूछा कि धर्म के बारे में आपकी क्या राय क्या है? मार्क्स का जवाब था : "इस सम्बन्ध में संगठन की ओर से कुछ कहना नहीं चाहता। जहाँ तक मेरा सवाल है, मैं नास्तिक हूँ। इंग्लैण्ड में इस तरह की प्रतिज्ञा सुनकर लोगों को आश्चर्य हो सकता है लेकिन यह सुखद बात है कि जर्मनी या फ्रांस में धर्म के खिलाफ ऐसी बातों को धीरे से कहने की जरूरत नहीं है।" मार्क्स का दूसरा साक्षात्कार भी पेरिस कम्यून के बारे में ही है। इस साक्षात्कार में मार्क्स की उस जुझारू प्रवृत्ति का पता चलता है जिससे दुनिया भर में मजदूर की क्रान्तियाँ सम्भव हुईं। वे संगठन कैसे चलाते थे, उनकी रणनीति कैसी होती थी, इन सब बातों का रिकार्ड इस साक्षात्कार में सुरक्षित है।

प्रसिद्ध मार्क्सवादी आलोचक जार्ज लुकाच से बातचीत साहित्यिक दृष्टि से ज्यादा पठनीय है। यह लम्बी बातचीत न्यू लेफ्ट रिव्यू के अंक 68, जुलाई-अगस्त, 1971 में प्रकाशित हुई थी। इस बातचीत में ब्रेख्त और वाल्टर वेंजामिन के बारे में लुकाच की राय खास तौर से उल्लेखनीय है। लुकाच मानते हैं कि "ब्रेख्त एक महान कवि और नाटककार था। लेकिन नाटक और सौन्दर्यशास्त्र के सम्बन्ध में उसके सिद्धान्त निश्चय ही गलत और उलझे हुए हैं...मुझे दुख है कि सन् 40 में दूसरे कामों में व्यस्त होने के कारण मैं उसके बारे में कोई लेख नहीं लिख सका। यह मेरी भूल थी। ब्रेख्त के लिए हमेशा मेरे मन में श्रद्धा रही है।" (पृ. 65)।

इसी तरह चेकोस्लोवाकिया की प्रसिद्ध कवि-नाटककार इवान क्लीमा से बातचीत चेक साहित्य के इतिहास और वर्तमान को जानने के लिहाज से महत्त्वपूर्ण है। यह बातचीत 12 अप्रैल, 1990 में द न्यूयार्क रिव्यू में फिलिप रॉथ ने प्रकाशित की थी। इस बातचीत में मिलाना कुँदेरा और काफ्का के साहित्य के महत्त्वपूर्ण पक्षों का उद्घाटन किया गया है। मिलान कुँदेरा के उपन्यासों की अन्तरराष्ट्रीय ख्याति के बारे में इवान क्लीमा की यह राय गौरतलब है—"पिछले 50 वर्षों से हमारा देश जिस यातना से गुजरा है उसके कारण लोगों के मन में विदेशियों के प्रति एक विचित्र तरह के भय की भावना घर कर गयी है। यहाँ के लोगों के मन में उस यातना ने इतनी कटुता भर दी कि वे विदेश में रहने वाले और वहाँ लोकप्रियता प्राप्त करने वाले कुँदेरा के प्रति सहज रूप से सोच नहीं पाते। उनकी यह प्रतिक्रिया समझ में आने लायक है। लेकिन मैं यह भी कहना चाहूँगा कि कुँदेरा निःसन्देह इस सदी का एक महान चेक लेखक है।" (पृ. 78) काफ्का जैसे अराजनीतिक लेखक के बारे में इवान क्लीमा की राय इस लिहाज से ज्यादा पठनीय

है कि यह राय एक मार्क्सवादी की दूसरे गैर राजनीतिक व्यक्तित्व वाले लेखक के बारे में है, "काफ्का वास्तविक दुनिया के समानान्तर एक स्वप्न या दुःस्वप्न की दुनिया निर्मित करता है। उसके उपन्यास हमेशा यह याद दिलाते हैं कि हमें जो कुछ अकल्पनीय, दुःस्वप्न या अन्तर्विरोध लगता है उसी से हमारे जीवन की वास्तविकता बनी हुई है...काफ्का की दुनिया में जीवन का अर्थ तभी खुलता है जब हम यह महसूस करते हैं कि हम यहाँ क्यों हैं?" (पृ. 73)

पुस्तक में संकलित आखिरी बातचीत क्यूबा के क्रान्तिकारी कवि-आलोचक रोवेर्तो फेर्नान्देज रेतामार से की गयी है–'ऐसे ही समय में हमें जीना है'? मार्क्सवादी विचारधारा की स्थिति और लेखकीय सरोकारों के सिलसिले में यह साक्षात्कार बहुत महत्त्वपूर्ण है। रेतामार ने सोवियत संघ के विघटन के बारे में दो टूक विचार रखे हैं। वे इस विघटन को ऐतिहासिक नियति मानते हुए इतिहास में जाकर उसके कारणों की शिनाख्त करते हैं। वे कहते हैं "1917 में जारशाही के अन्त के साथ जो महान सामाजिक प्रयोग हुआ था उसके बारे में बहुत कुछ लिखा जा चुका है। निश्चय ही यह समाजवाद की अब तक सबसे बड़ी पराजय है..अब केवल यूरोप के बाहर ही समाजवाद का अस्तित्व है जैसे कि चीन, वियतनाम, कोरिया और क्यूबा में। लेकिन क्या पूँजीवाद की स्थापना में इससे अधिक लम्बा समय नहीं लगा है? अपने इतिहास में पूँजीवाद भी कई बार गतिरोध और पराजय का शिकार हुआ है। ऐसा कहकर मैं रूसी क्रान्ति के प्रयोग की विफलता को झुठला नहीं रहा हूँ।" (पृ. 96)

मार्क्सवाद के संकट और भविष्य के सवाल पर उनका कहना है, "जहाँ तक मार्क्सवाद के संकट का सवाल है तो उसका सम्बन्ध एक ओर यूरोप में समाजवादी योजना के साथ समाप्त होने में है तो दूसरी ओर उस संकट का इतिहास उससे कुछ पुराना भी है।...लेकिन मार्क्सवाद है क्या? अगर मार्क्सवाद वही है जो केवल मार्क्स की रचनाओं में मौजूद है तो केवल वे ही मार्क्सवादी होंगे लेकिन उन्होंने तो कहा था वे मार्क्सवादी नहीं है।" (पृ. 97) पर रेतामार संकट के बावजूद मार्क्सवाद के भविष्य के प्रति पूर्णतः आश्वस्त हैं : "जहाँ तक मार्क्सवाद के भविष्य का सवाल है तो मैं यह कह सकता हूँ कि निश्चय ही समाजवाद का भविष्य है बल्कि रेमण्ड विलियम्स के शब्दों में यह कहना ठीक होगा कि 'समाजवादों का भविष्य' है। कोई घनघोर निराशावादी ही यह कह सकता है कि हम जिस धूमिल और धुँधले वर्तमान से गुजर रहे हैं वही इतिहास का अन्त भी है। इसका यह तात्पर्य नहीं कि मैं कोई अतिरंजित आशावादी हूँ।" (पृ. 100)।

पुस्तक के दूसरे हिस्से में विभिन्न विद्वानों के लेख संकलित हैं जिनमें रेमण्डस विलियम्स के दोनों लेख 'संस्कृति के मार्क्सीय सिद्धान्त में आधार और ऊपरी ढाँचे की सार्थकता', 'लेखक प्रतिबद्धता और सम्बद्धता' मार्क्सवादी विचार-दृष्टि और लेखकीय प्रतिबद्धताओं को समझने के लिहाज से अत्यन्त उपयोगी हैं। रिचर्ड हॉगर्ट का लेख 'साहित्यिक कल्पना और समाजशास्त्रीय कल्पना' साहित्यिक कृतियों के मूल्यांकन की

समस्याओं से जुड़ा हुआ है। जबकि फ्रेडरिक क्रूज का लेख 'साहित्यानुशीलन में विचारधारा की स्थिति' साहित्य में विचारधारा को लेकर बहस है। पुस्तक का आखिरी लेख 'एक सांस्कृतिक नीति के आयाम' भारतीय मार्क्सवाद विचारक ज्योतिस्वरूप सक्सेना का है। स्व. सक्सेना ने इस गम्भीर लेख में भारतीय समाज का विश्लेषण करते हुए उन पेचीदगियों को सामने लाने की कोशिश की है जिनसे इस देश की प्रगतिशील शक्तियाँ जूझ रही हैं। भारत में मार्क्सवाद के संघर्ष को रेखांकित करते हुए उन्होंने कहा है कि ''क्या वर्गहीन समाजवादी समाज के अतिरिक्त ऐसी कोई दूसरी समाज व्यवस्था है या हो सकती है जिसमें अल्पसंख्यकों का अस्तित्व नहीं रहेगा?'' वह कहते हैं, ''गरीबों की तरह अल्पसंख्यकों के भारतीयकरण का काम गरीबी घटाने या हटाने, नाममात्र के राष्ट्रीयकरण करने, प्रशासकीय और राजनीतिक कौशल दिखाने और सामाजिक सुधार के झूठे प्रयत्न करने से नहीं होगा। गरीबों और अल्पसंख्यकों को भारतीय बनाने और पूरे समाज में एकता लाने का काम केवल सही समाजवाद के जरिये ही हो सकता है जिसका मुख्य लक्ष्य गरीबों की दशा सुधारना नहीं, बल्कि समाज से वर्गभेद को पूरी तरह मिटा देना है।'' (पृ. 201) कहना न होगा कि सोवियत संघ के विघटन के बाद मार्क्सवाद को लेकर मार्क्सवादियों में जो गहरी निराशा छाई हुई है और मार्क्सवाद विरोधियों में जो काल्पनिक उल्लास भरा हुआ है, उसे सही सन्दर्भ में जानने-परखने के लिए 'संकट के बावजूद' यह पुस्तक बेहद पठनीय, उत्तेजक और आत्ममंथन से भरी हुई है, जिसकी पठनीयता निर्विवाद रूप से असन्दिग्ध है।

मैनेजर पाण्डेय की वाग्मिता का सौन्दर्यशास्त्र

■ आलोक पाण्डेय

क्या होता है वाग्मिता का सौन्दर्यशास्त्र?

क्या वह बोलने की सुन्दरता है। पाण्डेय जी के बोलने की सुन्दरता। कहने की कला। रणेन्द्र के शब्दों में, "शब्द सहेजने की कला, अर्थ की चमक, ध्वनि का सौन्दर्य, पंक्तियों में उनकी सही समुचित जगह, अष्टावक्र व्याकरण की दुरूह साधना, शास्त्रीय भाषा बरतने का शऊर" (पृ. 62, तहलका, 15 अगस्त, 2010)।

पाण्डेय जी कहेंगे, धत तेरे की। यह थोड़े ही है।

है यह भी, थोड़ी-सी दाल में हींग जितनी। पर सिर्फ यही भर नहीं है। तो फिर और क्या है?

"जीवन सहेजने का हाहाकार है। कुचैले शब्दों की ढाल ले इतिहास के आभिजात्य पन्नों में बेधड़क दाखिल होने कि चाहत है। कोशिश है गोरे पन्नों को थोड़ा साँवला बनाने की" (उपर्युक्त)।

नहीं! अभी भी कुछ छूट रहा है। बाबा नागार्जुन याद आ रहे हैं। वही जिनसे 'बतरस की कला (समर्पण, मेरे साक्षात्कार, मैनेजर पाण्डेय) पाण्डेय जी ने सीखी है। वही नागार्जुन जिनसे पाण्डेय जी की मार्क्स के शब्दों में, "यूनानी कथाओं-सी दोस्ती" है। बाबा पाण्डेय जी के मित्र ही नहीं सबसे प्रिय कवि भी हैं। बहुत गहरा असर है उन पर नागार्जुन का। उनके सोचने और बोलने दोनों पर। पाण्डेय जी के खरेपन का बाबा की खुरदुराहट से गहरा नाता है। बाबा कहते हैं, "तुमसे क्या झगड़ा है, हमने तो रगड़ा है, इनको भी, उनको भी। दोस्त है, दुश्मन है, खास है कमान है। छाँटो भी, मीजो भी, धुनको भी। लँगड़ा सवार क्या, बनना अचार क्या, सनको भी, अकड़ो भी, तुनको भी। चुप-चुप तो मौत है, पीप है, कठौत है, बमको भी, खाँसो भी, खुनको भी" (नागार्जुन, चुनी हुई रचनाएँ-2)।

वाग्मिता का सौन्दर्यशास्त्र पाण्डेय जी के यहाँ बोलने की कला और अन्दाजेबयाँ भर नहीं है। वह सब भी है जो बाबा की इस कविता में आया है। स्वरों के आरोह-अवरोह, आवाज के उतार और चढ़ाव, चोट करने के ठीक पहले आती शरारती मुस्कान और फिर

अपने ही अन्दाज में अपनी ही बात पर ठहाके लगाकर हँसना। ये सब उनके बोलने को आकर्षक बनाते हैं। हमें अच्छे लगते हैं। बोलने की प्रक्रिया में ठेठ मुहावरों, देशी कहावतों का सटीक इस्तेमाल, दिलचस्प पदों का निर्माण और प्रयोग, उद्धरणों-सूक्तियों का प्रयोग समाँ तो बाँधते हैं, मन मोहते हैं। तब भी जब हम उनसे पढ़ते थे और आज भी जब उनके साथ पढ़ाते हैं। उनका बोलना बन्द करना टीस पैदा करता है। घड़ियों के होने पर अफसोस होता है। आप उनसे बात कर रहे हों या उनका व्याख्यान सुन रहे हों, बोर नहीं हो सकते। काशीनाथ सिंह से भाषा उधार लेकर कहूँ तो, "उन्हें सुनना भोर के उजास में नागफनी के जंगल से गुजरने जैसा है। जब वे बोलते हैं तो न डूबते हैं न उड़ते हैं। वे पानी को चीरते हुए एक ऐसा रास्ता निकालते हैं, जहाँ सर आकाश में होता है और धड़ पानी में। वे बीच-बीच में लहरों के साथ खेलते भी हैं और छपाक के साथ किल्लोल भी करते हैं" (गर्वीली गरीबी अपनी वह, देख तमाशा लकड़ी का, काशीनाथ सिंह)। पर वाग्मिता का यह जादू ईश्वर कि कृपा का फल नहीं है। इसे हासिल किया गया है। यह गाढ़ी मेहनत की कमायी है जो बहुत धुनने के बाद धुन के साथ आयी है। धुनने से मुझे धुनिये की याद आती है। पाण्डेय जी उस धुनिये कि तरह हैं जो रुई का, नयी हो या पुरानी, रेशा-रेशा उड़ा देता है, धुनकर रख देता है। पाण्डेय जी जिसे भी छूते हैं धुनकर रख देते हैं। साफ-साफ निर्मल काम की रुई एक तरफ कर देते हैं तो उससे निकली गन्दगी दूसरी तरफ। और भी बहुत सारे लोग हैं जो अपने को धुनने और बुनने कि परम्परा में रखते हैं। कहना न होगा कि अक्सर वे धुनते तो बहुत हैं पर बुनते बहुत कम हैं। धुनने के बाद बुनने की जो कला, क्षमता, साहस और सामर्थ्य पाण्डेय जी में है, उसी पर उनकी वाग्मिता का सौन्दर्य शात्र निर्मित होता है। इसीलिए जहाँ कहीं मैंने बोलना कहा है, आप उसे लिखना से बदल दीजिए, आप पायेंगे कि पाण्डेय जी उन विरल लोगों में से हैं, जिनके यहाँ बोलने और लिखने में कोई फर्क नहीं है। उनकी बोलने कि शैली और सोचने की शैली एक-दूसरे से जुड़ती है। वे बातों को उलझाते नहीं हैं, सुलझाकर कहते हैं। उलझन उनके चिन्तन में नहीं है तो जाहिर है कि बोलने और लिखने में भी नहीं है। वे सुविधा की राजनीति नहीं करते, इसलिए दुविधा की भाषा भी नहीं बोलते। वे मुँहदेखी नहीं बतियाते। अपनी बातों से नहीं पलटते। जिम्मेवारी लेने का भाव उनका इतना प्रबल है कि 'मेरे साक्षात्कार' की भूमिका में कह उठते हैं कि, "साक्षात्कारों में जो बातें कही गयी हैं, उनके लिए मैं जिम्मेवार हूँ। कहने का ढंग भी मेरा अपना है" (पाठकों से, मेरे साक्षात्कार, मैनेजर पाण्डेय)। यह पाण्डेय जी का अपना ढंग है। यह वही ढंग है कि उनका सारा शब्द-कर्म वह चाहे लिखा हो या बोला हुआ, एक लगातार चलने वाली बातचीत की तरह है और ऐसा होता तभी है जब विचारों के प्रति गहरी निष्ठा के साथ-साथ पाठक और श्रोता को भी अपनी चिन्ताओं में शामिल करने की चिन्ता होती है।

मित्रो! "जब भी किसी को देखना, कई बार देखना" कि तर्ज पर मैंने पाण्डेय जी को कई बार ही नहीं देखा है, कई रूपों में देखा है। दूर से देखा है पास से देखा

है, प्रेम में देखा है तो क्रोध में भी देखा है। लगभग बीस साल होने को आये उनको देखते-सुनते, पढ़ते और समझते। बीस साल मजे का वक्त होता है। कहते हैं कि पीढ़ी बीस साल में बदल जाती है। तो आज जब मैं पीढ़ी भर के अन्तराल से पाण्डेय जी को देखता हूँ तो मुझे आनन्दघन याद आते हैं, "लोग हैं लागि कवित्त बनावत, मोहि तो मोरे कवित्त बनावत", पाण्डेय जी जिन चीजों से बनते हैं, वे क्या हैं? जिसको अपना वेतन न पता हो, नौकरी पाने के बाद जिसका एप्लिकेशन फार्म भरा जाता हो, जो सिर्फ इसलिए एक जमाने में जे.एन.यू. छोड़कर वापस जोधपुर लौट आता हो कि घर से जे. एन.यू. आने-जाने में वक्त बहुत लगता है, पढ़ाई नहीं हो पाती है। उसके बनने की चीजें फिर दूसरी हैं। उसके होने के अर्थ दूसरे हैं और उन अर्थों की सार्थकता भी कुछ अलग किस्म की है। क्या हैं वे चीजें जो पाण्डेय जी को मैनेजर पाण्डेय बनाती हैं? किताबें, अध्ययन, चिन्तन, विचार-विमर्श? निश्चित रूप से ये वो सहायक तत्त्व हैं जो पाण्डेय जी में मिलकर-घुलकर कुछ खास रचते हैं। और यह रचाव ही है जो उन्हें मैनेजर पाण्डेय बनाता है। क्या है वह रचाव? वह है उनका साहस, उनकी ईमानदारी, साफगोई, उदात्तता, बड़प्पन, खुलापन, सुनने का धीरज, कठोर परिश्रम, अनवरत जिज्ञासा, विनम्रता, बोल्डनेस, शोध-दृष्टि, इतिहास-विवेक, पवित्र क्रोध, बड़े से बड़े को धो देने की कूवत पर, साथ ही छोटे से छोटे कदमों की भी चिन्ता। ये कुछ थोड़े से पराग-कण हैं जो मेरी नन्ही-सी हथेली में समा पाये हैं। हरसिंगार के ज्यादा फूल तो वहीं धरती पर पड़े हैं। कोई आयेगा और उन्हें भी उठायेगा। उन फूलों से जो सुगन्ध बनती है। इन कुछ चीजों से जो आदमी बनता है, जो आलोचक बनता है, वह क्या करता है? वह सस्ती लोकप्रियता पाने के लिए कभी भी लोकप्रिय नुस्खे नहीं अपनाता। आलोचना के लोकतान्त्रिक स्वरूप में विश्वास ही नहीं रखता, बल्कि उसके विकास का सतत प्रयास भी करता है। समाज से कटी रचना और आलोचना को उसकी सही जगह और वजह बताता है। मुकुट बिहारी सरोज के शब्दों में कहूँ तो एक ऐसे समय में जब, "कैसे-कैसे ऐसे-वैसे हो गये और ऐसे-वैसे कैसे-कैसे हो गये" वह नहीं बदलता। एक ऐसे समय में जब केंचुओं को भी शेर की बॉडी लैंग्वेज खटकती है, पाण्डेय जी न बॉडी लैंग्वेज बदलते हैं और ना ही लैंग्वेज। उनमें सैद्धान्तिक विचलन नहीं मिलता। पर वह जड़ नहीं हैं। किसी भी रचना या विचार को आलोचना की परिधि से बाहर नहीं रखते। अपना पानी कभी नहीं छोड़ते। वही रहीम वाला पानी। अपने सिद्धान्तों और मूल्यों की जमीन पर वह हजरत दाग हैं उठकर नहीं जायेंगे। वह हजारी प्रसाद द्विवेदी के हजरत मियाँ का हुक्का हैं जो कभी नहीं बदलेगा। वह किसी के अन्ध समर्थक नहीं हैं। न मार्क्स के, न आचार्य शुक्ल के और न ही नामवर सिंह के। इनमें से एक, उनके लिए साँसों की तरह है, दूसरा, रीढ़ की तरह और तीसरा, बड़े भाई की तरह। वह अपने इस भाई को किताब भी समर्पित करते हैं। उसको ऐसा आलोचक मानते हैं, जिससे सीखा भी है, पर जब वह उसकी समीक्षा करते हैं तो लोग स्तब्ध रह जाते हैं। वह अघाये विचारक नहीं हैं। उन्हें आई.टी.ओ. पुल के कवियों की तरफ उँगली उठाने का हक

है। वह तेजस्वी चिन्तक हैं। अपने परम प्रिय आचार्य शुक्ल के बारे में यकीन के साथ कह सकते हैं कि "शुक्ल जी का लोक धर्म मूलतः ऐसा समाज दर्शन है, जिसमें पहले से स्थापित और स्थिर सामाजिक सम्बन्धों को यथावत बनाये रखने का आग्रह है" (9, भक्ति काव्य और हिन्दी आलोचना, अनभै साँचा, मैनेजर पाण्डेय)।

कार्ल मार्क्स द्वारा 'मिस्ट्रीज ऑफ पैरिस' के विश्लेषण-मूल्यांकन को रेखांकित करते, लोकप्रिय साहित्य की उपेक्षा पर वही कह सकते हैं कि "अभी हमारे मार्क्सवादी आलोचक गम्भीर साहित्य के सतही अध्ययन में लगे हुए हैं, उन्हें सतही साहित्य के गम्भीर अध्ययन की फुर्सत कहाँ" (80, लोकप्रिय साहित्य और मार्क्सवाद, आलोचना की सामाजिकता, मैनेजर पाण्डेय)। उनका लेखन इकहरा नहीं है। वह मादाम स्तेल से लेकर 'मीर जमाल वध' तक पर लिखते हैं। उनकी आलोचना दृष्टि के दायरे में साहित्य का समाजशास्त्र है तो चेथरिया पीर के बहाने महात्मा गाँधी। यदि उनकी चिन्ताओं में 'मातंग' कवि कि रचनाओं की इतिहास में गुमशुदगी शामिल है तो दूसरी और वाल्मीकि रामायण में 'शम्बूक प्रसंग' और वाल्मीकि के मन में इसके प्रति अपेक्षित संवेदना का अभाव भी उन्हें विचलित करता है। वह यह भी चाहते हैं कि आप जानें कि एक अश्वघोष थे और एक 'वज्र-सूची' थी और वह यह भी चाहते हैं कि आप जानें कि आप आज तक यह क्यों नहीं जान सके। उनकी दोनों तरफ से छिली हुई पेन्सिल का एक सिरा 'गुलामगीरी' को छूता है तो दूसरा 'सीमान्तनी उपदेश' को। उन्हें सिर्फ यह बात परेशान करती है कि कविता के लिए हमारे समाज में, खासकर हिन्दी-समाज में जगह इतनी कम क्यों है? वह यह बात भी समझना और समझाना चाहते हैं कि हिन्दी से सटे हुए बांग्ला-समाज में जो जगह रवीन्द्रनाथ ठाकुर और काजी नजरुल इस्लाम को मिलती है, वह हिन्दी पट्टी में निराला को क्यों नहीं? यदि एक और वह आलोचना के असामाजिक होते जाने से क्षुब्ध हैं तो दूसरी तरफ हिन्दी के शहराती होते जाने से। "अपनी बोलियों से दूर होती जाती हिन्दी गाँववालों के लिए अंग्रेजी हो गयी है" कहकर वह हिन्दी लेखक समाज को चेताते भर नहीं हैं, बल्कि 'भोजपुरी समाज और साहित्य' जैसे लेख द्वारा बोलियों की समर्थ परम्परा को रेखांकित भी करते हैं। "सिर्फ आग ही जानती है जलने की पीड़ा" कहकर वह रुक नहीं जाते, बल्कि दलित-चिन्तन के तीव्र विकास के लिए एक दलित अखबार की जरूरत पर भी बल देते हैं। पर पाण्डेय जी सावधान हैं, वे चेताते हैं कि यह अखबार सामूहिक प्रयासों से निकले तो बेहतर होगा। उनकी चिन्ताओं का फलक तब और बड़ा हो जाता है जब वे दुःखी मन से सवाल करते हैं कि, "दिल्ली में कम्प्यूटर-शिक्षण की सर्वाधिक संस्थाओं का होना और उसी दिल्ली में दहेज के लिए बहुओं को जला मारने की घटनाओं का भी सर्वाधिक होना, आखिर कौन-सी साँठ-गाँठ है"। जब वह अपनी आलोचना भूमि पर होते हैं तो सैद्धान्तिक हो या वैचारिक एक जैसा प्रभाव छोड़ते हैं। आह और वाह से बेपरवाह पाण्डेय जी अतिरंजना, सरलीकरण, आशीर्वादी मुद्राओं से दूर, फतवेबाजी से परे समाज का बौद्धिक होना चाहते हैं, सिर्फ साहित्य का बुद्धिजीवी नहीं। यह वही चाहत है जो उनमें इतने आयाम भरती है। आज

जब कि लोग घुटनों से आगे देखना भूल रहे हैं, वे दूर तक देखते हैं। पीछे कि तरफ जब देखते हैं तो सूरदास, मीरा और कबीर तक चले जाते हैं, आगे देखते हैं तो कुमार विकल से लेकर बद्रीनारायण और पंकज चतुर्वेदी तक चले जाते हैं। बीच में ठहरकर बिसराम और महेश नारायण से भी बतिया लेते हैं। एक ओर तो सूरदास की राजनीतिक समझदारी को रेखांकित करते हैं तो दूसरे और वल्लभ सम्प्रदाय में मीरा की उपेक्षा को। नये कवियों की प्रशंसा करते-करते चिन्ता की एक लकीर उनके माथे पर उभर आती है कि, ''एक को पढ़ने पर दूसरे की याद क्यों आती है'' (171, आज का भारतीय समाज और युवा पीढ़ी की रचनाशीलता, आलोचना की सामाजिकता, मैनेजर पाण्डेय)। जब पाण्डेय जी कहते हैं कि, ''अधिकांश लेखक-संगठन केवल राजनीतिक संगठनों की पूँछ बनकर रह गये हैं तो ज्यादा समझ आता है कि उनकी किताब का नाम 'मैं भी मुँह में जुबान रखता हूँ' क्यों है। वही हैं जो 'कविता की वापसी' की धज्जियाँ उड़ाते हैं और वही हैं जो 'अपना उत्सव' में 'विरोध की कविता' के मंच से रघुवीर सहाय के काव्य-पाठ की तार्किक रक्षा करते हैं और फिर वही हैं जो नागार्जुन और त्रिलोचन की कुछ कविताओं की श्रेष्ठता पर केदारनाथ अग्रवाल जैसे बड़े कवि की खराब टिप्पणी को बाबा के ही शब्दों में, 'बुढ़भस की लीला' कहते हैं। यह पाण्डेय जी ही हैं जो डंके की चोट पर 'भारतेन्दु को हिन्दी का अब तक का सबसे बड़ा नाटककार' मानते हैं और आलोक धन्वा की 'जनता का आदमी' को 'अँधेरे में' के बाद कि सबसे महत्वपूर्ण कविता। और फिर वही पाण्डेय जी हैं जो पसन्द नहीं करने के बावजूद अज्ञेय को हिन्दी के महत्वपूर्ण कवियों की सूची में ऊपर ही नहीं रखते हैं, विभाजन के सन्दर्भ में लिखी उनकी रचनाओं को 'प्रकाश के घेरे' में भी लाते हैं।

वे हिन्दी समाज के उन गिने-चुने लोगों में से हैं जो साफ-साफ कहते हैं कि, ''मैं उन लोगों में से नहीं हूँ जो साहित्य के काल्पनिक स्वायत्त गणतन्त्र में रहने का दावा करते हैं। साहित्य के साथ-साथ आज के भारतीय समाज के सामने खड़े सवाल मुझे बेचैन करते हैं, वे चाहे सामाजिक हों, सांस्कृतिक हों या राजनीतिक'' (पाठकों से, मेरे साक्षात्कार, मैनेजर पाण्डेय)। यही वजह है कि फतेह बहादुर शाही जैसे छोटे से राजा से लेकर दाराशिकोह तक उनके चिन्तन के बिन्दु बनते हैं। जब वह, 'भारत की दूसरी खोज', 'राष्ट्रवादी हिन्दी', 'हिन्दी-संस्कृति', 'भाषा के कलाकार', 'आधुनिकतावादी जनवाद', 'अदालती आलोचना', 'दुर्व्याख्या की राजनीति' जैसे पद गढ़ते हैं तब भी उनका यही चिन्तक सक्रिय रहता है। उनके 'वन लाइनर्स' या कहें तो उद्धरण भी इन्हीं चिन्ताओं को विस्तार देते हैं—'नागार्जुन ने हिन्दी-कविता के मन्दिर में हरिजनों का प्रवेश कराया', 'सुविधा की राजनीति दुविधा की भाषा में व्यक्त होती है', 'छन्दों में जातीय जीवन का स्पन्दन होता है', 'मुक्त छन्द की भी रूढ़ि बन जाती है', 'रचना समाज की आँख है', 'आलोचना जब नितान्त रचनाजीवी होती है तो वह अनिवार्यतः परोपजीवी होती है', 'विचारधारा के मन्त्र से कृति का द्वार नहीं खुल सकता', 'मौलिकता समकालीनता से सदा पुरस्कृत नहीं होती', ऐसे तमाम वाक्य पाण्डेय जी के आलोचना संसार में मिल जायेंगे,

जिनमें प्रवेश करने पर आप उनके जीवन और आलोचना-दृष्टि को बेहतर समझ पायेंगे।

उनका विट, ह्यूमर या व्यंग्य भी उनकी चिन्ताओं का ही विस्तार है। वे जब कहते हैं कि, 'जो लोग तेजाब से कविता लिखते हैं या आचार्य शुक्ल के शब्दों में 'क्रान्ति-कामना' को प्रलय की पूरी पदावली में हुँकार के साथ' व्यक्त करते हैं, वे कविता और क्रान्ति दोनों का अहित करते हैं। या फिर जब वह दिल्ली की उस गोष्ठी की चर्चा करते हैं, जिसका विषय था, 'शब्द अविश्वसनीय हो गये हैं' और जिसमें निर्मल वर्मा, कमलेश्वर और राजेन्द्र यादव जैसे सितारे आने वाले थे, पर वे नहीं आये। लोग तारक युद्ध (स्टार-वार) देखने से वंचित रह गये। पर नागार्जुन जो अध्यक्षता करने वाले थे, बीमारी और बुढ़ापे के बाद भी आये। पाण्डेय जी आगे कहते हैं कि, ''नागार्जुन की अध्यक्षता में शब्द की अविश्वसनीयता पर बहस में सितारों का न आना लोगों की समझ में आया। ज्वालामुखी के मुँह पर बैठकर पिकनिक मनाने कौन आता है'' (93, *राजनीति की भाषा, आलोचना की सामाजिकता,* मैनेजर पाण्डेय)।

मित्रो! बहुत कुछ है कहने को। पर कई प्रकार की सीमाएँ हैं। अपनी गठरी समेटते हुए मुझे 'किंग लियर की ये पंक्तियाँ याद आ रही हैं, ''पाप को सोने से मढ़ दो, न्याय का आतिशी शीशा उन्हें अलग-अलग कर देगा। उसे चीथड़ों में लपेट दो, एक नन्हा तिनका उन्हें चीरकर अलग कर देगा''। आतिशी शीशा और नन्हा तिनका दोनों कौन हैं। यह बताने की जरूरत नहीं है। अमृता प्रीतम के उस उदास सवाल की परिपक्वता और उत्फुल्लता दोनों एक साथ क्यों नहीं रहते, का चहकता हुआ जवाब भी पाण्डेय जी ही हैं।

बाइबिल की उस प्रार्थना कि हे प्रभु! हमें वह करुणा दो कि जो हमारे बस से बाहर हो, उसे बर्दाश्त कर सकें, वह साहस दो कि जो हमारे बस में है, उसे बदल सकें और वह बुद्धि दो कि इन दोनों का अन्तर हम समझ सकें, को 'अनभै साँचा' की भूमिका ही नहीं बल्कि पाण्डेय जी का सम्पूर्ण शब्द-कर्म विस्तार देता है। पाण्डेय जी की चिन्ताओं की व्यापकता और उनके केन्द्र में उपेक्षित मनुष्य की उपस्थिति ही उनके होने का अर्थ देती है। यह वही चिन्ता है जो एक तरफ तो चण्डीदास की 'शबारि ऊपर मानुस सत्य' से जुड़ती है तो दूसरी तरफ रवीन्द्रनाथ की 'प्राणों में घुले रंग धरती पर कैसे फैलें' से। यह वही चिन्तक दृष्टि है जो उनके तीन तकिया कलाम रचती है—'जाहिर है', 'असल में' और 'मेरी चिन्ता यह है कि'—उनकी किताबों के नाम हों या तकिया कलाम उनसे बेचैनी झाँकती हैं। बेचैनी समाज की, मनुष्य की, भाषा की, साहित्य की और आलोचना की, बेहतरी और सार्थकता की।

अन्त में यदि कह पाऊँ तो यही कहूँगा कि मुझे उनका यही बेचैन रूप ज्यादा भाता है—चिन्तक का, विचारक का चेतनाजीवी रूप। साहित्य और आलोचना कि दुनिया से ऊपर उठकर वे किसी समाज और राष्ट्र को रोशनी देने वाले उन विचारकों और चिन्तकों की पंक्ति में मुझे ऐसे ही दिखते हैं जैसे विजयदेव नारायण साही को राजमहल के गलियारों से निकलकर गाँवों, बागों और जंगलों में फैलता, एक पवित्र उजास में बदलता

नागमती का दुःख। यह बेवजह नहीं है कि पाण्डेय जी उस चाणक्य को बेतरह याद करते हैं जो वररुचि के प्रलोभन भरे प्रस्ताव को ठुकराते हुए कहता है कि, 'वररुचि! व्याकरण ठीक करने से पहले मुझे मनुष्यों को ठीक करना है, समझे!'' (114, भाषा की रात में मनुष्य, आलोचना की सामाजिकता, मैनेजर पाण्डेय)। समझे, पर यह तो बलाघात है इसकी गूँज पाण्डेय जी में भी सुनायी देती है। मनुष्यों को ठीक करने की चिन्ता दरअसल एक 'ठीक समाज' की वही बुनियादी चिन्ता और चाहत है, जहाँ से पाण्डेय जी की वाग्मिता अपनी यात्रा शुरू करती है—माइक से बनते आकाश से लेकर कलम से सँवरती धरती तक पर। यही चिन्ताएँ उन्हें बड़ा बनाती हैं और यही हैं जो उनकी वाग्मिता में वास्तविक सौन्दर्य भरती हैं।

हिन्दी आलोचना और मैनेजर पाण्डेय

■ रामबक्ष

इस गोष्ठी के वक्ता श्री महावीर अग्रवाल, कथाकार लाल्टू, देवेन्द्र चौबे, वैभव सिंह, गजेन्द्र पाठक, गोष्ठी के संचालक प्रिय राजीव कुमार, प्रो. रविभूषण, उपस्थित देवियों और सज्जनों। सबसे पहले तो मैं केन्द्रीय विश्वविद्यालय के हिन्दी विभाग और उसके अध्यक्ष प्रो. रवि रंजन का आभारी हूँ कि आपने मुझे महत्त्वपूर्ण संगोष्ठी में भाग लेने और तीन दिनों तक चलने वाले गम्भीर विचार-विमर्श में भाग लेने का अवसर प्रदान किया। मेरे लिए यह अवसर इसलिए भी महत्त्वपूर्ण है कि यह कार्यक्रम मेरे गुरु प्रो. मैनेजर पाण्डेय के योगदान पर आधारित है, जिन्होंने मुझे बी.ए. ऑनर्स में साहित्य का क ख ग पढ़ाया—जोधपुर में, जहाँ वे शिक्षक बनकर आये थे और बिना किसी योजना के मैं भी हिन्दी में ऑनर्स पढ़ने चला आया था। उन्होंने न केवल कक्षा में, वरन् कक्षा से बाहर और अधिकतर कक्षा के बाहर—उनसे बहुत कुछ जानने, समझने और सुनने का—अपनी जिज्ञासाओं को शान्त करने का अवसर मिला, अनेक पुस्तकों, लेखों के बारे में पहली बार जाना-समझा। सो मेरे लिए यहाँ आना, उनको श्रद्धा सुमन अर्पित करने का अवसर है—वह अवसर दिया हिन्दी विभाग ने। सो मैं हिन्दी विभाग का आभारी हूँ।

आप लोगों ने इतनी गम्भीर चर्चाएँ की हैं, इतनी बातें की हैं, प्रो. मैनेजर पाण्डेय के बारे में इतनी अच्छी-अच्छी बातें कही हैं कि मेरे लिए कहने को कुछ बचा नहीं है। फिर भी आपको स्मरण करा दूँ और जानते ही हैं कि हिन्दी में आलोचना का प्रारम्भ पत्रकारिता से हुआ। पत्रकारिता ही भारतेन्दु युग में विश्वविद्यालय थे, क्योंकि तब तक काशी हिन्दू विश्वविद्यालय की स्थापना नहीं हुई थी। भारतेन्दु, बालकृष्ण भट्ट, चौधरी बदरी नारायण प्रेमघन, बालमुकुन्द गुप्त—ये जो कुछ लिखते थे वही आलोचना कहलाती थी, वही पाठकों को संस्कारिता करने का काम करती थी। आज भी अपने ढंग से करती ही है। इसके बाद जब आलोचना आचार्य रामचन्द्र शुक्ल के युग में आयी तब इसकी मुख्य कर्मभूमि विश्वविद्यालय हो गयी। आजकल भाई लोग विश्वविद्यालयों की दुर्दशा पर रोते-रोते हलकान हो रहे हैं, परन्तु यह जानना हमारे लिए दिलचस्प होगा (अशोक वाजपेयी को यह दिलचस्प शब्द बहुत पसन्द है) कि पत्रकारिता ने हिन्दी में दो बड़े

आलोचक दिये हैं—अशोक वाजपेयी और मलयज, शेष सारे महारथी इन्हीं विश्वविद्यालयों से आये हैं—भले ही हिन्दी विभाग से आये हों या रामविलास शर्मा की तरह अंग्रेजी से या राधावल्लभ त्रिपाठी की तरह संस्कृत से। आलोचना में अच्छा-बुरा जो भी हो रहा है, इन गिरे-पड़े विश्वविद्यालयों में ही हो रहा है। तमाम धाँधलियों और जड़ताओं के बाद।

मोटे तौर पर हिन्दी में आलोचना की दो परम्पराएँ सक्रिय हैं—एक मार्क्सवादी और दूसरी गैर-मार्क्सवादी। हिन्दी में आचार्य शुक्ल और हजारी प्रसाद द्विवेदी के बाद पुरानी काव्यशास्त्रीय परम्परा से कोई बड़ा आलोचक नहीं आ पाया। डॉ. नगेन्द्र और प्रो. राममूर्ति त्रिपाठी इस परम्परा के जानकार तो थे और हिन्दी के विद्यार्थियों को इस परम्परा की जानकारी तो इन्होंने दी, परन्तु काव्यशास्त्र की इस परम्परा को वे हिन्दी में स्थापित नहीं कर पाये। यह भारतीय परम्परा हिन्दी में अपनी पहचान नहीं बना पायी, कारण चाहे जो हो। हिन्दी की गैर-मार्क्सवादी परम्परा की आलोचना का सम्बन्ध मुख्यतः पश्चिम की परम्परा से रहा। चाहे विजयदेव नारायण साही हों या अज्ञेय, निर्मल वर्मा या अशोक वाजपेयी। इनमें भी इतना तो कहा ही जा सकता है कि वही आलोचक विचार योग्य है जो मार्क्सवाद से बहस करता रहा है, टकराता रहा है। साही इसके उत्तम उदाहरण हैं। अशोक वाजपेयी की शक्ति का एक स्रोत मार्क्सवाद से संवाद में निहित है, इसे तो शायद वे भी मानते होंगे।

इसके बावजूद यह कहना थोड़ा मुश्किल है कि हिन्दी की सर्वश्रेष्ठ आलोचना मार्क्सवाद से आयी है। आचार्य शुक्ल और द्विवेदी जी इस परम्परा से अलग हैं। फिर भी यह तो कहा ही जा सकता है कि हिन्दी आलोचना पर मार्क्सवादियों का वैचारिक दबदबा रहा है। रामविलास शर्मा, मुक्तिबोध, नामवरजी को हम इस परम्परा की श्रेष्ठ उपलब्धियाँ कह सकते हैं। आलोचना की इस परम्परा का प्रारम्भ शिवदान सिंह चौहान, प्रकाशन चन्द्र गुप्त से हुआ। इनके साथ-साथ विश्वविद्यालयों में कुछ शिक्षक आगे आये, जिन्होंने कार्ल मार्क्स, एंगेल्स और लेनिन को पढ़ रखा था और जो लूकाच और क्रिस्टोफर कॉडवेल की मान्यताओं को अन्तिम मानते हुए, हिन्दी साहित्य पर विचार कर रहे थे इनमें शिवकुमार मिश्र, रमेश कुन्तल मेघ, नन्दकिशोर नवल आदि लोग थे। साहित्य की गम्भीरता से आलोचना करने वाली इस परम्परा की अगली कड़ी के रूप में मैनेजर पाण्डेय आते हैं। ये पत्रकारिता से नहीं आये थे, मंच से नहीं आये थे, यहाँ तक कि राजनीतिक कार्यकर्ता के रूप में भी नहीं आये थे, हालाँकि बाद में उन्होंने साहित्यिक पत्रिकारित में भी योग दिया, मंच को भी गरिमा प्रदान की, तथा अन्ततः राजनीतिक कर्मी के रूप में, संस्कृति कर्मी के रूप में अपनी छवि बनायी, परन्तु यह मूलतः शिक्षकों की उस पीढ़ी का प्रतिनिधित्व करते हैं, जो अपने छात्रों में ज्ञान की ज्योति जलाना चाहते हैं। मैनेजर पाण्डेय गम्भीर साहित्य शिक्षक हैं। इन्होंने प्रगतिशील आलोचना को लूकाच-कॉडवेल की परम्परा से आगे बढ़ाया। उनके लेखों के द्वारा हम टेरी ईगल्टन, फ्रेडरिक जेम्सन, न्यू लेफ्ट के वाल्टर बेंजामिन, थियोडोर एडोर्नो को जानने समझने लगे।

वे जब लिखते हैं तो ग्राम्सी से बहस करते हुए दिखायी देते हैं। उन्होंने पश्चिम की महत्त्वपूर्ण पत्र-पत्रिकाओं, उसमें प्रकाशित लेखों और पुस्तकों को हिन्दी पाठकों से परिचित करवाया।

उन्होंने सूरदास पर शोध-कार्य किया, फिर उनकी पुस्तक छपी—'शब्द और कर्म'। हिन्दी में उन्हें मान्यता मिली 'साहित्य और इतिहास दृष्टि' पुस्तक के द्वारा। आज भी उनकी ख्याति का मुख्य आधार यही पुस्तक है, जो संयोग से उन्होंने जोधपुर विश्वविद्यालय में रहते हुए लिखी, तथा जिस पुस्तक के लगभग सारे लेख नामवरजी ने 'आलोचना' में प्रकाशित किया उसके बाद के लेखन से हम सब परिचित हैं।

डॉ. मैनेजर पाण्डेय साहित्य को क्या समझते हैं? कोई भी आलोचक-साहित्य को क्या समझता है? साहित्य की उसकी अवधारणा क्या है? इसी से उसके कर्म की दिशा तय होती है। शुक्ल जी साहित्य को भाव-व्यापार समझते हैं, मुक्तिबोध फैंटेसी समझते हैं, रामविलास शर्मा की दृष्टि में साहित्य भी अन्य अनेक चीजों की तरह से 'तथ्य' होता है। पाण्डेय जी साहित्य को अन्ततः 'विचारधारात्मक रूप' मानते हैं। साहित्य इसलिए महत्त्वपूर्ण है, क्योंकि उसमें लेखक की, लेखक के युग और समाज की विचारधारा अभिव्यक्त होती है। यदि यह मान्यता सही है, जो उनके लेखन से निकलती है तो उसका अगला प्रतिफलन हम इस रूप में देखते हैं।

यदि साहित्य विचारधारात्मक रूप है तो वह गम्भीर विधा है। हम देखते हैं कि वे साहित्य को कभी हल्केपन से नहीं लेते। वे साहित्य में, आलोचना में, भाषण में, शिक्षण में गम्भीरता को महत्त्व देते हैं और अपनी चर्चा-परिचर्चा में वे गम्भीरता को बनाये रखते हैं। वे कभी शुद्ध हास्य या परिहास भी नहीं करते। यदि कभी वे हँसी-मजाक करते हुए दिखायी देते हैं, उस वक्त भी वे विरोधी पर चोट करने के लिए जमीन बना रहे होते हैं। हास्य का उपयोग व्यंग्य की धार को तीखा करने के लिए करते हैं। वे साहित्य को मन बहलाव की, सस्ते मनोरंजन की चीज नहीं मानते।

अब साहित्य यदि विचारधारात्मक रूप है तो उसे 'सही' होना चाहिए, 'वैज्ञानिक' होना चाहिए। परिस्थितियों के कारण, सामयिकता के आग्रह के कारण वे वैचारिक समझौते नहीं करते। हार हो या जीत, डॉ. मैनेजर पाण्डेय विचारों की पवित्रता के हामी हैं और इस बिन्दु पर वे नामवर जी, रामविलास जी या किसी भी मार्क्सवादी आलोचक से बहस करने के लिए तैयार हो जाते हैं। विचारों की पवित्रता के साथ-साथ वैचारिक संगति भी जरूरी है। ऐसी कई विशेषताएँ हैं जो उनके लेखन में इसलिए हैं, क्योंकि वे साहित्य को विचारधारात्मक रूप मानते हैं।

हालाँकि डॉ. मैनेजर पाण्डेय का अधिकतर लेखन निबन्धपरक है—एक-दो पुस्तकों को छोड़कर उनका सारा लेखन फुटकर प्रसंगों पर आधारित है। फुटकर होते हुए भी इनके विचारों की समग्रता एक प्रबन्धात्मक आलोचना का एहसास दिलाती है।

उनके लेखन में भविष्य के शोधकर्ताओं, आलोचकों के काम करने का नक्शा निकलता है। दिशा मिलती है। कोई चाहे तो, कई विद्यार्थी मिलकर चाहे तो उनके

उठाये हुए सवालों, सुझाये गये रास्तों पर जीवनभर कार्य कर सकते हैं। ऐसी भविष्य दृष्टि, भले ही व्यावहारिक हो या न हो, एक आलोचक के आकाश के विस्तार का एहसास कराती है। नयी आलोचना की सम्भावनाएँ किसी भी आलोचक का बड़ा गुण है, यह तो मानना ही होगा।

जहाँ तक साहित्य-सिद्धान्तों का प्रश्न है, वे शायद इस समय, हिन्दी में इकलौते गम्भीर जानकार हैं, यही नहीं इस विषय पर वे हमारे लिए जीवित सन्दर्भ ग्रन्थ हैं। साहित्य सिद्धान्तों पर उनसे कभी भी, कहीं भी चर्चा की जा सकती है। फिर सबसे बड़ी बात उनके पाण्डित्य का, ज्ञान का लाभ सिर्फ उनके छात्रों को ही नहीं मिलता, वरन् भारत के कोने-कोने में बैठे हुए छात्र उनके लेखन, उनके भाषण, उनके संवादों से बहुत कुछ सीखते हैं। इस अर्थ में प्रो. मैनेजर पाण्डेय का होना हम सबके लिए गौरव की बात है।

डॉ. मैनेजर पाण्डेय ने दो अन्य क्षेत्रों में भी काम किया है और महत्त्वपूर्ण कार्य किया है। उनका यहाँ उल्लेख करना आवश्यक है। उन्होंने हिन्दी में अनुवाद कार्य की गम्भीरता को पहचाना और स्वयं बहुत महत्त्वपूर्ण अनुवाद किये। उनकी 1998 में प्रकाशित पुस्तक 'संकट के बावजूद' का जिक्र करना चाहूँगा जो सोवियत संघ के विघटन से उत्पन्न निराशा के दौर में प्रकाशित हुई थी और जिसमें मार्क्स सहित महत्त्वपूर्ण मार्क्सवादी लेखकों, दार्शनिकों, विचारकों के अत्यन्त चर्चित लेख और साक्षात्कारों के अनुवाद हैं। साथ ही इस पुस्तक की छोटी-सी सारगर्भित भूमिका है, जो उत्तर आधुनिकता बनाम मार्क्सवादी चिन्तन की बहस का नमूना है। साथ ही उन्होंने अनुवाद के शास्त्र पर भी गम्भीर विचार किया है तथा इस सन्दर्भ में दाराशिकोह के योगदान की महत्त्वपूर्ण चर्चा की है, जिसे हिन्दी संसार जानता है। अन्त में मैं प्रो. मैनेजर द्वारा अनूदित पोलैण्ड की प्रसिद्ध कवयित्री विस्लाव शिम्बोस्को की बीसवीं के अन्त पर लिखी कविता सुनाकर अपने वक्तव्य को समाप्त करता हूँ।

हमारी बीसवीं सदी को...

घर पहुँचना था
सच को
कुछ समस्याओं को मिट जाना था
हमेशा के लिए,
जैसे कि भूख और युद्ध
और ऐसी और भी।
उम्मीद थी कि आदर होगा
असहाय लोगों की दुर्बलता का
और विश्वास भी,
ऐसा ही बहुत कुछ।

इस दुनिया में
जो जीना चाहता था।
सुख से
वह आज भी
डूबा है
निराशा में।
अफसोस
मूर्खता अब हँसने की चीज नहीं
विवेक जिन्दादिल नहीं है
उम्मीद पहले-सी चुलबुली लड़की रही।
अन्ततः ईश्वर को विश्वास करना था
उस आदमी में
जो भला हो और ताकतवर भी,
पर यहाँ तो अब भी
एक भला है और दूसरा ताकतवर।
किसी ने पूछा था मुझसे पत्र में
'हमें कैसे जीना चाहिए।'
यही पूछना चाहती थी उससे मैं भी।
हमेशा की तरह
आज भी
सबसे भोले सवाल हैं
सबसे जरूरी सवाल।

मुझे यहाँ से आमन्त्रण मिला—मैंने उसे तुरन्त स्वीकार कर लिया। एक तो इसलिए कि यह निमन्त्रण हैदराबाद विश्वविद्यालय के हिन्दी विभाग से मिला और मैं जानता हूँ कि यहाँ की गोष्ठियाँ बहुत स्तरीय होती हैं। दूसरे इसलिए कि यह गोष्ठी मैनेजर पाण्डेय के कृतित्व पर केन्द्रित है, जिनसे मैंने साहित्य का क ख ग सीखा और मैं मानता हूँ, झूठा ही सही, वैसे ही मैं सही मानता हूँ कि मैं उनका सबसे प्रिय विद्यार्थी रहा हूँ। विद्यार्थी काल में भी और आज भी आयी बेहोशी की हालत में, नींद में जगाकर उनसे पूछा जायेगा तो मेरा ही नाम आयेगा, ऐसा मैं मानता हूँ और यदि प्रो. पाण्डेय भी इससे सहमत न दिखें तो भी मैं नहीं मानता, उन्होंने जीवन के एक नाजुक मोड़ में मुझे नामवरजी को सौंप दिया और मैं बहुत आज्ञाकारी छात्र रहा हूँ। मैं नामवरजी के पास चला गया और यही सुख मैंने वहाँ भी पाया कि नामवरजी का सबसे प्रिय विद्यार्थी मैं ही हूँ, यह भी मानता हूँ—

इसलिए जब नामवरजी और पाण्डेयजी में विवाद हुआ और छात्रों के स्तर पर

लगभग विभाजन हो गया। आज भी है तब भी ये मेरे दोनों गुरुजनों जानते हैं और मानतें हैं कि मैं नामवर जी का भी सबसे प्रिय छात्र हूँ और मैनेजर पाण्डेय का भी और यह मेरे छात्र जीवन की उपलब्धियाँ हैं। इसलिए मैं इस गोष्ठी में उपस्थित रहना चाहता था, ताकि मैं अपनी श्रद्धा सार्वजनिक रूप से व्यक्त कर सकूँ।

दूसरी बात--गुरु वह जो आपको मुक्त करे। प्रो. पाण्डेय ने मुझे मुक्त कर दिया, फिर कुछ दिनों बाद नामवरजी ने भी मुझे मुक्त होने के लिए जोधपुर में छोड़ दिया। दूसरी बात--जब मैं लिखने लगा, तब मैंने सबसे पहला निर्णय लिया कि मैं वह सब नहीं लिखूँगा जो पाण्डेयजी लिखते रहे हैं। मैंने तय किया कि मैं साहित्य-सिद्धान्तों पर काम नहीं करूँगा। दूसरे, मैंने समझा कि मैं क्रान्ति नहीं कर सकता, मैं उसमें शामिल नहीं हो सकंता और लोग करें। मेरा मतभेद नहीं है, पर मुझे नहीं करना है। इसलिए मैं लेखन के स्तर पर उनसे भिन्न प्रकृति का लेखक हूँ।

दूसरा क्षेत्र, जिससे थोड़ा बहुत मैं भी जुड़ रहा हूँ, वे दूरस्थ शिक्षा प्रणाली के केन्द्र इन्दिरा गांधी राष्ट्रीय मुक्त विश्वविद्यालय के पाठ्यक्रमों से भी सम्बद्ध है तथा उन्होंने दूरस्थ शिक्षा प्रणाली की गुणवत्ता को बनाए रखने के लिये उन्हें महत्त्वपूर्ण सुझाव दिये हैं। इस पर भी यहाँ स्वतन्त्र रूप से विचार होना चाहिए था। पारम्परिक शिक्षण और दूरस्थ शिक्षा का संगम हमारे साहित्य के अध्ययन के लिए कितना उपयोगी है, इसे अलग से कहने की आवश्यकता नहीं है।

समाजशास्त्रीय आलोचना के निकष

■ ज्योतिष जोशी

"साहित्य के समाजशास्त्र का मुख्य उद्देश्य है—समाज से साहित्य के सम्बन्ध की खोज और उसकी व्याख्या। ऊपरी तौर पर समाज से साहित्य का सम्बन्ध जितना सहज और सरल दिखायी देता है, उतना वह होता नहीं है। गहरे स्तर पर छानबीन करने के दौरान उसकी जटिलता सामने आती है।"

(साहित्य के समाजशास्त्र की भूमिका –डॉ. मैनजर प्राण्डेय, पृ. 12)

(एक)

हिन्दी आलोचना में साहित्य से समाज और समाज के साहित्य से सम्बन्धों की खोज तथा उसकी व्याख्या से सम्बन्धित आलोचनात्मक पद्धति को विकसित करने का श्रेय डॉ. मैनेजर पाण्डेय को जाता है। हिन्दी के पाठ्यक्रम में समाजशास्त्र का प्रवेश यद्यपि डॉ. नामवर सिंह के प्रयत्नों से हुआ; जैसा कि डॉ. मैनेजर पाण्डेय ने अपनी पुस्तक के समर्पण में लिखा है, पर हिन्दी में पश्चिम में विकसित इस शास्त्र को लाने, उसे व्यवस्थित प्रतिमानों में ढालने तथा साहित्य के समाज से सम्बन्धों के विश्लेषणों में हिन्दी भाषा के जातीय स्वरूप की प्रक्रियाओं का अध्ययन करने का कार्य डॉ. मैनेजर पाण्डेय ने ही किया है। अपने अध्ययन को केवल सिद्धान्तों और मान्यताओं तक सीमित न रखकर उन्होंने साहित्य की विभिन्न विधाओं के समाजशास्त्र को विकसित करने का महत्त्वपूर्ण कार्य भी किया है। इस कार्य को हम संक्षेप में क्रमवार देखने का यत्न करेंगे।

साहित्य के समाजशास्त्र को स्वतन्त्र साहित्य-विधा मानते हुए डॉ. पाण्डेय यह स्पष्ट तर्क देते हैं कि चूँकि वह साहित्य की सामाजिकता की व्याख्या करता है; इसलिए वह समाजशास्त्र की एक शाखा न होकर एक स्वतन्त्र साहित्य-विधा है। उनके इस तर्क की प्रामाणिकता में कोई सन्देह नहीं है; क्योंकि साहित्य के समाजशास्त्र का विकास पश्चिम में भी समाजशास्त्रियों ने नहीं, साहित्य के आलोचकों ने किया है। तेन, लिओ लावेंथल, लूसिए, गोल्डमान, मिशेल जेराफा और रेमण्ड विलियम्स जैसे साहित्यिक आलोचकों ने इस शास्त्र को विकसित करने की कोशिश की तथा साहित्य से समाज की आन्तरिक प्रक्रियाओं की पड़ताल भी। यह समाजशास्त्र भी अलग-अलग रूपों में

विकसित हुआ, जिसमें विधेयवादी समाजशास्त्र, संरचनात्मक समाजशास्त्र, आलोचनात्मक समाजशास्त्र और मार्क्सवादी समाजशास्त्र शामिल हैं। जाहिर है, डॉ. पाण्डेय ने हिन्दी में जिस समाजशास्त्र को विकसित करने का प्रयत्न किया वह अपने मूल स्वरूप में आलोचनात्मक समाजशास्त्र ही है, जिसमें संरचनावादी और मार्क्सवादी समाजशास्त्रीय अवधारणाओं की कतिपय सृजनात्मक दृष्टियों की भी भूमिका है।

डॉ. पाण्डेय उन तत्त्ववादियों के इस आरोप को खारिज करते हुए अपने समाजशास्त्र की बुनियाद रखते हैं जो कहते हैं कि समाजशास्त्र से साहित्य की साहित्यिकता नष्ट हो जाती है। वे साहित्य-रचना को सामाजिक कर्म मानने की धारणा का समाजशास्त्र में व्यावहारिक रूप खोजते हुए कहते हैं—"एक तो इसके भीतर कर्ता के रूप में लेखक का महत्त्व स्वीकार करना होगा जो आजकल आलोचना से लगभग गायब होता जा रहा है। खासतौर से पाठ-केन्द्रित आलोचना और पाठकोन्मुखी साहित्य मीमांसा की पद्धतियों में लेखक के लिए कोई स्थान नहीं है। दूसरे स्तर पर लेखक की सार्थक क्रिया के रूप में कृति का अर्थ, उसकी संरचना और उसकी अभिव्यक्ति के रूपों का विवेचन होगा। तीसरे सामाजिक कर्म के नाते रचनाकर्म के दौरान दूसरों की चिन्ता अर्थात् समकालीन-सामाजिक-सांस्कृतिक परिवेश का बोध और कृति के लक्ष्य के रूप में पाठक समुदाय का महत्त्व स्वीकार करना होगा। इस तरह साहित्य की समाजशास्त्रीय मीमांसा में सम्पूर्ण साहित्य-प्रक्रिया आ जायेगी।" (वही, पृ. 10)

अपने प्रस्थान में डॉ. पाण्डेय 'साहित्य और समाज के सम्बन्ध' की दृष्टियों पर ध्यान केन्द्रित करते हैं और तार्किक ढंग से अपने निष्कर्षों को रखते हैं। इस क्रम में 'साहित्य में समाज' समाज सबसे पहले आता है। वे अनेक पश्चिमी तथा भारतीय अवधारणाओं को परखते हुए साहित्य से समाज के जटिल सम्बन्धों की पड़ताल के कुछ महत्त्वपूर्ण सूत्र देते हैं और अपनी ओर से साहित्य में कल्पना की सर्जनात्मक भूमिका की पहचान किये जाने पर बल देते हैं। साहित्य-रचना के समूचे क्रिया-व्यापार को कल्पना का क्रिया-व्यापार मानकर उसकी सर्जनात्मकता की पहचान करने को प्रस्तावित करना साहित्य के समाजशास्त्र के उन आलोचकों को जवाब देना है, जिनकी दृष्टि में समाजशास्त्र विधेयवादी ही हो सकता है यानी सादृश्य से बाहर उसमें कुछ भी नहीं दिखता। 'समाज में साहित्यकार तथा साहित्य' की स्थिति का विवेचन करते हुए वे साहित्य की वास्तविक स्थिति की वस्तुगत विवेचन को आवश्यक मानते हैं। उनकी इस माँग का सीधा आशय यह है कि साहित्यकारों को अपने समाज की वास्तविकताओं का अहसास होना चाहिए। जब तक साहित्यकार का समाज से सीधा सम्बन्ध नहीं बनेगा, तब तक साहित्य की कोई बड़ी सामाजिक भूमिका भी नहीं बनेगी। जाहिर है, समाज में साहित्य की हैसियत उसकी इस भूमिका से ही निर्धारित होगी; क्योंकि वह यानी साहित्य, प्रथमतः और अन्ततः सामाजिक निर्मिति ही है। 'पाठक समुदाय के बीच साहित्य' का विवेचन डॉ. पाण्डेय की दृष्टि में बहुत महत्त्वपूर्ण है। इसका स्पष्ट तर्क

यही है कि कृति की सार्थकता पाठक के पास पहुँचने में ही है। इस अध्ययन से हम आसानी से पाठकवर्ग और उसकी मानसिकता को समझ सकते हैं जिसको जाने बिना साहित्य-रचना और सम्प्रेषण की बारीक समझ नहीं बन सकती। अपनी अवधारणा को पुष्ट आधार देते हुए डॉ. पाण्डेय ने 'लोकप्रिय साहित्य के समाजशास्त्र' को भी विकसित करने की चेष्टा की है। आश्चर्य ही है कि हिन्दी में आलोचना उन लोकप्रिय विधाओं और उनकी अपार पठनीयता को छूने भर से भी डरती है, जिनकी हैसियत तथाकथित 'गम्भीर साहित्य' के मुकाबले बहुत बड़ी है। क्या ऐसा नहीं हो सकता कि लोकप्रिय साहित्य की व्यापक स्वीकृति के कारणों की जाँच कर हम साहित्य की सामाजिक हैसियत बढ़ाने का यत्न करें और पठनीयता के भयावह संकट से निकल सकें?

डॉ. पाण्डेय इस प्रश्न का उत्तर देते हुए लिखते हैं—"सम्भव है, अगर पहले देवकीनन्दन खत्री और किशोरीलाल गोस्वामी न हुए होते तो प्रेमचन्द को वही काम करना पड़ता जो उन दोनों ने किया था।...प्रेमचन्द ने उस पाठक समुदाय की मानसिकता को पहचाना तभी उसे सुधारकर गम्भीर उपन्यासों के लायक बनाया। जो लोग उस पाठक समुदाय की परवाह किये बिना उस समय शुद्ध साहित्यिक उपन्यास लिखने में लगे थे उनके नाम अब केवल इतिहास की पुस्तकों में मिलते हैं।" (वही, पृ. 27)

जाहिर है, लोकप्रिय साहित्य की व्यापक स्वीकृति के पीछे जनरुचि काम करती है और जब तक हम जनरुचि या जनता के आस्वाद का परीक्षण नहीं करेंगे तब तक गम्भीर साहित्य को लोकधर्मी बनाने में सफल नहीं हो सकते।

डॉ. पाण्डेय ने साहित्य के समाजशास्त्र की उन धाराओं की भी विस्तार से पड़ताल की है जो साहित्य के समाज से सम्बन्धों की वैज्ञानिक व्याख्या का दावा करती रही हैं। इसमें पहली धारा है—मीमांसावादी। इस धारा में साहित्य में समाज की अभिव्यक्ति की खोज का लक्ष्य होता है। दूसरी धारा है—अनुभववादी की जिसमें सहित्य की सामाजिक स्थिति का परीक्षण होता है। पहली धारा में कृति केन्द्रित आलोचना की प्रधानता होती है; इसलिए विशिष्ट कृतियों के अलावा समकालीन साहित्य की उन कृतियों की इसमें आसानी से उपेक्षा हो जाती है, जिनका मानक स्थिर नहीं होता। इसके ठीक विपरीत अनुभववादी कृतियों को महत्त्व नहीं देते। वे कृति की रचना के पूर्व की स्थितियों का विवेचन करते हैं; इसलिए कृति के कथ्य और उसके समग्र बोध की इसमें उपेक्षा होती है। इस पद्धति से लोकप्रिय साहित्य का तो तार्किक अध्ययन हुआ है, पर इससे गम्भीर रचना-कर्म को खासा नुकसान हुआ है। डॉ. पाण्डेय ने हिन्दी में विकसित किये अपने साहित्य के समाजशास्त्र में इन दोनों अतियों से दूरी बरती है। वे जोर देकर इस बात का भी विरोध करते हैं कि साहित्य का समाजशास्त्र विधेयवादी अनुभववादी समाजशास्त्र का पर्याय है। वे इस तर्क को भी असंगत ठहराते हैं कि मार्क्सवादी आलोचना और साहित्य के समाजशास्त्र में मूलतः कोई अन्तर नहीं है। हाँ, वे इस बात की ताकीद करते हैं कि मार्क्सवादी आलोचना साहित्य के समाजशास्त्र को प्रभावी बनाने में अपनी सार्थक भूमिका निभा सकती है। इसी क्रम में उन्होंने जेने उल्फ के प्रयासों की तारीफ

की है, जिन्होंने पुराने सौन्दर्यशास्त्र को भाववादी सीमाओं से मुक्त करने और समाजशास्त्रीय सरलीकरण से सौन्दर्यशास्त्र को बचाने की बात की है। गौरतलब है जेने उल्फ ने मार्क्सवादी सौन्दर्यशास्त्र को कला का समाजशास्त्र कहा था। मालूम हो कि मार्क्सवाद और समाजशास्त्र के समन्वय के आधार पर ही आर्नोल्ड हाउजेर ने 'कला का समाजशास्त्र' विकसित करने की चेष्टा की है।

डॉ. पाण्डेय ने लिखा है—''कला के समाजशास्त्र के निर्माण में जो स्थिति आर्नाल्ड हाउजेर की है, वही समाजशास्त्र के विकास में लूसिएँ गोल्डमान की है। गोल्डमान समझते हैं कि मार्क्स का पूँजीवादी समाज का विश्लेषण पुराना पड़ गया है, लेकिन पूँजीवादी समाज़ में मनुष्य की नियति का विश्लेषण, विशेष रूप से विच्छिन्नता, परायापन आदि के मूल में निहित रैकरण (रिइफिकेशन) का विश्लेषण पहले से अधिक प्रासंगिक हो गया है।'' (वही, पृ. 49) यानी बावजूद अपनी कुछ स्थापनाओं के पुरानेपन के, मार्क्स का चिन्तन आज के मनुष्य की नियति, परायापन और आत्मपरायापन जैसे कठिन प्रश्नों तथा समस्याओं के विश्लेषण में पहले से अधिक प्रासंगिक है और साहित्य के समाजशास्त्र को सार्थक तथा प्रभावी बनाने में उसकी भूमिका असन्दिग्ध है। बावजूद इसके कि मार्क्सवाद साहित्य के समाजशास्त्र के विकास में सहायक है, डॉ. पाण्डेय मार्क्सवादी आलोचकों के अति उत्साह को कम खतरनाक नहीं मानते। वे कहते हैं—''हिन्दी में ऐसे मार्क्सवादी आलोचक हैं जो खुद समाजशास्त्रीयता के छोर पर खड़े रहते हैं और बाकी सबको दूसरे छोर-रूपवाद के साथ खड़ा देखते हैं तो ऐसे भी कुछ आलोचक हैं, जो रूपवाद के साथ खड़े होकर दूसरों को समाजशास्त्रीयता का शिकार घोषित करते रहते हैं।'' (वही, पृ. 50)

(दो)

यह तो स्पष्ट हो ही गया है कि भारत में विशेषकर हिन्दी में, साहित्य के समाजशास्त्र की कोई परम्परा पहले से मौजूद न थी। हिन्दी में बेशक उन्नीसवीं सदी के अन्तिम चरण में बालकृष्ण भट्ट के निबन्धों से साहित्य की सामाजिकता की खोज का सिलसिला शुरू हुआ जिसे महावीर प्रसाद द्विवेदी और उसके बाद आचार्य रामचन्द्र शुक्ल ने विकसित किया। आचार्य शुक्ल की आलोचना दृष्टि ने 'साहित्य को जनता की चित्तवृत्ति का संचित प्रतिबिम्ब' कहकर अपने साहित्येतिहास को जनरुचियों के तहत स्थिर कर आलोचना की सामाजिकता का जो मानक तय किया उससे हिन्दी आलोचना समग्र व्यवस्था पा सकी। इसी श्रृंखला में कुछ अन्य आलोचकों ने साहित्य की सामाजिकता का वैज्ञानिक परीक्षण किया, जिनमें गजानन माधव 'मुक्तिबोध' का नाम उल्लेखनीय है। 'मुक्तिबोध' ने ही पहली बार 'कामायनी : एक पुनर्विचार' में 'कामायनी' को एक विशाल फैण्टेसी माना और उसे परम्परागत अर्थ में काव्य अथवा महाकाव्य होने को नकारा। डॉ. पाण्डये ने मुक्तिबोध की इस आलोचनात्मक पद्धति पर टिप्पणी करते हुए लिखा है—''मुक्तिबोध की देन यह है कि उन्होंने हिन्दी में पहली बार कविता के विश्लेषण की मार्क्सवादी

समाजशास्त्री दृष्टि और पद्धति का प्रामाणिक विकास किया है। कविता के समाजशास्त्रीय विश्लेषण की परम्परा पश्चिम में भी क्षीण ही है। मुक्तिबोध की दृष्टि और पद्धति का उपयोग करते हुए कविता ही नहीं, दूसरे साहित्य-रूपों की महत्त्वपूर्ण रचनाओं का भी समाजशास्त्रीय विश्लेषण हो सकता है।'' (वही. पु. 65)

अपने यहाँ साहित्य के समाजशास्त्र के रूप में जो थोड़े-बहुत प्रयास किये गये हैं उनमें अधिकतर वे लोग हैं जिन्होंने अंग्रेजी में ऐसे उद्यम किये हैं; हालाँकि उनके काम का महत्त्व आज भी कम नहीं हुआ है। इन लोगों में सबसे पहला नाम आता है—दामोदर धर्मानन्द कोसाम्बी का जिन्होंने कई पुस्तकों के माध्यम से ऐतिहासिक, सामाजिक दृष्टि का विकास किया है। इनमें 'द कल्चर एण्ड सिविलाइजेशन ऑफ एन्शिएण्ट इण्डिया' और 'मिथ एण्ड रियलिटी' मुख्य हैं। इसी तरह धूर्जटि प्रसाद मुखर्जी ने अनेक निबन्धों के जरिये साहित्य के समाजशास्त्रीय चिन्तन की राह बनाने की कोशिश की। अपनी पुस्तक 'डायवर्सिटीज' में उन्होंने अपने अर्थशास्त्री और साहित्यिक व्यक्तित्व से अलग एक ऐसे समाजशास्त्री के रूप में प्रस्तुत करने की चेष्टा की जिसका महत्त्व असन्दिग्ध है। उन्होंने लिखा कि—''साहित्य की परम्पराओं तथा प्रयोगों में सांस्कृतिक परम्पराओं तथा प्रयोगों की अभिव्यक्ति होती है और संस्कृति की परम्पराएँ एवं प्रयोग सामाजिक प्रक्रिया से प्रभावित होते हैं और उन्हें प्रभावित भी करते हैं।'' (वही, पृ. 86) धूर्जटि प्रसाद मुखर्जी की परम्परा को समाजशास्त्र में आगे बढ़ाने का कार्य पूरनचन्द्र जोशी के लेखन में मिलता है, जिन्होंने शुद्ध समाजशास्त्रीय पद्धति से प्रेमचन्द के 'गोदान' को समझने-समझाने की चेष्टा की। उन्होंने अपने विश्लेषण में यह जोर देकर कहा था कि कल के औपनिवेशिक दासता से ग्रस्त भारत और आज के उभरते पूँजीवाद के अन्तर्विरोधों से उद्वेलित भारत में निरन्तरता और विच्छिन्नता' के द्वन्द्ववाद को समझना आवश्यक है।'' (परिवर्तन और विकास के आयाम—पूरनचन्द्र जोशी, पृ. 169)

इस परम्परा में ए.आर. देसाई का नाम भी लिया जाता है, जिन्होंने समाजशास्त्रीय चिन्तन में कुछ मौलिक स्थापनाएँ कीं। वैसे धूर्जटि प्रसाद मुखर्जी के काम अधिक महत्त्व के हैं, जिन्होने समाजशास्त्रीय दृष्टि से साहित्य को देखने-परखने की व्यवस्थित कोशिश की। इस शृंखला में और भी कई नाम हो सकते हैं, हैं भी, मसलन-राधाकमल मुखर्जी। उन्होंने 'द कॉस्मिक आर्ट ऑफ इण्डिया' और 'द फ्लावरिंग ऑफ इण्डियन आर्ट' जैसी पुस्तकें लिखीं और उसमें भारतीय सांस्कृतिक स्रोतों की खोज करने की सफल चेष्टा की। पर स्योसूर, पी.सी. पियर्स की ही तरह बल्कि अपने चिन्तन की मौलिकता के कारण कुछ अधिक ही आनन्द कुमारस्वामी के काम अनिवार्य रूप से ज्यादा प्रासंगिक बनकर उभरे। वे आनन्द कुमारस्वामी ही थे जिन्होंने तर्कों और तथ्यों के आधार पर कहा कि कला और साहित्य धर्म से भी गहरी चीजें हैं। उनका स्पट मत था कि अपने कालजयी और क्लासिकल रूप में—कला और साहित्य कलाकार या लेखक की व्यक्तिगत प्रतिभा की निर्मिति न होकर सामूहिक चेतन और अवचेतन की अभिव्यक्ति होते हैं

तथा उसके प्रतिबिम्ब भी। उनका यह भी कहना है कि लोककला, साहित्य या पारम्परिक शास्त्रीय कला और साहित्य में प्रतीक और यथार्थ के बीच स्वाभाविक सम्बन्ध होता है जबकि आधुनिक कला और साहित्य में यथार्थ और प्रतीकों के मध्य कृत्रिम सम्बन्ध होता है। उनकी एक अवधारणा यह भी है कि पारम्परिक कला रूपों और साहित्य में एक ही साथ लक्ष्य और साधन दोनों होते हैं, जबकि आधुनिक कला और साहित्य में लक्ष्य नहीं होता, केवल साधन होता है। मालूम हो कि मार्क्स की वर्ग चेतना, फ्रायड की चेतन-अवचेतन तथा जुंग की सामूहिक अवचेतन की धारणाओं का मानवी सभ्यता में बहुत महत्त्व है, पर जुंग के पहले ही कुमारस्वामी की सामूहिक चेतना सम्बन्धी अवधारणा का अधिक महत्त्व है, क्योंकि इसका प्रयोग उन्होंने कला के सन्दर्भ में तब किया था जब भारतीय कला-जगत् पश्चिम की कृपा का मोहताज बना हुआ था और अपनी ही विरासत को पहचान पाने की उसकी दृष्टि धुँधली पड़ गयी थी।

मेरी दिलचस्पी इस बहस को बढ़ाने में बिल्कुल नहीं है, सिवा इसके कि मैं उस समाजशास्त्रीय दृष्टि की ओर संकेत कर सकूँ, जिसमें अपनी कलाओं की समस्त सांस्कृतिकता की खोज की बेचैनी ही नहीं थी, उन्हें परख पाने की क्षमता भी थी। डॉ. मैनेजर पाण्डेय बेशक जिस साहित्य के समाजशास्त्र को प्रस्तावित करते हैं, उसमें साहित्येतर कालरूपों की अधिक गुंजाइश है भी नहीं; जाहिर है इसके लिए 'कला का समाजशास्त्र' विकसित करने की जरूरत है जिसके बड़े ही पुष्ट बीज आनन्द कुमारस्वामी के चिन्तन में मिलते हैं; दुर्भाग्य की बात है कि अंग्रेजी के अनेक स्वनामधन्य कलाविदों के रहते इस दिशा में कोई विशेष प्रगति नहीं हुई है, जिस तरह पश्चिम में आर्नोल्ड हाउजेर और जेने उल्फ आदि ने सम्भव की है। पर यह सही है कि 'साहित्य के समाजशास्त्र की भूमिका में डॉ. पाण्डेय ने साहित्य की विभिन्न विधाओं के भीतर सामाजिकता की गहन पड़ताल की है और विभिन्न अवधारणाओं के सातत्य से आलोचना को नयी दृष्टियों से समृद्ध किया है।

इपॉलित अडोल्फ तेन, लियो लावेंथल, लूसिएँ गोल्डमान तथा रेमण्ड विलियम्स के साहित्य के समाजशास्त्र सम्बन्धी कार्यों को परखते हुए उन्होंने हिन्दी में उसके उपयोग के अनेक रास्तों की खोज की है, मसलन—तेन और मदाम स्तेल के बहाने डॉ. पाण्डेय प्रजाति, परिवेश और युग को एक स्तर पर साहित्य के सामाजिक पक्ष की खोज तथा उसके सृजन में सहायक मानते हैं। तेन की यह धारणा असाधारण महत्त्व की है, जिसमें वे कहते हैं कि एक विशेष युग में कुछ प्रधान विचार होते हैं, उनका एक बौद्धिक साँचा होता है जो पूरे समाज के चिन्तन को प्रभावित करता है। मदाम स्तेल ने भी इस धारणा पर काम किया। तेन की यह स्थापना समाजशास्त्र में आज भी एक बुनियादी धारणा के रूप में मौजूद है कि कला मनुष्य की मानसिकता की उपज है और मनुष्य की मानसिकता उसकी परिस्थितियों से प्रभावित होती है। लावेंथल ने साहित्य के विवेचन में विचारधारा की भूमिका, मनोविश्लेषण के उपयोग की आवश्यकता, रूप और अन्तर्वस्तु की एकता का विश्लेषण, साहित्य के पाठकीय ग्रहण आदि पर बल दिया है, जिसके सहारे साहित्य के बोध और विश्लेषण की अनेक सम्भावनाएँ खुली हैं। लूसिएँ गोल्डमान

ने 'संरचनाओं की समानधर्मिता' सम्बन्धी अवधारणा देकर साहित्य के समाजशास्त्र को अधिक व्यवस्थित किया। अपनी कई पुस्तकों और निबन्धों के माध्यम से गोल्डमान ने 'कृति में व्यक्त सामाजिक उद्गम की खोज' की। वे कृति की विश्वदृष्टि और वर्ग की विश्वदृष्टि की संरचनाओं के बीच समानधर्मिता की खोज के कायल हैं। डॉ. पाण्डेय ने इस अवधारणा के व्यावहारिक प्रयोग से कई आश्चर्यजनक विश्लेषणों को सम्भव किया है। उन्होंने हिन्दी साहित्य की एक ही समय में तीन अलग-अलग लेखकों की रचनाओं—'गोदान', 'कामायनी' और 'राम की शक्तिपूजा' जैसी कृतियों की चेतना की संरचनाओं की समानता देखी है। वे लिखते हैं—''विषय और अन्तर्वस्तु के स्तर पर तीनों अलग-अलग हैं। लेकिन तीनों में विश्वदृष्टि के स्तर पर, चेतना की संरचना के स्तर पर, समानता है। तीनों में पराजय और निराशा की प्रधानता है। यद्यपि 'राम की शक्तिपूजा' के अन्त में आशा की एक किरण है, लेकिन पूरी रचना में व्याप्त अन्धकार और निराशा के आगे वह बहुत महत्त्वपूर्ण नहीं लगती। तीनों में संघर्ष, पराजय और निराशा के माध्यम से जो विश्वदृष्टि उभरती है वही पाठकों को प्रभावित करती है।'' (वही, पृ. 150)

रेमण्ड विलियम्स ने साहित्य के समाजशास्त्र के लिए 'अनुभूति की संरचना' सम्बन्धी अवधारणा दी है। वे स्पष्ट कहते हैं कि कृति की 'संरचना से जहाँ सुनिश्चित रूप का बोध होता है, वहीं अनुभूति कला के अनुभव पक्ष की ओर संकेत करती है। एक तरह से अनुभूति की इस संरचना को एक काल की संस्कृति भी कहा जा सकता है। चूँकि कला में ही अनुभूति की संरचना पायी जाती है, इसलिए किसी काल के समाज को जानने में कला का महत्त्व बढ़ जाता है।' (वही, पृ. 180) मालूम हो कि रेमण्ड विलियम्स की इस अवधारणा से गोल्डमान की विश्वदृष्टि की अवधारणा में बहुत से लोगों ने समानता भी देखी और भिन्नता भी। पर इसमें कोई सन्देह नहीं कि इस अवधारणा से संस्कृति के समाजशास्त्र को विकसित कर विलियम्स ने साहित्य के विभिन्न रूपों के बोध और विश्लेषण को अधिक संगत, तार्किक और अर्थवान बनाया।

अब देखने की बात यह है कि डॉ. पाण्डेय ने हिन्दी में जिस साहित्य के समाजशास्त्र को विकसित करने की कोशिश की है, उसका स्वरूप क्या है। अपने मूल प्रस्थान में जॉर्ज लुकाच के इस कथन का निर्वाह करते हुए कि 'साहित्य में रूप सामाजिक होता है और सौन्दर्यबोधीय भी। साहित्य का वही समाजशास्त्र प्रामाणिक और विश्वसनीय हो सकता है जो साहित्य के रूप में इन दोनों पक्षों को उजागर करे', डॉ. पाण्डेय ने साहित्य के विभिन्न रूपों की समाजशास्त्रीय मीमांसा का आधार बनाकर उसे विकसित करने की चेष्टा की है। यह सचमुच देखने की कोशिश नहीं की गयी है कि एक समाजशास्त्री के रूप में डॉ. पाण्डेय ने साहित्यिक रूपों के समाजशास्त्र पर कितना महत्त्वपूर्ण काम किया है। उनकी अवधारणाएँ स्फुट नहीं हैं, वे व्यवस्थित हैं और तार्किकता के साथ विवेचन में वैज्ञानिक भी। साहित्य रूपों की ऐतिहासिकता और समाज सापेक्षता पर बात करते हुए देखिए वे कितनी महत्त्वपूर्ण बात कहते हैं—''साहित्य रूपों की

ऐतिहासिकता और समाज सापेक्षता का सबसे प्रामाणिक रूप महाकाव्य के विकास और ह्रास के इतिहास में मिलता है। महाकाव्य प्राचीनतम साहित्य रूपों में एक है और प्राचीनकाल का सबसे महत्त्वपूर्ण साहित्य-रूप भी है। विश्व साहित्य का इतिहास गवाह है कि महाकाव्य मूलतः गण-समाजों की देन है। महाकाव्य का मूल रूप तब निर्मित हुआ था जब लेखन की संस्कृति का विकास नहीं हुआ था।" (वही, पृ. 211) इसी तरह भारतीय महाकाव्यों पर विचार करते हुए वे लिखते हैं—"रामायण और महाभारत की सम्पूर्ण संघटना भारतीय गण-समाज और सामन्ती समाज की संरचनाओं से जुड़ी हुई है। महाकाव्यों के नायक उन्हीं समाजों के आदर्श नायक हो सकते थे। उन नायकों के जो गुण उन समाजों में अतिरंजना के बावजूद स्वाभाविक लगते थे वे आज रहस्यमय और चमत्कारपूर्ण प्रतीत होते हैं। लोकतन्त्र के काल में वैसे नायकों की कल्पना कठिन ही नहीं असंगत भी है।" (वही, पृ. 213)

साहित्य के समाजशास्त्र के बुनियादी स्वरूप को हिन्दी में स्थिर करने के साथ-साथ डॉ. पाण्डेय ने साहित्य-रूपों के समाजशास्त्र को विकसित करने के प्रयत्न करने के बावजूद उसकी कठिनाइयों से भी लगातार आगाह किया है। वे उस आलोचनात्मक और समाजशास्त्रीय प्रयत्न को नकारते हैं, जिनमें विधाओं के फर्क की समझ नहीं होती। उदाहरण के लिए कविता के विवेचन पर उनका कथन है—"कविता के समाजशास्त्रीय विवेचन की एक विडम्बना यह रही है कि कविता में समाज की खोज उसी तरह होती है, जैसे उपन्यास और नाटक में। इस प्रक्रिया में कविता की सामाजिकता के विशिष्ट स्वरूप के साथ ज्यादती ही नहीं होती है, उसकी पहचान मुश्किल भी हो जाती है।" (वही, पृ. 222)

अपने विस्तृत अध्ययन में डॉ. पाण्डेय उपन्यास के समाजशास्त्र पर विचार करते हुए मिशेल जेराफा के इस कथन को पाथेय बनाते हैं कि उपन्यास ऐसी कला है, जिसमें मनुष्य सामाजिक और ऐतिहासिक दृष्टि से निरूपित होकर सामने आता है। उपन्यास के समाजशास्त्र से सम्बन्धित विचारणीय बिन्दुओं पर पर्याप्त बहस करने के बाद डॉ. पाण्डेय जॉर्ज लुकाच के उपन्यास सम्बन्धी धारणाओं पर विचार कर जो निष्कर्ष देते हैं, उससे न केवल उपन्यास को उसकी समग्रता में देखना सहज हो जाता है, वरन् उसकी केन्द्रीयता को जानना भी सम्भव होता है। 'दक्षिण अमेरिका में उपन्यास और जादुई यथार्थवाद', 'भारतीय उपन्यास की भारतीयता' तथा 'भारतीय उपन्यास तथा प्रेमचन्द' जैसे अध्यायों में डॉ. पाण्डेय के उपन्यास के समाजशास्त्र की उन अनेक अवधारणाओं की व्यावहारिक मीमांसा देखी जा सकती है, जिनकी अनिवार्यता औपन्यासिक विवेचना में लक्षित की जाती है। मार्क्वेस के उपन्यासों पर विचार करते हुए वे कहते हैं कि 'दुनिया भर में उपनिवेशवाद के इतिहास की यह जानी-पहचानी सच्चाई है कि उपनिवेशवादी पराधीन देश के वर्तमान को ही बर्बाद नहीं करते, उसके अतीत को विकृत और भविष्य को अन्धकारमय भी बनाते हैं।" (वही, पृ. 267) भारत के सन्दर्भ में उन्होंने ठीक ही उपन्यास को 'जातीय भाषा और जातीय अस्मिता का

रक्षक' कहा है और ओड़िया के फकीर मोहन सेनापति तथा हिन्दी के फणीश्वरनाथ रेणु का उदाहरण दिया है, जिन्होंने 'छमाड़ आठ गुण्ठ' तथा 'मैला आँचल' जैसे उपन्यासों में ऐसा करके दिखाया है। प्रेमचन्द के प्रसंग में भी वे उनके उपन्यासकार रूप के 'ऐतिहासिक दायित्व' की सराहना करते हैं तथा उपन्यास में 'जनवादी यथार्थवादी' परम्परा के विकास पर बल देते हैं।

एक साहित्य के समाजशास्त्री के रूप में डॉ. पाण्डेय इतने से ही सन्तुष्ट नहीं हो जाते। आलोचना में बहिष्कृत और लगभग विजातीय माने जा चुके लोकप्रिय साहित्य पर भी उनकी दृष्टि जाती है। अपने अध्ययन में लोकप्रिय साहित्य की वास्तविकता को ध्यान में रखते हुए ही उन्होंने जोर देकर कहा कि गम्भीर साहित्य के पाठकों की संख्या बहुत अधिक है।...इतने बड़े पाठक समुदाय की उपेक्षा करके साहित्य पर बात करना बेमानी है। इस अध्ययन में उनका स्पष्ट निष्कर्ष दो स्तरों पर सामने आता है—एक, उनकी यानी लोकप्रिय साहित्य की रचना, उनके बोध तथा उनके पाठकीय अभिग्रहण का समाजशास्त्रीय परीक्षण तथा दो, उनके समानान्तर गम्भीर साहित्य में घटती लोकरुचियों का समाहार। जाहिर है, गम्भीर साहित्य जब तक व्यापक जनरुचि और जनचेतना का हिस्सा नहीं बनता, तब तक लोकप्रिय साहित्य गम्भीर साहित्य के लिए एक बड़ी चुनौती बनकर खड़ा रहेगा।

अब देखना यह है कि साहित्य के समाजशास्त्री के रूप में डॉ. पाण्डेय ने साहित्य के सामाजिक बोध और विश्लेषण की जो भूमिका तैयार की तथा साहित्य के विभिन्न रूपों के समाजशास्त्र को विकसित करने की दिशा में महत्त्वपूर्ण प्रयत्न किये, उसका व्यावहारिक फलितार्थ कितना दिखायी देता है और किन-किन स्तरों पर वह प्रभावी है। एक आलोचक के रूप में उनका काम समाजशास्त्रीय आलोचना का ही काम है। चाहे वे उपन्यास पर विचार करें, कविता पर, नाटक पर या संस्कृति पर। यही कारण है कि उनकी आलोचना अपने पूरे विश्लेषण में केवल रचना के बोध और सम्प्रेषण की मीमांसा ही नहीं करती, वह उसके समूचे वितान का परीक्षण करती है। रचना की निर्मिति की पृष्ठभूमि और उसमें निहित अन्तर्वस्तु को ऐतिहासिकता तथा समाज-सापेक्षता में देखने के कारण ही उनकी आलोचना 'समाजशास्त्रीय आलोचना' का उदाहरण बनती है और वह बद्धमूल आलोचना के घेरे को तोड़ पाती है। यहाँ हम उनके आलोचनात्मक कामों से कुछ उदाहरणों के जरिये अपनी बात स्पष्ट करना चाहेंगे। पहला उदाहरण भक्त कवि सूरदास की आलोचना का है। सूर को आचार्य शुक्ल से लेकर शताधिक आलोचकों ने परखने की कोशिश की है, पर उनकी रचनाओं में किसान जीवन को किसी ने भी उस तरह नहीं देखा, जैसा डॉ. पाण्डेय ने देखा है। वे कहते भी हैं—'हिन्दी में ऐसे आलोचकों का अभाव नहीं है जो कहते हैं कि कविता की व्याख्या में समाज को लाना कविता के साथ अत्याचार है। लेकिन जिस कविता में समाज होगा उसकी व्याख्या सामाजिक चिन्ता के बिना कैसे होगी? जो व्यक्ति ऋण की प्रथा की क्रूरता से अपरिचित होगा वह 'सूर मूर अक्रूर ले गए, ब्याज निबेरत ऊधौ' में निहित अर्थ गहरायी और गोपियों की यातना की गम्भीरता भी

नहीं समझ सकता। सूर के काव्य में सामन्ती व्यवस्था का जो चित्र उभरता है, उसमें ठाकुर लुटेरा है, कोतवाल दगाबाज और पटवारी कपटी; जो झूठी बही लिखता है।'' ('भक्ति आन्दोलन और सूदास का काव्य', पृ. 298) इससे सम्बन्धित पद हैं–

'अधिकारी जम लेखा माँगै, तातैं हौं आधीनौ।
घर में गथ नहि भजन तिहारो, जौं दिय मैं छूटौं।
धर्म जमानत मिल्यौ न चाहैं, तातैं ठाकुर लूटौ।
अहंकार पटवारी कपटी, झूठी लिखत बही।
लागै धरम, बतावै अधरम, बाकी सबै रही।'

'सूरसागर', 1/185

सूरदास जैसे भक्त कवि की रचनाओं में तद्‌युगीन सामाजिक स्थिति का यह विश्लेषण बिना समाजशास्त्रीय दृष्टि के या किसान जीवन की गहरी समझ के सम्भव ही नहीं है। आधुनिक कविता पर बात करते हुए भी वे उन आलोचकों से भिन्न नजर आते हैं जो कविता को वाग्जालिक खेल बनाकर प्रस्तुत करते हैं। वे रघुवीर सहाय की कविताओं पर विचार करते हुए कहते हैं–''रघुवीर सहाय वास्तविकता से भाषा के रिश्ते की गति, लय और अन्दाज को पहचानते हैं, इसलिए उनकी कविता में यथार्थ के अनुभव और उसको व्यक्त करने वाली भाषा के बीच कोई दरार नहीं होती।' ('संकलित निबन्ध', एन.बी.टी., पृ. 182)

इसी तरह उपन्यासों पर विचार करते हुए डॉ. पाण्डेय उसके सामाजिक पक्ष को देखते-परखते हैं, पर उपन्यास के अन्तर्वस्तु की उपेक्षा कर न तो वे सामाजिकता की खोज को यान्त्रिक ढंग से लादते हैं और न ही उसके निहितार्थ के असल सवालों से मुँह मोड़ते हैं। इसका एक बेहतर उदाहरण जैनेन्द्र कुमार के उपन्यास 'सुनीता' पर उनका विश्लेषण है। इसमें वे कहते हैं–''जैनेन्द्र के अधिकांश उपन्यास की मुख्य चिन्ता भारतीय स्त्री की स्वतन्त्रता है। यह जरूर कहा जा सकता है कि वह स्वतन्त्रता मानसिक अधिक है सामाजिक कम। लेकिन क्या मानसिक मुक्ति के बिना सामाजिक मुक्ति सम्भव है? स्त्री की पराधीनता और स्वाधीनता के केन्द्र में है, स्त्री-पुरुष का सम्बन्ध। जैनेन्द्र ने अपने उपन्यासों में स्त्री-पुरुष के बीच के सम्बन्धों की विविधता और जटिलता को जीवन के विभिन्न प्रसंगों में रखकर अनेक कोणों से देखने, समझने और समझाने का प्रयास किया है।'' (वही, पृ. 132) गरज यह कि समाजशास्त्रीय विश्लेषण का मतलब यह हरगिज नहीं है कि जहाँ जिस वस्तु की उपस्थिति न हो, वहाँ उसकी जबरदस्ती खोज हो। दूसरे शब्दों में कहें तो यह कि रचना चाहे जैसी भी हो वह समाज-सापेक्ष ही होती है, समाज-सापेक्षता की अधिकता या न्यूनता का प्रतिशत कम-अधिक भले हो। यह भी गौरतलब है कि डॉ. पाण्डेय ने अपने समग्र आलोचनात्मक कार्यों में आलोचना की सामाजिकता की चिन्ता की है और एक स्तर पर आलोचना को, मुख्यधारा की आलोचना को सामाजिक रूप से जवाबदेह बनाने पर बल दिया है।

इसके साथ यह भी रेखांकित करने वाला तथ्य है कि डॉ. पाण्डेय ने 'संस्कृति

के समाजशास्त्र' को भी विकसित करने का प्रयत्न किया है, जिसमें उन्होंने आज के समय के गम्भीर सांस्कृतिक प्रश्नों, चिन्ताओं और मुक्तिकामी संघर्षों की प्रक्रियाओं की बारीक छानबीन की है। भारतीय समाज में स्त्री और दलितों की मुक्ति से जुड़े असुविधाजनक सवालों से टकराकर भी डॉ. पाण्डेय ने आलोचना और विचार के उत्तरदायित्व का भान कराया है और उसकी सामाजिक इयत्ता को रेखांकित किया है।

अब इस निबन्ध के समापन से पूर्व सिर्फ कुछ प्रश्न—पहला तो यह कि क्या आलोचना सामाजिकता के निर्वाह और समाजशास्त्रीय विवेचन से ही सम्भव है? इसको दूसरे स्तर पर इस तरह भी कह सकते हैं कि क्या साहित्य का समाजशास्त्र सम्भव है? ब्रिटिश जनरल ऑफ सोशियालॉजी के 1971 के अंक में एलेन सेगेल ने भी यही प्रश्न उठाया था। इसका स्पष्ट उत्तर यही है कि जब हम साहित्य को सामाजिक सत्ता मानते हैं और उसे सामाजिक निर्मिति के भीतर रखकर देखते हैं तो साहित्य में समाज की खोज असंगत नहीं है। असंगत है रचना की अन्तर्वस्तु की उपेक्षा कर उसे बिना पहचाने, बिना अपने दायित्व को समझे यान्त्रिक ढंग से उसे देखना। रचना ऐसी भी हो सकती है या होती ही है जो व्यक्ति के मनोभावों और उसकी निजी अनुभूतियों को व्यक्त करे। जाहिर है, ऐसी रचनाओं में समाज और सामाजिकता की खोज हास्य ही पैदा करेगी। उसे उसके निहितार्थों में समझने का प्रयत्न ही वाजिब होगा। ऐसी रचनाएँ भी श्रेष्ठ हो सकती हैं और कथित समाजोन्मुखी रचनाएँ शुद्ध शाब्दिक क्रीड़ा। आलोचक को इसका फर्क समझना होगा। समाजशास्त्र का काम वहाँ भी है पर उसका बर्ताव बदल जायेगा। आलोचना को अधिक उत्तरदायी बनाने के लिए समाजशास्त्र एक ढंग हो सकता है और वही एकमात्र विकल्प हो, यह आवश्यक नहीं है, लेकिन यह आवश्यक है कि आलोचना कृति के बोध और विश्लेषण में अपने जाग्रत विवेक का परिचय दे, अपने दायित्व को समझे और किसी भी तरह के दुराग्रह से बचे। डॉ. पाण्डेय की समाजशास्त्रीय आलोचना इसका एक उदाहरण है, जिसका पाथेय तुलसी की यह अर्द्धाली है—

'संग्रह त्याग न बिनु पहिचाने।'

दूसरी बात इस प्रश्न के रूप में है कि क्या डॉ. मैनेजर पाण्डेय द्वारा हिन्दी में प्रवर्तित साहित्य के समाजशास्त्र की परम्परा का विकास दिखाता है? इसका उत्तर सचमुच दे पाना कठिन है; क्योंकि स्फुट प्रयत्नों के अलावा ऐसी व्यवस्थित कोशिश नहीं दिखती, जिससे यह भरोसा हो कि यह परम्परा आगे भी बनी रह सकेगी। जाहिर है, इसमें न तो साहित्य के समाजशास्त्र को दोषी बनाया जा सकता है, न डॉ. मैनेजर पाण्डेय को और न आलोचना में काम कर रहे लोगों को; दोष तो इस समय का है, जिसमें अपने दायित्वबोध का गहरा अभाव है। निश्चय ही डॉ. पाण्डेय का आलोचना कर्म एक आश्वस्ति है; जिसमें वर्तमान की निराशा में भी उम्मीद की लौ जिन्दा है।

आलोचक मैनेजर पाण्डेय के बहाने समकालीन हिन्दी साहित्य के इतिहास पर कुछ बातचीत

■ देवेन्द्र चौबे

सार : हिन्दी आलोचना और विचार की दुनिया को जिन लोगों ने संरचनात्मक स्तर पर प्रमाणित किया एवं बदला है, उनमें प्रसिद्ध मार्क्सवादी आलोचक मैनेजर पाण्डेय का सर्वाधिक महत्त्वपूर्ण स्थान है। खासकर, इतिहास और समाजशास्त्र के क्षेत्र में अपने मौलिक चिन्तन के जरिये वह समकालीन दुनिया से सीखते और सिखाते हैं। इस सन्दर्भ में साहित्य और इतिहास दृष्टि (1982) तथा 'साहित्य के समाजशास्त्र की भूमिका' (1982) उनकी महत्त्वपूर्ण पुस्तकें हैं। खासकर, 'साहित्य और इतिहास दृष्टि' में वह जिस गहराई के साथ इतिहास लेखन की दृष्टि और सैद्धान्तिकी पर विचार करते हैं, वह अन्यत्र दुर्लभ हैं। 'समकालीन भारतीय साहित्य' के जनवरी-फरवरी, 2006 के अंक में प्रकाशित 'इतिहास और ऐतिहासिक उपन्यास' नामक लेख में वह एक शब्दावली का प्रयोग करते हैं।–ऐतिहासिक सच। इसकी व्याख्या करते हुए वह लिखते हैं 'इतिहास में आख्यान का अन्वेषण होता है। उस अन्वेषण का अर्थ और प्रयोजन है–घटनाओं की सच्चाई का अन्वेषण।' इतना ही नहीं वह यह भी कहते हैं कि 'इतिहासकार ऐतिहासिक सच को खोजने और सामने लाने का प्रयत्न करता है।' इस सन्दर्भ में वह इतिहासकार ई.एच. कार का भी उल्लेख करते हुए लिखते हैं कि ''इतिहास मुख्यतः व्याख्या पर निर्भर होता है। अगर इतिहास व्याख्या है तो इतिहास का सच भी व्याख्या का ही सच होगा।''

दरअसल यह इतिहास की वही भूमिका है जिसे कभी-कभार नजरअन्दाज कर दिया जाता है। इस पत्र में उपर्युक्त सन्दर्भों एवं साहित्य और इतिहास दृष्टि के आखिरी लेख स्वातन्त्र्योतर हिन्दी साहित्य के इतिहास लेखन की समस्याएँ के बहाने समकालीन हिन्दी साहित्य के इतिहास पर कुछ बातचीत करने का प्रयास किया गया है। कारण, यह जरूरी है कि 1947 के बाद के साहित्य पर एक नये सिरे से विचार किया जाये और इतिहास की उस धारा को पहचाना जाये जो भिन्न-भिन्न सामाजिक समुदायों (जैसे-किसान, स्त्री, दलित, आदिवासी आदि) के जीवन संघर्ष एवं इतिहास की उस साम्प्रदायिक एवं राष्ट्रीय धारा से होते हुए हम तक पहुँच रही है जिसे बनाने में सन् 47 के बाद की परिस्थितियाँ

जिम्मेदारी रही हैं। इन्हीं में से समकालीन साहित्य के इतिहास लेखन के कुछ नये सूत्र मिलेंगे।

मुख्य शब्द : आधुनिक काल, समकालीन हिन्दी, हिन्दी साहित्य, समकालीन हिन्दी साहित्य का इतिहास, ऐतिहासिक सच, समाजशास्त्र, इतिहास लेखन, आधुनिक हिन्दी साहित्य, स्वातन्त्र्योत्तर हिन्दी साहित्य, अंग्रेजी राज, मुक्ति, उपनिवेशवाद, साम्राज्यवाद, भारतीय, सामाजिक व्यवस्था, नक्सलबाड़ी, स्त्री साहित्य, दलित साहित्य, आदिवासी साहित्य, साम्प्रदायिकता, राष्ट्रीय, वर्ण, जाति, सबाल्र्टन, भूमण्डलीकरण, उदारीकरण, मौखिक स्रोत दलित विमर्श आदि।

समकालीन साहित्य का इतिहास क्या और कैसा होगा, यह एक पेचीदा सवाल है। साहित्य के बड़े-बड़े महारथी भी इस पर विचार करने से घबराते हैं। कारण, उन्होंने मान रखा है कि 1857 में शुरू हुआ आधुनिक हिन्दी साहित्य का इतिहास अब तक चल रहा है और आगे भी चलता ही रहेगा। कब तक, कुछ कहा नहीं जा सकता। पहले भी शिक्षण संस्थानों में पढ़ाया जाता था–'आधुनिक हिन्दी साहित्य का इतिहास उन्नीसवीं शताब्दी में भारतेन्दु के जन्म से शुरू होता है और विभिन्न कालखण्डों, यथा–भारतेन्दु काल (1850-1900), द्विवेदी काल (1900-1918), छायावाद/प्रेमचन्द-युग (1918-1936), छायावादोत्तर काल/प्रेमचन्दोत्तर काल (1936 अब तक) आदि से होते हुए 'अब तक' पर समाप्त होता है।' आज भी भारत के अनेकों विश्वविद्यालयों के हिन्दी विभागों में छात्रों को हिन्दी साहित्य के आधुनिक काल (1857 अब तक) के बारे में इसी प्रकार पढ़ाया जाता है। कालों के नामों से कुछ बदलाव हो सकते हैं, पर जहाँ तक आधुनिक काल की समय सीमा का सवाल है, वह 1857 (आचार्य रामचन्द्र शुक्ल इसकी शुरुआत 1843, रामस्वरूप चतुर्वेदी 1850, विश्वनाथ त्रिपाठी 1850 एवं अन्य प्रगतिशील अथवा वामपन्थी लेखक 1857 से मानते हैं) से शुरू होती है और 'अब तक' पर आकर समाप्त हो जाती है।

यह 'अब तक', कब तक चलेगा–वह इन साहित्य अध्येताओं से ही पूछना पड़ेगा, जो हिन्दी की दुनिया को **'अब तक'** चलाए जा रहे हैं। यद्यपि कुछ साहित्य विचारकों ने स्वातन्त्र्योत्तर हिन्दी साहित्य को लेकर बहसें कीं और नामवर सिंह तथा मैनेजर पाण्डेय जैसे लेखकों ने स्वाधीनता के बाद के साहित्य के इतिहास पर अलग से विचार किया, पर सबसे अधिक मुश्किलों का सामना उन्हें तब करना पड़ा, जब 1947 को साहित्य के इतिहास लेखन की दृष्टि से प्रस्थान बिन्दु मानने एवं उसके बाद के काल के नामकरण की समस्या आयी।

आखिर इन दोनों विचारकों के लिए 1947 के बाद का समय क्यों मुश्किलें खड़ी करता है, इस प्रसंग में मैनेजर पाण्डेय के साहित्य और इतिहास दृष्टि से दो उद्धरणों पर विचार करना प्रासंगिक होगा। देखें–

एक

> समकालीन साहित्य के इतिहास लेखन की समस्याओं पर विचार करना एक मुश्किल काम है, समकालीन साहित्य के इतिहास का लेखन तो और भी

मुश्किल और जोखिम भरा काम है लेकिन यह एक आवश्यक काम है।... स्वातन्त्र्योत्तर हिन्दी साहित्य के इतिहास को एक व्यक्ति एक युग की धारणा के आधार पर भी समझना ठीक नहीं है। नायकोन्मुख इतिहास दृष्टि के दिन अब लद गये। आश्चर्य की बात है कि अब भी कुछ लोग इस धारणा को ढोये जा रहे हैं। नयी कविता और नयी कहानी के काल को 'नेहरू-युग' कहना इतिहास की नायकोन्मुख धारणा का शिकार होना है।[1]

दो

नावमर सिंह कहते हैं कि 'स्वाधीनता के प्रारम्भिक तीन-चार वर्षों के संक्रान्ति काल के बाद देश में सांस्कृतिक नवजागरण की एक लहर आयी।' विचारणीय यह है कि इस तथाकथित सांस्कृतिकं नवजागरण की पृष्ठभूमि क्या है? इस कालखण्ड में देश का बँटवारा हुआ, अभूतपूर्व साम्प्रदायिक दंगों के भीषण हत्याकाण्ड में देश डूब गया, गाँधी की हत्या हुई, प्रगतिशील आन्दोलन से जुड़े कलाकारों, साहित्यकारों, पत्रकारों, रंगकर्मियों, पत्र-पत्रिकाओं का कठोर दमन किया गया, तेलगांना के हजारों क्रान्तिकारियों की निर्मम हत्या हुई, राजनीति और साहित्य में क्रान्तिकारी शक्तियों का विघटन और बिखराव हुआ, शोषक वर्ग की सत्ता क्रमशः मजबूत होती गयी।[2]

स्पष्टतः 1947 के बाद के हिन्दी साहित्य के इतिहास लेखन के सवाल पर ये दोनों विचारक दो छोर पर हैं।

पर सवाल है, मुश्किलें तो हैं, पर साहित्य का एक बड़ा कालखण्ड हमारे सामने है–1947 से लेकर 2009 तक का। अब 2010 भी समाप्ति पर है। तो इस दौर को हम कैसे देखें? खासकर तब, जब हम समकालीन साहित्य के इतिहास लेखन पर विचार करने जा रहे हैं। इस लेखन की पद्धति क्या होगी, यह अलग से विचार करने का मसला है, पर मूल सवाल हमारे सामने दो हैं–एक, क्या हम हिन्दी साहित्य के आधुनिक काल को 1857 से शुरू मानकर अब तक चलाते रहें, अथवा दो, 1947 तक आधुनिक काल के पहले चरण की समाप्ति मानकर हम 1947 के बाद के साहित्य पर नये सिरे से विचार करें। कारण, जब तक हम 1947 को एक प्रस्थान बिन्दु मानकर नहीं चलेंगे, तब तक हमारे लिए पिछले साठ-बासठ वर्षों के साहित्य का आकलन एवं उसके इतिहास लेखन पर बात करना मुश्किल होगा।

तो सबसे पहले हमें यह विचार करना होगा कि अगर हम 1857 से हिन्दी साहित्य के आधुनिक काल की शुरुआत मान लेते हैं (अब 1857 को आधुनिक काल के प्रस्थान बिन्दु के रूप में समाज वैज्ञानिकों सहित हिन्दी के भी बुद्धिजीवियों ने स्वीकार कर लिया है) तो हमें 1947 में इसे समाप्त या आधुनिक काल के पहले चरण की समाप्ति के रूप में मान लेने से कोई परेहज नहीं करना चाहिए। कारण, 1857 से मानने का अर्थ है–ब्रिटिश साम्राज्यवाद की शुरुआत को एक प्रस्थान बिन्दु के रूप में देखना। और अगर 1857 में अंग्रेजी राज की शुरुआत से हम आधुनिक काल की शुरुआत मान

लेते हैं तो 1947 में उसकी समाप्ति के साथ ही हमें आधुनिक काल के पहले चरण की समाप्ति भी मान लेनी चाहिए। इसीलिए कि 1947 में अंग्रेजी राज की समाप्ति होती है और देश स्वाधीन होता है। लोगों को मुक्ति का अहसास होता है। परिणामतः 1947 से एक नये और स्वाधीन भारत की यात्रा शुरू होती है। देश का नवनिर्माण होता है और जनता का 'अपना' राजनीतिक तन्त्र काम करना शुरू करता है। अपना देश, अपने प्रतिनिधि, अपनी सरकार सब जगह गाँधी और नेहरू के प्रभाव में एक स्वप्निल भारत की छवि बननी शुरू होती है–एक नये भारत की छवि, जिसे निखारने में सोवियत संघ[3] की जारशाही शासन के बाद की वामपन्थी सरकार से एक नये राष्ट्र के नवर्निर्माण की चेतना एवं निर्मिति को बुनियादी स्तर पर मदद मिलती है। जाहिर है कि इन परिघटनाओं का गहरा असर समकालीन समय, समाज एवं राजनीति पर भी पड़ता है। साहित्य में भी 'नयी कविता', 'नयी कहानी', 'ग़ज़ल'[4] आदि के साथ ही त्रिलोचन, शमशेर बहादुर सिंह, अज्ञेय, नागार्जुन, मुक्तिबोध, रामधारी सिंह 'दिनकर', गोपाल सिंह नेपाली जैसे कवियों का आना शायद इसी नवनिर्माण की प्रक्रिया का हिस्सा था। इसी प्रकार, हिन्दी कहानी की दुनिया में अमरकान्त ('डिप्टी कलक्टरी', 'जिन्दगी और जोंक'), फणीश्वर नाथ रेणु ('तीसरी कसम', 'लालपान की बेगम'), शिवप्रसाद सिंह (नन्हो), मार्कण्डेय (हंसा जाई अकेला), कमलेश्वर (राजा निरबंसिया), निर्मल वर्मा (परिन्दे), मोहन राकेश (मलबे का मालिक), भीष्म साहनी (चीफ की दावत), राजेन्द्र यादव (जहाँ लक्ष्मी कैद है), शेखर जोशी (दाज्यू), मन्नू भण्डारी (यही सच है), उषा प्रियंवदा (वापसी), आदि ने इसी प्रकार निर्मित हो रही जिन्दगी के यथार्थ को नये भाव-बोध, भाषा एवं सामाजिक विकास की प्रक्रिया के साथ जोड़ते हुए उठाया। यह भावबोध, भाषा और इस प्रकार के यथार्थ की चेतना 1947 के पूर्व की कहानियों में दिखायी नहीं पड़ती हैं। खास बात यह है कि बाबा नागार्जुन, शमशेर बहादुर सिंह, अज्ञेय, केदारनाथ अग्रवाल, त्रिलोचन, रघुवीर सहाय, मुक्तिबोध, धूमिल, राजकमल चौधरी जैसे कवि भी जिस सामाजिक एवं सांस्कृतिक बोध को अपनी कविताओं में लेकर आते हैं तथा उत्पीड़न की एक पूरी प्रक्रिया से संघर्षरत समाज को जोड़ते हैं, वह चेतना 1947 के बाद की देन है, यद्यपि उसे बनाने में सभ्यता एवं संस्कृति की विकासशील चेतना के साथ ही उपनिवेशवाद एवं साम्राज्यवाद के खिलाफ हुए संघर्ष और क्रान्तियों (जैसे–फ्रेंच क्रान्ति, रूसी क्रान्ति आदि) की भी एक बड़ी ऐतिहासिक भूमिका थी। कहा जा सकता है कि इस दौर के साहित्य के निर्माण को ये कारक गहराई से प्रभावित करते हैं।

परन्तु स्वाधीनता के बाद के विकास की इस पूरी प्रक्रिया में लोग 1956 की उस घटना को भूल जाते हैं कि जिसका सम्बन्ध **बाबा साहेब अम्बेडकर** के साथ है। 14 अक्टूबर, 1956 को अम्बेडकर द्वारा हिन्दू धर्म छोड़कर अपने तीन लाख अस्सी हजार समर्थकों के साथ बौद्ध धर्म में प्रवेश[5] –स्वाधीनता के बाद के भारतीय इतिहास की एक बड़ी परिघटना है जिसे साहित्य के इतिहासकार अमहत्त्वपूर्ण मानकर छोड़ देते हैं, ठीक उसी प्रकार जैसे 1967 मे हुई नक्सलबाड़ी की घटना और तेलंगाना में हुई हजारों

निर्मम क्रान्तिकारियों की हत्या; जिसकी तरफ मैनेजर पाण्डेय संकेत करते है[6]। इन दोनों परिघटनाओं ने स्वाधीनता के बाद के भारतीय इतिहास को जिस बारीकी के साथ मोड़ा है, उसे समझाने में अभी और लम्बा समय लगेगा। पर यह सच है कि समकालीन परिस्थितियों एवं भारतीय सामाजिक व्यवस्था पर टिप्पणी करते हुए अम्बेडकर ने जो बात कही थी वह गम्भीर विश्लेषण की माँग करती है। उन्होंने कहा था कि 'गले-सड़े धर्म को त्यागकर—जो असमानता और उत्पीड़न को मान्यता देता है—मैं आज एक नया जन्म ले रहा हूँ और नरक से मुक्ति प्राप्त कर रहा हूँ। उस समय अम्बेडकर का गला भर आया था जब उन्होंने यह कहा था कि मैं हिन्दू धर्म को त्यागता हूँ।'

दरअसल अम्बेडकर बौद्ध धर्म के तीन सिद्धान्तों को महत्त्वपूर्ण मानते थे जो अन्य धर्मों में दुर्लभ है—प्रज्ञा, करुणा और समता। इतना ही नहीं, अम्बेडकर 'दुख' निवारण के लिए बौद्ध धर्म के मार्ग को सुरक्षित मानते थे। कारण, बुद्ध *'संसार को दुखों का सागर'* कहते थे। दुख से उनका आशय 'सम्पत्ति' से था। वह कहते भी थे कि 'किसी भिक्षु की कोई व्यक्तिगत सम्पत्ति नहीं होनी चाहिए।' सामाजिक और धार्मिक व्यवस्था के साथ ही सामाजिकता गतिशीलता को नियन्त्रित करने वाले कारकों (जैसे—अर्थ) के बहाने अम्बेडकर जो टिप्पणियाँ करते हैं, उसका उत्तर-विचारधारा पर गहरा प्रभाव पड़ता है। यहाँ तक कि मैनेजर पाण्डेय भी संस्कृति और समाज पर विचार करते हुए अम्बेडकर के प्रभाव से हिन्दी में आये दलित साहित्य का समर्थन करते हैं और क्या आपने 'वज्र-सूची' का नाम सुना है? जैसे लेख में अश्वघोष की *वज्र-सूची* के बहाने भारतीय समाज की जाति-प्रथा के खिलाफ प्रतिशोध दर्ज करते हैं। वामपन्थी विचारधाराओं (खासकर, अन्तोनियो ग्राम्शी के प्रभाव में आकर रणजीत गुहा जैसे इतिहासकार जिस 'सबाल्र्टन' समाज को विचार के केन्द्र में खड़ा करते हैं) का असर यद्यपि हिन्दी साहित्य में 1967 के बाद श्रीलाल शुक्ल के *राग दरबारी* (1968) जगदीश चन्द्र के *धरती धन न अपना* (1972), जगदम्बा प्रसाद दीक्षित के *मुर्दाघर* (1974), गोपाल उपाध्याय के *एक टुकड़ा इतिहास* (1975), मन्नू भंडारी के *महाभोज* (1977), अमृतलाल नागर के *नाच्यौ बहुत गोपाल* (1978), मदन दीक्षित के *मोरी की ईंटें* (1999) आदि उपन्यासों में देखा जा सकता है, परन्तु उसकी निर्मितियाँ तो नागार्जुन के *बलचनमा* (1952) और फणीश्वरनाथ रेणु के *मैला आँचल* (1954) में पहले ही आ चुकी थीं। इसका कारण अम्बेडकर का प्रभाव है या लोहिया जैसे राजनेताओं का जाति-प्रथा के खिलाफ दर्ज प्रतिरोध—यह ठीक-ठीक कहना सम्भव तो नहीं है, पर यह सच है कि सामाजिक व्यवस्था के खिलाफ बन रही इस प्रकार की निर्मितियों ने ही हिन्दी में हाशिये के समाज के प्रतिरोध की जमीन तैयार करना शुरू कर दिया था। इसी प्रकार, जनकवि भिखारी ठाकुर की रचनाओं (जैसे—*बिदेशिया, बेटी-बियोग* आदि) में दर्ज गाँव की सामाजिक जिन्दगी, ग्रामीणों का सामन्ती समाज द्वारा किया जा रहा आर्थिक उत्पीड़न एवं उससे मुक्ति की प्रक्रिया में गाँवों से पलायन अथवा काम की तलाश में परदेस गये पति के वियोग में मौजूदा स्त्री समाज के जिस उत्पीड़न का चित्रण मिलता है, वह भी समकालीन साहित्य के विकास की इस

धारा ऐतिहासिक दृष्टि से विचार करने की माँग करता है। इसे बल मिलता है 1967 में जब नक्सलबाड़ी में चारू मजुमदार के नेतृत्व में किसानों-मजदूरों के हित में शुरू हुए संघर्ष ने न केवल भारतीय राजनीति की दिशा बदल दी, अपितु गाँव की वर्ण एवं जाति केन्द्रित सामाजिक जिन्दगी को भी एक नया अर्थ दिया। कारण, कृषि सम्बन्धी संघर्ष को लेकर 1967 के बाद हिन्दी में जो कहानियाँ अथवा कविताएँ लिखी गयीं, उनके केन्द्र में वह आम आदमी अपनी पूरी ताकत के साथ आकर खड़ा हो गया, जिसे पारम्परिक सामाजिक व्यवस्था में हमें हाशिये पर रखते आये थे चाहे वह गाँव का दलित समाज हो या खेतिहर मजदूर। विजेन्द्र अनिल की *'विस्फोट'*, चित्रा मुद्गल की *लकड़बग्घा,* सुरेश कांटक की *'एक बनिहार का आत्मनिवेदन'*, विजयकान्त की *'मरीधार'*, पंकज विष्ट की *टुण्ड्रा प्रदेश* रमणिका गुप्ता की बहु जुठाई, संजीव की अपराध/अरुण प्रकाश की भैया एक्सप्रेस, ओमप्रकाश वाल्मिकी की सलाम, शिवमूर्ति की तिरिया चरित्तर, मदन मोहन की बच्चे बड़े हो रहे हैं, पुरन हार्डी की बुड़ान आदि कहानियाँ सामन्ती उत्पीड़न से घिरे गाँवों में 1967 तथा उसके बाद के प्रतिरोध एवं संघर्ष के कारण के सामाजिक एवं सांस्कृतिक जीवन में आ रहे परिवर्तन की उन्हीं प्रक्रियाओं की तरफ संकेत करती हैं जिसे अमहत्त्वपूर्ण मानकर आमतौर से मुख्यधारा के आलोचकों अथवा समाज वैज्ञानिकों ने छोड़ दिया था। खास बात यह है कि रणजीत गुहा जैसे इतिहासकारों एवं मैनेजर पाण्डेय जैसे आलोचकों ने स्वाधीनता के बाद के इतिहास लेखन में परिवर्तन की इस धारा को पहचानने की कोशिश की। रणजीत गुहा ने तो आठवें दशक में आर्थिक इतिहास के समानान्तर सामाजिक-सांस्कृतिक इतिहास के प्रसंग में जब संघर्षों पर लिखना शुरू किया तो यह चिन्ता प्रकट की कि *'मैं यह जानना चाहता हूँ कि वह क्या है जो हिंसा भड़काता है। जब कोई किसान जमींदार के चबूतरे के सामने से छाता लगाकर गुजरता है तो इसे अपमान समझा जाता है और वह हिंसा भड़काता है। या फिर जब नीची जाति का कोई आदमी अपनी खटिया पर बैठा होता है और जमींदार के आने पर उससे खड़ा होने को कहा जाता है तो यह भी तो अपमान ही है।'* रणजीत गुहा लिखते हैं कि *'मैं इन सबको नोट करता हूँ।* तथा तब उन्हें महसूस होता है कि *'अपमान कैसे हिंसा में तब्दील हो जाता है।'* क्यों? क्योंकि *'यह हिंसा का एक ही प्रकार है।* अर्थात् भारतीय समाज के प्रसंग में मुख्यधारा के इतिहास के समानान्तर निम्नवर्गीय समाज के इतिहास लेखन का एक अर्थ यह भी है कि लेखन की प्रक्रिया में पारम्परिक पाठों (जैसे—मनुस्मृति) में व्याख्या के रूप में मौजूद सम्बन्धित सन्दर्भ एवं समाज के अन्दर मौजूद सन्दर्भ-घटनाएँ (जैसे निम्नवर्गीय समाज अथवा हाशिये-स्त्री, दलित, आदिवासी आदि समाज के उत्पीड़न, हिंसा और अपमान) तथा उनके रूपों को भी सही-सही समझा जाये तथा इतिहास-लेखन की प्रक्रिया में उन्हें भी शामिल किया जाये, चाहे वह समाज का इतिहास हो या साहित्य का। यानी कि 'ऐतिहासिक सच की ठीक-ठीक पुनर्व्याख्या' इतिहासकार ई.एच. कार और एरिक हॉब्सबाम भी इतिहास क्या है एवं इतिहासकार की चिन्ता में इतिहास पर चर्चा के क्रम में जिस व्याख्या की चर्चा करते हैं, वह यही सच है कि जिसकी इतिहासकार पड़ताल

एवं व्याख्या करता है।[8] एलिमेंटरी आस्पेक्ट्स ऑफ पीजेंट इंसजेंसी इन कोलोनियल इण्डिया (1983) में रणजीत गुहा इतिहास के सच के इन्हीं रूपों को रखते हैं। हिन्दी में भी मैनेजर पाण्डेय ने साहित्य के समाजशास्त्र की भूमिका (1989), चंद्रभानु वेदालंकार ने हिन्दी साहित्य का सही इतिहास (1997) एवं सुमन राजे ने हिन्दी साहित्य का आधा इतिहास (2003) में साहित्य के सामाजिक इतिहास एवं सन्दर्भों की इसी अन्तर्धारा को समझने का प्रयास किया है। यह कहा जा सकता है कि समकालीन हिन्दी आलोचना एवं विचारधरा की दुनिया में मैनेजर पाण्डेय इकलौते ऐसे प्रारम्भिक आलोचक है, जो साहित्य की इस सबाल्र्टन धारा का खुलकर समर्थन करते हैं तथा हिन्दी के स्त्री और दलित साहित्य की वैचारिकी को सैद्धान्तिक स्तर तक ले जाने का प्रयास। उदाहरण के लिए, इस सन्दर्भ में उनके क्या आंपने 'वज्र-सूची' का नाम सुना है? के निम्न विचारों को देखा जा सकता है जिसमें वह इन सवालों को इतिहास से जोड़ते हुए उनके जीवन के 'ऐतिहासिक सच' की व्याख्या करते हैं।

> असल में हिन्दी नवजागरण का बुद्धिवाद जाति-प्रथा का सामना होने पर सहमा-सा दिखायी देता है। कभी-कभी तो वह जातिवाद का साथी बन गया है। यह तथ्य है कि उन्नीसवीं सदी और बीसवीं सदी के आरम्भिक दो दशकों तक हिन्दी में ब्राह्मणों, क्षत्रियों और वैश्यों के हितों की चिन्ता करने वाली अनेक पत्रिकाएँ निकलती थीं, उन पत्रिकाओं के कई सम्पादक हिन्दी नवजागरण के निर्माता माने जाते हैं। लेकिन यह सच्चाई है कि उस समय शूद्रों की अपनी कोई पत्रिका न थी। हिन्दी के नवजागरणकालीन लेखन में जाति की भावना को मिटाने की कोशिश के बदले कई बार जाने-अनजाने उसे जगाने के प्रमाण मिलते हैं।[9]

यहाँ, वे प्रमाणस्वरूप आचार्य रामचन्द्र शुक्ल के हिन्दी साहित्य का इतिहास का उल्लेख करते हैं जिसमें कवियों और लेखकों के परिचय में उनकी जाति बतायी गयी है।

इसी प्रकार वह शृंखला की कड़ियाँ के बहाने महादेवी वर्मा के लेखन को मुक्ति से जोड़ते हुए इतिहास के उस सच की तरफ संकेत करते हैं जिसे अमहत्त्वपूर्ण मानकर महादेवी वर्मा के विचारक भी छोड़ देते हैं :

> आज यह लगभग सर्वमान्य बात है कि छायावाद हिन्दी नवजागरण की अभिव्यक्ति का काव्यान्दोलन है और महादेवी वर्मा उसकी प्रतिनिधि कवि। लेकिन यह आश्चर्य की बात है कि महादेवी वर्मा की व्याख्या के समय आलोचकों को प्रायः नवजागरण की याद नहीं आती। जिन्हें आती भी है, वे उसकी कविता में मिटने के अधिकार की माँग को ही नवजागरण की अभिव्यक्ति मानते हैं। इससे भारतीय समाज में स्त्री जीवन के प्रचलित और प्रचारित लक्ष्य की ही पुष्टि होती है। इस स्थिति का एक कारण यह है कि हिन्दी नवजागरण की चिन्ता और उस पर बहस के केन्द्र में स्त्री की पराधीनता और स्वाधीनता का प्रश्न कभी नहीं रहा हैं।[10]

दरअसल साहित्य के इतिहास की यह वही अन्तर्धारा है जिसे समकालीन साहित्य पर बहस खड़ा करने के बहाने मैनेजर पाण्डेय गढ़ते हैं। 1967 के बाद हिन्दी पट्टी में जिस तेजी के साथ स्त्रियों द्वारा स्त्री लेखन और 1990 के बाद दलितों द्वारा दलित लेखन की शुरुआत होती है। वह भी इसी प्रकार के निम्नवर्गीय समाज द्वारा रचित साहित्य के सामाजिक इतिहास पर ही बात करने का सूत्र प्रदान करता है। इसी प्रकार, हाल के वर्षों में मुख्यधारा के बाहर हाशिये की जिन्दगी व्यतीत कर रहे आदिवासी समाज भी अपनी सामाजिक अस्मिता के सवाल को लेकर लेखन के जरिये व्यवस्था से टकरा रहे हैं। कारण, इस दौर में जिस प्रकार दलित लेखकों में जयप्रकाश कर्दम *छप्पर* (1994), के. नाथ *पलायन* (2006), उपन्यास, मोहनदास नैमिशयराय *अपने अपने पिंजरे* (1995), आत्मकथा, ओमप्रकाश बाल्मीकी जूठन (1997), आत्मकथा, कौशल्या बैसंत्री *दोहरा अभिशाप* (1999), आत्मकथात्मक उपन्यास, रमाशंकर आर्य *घुटन* (2005), आत्मकथा, एस.आर. हरनोट *दारोश* और अन्य कहानियाँ (2001), कहानी माता प्रसाद गुप्त *झोंपड़ी से राजभवन* (2000), आत्मकथा, सूरजपाल चौहान *तिरस्कृत* (2002), आत्मकथा, धर्मवीर *कबीर के आलोचक* (1997), आलोचना के. के. नाथ *जाति अपराध* (2005), विचार, गुरु प्रसाद मदन जय भीम का *जाग्रत सिपाही,* कंवल भारती *दलित विमर्श की भूमिका* (2002), आलोचना, रमाशंकर आर्य *घुटन* (2005), आत्मकथा, रत्नकुमार साँभरिया *हुकम की दुग्गी* (2003), कहानी, श्यौराज सिंह 'बेचैन' *मेरा बचपन मेरे कन्धों पर* (2009), आत्मकथा, सुशीला टाकभौरे *टूटता वहम* (1997), कहानी आदि; स्त्री लेखिकाओं में कृष्णा सोबती *मित्रों मरजानी* (1967), उपन्यास, मन्नू भण्डारी *आपका बण्टी* (1971), उपन्यास मृदुला गर्ग *चितकोबरा* (1979), *कठगुलाब* (1996), उपन्यास, नासिरा शर्मा *शाल्मली* (1987) उपन्यास, मैत्रेयी पुष्पा *चाक* (1997) उपन्यास, प्रभा खेतान *छिन्नमस्ता* (1993), उपन्यास, चित्रा मुद्गल *आवाँ* (2000), उपन्यास, आदि और आदिवासी लेखकों में पीटर पौल *एक्का जंगल के गीत* (1999), उपन्यास, विलियम इ बायरेट्ट *वीरानों के फूल* (उपन्यास), हरिराम मीणा *धूणी तपे तीर (उपन्यास),* निर्मला पुतुल *अपने घर की तलाश* (2004), काव्य, वासवी *उलगुलान की औरतें* (विचार), वालटर बेक *धुँधली दिशाएँ* आदि सामाजिक अस्मिता एवं सामाजिक समुदायों के इतिहास एवं संघर्ष से जुड़े साहित्य लेकर आते हैं, वह एक नये सौन्दर्यशास्त्र की ही माँग नहीं करता है, अपितु स्वाधीनता के बाद के साहित्य के इतिहास लेखन पर भी एक नयी सिरे से विचार करने की माँग करता है। इस दौर के साहित्य को पढ़ते हुए बार-बार लगता है कि उसे सिर्फ स्वातन्त्र्योत्तर हिन्दी साहित्य अथवा स्त्री-दलित आदिवासी साहित्य कहकर काम नहीं चलाया जा सकता है[11], अपितु उसे एक नये इतिहास बोध के साथ ही समकालीन सामाजिक, राजनीतिक एवं सांस्कृतिक संघर्षों से जोड़ते हुए उन वैश्विक विचारों तथा परिवर्तन की प्रक्रियाओं से भी जोड़कर देखना और लिखना जरूरी होगा जिसे समकालीन इतिहास बोध के साथ संवाद करते हुए मुक्तिबोध, रामविलास शर्मा, नामवर सिंह, राजेन्द्र यादव, मैनेजर पाण्डेय, विश्वनाथ त्रिपाठी, अशोक वाजपेयी, भवभेद पाण्डेय, ओमप्रकाश बाल्मीकि, धर्मवीर, सुमन

राजे, कर्मेन्दु शिशिर, प्रेमकुमार मणि, वीरेन्द्र यादव जैसे विचारक और आलोचक प्रस्तावित करते हैं।

वस्तुतः समकालीन साहित्य के इतिहास लेखन में सबसे बड़ी बाधा समय का विभाजन भी है कि इसे कैसे देखा जाये ? अब, जबकि मुख्यधारा के इतिहासकार (जैसे बिपन चन्द्र एवं उनकी पुस्तक *समकालीन भारत,* संस्करण : 2005) भी 1947 के बाद के इतिहास को समकालीन इतिहास के रूप में देख रहे हैं तथा इस प्रक्रिया में गाँधी, अम्बेडकर, जातीय, उत्पीड़न, आरक्षण, साम्प्रदायिकता, अल्पसंख्यकवाद आदि को इतिहास लेखन का मुख्य कारक मानते हुए 1947 से 1990 एवं फिर उसके बाद के भारत पर विचार करने का प्रस्ताव करते हैं तो साहित्य के विचारकों को भी पुनः इस सवाल पर विचार करना पड़ेगा कि वंह अपने इतिहास को कैसे और किस प्रकार देखना पसन्द करेंगे? ऐतिहासिक दृष्टि से 1947 में देश विभाजन होता है, फिर दंगे, 1956 में अम्बेडकर का हिन्दू धर्म छोड़कर अपने समर्थकों के साथ बौद्ध हो जाना, 1967 में नक्सलबाड़ी की घटना और फिर गाँवों में कृषि सम्बन्धी संघर्ष तथा पारम्परिक व्यवस्था (वर्ण एवं जाति केन्द्रित सामाजिक व्यवस्था) में दरार आदि इतिहास के ये वे सच हैं जो चिन्तन एवं विचारधारा को गहराई से प्रभावित करते हैं। हिन्दी साहित्य में भी रेणु के *मैला आँचल,* यशपाल के झूठा-सच, राही मासूम रजा के आधा गाँव, भीष्म साहनी के *तमस,* शानी के *काला जल,* मंजूर एहतेशाम *के सूखा बरगद,* अमृतलाल नागर के पीढ़ियाँ, कमलेश्वर के *कितने पाकिस्तान,* दूधनाथ सिंह के *आखिरी कलाम* आदि में देश विभाजन, साम्प्रदायिकता एवं भारतीय समाज में मुसलमानों की जिन्दगी के साथ ही, 1967 में प्रकाशित कृष्णा सोबती के मित्रो मरजानी में पितृसत्ता को दी जा रही सीधी चुनौती को भी इतिहास लेखन की इस प्रक्रिया में देखा जा सकता है। पार्थ चटर्जी ने भी *द नेशन एण्ड इट्स वीमेंस*[12] में स्त्री प्रतिरोध को ऐतिहासिक सच के रूप में देखने का प्रयास किया है। इसी प्रकार, 1990 में मण्डल कमीशन एवं उसके बाद आरक्षण के सवाल पर देशव्यापी हिंसा (और साथ ही तेजी से दलित लेखकों द्वारा लिखित रचनाओं का प्रसार) और पुनः 1992 में बाबरी मस्जिद का ध्वंस तथा आर्थिक उदारीकरण—भूमण्डलीकरण की प्रक्रियाएँ, आदिवासी समाज के विस्थापन की समस्याएँ आदि—ये कुछ ऐसे विभाजक काल (खण्ड) हैं, जो समकालीन साहित्य के इतिहास लेखन को वैचारिक एवं रचनात्मक ढाँचा प्रदान करते हैं। यहाँ मैनेजर पाण्डेय का इतिहास चिन्तन हमें अनेक स्रोत और सूत्र प्रदान करता है कि क्या उसके विचारों के सहारे समकालीन साहित्य का इतिहास (1947 से अब तक) लिखा जा सकता है? यह एक बेहद गम्भीर और विचारणीय सवाल है।

वस्तुतः स्वातन्त्र्योत्तर हिन्दी साहित्य के इतिहास लेखन की जिन मुश्किलों की तरफ मैनेजर पाण्डेय संकेत करते हैं, वह अब एक नये प्रकार के बहस की माँग करता है। इस बीच साहित्यकारों की एक नयी कतार भी आ खड़ी हुई है। जिनमें ज्ञानरंजन, विजयदान देथा, स्वयं प्रकाश, वीरेन डंगवाल, वरवर राव, अभिमन्यु अनत, रामदेव धुरन्धर,

भानुमति नागदान, प्रहलाद रामशरण, वेणीमाधव रामखेलावन, पंकज बिष्ट, उदय प्रकाश, राजेश जोशी, अरुण कमल, विजेन्द्र अनिल, संजीव, पंकज सिंह, मंगलेश डबराल, संजीव, आलोक घन्वा, विष्णु नागर, प्रेम कुमार मणि, कर्मेन्दु शिशिर, लीलाधर मंडलोई, विजय कुमार, राज हीरामन, महेश दर्पण, प्रियंवद, हृशिकेश सुलभ, हरि भटनागर, अनामिका, अरुण प्रकाश, मिथिलेश्वर, सुरेश कांटक, अखिलेश, ब्रदीनारायण, जयप्रकाश कर्दम, सविता सिंह, सुमन राजे, शमोएल अहमद, चन्द्रकिशोर जयसवाल, अवधेश प्रीत, कुमार अम्बुज, सुरेन्द्र स्निग्ध, वरयाम सिंह, टी.वी. कट्टीमनी, तुलसी रमण, गीतांजलि श्री, विमल कुमार, एकान्त श्रीवास्तव, वीरेन्द्र यादव, प्रेमपाल शर्मा, भगवानदास मोरवाल, अलका सारावगी, संजय कुन्दन, दुर्गा प्रसाद गुप्त, पंकज राग, जयनन्दन, गीत चतुर्वेदी, राज हीरामन, गुलशन सुखलाल, विनय गुंदारी, निलय उपाध्याय कुमार नयन, प्रभात रंजन, गोबिंद प्रसाद, पंकज चतुर्वेदी, ज्योतिष जोशी, जितेन्द्र श्रीवास्तव, आर. चेतनकान्ति, रमेश प्रजापति, सच्चिदानन्द चतुर्वेदी, उमाशंकर चौधरी, गौरीनाथ, नीलाक्षी सिंह और प्रहलाद चंद दास जैसे अनेक कवि, रचनाकार और विचारक हैं। इन लोगों ने आज की दुनिया का साहित्य रचा है; जहाँ इतिहास भी है और संघर्ष भी। पर, इन सबका सम्बन्ध समकालीन जीवन और उसमें घटित हो रहे सामाजिक-राजनीतिक संघर्षों के यथार्थ से है। लेकिन सबसे बड़ा सवाल यह है कि इतिहास लिखा किसके लिए जाये? शिक्षण संस्थाओं में पढ़ रहे छात्रों के लिए अथवा उस वृहत्तर सामाजिक समुदाय के लिए जो सम्बन्धित राष्ट्र और समाज से है तथा इतिहास लेखन की प्रक्रिया में मौखिक स्रोतों को महत्त्व देता है।[13] इतना ही नहीं, समकालीन युग में जिस तरह की वैचारिक निर्मितियाँ आकार ले रही हैं, वहाँ प्रसिद्ध पत्रकार एस. प्रसन्नराजन के शब्दों में रचनात्मकता की ऊर्जा या तो 'राष्ट्रों की नियति का निर्माण' करती है या 'ध्वंस' पर विचार। इस प्रकार की समस्त गतिशीलताओं को नियन्त्रित करता है, इसमें जरा भी सन्देह नहीं।[14] तो क्या साहित्य और विचारधारा की दुनिया में भी ऐसा ही हो रहा है? क्या हमारी भी भूमिका सिर्फ ध्वंस अथवा निर्माण की रह गयी है और ऐसा किसी खास विचार के कारण हो रहा है? इसीलिए यह जरूरी है कि हम 1947 के बाद (से लेकर आज तक) के साहित्य पर एक नये सिरे से विचार करें और इतिहास की उस धारा को पहचानें जो भिन्न-भिन्न सामाजिक समुदायों के जीवन संघर्ष, उनकी अभिव्यक्तियों एवं इतिहास से होते हुए हम तक पहुँच रही हैं। इन्हीं में से समकालीन साहित्य के इतिहास लेखन के कुछ सूत्र मिलेंगे तथा पुनः हम साहित्य के एक नये इतिहास की ओर अग्रसर होंगे।

सन्दर्भ :

1. मैनेजर पाण्डेय, 2009, साहित्य और इतिहास दृष्टि, वाणी प्रकाशन, दिल्ली, पृ. 210।
2. वही, पृ. 221।
3. इस सन्दर्भ के उज्बेकिस्तान के प्रसिद्ध लेखक भाराफ रशीदोव के उपन्यास विजेता, हिन्दी अनुवाद : सुधीर कुमार माथुर, राजकमल प्रकाशन, नयी दिल्ली 2002 की

निम्नलिखित पंक्तियों को देखा जा सकता है जिसमें वह इस बात की तरफ संकेत करते हैं कि स्वाधीनता से देश की प्रगति पर क्या असर पड़ता है।

और मनुष्य की तुलना में पहाड़ छोटे लगने लगे।...हम अधिक बलवान और भक्तिशाली है क्योंकि हमारे सामने एक महान लक्ष्य है—लोकहित, अपनी प्रिय मातृभूमि की समृद्धि...पृ. 204।

4. दुष्यन्त कुमार, शमशेर बहादुर सिंह आदि के बहाने। उदाहरण के लिए 1950 में शमशेर बहादुर सिंह निम्न गजल में बदलाव के न आने की विसंगतियों की तरफ संकेत करते हैं :

आई बहार हुस्न का खाबे—गराँ के लिए हुए
मेरे चमन को क्या हुआ, जो कोई गुल खिला नहीं।

—**सुकून की तलाश,** वाणी प्रकाशन, दिल्ली, 1998, पृ. 19

5. देवेन्द्र चौबे, 2009, *आधुनिक साहित्य में दलित विमर्श,* ओरियंट ब्लैकस्वान, दिल्ली, पृ. 225।
6. साहित्य और इतिहास दृष्टि, पृ. 221।
7. *हंस,* 1993।
8. इस सन्दर्भ में ई.एच. कार और एरिक हॉब्सबाम के निम्नलिखित कथनों को देखा जा सकता है : *इतिहास मुख्यतः व्याख्या पर निर्भर होता है। अगर इतिहास व्याख्या है तो इतिहास का सच भी व्याख्या का ही सच होगा।'* (*इतिहास क्या है?,* मैकमिलन, दिल्ली, 2009, पृ. 27।

   मैं इस धारणा का पुरजोर बचाव करता हूँ कि इतिहासकार जिस चीज की पड़ताल करते हैं। वह सच है। मसलन मानो धरती की रचना के बारे में बाइबल की व्याख्या को प्राकृतिक विज्ञानों द्वारा पेश व्याख्या से कमतर मानने का कोई सैद्धान्तिक आधार न हो।

   (*इतिहासकार की चिन्ता,* अनु. कृष्णा चैतन्य एवं गोपाल प्रधान ग्रंथ शिल्पी, दिल्ली, 2007, पृ. 12)
9. मैनेजर पाण्डेय, 2008, *संकलित निबन्ध,* नेशनल बुक ट्रस्ट, दिल्ली, पृ. 224।
10. वही, पृ. 227।
10. इस सन्दर्भ में जवरीमल्ल पारख की पुस्तक *आधुनिक हिन्दी साहित्य : मूल्यांकन और पुनर्मूल्यांकन,* (2007, अनामिका पब्लिशर्स, दिल्ली) के साथ ही नामवर सिंह, शिवकुमार मिश्र, अशोक वाजपेयी, कुँवर नारायण, विश्वनाथ त्रिपाठी, मुरली मनोहर प्रसाद सिंह, मैनेजर पाण्डेय, नन्दकिशोर नवल, विश्वनाथप्रसाद तिवारी, राजेश जोशी, धनंजय वर्मा, भवदेव पाण्डेय, विष्णु खरे, राजकिशोर परमानन्द श्रीवास्तव, ओमप्रकाश बाल्मिकी, विजय कुमार, ए अरविदाक्षन, खगेंद्र ठाकुर, मधुरेश, रविभूषण, कृष्ण कुमार, अरुण कमल, धर्मवीर, कँवल भारती, अजय तिवारी, कुमार कृष्ण, शम्भुनाथ, अनामिका, लीलाधर मण्डलोई, कर्मेन्दु शिशिर, प्रेमपाल शर्मा, बद्रीनारायण, सुमन राजे, चन्द्रगुप्त विद्यालंकार सुभाष गताडे, रामबक्ष, वीरेन्द्र यादव, दुर्गा प्रसाद गुप्त, विनोद साही, राजाराम भादु, राजकुमार भवदेंव पाण्डेय, अरुण कुमार त्रिपाठी, प्रणय कृष्ण, साधना अग्रवाल, संजीव, बजरंग बिहारी तिवारी, देवशंकर नवीन, अजय नावरिया,

श्रीप्रकाश शुक्ल, जितेन्द्र श्रीवास्तव, गोपाल प्रधान, प्रियदर्शन, देवशंकर नवीन, ज्योतिष जोशी, उमाशंकर चौधरी, रामचन्द्र, कुमार नयन, दीपक राय, सूरज बड़त्या, इकरार अहमद, अनिल कुमार धीमान आदि की समकालीन हिन्दी साहित्य पर केन्द्रित पुस्तकें एवं लेखों को देखा जा सकता है जिनमें समकालीन पाठ को ऐतिहासिक नजरिये से देखने का प्रयास किया गया है। यहाँ सन्दर्भ और सवाल दोनों हैं जिनमें पारम्परिक पाठों पर बहस के बहाने समकालीन समय एवं समाज को विचार के केन्द्र में रखा गया है।

11. Partha Chatterjee, *The Nation and its Women,* in Ranjit Guha, 1997, A Subaltern Studies Reader 1986-1995, OUP, Delhi page 240-262.
12. इस सन्दर्भ में युवा इतिहासकार हितेन्द्र पटेल के हिन्दी में इतिहास लेखन पत्र को देखा जा सकता है जिसे उन्होने जवाहरलाल नेहरू विश्वविद्यालय की हिन्दी इकाई द्वारा 21-22 अगस्त 2008 को आयोजित संगोष्ठी हिन्दी का भविष्य और भविष्य की हिन्दी में पढ़ा था इस सत्र की अध्यक्षता इतिहासकार दीपक कुमार ने की थी। इस पत्र में हितेन्द्र पटेल ने दूसरी धारा को महत्त्व देते हुए लिखा था कि अगर मानने और प्रभाव की दृष्टि से देखा जाये तो दूसरी धारा को ही हिन्दी समाज का अधिक प्रभावी इतिहास मानना उचित होगा।
13. इस सन्दर्भ में प्रसन्न राज का इण्डिया टुडे हिन्दी, 25 अगस्त, 2010 में प्रकाशित लेख और पीटर बैरी की पुस्तक Theory : An Introduction to Lieterary And Cultural Theory (First Indian Edition, 2010, Viva Books Pvt. Ltd New Delhi) देखी जा सकती है। इनमें आज के समय में विचार के महत्त्व को समकालीन समय एवं समाज के साथ रखकर देखा गया है।

मैनेजर पाण्डेय : इतिहास-दृष्टि और आलोचना

■ वैभव सिंह

हिन्दी साहित्य के पूरे परिदृश्य में आलोचना की सशक्त उपस्थिति है और आलोचना साहित्य का इतिहास लिखने के साथ-साथ साहित्य के बारे में बदलती इतिहास-दृष्टियों का भी आकलन करती रही है। यानी इतिहास-दृष्टियों के हस्तक्षेप में इतिहास के बारे में धारणाओं को अक्सर बदलने के लिए मजबूर होना पड़ता है। इतिहास हमारी चेतना की उस भूख को शान्त करता है जो वास्तविकता को सिर्फ वर्तमान की सीमाओं के भीतर रहकर समझने के स्थान पर वास्तविकता को वृहद दायरे में जाकर समझने की आकांक्षा से पैदा होती है। साहित्य का इतिहास चूँकि समाज के इतिहास का ही रूप होता है, इसलिए साहित्यिक परम्पराओं का मूल्यांकन साहित्य के विकास को दिशा प्रदान करता है। मनुष्य की चेतना यथार्थ की बनावट के मूल तत्त्वों की खोज के लिए अतीत, परम्परा व इतिहास में दिलचस्पी लेने के लिए खुद को बाध्य पाती है। इसलिए आलोचना जो कि समकालीन साहित्य समीक्षा के साथ-साथ साहित्य के अतीत में भी विचरती है, वह इतिहास से मुठभेड़ किये बिना कोई ठोस सच्चाई सामने लाने में कामयाब नहीं हो सकती है।

इतिहास का प्रभाव

यूरोप के पूरे प्रबोधन काल की प्रेरणाओं के पीछे ग्रीक-रोमन प्राचीन संस्कृति व इतिहास की प्रेरणाएँ थीं और भारतीय नवजागरण भी इतिहास में गहरी दिलचस्पी प्रकट करता था और अपने कई स्वप्नों व आकांक्षाओं को पूरा करने के लिए इतिहास की ही शरण में जाता था। प्रसिद्ध इतिहासकार एरिक हाब्सबाम ने एक जगह लिखा है कि 'हम अतीत में उसी तरह रहते हैं जैसे पानी में मछली। उससे बचना असम्भव है। लेकिन इसमें हमारी मौजूदगी और हलचल का विश्लेषण होना चाहिए और उस पर बहस होनी चाहिए आज के समय में इतिहास पढ़ने-पढ़ाने के लिए इतिहासकारों की विशेषज्ञ जमात तैयार हो गयी है, पर करीब 100 साल पहले तक हर बौद्धिक, चाहे वह

कविता-कहानी लिखने वाला साहित्यकार ही क्यों न हो, वह इतिहास के बारे में सोचने के लिए खुद को मजबूर पाता था। समय के निर्धारण का खास महत्त्व हो गया था और हर ऐतिहासिक घटना के समय की खोज चल रही थी। जिस तरह चौदहवीं सदी के मध्य में टेक्सटाइल उत्पादन वाले उत्तरी इटली, उत्तरी फ्रांस आदि जगहों पर सबसे पहले क्लाक टावर बने, उसी तरह उन्नीसवीं सदी के आरम्भ में बंगाल में जूट मिलों व महाराष्ट्र में रेलवे के विकास के बाद बड़े पैमाने पर क्लाक टावरों का प्रयोग आरम्भ हुआ। यानी, समय की सटीकता व इतिहास लेखन की प्रक्रिया साथ चल रही थी जिसमें अपने ढंग से काल निर्धारण आदि के स्तर पर सटीकता पर बल था। हर बौद्धिक जैसे अपनी इतिहास-दृष्टि तैयार करने व उसे व्यवस्थित रूप देने के लिए विवश था। हर लेखक-विचारक इतिहास की गलियों में भटकता रहता था। हर कलम पकड़ने वाला शख्स इतिहास की रोशनी में ही वर्तमान का मूल्यांकन करने को ही सही ठहराता था। बहुत पहले की बात नहीं, अगर सिर्फ भारतेन्दु की ही बात करें तो भी अन्दाज लग जाता है कि इतिहास को लेकर यह दीवानगी आधुनिक मानस में कितने गहरे तक संचारित हो रही थी। भारतेन्दु कई बार नदी के घाटों और मन्दिरों के पास बिखरे पत्थरों को उठा लाते थे और उनकी जाँच-परखकर इतिहास को समझने की चेष्टा करते थे। एक जगह वह लिखते हैं—हम आजकल मणिकर्णिका घाट पर से एक प्राचीन पत्थर उठा लाये हैं जिसमें उस समय का कुछ वृत्तान्त मिलता है। जाहिर है कि जहाँ इतिहास को लेकर ऐसी गम्भीर चिन्ताएँ होंगी, वहीं पर इतिहास-दृष्टि के महत्त्व, साहित्य को ऐतिहासिक सन्दर्भों में रखकर देखने व कला चेतना व इतिहास के संयोग को लेकर चर्चाएँ भी होती रहेंगी। दरअसल इतिहास लेखन व शोध ने वर्तमान को कायदे से समझने का ही नहीं बल्कि भविष्य की कल्पनाओं का पुख्ता आधार भी मुहैया कराया है। मार्क्सवादी आलोचक मैनेजर पाण्डेय भी मनुष्य की सोच व साहित्य की दिशा तय करने के मामले में इतिहास की गहरी भूमिका को स्वीकार करते हैं। अपने निबन्ध 'आलोचना और इतिहास' में उन्होंने ही लिखा है—'इतिहास में आस्था एक प्रकार से जीवन और साहित्य की परस्पर सम्बद्धता में आस्था है। यह साहित्य की विकासशीलता में भी आस्था है। इतिहास में आस्था मनुष्य की रचना शक्ति में भी आस्था की द्योतक है। आलोचना रचनाशक्ति को दिशा देती है और इतिहासबोध अपनी रचनाशक्ति की प्रगति की निरन्तरता में मनुष्य की आस्था जगाता है। इस आस्था को जगाना और मजबूत करना ही इतिहास और आलोचना के सम्बन्ध पर विचार करने का मुख्य प्रयोजन है।' ध्यान रखने की बात है कि उन्होंने यह बात उस रूपवादी आलोचना शैली की आलोचना करते हुए लिखी थी जो साहित्य के सृजन व उसके बोध को किसी भी ऐतिहासिक सन्दर्भ से अलग करके देखने व दिखाने पर अमादा रही है। पर मजे की बात तो यह है कि रूपवादी शैली इतिहास से कृति को काटकर कला को आस्वाद्य बनाने की कोशिश करती रही है पर कृतियाँ स्वयं इतिहास से ही प्रेरणा, मिथक, स्मृतियाँ आदि को ग्रहण करती रही हैं। यानी कृति, कृतिकार, रचना प्रक्रिया आदि इतिहास से सन्दर्भों के भीतर

जन्म लेती रही हैं, पर मात्र उनके आस्वादन या वाचन को इतिहास से भिन्न कोई गतिविधि बनाने पर बल दिया जाता रहा है। फिर मैनेजर पाण्डेय का ही वाक्य उद्धरित करना चाहूँगा—ऐतिहासिक चेतना से शून्य आलोचक रचनागत मूल्यों की सार्थकता और प्रासंगिकता की पहचान नहीं कर सकता है।

इतिहास पर हमला

ऐतिहासिक चेतना मार्क्सवाद की बुनियादी विशेषताओं में रही है और मार्क्सवाद से शत्रुता की सीमा तक बैर रखने वाले सबसे पहले इतिहास के अन्त या इतिहास दृष्टि को गैर जरूरी घोषित करने की फिराक में रहते हैं। ध्यान से देखिये तो पता चल जायेगा कि जो लोग मार्क्सवाद के विरोधी रहे हैं, वही लोग ऐतिहासिक चेतना व इतिहास सम्बन्धी चिन्ताओं के भी कट्टर विरोधी रहे हैं। उन्होंने विचारधारा का विरोध करने के नाम पर इतिहास व सृजन के बीच की जो तारतम्यता होती है, सबसे पहले उसे ही भंग करने की कोशिश की है। उन्हें लगता है कि इतिहास की समझ से कटा इनसान ही व्यवस्था के लिए सबसे कम घातक हो सकता है और व्यवस्था द्वारा पोषित इतिहास सम्बन्धी धारणाओं को सिर झुकाकर ग्रहण कर सकता है। या फिर मनुष्यता ने इतिहास में जो संघर्ष किये हैं, उन्हें याद न कर सकने के कारण सत्ता के तर्कों को आसानी से स्वीकार करता चला जायेगा। विचारधारा व इतिहास से तटस्थ करने के नाम पर उसकी बुद्धिमत्ता को सीमित किया जा सकता है और फिर भी उसे छद्म बौद्धिकता का सुख भी प्रदान किया जा सकता है। रीजन (तर्क) की समग्रता का विरोध करते-करते उन्होंने तर्क का ही टोटलाइज्ड क्रिटीक (समग्र आलोचना) विकसित कर लिया है। खुद इतिहास में इस पर बहस चल रही है कि ज्ञानोदय (एनलाइटेनमेंट) की परम्परा व मूल्यों का जो विरोध हो रहा है, उसमें कितनी मौलिकता है। क्योंकि आधुनिकता के भीतर ही सबसे ज्यादा ज्ञानोदय के मूल्यों का विरोध व आलोचना की परम्परा रही है। इतिहास और मिथ के सम्बन्धों पर बहस इस रूप में भी हो रही है कि इतिहास मूलतः आधुनिकतावादी, प्रत्यक्षवादी, पश्चिमी एजेंडे से जुड़ा होता है और मिथक स्मृतियाँ, मौखिक परम्पराएँ आदि के शोध अधिक मौलिक होते हैं और किसी सार्वभौमिक स्थिति को व्यक्त करने के स्थान पर विशिष्ट व स्थानीय यथार्थ को व्यक्त करते हैं। पर जिस उत्तर-आधुनिक नजरिये से यह बात कही जा रही है, उसी का खण्डन करते हुए इतिहासकार स्वीकार कर रहे हैं कि यह कोई नयी प्रस्थापना नहीं है बल्कि इसके पहले से परम्परा रही है। सुमित सरकार के मुताबिक मिथ का अध्ययन भी अपने में कम पूर्वग्रहों से प्रेरित व जड़ दृष्टि बढ़ाने वाला नहीं होता है। वह हेमचन्द्र रायचौधरी का उदाहरण देते हैं जो पुराणों में वर्णित राजाओं की सूची के माध्यम से प्राचीन भारत का इतिहास तैयार करने की चेष्टा कर रहे थे और इस चक्कर में इतिहास के साथ कैसा बहिशयाना अन्याय कर बैठे। इतिहास के अलावा साहित्यालोचन में भी इस पद्धति का

असर दिखता है। इससे प्रेरित आलोचना में अचानक से क्वांटम फिजिक्स, मालिक्यूलर बायोलाजी, अन्तरिक्ष तकनीक से जुड़े शब्द व गूढ़-गम्भीर उत्तर आधुनिक पदावली भरभराकर गिर जाती है, पर मूल ऐतिहासिक अन्तर्दृष्टि विलुप्त होती चली जाती है। आलोचना शब्द-क्रीड़ा के क्षेत्र में बदल जाती है और वैचारिक दिशा प्रदान करने के स्थान पर वह शब्द-कोश की समृद्धि का पर्याय बन जाती है। दरअसल विखण्डनवाद हो या उत्तर-आधुनिकता, वे केवल वृद्ध पूँजीवाद की उपज नहीं हैं जैसा कि फ्रेडरिक जेमसन का तर्क है, बल्कि नव भूमण्डलवाद की भी उपज है जो अपने को अधिक नया, अधिक युवा व मुक्ति का सन्देशवाहक बताने की कोशिश करता है। एक रणनीति के तहत विखण्डनवाद ने मनुष्य, पाठक व आलोचक की अर्थभेदी, विश्लेषणात्मक व खोजी प्रवृत्तियों को सिद्धान्त प्रदान करने की कोशिश की और ऐसा करते हुए उसने उन प्रवृत्तियों की प्रशंसा व उन्हें सक्रिय करने के नाम पर उनमें विचारधारात्मक भ्रम फैलाने में सफलता भी हासिल की है। उसने साझे अर्थों का विरोध करने को किसी क्रान्तिकारी सिद्धान्त की तरह प्रस्तुत किया और फिर उसे फैशन के हवाले कर मार्क्सवाद, विधेयवाद आदि की निन्दा के औजार में बदल दिया। कहीं माइकल रयान का एक वाक्य मैंने पढ़ा था जो अक्सर चेतना में गूँजता है। वह कहते हैं—'इतिहास में लाखों लोगों ने इसलिए जान गँवायी क्योंकि वे मार्क्सवादी थे। पर कोई इसलिए अपनी जान नहीं देना चाहेगा क्योंकि यह विखण्डनवादी है।' हर तरह की मौलिकता कहाँ से ऐतिहासिकता से रहित होने की मौलिकता का पर्याय बनने लगी, इस ओर चिन्ता करने को भी ज्ञानोदय, मार्क्सवाद या राजनीति का विस्तार बताया जाने लगा। जाहिर है कि इतिहास में ऐसा बैर इतिहास का कुछ नहीं बिगाड़ता और किसी का कुछ बिगाड़ता है तो वह है साझे स्वप्न में आस्था रखने वाले मनुष्यता के साझे संघर्ष का, जो फासिज्म से लड़ाई के लिए भी जरूरी है और पूँजीवादी सामन्तवाद से लड़ाई के लिए भी। मनुष्य को इतिहास की जरूरत इसलिए नहीं होती है क्योंकि उसे विश्वविद्यालय या कॉलेजों में पढ़ाया जा सके। उसे इसलिए भी उसकी आवश्यकता होती है क्योंकि वह स्मृतियों की ताकत से खुद को अलग करने के नुकसान से भली-भाँति परिचित होता है। हर रचनाकार के लिए उसका वर्तमान जितना प्रेरक होता है, उतना ही भयंकर रूप से असह्य भी होता है। हम वर्तमान में जीते हुए भी उसकी पीड़ा से तड़पते व बिलखते रहते हैं। उसके ताप से पिघलते व बिखरते रहते हैं। जर्मन कवि रिल्के ने एक स्थान पर गुस्से से लिखा था—वर्तमान वह काल कोठरी है जिसमें हमारी साँसें घुटती रहती हैं। वर्तमान हमारी रचनात्मकता को दिशा देता है और उसी के प्रश्नों से हम जूझते रहते हैं। पर वर्तमान से पलायन इसलिए भी क्या आवश्यक नहीं है कि हम वर्तमान को अधिक सार्थक रूप से जी सकें। या वर्तमान की ज्यादतियों का ज्यादा सक्षम ढंग से सामना करने के लिए ही शायद हम वर्तमान को नकारने का दुस्साहस नहीं करते हैं। मैनेजर पाण्डेय ठीक ढंग से इसी विडम्बना को पहचानते हैं और उन्होंने फैंटेसी, मिथक व अद्‌भुत कथानकों पर आधारित साहित्य की व्याख्या पर बल देकर जेम्स ज्वायस, काफ्का या देवकीनन्दन

खत्री आदि के उपन्यासों के समाजशास्त्र पर गम्भीरता से विचार किया है। तरह-तरह के दमन, सैन्य तानाशाही व हिंसा की मार झेल रहे दक्षिण अफ्रीकी देशों के जादुई यथार्थवाद से प्रेरित उपन्यासों का उनके इतिहास व परम्परा से सम्बन्ध प्रकट करने के मामले में भी साहित्य व इतिहास के सम्बन्धों को प्रकट करते हैं। दक्षिण अमेरिकी उपन्यासकारों जैसे ग्रेबियल गार्सिया मार्क्वेस, कार्पेतियर, जोस मेरिया आदि ने आलोचनात्मक यथार्थवाद या समाजवादी यथार्थवाद आदि के रास्ते को छोड़कर मिथकों व परीकथाओं आदि के रूप में उपन्यासों की रचना की थी और उसके बल पर उपनिवेशवाद के अन्तर्गत बरबाद हो रहे अपने मुल्क की सच्चाइयों को व्यक्त किया था। वे अपने देश की संस्कृति को साम्राज्यवाद तथा उसके देशी दलालों से मुक्त कराने के लिए लड़ रहे थे। इन उपन्यासों में किसी प्रकार मिथकीय चेतना, समकालीन वास्तविकता व ऐतिहासिकता परस्पर घुल मिल गये हैं, इसे मैनेजर पाण्डेय ने अपनी अचूक आलोचना दृष्टि से पहचाना है। दरअसल इतिहास या मिथक सम्बन्धी धारणाओं के बारे में जो भी 'गिवेननेस' होती है, उसे हर रचनाकार सृजन के धरातल पर जाकर उलटता-पलटता रहता है। उसकी इसी रचनात्मकता को पहचानने के लिए न सिर्फ गहरा यथार्थ बोध बल्कि गहरी यथार्थ दृष्टि भी चाहिए होती है। इस मामले में पाण्डेय जी की इतिहास-दृष्टि मुख्य रूप से इतिहास में मानवता के संघर्ष के साथ सहानुभूति रखते हुए भी अपना विकास करते दिखायी देती है।

वैदिक-पौराणिक परम्परा और बौद्ध परम्परा

इतिहास दृष्टि व इतिहास बोध में गहरा फर्क होता है। इतिहास दृष्टि जहाँ एक विजन से जुड़ी होती है, वहीं इतिहास बोध सामान्य, स्वतःस्फूर्त व उथला भी हो सकता है। बोध कहाँ अबोधपन लिए हो, विश्लेषण और इसके अन्त का आह्वान करने वाला कोई लेख नहीं है। इतिहास चेतना को किसी प्रकार केवल इतिहास की व्याख्या तक नहीं बल्कि वर्तमान प्रवृत्तियों की आलोचना तक इस्तेमाल किया जाता है, यह इसका उदाहरण है। उन्होंने मातंग नामक शूद्र कवि की रचनाओं के गायब हो जाने पर भी हैरत जतायी है जिसका जिक्र कल्हण की राजतरंगिनी में आता है। और बताया गया है कि हर्ष की सभा में वह बाणभट्ट व मयूर भट्टी की तरह ही महत्त्वपूर्ण कवि के रूप में मान्यता प्राप्त था। जिसके पास इतिहास की क्रान्तिकारी समझ होती है, उसी के पास वर्तमान का क्रान्तिकारी, मौलिक व विचारोत्तेजक चिन्तन भी होता है। वज्रसूची जैसी कृति इतिहास के अन्धकार में रहने के बाद ही प्रकाश में नहीं आती है बल्कि एक पूरी क्रान्तिकारी दृष्टि सामने आती है और मैनेजर पाण्डेय इतिहास की क्रान्तिकारी समझ के बदौलत सफलता से इस पूरी प्रक्रिया को भाँप लेते हैं और इसकी व्याख्या का बौद्धिक सजगता का परिचय देते हैं।

भागवत और सूर का मूल्यांकन

मैनेजर पाण्डेय का इतिहास सम्बन्धी चिन्तन मध्यकाल के सन्दर्भ में उनकी व्याख्याओं में मौजूद है। अपनी किताब भक्ति आन्दोलन और सूरदास का काव्य में उन्होंने कृष्ण परम्परा व सूर के काव्य के विश्लेषण में इसका परिचय दिया है। सभी जानते हैं कि वेदों में कृष्ण कमजोर व अनार्यों के देवता प्रतीत होते हैं जो बार-बार इन्द्र की सेना से पराजित होते हैं। बाद में भागवत धर्म की स्थापना के साथ कृष्ण का चरित्र शक्तिशाली ईश्वर के रूप में उभरता है और पौराणिक परम्परा में इन्द्र को बार-बार कृष्ण के हांथों पराजित होते हुए दिखाया गया है। पर सूरदास किस तरह से कृष्ण के सबसे अधिक लोकप्रचलित रूप का प्रयोग करते हैं, इसे मैनेजर पाण्डेय अपनी लोकोन्मुखी इतिहास-चेतना के माध्यम से दिखाने में सफल रहे हैं। यहाँ पौराणिक शास्त्र परम्परा का सूर के काव्य पर प्रभाव दिखाने के साथ-साथ, वह सूर काव्य की विशिष्टता को भी रेखांकित करते चलते हैं, जबकि सूर के बारे में ज्यादातर शोध देखिये तो लगता है कि सूरदास के कृष्ण और कुछ नहीं बल्कि विष्णु पुराण, भागवत पुराण या ब्रह्मवैवर्त पुराण आदि में प्रचलित कृष्ण के कार्यों व चरित्र की ही हू-ब-हू फोटोकापी हैं और सूर भी उन्मुक्त कल्पनाशीलता के स्थान पर सिर्फ भक्ति प्रधान विनय पद ही लिख रहे थे। या सूर के पदों को पढ़ना भी काव्यानन्द से जुड़ा नहीं बल्कि भक्ति रूपी कोई कर्म है। परम्परा दरअसल इतनी अशक्त नहीं होती है कि वह वर्तमान की रचना प्रक्रिया को प्रभावित न कर सके और न ही इतनी अधिक प्रभावशाली होती है कि वह पूरी तरह से रचनाशीलता को ग्रस सके और मौलिकता व नवीनता की कोई सम्भावना ही न छोड़े। प्रायः समर्थ रचनाकार परम्परा की ओर नवीन दृष्टि से देखता है और उसकी रचना के मूल्यांकन में जितना परम्परा का प्रभाव देखना जरूरी होता है, उतना ही जरूरी यह भी होता है कि वह अपनी रचनाशीलता में अपनी नयी दृष्टि के हिसाब से कौन-सी नयी बात कहने की कोशिश कर रहा है। लेकिन चूँकि कृति व रचना के आलोचक के पास अपनी कोई दृष्टि नहीं होती है, इसलिए वे भी केवल परम्परा के असर को देखने का रास्ता चुन लेते हैं जिसमें न तो कोई नयी चीज खोजने की जहमत उठानी पड़ती है और न खास बौद्धिक श्रम करना पड़ता है। रचनाकार के सामर्थ्य की खोज में आलोचक को इसका पता नहीं चलता पर दृष्टि का अर्थ ही होता है अधिक सक्रियता के साथ घटनाओं का मूल्यांकन दृष्टि में जहाँ बौद्धिक सजगता होती है, वहीं बोध में प्रायः आलोचनात्मकता की कमी होती है। इसीलिए मैनेजर पाण्डेय के लेखन में इतिहास बोध शब्द भी इतिहास दृष्टि, ऐतिहासिक चेतना आदि के सजग पर्याय के रूप में उभरा है। वह इतिहास के अन्तर्विरोधों को दर्शाने में जिस स्पष्टता से काम लेते हैं, उसी स्पष्टता से यह भी दिखाते हैं कि क्यों इतिहास को सिर्फ याद रखना ही नहीं बल्कि उसे सुचिन्तित तरीके से भूलने के भी खास निहितार्थ होते हैं। कई साल पहले हंस में उनका लेख छपा था, सम्भवतः 1993 में। क्या आपने व्रजसूची का नाम सुना

है। इसमें उन्होंने वैदिक-पौराणिक परम्परा की केन्द्रीय व प्रभुत्ववादी भूमिका के बरक्स बौद्ध दार्शनिकों द्वारा प्रस्तुत सबसे अधिक मूलग्रामी समग्र व उग्र आलोचना को स्थापित किया है। वैदिक-पौराणिक परम्परा द्वारा विरोधी परम्परा को नष्ट करने या उसके तेज हरण करने के लिए विरोध, विकृति व समाहार करने की रणनीति को भी उन्होंने व्यापक ऐतिहासिक परिवेश में रखकर देखा है। पर मैनेजर पाण्डेय की आलोचना प्रतिभा वहाँ निखरती है जब वे वर्तमान के अन्तर्विरोधी व इतिहास के अन्तर्विरोधों की तुलना करते हैं। इसीलिए उन्होंने बौद्ध दार्शनिक अश्वघोष की ब्राह्मणवाद विरोधी कृति वज्रसूची की इतिहास में उपेक्षा की ही सिर्फ बात नहीं की है। बल्कि यह भी आधुनिक किस्म के बौद्धिकों के बीच उसकी उपेक्षा का सवाल उठाया है। क्या यह सत्य नहीं कि सिर्फ अतीत में ही बौद्ध विचारों के साथ अन्याय नहीं हुआ है। बल्कि आज भी लोकतान्त्रिक भारत में उन विचारों के प्रति लगाव व हमदर्दी की कमी है। एक महत्त्वपूर्ण तथ्य की ओर भी मैनेजर पाण्डेय ध्यान खींचते हैं। वे बताते हैं कि भारतीय भाषाओं में वज्रसूची के अनुवाद और भाष्य की कहानी अत्यन्त दिलचस्प है, जो भारतीय नवजागरण के बारे में बहुत कुछ कहती है और विभिन्न भाषाभाषी क्षेत्रों के नवजागरण के रूप तथा चेतना का राज-रहस्य खोलती है। वज्रसूची के अनुवाद व विवेचन का काम सबसे अधिक मराठी में हुआ। यह परम्परा सतरहवीं सदी में तुकाराम की शिष्या सन्त बैहणा बाई से आरम्भ हुआ और आज तक चल रही है। ज्योतिबा फुले भी उन्नीसवीं सदी में वज्रसूची के अनुवाद, प्रकाशन व प्रसार की चिन्ता करते थे और सावरकर भी उसकी व्याख्या करना जरूरी समझते थे। महाराष्ट्र में वज्रसूची की लोकप्रियता का सम्बन्ध वहाँ के नवजागरण से जुड़े जातिविरोधी आन्दोलन से था। इसके विपरीत हिन्दी पट्टी में जो बाजार की तमाम घुसपैठ के बावजूद आज भी गोबर पट्टी या कहें कि जड़ दिमाग पट्टी को चरितार्थ कर रही है, वहाँ वज्रसूची को कोई महत्त्व नहीं प्राप्त हो सका। इसके कारणों का विवेचन करते हुए वह लिखते हैं जाति प्रथा के सवालों की उपेक्षा के कारण ही हिन्दी नवजागरण की चेतना लँगड़ी हुई है और उसका सामन्तवाद विरोधी स्वर दुर्बल हुआ है। उन्हीं के शब्दों में–'जिन लेखकों और पत्रिकाओं को हिन्दी नवजागरण के निर्माण का श्रेय दिया जाता है, उनकी जाति व्यवस्था सम्बन्धी दृष्टि और भूमिका प्रायः निराशाजनक ही है। उन्नीसवीं सदी की ही नहीं बीसवीं सदी के आरम्भिक दो दशकों की हिन्दी की महत्त्वपूर्ण पत्रिकाओं में जाति व्यवस्था के विरुद्ध वैचारिक संघर्ष की कोई चिन्ता नहीं मिलती है। हिन्दी नवजागरण के निर्माण में सरस्वती और मर्यादा की भूमिका बहुत महत्त्वपूर्ण मानी जाती है। इन दोनों पत्रिकाओं में और जो कुछ हो, लेकिन जाति प्रथा का गम्भीर अपनी असमर्थता आड़े आती रहती है। सूर की कविता के मूल्यांकन में मैनेजर पाण्डेय ने इसी नवीन सृजन शक्ति को अधिक महत्त्व प्रदान किया है। वह लिखते हैं–सूरसागर की सम्पूर्ण कथावस्तु में सृजनात्मक प्रतिभा का प्रमाण उन स्थलों पर मिलता है जो पूर्णतः सूर की सृष्टि हैं। यहाँ सूर ने कृष्ण कथा की परम्परा को नये रूप में ढाला है, उसका

विकास किया है। आगे वह लिखते हैं—पनघटलीला, दानलीला, खण्डिता समय, वसन्त और फाग, हिण्डोला आदि सूर की नवीन सृजन शक्ति की देन है। पर सूर ने सिर्फ नये प्रसंगों की ही उद्भावना नहीं की है बल्कि उन्होंने कृष्ण, गोपियों व राधा के चरित्र को नयी मानवीय दृष्टि से भी देखा है। उनके अन्तर्मन को खोजा है और कृष्ण कथा को देवत्व से नीचे उतारकर सहज मानवीय अनुभूतियों के स्तर पर प्रकट किया है। इसी सूर-दृष्टि को मैनेजर पाण्डेय ने पहचाना है और भागवत से सूरसागर की विषय-दृष्टि किस प्रकार भिन्न है, इसे बार-बार रेखांकित किया है। गोपियों के पक्ष को समझते हुए उन्होंने ठीक ही लिखा है—'लोक, कुल और समाज के बन्धनों से मुक्त गोपियों का प्रेम सामन्ती समाज के लिए एक चुनौती है।' कबीर व तुलसी के काव्य की सामाजिकता से तुलना करते हुए उन्होंने लिखा है कि 'सूरसागर में लोकचिन्ता काव्यानुभूति के प्रवाह में अन्तर्धारा की तरह है, सतह पर तैरती लकड़ी जैसी नहीं'। आगे उन्होंने सूर के काव्य का किसान जीवन से कैसा तादात्म्य था, इसके आधार पर उनकी सामाजिकता व लोकान्मुखता को उजागर किया है। उनकी कविता की अन्तर्वस्तु तथा भाषा से जुड़े मुहावरे व लोकोक्तियाँ कैसे किसान जीवन से प्रेरित हैं, इसे भी उन्होंने कई उदाहरण देकर समझाया है। बीसवीं सदी की आलोचना में लोक की चिन्ता केन्द्र में आ चुकी थी। लोक, जन आदि का विचार नये परिवेश में तेजी से लोकप्रिय हो चला था। दर्शन, साहित्य, राजनीति, फिल्म, समाजशास्त्र सभी लोक के विचार की ओर आकृष्ट हो रहे थे। एक ओर इतिहास की क्रान्तियों का जिनका कालखण्ड अत्यन्त संक्षिप्त होता है के विस्तृत अध्ययन हो रहे थे। हाब्सबाम ने खुद भी नोट किया है कि महान और लिखित दस्तावेजों में दर्ज क्रान्तियों का अध्ययन कितना उपयोगी होता है इसे फ्रांसिसी क्रान्ति से सम्बन्धित इतिहास लेखन से समझा जा सकता है। उतने संक्षिप्त किसी और कालखण्ड का अध्ययन इतने दिनों तक और इतनी गहराई से शायद ही हुआ हो। अब भी उनका महत्त्व उतना ही बना हुआ है। यह इतिहासकारों की तकरीबन सम्पूर्ण प्रयोगशाला रही है और आज भी है।' दूसरी ओर क्रान्तियों के संक्षिप्त कालखण्डों की तुलना में क्रान्तियों को सम्भव बनाने वाले लम्बे ऐतिहासिक द्वन्द्वों का अध्ययन भी ज्ञान के विभिन्न अनुशासनों में जारी रहा है जिसमें साहित्यिक आलोचना व दर्शन का मुख्य योगदान रहा है। रामचन्द्र शुक्ल से लेकर हजारी प्रसाद द्विवेदी, राम विलास शर्मा व नामवर सिंह तक इसी जन की अवधारणा के माध्यम से साहित्य के इतिहास की व्याख्या का प्रयास करते रहे हैं। पर सभी आलोचक लोक की चिन्ता के बावजूद भिन्न-भिन्न धरातलों पर खड़े रहे हैं। मैनेजर पाण्डेय अपनी इतिहास-दृष्टि में लोक की चिन्ता तो करते हैं, पर साथ ही शास्त्र, खासतौर पर संस्कृत में लिखी जा रही साहित्य-परम्परा के लोकतान्त्रिक पक्षों का भी उसी तरह मूल्यांकन करते हैं।

भक्तिकाल, मुक्तिबोध का मत और उसका विरोध

ऐसा नहीं है कि मैनेजर पाण्डेय की इतिहास-दृष्टि की सीमाएँ नहीं हैं। सीमाएँ हैं जो भयंकर नहीं तो कम से कम उल्लेखनीय अन्तर्विरोध की ओर इशारा तो करती ही हैं। भक्ति आन्दोलन का विकास थम जाने को लेकर जो विवाद हुए हैं, उनमें हिस्सेदारी करते हुए वह जिस प्रकार से राय देते हैं, वह शायद इसकी सबसे अच्छी मिसाल है। भक्ति आन्दोलन के पतन को लेकर मुक्तिबोध की राय से हम सभी अवगत हैं जिसमें उन्होंने कहा था कि भक्ति आन्दोलन के दौरान निर्गुण मत के विरुद्ध सगुण मत का संघर्ष निम्न वर्गों के विरुद्ध उच्च वंश वाले संस्कारशील अभिरुचि वालों का संघर्ष था। साहित्य के क्षेत्र में उन वर्गों का प्रधान भाव शृंगार विलास का प्रभावशाली विकास हुआ, इसलिए भक्तिकाव्य की प्रधानता जाती रही। पर मुक्तिबोध की इस राय की आलोचना करने में मैनेजर पाण्डेय जो अपने निष्कर्ष तैयार करते हैं, वे उनकी अपनी आलोचना पद्धति से असामंजस्य को जताती हैं। वैसे ऐसा होता भी है कि हम अपनी पद्धति में तो सन्तुलन (कंसिस्टेंसी) बनाए रखते हैं पर आलोचक की आलोचना में उससे बाहर जाने की कोशिश में अपनी ही आलोचना पद्धति से विचलित हो जाते हैं। मैनेजर पाण्डेय सगुण काव्य के सकारात्मक पक्षों को ठीक ही रेखांकित करते हैं जैसे सूर के वात्सल्य व शृंगार, मीरा के प्रेम व विद्रोह या तुलसी के आत्मनिवेदन व आत्मसंघर्ष। उन्होंने तुलसी की चन्द आक्रोशपूर्ण पंक्तियों के आधार पर वर्णाश्रम व्यवस्था के प्रति उनके मोहभंग को रेखांकित किया है। पर सच तो यह है कि सैद्धान्तिक स्तर पर जाति-वर्णाश्रम का विरोध किये बगैर भी व्यक्ति अन्य चीजों के प्रति विद्रोह भाव धारण कर सकता है और यह भी सम्भव है कि विद्रोह अपनी प्रकृति में बेहद सच्चा व जेन्युइन हो। विद्रोह अपनी धारणागत अन्तर्वस्तु से पहचाना जाता है और धारणाओं के स्तर पर व्यापक मतभेद के बावजूद विद्रोही कई बार अपने स्वभाव के कारण एक ही जमीन पर खड़े होते हैं। सगुण व निर्गुण के बीच मुख्य भेद जाति-वर्णाश्रम के सवाल पर ही था, क्योंकि कबीर ने जिस तीव्रता के साथ जाति प्रथा का खण्डन किया है, वैसा खण्डन किसी सगुण भक्तिधारा के कवि ने शतांश में भी नहीं किया है। इसीलिए मुक्तिबोध को लगा था कि निर्गुण व सगुण भक्तिधारा के कवियों की सामाजिक पृष्ठभूमि में जो भेद था, वही भक्ति आन्दोलन के लिए निर्णायक सिद्ध हुआ और आगे चलकर उच्च जाति व उच्च वंश के लोगों ने भक्ति आन्दोलन को हथियाकर उसमें रीतिकालीन तत्त्व घुस दिये। खास बात यह है कि मैनेजर पाण्डेय की इतिहास आलोचना की पद्धति लगभग वही है जो मुक्तिबोध की है। पाण्डेय जी वैदिक-पौराणिक परम्परा व बौद्ध परम्परा के बीच के अन्तर्विरोध को हिन्दू धर्म के भीतर की द्वन्द्वात्मकता को संचालित करने वाली मुख्य ताकत मानते हैं। वेदों की हिंसक यज्ञ पर आधारित परम्परा के बाद भागवत धर्म की अहिंसा पर आधारित विश्वासों के टकराव को भी वह विशेष रूप से व्याख्यायित करते हैं। वैदिक परम्परा व भागवत धर्म के बीच टकराव के बारे में वह लिखते हैं–'वैदिक

परम्परा के नाम पर प्रचलित रूढ़िवाद, याज्ञिक हिंसा और विधि-विधान से आबद्ध शास्त्रीय धर्म के स्थान पर सहज मानवीय धर्म के स्वाभाविक विकास का परिणाम भागवत धर्म का उदय है।' इसी तरह मुक्तिबोध भी सगुण-निर्गुण परम्परा के बीच के अन्तर्विरोध के सहारे सामाजिक व धार्मिक जीवन की सच्चाइयों को सामने लाने का प्रयत्न करते हैं। परम्परा के टकरावों का विवेचन करने के मामलों में दोनों की आलोचना में पद्धतिगत समानता है। मुक्तिबोध की आलोचना मैनेजर पाण्डेय इस आधार पर करते हैं क्योंकि मुक्तिबोध प्रश्न करते थे कि रामभक्तिशाखा में एक भी प्रभावशाली और महत्त्वपूर्ण कवि शूद्रों के वर्ग से नहीं आया है। मुक्तिबोध के इस प्रश्न का उत्तर वह सगुण भक्ति शाखा में उच्च वर्णीय लोगों की उपस्थिति की तुलना प्रगतिशील आन्दोलन में उच्चवर्गीय लोगों की तुलना करके देते हैं। पर भूलना नहीं चाहिए कि प्रगतिशील आन्दोलन के लोग फ्रांस, रूस की क्रान्ति के बाद के दौर की उपज थे। उन्हें आधुनिकता के बहुत सारे विचार भी उपलब्ध थे और जाति, वर्ण या वर्ग के विरोध में विकसित हुए सुव्यवस्थित विचारों का ज्ञान भी था। इसलिए आधुनिक काल में जाति-वर्णगत विचार तथा विश्वदृष्टि के मध्य जो सम्बन्ध होता है, उसका टूटना इतना अस्वाभाविक नहीं रह जाता है। आज भले ही व्यक्ति के सामाजिक मूल व उसके सामाजिक चिन्तन के मध्य सम्बन्ध देखना फूहड़ समाजशास्त्र लगे, पर प्राक आधुनिक समाजों में उनके बीच सम्बन्ध देखना उतना फूहड़ भी नहीं है, जितना दर्शाया जाता है। खास बात यह है कि साहित्य के समाजशास्त्र का सुव्यवस्थित विकास करने वाले मैनेजर पाण्डेय स्वयं भी साहित्य के समाजशास्त्र की भूमिका में लिखते हैं—लेखक की आर्थिक-सामाजिक स्थिति से उसकी मानसिकता के स्वरूप का गहरा सम्बन्ध होता है। यह ठीक है कि दोनों के बीच कार्य-कारण सम्बन्ध मानना गलत है, लेकिन लेखक की मानसिकता को उसकी सामाजिक स्थिति से स्वतन्त्र समझना और भी गलत है। इसलिए सवाल यह नहीं है कि निर्गुण सन्तों के सरोकार व काव्यानुभूति सजग रूप से सगुणों के खिलाफ थी या नहीं। बल्कि यह है कि इतिहास की अनिवार्य द्वन्द्वात्मकता की चपेट में उन्हें आना ही था और अनचाहे भी उन्हें इस यथार्थ का सामना करना पड़ा।

दुनिया को देखने की निगाह

मैनेजर पाण्डेय की साहित्य व समाज के इतिहास से सम्बन्धी चिन्ता अकादेमिक से अधिक सामाजिक रही है। भारत ऐसा देश है जहाँ औपनिवेशिक आधुनिकता ने एक ओर उपनिवेशवाद के पक्ष में माहौल निर्मित किया है तो दूसरी ओर आन्तरिक दमन को आन्तरिक दबावों से बदलने की कोशिशों को निरस्त करने का काम किया है। इसने मनुष्य को सुधार के नाम पर आत्महीन बनाया है और उसे प्रेरित किया है। वह खुद को इस औपनिवेशिक आधुनिकता के मुखियाओं के सामने गुलामी के लिए समर्पित कर दें। किसी भी समय की आलोचना मनुष्य जीवन की मूल प्रतिज्ञाओं, ऐन्द्रिक

विकास व परिवर्तन की आकांक्षाओं को अनदेखा कर अपना विकास नहीं कर सकती। न्यूटन का सापेक्षता का सिद्धान्त प्रकृति विज्ञान के लिए ही नहीं बल्कि आलोचना जैसे अनुशासन के लिए भी उतना ही सत्य है। इसलिए हर समय की आलोचना विरोधियों से विचार के स्तर पर सबसे मजबूत मोर्चे पर जूझती है, तरह-तरह के वाग्वीरों और वाग्जालों के चक्रव्यूह को ध्वस्त करती हुई स्वप्न से जुड़े खूबसूरत आशावाद को मरने से बचाती है। इस काम में विचारधारा व दृष्टि, उसका सबसे महत्त्वपूर्ण हथियार होती है। किसकी निगाह से हम दुनिया को देख रहे हैं, यह महत्त्वपूर्ण हो जाता है। वेणुगोपाल की कविता "काले भेड़िये के खिलाफ' शायद इस बात को ज्यादा ठीक से इन शब्दों में कहती है।

देखो
कि जंगल आज भी उतना ही खूबसूरत है,
अपने आशावान हरेपन के साथ
बरसात में झूमता हुआ, उस
काले भेड़िये के बावजूद
जो
शिकार की टोह में
झाड़ियों से निकलकर खुले में आ गया है
खरगोश और चिड़ियों और पौधों की दूधिया
वत्सल निगाहों से
जंगल को देख भर लेना
उस काले भेड़िये के खिलाफ हो जाना है जो
सिर्फ
अपने भेड़िये होने की वजह से
जंगल की खूबसूरती का दावेदार है

जंगल को हम जब खरगोश, चिड़ियों व पौधों की दूधिया वत्सल निगाहों से निहारते हैं, जब जंगल कुछ और होता है और वह सिर्फ काले भेड़ियों का नहीं होता है। एक जंगल के रूपक के माध्यम से कविता मनुष्य व आलोचक की दृष्टि से जबर्दस्त नैतिकता व ईमानदारी की माँग करती है। वह यथार्थ को पहचानने के लिए नजरिये को दुरुस्त करने की आवाज उठाती है। पक्षधरता की हिम्मत पैदा करने का आह्वान करती है। काले भेड़िये अक्सर व्यवस्था में बड़ी हिस्सेदारी रखते हैं और इसीलिए अच्छी से अच्छी व्यवस्थाएँ कुरूप हो जाती हैं। इन व्यवस्थाओं को क्षरण से बचाने के लिए भी भेड़ियों की जमात से अलग सोच विकसित करनी होती है। इस सोच के विकास के सूत्र सबसे पहले हम इतिहास से ही प्राप्त करते हैं और वहीं से ऐसी इतिहास-दृष्टि विकसित करते हैं जो मनुष्यता को उसकी यातना से मुक्ति दिलाती है। साहित्य में इतिहास-दृष्टि समाज के बौद्धिक विकास का ही अंग होती है और इसीलिए आलोचना भी पूर्ववर्ती कवियों

व रचनाकारों के मूल्यांकन के लिए भारतीय काव्यशास्त्र में वर्णित रस-अलंकार के शास्त्रीय धारणाओं से बीसवीं सदी में सहजता से मुक्त हो जाती है क्योंकि ज्ञान, तर्क, परिवर्तन व अन्वेषण से साहित्य का अधिक निकट का सम्बन्ध स्थापित हो जाता है। ऐसे में मैनेजर पाण्डेय भी ऐसे आलोचक के रूप में हमारे सामने आते हैं जो साहित्य के मूल्यांकन के प्रयास को इतिहास से जोड़कर देखते हैं और कहते हैं—'ऐतिहासिक चेतना व कला चेतना के मेल से ही रचना पैदा होती है। वह इस प्रक्रिया से पैदा रचना की आलोचना के लिए भी ऐतिहासिक चेतना की जरूरत पर बल देते हैं और कहते हैं कि जहाँ ऐतिहासिक चेतना नहीं होती है वहाँ रचनागत मूल्यों की सार्थकता व प्रासंगिकता की पहचान भी नहीं हो सकती है। इतिहास, कलात्मकता व साहित्यिकता के जटिल अन्तस्सम्बन्धों का बोध कराने के कारण ही मैनेजर पाण्डेय का आलोचना कर्म न केवल प्रासंगिक है बल्कि साहित्य व समाज के बारे में अन्तर्दृष्टि पैदा करने के मामले में विशेष रूप से सहायक भी है।

मैनेजर पाण्डेय : आलोचना और प्रत्यालोचना

■ गजेन्द्र पाठक

नवजागरणकालीन प्रसिद्ध लेखक माधवराव सप्रे को विस्मृत करने के सायास या अनायास प्रयास को प्रो. मैनेजर पाण्डेय ने जी. एन. देवी के शब्दों में 'सांस्कृतिक स्मृति-लोप' की संज्ञा दी है। हिन्दी आलोचना में इस स्मृति-लोप की बहुआयामी और बहुगामी छाया देखने के लिए विशेष प्रयत्न की जरूरत नहीं है। आचार्य महावीर प्रसाद द्विवेदी जैसे व्यक्ति जब नवजागरण की चेतना के अनुरूप हिन्दी को ज्ञान के अन्य अनुशासनों के साथ जोड़ने का प्रयास कर रहे थे, और अर्थ को कई अनर्थों का आधार प्रमाणित करने के लिए सम्पत्तिशास्त्र जैसी किताब लिख रहे थे, तब उन्हें कौटिल्य की स्मृति नहीं थी। इस सांस्कृतिक स्मृति लोप को भारत में आये ब्रिटिश साम्राज्यवाद ने बहुत पहले पहचान लिया था और वे इस निष्कर्ष पर पहुँच चुके थे कि जिस देश में दुष्यन्त जैसे नायक को अपनी शकुन्तला जैसी प्रेयसी को पहचानने के लिए अँगूठी की जरूरत पड़ती हो, उस देश को लम्बे समय तक गुलाम बनाये रखना नामुमकिन नहीं है। भारतीय मानस के सांस्कृतिक स्मृति लोप के बदौलत वे लगभग दो शताब्दियों तक इस देश पर शासन चलाने में सफल रहे। उनकी सफलता का आलम यह है कि उनके जाने के 60-62 साल बाद भी भारत के नायक उनके सुशासन के गीत गा रहे हैं।

हमारी स्मृतिहीनता का ही यह परिणाम था कि ब्रिटिश साम्राज्यवाद निरन्तर यह प्रचारित करता रहा कि वे हमें लोकतन्त्र जैसी नयी व्यवस्था सिखाने आये हैं और हम लिच्छवी जैसे गणतन्त्र को भुलाकर उनकी बात को सच मानते रहे। माओत्से-तुंग ने इस स्मृति लोप के सांस्कृतिक संकट को समझा था और बताया था कि किस तरह अपनी परम्परा के मिथकों से अनजान लोग सिर्फ यूनानी पुराकथाओं में तल्लीन रहते हैं।

भारत को समझने के लिए सर विलियम जोन्स ने सत्रह वर्षों के कठिन प्रयत्न से संस्कृत का अभ्यास किया था। वे साहित्य की शक्ति से परिचित थे और साहित्य से राजनीति में सफल होने का निष्कर्ष हासिल करना जानते थे। आचार्य हजारी प्रसाद द्विवेदी ने 'हिन्दी साहित्य की भूमिका' में इस देश के एक हजार साल पुराने अतीत

को समझने के लिए हिन्दी और उसके पहले के समय को जानने के लिए संस्कृत के पास जाने की जरूरत बतायी थी। सर विलयम जोन्स और हजारी प्रसाद द्विवेदी दोनों को मिलाकर देखें तो कह सकते हैं कि अपने पुराने साहित्य के पास जाना सिर्फ अतीत की यात्रा नहीं है बल्कि यह अपने समय और उसकी राजनीति को समझने के लिए भी अनिवार्य है।

मैनेजर पाण्डेय हिन्दी के उन विरल मार्क्सवादी आलोचकों में हैं जिन्होंने इस संकट को समझा था और शुरू से ही साहित्य और संस्कृति की परम्पराओं को अपनी आलोचना में केन्द्रीय स्थान दिया। सूरदास पर काम करते हुए उन्हें बहुत पहले यह इलहाम हो चुका था कि हिन्दुस्तान में कोई भी बड़ा रचनाकार किसान जीवन को भुलाकर बड़ा नहीं बन सकता। न सिर्फ कविता या रचना में, बल्कि भारत के किसी भी क्षेत्र में बड़ा होने के लिए यहाँ के सबसे बड़े वर्ग किसान और मजदूर के दुखों से जुड़ना होगा। भक्तिकालीन कविता की महानता को उन्होंने इन्हीं सन्दर्भों में रेखांकित किया है, महसूस किया है।

आचार्य रामचन्द्र शुक्ल को वे एक बड़ा आलोचक मानते हैं। इस बात को जानने के लिए उनके लेखों, कक्षा-व्याख्यानों और जे.एन.यू. के उनके घर में टँगी रामचन्द्र शुक्ल की बड़ी तस्वीर के पास जाना होगा। रामचन्द्र शुक्ल के इतिहास दृष्टि को जो उन्होंने शीर्षक दिया, वह है—'साहित्य के विकास के सामाजिक आधार की खोज'। इस शीर्षक से शुक्ल जी के उस मशहूर वक्तव्य की याद आती है, जो भारतेन्दु के सन्दर्भ में है, "किसी भी सभ्य समाज में ऐसा नहीं होता कि जीवन की दिशा कुछ और हो, और साहित्य की दिशा कुछ और।" शुक्ल जी के लिए हिन्दी साहित्य की आधुनिकता का अर्थ यही था कि जीवन की दिशा और दशा के साथ साहित्य का जुड़ाव हो। प्रो. मैनेजर पाण्डेय ने अपने शीर्षक से ही शुक्ल जी की मूल चेतना से अवगत करा दिया है और लिखा है कि, "वे (शुक्लजी) अपने समय के हिन्दी के ही सबसे बड़े आलोचक और इतिहासकार नहीं हैं, वे अखिल भारतीय स्तर पर भी बेजोड़ साहित्य चिन्तक दिखायी देते हैं, यही नहीं वे अपने जमाने के संसार के बड़े से बड़े आलोचक और इतिहासकार के समकक्ष दिखायी देते हैं।" पाण्डेय जी ने शुक्ल जी के निर्माण में भक्तिकाल की भूमिका की पहचान की है। रचना का कोई बड़ा आन्दोलन सिर्फ बड़े रचनाकारों का निर्माण ही नहीं करता बल्कि उस महान रचनाशीलता को पहचानने वाले बड़े आलोचकों को भी पैदा करता है। यह कहना मुश्किल होगा कि यदि भक्ति आन्दोलन की कविता हिन्दी में नहीं रहती तब भी शुक्ल जी जैसे आलोचक का जन्म हुआ होता। पाण्डेय जी ने भक्तिकाल और शुक्ल जी के बीच के रिश्ते की पड़ताल करते हुए लिखा है कि "भक्ति आन्दोलन और उसकी जनोन्मुखी कविता को केन्द्र में रखकर ही आचार्य शुक्ल ने भारतीय साहित्य और साहित्यशास्त्र का पुनर्मूल्यांकन किया और स्वतन्त्र साहित्यचिन्तन विकसित किया। कहा जा सकता है कि नये नवजागरण की रचनाओं और रचनाकारों के महत्त्व को पहचाना और उनका मूल्यांकन किया। भक्ति आन्दोलन

की जनोन्मुखी कविता के मूल्यांकन में आचार्य शुक्ल की सामन्तविरोधी आलोचना दृष्टि और इतिहास दृष्टि का प्रमाण मिलता है। इस सामन्तविरोधी इतिहास दृष्टि के निर्माण में आधुनिक नवजागरण और स्वाधीनता आन्दोलन की चेतना का योगदान है।

आचार्य शुक्ल की स्पष्टवादिता पाण्डेय जी को प्रभावित करती है। 'अनुभूति' के आधार पर कविता की जो आलोचना शुक्ल जी करते हैं उसमें नाथों-सिद्धों की उपदेशपरक रचनाएँ आध्यात्मिकता और रहस्यवाद से मिलकर कविता से बाहर हो जाती हैं। तुलसीदास अपनी भावुकता और सूरदास अपनी अनुभूतिप्रवणता की वजह से शुक्ल जी के हृदय के करीब हैं तो केशव अपनी हृदयहीनता की वजह से बहुत दूर। अनुभूतिशून्य शब्दक्रीड़ा की वजह से बिहारी भी पसन्द नहीं हैं। घनानन्द साक्षात् रसमूर्ति के रूप में 'हीरो' हैं। भारतेन्दु युग के लेखक अपनी जिन्दादिली की वजह से हरदिल अजीज हैं। हृदय वेग के खुलकर न व्यंजित होने की वजह से द्विवेदी युग की कविता से वे असन्तुष्ट हैं। समकालीन छायावाद के बारे में शुक्ल जी की राय जगजाहिर है। वैसे नामवर जी ने उनके साहित्यिक दृष्टिकोण पर छायावाद के गहरे प्रभाव को रेखांकित किया है।

मैनेजर पाण्डेय शुक्ल जी की जिन विशेषताओं के कायल हैं उनमें कलावाद, रूपवाद, रीतिवाद और रहस्यवाद के प्रति शुक्ल जी का कड़ा विरोध पहले स्थान पर है। आलोचना, 73 में प्रकाशित लेख 'लोक मंगल और आचार्य शुक्ल' में उन्होंने लिखा है–"लोकमंगल की स्थापना के लिए कलावाद का खण्डन जरूरी था। जिस कला में लोक न होगा उससे लोकमंगल कैसे होगा? आचार्य शुक्ल उन लोगों में से नहीं हैं जो समाज या साहित्य में किसी लोक विरोधी शक्ति या प्रवृत्ति को महज अस्वीकार करके सन्तुष्ट हो जाते हैं। ऐसी शक्तियों और प्रवृत्तियों का अस्तित्त्व केवल अस्वीकार से समाप्त नहीं हो जाता। उनके अन्त के लिए अन्त तक निरन्तर संघर्ष जरूरी होता है। आचार्य शुक्ल ने कलावाद को केवल अस्वीकार नहीं किया, उसके विरुद्ध निरन्तर संघर्ष किया। रीतिवाद, रहस्यवाद और कलावाद का इतना बड़ा विरोधी हिन्दी में कोई दूसरा नहीं है।"

सामन्तवाद और साम्राज्यवाद की राजनीति से शुक्ल जी परिचित थे। शुक्ल जी जानते थे कि अंग्रेजों को हमारी आध्यात्मिकता क्यों पसन्द है। वे नकली देश भक्तों से भी सावधान करते हैं। शुक्ल जी ही कह सकते थे कि जो यह भी नहीं जानते कि कोयल किस चिड़िया का नाम है, वे भी देश प्रेम का दावा करते हैं। शुक्ल जी अपनी आलोचना दृष्टि में इस बात को लेकर हमेशा सजग थे कि बिना परिचय के प्रेम सम्भव ही नहीं है। देशभक्ति भी आँकड़ों का खेल नहीं है। 'प्रिय प्रवास' में जब ब्रजभूमि की चर्चा होती है तब वहाँ बाकी सब वृक्षों की चर्चा है, सिर्फ करील नहीं हैं। शुक्ल जी इसे पसन्द नहीं करते। संस्कृति और साहित्य में लोक का महत्त्व सर्वोपरि है। यह शुक्ल जी जानते थे। रामचरितमानस का सर्वाधिक प्रिय प्रसंग उनके लिए वहाँ से शुरू होता है जहाँ से राम सीता सहित महल को छोड़कर लोक जीवन में प्रवेश करते हैं। शुक्ल जी की लोकधर्मी चेतना को पाण्डेय जी ने नये सन्दर्भों से जोड़कर देखा है। लिखते हैं–"यथार्थवाद के पक्ष में आचार्य शुक्ल की काव्य दृष्टि के झुकाव को आज के भारतीय

समाज और काव्य में लोकमंगल की स्थापना के प्रयत्नों से जोड़कर प्रासंगिक बनाने के लिए उनको विकसित करने की जरूरत है। जहाँ एक ओर उनकी कविता की धारणा में भाव के साथ विचार को रखकर उसे अधिक व्यापक बनाने की जरूरत है। वहीं दूसरी ओर उनके लोक को जन, मंगल को मुक्ति और सामंजस्य को संघर्ष में बदलना आवश्यक है। आचार्य शुक्ल के काव्य चिन्तन में ऐसी विकास की सम्भावनाएँ मौजूद हैं। हम उनके चिन्तन की शक्ति को पहचानकर उनके विकास का प्रयास करें या उनकी सीमाओं का चक्कर लगाते हुए उन्हें कोसते रहें। यह इतिहास और परम्परा से सम्बन्ध बोध की हमारी दृष्टि पर निर्भर है।'' (आलोचना 73)। पाण्डेय जी का मानना है कि, ''हिन्दी साहित्य का इतिहास शुरू से लेकर आखिर तक स्वाधीनता आन्दोलन की चेतना से प्रेरित होकर लिखा गया इतिहास है।'' (कक्षा व्याख्यान)। शुक्ल जी वैसे आलोचकों में थे जो बिना इण्टरनेट के इंग्लैण्ड में प्रकाशित होने वाली महत्त्वपूर्ण पुस्तकों को उसी साल पढ़ लेते थे और उस पर अपनी एक राय बनाते थे। दूर की कौड़ी से डराने वाले लोगों के लिए यह उनका निजी प्रयत्न था। मैनेजर पाण्डेय ने लिखा है कि ''आचार्य शुक्ल ने संस्कृति और साहित्य के क्षेत्र में दिमागी गुलामी पैदा करने वाली पश्चिमी परम्पराओं और प्रवृत्तियों का विरोध किया। यह एक प्रकार से साम्राज्यवाद के सांस्कृतिक प्रभुत्त्व के विरुद्ध अभियान था। उनका कहना था कि पाश्चात्य साहित्य की परम्पराओं, प्रवृत्तियों और सिद्धान्तों को जाँच पड़ताल के बिना स्वीकार करना गलत है।'' उन्होंने (शुक्ल जी ने) लिखा कि ''आजकल पाश्चात्य वादवृक्षों के बहुत से पत्ते कुछ हरे नोचे हुए, कुछ सूखकर गिरे हुए, यहाँ पारिजात पत्र की तरह प्रदर्शित किये जाने लगे हैं। इन पत्तों की परख के लिए अपनी आँख खुली रखने और उन पेड़ों की परीक्षा करने की आवश्यकता है जिनके वे पत्ते हैं।'' (साहित्य और इतिहास दृष्टि)।

हजारी प्रसाद द्विवेदी की इतिहास दृष्टि का मूल्यांकन मैनेजर पाण्डेय ने 'परम्पराओं की निरन्तरता का अनुशीलन' नामक शीर्षक के अन्तर्गत किया है। परम्परा नहीं परम्पराओं की निरन्तरता का अनुशीलन। परम्परा का एकवचन नहीं परम्पराओं का बहुवचन। द्विवेदीजी ने बुद्ध से चली आ रही अस्वीकार और विरोध की चेतना को सिद्धों-नाथों से जोड़कर देखा और इसी परम्परा का विस्तार कबीर की कविता तक किया। परम्पराओं की निरन्तरता को समझने का ही परिणाम था कि शुक्ल जी से भिड़ने का साहस द्विवेदी जी कर सके और सिद्धों-नाथों से लेकर कबीर तक तथा आदिकाल से लेकर भक्तिकाल तक की हमारी समझ को परिवर्तित और प्रभावित करने में सफल रहे। यह द्विवेदी जी का ही प्रभाव था कि हिन्दी साहित्य के इतिहास के दूसरे संस्करण में कबीर के बारे में यह जुड़ गया कि जो भी हो प्रतिभा इनमें बहुत थी। हिन्दी साहित्य के इतिहास को द्विवेदी जी ने भारतीय चिन्ता धारा के स्वाभाविक विकास के रूप में देखा और शुक्ल जी की क्रिया-प्रतिक्रिया दृष्टि का विरोध किया।

मैनेजर पाण्डेय ने द्विवेदी जी की इतिहास दृष्टि में चार विशेषताओं का उल्लेख किया है। पहली विशेषता परम्परा की खोज और उसके रचनात्मक प्रभाव के मूल्यांकन

से जुड़ी है। उन्होंने द्विवेदीजी की इस विशेषता को पहचानने का श्रेय नामवर सिंह और नलिन विलोचन शर्मा को दिया है। द्विवेदी जी के इतिहास दृष्टि की जो दूसरी विशेषता पाण्डेय जी को प्रभावित करती है, उसका सम्बन्ध मुक्ति आन्दोलन की भावना से है। द्विवेदी जी ने लिखा है कि "ज्ञान के क्षेत्र में वही पाने का अधिकारी होता है जो देने का सामर्थ्य रखता है। हर क्षेत्र में दूसरों का अनुकरण लज्जाजनक है। वही चल सकता है जो अपने पैरों पर खड़ा हो सकता है। वह नहीं जो केवल चलने वालों के चलने की नकल करना चाहता है। हमारा अतीत जो अब तक अभिभूत करने वाला साबित हुआ था अब प्रेरणादायक सिद्ध हुआ है। दुनिया में हम नौसिखिये नहीं हैं। हमने ज्ञान की प्रत्येक शाखा पर स्वतन्त्र दृष्टि से विचार किया है। हमारे इतिहास में संघर्षों और संघातों की विशाल श्रृंखला है।" पाण्डेय जी ने द्विवेदी जी के इस उद्धरण को विशेष महत्त्व दिया है।

परम्परा की खोज और मूल्यांकन का तीसरा कारण मैनेजर पाण्डेय की दृष्टि में द्विवेदी जी के यहाँ यह है कि वे हिन्दी साहित्य की परम्पराओं को भारतीय साहित्य की परम्पराओं से जोड़कर देखना चाहते हैं और हिन्दी साहित्य की समृद्ध विकासशील परम्परा को भारतीयों और विदेशियों के सामने रखना चाहते हैं।

द्विवेदीजी के इतिहास दृष्टि की चौथी प्रमुख विशेषता जो उन्हें प्रभावित करती है वह है उनका हिन्दी साहित्य के इतिहास को भारतीय साहित्य के इतिहास के अंग के रूप में देखना। और यह कैसे सम्भव हुआ? मैनेजर पाण्डेय के अनुसार, "द्विवेदी जी के अध्ययन, इतिहास लेखन और आलोचना के केन्द्र में भक्ति आन्दोलन और उसका साहित्य रहा है और प्रगतिशील आन्दोलन से उनकी गहरी सहानुभूति रही है, इसलिए वे भारतीय साहित्य के इतिहास की सम्भावना पर विचार करने में सक्षम हुए और हिन्दी के इतिहास को भारतीय साहित्य के इतिहास के अंग के रूप में देखने की नयी सृष्टि विकसित कर सके। यह आचार्य द्विवेदी की इतिहास दृष्टि की व्यापकता और विकासशीलता का प्रमाण है।"

हिन्दी आलोचना के इतिहास में शुक्ल जी और द्विवेदी जी के बाद तीसरा बड़ा काम रामविलास शर्मा का है। मैनेजर पाण्डेय के अनुसार, "रामविलास शर्मा हिन्दी नवजागरण और उसके साहित्य की विशेषताओं का सशक्त, स्वतन्त्र और प्रामाणिक विवेचन करने वाले पहले व्यक्ति हैं। उन्होंने हिन्दी नवजागरण के स्वरूप और उसकी विशेषताओं का विश्लेषण करके हिन्दी वालों की आत्महीनता की भावना को दूर किया है और हिन्दी भाषा जनता को हीन समझने वालों के स्फीत अहं की फुफकार को भी कम किया है। लेकिन एक उपेक्षित विषय को स्थापित करने के प्रयास में जहाँ-तहाँ उत्साह का जो अतिरेक है उससे कुछ नये भ्रमों के पैदा होने की भी सम्भावना है।"

रामविलास शर्मा हिन्दी आलोचना में सर्वाधिक विवादित व्यक्तित्त्व रहे हैं। विवाद का कारण उनका अपने संगठन से सम्बन्ध को लेकर भी रहा है। कई कारणों से उन्होंने अपने संगठन से अलग होकर स्वतन्त्र लेखन का रास्ता चुन लिया। पाण्डेय जी के अनुसार

"रामविलास शर्मा के परवर्ती लेखन में एक स्वतन्त्र मार्क्सवादी विचारक की स्वतन्त्र आलोचना की विशेषताएँ हैं। उन्होंने मार्क्सवाद की अनेक स्थापित सैद्धान्तिक मान्यताओं का खण्डन किया है, इसलिए कुछ लोग उन्हें संशोधन वादी कहते हैं। वे अपनी कुछ मान्यताओं पर पिछले 30-35 वर्षों से दृढ़ता से डटे हुए हैं, इसलिए कुछ लोग उन्हें जड़तावादी समझते हैं। उन पर संकीर्णतावाद का आरोप बहुत पुराना है। निश्चय ही ये तीनों परस्पर विरोधी प्रवृत्तियाँ एक जगह नहीं हो सकतीं। रामविलास शर्मा हिन्दी के एक महत्त्वपूर्ण, इसलिए विवादास्पद मार्क्सवादी विचारक हैं। उन्होंने स्वतन्त्र रूप से सोचने और साहस के साथ अपनी बात कहने का प्रयास किया है। इसी प्रक्रिया में उन्होंने मार्क्सवाद की कुछ मान्यताओं का खण्डन भी किया है। मार्क्सवाद की सैद्धान्तिक मान्यताओं का खण्डन करने या दोहराने से अधिक महत्त्वपूर्ण है चिन्तन और लेखन में उसका व्यावहारिक प्रयोग करना। उन्होंने यह काम किया है।" रामविलासजी के बारे में यहीं पर उन्होंने यह भी लिखा है कि "जो लोग कहीं दाग न लग जाय के भय से मार्क्सवाद की प्रचलित मान्यताओं को केवल दोहराकर मार्क्सवादी बने रहने की कोशिश करते हैं, वे मार्क्सवाद का विकास नहीं कर सकते। सिद्धान्त की शक्ति और सीमा का बोध व्यवहार में ही होता है। जो लोग गलत होने या गलत समझे जाने का खतरा उठाकर भी नये ढंग से सोचने का प्रयत्न करते हैं, वही मार्क्सवाद के विकास में सहायक होते हैं। रामविलास शर्मा के चिन्तन से कुछ नये सार्थक सवाल पैदा हुए हैं। ऐसे सवालों से हिन्दी के मार्क्सवादी चिन्तन की जड़ता टूटती है, नये चिन्तन के लिए प्रेरणा मिलती है।"

मैनेजर पाण्डेय हिन्दी की मार्क्सवादी आलोचना में उन थोड़े से लोगों में हैं जो अपने सम्पूर्ण लेखन में जड़ता और लकीर की फकीरी का विरोध करते हैं। रामविलास जी के यहाँ जब उन्हें यह इस लीक से हटकर चलने का साहस दिखायी पड़ा तो उन्होंने उस समय रामविलास शर्मा की प्रशंसा की। तब उनके पक्ष में कुछ भी बोलने का मतलब बहुत लोगों के विपक्ष में खड़ा होना था। जाहिर है उन्हें यह साहस मार्क्सवाद से मिला है और वे जानते हैं कि जो जहाँ पर रहता है, वही वहाँ का बेहतर आलोचक हो सकता है। अश्वघोष की व्रजसूची पर अपने लेख में उन्होंने यह प्रमाणित किया कि एक ब्राह्मण अश्वघोष की ब्राह्मण जाति, वर्णाश्रम व्यवस्था और जातिवाद की जड़ता एवं विडम्बनाओं का विश्वसनीय विरोधी हो सकता है। रामविलास शर्मा की इतिहास दृष्टि के माध्यम से पाण्डेयजी ने यह प्रमाणित किया कि एक मार्क्सवादी ही मार्क्सवाद की जड़ता से लड़ सकता है।

मैनेजर पाण्डेय को रामविलास शर्मा की शक्ति के साथ-साथ उनकी सीमा का भी ज्ञान है। आलोचना, 86 में प्रकाशित अपने निबन्ध "हिन्दी की मार्क्सवादी आलोचना : कितनी मार्क्सवादी कितनी आलोचना" में उन्होंने मार्क्स के मशहूर कथन, "सच्ची आलोचना की पहली शर्त है दुराग्रह से मुक्ति", को याद करते हुए लिखा था कि "हिन्दी के अनेक मार्क्सवादी आलोचकों की व्यावहारिक आलोचनाओं को देखकर ऐसा लगता

है कि वे आलोचना की इस शर्त से अपरिचित हैं या फिर उसे महत्त्व नहीं देते। आलोचनाओं में दुराग्रह का रूप यह है कि वहाँ मूल्यांकन और निष्कर्ष पहले से तय होते हैं, केवल तथ्यों और तर्कों के मनमाने उपयोग के सहारे पूर्व निर्धारित निष्कर्षों को साबित करना ही आलोचना कर्म का लक्ष्य होता है।'' आलोचना कर्म में दुराग्रह के ज्वलन्त उदाहरण स्वरूप उन्होंने रामविलास शर्मा के शिव कुमार मिश्र प्रसंग की चर्चा की है। रामविलास जी ने हास्यास्पद होने की सीमा तक शिव कुमार जी की प्रशंसा की थी। रामविलास शर्मा के लेखन में राहुल सांकृत्यायन, यशपाल और मुक्तिबोध को लेकर जो गाँठ है उसे बताने की जरूरत नहीं है। ये सब मार्क्सवाद के किसी प्रतिमान के आधार पर कमजोर लेखक नहीं थे। बल्कि निजी पसन्द या नापसन्द के आधार पर निर्मित उनके दुराग्रह के शिकार थे। कार्ल मार्क्स ने कहा था कि आलोचना के हथियार, हथियारों की आलोचना का काम नहीं कर सकते। मैनेजर पाण्डेय ने अपने इसी लेख में लिखा है कि ''हिन्दी की मार्क्सवादी आलोचना में ऐसे लोगों का अभाव न पहले था ना आज है, जो आलोचना के हथियारों से ही सशस्त्र संघर्ष का काम लेना चाहते हैं। इसी प्रक्रिया में वे साहित्य और क्रान्ति दोनों का नुकसान करते हैं। आश्चर्य की बात तो यह है कि जो लोग सशस्त्र संघर्ष से कोसों दूर हैं या उसके घोर विरोधी हैं, वे ही आलोचना के हथियारों को सशस्त्र संघर्ष का साधन बनाने पर आमादा हैं।'' मित्रों, यह सवाल उठ सकता है कि मैनेजर पाण्डेय की आलोचना दृष्टि की राजनीति क्या है? या यों भी कह सकते हैं कि वे Politically correct हैं या woong? मुझे ऐसा लगता है कि मैनेजर पाण्डेय की आलोचना-दृष्टि के विकास में राहुल सांकृत्यायन, सहजानन्द सरस्वती और रामवृक्ष बेनीपुरी के किसान आन्दोलन की चेतना का गहरा प्रभाव है। आप ध्यान रखें कि मार्क्सवाद और समाजवाद दोनों के विकास में बिहार में किसान आन्दोलन की गहरी भूमिका रही है। सहजानन्द सरस्वती ने बड़े किसानों के विरोध में छोटे किसानों को एकजुट किया था। यही काम जमींदारों के खिलाफ राहुल जी और अपनी तरह से बेनीपुरी जी ने किया था। आप जानते हैं कि दिनकर, रेणु और नागार्जुन सब इसी आन्दोलन और इसी आन्दोलन से जुड़ी पत्रिकाओं के चलते प्रकाश में आये। बेनीपुरी जी का मानना था कि साहित्यिक संस्कार राजनीति चेतना के बिना अधूरा है तो राजनीतिक संस्कार साहित्यिक चेतना के बिना। मुझे बराबर ऐसा लगता है कि पाण्डेय जी की चेतना में इस पूरी पृष्ठभूमि की गहरी छाप है। मार्क्सवाद की इकहरी व्याख्या करने वाले जिस तरह उस किसान आन्दोलन को नहीं समझ पाये, राहुल सांकृत्यायन को नहीं समझ पाये, उसी तरह सिर्फ Theory के आधार पर मैनेजर पाण्डेय की आलोचनात्मक चेतना के विकास को नहीं समझा जा सकता।

जे.एन.यू. में एक बार हम पाण्डेय जी का सामान एक घर से दूसरे घर में ले जा रहे थे। सामान क्या था, किताबों के ढेर थे। उन किताबों में किनको किस कमरे में रखना है, यह पाण्डेय जी के निर्णय पर निर्भर था। दो-तीन कमरे जब किताबों से भर गये तब बैठक की बारी आयी। वहाँ उन्हीं किताबों को जगह मिली जिसे पाण्डेय

जी ने कभी पढ़ा नहीं था और शायद उसकी जरूरत भी महसूस नहीं करते थे। मैंने तब तक यही देखा था कि पढ़े लिखे जैसे लगने वाले बड़े लोग अपनी महत्त्वपूर्ण किताबों को अपने बैठक में रखते हैं। जिससे कभी-कभार तस्वीर खिंचवाते समय बैकग्राउण्ड में उन किताबों की तस्वीर भी आ जाये। पाण्डेय जी ने इसकी परवाह नहीं की। उनका यह बर्ताव लीक से हटकर था। पूछने पर पता चला कि यह सब नामवर जी की वजह से है। बाद में जब हमने नामवर जी पर शमशेर जी का लेख पढ़ा, तब बात खुलकर समझ में आयी। वैसे जहाँ तक मेरी जानकारी है पाण्डेय जी के सामने जब तक धर्मसंकट था तब तक उन्होंने नामवर जी पर कुछ नहीं लिखा। 'आलोचना की सामाजिकता' में नामवर जी की आलोचना दृष्टि पर जो दो लेख हैं उनमें एक 1977 का है और दूसरा 2001 का। मतलब यह कि क्रमशः दोनों लेख 'प्री और पोस्ट' जे.एन.यू. पीरियड के हैं। इन दोनों के बीच जे.एन.यू. का लम्बा साथ रहा। 1977 वाले लेख में, "डा. नामवर सिंह के आलोचनात्मक विवेक की सार्थकता इस बात में है कि उन्होंने संशलिष्ट और समसामयिक बोध को परिभाषित और संगठित करने का प्रयत्न किया है। नये काव्यसृजन में निहित सार्थक मूल्यों की पहचान का प्रयत्न 'इतिहास और आलोचना' में है और 'कविता के नये प्रतिमान' में भी। काव्यसृजन में निहित या व्यक्त मूल्यों की सार्थकता की परख तो जीवन मूल्यों की कसौटी पर ही होती है। जीवन मूल्यों की कसौटी पर काव्य मूल्यों की सार्थकता की परख की कोशिश इतिहास और आलोचना में सार्थक और सुसंगत ढंग से हुई है लेकिन कविता के नये प्रतिमान में कदाचित कुछ कम या सांकेतिक रूप में"। नामवर सिंह की आलोचनात्मक चेतना के विकास की चर्चा करते हुए वे इस निष्कर्ष पर पहुँचे थे कि "डा. नामवर सिंह ने आलोचना को वैचारिक संघर्ष का साधन माना है और उसे वैचारिक संघर्ष का साधन बनाया भी है। उन्होंने अपने विचारों के लिए संघर्ष किया है। और उस संघर्ष के मीठे-तीते फलों का स्वाद भी चखा है। जो वैचारिक संघर्ष की राह पर चलते हैं वे विवाद के विषय बनते ही है। जो लकीर के फकीर नहीं होते, लोकप्रियता का सौदा अपनी संवेदनशीलता की ईमानदारी से नहीं करते और सहमति और समझौते के बदले सच्चाई के लिए संघर्ष करना स्वीकार करते हैं, वे विवाद और निन्दा के शिकार होते ही हैं। मौलिकता समकालीनता से सदा पुरस्कृत ही नहीं होती।"

2001 के नामवर सिंह पर विचार के लिए मैनेजर पाण्डेय के सामने 'दूसरी परम्परा की खोज' है। दूसरी परम्परा पर बहस की विडम्बना उनके लिए यह है कि "यह बहस व्यापक सामाजिक, सांस्कृतिक और साहित्यिक सन्दर्भ को सामने रखने के बदले तुलसी बनाम कबीर, रामचन्द्र शुक्ल बनाम हजारी प्रसाद द्विवेदी और रामविलास शर्मा बनाम नामवर सिंह तक सीमित हो गयी है। और इस प्रक्रिया में परम्परा पर बहस के व्यापक प्रश्न खो गये हैं।"

'दूसरी परम्परा की खोज' से पाण्डेय जी पाँच जगहों पर असहमत हैं। पहला यह कि यहाँ बौद्ध धर्म दर्शन और हिन्दी समाज तथा साहित्य पर उसके प्रभावों की उतनी

चिन्ता नहीं है जितनी द्विवेदी जी के हिन्दी साहित्य की भूमिका में। दूसरी बात यह कि "नामवर जी ने राहुल जी की रचना 'वोल्गा से गंगा' का उल्लेख जरूर किया है। पर साथ ही यह भी लिखा है कि उसमें राहुल जी ने धक्केमार ढंग से क्रान्ति की है। लगता है कि क्रान्ति धीरे-धीरे आये तब तो ठीक है, प्रेम से आये तो और भी अच्छा लेकिन अचानक जोर जबरदस्ती से आ जाये तो ठीक नहीं है।" तीसरी जगह जहाँ असहमति है वह यह कि शास्त्र बनाम लोक के द्वन्द्व की पहचान तो है लेकिन लोक के अन्तर्द्वद्वों की चिन्ता और चर्चा नहीं है जो कबीर के काव्य में मौजूद है।

चौथी और सर्वाधिक महत्त्वपूर्ण समस्या यह है कि दूसरी परम्परा की खोज में मीरा और जायसी बहस से बाहर हैं। दरअसल पाण्डेय जी का मानना यह है कि महज दो कवियों की उपेक्षा नहीं है। बल्कि इन कवियों के बहाने "भक्ति आन्दोलन में भारतीय स्त्री की पराधीनता के बोध और स्वाधीनता की आकांक्षा को व्यक्त करने वाली रचनाशीलता की उपेक्षा है और साथ ही प्रेम के अमर कवि जायसी के काव्य को भी परम्परा पर विचार की प्रक्रिया से बाहर रखना है। पहली परम्परा में प्रेम मूलतः और मुख्यतः पितृसत्तात्मक दायरे के भीतर ही व्यक्त होता है। जबकि दूसरी परम्परा में प्रेम की ऐसी अभिव्यक्ति है जो मुक्तिकारी शक्ति के रूप में दिखायी देती है।

और पाँचवाँ स्थान जहाँ मैनेजर पाण्डेय दूसरी परम्परा की खोज की विडम्बना पर सवाल उठाते हैं, वह यह है कि इस दूसरी परम्परा की खोज में उर्दू भाषा और उर्दू साहित्य को लेकर कोई चिन्ता नहीं है। मलयज ने अपनी डायरी में शमशेर को यही कहते हुए उद्धृत किया है कि, 'नामवर पर पश्चिमी आलोचक ज्यादा हावी रहे हैं। उन्होंने कविता कम पढ़ी है। आलोचना का मनन ज्यादा किया है।"

नामवर जी ने 2002 में मैनेजर पाण्डेय पर यह आरोप लगाया था कि उनका लिखा देखकर ऐसा नहीं लगता कि वे कभी कोई रचनात्मक साहित्य भी पढ़ते हैं। अब आप स्वयं विचार करें कि नामवर जी मैनेजर पाण्डेय के बारे में वही कह रहे हैं जो शमशेर जी उनके बारे में बहुत पहले कह चुके थे। यह बात दीगर है कि उस मलयज की डायरी का सम्पादन भी उन्होंने किया है, जिसमें इस शमशेर का यह वक्तव्य है। आलोचना और प्रत्यालोचना की परम्परा में यह सब होता है। यह आलोचना का लोकतन्त्र है।

मुझे ताज्जुब तब होता है जब कुछ लोग यह कहते हैं कि अरे छोड़िए, ये नामवर जी, ये रामविलास जी, ये मैनेजर पाण्डेय कह रहे हैं तो वे बड़े लोग हैं उन्हें कहने का अधिकार है। यह किस आलोचना दृष्टि की उपज है कि लोकतन्त्र में बड़ी जुबानों को ही चलना चाहिए। कमजोर और दुर्बल आवाजों को चुप ही रहना चाहिए। अगर हमारे आलोचक, हमारी हिन्दी आलोचना यही सीख देती है तो यह आलोचना का लोकतन्त्र नहीं तानाशाही है। शुक्र है मैनेजर पाण्डेय ने इस रास्ते से बचने की सीख दी है। अपने से बड़ों से टकराकर उन्होंने यह सन्देश दिया कि आलोचना के लोकतन्त्र में सबसे ज्यादा जगह दुर्बल और नयी आवाजों के लिए है।

मैनेजर पाण्डेय ने हिन्दी के महत्त्वपूर्ण आलोचकों और उनकी आलोचनाओं के

विश्लेषण के माध्यम से हिन्दी साहित्य की परम्पराओं को समझने का प्रयास किया है। और सबसे ज्यादा जोर इन परम्पराओं के निरर्थक उपयोग और खतरनाक दुरुपयोग से सावधान रहने की जरूरत पर दिया है। जो चीजें जितनी आसान लगती हैं, उनके दुरुपयोग का खतरा भी उतना ही अधिक होता है। परम्पराएँ और संस्कृतियाँ जिसका इस्तेमाल बहुत आसानी से होता है, वे इन खतरों का सर्वाधिक शिकार होती हैं। आपके ध्यान में भगवा बनाम अगवा अर्थात् कबीर को लेकर नामवर सिंह और रामस्वरूप चतुर्वेदी का विवाद जरूर होगा। मैनेजर पाण्डेय ने उस विवाद के क्रम में 2001 में ही 'आलोचना की राजनीति' में लिखा है, ''कबीर ने स्पष्ट शब्दों में यह घोषणा की है–

हिन्दू कहो तो मैं नहीं, मुसलमान भी नाहिं।
पाँच तत्त्व का पूतला, गैबी खेलै माहि।।

इस घोषणा के बाद भी अगर कोई कुतर्क करते हुए अपनी कट्टरपन्थी राजनीति के लिए कबीर को हिन्दू या मुसलमान साबित करना चाहता है तो उसे निराशा ही हाथ लगेगी। जो कबीर भारतीय मनुष्य को धर्म, सम्प्रदाय और जाति के झगड़ों से छुटकारा दिलाकर उसे सच्चे मनुष्य के रूप में अपनी पहचान विकसित करने की प्रेरणा देते हैं उन्हें रामस्वरूप चतुर्वेदी सांस्कृतिक राष्ट्रवाद की राजनीति के तहत हिन्दू निष्ठा का कवि साबित करने की निरर्थक कोशिश कर रहे हैं।''

सांस्कृतिक स्मृति-लोप का एक खतरा सांस्कृतिक राष्ट्रवाद के रूप में भी सामने आता है। जो कबीर जिन्दगी भर अपनी रचनाओं में हिन्दू और मुसलमान को मनुष्यता की राह पर चलाने की कोशिश करते रहे, उन्हीं कबीर को हिन्दू या मुसलमान बनाने का प्रयास हो और वह भी इक्कीसवीं शताब्दी में! मठों-मठाधीशों के खिलाफ खड़े कबीर के नाम पर अनेक मठ और मठाधीश इस देश में मौजूद हैं। जो बुद्ध बाह्यडम्बर के खिलाफ, मूर्ति पूजा के खिलाफ लड़ते रहें उनकी सबसे ज्यादा मूर्तियाँ बनायी गयी। कार्ल मार्क्स जिस दुराग्रह के खिलाफ खड़े थे, उस विचारधारा में दुराग्रहियों की लम्बी कतार देखी गयी। ये विडम्बनाएँ हमारी सभ्यता पर प्रश्नचिह्न हैं। मैनेजर पाण्डेय ने बताया है कि विकास के लाभ ही नहीं मिलते विकास की विडम्बनाएँ भी ढोनी पड़ती हैं।

आज से 9-10 साल पहले जब प्रभाष जी ने 'नामवर के निमित्त' का आयोजन किया था तब पटना और बनारस के कुछ लोग ऐसे भी थे जो यह कह रहे थे कि नामवर जी जीते जी अपना अन्तिम संस्कार करा रहे हैं। जाहिर है अपना अन्तिम संस्कार स्वयं कराना हमारे समाज का एक करुण चित्र है। जब आगे आने वाली पीढ़ियों पर भरोसा न होगा तब हमारे बुजुर्गों को कुछ निर्मम निर्णय लेने पड़ सकते हैं। आखिर यह स्थिति आयी कैसे? उनसे यह पूछने वाला कोई नहीं था। आज की नयी पीढ़ी हर चीज बहुत जल्दी हासिल कर लेना चाहती है लेकिन कृतज्ञता जैसा कोई शब्द उसके शब्दकोश में नहीं है। ऐसी स्थिति में यदि ऐसा होता भी है तो उसकी जिम्मेदारी इस नयी पीढ़ी पर भी है। मुझे भय है कि रविरंजन जी और हैदराबाद विश्वविद्यालय के हिन्दी विभाग ने मैनेजर पाण्डेय के लिए जिस प्रभाष जोशी की भूमिका का निर्वाह किया

है, उन पर भी उँगलियाँ उठेंगी। प्रभाष जी विचलित नहीं हुए थे। रविरंजन जी और उनके सहयोगियों को भी विचलत होने की स्थिति नहीं आयेगी, ऐसा मेरा विश्वास है। विचारों पर भरोसा करने वाले लोग शरीर के ज़ीवन और मृत्यु से विचलित नहीं होते। मैनेजर पाण्डेय ने हम लोगों को बताया था कि विज्ञान पढ़ने से वैज्ञानिक चेतना का कोई सम्बन्ध नहीं है। मुझे लगता है कि साहित्य पढ़ने से मनुष्यता का भी कोई सम्बन्ध नहीं होता। प्रेमचन्द ने साहित्य में मनुष्यता और मनुष्यता के लिए ईमान की बात की थी। आज हम इन दोनों के अभाव में आगे बढ़ने की होड़ में शामिल हैं। दरअसल हम जितनी तेजी के साथ उत्तर आधुनिक बनने की कोशिश में लगे हैं, उसमें ये चीजें पिछड़े भावबोध की प्रतीक बनकर रह गयी हैं। मनुष्यता, ईमान और मनुष्यता से प्रेम को हिन्दी में पाने और परिभाषित करने में हमारा पूरा भक्तिकाल लगा हुआ था। बाद में हमारा नवजागरणकालीन साहित्य भी इसी को स्वाधीनता और राष्ट्रीयता के साथ जोड़कर देखने में रचनाशील रहा। शुक्ल जी जैसे आलोचक इन दोनों के बीच एक अनिवार्य रिश्ते को महसूस करते हुए आँकड़ों के खेल को बेमानी मानते थे, जिन्हें वे हिसाब-किताब करने वालों के रूप में देखते थे और उनकी राय में ऐसे लोग कहीं भी भाड़े पर मिल जाया करते हैं।

मैनेजर पाण्डेय ने आज के समय में हिन्दी में उपस्थित इन हिसाब-किताब करने वालों की कितनी पहचान की है, इसे तो आप ही बताएँगे लेकिन इतना तो तय है कि इनकी 'वृद्धि' और 'समृद्धि' के दौर में सखाराम गणेश देउस्कर, माधवराव सप्रे और दारा शिकोह पर विचार कर और लिखकर उन्होंने चाहे या अनचाहे यह बता दिया है कि देश की बात और उस देश में निवास करने वाली सर्वसाधारण की मनुष्यता की बात सर्वोपरि है और हमेशा रहेगी। इतिहास के कठिन दौर से गुजरने वाले इन व्यक्तियों पर विचार कर उन्होंने यह भी प्रमाणित किया है कि देश और मनुष्यता की चिन्ता सिर्फ हिन्दी प्रदेश और हिन्दू धर्म तक सीमित नहीं है।

सन्दर्भ :

1. आचार्य रामचन्द्र शुक्ल : हिन्दी साहित्य का इतिहास।
2. हजारी प्रसाद द्विवेदी : हिन्दी साहित्य की भूमिका।
3. मैनेजर पाण्डेय : साहित्य और इतिहास दृष्टि।
4. मैनेजर पाण्डेय : आलोचना की सामाजिकता।
5. आलोचना, सम्पादक : नामवर सिंह सह सम्पादक परमानन्द श्रीवास्तव, वर्ष 37, अंक 86, जुलाई-सितम्बर 1988।
6. आलोचना, सम्पादक नामवर सिंह सह सम्पादक नन्दकिशोर नवल, वर्ष 34, अंक 73 अप्रैल जून 1985।
7. माधवराव सप्रे : प्रतिनिधि संकलन (सं.) मैनेजर पाण्डेय, एन.बी.टी., नयी दिल्ली।

मैनेजर पाण्डेय का काव्यालोचन

■ पंकज चतुर्वेदी

मैनेजर पाण्डेय की आलोचना में एक दुर्लभ किस्म की सादगी है। उसमें अलंकरण नहीं है, जो आभिजात्य से जनमता है। विज्ञापन की संस्कृति के समय में उनका यह अपरिग्रह या संयम चकित करता है। दरअसल चमत्कार, सनसनी और सरलीकरण के सहारे उन्होंने कभी मशहूर होना नहीं चाहा है; बल्कि उनके लेखन में विश्लेषण का धीरज, गम्भीरता और प्रखरता है। गौर करें तो उनके गद्य में एक रूखा सौन्दर्य है; क्योंकि वह हिन्दी जनता के जातीय जीवन का गद्य है। इसीलिए जनता के या हमारे लिए उसका मूल्य सबसे ज्यादा है। रोटी से सादी कोई चीज शायद ही इस दुनिया में आपको मिले, मगर क्या उसके बगैर आपका काम चल सकता है? क्या उसका कोई विकल्प है? फिर भी खुद उसने कभी अपनी श्रेष्ठता या अपरिहार्यता का दावा नहीं किया। बकौल पाब्लो नेरुदा, "...कभी नहीं कहा रोटी ने : "कुछ भी नहीं है रोटी जैसा।[1]" मैनेजर पाण्डेय की आलोचना में जो रचनात्मक, मूल्यनिष्ठता, अचूकता (प्रेसिशन) तेजस्विता और सबसे बढ़कर साधारण जन-समाज से जो सम्बद्धता एवं प्रतिबद्धता है; उसके मद्देनजर मैं जब भी उन्हें पढ़ता हूँ, मुझे नेरुदा के लिखे 'आलोचना के लिए गीत' की ये पंक्तियाँ याद आती हैं–

"आलोचना, तुम थीं
राजगीर का
हाथ
स्पिरिट लेवल का बुलबुला, इस्पात की रेखा,
सामाजिक तबकों की धड़कने।"[2]

मैनेजर पाण्डेय की नजर में कविता की सबसे अहम और प्राथमिक जिम्मेदारी है, मनुष्यता की रक्षा और विकास। उनके शब्दों में, "कहा जा सकता है कि गहरे संकट के क्षण में आदमी अपनी मातृभाषा में बोलता है। मार्क्स ने लिखा है कविता मनुष्यता की मातृभाषा है। इसलिए यह कोई आश्चर्य की बात नहीं है कि जहाँ भी मनुष्यता संकट में होती है, वहाँ कविता में उस संकट की ईमानदारी और प्रामाणिक अभिव्यक्ति होती

है।"[3] लेकिन इस अभिव्यक्ति का मकसद क्या है? उनके मुताबिक, 'यह व्यवस्था लगातार असामाजिक मनुष्य पैदा कर रही है और वे असामाजिक मनुष्य व्यवस्था और पूरे समाज को अधिकाधिक मनुष्य-विरोधी बनाते जा रहे हैं। ऐसे में कविता पाठक को एक ओर बेचैन और दूसरी ओर उसे सामाजिक रूप से संवेदनशील बनाते हुए ही अपनी सामाजिक सार्थकता साबित कर सकती है।'[4] लाजिम है कि साफ शब्दों में वे अपने इस मन्तव्य का इजहार करते हैं, "...सबसे पहले उस कविता की जरूरत है, जो पाठकों को प्रगतिशील जीवन-मूल्यों के प्रति सचेत बनाये और उनकी रक्षा के लिए संघर्ष में आस्था जगाये।...मूल्यों की कविता ही उस चेतना के विकास की भूमिका तैयार करती है, जो रेणु के शब्दों में, 'समाज को मानवीय और मनुष्य को सामाजिक' बनाने का संकल्प लेती है।"[5] यों कविता का काम है, मौजूदा व्यवस्था के जन-विरोधी चरित्र को उजागर करना और उसके विरुद्ध जन-संघर्षों से जुड़कर उनके विकास में मददगार होना।

यह मकाम है, जहाँ नव-उदार पूँजीवादी साम्राज्यवाद और बाजारवाद से कविता की सीधी मुठभेड़ अनिवार्य हो जाती है। मार्क्स के हवाले से मैनेजर पाण्डेय यह सवाल करते हैं कि जिस व्यवस्था में अपनी ही उत्पादित वस्तु से एक मजदूर 'एलियनेशन' महसूस करता है, उसमें परायेपन की प्रक्रिया का शिकार होकर आखिर कब तक वह अपने परिवार, समाज और मनुष्यता से आत्मीयता कायम रख सकता है? आज जिस तरह भारत में छत्तीसगढ़, झारखण्ड, उड़ीसा, पश्चिम बंगाल, महाराष्ट्र और आन्ध्रप्रदेश की विशाल आदिवासी जनता को जल, जंगल, जमीन से बेदखल करके जीने के निहायत बुनियादी साधनों से महरूम किया जा रहा है, अपनी ही सरकार अपने सबसे गरीब और पिछड़े समाजों के प्रति इन्तिहाई क्रूरता से पेश आ रही है, उसने बहुराष्ट्रीय कम्पनियों के साथ न जाने कितने 'मेमोरेण्डम्स ऑफ अण्डरस्टैंडिंग' पर दस्तख्त करके उनके हाथों देश के भौतिक संसाधनों को बेच दिया है, इन सब मुद्दों से बेखबर ज्यादातर मीडिया का सारा कारोबार मुट्ठी-भर प्रभुत्वशाली लोगों के विलास की खबरों और उत्तेजनामूलक विज्ञापनों तथा समाचारों के प्रसार पर टिका हुआ है, उत्तर भारत में खाप पंचायतों के निर्देश पर 'सम्मान के लिए हत्याओं' या 'ऑनर किलिंग्स' का एक सिलसिला जारी है और इन सबके बरक्स प्रतिरोधी प्रगतिशील ताकतों का जो हाल है; उससे मैनेजर पाण्डेय की आलोचना में निहित भविष्य-दृष्टि का ही सत्यापन होता है, क्योंकि तकरीबन पच्चीस वर्ष पहले उन्होंने लिखा था, "आजकल जनता की चेतना पर लगातार संचार-माध्यमों का हमला बढ़ रहा है, उसकी अनुभूति, कल्पना और सोच को एक खास ढाँचे में ढालने की कोशिश हो रही है। यहाँ मनुष्य लोहा, कोयला आदि की तरह एक संसाधन मान लिया गया है, जिसका शोषण व्यवस्था के अस्तित्व के लिए अनिवार्य हो रहा है। इस व्यवस्था में मनुष्य की मनुष्यता खतरे में है। यहाँ आदमी को रूढ़ियों और बर्बर आदिम प्रथाओं की आग में झोंका जा रहा है। सत्ता क्रमशः अधिक खूँखार और दमनकारी होती जा रही है और जनवादी शक्तियाँ फूट और बिखराव की स्थिति में पड़ी हैं।"[6]

मैनेजर पाण्डेय कहते हैं कि 'पूँजीवादी युग के सांस्कृतिक इतिहास से मार्क्स का

यह कथन सही साबित हुआ है कि पूँजीवादी उत्पादन कला और कविता का दुश्मन है।"[7] लेकिन पूँजीवाद 'वंचना की जिस मायावी संस्कृति' का जाल फैलाता है, उसके विरुद्ध और समान्तर एक और संस्कृति विकसित हो रही होती है—साधारण जन की संस्कृति, मुक्तिधर्मी संस्कृति! 'वंचना की मायावी संस्कृति' के खिलाफ खड़े होना और समाज में अन्तर्व्याप्त पराधीनता की सभी स्थितियों तथा रूपों से संघर्ष करना कविता का धर्म है। इसलिए किसी कवि के लिए तीन विशेषताएँ उसके कवि-कर्म की जरूरी शर्त की मानिन्द हैं—"वर्ग-चेतना, इतिहास-दृष्टि और पक्षधर भूमिका।"[8] उसे शोषण और दमन करती हुई सत्ता के अलावा जनता के उस हिस्से से भी लड़ना पड़ता है, जो बकौल मैनेजर पाण्डेय, "सत्ता के इर्द-गिर्द मेले लगाता है, शोषण के दैत्याकार यन्त्र का पुर्जा बनता है।"[9] पूँजीवादी सभ्यता में कविता किस तरह अपनी मौजूदगी को सार्थक, प्रभावशाली और मूल्यवान बना सकती है; इस बारे में उनका सुचिन्तित निष्कर्ष है, "पूँजीवादी समाज में कविता न तो संस्कृति के उद्योग का हिस्सा बनकर जिन्दा रह सकती है और न माया की संस्कृति से होड़ करती हुई। वह मुक्तिधर्मी संस्कृति से जुड़कर ही अब तक जीवित रही है और आगे भी रहेगी। कविता जब मुक्तिधर्मी संस्कृति का माध्यम होती है, तभी वह सामाजिक जीवन में हस्तक्षेप करने वाली शक्ति बनती है, अन्यथा वह या तो बुद्धिजीवी समुदाय के मनोरंजन का एक साधन होती है या संस्कृति के संग्रहालय की वस्तु। इन दोनों स्थितियों में व्यापक समाज के लिए उसका होना—न होना बराबर है। अब तक के इतिहास में वही कविता समाज के लिए जरूरी साबित हुई है, जो अपने समय और समाज के हाशिये पर रहने वाले पराधीन तथा पीड़ित जनसमुदाय की यातना के अनुभवों की आवाज बनी है और उसके संघर्ष की शक्ति भी।"[10]

कविता तब ज्यादा महत्त्वपूर्ण होती है, जब उसमें समग्र जीवन को अपनी दृष्टि के परिसर में लाने की चिन्ता और उत्कण्ठा हो। रामचन्द्र शुक्ल ने मनुष्य-समाज के अतिरिक्त मनुष्येतर सजीव सृष्टि और प्रकृति से कविता की संसक्ति की जरूरत पर जोर देते हुए लिखा है, "कहने की आवश्यकता नहीं कि विच्छिन्न दृष्टि की अपेक्षा समष्टि-दृष्टि में अधिक व्यापकता और गम्भीरता रहती है।"[11] निश्चय ही, मैनेजर पाण्डेय के जेहन में कविता का यही आदर्श है, जब वे इस खासियत के लिए नागार्जुन की सराहना करते हैं कि "नागार्जुन कविता के लिए वर्जित प्रदेश में हिन्दी कविता को ले गये हैं।"[12] मनुष्य-समाज में और उससे इतर सजीव सृष्टि तथा प्रकृति में भी। बड़े कवि कविता से बाहर के जीवन की विशालता और वैविध्य को अपनी कविता के लिए चुनौती के तौर पर स्वीकार करते हैं। कविता की अहमियत का इम्तिहान इस बात में है कि उसका कैनवस कितना व्यापक है। मैनेजर पाण्डेय के अनुसार—"वास्तविक दुनिया की एक विशेषता यह है कि अगर वहाँ सूक्ष्मताओं का सौन्दर्य है, तो विराटताओं का आश्चर्य भी। बड़ा कवि वह होता है, जो सूक्ष्मताओं के सौन्दर्य से लेकर विराटता के आश्चर्य तक को अपनी कविता में जगह देता है। ऐसी कविता लिखने के कारण ही तुलसीदास, निराला और

नागार्जुन हिन्दी के बड़े कवि हैं।''[13] इसी मान्यता के चलते वे ऐसे कवियों को पसन्द नहीं कर पाते, जो निरी कविता से अभिभूत हों और 'जो कविता की वेदी पर समाज और सामाजिकता की बलि चढ़ा दें।'[14] इसके विपरीत, उन्हें कुमार विकल सरीखा कवि प्रिय है, जो अगर जरूरत पड़े तो'...अपनी कविता से बाहर/एक सामरिक चुप्पी में/कविता से कोई बड़ा हथियार गढ़ने'[15] में संलग्न हो और जिसमें जीवन के समक्ष कविता की अपर्याप्तता के दारुण सच को स्वीकार करने का यह आत्म निर्मम साहस हो–

''जीवन भर की व्यथा-कथा को
कविता में कहना चाहा था
एक सुलगते वन का मैंने
महाकाव्य लिखना चाहा था
लेकिन प्रभुजी, महाकाव्य से
जीवन जंगल बहुत बड़ा था
और हमारा जीवन-जल भी
धीरे-धीरे सूख चला था।''[16]

इस समस्या का दूसरा छोर वह है, जहाँ सम्पूर्ण जीवन से विमुख या विरक्त होने का कोई सन्ताप ही नहीं है। ज्यादातर समकालीन हिन्दी कविता में प्रकृति के अभाव पर अफसोस जाहिर करते हुए मैनेजर पाण्डेय कहते हैं कि इस बेगानी के नतीजे में पूँजीवादी व्यवस्था से कविता का संघर्ष अधूरा रह जाता है और उसके मूल्य की भी हानि होती है–'' ...अगर कविता में प्रकृति की उपेक्षा होगी, तो आज के समय में मानव-समाज जिस संकट का सामना कर रहा है, उसकी खबर कविता में नहीं होगी। आज पूँजीवाद का विस्तार प्रकृति और पर्यावरण का विनाश करता हुआ, मानव-समाज के भविष्य की चिन्ता हो गयी है, जिसकी अनदेखी कविता अपनी सार्थकता की कीमत पर ही कर सकती है।''[17]

आचार्य रामचन्द्र शुक्ल का यह निष्कर्ष कि 'भारतीय कवियों की मूल प्रवृत्ति वास्तविकता की ओर रही है'[18] और उससे समर्थित उनका यह अभिमत कि 'सच्चे कवि वास्तविकता का आधार नहीं छोड़ते'[19] मैनेजर पाण्डेय की काव्यालोचना में बहुत मजबूती से बद्धमूल है। इसीलिए वे कहते हैं कि जिन्दगी के यथार्थ में सौन्दर्य है, मगर उससे ज्यादा गुलामी, गरीबी और गन्दगी के हालात हैं। जो कविता इस सच का निष्कवच सामना करने से कतराती है, वह लोगों की निगाह में प्रामाणिक और विश्वसनीय नहीं हो सकती। इसलिए वह किसी ज्ञान-संवेदात्मक रौशनी और नैतिक शक्ति में रूपान्तरित होकर वास्तविक जिन्दगी में उनका साथ नहीं देती, बल्कि उन्हें ना उम्मीद और कमजोर करती है। मैनेजर पाण्डेय उस कविता को श्रेष्ठ मानते हैं, जो ''ब्यौरों में छिपी विडम्बनाओं, संरचनाओं में खोई संवेदनाओं और तथ्यों के बीच मौजूद सच्चाइयों की खोज''[20] कर सके। उनकी नजर में कविता वह है, जो अपने आभिजात्य, विचित्रता, बौद्धिक अतिरेक और वाग्जाल से पाठकों को सम्मोहित, आतंकित, भ्रमित और हैरान करने की कोशिश

न करे; बल्कि निरे साधारण जन-समाज की रोजमर्रा की जिन्दगी के अनुभवों का अन्तरंग, विश्वसनीय और मार्मिक रूप सामने रख सके। इसी कसौटी पर रघुवीर सहाय की प्रशंसा करते हुए उन्होंने लिखा है—"रघुवीर सहाय ने एक बड़ा काम यह किया है कि उन्होंने कविता के पुराने प्रभामण्डल से कविता को मुक्त किया है...जिस समय हिन्दी में कविता से समाज के बुनियादी वर्गों के वर्तमान तथा भविष्य से जुड़े बुनियादी सवालों से जूझने की माँग हो रही थी और उसके परिणामस्वरूप महान विषयों पर तुच्छ कविताएँ लिखी जा रही थीं, उस समय रघुवीर सहाय ने अपनी कविता को अत्यन्त साधारण आदमी की जिन्दगी के रोज-ब-रोज के अनुभवों से जोड़ा। इसीलिए उनकी कविता विलक्षणता के विरुद्ध और सहज-साधारण के साथ खड़ी दिखायी देती है। उसमें चमत्कार की चिन्ता नहीं, बौद्धिकता का दम्भ नहीं, विशिष्टता का पाखण्ड नहीं और नाटकीय अन्दाजेबयाँ नहीं है।"[21]

मैनेजर पाण्डेय के काव्य-चिन्तन का नाभिक उनका यह विचार है कि कविता में बिम्ब, प्रतीक, भाषा वगैरह जिन भी उपादानों का इस्तेमाल हो; उनसे कवि की काव्यानुभूति की संस्कृति के देश-काल का पता लगता हो। वह 'किसी ऐसी जगह से आवाज न दे, जो इस पृथ्वी पर हो ही नहीं।'[22] नागार्जुन की कविता में उनका देश ही नहीं, समय भी अपनी सम्पूर्णता में व्यक्त हुआ है। उनके शब्दों में, "उनकी कविता जन-जीवन के संघर्षों के साक्षी की बेचैन वाणी है। नागार्जुन की कविता में इस देश की जनता और प्रकृति की आत्मीय छवि है। उसमें भारतीय समाज के पिछले पचास वर्षों के इतिहास की हर घटना से प्रभावित जन-मन की हर धड़कन मौजूद है। नागार्जुन समाज के इतिहास के साथ-साथ जन-भावनाओं के इतिहास के कवि हैं।"[23]

उपर्युक्त प्रतिमान से लगी-लिपटी उनकी यह अहम स्थापना है कि कला के काल जीवीपन से ही उसका कालजयीपन सम्भव होता है। कवि के लिए कोई ऐसी अमरता मुमकिन नहीं है, जो उसके द्वारा अपने समय की अवज्ञा करके हासिल की जा सकती हो। यानी अपने देश और काल के यथार्थ से गुजरकर ही उनसे परे जाया जा सकता है। स्थानीयता तथा सार्वभौमिकता और तात्कालिकता तथा शाश्वतता के बीच विरोध का नहीं, बल्कि एक तरह से कार्य-कारण-सम्बन्ध है। बकौल मैनेजर पाण्डेय, "...इतिहास-प्रक्रिया में जीवित रहते हुए ही रचना कालजयी बनती है, इतिहास-प्रक्रिया के बाहर नहीं। जो लोग केवल शाश्वत विषयों पर कविताएँ लिखकर शाश्वत कवि होने का भ्रम पालते हैं, वे कहीं के नहीं होते हैं। अनेक कवि केवल जीवन, मृत्यु और प्रेम को कविता का शाश्वत विषय मानकर उन्हीं पर कविताएँ लिखते हैं, लेकिन वे यह भूल जाते हैं कि जीवन, मृत्यु और प्रेम का भी इतिहास की प्रक्रिया से गहरा सम्बन्ध होता है।...काव्य-प्रक्रिया का समाज की इतिहास-प्रक्रिया से गहरा सम्बन्ध है।"[24] एक बड़े कवि के यहाँ तात्कालिकता और शाश्वतता के बीच आवाजाही कैसे सम्भव होती है; रघुवीर सहाय के सन्दर्भ में उस प्रक्रिया को उजागर करते हुए उन्होंने लिखा है—"वे जब कभी तात्कालिक अनुभवों पर कविता लिखते हैं, तब उनके स्थायी अभिप्रायों की खोज करते

हैं, इसलिए कविता अखबारी तात्कालिकता से मुक्त होती है। लेकिन जब वे प्रेम और मृत्यु जैसे स्थायी विषयों पर कविता लिखते हैं, तब समकालीन समय और समाज में प्रेम और मृत्यु के अनुभवों की तात्कालिकता की अभिव्यक्ति करते हैं।''[25] प्रसंगवश, वीरेन डंगवाल की एक कविता याद आती है—

''सब कुछ होता है समय के भीतर
क्योंकि समय का बाहर नहीं होता
समय के भीतर होती है रात
प्रेम होता है पलकों पर बसा हुआ
कि नींद टूटे तो मैं उड़ूँ अँधेरे में चक्कर लगाकर
भयभती करने के लिए
समय में''[26]

अन्तोनियो ग्राम्शी ने 'प्रिजन नोटबुक्स' में दो तरह के बुद्धिजीवी समूहों में फर्क किया है—एक तो परम्परागत पेशेवर बुद्धिजीवी, जो अपने आसपास एक किस्म का अन्तर्वर्गीय माहौल बनाकर रखते हैं, लेकिन वस्तुतः अतीत और वर्तमान के वर्ग-सम्बन्धों से उनकी स्थिति तय होती है। वे अपने वर्गीय सम्बन्धों को छिपाये रखकर अपने वर्ग के हितों का पोषण करते हैं। दूसरे, आवयविक या 'ऑर्गेनिक' बुद्धिजीवी, जो समाज के किसी खास बुनियादी वर्ग के विचारशील और संगठनकर्ता अंग होते हैं। उनकी पहचान उनके पेशे से उतनी नहीं बनती, जो उनके वर्ग की विशिष्टता लिए हुए कोई काम हो सकता है; जितनी कि जिस वर्ग से वे आवयाविक तौर पर जुड़े होते हैं, उसके विचारों और आकांक्षाओं को दिशा देने के उनके काम से निर्धारित होती है।[27] कई सुबूतों से यह जाहिर होता है कि मैनेजर पाण्डेय की काव्यालोचना पर ग्राम्शी के इस विश्लेषण का गहरा असर है। तभी वे इस स्थापना को अपने रैडिकल ढंग से विकसित करते हुए 'ऑर्गेनिक' या आवयविक कवि को सबसे ज्यादा महत्त्व देते हैं। एक ऐसा कवि, जो दबे-कुचले वर्गों के शोषण और उत्पीड़न के यथार्थ और उससे मुक्ति की उनकी आकांक्षा को व्यक्त करे और जिसके व्यक्तित्व तथा रचना, भाषा तथा अनुभूति, विचार तथा संवेदना और शब्द तथा कर्म के बीच कोई फाँक न हो। आकस्मिक नहीं कि जितने भी कवियों पर उन्होंने विस्तार से लिखा है या जिनकी विशेष सराहना की है; अक्सर उनमें आवयविकता के तत्त्व की मौजूदगी को रेखांकित जरूर किया है। कुछ उदाहरण द्रष्टव्य हैं—

(i) ''...जिसे देखिये, वही साहित्यकार जीवन और साहित्य में 'संघर्ष' कर रहा है। फिर भी, कुछ लेखकों ने अपने जीवन और रचना-कर्म से 'संघर्ष' के अर्थ की रक्षा की है। त्रिलोचन उनमें सबसे आगे हैं। दूसरों के लिए 'संघर्ष' विशेषण है, लेकिन त्रिलोचन की वह संज्ञा है। सुविधाजीवी कवियों के शब्द अघाये आदमी की डकार होते हैं, लेकिन त्रिलोचन की कविता में शब्द आँखों से टपकने वाली लहू की बूँदें हैं।''[28]

(ii) "किसान-जीवन की लय में मानव-मुक्ति का सधा हुआ राग' त्रिलोचन की कविताओं में है।"[29]

(iii) "उनकी दृष्टि एक सजग किसान की दृष्टि है, जो उस जीवन को, जीते, देखते-सुनते और समझते हुए कवि को मिली है इसलिए उसमें किसान-जीवन से आत्मीयता और तादात्म्य है, लेकिन उस जीवन में मौजूद रूढ़ियों की आलोचना भी है।...त्रिलोचन इसी सजग किसान-दृष्टि से प्रकृति, समाज और विश्व को देखते हैं।"[30]

(iv) "उनकी कविता कवि-दृष्टि से पत्रकार की दृष्टि के द्वन्द्वात्मक रिश्ते से उपजी कविता है। जैसे कबीरदास की कविता एक बुनकर की कविता है, वैसे रघुवीर सहाय की कविता एक पत्रकार की कविता है।"[31]

(v) "...लेखक (वरवर राव की कविता का सन्दर्भ) केवल जनता का कलाकार ही नहीं होता, वह क्रान्तिकारी प्रक्रिया का साझेदार साथी और कई बार कार्यकर्ता भी होता है।"[32]

(vi) "उन्होंने (नाथूराम शर्मा 'शंकर') राष्ट्रीय जागरण की कविता ही नहीं लिखी, अपितु स्वाधीनता-आन्दोलन में सक्रिय भाग भी लिया है। इस प्रकार वे स्वाधीनता-आन्दोलन के कवि और कार्यकर्ता–दोनों हैं।"[33]

(vii) "नागार्जुन किसान-मन के कवि हैं। किसान जीवन के कलाकार हैं। वे किसान-मन से ही प्रकृति, समाज और इतिहास को देखते हैं। वे इसी किसान-मन से मजदूरों से प्रेम करते हैं और शोषक वर्गों से घृणा करते हैं, इसलिए वे प्रेम और घृणा दोनों पूरे मन से करते हैं।"[34]

(viii) "कात्यायनी के विचारों और भाषा में एक कार्यकर्ता का भावावेग और रचनाकार की बेचैनी मिलती है।"[35]

मैनेजर पाण्डेय ने लिखा है कि एक सच्चे कवि के लिए "कविता आत्मा की पुकार है, अपने समय की गवाह है और अपने समाज की खबर भी।"[36] चूँकि भाषा सामाजिक सम्पत्ति है और कविता भाषा में ही सम्भव होती है, इसलिए उसकी सामाजिकता स्वतः सिद्ध है। वह संवाद की आकांक्षा से जनमती है, इसलिए संवादधर्मिता में उसकी सार्थकता है। संवाद के अभाव में वह एकालाप बनकर रह जाती है। एक तरफ मैनेजर पाण्डेय को लगता है कि साधारण पाठक "मनुष्य और उसकी संस्कृति में दिलचस्पी के कारण कविता पढ़ता है"[37] दूसरी ओर वे कहते हैं कि आज के समय में "मनुष्यों में मानवीय गुणों के अभाव की स्थिति प्रत्येक संकटग्रस्त सभ्यता का एक जाना-पहचाना लक्षण है।"[38] मनुष्यता के अभाव के कारण लोग कविता नहीं पढ़ते, तो कविता न पढ़ने के कारण भी मनुष्यता का क्षरण होता है। जाहिर है कि जो कविता के लिए बुरी खबर है, वह समाज के लिए भी समाज से कविता का रिश्ता टूट गया है। "आज की अधिकांश हिन्दी कविता, चाहे वह व्यक्तिवादी हो या जनवादी, केवल साहित्यिक समुदाय की दिलचस्पी की वस्तु रह गयी है। यह स्थिति हिन्दी समाज और हिन्दी कविता दोनों

के स्वास्थ्य के लिए खतरनाक है। इससे यह भी संकेत मिलता है कि हमारा समाज एक गहरे सांस्कृतिक संकट से गुजर रहा है।"[39]

कविता के लिए जनता से संवाद इसलिए और भी मुश्किल हो गया है कि हम एक ही समय में अनेक समयों और एक ही समाज में जीवन के अनेक स्तरों पर जीने को अभिशप्त हैं। मैनेजर पाण्डेय का यह मूल्यवान कथन है कि "भूमण्डलीकरण, उदारीकरण और टेक्नोलॉजी के प्रभाव के कारण भारतीय समाज सभ्यता की अनेक अवस्थाओं में विभाजित हो रहा है और उन अवस्थाओं में जीने वाले लोगों के बीच अलगाव बढ़ रहा है।"[40] ऐसे में, सभ्यता की किसी खास अवस्था या समाज के किसी विशिष्ट वर्ग से जुड़े कवि समूचे समाज के प्रतिनिधि होने का दावा करते हैं, जो कि वे नहीं होते। बकौल मैनेजर पाण्डेय, "यह साहित्य और राजनीति में प्रतीकात्मक प्रतिनिधित्व की प्रक्रिया की त्रासद विडम्बना है, जो पहले भी थी, आज भी है।"[41] ऐतिहासिक विकास-क्रम में मौखिक से लिखित रूप में आने पर कविता की रचना से पाठ तक की पूरी प्रक्रिया विशिष्ट और व्यक्तिगत हो गयी। ऐसे में उन्होंने बहुत सार्थक व्यंग्य किया है कि "वह पूरे समाज की संजीवनी शक्ति नहीं, बल्कि एक सीमित समुदाय के लिए मकरध्वज बन गयी।"[42] इस हालत से कविता को उबारने का उपाय क्या है? उनका प्रस्ताव है कि कविता को मौखिक से लिखित के विभाजन की सभी सीमाओं को तोड़ने की कोशिश करनी होगी। इसका कारण बताते हुए उन्होंने लिखा है, "कविता स्वभाव से चाक्षुष कला नहीं है। वह शब्दों की साधना है और शब्द सगुण-साकार होते हैं बोलने के समय, केवल पढ़ने पर नहीं।"[43] इसलिए जिस तरह 'बाँग्ला में आवृत्ति की परम्परा ने कविता की सामाजिकता की रक्षा की है', उसी प्रकार "हिन्दी कविता को संस्कृति के उद्योगों के खतरों से बचाने के लिए उसके श्रव्य रूप की चिन्ता जरूरी है।"[44] कविता का यह वही आदर्श है, जिसे अपनाने पर मीर को नाज था–

"शे'र मेरे हैं सब ख्वास पसन्द
पर मुझे गुफ्तगू अवाम से है"[45]

लोकप्रिय और दीर्घायु होने के लिए जरूरी है कि कविता में दिलचस्पी का तत्त्व हो। मैनेजर पाण्डेय कहते हैं कि "कविता केवल दिलचस्प होने के कारण सार्थक नहीं होती, लेकिन वह उबाऊ होने पर व्यर्थ जरूर हो जाती है।"[46] दूसरे ग्राम्शी के हवाले से उनका कहना है कि रचनाकार जो कुछ भी लिखे, उसमें 'पैशन' होना चाहिए। मगर वे अफसोस जाहिर करते हैं कि कविता के अभिजनवादी नजरिये के चलते कला को लोकप्रियता से अलगा दिये जाने के नतीजे में हिन्दी कविता से सहजता, ऐन्द्रियता, जीवन्तता और भावावेग की विदाई हो गयी है, "इससे आजकल एक ओर लोकप्रिय कविता कमजोर हो रही है, तो दूसरी ओर कलावादी कविता मरणोन्मुख। इतिहास गवाह है कि हिन्दी कविता की परम्परा में वही कविता सजीव और आकर्षक बनी है, जो लोकप्रियता का बहिष्कार नहीं, परिष्कार करती हुई विकसित हुई है। इसका एक प्रमाण है, भक्ति-आन्दोलन की कविता और दूसरा, प्रगतिशील आन्दोलन की कविता। कविता

में लोकप्रियता केवल रूप की विशेषता नहीं है, उसके स्वभाव का गुण है। वह कविता की कल्पना से लेकर अभिव्यक्ति तक की पूरी प्रक्रिया में व्याप्त होती है।''[47]

जीवन्तता, संवादधर्मिता और लोकप्रियता के आग्रहों के कारण मैनेजर पाण्डेय लोक-जीवन और जातीय मन की कविता को सर्वोच्च वरीयता देते हैं। नागार्जुन सामान्य जनता की जिन्दगी की वास्तविकताओं और उसकी संस्कृति के कवि हैं, इसलिए उनकी कविता से 'केवल विदग्ध पाठक और चुने हुए श्रोता नहीं, साधारण पाठक और श्रोता के रूप में गाँव के अनपढ़ श्रोता भी''[48] जुड़े हैं। इस तरह मैनेजर पाण्डेय जड़ों से जुड़ने की बात तो करते हैं, पर हमेशा इस खतरे से आगाह करते हुए कि जड़ों में जाने का मतलब जड़ हो जाना नहीं है। लोक-संस्कृति और लोक-भाषा से गहरी संसक्ति कवियों की दृष्टि को अभिजनवादी तथा परम्परावादी और उनकी भाषा को संस्कृतनिष्ठ तथा दुर्बोध होने से बचा सकती है, ''जो कवि इस सच्चाई को जानते हैं, वे लोकसंस्कृति की स्मृतियों और लोकभाषा की अभिव्यक्ति के रूपों से अपनी काव्यानुभूति की संस्कृति निर्मित करते हैं। इस प्रक्रिया में लोकसंस्कृति की परम्परा का नया संस्कार होता है और बोलचाल की भाषा की कथन भंगिमाओं का परिष्कार भी। इससे हिन्दी भाषा के मूलभूत काव्यत्व की सम्भावनाओं का विकास भी होता है। अगर कवि की भाषिक संवेदनशीलता उसकी सामाजिक चेतना की द्योतक है, जो वह है, तो संस्कृत में अपनी जड़ों की खोज करने वाले कवि से लोकभाषाओं की रचनाशीलता में अपनी जड़ें फैलानेवाले कवि की सामाजिक चेतना अधिक व्यापक, समकालीन और लोकधर्मी होगी।''[49] अगर कविता में जीवन और समाज की सच्ची कहानी जन-भाषा की संस्कृति में व्यक्त होगी; तो उसमें जनता से आत्मीय होने, उसकी चेतना का अन्तरंग हिस्सा बन जाने की वही सिफत होगी, जो माँ से सुनी कहानी में होती है। इस सन्दर्भ में मैनेजर पाण्डेय ने कुमार विकल का एक सुन्दर काव्यांश उद्धृत किया है—

'मुझे फिर अपनी माँ की याद आती है
जो अक्सर मुझे—
नागार्जुन की कविता से मिलती-जुलती
एक सच्ची कहानी सुनाती है।'[50]

कोई अचरज नहीं कि कुमार विकल कहते हैं--'कविता आदमी का निजी मामला नहीं है'[51] और नागार्जुन का बयान है 'अच्छी कविता एक सार्थक संवाद है।'[52] यह संवाद तभी सघन, मार्मिक और मूल्यवान हो सकता है, जब उसमें सच्चाई हो और सच वही कह सकता है, जो मैनेजर पाण्डेय के शब्दों में 'पूरी तरह दुनियादार' न हो गया हो और जिसके 'सोच की ताकत व्यवस्था के प्रपंचों से आक्रान्त'[53] न हो। जो कवि अपना लोक और परलोक दोनों सुधारना चाहते हैं, यानी जो व्यवस्था के समर्थन और विरोध दोनों का श्रेय लेना चाहते हैं, उनकी अभिव्यक्ति में असमंजस, हिचक, दुविधा, संशय, दोचित्तापन, अनिर्णय और अपारदर्शिता के तत्त्व आ जाते हैं। मैनेजर पाण्डेय का एक मशहूर कथन है ''सुविधा की राजनीति दुविधा की भाषा के सहारे चलती है।''[54]

ऐसी राजनीति के प्रत्याख्यान में वे नागार्जुन की प्रशंसा करते हैं, "नागार्जुन की काव्य-दृष्टि में कोई दुविधा नहीं है, इसलिए उनकी कविता की संवादधर्मिता में न हकलाहट है, न शब्दों का दोमुँहापन"; और नागार्जुन की ये काव्य-पंक्तियाँ उन्हें प्रिय हैं–

"जनता मुझसे पूछ रही है, क्या बतलाऊँ
जनकवि हूँ मैं साफ कहूँगा, क्यों हकलाऊँ।"[55]

दुविधा की भाषा बोलने के अलावा कवि-कर्म की एक विडम्बना यह होती है कि जहाँ अभिव्यक्ति जरूरी हो, वहाँ चुप रहा जाये और विषयान्तर किया जाये। बर्तोल्त व्रख्त का एक काव्यांश है–

"यह कैसा समय है
जबकि पेड़ों के बारे में बात करना जुर्म है
क्योंकि इसमें हजार जुल्मों के बारे में चुप्पी शामिल है"

इस सन्दर्भ में मैनेजर पाण्डेय ने ब्रेष्ट और नागार्जुन की ईमानदारी, प्रतिबद्धता और समग्र जीवन-दृष्टि को रेखांकित करते हुए लिखा है, "ब्रेष्ट और नागार्जुन अपने समय समाज और इतिहास के जुल्मों के बारे में चुप रहकर पेड़ों के बारे में बात करने वाले कवि नहीं है। ये दोनों पेड़ों के बारे में भी बात करते हैं, लेकिन सबसे पहले और सबसे अधिक अपने समय के जुल्मों के बारे में कविता लिखते हैं।"[56] निर्भ्रान्त होकर सच का इजहार करनेवाली कविता की आग को न साहित्य के भीतर के सत्ता-प्रतिष्ठान सहन कर पाते हैं, न बाहर के; क्योंकि वे यथाशक्ति को बरकरार रखना चाहते हैं, जबकि ऐसी कविता में परिवर्तनकामी शक्ति होती है। नाथूराम शर्मा 'शंकर' की कविताओं में सामाजिक रूढ़ियों और अन्धविश्वासों का उग्र विरोध था, इसलिए आचार्य रामचन्द्र शुक्ल ने उन पर उद्दण्डता का आरोप लगाया। मैनेजर पाण्डेय ने इसका प्रतिवाद किया है, "अगर सोये हुए समाज को जगाने के लिए तीखी भाषा में कड़वा सच कहना उद्दण्डता है, तो यह उद्दण्डता केवल शंकर में ही नहीं है, अपितु कबीर से लेकर धूमिल तक की हिन्दी काव्य-परम्परा में ऐसी उद्दण्डता बहुत है।...आचार्य शुक्ल जैसे कबीर की उग्रता सह नहीं पाते, वैसे ही शंकर की उग्रता भी उन्हें नापसन्द है।"[57] साहित्य के बाहर की दुनिया में ऐसी एक घटना 1987 में आन्ध्र प्रदेश की तेलगुदेशम सरकार द्वारा वरवर राव के कविता-संग्रह 'भविष्यातु चित्रपटम्' को प्रतिबन्धित किया जाना है। मैनेजर पाण्डेय ने इस सरकारी अत्याचार की वजह को उजागर करते हुए क्रान्तिकारी और सौन्दर्यवादी कविता के स्वभाव में फर्क किया है, "जो सत्ता आतंक और झूठ के सहारे चलती है, वह सच को सह नहीं सकती। वह बिना लाग-लपेट के सच कहने वाली ऐसी कविता कैसे बरदाश्त कर सकती है!...वरवर राव जिस राजनीतिक परिवेश में रहकर कविता लिख रहे हैं, उसमें वास्तविकता इतनी विलक्षण और भयावह है कि केवल सौन्दर्य की दुनिया में विचरण करने वाली कल्पना वहाँ जाने में सहमेगी। इस विस्मयकारी यथार्थ की अभिव्यक्ति के लिए विरूपता के बोध में सक्षम-कला-चेतना आवश्यक है।"[58]

मैनेजर पाण्डेय ने सही कहा है कि कविता जनता तक तभी पहुँच सकती है, जब

"सम्पूर्ण समाज के जीवन, व्यवहार और अनुभव की भाषा में उसकी रचना"[59] होगी। इसे उन्होंने अन्यत्र समाज के धर्म, कर्म और मर्म की भाषा की संज्ञा दी है। त्रिलोचन की कविता से वे प्रसन्न होते हैं, क्योंकि उसमें "गाँव की 'बोली-ठोली, लाग-लपेट, टेक, भाषा, मुहावरा, इंगित' आदि हैं।"[60] कवि के सामाजिक ज्ञान और संवेदनशीलता की जमीन जितनी व्यापक होगी, उसकी काव्य-भाषा में उतनी ही विविधता और अनेकरूपता होगी। इसलिए उनका स्पष्ट वक्तव्य है, "महान कवि वे होते हैं, जिनके काव्य-संसार में, काव्य-भाषा में अनेक रूप और स्तर मिलते हैं। ऐसे कवि हिन्दी में तीन हैं—तुलसीदास, निराला और नागार्जुन।"[61] आमतौर पर ऐसा बहुत कम होता है कि किसी एक समाज को दो भाषाओं की साहित्यिक समृद्धि और सौन्दर्य का लाभ एक साथ मिले। हिन्दी और उर्दू के रूप में इस सुखद संयोग का वरदान हिन्दी समाज को हासिल है, मगर इस उपलब्धि का एहसास शायद कम ही है। महात्मा गाँधी ने हिन्दुस्तानी के रूप में भाषा के जिस आदर्श की कामना और अनुशंसा की थी, मैनेजर पाण्डेय के मुताबिक उसी राह पर आज की हिन्दी कविता आगे बढ़ सकती है, "अगर आज भी कोई हिन्दी का कवि सहज और प्रभावशाली हिन्दी लिखना चाहेगा, तो उसकी भाषा मीर और नजीर की भाषा के करीब होगी।...हिन्दी के जो लोग उर्दू शायरी में अरबी-फारसी के शब्दों, सन्धियों और समासों को देखकर मुँह बिचकाते हैं और उसे परायी समझते हैं, उन्हें 'प्रिय प्रवास' और 'राम की शक्ति-पूजा' की संस्कृतमय हिन्दी पर भी ध्यान देना चाहिए। असल में खड़ी बोली हिन्दी के सहज-स्वाभाविक रूप को बिगाड़ने के दो स्रोत हैं। एक अरबी-फारसी की शब्दावली और दूसरे संस्कृत की तत्सम पदावली। इन दोनों से बचकर ही सहज-स्वाभाविक खड़ी बोली हिन्दी पहले भी विकसित हुई है और आज भी विकसित हो सकती है, बशर्ते कि अतिवादी दुराग्रहों से बचा जाये।"[62]

समकालीन कविता में भाषा और शिल्प के स्तर पर जो समस्याएँ हैं, उन पर मैनेजर पाण्डेय ने गम्भीर, वस्तुनिष्ठ और दो-टूक ढंग से विचार किया है। उनके अनुसार, कविता का सामाजिक जिन्दगी की भाषा से अलग होकर मानक हिन्दी में लिखा जाना दुर्भाग्यपूर्ण है। विडम्बना यह है कि कुछ कवि अपनी हिन्दी में अंग्रेजी के करीब जा रहे हैं, "आज की अधिकांश नागर कविता एक गढ़ी हुई साहित्यिक हिन्दी में लिखी जा रही है। वह जीवन के कर्म और अनुभव की भाषा नहीं है। यहाँ तक कि वह मध्यवर्ग के भी जीवन-व्यवहार की भाषा नहीं है। इसीलिए उसका बोलचाल की भाषा, उसके मुहावरे और कथन-भंगिमा से कोई आत्मीय सम्बन्ध नहीं है। यही नहीं, उसका लोकभाषाओं से सम्बन्ध भी क्रमशः होता जा रहा है। इस भाषा में जब कोई कवि लोकजीवन के अनुभवों को व्यक्त करना चाहता है, तब भाषा और संवेदना के बीच अन्तरंगता की जगह अन्तराल आ जाता है। कुछ कवियों की भाषा पर अंग्रेजी के शब्द, मुहावरे और संरचना का इतना अधिक प्रवाह है, कि वह अनुवाद की भाषा लगती है।"[63]

समकालीन कविता के वृहत्तर हिस्से की दुर्बोधता असम्प्रेषणीयता और प्रभावहीनता का कारण उसका संरचनात्मक बिखराव है और इस बिखराव का कारण यह है कि उसमें

आत्मवत्ता की कमी है और उसका वजूद महज वैचारिक प्रतिक्रियाओं पर आश्रित है। इसके अलावा, उसने कविता-रचना की बुनियादी प्रविधियों तथा उपादानों को भी बिसरा दिया है। मैनेजर पाण्डेय लिखते हैं, "आज के अधिकतर कवियों में समकालीन जीवन के अनुभवों और संवेदनाओं की अभिव्यक्ति के बदले जीवन की स्थितियों के बारे में कवियों की वैचारिक प्रतिक्रियाएँ सामने आती हैं, जो प्रायः बिखरी हुई होती हैं। ऐसी अधिकांश कविताओं में सुगठित संरचना नहीं मिलती और आन्तरिक विकास का अभाव भी होता है। कविता की आन्तरिक संरचना के निर्माण के दो मुख्य माध्यम हैं–आख्यान और बिम्ब। आज के अधिकांश कवियों ने इन दोनों का बहिष्कार कर दिया है।"[64] मैनेजर पाण्डेय अपनी आलोचना के रूप में ऐसी कविता की आकांक्षा तथा उसका नैतिक-वैचारिक समर्थन करते हैं; जिसमें उपदेश, भाषण और भर्त्सना न हो, बल्कि जिये हुए जीवन का नैसर्गिक प्रवाह, ताप और विकलता हो, मगर धीरज, संयम और विवेक के साथ। सबसे बड़ी बात यह कि उसमें धारदार सच कहने की हिम्मत, व्यंग्य, प्रतिरोध और आलोचना की वाग्विदग्धता हो। मसलन वरवर राव की कविताओं के बारे में वे कहते हैं, "....उनमें आदेश, उपदेश और ललकार कम है। विचारधारात्मक व्याख्यान भी लगभग नहीं के बराबर है। भावनाओं का आवेग और ताप है, लेकिन अनावश्यक अधीरता नहीं है। कवि संयम, संवेदनशीलता और साहस के साथ सच्चाई को कविताओं में उभारता है। कहीं-कहीं आलोचना के अस्त्र के रूप में व्यंग्य का भी प्रयोग है।"[65] दरअसल, यहाँ कविता से मैनेजर पाण्डेय विभिन्न भाव-संवेदनाओं के संश्लेषण की माँग करते हैं, जो महत्त्वपूर्ण कविता की अनिवार्य विशेषता है। कहीं-न-कहीं इस काव्य-विवेक की जड़ें आचार्य रामचन्द्र शुक्ल के चिन्तन में हैं, जिन्होंने लिखा था, "कोरी साधुता का उपदेश पाखण्ड है, कोरी वीरता का उपदेश उद्दण्डता है, कोरे ज्ञान का उपदेश आलस्य है और कोरी चतुराई का उपदेश धूर्तता है।"[66]

कविता में आत्मबद्धता, आत्मग्रस्तता और आत्ममुग्धता की मैनेजर पाण्डेय ने हमेशा सख्त आलोचना की है। यह बुनियादी तौर पर व्यक्तिवाद, आधुनिकतावाद और कलावाद का ही विरोध है। उन्होंने बहुत सुन्दर व्यंग्य किया है कि जो कवि या लेखक अपने समय और समाज के संवेदनात्मक बोध को बोझ समझते हैं, "वे अपनी रचना में अपने समय और समाज का निवासी होने के बदले अपने आत्मलोक का वासी होना पसन्द करते हैं।"[67] हिन्दी में आत्म-संघर्ष को बहुत अहम माना गया है और वह है भी, मगर उसे कविता की चरम उपलब्धि मान लेने में, बकौल मैनेजर पाण्डेय, मुश्किल यह है कि "जहाँ आत्मसंघर्ष ही सबसे बड़ा संघर्ष है, वहाँ जन-संघर्ष और उससे जुड़े लेखकों के संघर्ष से एकता कैसे होगी!"[68] इस आत्मसंघर्ष से अगर संघर्ष छूट गया, सिर्फ आत्म रह गया और वह जन-जीवन की हलचल से असम्पृक्त हुआ तो 'कविता में अमूर्त और मनगढ़न्त विचार सन्ध्याभाषा में उपस्थित होते हैं, जो आतंक पैदा करते हैं।'[69] शायद इसी आतंक से विचलित होकर मैनेजर पाण्डेय ने 1986 में आये 'अज्ञेय' के कविता-संग्रह 'ऐसा कोई घर आपने देखा है' पर लिखा–"शीर्षक का प्रश्न जितना मूर्त

है, संग्रह की कविताओं में उसका उत्तर उतना ही अमूर्त। इस संग्रह की कविताओं में देशी-विदेशी मिथक हैं, पुराण कथाएँ हैं, अपनी पहचान और मुक्ति की चिन्ता है, अमरता की आकांक्षा है, प्रेम की प्रतीक्षा है। उपनिषदों के सूत्रों का पद्यानुवाद है। यहाँ आधुनिक सन्त बनने की पूरी तैयारी है, लेकिन समकालीन कवि होने के लक्षण बहुत कम हैं।''[70]

यह उद्धरण इस बात के निदर्शन के तौर पर भी दिया गया कि मैनेजर पाण्डेय की आलोचना में और सब चीजों के अलावा अनूठी प्रत्युत्पन्नमति, विनोदप्रियता और व्यंग्यधर्मिता है; लेकिन ये विशेषताएँ उनके यहाँ हमेशा वैचारिक, मूल्यनिष्ठ और बहुअर्थगामी होती हैं। रचनाओं में और रचनाओं से बाहर जिस दारुण यथार्थ से उनका सामना है, उसके बावजूद यह अद्भुत किस्म का 'विट' ही है; जो उनकी आलोचना को निष्प्रभ, नकारात्मक और अल्प-प्राण नहीं होने देता बल्कि उसे आकर्षक दिलचस्प और जीवन्त बनाता है। आलोचकीय विद्वत्ता के साथ व्यंग्य-विनोद का यह संयोग दुर्लभ है। चूँकि प्रसंग अज्ञेय की कविता पर उनके व्यंग्य का है, इसलिए अज्ञेय के ही एक भिन्न सन्दर्भ में दिये गये बयान को थोड़ा बदलकर मैं उनकी आलोचना की विशिष्टता को रेखांकित करना चाहूँगा'' किसी को जीनियस कह देना उसकी प्रतिभा को बहुत भारी विशेषण देकर उड़ा देना ही है। जीनियस क्या है, यह हम जानते ही नहीं। लक्षणों को ही जानते हैं : अथक श्रम-सामर्थ्य और अध्यवसाय, बहुमुखी क्रियाशीलता प्राचुर्य, चिरजागृत, चिर-निर्माणशील कल्पना, सतत जिज्ञासा और पर्यवेक्षण, देश-काल या युग-सत्य के प्रति सतर्कता, परम्पराज्ञान, मौलिकता, आत्मविश्वास और—हाँ, एक गहरी विनय।...मैनेजर पाण्डेय में ये सभी विद्यमान हैं...और इनमें एक चीज और भी है जो प्रतिभा के साथ जरूरी तौर पर नहीं आती—हास्य।''[71]

यहाँ यह उल्लेख करना जरूरी है कि पहली नजर में मैनेजर पाण्डेय की काव्यालोचना की तीन सीमाएँ हैं। एक यह कि उन्होंने श्रेष्ठ कविता के प्रतिमानों को निश्चित और विकसित करने के बावजूद आधुनिक हिन्दी कविता के किसी एक दौर का समग्र, बहुआयामी और अन्तरंग विश्लेषण तथा मूल्यांकन नहीं किया है। ऐसा करते हुए वे उस समय की कविता के केन्द्र में किसी बड़े कवि के रचना-कर्म को भी प्रतिष्ठित कर सकते हैं। लेकिन कवि या कविता, किसी भी सिरे से एक पूरे समय की पारदर्शी मीमांसा की उम्मीद हम उनसे करते हैं। उनके पास जो वक्त और सामर्थ्य है, उसमें उनकी आकांक्षा के सम्मिलन से यह मुमकिन है। दूसरे कविता की लोकप्रियता के लिए जिन विशेषताओं को वे अनिवार्य मानते हैं, आजादी के बाद के कई महत्त्वपूर्ण कवियों के यहाँ वह सब-कुछ मिला है, फिर भी हिन्दी समाज उनसे विच्छिन्न और उदासीन है। मैनेजर पाण्डेय कहते तो हैं कि 'यह समाज एक गहरे सांस्कृतिक संकट से गुजर रहा है', मगर इस समाज की चारित्रिक समस्याओं का वे पर्याप्त संज्ञान नहीं लेते, तब उसके सही और सर्वांगीण विवेचन का प्रश्न कहाँ उठता है! उनको पढ़कर मालूम होता है कि कविता और समाज के बीच अलगाव की दुर्भाग्यपूर्ण परिस्थिति के लिए ज्यादातर कवि और कविता ही जिम्मेदार हैं, जबकि ऐसा शायद नहीं है। तीसरी बात यह है

कि लगता है कि कला और सामाजिकता के बीच द्वन्द्व के सवाल को वे कुछ प्रसंगों में 'कन्विस' या मुत्मइन करने की हद तक हल नहीं कर पाये हैं। यह ठीक है कि रघुवीर सहाय ने लिखा था—

"कला बदल सकती है क्या समाज?
नहीं, जहाँ बहुत कला होगी, परिवर्तन नहीं
होगा।"[72]

मगर बहुत कला का विरोधी भी यह तस्लीम करेगा कि जहाँ कला नहीं होगी, वहाँ तो कविता ही नहीं होगी। मैनेजर पाण्डेय के यहाँ कहीं-कहीं समाज-चिन्ता का पहलू इतना हावी हो जाता है कि वे इस सच को विस्मृत कर देते हैं कि कविता कला भी है, चाहे जिस मात्रा में हो! रूप और अन्तर्वस्तु इतने विभाजित नहीं हैं कि उन्हें मनचाहे ढंग से परस्पर जोड़ा जा सके और इतने अविभाज्य भी नहीं कि प्रत्येक अन्तर्वस्तु या रूप कविता की समकक्षता पा जाये। अगरचे यह आपत्ति सिर्फ नाथूराम शर्मा 'शंकर', महेश नारायण और युवा पीढ़ी की रचनाशीलता पर लिखे गये उनके निबन्धों के सीमित सन्दर्भ में है।

बहरहाल। इतिहास के मुठभेड़ और दमनकारी सत्ता का प्रत्याख्यान करने वाली तथा जन-आन्दोलनों के गीत गानेवाली कविताएँ बहुत-से काव्य-मर्मज्ञों को पसन्द नहीं आतीं। मैनेजर पाण्डेय ने ठीक लिखा है कि "पसन्द न आने के पीछे कला के अभाव से अधिक राजनीति का प्रभाव होता है।"[73] यही वजह है कि जब आज के दौर के युवा रचनाकार कलावादी आग्रहों को नकारते हुए पाठकों से सहज शिल्प और भाषा में सीधे संवाद की कोशिश कर रहे हैं, तो मैनेजर पाण्डेय के शब्दों में, 'दायें-बायें के कलावादी उनसे रचाव की वक्रता की माँग कर रहे हैं। ऐसे में युवा पीढ़ी के सामने एक बड़ी चुनौती साहित्य की सामाजिकता की रक्षा की है।"[74] दरअसल, आत्मबद्धता और आत्ममुग्धता से बौद्धिकता के अतिरेक, वाग्जाल और वाग्विलास की शुरुआत होती है। इस हालत में कविता 'भाषिक छल के सहारे आत्मरति का साधन बनने को अभिशप्त"[75] रहती है। दूसरा ध्रुवान्त वह है, जहाँ वह 'निरन्तर आत्म-बलिदान का माध्यम' है। मुक्तिबोध और त्रिलोचन से लेकर रघुवीर सहाय, कुमार विकल, पाश, वरवर राव और गोरख पाण्डेय तक इसी ध्रुवान्त के कवि हैं। कहने की जरूरत नहीं कि इस पूरे काव्य-परिदृश्य में मैनेजर पाण्डेय की आलोचना का पक्ष क्या है। कबीर और तुलसीदास से लेकर निराला और नागार्जुन तक वे हिन्दी की उस काव्य-परम्परा के साथ हैं, "जो कला की अलौकिकता की आराधना करने के बदले जनजीवन से उसके आत्मीय सम्बन्ध की साधना पर जोर देती है।"[76] इस प्रक्रिया में कविता के रूप पर कुछ आँच आ सकती है, जैसा कि उन्होंने बेर्टोल्ट ब्रेष्ट की इस कविता के मार्फत कहना चाहा है—

'बिगड़ जाती है चेहरे की रौनक
घृणा में
क्रोध में
आवाज कर्कश हो जाती है

घृणा चाहे नीचता से हो
और क्रोध अन्याय के खिलाफ।''[77]

लेकिन अन्ततः मैनेजर पाण्डेय बाँग्ला के क्रान्तिकारी कवि सुकान्त भट्टाचार्य की एक सशक्त और मर्मस्पर्शी कविता के साक्ष्य से प्रभुता यथास्थिति और अन्याय के प्रतिपक्ष में 'जीवन-संग्राम की भाषा' में लिखी गयी कविता को ही उत्कृष्ट, सार्थक और प्रासंगिक मानते हैं—

'हे महाजीवन, यह कविता अब और नहीं
अब कठिन कठोर गद्य लाओ
पद-लालित्य झंकार मिट जायें
गद्य के सख्त हथौड़े से आज चोट करो
कोमलता की जरूरत नहीं है कविता में
कविता तुझे आज छुट्टी दी।
भूख के राज में दुनिया गद्यमय है
पूर्णिमा का चाँद झुलसी हुई रोटी है।''

''निराला ने लिखा था कि गद्य जीवन-संग्राम की भाषा है। सुकान्त इसी जीवन-संग्राम की भाषा में कविता लिखने की माँग करते हैं, क्योंकि जीवन-संग्राम की भाषा में लिखी कविता ही अब जनता के मुक्ति-संग्राम में काम आ सकती है। यह समय 'मधुरगीतम्' का नहीं है।...जो जनता के मुक्ति-संग्राम से भयभीत हैं, वे जीवन-संग्राम की भाषा में लिखी कविता को कविता नहीं मानते।''[78]

यों हम पाते हैं कि मैनेजर पाण्डेय साधारण जन-समाज की जिन्दगी से गहरी संसक्ति रखनेवाली प्रगतिशील जीवन-मूल्यों से प्रतिबद्ध एवं अनुप्राणित मनुष्यता की रक्षा तथा विकास में संलग्न, नव-उदार पूँजीवादी साम्राज्यवाद तथा बाजारवाद का प्रत्याख्यान करने वाली व्यवस्था के जन-विरोधी चरित्र को उजागर करती हुई और जनता की मुक्तिधर्मी संस्कृति से एकात्म कविता की आकांक्षा और सराहना करते हैं। वे परम्परावाद, पितृसत्ता तमाम सामाजिक रूढ़ियों और समाज में व्याप्त गुलामी के सभी सम्भव रूपों की मुखालफत करते हैं। इसीलिए वे चाहते हैं कि कविता में समग्र जीवन-दृष्टि तथा इतिहास-दृष्टि की अभिव्यक्ति हो और लोक-जीवन, जातीय मन, लोक-संस्कृति तथा लोक-भाषा से उसकी गहन सम्बद्धता हो। चूँकि वे कविता को 'मनुष्य की आत्मा की पुकार' के रूप में देखते हैं, इसलिए उसके दिलचस्प, 'पैशनेट', मार्मिक, व्यंग्यात्मक, वस्तुपरक और संवादधर्मी होने में ही उसकी सार्थकता देखते हैं। यही वजह है कि उन्होंने सर्वत्र अभिजनवाद, कलावाद, सौन्दर्यवाद, व्यक्तिवाद तथा साहित्यवाद और उनसे उपजने वाले बौद्धिकता के अतिरेक, वाग्विलास, चमत्कार, आत्ममुग्धता और एकांगिकता का विरोध किया है। इस तरह 'सुविधा की राजनीति' से मुक्त होकर, जनता के मुक्ति-संग्राम की खातिर जीवन-संग्राम की भाषा में रचने और कालजीवीपन से कालजयीपन हासिल करने वाले जैसे ऑर्गेनिक या आवयविक कवि को मैनेजर पाण्डेय

सबसे अहम मानते हैं, क्या यह एक काव्य न्याय ही नहीं है कि खुद वे उसी कोटि के एक 'ऑर्गेनिक' बुद्धिजीवी और समालोचक हैं। इस माने में उनकी आलोचना में आत्यन्तिक किस्म की नैतिकता है। वह सादा, न्यायप्रिय और निर्भ्रान्त होकर वेध्य होने का पूरा जोखिम उठाती है। इस आलोचना की सच्चाई, संघर्ष, प्रतिबद्धता, ज्ञान और संवेदना की प्रकृति के मद्देनजर मुझे विजयदेव नारायण साही की एक कविता याद आती है और इसी कविता से मैं अपने वक्तव्य का समापन करता हूँ–

''प्रार्थना : गुरु कबीरदास के लिए

परम गुरु
दो तो ऐसी विनम्रता दो
कि अन्तहीन सहानुभूति की वाणी बोल सकूँ
और यह अन्तहीन सहानुभूति
पाखण्ड न लगे।

दो तो ऐसा कलेजा दो
कि अपमान, महत्त्वाकांक्षा और भूख
की गाँठों में मरोड़े हुए
उन लोगों का माथा सहला सकूँ
और इसका डर न लगे
कि कोई हाथ ही काट खायेगा

दो तो ऐसी निरीहता दो
कि इस दहाड़ते आतंक के बीच
फटकार कर सच बोल सकूँ
और इसकी चिन्ता न हो
कि इस बहुमुखी युद्ध में
मेरे सच का इस्तेमाल
कौन अपने पक्ष में करेगा।
यह भी न दो
तो इतना ही दो
कि बिना मरे चुप रह सकूँ।''[19]

(हैदराबाद केन्द्रीय विश्वविद्यालय के हिन्दी विभाग द्वारा 1-3 सिम्बर, 2010 को आयोजित 'हिन्दी आलोचना और मैनेजर पाण्डेय' शीर्षक तीन-दिवसीय 'राष्ट्रीय संगोष्ठी' में पढ़े गये आलेख का किंचित् संशोधित एवं परिवर्धित रूप)

सन्दर्भ :

1. 'रुको, ओ पृथ्वी, पाब्लो नेरुदा, अनु. प्रभाती, नौटियाल, साहित्य अकादेमी, नयी दिल्ली, 1997, पृ. 153
2. वही, पृ. 109।
3. 'अनभै साँचा' मैनेजर पाण्डेय, पूर्वोदय प्रकाशन, नयी दिल्ली, 2002, पृ. 145।
4. वही, पृ. 135।
5. वही, पृ. 114।
6. वही, पृ. 114।
7. वही, पृ. 97।
8. 'आलोचना की सामाजिकता'–मैनेजर पाण्डेय, वाणी प्रकाशन, नई दिल्ली, 2005, पृ. 198।
9. वही, पृ. 198।
10. 'अनभै साँचा', पृ. 97।
11. 'चिन्तामणि' (पहला भाग) रामचन्द्र शुक्ल, इण्डियन प्रेस, प्रयाग, 1971, पृ. 123।
12. 'आलोचना की सामाजिकता', पृ. 206।
13. वही, पृ. 207।
14. 'अनभै साँचा', पृ. 134।
15. 'आलोचना की सामाजिकता', पृ. 202।
16. 'अनभै साँचा', पृ. 134।
17. 'आलोचना की सामाजिकता', पृ. 173।
18. वही, पृ. 46।
19. वही, पृ. 46।
20. 'अनभै साँचा', पृ. 123।
21. वही, पृ. 123।
22. 'आलोचना की सामाजिकता', पृ. 170।
23. वही, पृ. 189।
24. वही, पृ. 210।
25. 'अनभै साँचा', पृ. 122।
26. 'इसी दुनिया में', वीरेन डंगवाल, नीलाभ प्रकाशन, इलाहाबाद, 1991, पृ. 85।
27. 'सेलेक्शन्स फ्रॉम द प्रिजन नोटबुक्स ऑफ एंटोनियो ग्राम्शी–सं. क्विटिन होर एवं ज्योफ्रे नॉवेल स्मिथ, ओरियट लॉन्गमैन, हैदराबाद, 1996, पृ. 3।
28. 'अनभै साँचा', पृ. 103।
29. वही, पृ. 104।
30. वही, पृ. 107।
31. वही, पृ. 122।
32. वही, पृ. 139।
33. 'आलोचना की सामाजिकता', पृ. 219।

34. वही, पृ. 193।
35. वही, पृ. 179।
36. 'अनभै साँचा', पृ. 92।
37. वही, पृ. 91।
38. 'आलोचना की सामाजिकता', पृ. 169।
39. 'अनभै साँचा', पृ. 92।
40. 'आलोचना की सामाजिकता', पृ. 178।
41. 'अनभै साँचा', पृ. 93-94।
42. वही, पृ. 94।
43. वही, पृ. 96।
44. वही, पृ. 96।
45. 'दीवान-ए-मीर', सं. अली सरदार जाफरी, राजकमल पेपरबैक्स, नयी दिल्ली 1987, पृ. 230।
46. 'अनभै साँचा', पृ. 99।
47. वही, पृ. 100-101।
48. 'आलोचना की सामाजिकता', पृ. 213।
49. 'अनभै साँचा', पृ. 102।
50. 'आलोचना की सामाजिकता', पृ. 202।
51. 'अनभै साँचा', पृ. 127।
52. 'आलोचना की सामाजिकता', पृ. 213।
53. वही, पृ. 184।
54. वही, पृ.99।
55. वही, पृ. 213।
56. वही, पृ. 205।
57. वही, पृ. 215।
58. 'अनभै साँचा', पृ. 144।
59. वही, पृ. 93।
60. वही, पृ. 106।
61. 'आलोचना की सामाजिकता', पृ. 208-209।
62. वही, पृ. 228।
63. 'अनभै साँचा', पृ. 102।
64. वही, पृ. 101।
65. वही, पृ. 145।
66. 'चिन्तामणि'—पहला भाग—रामचन्द्र शुक्ल, पूर्वोक्त, पृ. 162।
67. 'आलोचना की सामाजिकता', पृ. 168।
68. 'अनभै साँचा', पृ. 140।
69. वही, पृ. 145।
70. 'आलोचना की सामाजिकता', पृ. 188।

71. 'सूरज का सातवाँ घोड़ा', धर्मवीर भारती, भारतीय ज्ञानपीठ, नयी दिल्ली बीसवाँ संस्करण, 2002, पृ. 7-8।
72. 'रघुवीर सहाय रचनावली', भाग-1, सं. सुरेश शर्मा, राजकमल प्रकाशन, नयी दिल्ली, 2000, पृ. 206।
73. 'आलोचना की सामाजिकता', पृ. 197।
74. वही, पृ. 184।
75. 'अनभै साँचा', पृ. 127।
76. 'आलोचना की सामाजिकता', पृ. 219।
77. वही, पृ. 197।
78. वही, पृ. 204।
79. 'साखी', विजयदेव नारायण साही, वाणी प्रकाशन, नयी दिल्ली, 1994, पृ. 146।

भक्तिकाव्य और मैनेजर पाण्डेय की आलोचना दृष्टि

■ अभिषेक रौशन

आज की हिन्दी आलोचना वर्तमान की चकाचौंध से पीड़ित और प्रताड़ित नजर आती है। वह समकालीनता के आग्रह या एक हद तक कहें तो दुराग्रह में फँसी परम्परा में सृजित और अर्जित साहित्य को रौंदकर आगे बढ़ना चाहती है। हिन्दी आलोचना का वर्तमान कुछ नया और चौंका देने वाले भाव से ग्रसित है। भक्तिकाव्य तो बहुत दूर की बात है अब तो छायावादी या प्रगतिवादी साहित्य पर चिंतन-मनन करना भी बीते दिनों की बात हो गयी है। सवाल यह है कि क्या कोई साहित्य नया पुराना होता है? साहित्य के लोक में कोई साहित्य नया या पुराना नहीं होता, उसको जानने-समझने और परखने की दृष्टि नयी या पुरानी होती है और इसी दृष्टि के आलोक में साहित्य की सार्थकता या निरर्थकता सामने आती है। उदाहरण के लिए अगर रूढ़िवादी और पुरुषसत्तात्मक दृष्टि के सहारे स्त्री साहित्य को परखा जाये तो उसकी क्या दशा या दुर्दशा होगी, इस बारे में कुछ कहने की जरूरत नहीं है। साहित्य नया हो या पुराना, उसकी महत्ता इस बात में है, कि वह कितना सार्थक है। मैनेजर पाण्डेय ने सही लिखा है कि "जो सार्थक है वही समकालीन है, वह नया हो या पुराना।"[1] साहित्य-चिन्तन की यह समझ सही नहीं कि जो बीत गया वह बेकार है।

मैनेजर पाण्डेय अपने आलोचना-कर्म के द्वारा ऐसे माहौल और मानसिकता के आलोचक हैं, जहाँ साहित्य की साधना मनुष्य की साधना से अपना आकार और अर्थवत्ता पाती है। साहित्य में मनुष्यता की खोज और उसकी रक्षा का निर्माण करते हैं जिनके तहत साहित्य की समझदारी और सामाजिक जिम्मेदारी की अर्थपूर्ण भूमिका सामने आती है। वे हिन्दी आलोचना को ऐसी दिशा एवं दृष्टि देने वाले आलोचक हैं, जहाँ साहित्य की साधना मनुष्य की साधना से अपना आकार और अर्थवत्ता पाती है। साहित्य में मनुष्यता की खोज और उसकी रक्षा उनकी आलोचना-दृष्टि को प्रकाशित एवं प्रभावित करती है। मैनेजर पाण्डेय अपने आलोचनात्मक विवेक के निर्माण के लिए साहित्य से जीवन और जीवन से साहित्य की ओर लगातार आवाजाही करते रहते हैं, जहाँ आलोचना की मनुष्य एवं समाज विरोधी दृष्टि ढहती नजर आती है। वे मनुष्य और समाज के

प्रति अपनी प्रतिबद्ध एवं सजग दृष्टि को साथ लिए साहित्य की दुनिया में प्रवेश करते हैं। समाज में अस्वीकृत और शिकार लोगों के प्रति जवाबदेही उनकी आलोचना दृष्टि के केन्द्र में रहती है। अपनी इस दृष्टि के सहारे वे आलोचना के उन चमकते, दमकते प्रतिमानों को धकियाते नजर आते हैं जो साहित्य को एकान्त साधना का पर्याय मानते हैं या उसे वैसा ही बनाने के बौद्धिक व्यायाम मे लगे रहते हैं।

मैनेजर पाण्डेय साहित्य विवेक विकसित करने के लिए ऐसी दृष्टि सामने लाते हैं जहाँ परम्परा की समझदारी, वर्तमान का बोध और भविष्य की चिन्ता आपस में गूँथे हुए हैं। भक्ति आन्दोलन की व्यापकता की तलाश करते हुए उन्होंने लिखा कि ''भक्ति आन्दोलन के व्यापक और स्थाई प्रभाव का एक कारण यह है कि उसमें भारतीय संस्कृति के अतीत की स्मृति है, अपने समय के समाज तथा संस्कृति की सजग चेतना है और भविष्य की गहरी चिन्ता भी है।''[2] साहित्य वास्तविकता और सम्भावना के द्वंद्व से पैदा होता है। एक ओर 'धिक जीवन को जो पाता ही आया विरोध', तो दूसरी ओर 'एक और मन रहा राम का जो न थका' यानी सम्भावना और वास्तविकता के संयोग से कोई रचना बड़ी बनती है। इस वास्तविता और सम्भावना के बोध में मनुष्यत्व का विकास और उसकी रक्षा के प्रश्न महत्त्वपूर्ण होते हैं। मैनेजर पाण्डेय ने लिखा है ''कला में मनुष्य के अनुभव के वैयक्तिक, सामाजिक और मानवीय तीनों ही पक्ष होते हैं। कला में मनुष्य के अनुभव वैयक्तिक और सामाजिक पक्ष कई बार ऐतिहासिकता की सीमाओं में बँधे होने के कारण परवर्ती काल में सीमित सार्थकता रख पाते हैं, लेकिन अनुभव का मानवीय पक्ष हर युग के मनुष्य की मनुष्यता से जुड़कर अपनी सार्थकता पा लेता है।''[3] उन्होंने यह बात सूरदास के सन्दर्भ में कही है, पर क्या यह किसी भी सार्थक रचना का सच नहीं है। वे रचना से सिद्धान्त निकालते हैं। वे किसी रचना की सार्थकता का मूल सूत्र मानवीयता में पाते हैं। मैनेजर पाण्डेय अपने आलोचनात्मक विवेक को भक्ति काव्य के पटल पर माँजते और सँवारते हैं। जिस तरह आचार्य शुक्ल, हजारी प्रसाद द्विवेदी ने भक्ति काव्य के सहारे अपने आलोचनात्मक विवेक को अर्जित किया था। उसी तरह मैनेजर पाण्डेय के आलोचनात्मक विवेक के निर्माण में भक्तिकाव्य की महत्त्वपूर्ण और निर्णायक भूमिका है।

मैनेजर पाण्डेय भक्ति आन्दोलन को 'सामन्ती आन्दोलन संस्कृति के विरुद्ध जनसंस्कृति के उत्थान का अखिल भारतीय आन्दोलन' मानते हैं। इस जनसंस्कृति के उत्थान और परख के लिए वे भक्ति काव्य का गम्भीर एवं महीन विवेचन करते हैं। जनसंस्कृति के उत्थान का मतलब है जन की आशा-आकांक्षा, संघर्ष-सपने की अभिव्यक्ति। कबीर, जायसी, सूर, तुलसी और मीरा के काव्य जन-आकांक्षा और जन-संघर्ष के काव्य हैं। यह और बात है कि इनकी कविताओं में सृजनात्मक विशिष्टता और रचनात्मक विविधता है। इस विशिष्टता और विविधता की पड़ताल करते हुए मैनेजर पाण्डेय लिखते हैं कि ''भारतीय समाज के इतिहास, उसकी सांस्कृतिक प्रक्रिया और उसके भीतर उठे भक्ति आन्दोलन से कबीर, जायसी, सूर, तुलसी और मीरा का सम्बन्ध

एक जैसा नहीं है। इसीलिए सामाजिक अन्तर्विरोधों और भावात्मकता वैचारिक द्वन्द्वों के बारे में उनकी चिन्ताओं में भी अन्तर है।"[4] यही अन्तर भक्त कवियों की कविताओं में विशिष्टता और विविधता प्रदान करता है। भक्त कवियों के सामाजिक सम्बन्धों में अन्तर के कारण ही उनकी विश्वदृष्टि, उनके लोक धर्म में जमीन आसमान का फर्क है। भक्ति काव्य में एक कवि की कविता से निकलकर दूसरे की कविता में प्रवेश करना कविता के दूसरे लोक में प्रवेश करने के समान है। हर भक्त कवि की विश्वदृष्टि के निर्धारण में उसके सामाजिक अस्तित्व की महत्त्वपूर्ण भूमिका है। मैनेजर पाण्डेय भक्त कवियों की विश्वदृष्टि और उनके सामाजिक अस्तित्व के सम्बन्ध की पड़ताल करते हुए लिखते हैं कि "भक्ति आन्दोलन के प्रत्येक कवि के लोकधर्म का रूप उसकी विश्वदृष्टि के अनुरूप है। कवि की विश्वदृष्टि पर उस वर्ग या समुदाय की जिन्दगी की वास्तविकताओं और आकांक्षाओं की छाप है जिसका वह सदस्य है। वही दृष्टि प्रत्येक कवि की भक्ति भावना, सामाजिक चेतना और काव्य रचना के विशिष्ट स्वरूप का निर्माण करती है।"[5] मैनेजर पाण्डेय की आलोचना दृष्टि इस बात को सामने लाती है कि किसी रचना पर रचनाकार की वर्गीय स्थिति का पूरा प्रभाव पड़ता है, जिसमें रचनाकार के व्यक्तित्व, अपने समय और समाज को देखने-परखने की दृष्टि समाहित होती है। साहित्य चिन्तन के जो सिद्धान्त रचना से रचनाकार के व्यक्तित्व, उसकी वर्गीय स्थिति से काटकर रचना को सिर्फ पाठ तक सीमित करना चाहते हैं, वे रचना की व्याख्या एवं विश्लेषण, उसके अभिप्राय एवं अर्थवत्ता की समझदारी ग्रहण करने के रास्ते को संकुचित करते हैं। अकारण नहीं है कि मैनेजर पाण्डेय भक्तकवियों की विश्वदृष्टि को उनके वर्ग या समुदाय की वास्तविकताओं और आकांक्षाओं से जोड़कर देखते हैं। उनकी इस दृष्टि के पीछे उस दृष्टि का विरोध भी है जो किसी रचना को रचनाकार से काटकर देखने-परखने की पैरवी करती है और लेखक की मौत, इतिहास का अन्त आदि उद्घोषणाओं को रचना के मूल्यांकन एवं विश्लेषण का सत्य बनाना चाहती है। साहित्य एक सामाजिक कर्म है, पर वह व्यक्तिगत प्रयास के जरिये आकार पाता है। इसीलिए उस पर रचनाकार के व्यक्तित्व, उसके सामाजिक अस्तित्व की छाप का होना लाजिमी है। इसे रैदास एवं तुलसी की इन पंक्तियों के सहारे समझा जा सकता है। रैदास लिखते हैं–

"जिह्वा भजे हरिनाम नित, हत्थ करहिं नित काम।
'रविदास' भये निहचिन्त हम, मम चित्त करेंगे राम।"

और तुलसी लिखते हैं–

"माँगि के खाइबो मसीत में सोइबो..."

यहाँ एक कवि हाथ से काम करने की बात करता है, तो दूसरा माँगकर खाने की बात करता है। यह अन्तर इसलिए है कि दोनों कवि के सामाजिक अस्तित्व में अन्तर है।

भक्ति काव्य की व्याख्या-विश्लेषण के क्रम में मैनेजर पाण्डेय रुढ़िवादी, रीतिवादी आग्रहों से मुक्त आलोचना दृष्टि का विकास करते हैं। भक्ति काव्य में नयी सम्भावना,

नये अर्थ की खोज करते हैं ताकि साहित्य और समाज में नयी चेतना का विकास हो। वे कबीर को सिर्फ असहमति और विरोध का कवि नहीं मानते। वे इस बात को सामने लाते हैं कि कबीर की कविता में प्रश्न करने की प्रवृत्ति, असहमति और विरोध तो उनके बड़े लक्ष्य को पाने के साधन मात्र हैं। और वह बड़ा लक्ष्य है—समता मूलक समाज की स्थापना, जहाँ एक मनुष्य दूसरे मनुष्य से, मनुष्य की हैसियत से मिल सके। कबीर के लिए आध्यात्मिक सत्य से ज्यादा महत्त्वपूर्ण है सामाजिक सत्य, जो कबीर की कविता की मुख्य चिन्ता है। मैनेजर पाण्डेय ने सही लिखा है कि—"कबीर के लोकधर्म में व्यक्ति के आध्यात्मिक उत्कर्ष से अधिक महत्त्वपूर्ण है समाज में मनुष्यत्व का जागरण।"[6] मैनेजर पाण्डेय मानवीयता की कसौटी पर हर भक्त कवि को परखते हैं। वे जब तुलसीदास पर लिखते हैं तो न वे उनके भक्तिभाव में फँसते हैं और न ही उनके आदर्श राम में, जिसका शिकार होने से शुक्ल जी भी नहीं बच पाये। उनके लिए तुलसी के राम रामत्व से ज्यादा महत्त्वपूर्ण है, राम का मनुष्यत्व। पाण्डेजी राम की महत्ता उनकी मनुष्यता, मानवीयता में पाते हैं न कि उनके देवता होने में। उन्हीं के शब्दों में, "रामचरितमानस की कलात्मक श्रेष्ठता और उसके प्रभाव की व्यापकता का रहस्य उसके चरित्रों, जीवन-व्यवहारों, जीवन मूल्यों और भावों की मानवीयता में है न कि उसकी धार्मिकता में।"[7] राम की मानवीयता को नजरअन्दाज करने के कारण ही आज उन्हीं के नाम पर देश की जनता में लड़ाई करायी जा रही है। ऐसे समय में राम की महत्ता को उनकी धार्मिकता में नहीं, मानवीयता में तलाशने की बात कर वे आलोचना-कर्म को एक सामाजिक-सांस्कृतिक प्रक्रिया का हिस्सा बनाते हैं।

मैनेजर पाण्डेय अपने आलोचना-कर्म में एक साफगोई रखते हैं। तुलसी पर विचार के क्रम में वे इस बात को दृढ़ता से रखते हैं, कि तुलसी वर्णाश्रम के समर्थक हैं, पुराणमतवादी चेतना के हिमायती हैं, यथास्थितिवाद के पोषक हैं इसलिए तुलसी सन्त कवियों की आलोचना करते हैं। यूँ तो यह आलोचना सगुण की आड़ में निर्गुण के नाम पर होती है। पर इसके मूल में है निर्गुण सन्त कवियों की वह सामाजिक-सांस्कृतिक दृष्टि, जिसे तुलसीदास और एक हद तक सूरदास भी नहीं पचा पाये हैं। तुलसी की कविताई में उस प्रश्न का उत्तर है कि जिसे कबीर जैसे सन्त कवियों ने उठाया था। मैनेजर पाण्डेय ने सही लिखा है कि "कबीर और तुलसी की कविता में एक अन्तर यह है कि कबीर की कविता प्रश्न पैदा करती है और तुलसी की कविता उत्तर देने वाली है।"[8] इस क्रम में वह भक्तिकाव्य के सन्दर्भ में आचार्य शुक्ल की आलोचना दृष्टि की बुनावट की भी खोज करने की कोशिश करते हैं। उन्होंने लिखा है कि "शुक्ल जी का लोकधर्म मूलतः एक ऐसा समाज-दर्शन है जिसके पहले से स्थापित और स्थिर सामाजिक सम्बन्धों को यथावत बनाये रखने का आग्रह है।"[9] आचार्य शुक्ल के लोकधर्म की बुनावट में तुलसी के लोकधर्म में निहित सामाजिक-सांस्कृतिक दृष्टि की बहुत बड़ी भूमिका है। मैनेजर पाण्डेय इस बात की पड़ताल करते हैं कि आचार्य शुक्ल को क्यों निर्गुण सन्तों की बानी में लोकधर्म की अवहेलना दिखती है, सूर का प्रेम लोक से न्यारा

लगता है और मीरा के प्रेम में मर्यादा का उल्लंघन दिखायी देता है, और उनका यह निष्कर्ष सही है कि शुक्लजी तुलसी के लोकधर्म की कसौटी पर दूसरे भक्तकवियों को परखते हैं। इसलिए कबीर, सूर और मीरा के बारे में उनकी यह धारणा बनी है।

मैनेजर पाण्डेय की भक्ति काव्य में एक सम्भावना और अर्थवत्ता की तलाश उनकी आलोचना दृष्टि को रूपायित करती है। सूरदास के बारे में आचार्य शुक्ल भी यह कहकर रुक गये कि वे 'वात्सल्य और श्रृंगार' के क्षेत्र में 'कोना-कोना' देख आये। मैनेजर पाण्डेय ने सूर के वात्सल्य एवं श्रृंगार-वर्णन को नयी अर्थवत्ता प्रदान किया है। उन्होंने सूर के काव्य में चित्रित राधा, कृष्ण और गोपियों के प्रेम को सामन्तविरोधी चेतना से जोड़ा है। प्रेम स्वभाव से ही स्वतन्त्र होता है। प्रेम की स्वतन्त्रता के लिए रूढ़ि-बन्धन रहित समाज का होना जरूरी है। सूर राधा-कृष्ण और गोपियों के प्रेम के माध्यम से एक ऐसे ही समाज की कल्पना करते हैं। मैनेजर पाण्डेय ने सूर के वृन्दावन को एक ऐसे समाज की युटोपिया के रूप में देखा जहाँ राधा और गोपियाँ कृष्ण के साथ स्वच्छन्द होकर प्रेम का राग गाती हैं। इस राग में सामन्ती और रूढ़िवादी समाज के प्रति विद्रोह का भाव है। वे लिखते हैं, "सूरदास के काव्य में कृष्ण से राधा और दूसरी गोपियों का प्रेम सामन्ती नैतिकता के बन्धनों से मुक्त प्रेम है। उन्मुक्त प्रेम की यह कल्पना और मानवीय सम्बन्ध के रूप में उसके विकास का चित्रण प्रेम और विवाह सम्बन्धी सामन्ती दृष्टिकोण का विरोधी है।"[10] सूर सामन्ती समाज में रहते हुए उन्मुक्त प्रेम का चित्रण करते हैं। बन्धन और वर्जना से युक्त समाज के लिए यह बड़ी बात थी। आज के प्रजातान्त्रिक समाज में प्रेम का फैसला कई तरह की पंचायतें करती हैं। यह जनतान्त्रिक समाज है या कट्टर और रूढ़िवादी, इस सम्बन्ध में कुछ कहने की जरूरत नहीं है। मैनेजर पाण्डेय प्रेम के सम्बन्ध में सूर की सामन्त विरोधी चेतना को सामने लाते हैं तो यह व्याख्या सूर की कविता के लिए सही है, और आज के समय और समाज के लिए और भी प्रासंगिक है।

हिन्दी आलोचना में सूर के वात्सल्य, उसके विविध रूप और उसकी मार्मिकता पर खूब चर्चा हुई है, पर सूर का वात्सल्य वर्णन अमानवीय सामन्ती व्यवस्था के विरोध की भी कविता है, इस बात को दृढ़ता से रखते हुए मैनेजर पाण्डेय ने लिखा है कि, "सूर के वात्सल्य-वर्णन अमानवीय व्यवस्था के बीच भी मनुष्य की मनुष्यता को जगाने और इसकी रक्षा करने में समर्थ है।"[11] बच्चे मनुष्यता के सबसे करीब होते हैं। वे छल-कपट ईर्ष्या-द्वेष के बोध से मुक्त होते हैं। एक शोषक और सामन्ती व्यवस्था में वात्सल्य का चित्रण सचमुच मनुष्यता को जगानेवाला है। असगर वजाहत की कहानी 'मुश्किल काम' (जो उन्होंने साम्प्रदायिक दंगों पर लिखी है) में एक दंगाई पात्र के लिए सबसे मुश्किल काम है—बच्चों की हत्या करना। बच्चों के माध्यम से उस दंगाई पात्र में मनुष्यता जाग उठती है क्योंकि जब भी किसी बच्चे को मारता है, उसे अपने बच्चे याद आ जाते हैं। इस अर्थ में सूर का वात्सल्य वर्णन मनुष्य की मनुष्यता की रक्षक है और अमानवीय व्यवस्था का विरोधी भी।

मैनेजर पाण्डेय ने सूर की कविता में एक महत्त्वपूर्ण पक्ष को उद्‌घाटित किया है, जो हिन्दी आलोचना में लगभग ओझल था। उन्होंने सूर के काव्य को किसान-जीवन से जोड़ा है। सूर के काव्य में किसान जीवन की अनुभूतियाँ रची बसी हैं। सूर के कई पदों में गायों के रंग-रूप के अनुसार उनके नामों का उल्लेख है।[12] जिस पर मैनेजर पाण्डेय अपने चिर परिचित बतकही और व्यंग्यात्मक शैली में टिप्पणी करते हुए लिखते हैं, "गायों के नाम रूप और स्वभाव का यह वर्णन उन लोगों के लिए विचित्र लगेगा जो डेयरी का दूध पीकर जवान हुए हैं, लेकिन गाँववालों को आज भी गायों के नाम सहज और आत्मीय हैं।"[13]

मैनेजर पाण्डेय सूर के बारे में आचार्य शुक्ल जी की इसं धारणा का विरोध करते हैं कि 'सूर अपने भाव में ही मग्न रहने वाले थे' अपने समय और समाज से बेखबर थे। उन्होंने सूर की कविता से ही यह सिद्ध करने की कोशिश की है कि सूर का जीवन-जगत् से गहरा जुड़ाव था। वे अपने युग की सामाजिक, राजनीतिक, परिस्थितियों और उनकी विडम्बनाओं से भली-भाँति परिचित थे। सूरदास ने लिखा है कि 'राजधर्म सब भये सूर जहाँ प्रजा ना जायँ सताये'। यह पंक्ति सूर की राजनीतिक चेतना का प्रमाण है। इस पंक्ति पर मैनेजर पाण्डेय ने सही टिप्पणी की है कि "यह अनीति और अत्याचार से मुक्त राजनीति की माँग है, सामन्ती युग में प्रजातन्त्र की आकांक्षा की अभिव्यक्ति है।"[14] उन्होंने अपनी पुस्तक 'भक्ति आन्दोलन और सूरदास का काव्य' में विस्तार से यह बात सामने रखी है कि सूर को अपने समय और समाज की पहचान थी।

भक्ति काव्य में प्रेम केन्द्रीय भाव के रूप में उपस्थित है। जायसी प्रेम के कवि के रूप में विख्यात हैं। 'पद्मावत' के बारे में शुक्लजी की कई मान्यताओं को विजय देव नारायण साही ने खारिज किया था और उन्होंने 'पद्मावत' को 'युग से साक्षात्कार' की कविता बताया था। मैनेजर पाण्डेय विजयदेव नारायण साही की पद्मावत के बारे में स्थापित धारणा को और आगे बढ़ाते हैं। उन्होंने लिखा है कि, "पद्मावत धार्मिक कट्टरता पर प्रेम की विजय का काव्य है।"[15] उनकी यह स्थापना जायसी को और ऊँचाई प्रदान करती है। वे जायसी को प्रेम की पीर के कवि व्यक्तित्व से आगे बढ़ाकर उन्हें सत्ता, सामन्त विरोधी कवि के रूप में स्थापित करते हैं। उन्होंने लिखा है, "जायसी की सामन्त विरोधी चेतना का एक प्रबल प्रमाण यह है कि उन्होंने सामन्ती व्यवस्था की सर्वोच्च सत्ता के एक प्रतिनिधि दिल्ली के सुल्तान अलाउद्दीन को 'शैतान' के रूप में देखा और चित्रित किया है। सामन्ती राजसत्ता के प्रति जायसी का यह दृष्टिकोण दिल्लीश्वर को जगदीश्वर कहने वालों से भिन्न था।"[16] आलोचना की समकालीनता की समझ के चलते ही पाण्डेयजी जायसी में सामन्ती विरोधी चेतना को ढूँढ़ पाये। उनकी सजग आलोचना दृष्टि का एक महत्त्वपूर्ण हिस्सा यह भी है कि वे जिस रचना पर विचार करते हैं उस रचना से सम्बन्धित 'वाद, विवाद, संवाद' को ध्यान में रखते हैं और फिर उस रचना की आत्मा तक पहुँचने का आलोचनात्मक संघर्ष करते हैं।

भक्ति काव्य में मीरा का काव्य एक स्त्री की आँखों से देखा और भोगा हुआ काव्य

है। भक्ति काल के पुरुष कवियों में सूरदास को छोड़कर बाकी कवियों की स्त्री-सम्बन्धी दृष्टिकोणों में समानता है। कबीर और तुलसी के अपने सामाजिक सरोकार भक्ति के विचार की दृष्टि से एक-दूसरे के विपरीत हैं, पर इन दोनों की स्त्री दृष्टि में गज की समानता है। एक की दृष्टि में स्त्री 'नरक का कुण्ड' है तो दूसरे की दृष्टि में 'ताड़न के अधिकारी'। इस मामले में जायसी भी पीछे नहीं हैं। वे लिखते हैं–

"तुम्ह तिरिया मतिहीन तुम्हारी।
मुरख सो जो मतै घर नारी।"

मीरा का काव्य तत्कालीन सामन्ती समाज पर करारा प्रहार करता है। मैनेजर पाण्डेय मीरा की कविता को स्त्री की स्वाधीनता, उसके विद्रोह की अभिव्यक्ति के रूप में देखते हैं। वे हिन्दी आलोचना में मीरा के बारे में बनी-बनायी धारणा का खण्डन करते हैं। मीरा का संघर्ष चौतरफा है। वह एक साथ राजसत्ता, पुरुषसत्ता, लोकरुढ़ि और कुलीनता के विरुद्ध संघर्ष करती हैं। मीरा ने कहा–

"लोकलाज कुलकानि जगत् की, दइ़ बहाय जस पानी।
अपने घर का परदा कर ले, मैं अबला बौरानी।"

मीरा के लिए लोकलाज, कुल की मर्यादा बेमतलब की चीजें हैं। वह इस बात को भली-भाँति समझती थी कि ये सब पुरुषों के बनाये वो आदर्शवादी हथकण्डे हैं जो स्त्री को पराधीन रखने में केन्द्रीय भूमिका निभाते हैं। मीरा के काव्य के बारे में मैनेजर पाण्डेय ने लिखा है कि "मीरा का विद्रोह एक विकल्पहीन व्यवस्था में अपनी स्वतन्त्रता के लिए विकल्प की खोज का संघर्ष है।"[17] मीरा सामन्ती समाज में स्त्री की आत्माभिव्यक्ति को मुखर स्वर प्रदान करती है। वह पुरुषसत्तात्मक समाज के बरक्स अपने एक ऐसे लोक का निर्माण करती है, जहाँ उनका साथी प्रेम है, दीवानगी की हद तक प्रेम...! परिवार और समाज के दबाव पर मीरा के प्रेम की प्रगाढ़ता भारी पड़ती है। मीरा के प्रेम में आवरण भक्ति का है, पर उसमें चिन्ता एक स्त्री की है, उसके सरोकार की है। मैनेजर पाण्डेय मीरा में स्त्री स्वाधीनता की अकुलाहट की तह तक जाते हैं। उन्होंने मीरा की कविता में एक ऐसे सच की ओर ध्यान आकृष्ट कराया है जिससे मीरा का स्त्री स्वर और बुलन्द होता है। उन्होंने लिखा है, "मीरा की सामाजिक सजगता का एक प्रमाण यह भी है कि उन्होंने जहाँ भी सामन्ती समाज की रूढ़ियों को चुनौती दी है वहाँ समानधर्मी सखी, माँ को ही सम्बोधित किया है, भाई या पति को नहीं।"

मैनेजर पाण्डेय ऐसे आलोचक हैं जिनकी आलोचना-दृष्टि में इस बात का आग्रह है कि साहित्यलोक और मनुष्यलोक में एकता स्थापित हो। उन्हें इस एकता की गूँज भक्तिकाव्य की भाषा में भी मिलती है। वे लिखते हैं–"भारतीय साहित्य के इतिहास में पहली बार भक्तिकालीन कविता में सामान्य जनता के जीवन-व्यवहार की भाषा और कविता की भाषा के बीच एकता कायम हुई।"[19] वे भक्त कवियों की लोकवादिता को उनकी भाषा-दृष्टि में ढूँढ़ निकालते हैं। संस्कृत के अचार्यत्व के माहौल में जनभाषा में कविता करना मामूली बात नहीं थी। भक्त कवि संस्कृत के 'कूपजल' को नहीं, भाषा

के बहते 'नीर' को अपनाते हैं। मैनेजर पाण्डेय जब लिखते हैं, ''भक्तिकाल की कविता लोकभाषा में लोकजीवन की कविता है।''[20] तो वे भक्तिकाव्य की लोकवादिता को सामने लाते ही हैं, पर साथ ही लोकसंस्कृति की रक्षा का रास्ता दिखाते हैं क्योंकि लोकभाषा में लोक संस्कृति की अनुगूँज होती है। आज हम जिस भाषाई संकट से गुजर रहे हैं, ऐसे त्रासद समय में संस्कृत के विरुद्ध लोकभाषा को स्थापित करने वाले भक्तकवियों की प्रासंगिकता और बढ़ जाती है।

मैनेजर पाण्डेय की आलोचना दृष्टि में एक कबीर भाव है। उन्हें जो रचना या दृष्टि व्यापक मनुष्य, समुदाय की पक्षधर लगती है वे उसके साथ होते हैं और जो इसके विरोध में होती है, उसकी सीमा दिखाने से नहीं चूकते। आज जिस समय और समाज में हम रह रहे हैं वहाँ साहित्य भी 'सन्तों सों कहाँ सीकरी को काम' को झुठलाते हुए सत्ता के गलियारे में झाँकता नजर आता है। ऐसे समय में मैनेजर पाण्डेय 'असहमति का साहस' और 'सहमति का विवेक' साथ लिए आलोचनात्मक संघर्ष करते हैं। उनका आलोचना-कर्म आज की हिन्दी आलोचना के लिए सन्दर्भवान है।

सन्दर्भ :

1. मैनेजर पाण्डेय, भक्ति आन्दोलन और सूरदास का काव्य, पृ. सं. 20-21।
2. वही भूमिका, दूसरा संस्करण।
3. वही भूमिका, प्रथम संस्करण।
4. वही, पृ. सं. 23।
5. वही, पृ. सं. 32।
6. वही, पृ. सं. 33।
7. मैनेजर पाण्डेय, शब्द और कर्म, पृ. सं. 106।
8. मैनेजर पाण्डेय, भक्ति आन्दोलन और सूरदास का काव्य, पृ. सं. 33।
9. वही, पृ. सं. 28।
10. वही भूमिका, प्रथम संस्करण।
11. वही भूमिका, प्रथम संस्करण।
12. वही, पृ. सं. 296 (उद्धृत)।
13. वही, पृ. सं. 296।
14. वही, पृ. सं. 307।
15. वही, पृ. सं. 39।
16. वही, पृ. सं. 42।
17. वही, पृ. सं. 43।
18. वही, पृ. सं. 42।
19. वही भूमिका, प्रथम संस्करण।
20. मैनेजर पाण्डेय, शब्द और कर्म, पृ. सं. 113।

हिन्दी आलोचना का ईमानदार शिखर

■ प्रभात कुमार मिश्र

एक समाज को आलोचक की आवश्यकता क्यों पड़ती है? यह एक उलझा हुआ सवाल है। इस उलझे हुए सवाल का समाधान या तो बहुत सीधा होगा या फिर उतना ही कठिन। सीधा-सरल समाधान यह है कि समाज में जिन कारणों से एक कवि, दार्शनिक या इतिहासकार की आवश्यकता है उन्हीं कारणों से एक आलोचक की भी। दूसरी तरफ थोड़ी गम्भीरता से विचारने पर मालूम होता है कि बात इतनी ही नहीं है। जहाँ एक तरफ कवियों, इतिहासकारों और दार्शनिकों के लिए केवल 'ज्ञान' की अनिवार्यता है, वहीं एक आलोचक के लिए 'ज्ञान' अनिवार्य तो है किन्तु ज्ञान की यह अनिवार्यता आलोचक के सन्दर्भ में 'निर्णयात्मक बुद्धि' (Learning with Judgement) के साथ होने की अपेक्षा करता है। इस निर्णयात्मक बुद्धि के माध्यम से आलोचक समाज में उपेक्षित और अपेक्षित दोनों ही तत्त्वों की परीक्षा करता है। आलोचक इस परीक्षा के सहारे ही समाज के लिए सही और गलत, नैतिक और अनैतिक, सुन्दर और असुन्दर तत्त्वों की पहचान करता है। इस पहचान की वस्तुनिष्ठता ही आलोचक को सामाजिक बनाती है।

साहित्य की दुनिया में जितना बड़ा सत्य यह है कि अनुभूति की अभिव्यक्ति या कि अभिव्यक्ति की रचना होने मात्र में ही उसके सामाजिक होने का अर्थ छिपा है तो यह भी उतना ही बड़ा सच है कि सामाजिकता आलोचना का सब कुछ तो नहीं है किन्तु बिना सामाजिक हुए आलोचना कुछ भी नहीं। "रचना के मूल्यांकन के लिए मूल्य-चेतना जरूरी है और मूल्य-चेतना के लिए सामाजिक चेतना।" मैनेजर पाण्डेय का यह वाक्य भी इसी ओर संकेत करता है। एक अन्य प्रसंग (महावीर अग्रवाल द्वारा लिए गये साक्षात्कार) में भी पाण्डेय जी स्पष्ट शब्दों में कहते हैं कि "जो आलोचना अपने समय, समाज और संस्कृति के सवालों से जुड़कर अपने समय के मनुष्य की स्वतन्त्रता की रक्षा के लिए संघर्षशील रचनाओं को पहचानते हुए क्रियाशील होती है, वही मानक आलोचना बनती है।" अपने आलोचनात्मक लेखों के माध्यम से पाण्डेय जी ने समय, समाज और संस्कृति के व्यापक सन्दर्भों में साहित्य और आलोचना की

अर्थवत्ता और सार्थकता की जैसी व्याख्या की है वह मानक आलोचना का ही प्रमाण देती है।

आलोचना के मानक स्वरूप पर जोर देते हुए पाण्डेय जी ने आलोचना की सामाजिकता की लगातार चिन्ता की है। इसी नाम से उनके आलोचनात्मक लेखों का एक संग्रह भी। आलोचना की सामाजिकता से सम्बन्धित उनकी चिन्ताएँ अपने वास्तविक सन्दर्भों में समाज की आलोचना, राजनीति की संस्कृति, समय की कविता और लोकतन्त्र के उपन्यास से जुड़ी हैं। असल में आलोचना का आधार रचना है, रचना का मुख्य आधार भाषा है, भाषा स्वयं जीवन पर आधारित है और जीवन का सम्बन्ध इतिहास, राजनीति, संस्कृति और सभ्यता के विभिन्न स्वरूपों से है। इसलिए आलोचना की सामाजिकता की चिन्ता मूलतः इतिहास, राजनीतिक और संस्कृति की सामाजिकता की चिन्ता है। इनमें से भी पाण्डेय जी सबसे अधिक महत्त्व संस्कृति को ही देते हैं क्योंकि इतिहास और राजनीति भी अन्ततः संस्कृति के ही विभिन्न उपांग हैं। पाण्डेय जी की आलोचना में व्याप्त इस अन्तःस्वर की ठीक पहचान न कर सकने के कारण ही कुछ लोगों ने उनके लेखन के सन्दर्भ में एक भ्रान्त धारणा यह बना रखी है कि समकालीन साहित्य में उनका कोई लिखित हस्तक्षेप नहीं है। यह सही नहीं है। ऐसे लोग समकालीनता का अर्थ संकुचित करते हैं और युगबोध की व्यापक भूमिका से भी अपरिचित जान पड़ते हैं। पाण्डेय जी ने बताया है कि कला सर्जन के लिए विकसित सौंदर्य चेतना, तीव्र भावबोध, सम्यक मूल्यबोध और सन्तुलित तथा संकल्पित जीवन-चिन्तन अनिवार्य तथ्य हैं। सौन्दर्यबोध के मूल्य परम्परागत सामाजिक संस्कारों से विकसित होते हैं और उनके स्वरूप निर्धारण में युगबोध भी सक्रिय होता है। अपनी इसी समझ के साथ पाण्डेय जी जहाँ अश्वघोष की वज्रसूची, मुगल बादशाहों की हिन्दी कविता और दाराशिकोह को सामने लाते हैं वहीं सखाराम गणेश देउस्कर, माधवराव सप्रे और हिन्द स्वराज पर भी गम्भीर विचार करते हैं। एक ओर जहाँ उनके लेखन के केन्द्र में कबीर, सूर और मीरा हैं तो दूसरी ओर रामचन्द्र शुक्ल, प्रेमचन्द, हीरा डोम, नाथूराम शर्मा शंकर, हजारी प्रसाद द्विवेदी और रामविलास शर्मा भी हैं। उन्होंने नागार्जुन, त्रिलोचन और महादेवी पर तो जमकर लिखा ही है रेणु, मुक्तिबोध, रघुवीर सहाय, कुमार विकल, प्रकाश जैन और बरवर राव पर भी उनका लेखन महत्त्वपूर्ण है।

पाण्डेय जी के यहाँ आलोचना की सामाजिकता के दो अर्थ हैं। एक तो आलोचना में समाज की उपस्थिति की पहचान और दूसरे समाज में आलोचना की गति का अनुमान। अपने सुदीर्घ आलोचकीय जीवन में पाण्डेय जी ने इन दोनों ही प्रश्नों में सन्तुलन साधने की कोशिश की है। सन्तुलन की यह कोशिश ही उन्हें साहित्य के समाजशास्त्र के केन्द्रीय सवाल से जोड़ती है। यदि हम ध्यान से उनकी आलोचनात्मक यात्रा का अवलोकन करें तो हम सहज ही यह जान सकते हैं कि शब्दों की कर्मशीलता, साहित्य के इतिहास और साहित्य का समाजशास्त्र आदि की पड़ताल करते हुए पाण्डेय जी ने लगातार सचेष्ट होकर अपनी आलोचना को सामाजिक, राजनीतिक और सांस्कृतिक सन्दर्भों से जोड़ा है। शब्द,

दृष्टि, शास्त्र और फिर सच के माध्यम से सामाजिकता तक की यह यात्रा ही सामाजिकता की स्वाभाविक यात्रा है। अपनी इस यात्रा में आलोचना, समाज और सामाजिकता के जटिल प्रश्नों पर विचार करते हुए पाण्डेय जी बार-बार ग्राम्शी को याद करते हैं, यह अनायास नहीं है। वस्तुतः ग्राम्शी बीसवीं सदी में मार्क्सवाद को नयी दिशा देने वालों में से एक हैं और ग्राम्शी के चिन्तन के केन्द्र में केवल विचार ही नहीं है बल्कि वह व्यावहारिक धरातल पर भी विचारक और कार्यकर्ता को मिलाते हैं। पाण्डेय जी की भी पहचान केवल कोरे विचारक की न होकर विचार और व्यवहार के बीच सामंजस्य करने वाले आलोचक के रूप में है। जब वह कहते हैं कि "शब्द की विश्वसनीयता की चिन्ता असल में अर्थ की विश्वसनीयता की चिन्ता है। यही नहीं, अर्थ की विश्वसनीयता कर्म की विश्वसनीयता से जुड़ी है। मनुष्य के जीवन-व्यवहार, अनुभव-चिन्तन और सृजन का कर्म ही शब्द की शक्ति का मूलस्त्रोत है" तो उनका ध्यान विचार और व्यवहार के इसी सामंजस्य पर है।

आज के इस घनघोर पूँजीवादी युग में पाण्डेय जी द्वारा आलोचना की सामाजिकता पर चर्चा करना एक अर्थ में उसी प्रकार है जिस प्रकार अपने समय में रीतिवाद, अभिव्यंजनावाद और रहस्यवाद के विरुद्ध अपना पक्ष रखते हुए आचार्य रामचन्द्र शुक्ल ने कविता में लोकमंगल की बात कही थी। शुक्ल जी ने कल्पना, अलौकिकता और अगोचर भूमि से अलग हटकर लोकबद्ध प्रतिबद्धता की बात की और रस को अलौकिकता तथा ब्रह्मानन्द सहोदरत्व की भावभूमि से उतारकर उसके सामाजिक स्वरूप की स्थापना की। वास्तव में शुक्ल जी के इन विचारों की आधार भूमि हमें भारतेन्दु युगीन मान्यताओं में ही दिखने लगती है जबकि कहा गया था कि *"साहित्य जनसमूह के हृदय का विकास है"।* साहित्य को देखने-समझने की दृष्टि बदली तो उसके मूल्यांकन की कसौटी भी बदली और हिन्दी आलोचना में युगान्तर उपस्थित हुआ। उस युगान्तर की विशेषता बताते हुए नन्ददुलारे वाजपेयी ने 'हिन्दी साहित्य बीसवीं शताब्दी' में लिखा है कि *"भारतेन्दु हरिश्चन्द्र के समय से स्थिति में परिवर्तन हो चला। आँखें खुलीं और यह आभासित हुआ कि रस किसी छन्द में नहीं है, वह तो मानव संवेदनाओं के विस्तार में है।"* हम देखते हैं कि केवल शुक्ल जी ही नहीं बल्कि उस युग की ही आँखें खुल रही थीं।

पाण्डेय जी भी अपने युग के मुहावरे में ही साहित्य की सामाजिकता की व्याख्या करते हैं। इस युग के साहित्य जगत् के मुहावरे में जहाँ एक ओर साहित्य की सामाजिकता का प्रश्न है वहीं दूसरी ओर सामाजिकता से मुक्त, शुद्ध साहित्यिकता से संघर्ष भी है। वास्तव में पूँजीवाद की बुनियादी विशेषता है कि वह असामाजिक मनुष्य पैदा करती है। पूँजीवाद के इस चरम उत्तर-आधुनिक युग में जबकि समाज और सामाजिक नाम की संस्थाओं पर ही सवाल खड़ा किया जाने लगा है, लगभग वही स्थिति है जिसमें पूँजीवाद अपने हित में साहित्य, कला, संस्कृति आदि जनमुक्तिधर्मी क्षेत्रों में भी रहस्यवाद, आध्यात्मिकता, कलावाद आदि छुपे हुए अस्त्रों के सहारे घुसपैठ कर रहा है। पाण्डेय जी ने ठीक नब्ज पकड़ी है, "जिस समाज में पूँजीपति वर्ग सामन्ती तत्त्वों के सहारे लूटतन्त्र

की राजनीति चला सकता है, उसमें शासक वर्ग के अंग बुद्धिजीवी और साहित्यकार कलावाद और रहस्यवाद का मेल क्यों नहीं करा सकते।'' यह भी एक बिन्दु है जहाँ पाण्डेय जी अपने को ग्राम्शी के निकट पाते हैं। असल में जिस समय आचार्य शुक्ल क्रोचे के अभिव्यंजनावाद की आलोचना कर रहे थे, लगभग उसी समय इटली में ग्राम्शी भी क्रोचे के कला दर्शन की आलोचना कर रहे थे। इस प्रसंग में ग्राम्शी को याद करने का एक और मौजूँ सन्दर्भ है। ग्राम्शी एक प्रशिक्षित भाषा-शास्त्री होने के साथ ही इटली के मजदूर आन्दोलन के संगठनकर्ता भी थे, और अपनी पत्रकारिता में, अत्यन्त सजग रूप से चिन्तनशील सामाजिक व्याख्याकार भी थे, जिनका उद्देश्य महज एक सामाजिक आन्दोलन खड़ा करना नहीं था बल्कि इस आन्दोलन से सम्बद्ध एक समूचा सांस्कृतिक संगठन तैयार करना था। ग्राम्शी के 'बुद्धिजीवी के प्रतिनिधित्व' सम्बन्धी अपने एक व्याख्यान में एडवर्ड सईद ने जुलियन बेण्डा की पुस्तक 'द ट्रिजन ऑफ इण्टेलेक्चुअल्स' (बुद्धिजीवियों का विश्वासघात) के हवाले से बताया है कि सच्चे बुद्धिजीवी वे नही हैं जो अप्रतिबद्ध, पारलौकिक, एकान्तजीवी चिन्तकों की तरह नितान्त निजी जीवन जीते हैं और दुरूह बल्कि गूढ़ किस्म के विषयों में डूबे रहते हैं।

ऐसे ही 'बीमार' बुद्धिजीवियों और उनकी 'बेजान' आलोचना के छद्म को स्पष्ट करते हुए पाण्डेय जी ने लिखा है, ''इस संस्कृति (अभिजन) ने एक ऐसा साहित्य-संसार बना रखा है, जिसमें सौन्दर्य के साधक और उपासक रहते हैं। उनके साथ साहित्य के सौन्दर्य और कला की विशेषज्ञता का दावा करने वाले आलोचक भी रहते हैं। इस साहित्य-संसार में ऐसे लोगों का प्रवेश लगभग वर्जित है जो साहित्यिकता की सीमाओं का उल्लंघन करते हैं और अगर घुस ही आयें तो उनकी उपेक्षा होती है या फिर उनका बहिष्कार।'' ऐसी स्थिति में आलोचना के इस गम्भीर संकट से भिड़ने-टकराने के रास्ते खोज निकालना भी आलोचना की राजनीति का ही एक हिस्सा है। अपने व्यापक जीवनानुभव और सुदीर्घ साहित्यानुभव के आधार पर उन्होंने बताया है कि ''आज के समय में आलोचनात्मक चेतना के निर्माण और विकास का एक स्रोत जन-आन्दोलन है। ज्ञान का विकास केवल एकान्त साधना से नहीं होता, सामाजिक आन्दोलन से भी होता है।'' अपनी इसी मान्यता के चलते पाण्डेय जी शुरू से ही हिन्दी आलोचना में स्त्रियों, दलितों एवं आदिवासियों की स्वतन्त्रता और मुक्ति के सवालों के साथ-साथ पर्यावरण और प्रकृति से जुड़े जन-आन्दोलनों के संग अपनी स्पष्ट समझदारी के साथ खड़े मिलते हैं। देखने की बात है कि यह एक बीहड़ रास्ता है जिस पर मार्क्सवाद के दायरे में रहते हुए कदम बढ़ाना बहुत जोखिम भरा था। जोखिम दलित चेतना और वर्ग की जगह वर्ण एवं जाति की बात करते हुए मार्क्सवाद से विचलित हुआ समझ लिए जाने का। पाण्डेय जी ने खुद ही इस समस्या का कारण बताते हुए कहा कि मार्क्सवाद जिस ऐतिहासिक और सामाजिक प्रक्रिया की उपज है, उसमें जाति व्यवस्था जैसी कोई बात नहीं थी। इसलिए मार्क्स के सामाजिक विश्लेषण में वर्ग और जाति की वास्तविकता अनुपस्थित है। हिन्दी और हिन्दुस्तान के मार्क्सवाद अपने देश और समाज की वास्तविकता के

अनुकूल मार्क्सवाद को विकसित करने के बदले उसकी काल्पनिक शुद्धता पर जोर देते हैं और वर्ग-चेतना के साथ वर्ण-चेतना के वास्तविक तथा सम्भावित सम्बन्धों की उपेक्षा करते हैं। पाण्डेय जी ने भारतीय सन्दर्भों में शुद्ध मार्क्सवाद पर लगातार प्रश्नचिह्न लगाते हुए यह जोखिम उठाया और आत्म-समर्पण करने की बजाये इन जन आन्दोलन की उपलब्धियों को उनकी कमजोरयों के साथ-साथ रेखांकित भी किया है, ठीक ग्राम्शी की तरह ही जिन्होंने मार्क्सवाद के भीतर रहते हुए बीसवीं सदी के पूँजीवाद और उससे उभरे नये-नये अन्तर्विरोधों एवं संकटों का सामना करने के लिए मार्क्सवाद को एक नयी दिशा दी।

कहा जा सकता है कि बुनियादी अर्थों में पाण्डेय जी द्वारा साहित्य की सामाजिकता पर बहस शुरू करना पूँजीवाद की राजनीति और संस्कृति के विरोध की राजनीति के साथ होना है। हम जानते हैं कि मनुष्य मूल रूप से सामाजिक प्राणी है। इसलिए सामाजिकता मनुष्य का, व्यक्ति का विकल्प नहीं है बल्कि उसकी अनिवार्य आवश्यकता है। यही कारण है कि जहाँ पूँजीवादी समाज में आदमी और आदमी के बीच के सम्बन्ध समाप्त हो जाते हैं, वहीं सामाजिकता इस सम्बन्ध की चिन्ता करती है। आदमी और आदमी के बीच के सम्बन्ध की रक्षा की चिन्ता करते हुए सामाजिकता आदमी को बचाने की भी चिन्ता करती है। इस तरह से सामाजिकता की मूलभूत चिन्ता उन सभी चीजों से जुड़ती है जिनका सम्बन्ध मनुष्य से और उसकी अस्मिता से है।

मनुष्य को समाज से जोड़ने वाला सबसे पहला क्षेत्र है—भाषा। भाषा सम्प्रेषण का स्थूल माध्यम भर नहीं है बल्कि समाज की उपलब्धियों और असफलताओं का एक सामूहिक स्मृतिकोष है और इसी रूप में समाज की अस्मिता का आधार भी है। इसलिए पूँजीवाद का सबसे अधिक हमला भी भाषा पर ही हो रहा है। इधर के वर्षों में साफ लक्षित किया जा सकता है कि रचना में भाषा की बाजीगरी और चमत्कार कौतुक को ही सब कुछ मान लेने की एक प्रवृत्ति भी बढ़ी है। कलावाद और अभिव्यंजनावाद के सिपाहियों को भी इसी खेल में अधिक सुविधा होती है। साहित्य को भाषा का केवल एक खेल मानने वाले ये खिलाड़ी इस बात से सहमत नहीं हैं कि साहित्य की सार्थकता समाज को बदलने की चिन्ता से युक्त होने में ही है। ये मानते हैं कि समाज को बदलने में चूँकि साहित्य की कोई भूमिका नहीं होती है, इसीलिए साहित्य का राजनीति से भी कोई सम्बन्ध नहीं है। पाण्डेय जी ने इन सवालों पर अपनी किताब 'आलोचना की सामाजिकता' में संकलित 'राजनीति की भाषा', 'भाषा की राजनीति' और 'भाष की रात में मनुष्य' शीर्षक लेखों में खुलकर अपनी मान्यताएँ व्यक्त की हैं। इन सवालों पर पाण्डेय जी की मान्यताएँ अफ्रीकी लेखक न्गूगी वा थ्योंगो से मिलती हैं। न्गूगी ने अपने एक लेख में लिखा है कि मानसिक नियन्त्रण के बिना आर्थिक तथा राजनीतिक नियन्त्रण कभी सम्भव नहीं रहा है, इसलिए जहाँ साम्राज्यवाद ताकत के सहारे दमनकारी शासन कायम करता है वहीं योजनाबद्ध ढंग से जनता के नृत्यों, गीतों, साहित्य, धर्मों, भाषाओं आदि को नष्ट भी करता चलता है। पाण्डेय जी ने लिखा है कि *"दूसरों को सत्य और*

अहिंसा का पाठ पढ़ाने वाले शासक अपने-अपने देशों में झूठ और हिंसा के सहारे शोषण और दमन का राज कायम किये हुए हैं। यह भाषा का छल नहीं तो और क्या है, कि दूसरे देशों पर हमला और कब्जा करने वाले शान्तिदूत कहलाते हैं और अपने देश में वर्ण तथा वर्ग भेद जबरदस्ती बनाये रखने वाले दूसरे देशों में मानवाधिकारों की स्थापना के अभियान के नेता बन जाते हैं।'' छलावे के इस दौर में आलोचना की सामाजिकता का एक अर्थ आलोचना के माध्यम से भूमण्डलीकरण द्वारा मनुष्य और मनुष्यता के खिलाफ फैलाये जा रहे फरेबों और छलों को उजागर कर इनसे समाज को सावधान करना भी है।

अब यह कहकर बताने की आवश्यकता नहीं है कि भूमण्डलीकरण और वैश्विक साम्राज्यवाद का सबसे मारक प्रभाव भाषा, संस्कृति और सभ्यता की अनेकरूपता पर पड़ा है। असल में पूँजी और सत्ता अपने हित में केवल दूसरों की भाषाओं और संस्कृतियों पर हमला ही नहीं करती है और उनकी जगह अपनी भाषा और संस्कृति को थोपती भी है। ऐसे में बतौर एक साहित्यिक विधा उपन्यास पर विचार करना आलोचना की सामाजिकता के सम्बन्ध में बहुत गहरे सन्दर्भ रखता है। भारतीय उपन्यास की ऐतिहासिक भूमिका और सामाजिक सार्थकता की परख करते हुए पाण्डेय जी ने निष्कर्ष निकाला है कि भारत के अधिकांश बड़े उपन्यासकारों की रचनाशीलता का लक्ष्य किसानों, आदिवासियों, हरिजनों, स्त्रियों, मजदूरों और दूसरे शोषित-दलित जनसमुदायों का जीवन है। इस प्रक्रिया में उपन्यास एक लोकतान्त्रिक और सामाजिक संस्था के रूप में सामने आया है। वस्तुतः लोकतन्त्र का मतलब ही विविधता के स्वीकार में निहित है और यह उपन्यास की संरचना की बुनियादी विशेषता है। चरित्रधर्मी और स्वरबहुल भाषा, संवादोन्मुख स्वभाव तथा आलोचनात्मक फॉर्म की वजह से ही यह सम्भव हो सका है कि पूँजीवाद की कोख से ही जन्म लेने के बावजूद दुनिया का हर बड़ा उपन्यासकार पूँजीवाद का विरोध करता है। आचार्य शुक्ल ने 1920 ई. में लिखे अपने 'उपन्यास' शीर्षक लेख में लिखा है कि ''मानव जीवन के अनेक रूपों का परिचय कराना उपन्यास का काम है। यह उन सूक्ष्म से सूक्ष्म घटनाओं का प्रत्यक्ष करने का यत्न करता है जिससे मनुष्य का जीवन बनता है और जो इतिहास आदि की पहुँच से बाहर है।'' हम जानते हैं कि इतिहास का पक्ष हमेशा शासकों का ही पक्ष होता है। समाज में जो शासक समुदाय है और उसके जो बुद्धिजीवी हैं वे संस्कृति, साहित्य और कला के क्षेत्र में एकमात्र अपनी ही परम्परा बनाये रखना चाहते हैं और दूसरी परम्पराओं को वे हमेशा उपेक्षित और हाशिये पर रखने की कोशिश करते हैं। इसलिए इतिहास के हाशिये पर पड़ी अस्मिताओं के साथ होने और वर्चस्सवाद के विरुद्ध अस्मिताओं के सन्तुलन पर केन्द्रित होने के कारण उपन्यास मूलतः मनुष्य की स्वतन्त्रता के पक्ष में खड़ा होता है। मनुष्य की स्वतन्त्रता का पक्ष लेने के कारण ही उपन्यास सामाजिकता की भी रक्षा करता है। पाण्डेय जी ने उपन्यास का लोकतन्त्र और लोकतन्त्र के उपन्यास जैसे विषयों पर विचार करते हुए अनेकशः उपन्यास की इसी व्यापक सामाजिक भूमिका को स्पष्ट किया है। उनका कहना

है कि "उपन्यास ने सामाजिक व्यवस्थाओं, विचारधाराओं, पितृसत्ता से उपजी पराधीनताओं, जाति-व्यवस्था, गुलामी, नस्लभेद, उपनिवेशवाद, आधिपत्य, अस्मिता, साम्प्रदायिकता, लोकतन्त्र और यहाँ तक कि स्वयं अपने स्वरूप के बारे में प्रश्न करते हुए पाठकों की चेतना और सहानुभूतियों का विस्तार किया है।" चेतना और सहानुभूति के विस्तार में ही तो सामाजिकता का अर्थ छिपा है।

पाण्डेय जी के आलोचनात्मक लेखन के सन्दर्भ में एक महत्त्वपूर्ण पक्ष यह भी है कि जहाँ एक ओर इसमें साहित्य और आलोचना की सामाजिकता की चिन्ता की गयी है वहीं दूसरी ओर इस सामाजिकता का सम्बन्ध जिस समाज से है, उस समाज की भी गम्भीर पड़ताल और चिन्ता की गयी है। आखिर भाषा, साहित्य, संस्कृति, आलोचना की केवल सामाजिकता का ही नहीं बल्कि समूचे अस्तित्व का सवाल ही उस समाज के खुद के अस्तित्व से जुड़ा होता है। मोटे अर्थ में कहें तो कह सकते हैं कि समाज की रक्षा साहित्य करता है और साहित्य की रक्षा समाज। इसलिए समाज की रक्षा और उसके भविष्य की कोई चिन्ता न करके केवल सामाजिकता की चिन्ता करने की बात चाहे कितनी भी बड़ी हो, कितनी भी तार्किक हो, होगी हवा-हवाई ही। उनके 'भोजपुरी समाज और साहित्य' शीर्षक लेख का महत्त्व इस दृष्टि से असन्दिग्ध है। पाण्डेय जी के अनुसार भोजपुरी की ताकत कम होने का मुख्य कारण भोजपुरी जनता की राजनीतिक चेतना की कमजोरी है और उसमें लोकतान्त्रिक आकांक्षाओं के शक्तिशाली उभार का भी। इसी कारण से पाण्डेय जी ने जोर देकर कहा है कि "भोजपुरी भाषा के विकास का प्रत्येक प्रयत्न भोजपुरी भाषी जनता के स्वत्व के विकास का प्रयत्न है और भोजपुरी की उपेक्षा की हर कोशिश भोजपुरी भाषा जनता को बेजुबान बनाने और उसकी पहचान मिटाने की कोशिश है।" भोजपुरी बोलने वाले साधारण जन की पहचान मिटाने की कोशिश भी अन्ततः पूँजीवाद को ही पाँव जमाने में मदद पहुँचाने वाली कोशिश है।

कहा जा सकता है कि मनुष्य विरोधी और समाज विरोधी इस समय में मनुष्य की स्वतन्त्रता का लक्ष्य लेकर आलोचना के क्षेत्र में प्रवृत्त होना ही आलोचना को सामाजिक बनाना है। अब चूँकि मनुष्य की स्वतन्त्रता का हनन करने के लिए फरेब और बेईमानी का सहारा बड़े पैमाने पर लिया जा रहा है, इसीलिए इसका विरोध करने वाली आलोचना ही ईमानदार भी होगी। वहीं यह भी सही है कि किसी भी किस्म की स्वतन्त्रता का समर्थन करने वाली आलोचना अनिवार्य रूप से राजनीतिक होती है और इस क्रम में मनुष्यता की रक्षा करने के राजनीतिक अभिप्राय की वजह से ही आलोचना सार्थक भी कहलाती है। कहना चाहिए कि सामाजिकता ही ईमानदारी है और ईमानदारी ही सार्थकता है, और हिन्दी आलोचना के ऐसे ही ईमानदार शिखर हैं मैनेजर पाण्डेय...।

संवादधर्मी की मुक्तिधर्मिता
(मैनेजर पाण्डेय की आलोचना दृष्टि)

■ राहुल सिंह

प्रो. मैनेजर पाण्डेय के आलोचना कर्म को समग्रता में देखने पर ऐतिहासिकता, सामाजिकता, मुक्तिधर्मिता और संवादधर्मिता को उनकी आलोचना के प्रमुख गुणों के साथ-साथ उनके आलोचनात्मक विकास के महत्त्वपूर्ण पड़ावों के रूप में भी देखा जा सकता है। हिन्दी आलोचना के प्रायः महत्त्वपूर्ण आलोचकों (रामचन्द्र शुक्ल, हजारीप्रसाद द्विवेदी, रामविलास शर्मा, नामवर सिंह और स्वयं प्रो. पाण्डेय) के यहाँ आलोचना कर्म की शुरुआत इतिहास को समझने के प्रयत्नों के साथ होती है। इसलिए 'ऐतिहासिकता' इन आलोचकों-विचारकों के यहाँ एक ऐसी साझी विरासता है जिसका अभिग्रहण और अनुप्रयोग अपने-अपने ढंग से करते हुए इन सबों ने उसका विकास किया है। इस ऐतिहासिकता से उपजे इतिहास-बोध और इतिहास दृष्टि ने इन्हें 'टेक्स्ट' के 'कन्टेक्स्ट' को ज्यादा बेहतर तरीके से समझ पाने का अवसर उपलब्ध कराया है। लेकिन ऐतिहासिकता की भाँति ही सामाजिकता, मुक्तिधर्मिता और संवादधर्मिता को हिन्दी आलोचना की साझी विरासत नहीं कहा जा सकता है। यहीं प्रो. पाण्डेय हिन्दी आलोचना में अपनी विशिष्ट छाप छोड़ते हुए, कुछ नया प्रस्तावित करते जान पड़ते हैं।

पाण्डेयजी के यहाँ आलोचना के बेहद आरम्भिक प्रयासों में ही ऐतिहासिकता और सामाजिकता की जुगलबन्दी देखने को मिलती है। उसके बाद पाण्डेयजी का आलोचना कर्म ज्यों-ज्यों आगे बढ़ता गया त्यों-त्यों ऐतहासिकता और सामाजिकता के कई अनछुए और अनचीन्हे आयाम हमारे समक्ष उद्घाटित होते चले गये। जैसे पाण्डेय जी लिखते हैं, "ऐतिहासिक दृष्टि से साहित्य के अनुशीलन के लिए साहित्य के ऐतिहासिक स्वरूप और उसके प्रयोजन को पहचानना जरूरी है। साहित्यिक रचनाएँ इतिहास से निर्मित होती हैं और इतिहास का निर्माण भी करती हैं। रचना का अस्तित्व इतिहास के भीतर होता है, इतिहास के बाहर नहीं। कृतियों की उत्पत्ति में इतिहास की सक्रिय भूमिका होती है और पाठकों द्वारा उनके अनुभव तथा मूल्यांकन का इतिहास उनके जीवन का इतिहास होता है। कलाकृतियाँ अपने सामाजिक, ऐतिहासिक सन्दर्भ की उपज होती

हैं, लेकिन महत्त्वपूर्ण कलाकृतियाँ अपने सन्दर्भ के परे भी सार्थक सिद्ध होती हैं। कलाकृतियों की कालबद्धता और कालजयीपन में द्वन्द्वात्मक सम्बन्ध होता है। महान कलाकृतियों को कालजयीपन की क्षमता इतिहास से प्राप्त होती है, उनका कालजयीपन इतिहास प्रक्रिया में ही सिद्ध होता है। इस तरह कलाकृतियों की उत्पत्ति, उनके अस्तित्व और उनके जीवन को समझने के लिए ऐतिहासिक दृष्टि आवश्यक है। ऐतिहासिक दृष्टि से साहित्य के विकास की व्याख्या करना ही साहित्य के इतिहास का उद्देश्य है। साहित्य का अस्तित्व समाज से अलग नहीं होता, इसलिए साहित्य का विकास समाज के विकास से कटा हुआ नहीं हो सकता। साहित्य सामाजिक रचना है, साहित्यकार की रचनाशील चेतना उसके सामाजिक अस्तित्व से निर्मित होती है, साहित्यिक कर्म की पूरी प्रक्रिया सामाजिक व्यवहार का ही एक विशिष्ट रूप है इसलिए साहित्य का इतिहास समाज के इतिहास से अनेक रूपों में जुड़ा होता है। साहित्य का इतिहास व्यापक सामाजिक इतिहास का अंग है। इसी रूप में साहित्य के इतिहास को समझने-समझाने के दृष्टिकोण, प्रयोजन और पद्धति की सहायता से साहित्य के इतिहास लेखन की सामाजिक सार्थकता का विकास हो सकता है।"[1] पाण्डेयजी के इस चिन्तन प्रक्रिया में साहित्य की सामाजिकता उसकी ऐतिहासिकता पर आश्रित है और ऐतिहासिकता की प्रासंगिकता उसकी समकालीन प्रयोजनीयता पर निर्भर है। ऐतिहासिकता और सामाजिकता दोनों साहित्यिकता की निर्धारक कसौटी के तौर पर पाण्डेयजी के यहाँ आये हैं। ऐतिहासिकता अगर किसी रचना या रचनाकार के परिप्रेक्ष्य के निर्माण में सहायक है तो सामाजिकता उस परिप्रेक्ष्य में उस रचना या रचनाकार की भूमिका या स्थान का निर्धारण करने में मददगार है। 'भक्ति आन्दोलन और सूरदास का काव्य' में ऐतिहासिकता और सामाजिकता दोनों का अनुप्रयोग हमें देखने को मिलता है। सूरदास को उनकी ऐतिहासिकता में देख सकने के कारण ही पाण्डेयजी सूर के सन्दर्भ में रामविलास शर्मा के मतों का प्रतिवाद कर सके। रामविलास शर्मा का मानना था कि "कबीर शहरी कारीगरों के, सूर पशुपालकों के और तुलसी किसान जीवन से जुड़े हैं।" आगे पुनः रामविलास शर्मा ने थोड़े परिवर्तन के साथ उल्लेख किया है कि "किसान जीवन के चित्र कबीर और सूर के काव्य में नहीं है—मेरी यह बात केवल सापेक्ष रूप में सही है। कबीर और सूर किसान जीवन से परिचित हैं, पर इस जीवन की समग्रता तुलसी के काव्य में है।" इस प्रसंग को रखते हुए गोपेश्वर सिंह ने सही लक्ष्य किया है कि "मैनेजर पाण्डेय ने डॉ. शर्मा के इस आरोप का कड़ा प्रतिवाद किया है और यह सवाल उठाया है कि किसान जीवन की कौन-सी बात है जो तुलसी के काव्य में है और अन्य किसी कवि में नहीं। तुलसी ही किसान जीवन के प्रतिनिधि क्यों हैं? इस प्रतिवाद के साथ डॉ. पाण्डेय ने सूर के काव्य का गहरा तादात्म्य किसान जीवन से दिखलाया है। इस विवेचन से जो तथ्य उभरते हैं, उससे सूरदास ही किसान जीवन के प्रतिनिधि कवि ठहरते हैं। डॉ. पाण्डेय का यह प्रयत्न सूर सम्बन्धी आलोचना का सही अर्थों में विकास भी है और कवि सूर की सामाजिकता की खोज भी।"[2] इस तरह

ऐतिहासिकता के कारण पाण्डेय जी न सिर्फ सूर के नये अर्थों का सन्धान कर पाते हैं बल्कि उनकी सामाजिकता को भी इस रूप में रेखांकित करते हैं कि सूर के यहाँ 'लोकमंगल की सिद्धावस्था' की बजाय 'लोकमंगल की साधनवास्था' के भी कुछ-कुछ दर्शन होने लगते हैं। यहाँ ऐतिहासिकता सामाजिकता को पुष्ट करती है। उसके बाद पाण्डेयजी के यहाँ इसे एक सूत्र के रूप में लगातार प्रयुक्त होता हुआ हम पाते हैं। कहा जा सकता है कि आलोचना की सामाजिकता की सम्भावनाओं का अनुमान पाण्डेयजी ने बहुत पहले कर लिया था। इसलिए 'साहित्य और इतिहास दृष्टि' में जहाँ एक ओर उन्होंने इतिहास बोध और इतिहास दृष्टि को साहित्य के सन्दर्भ में प्रभावी और उपयोगी बनाने की पद्धति और प्रक्रिया का उद्घाटन किया तो वहीं दूसरी ओर उसके अगले सुचिन्तित पड़ाव के रूप में 'साहित्य के समाजशास्त्र की भूमिका' का रेखांकन किया है। ऐसा कहने का आधार यह है कि पाण्डेयजी ने जब 'साहित्य के समाजशास्त्र' का प्राथमिक लक्ष्य साहित्यिक अस्मिता की पहचान' को प्रस्तावित किया तब उसके तीन स्पष्ट उद्देश्य सामने थे। पहला, साहित्य और समाज के बहुस्तरीय सम्बन्ध के स्वरूप की जान पहचान। दूसरा, साहित्यिक रचना एक सामाजिक कर्म है और कृति एक सामाजिक उत्पादन और तीसरा, रचना की साहित्यिकता और सामाजिकता में एकता स्थापित करना। इस तरह देखे तो जहाँ एक ओर "ऐतिहासिक दृष्टि से साहिय की व्याख्या करना ही साहित्येतिहास का उद्देश्य है" वहीं दूसरी ओर "रचना की साहित्यिकता और समाजिकता की एकता स्थापित करना साहित्य के समाजशास्त्र का उद्देश्य है।" पाण्डेयजी के यहाँ ऐतिहासिकता और सामाजिकता साहित्य की विश्वसनीय व्याख्या के साधन हैं। गणित के एक उदाहरण द्वारा इसको ऐसे देखा जा सकता है कि पाण्डेयजी की आलोचना उस समकोण त्रिभुज के समान है जिसका आधार सामाजिकता, लम्ब ऐतिहासिकता और कर्ण निस्सन्देह साहित्यिकता ही है?

साहित्यिकता और सामाजिकता की एकरूपता स्थापित करने के पाण्डेयजी के प्रयत्नों के मूल में 'विगत सार्थकता और वर्तमान अर्थवत्ता' की कसौटी काम करनी जान पड़ती है। 'साहित्य का उद्देश्य' निर्देशित करते हुए प्रेमचन्द ने 1936 में कला को उपयोगिता की तुला पर तौलते हुए 'हुस्न के मेयार' बदलने की वकालत की थी। आजमाये को बार-बार आजमाने को मूर्खता कहा था। इसी का विस्तार करते हुए तत्कालीन सन्दर्भों में निराला ने 'शक्ति की मौलिक कल्पना' की बात की थी। क्या, 'सौन्दर्य के प्रतिमान' को बदले बिना साहित्य समाज के आगे मशाल दिखाते हुए चलनेवाली सचाई की भूमिका निभा सकती थी? प्रेमचन्द और निराला ने 'विगत को सार्थक' बनाने के लिए जो उपक्रम किये थे, पाण्डेयजी उसी के कुछ सार्थक अंशों को पुनर्संयोजित कर साहित्य (विशेषकर आलोचना) को 'वर्तमान के लिए अर्थवान' बनाने के लिए संघर्ष कर रहे हैं। यह दोहरा संघर्ष है। एक स्तर पर साहित्य की सामाजिकता को स्थापित करना है और दूसरे स्तर पर सामाजिकता की सार्थकता को रेखांकित करना है। एक शब्द के धरातल पर दूसरा कर्म के धरातल पर। शब्द और कर्म की इसी एकरूपता को स्थापित करने का सातत्य पाण्डेयजी की आलोचना में आद्यन्त मौजूद है।

साहित्य की सामाजिकता को अप्रासंगिक और सन्दिग्ध बनाने वाली शक्तियों से पाण्डेयजी लगातार संघर्ष करते आये हैं। आरम्भिक दौर में उन्होंने एक साथ पुराणपन्थियों, आधुनिकतावादियों और रूपवादियों से संघर्ष करते हुए उनके इतिहासविरोधी और जनविरोधी रूप को उजागर किया था। लेकिन गुजरते समय के साथ न सिर्फ सामाजिकता के स्वरूप में बदलाव देखने को मिला बल्कि साहित्य की सामाजिकता की रक्षा का प्रयत्न जिस आलोचना की भूमि से किया जा रहा था उस पर नये किस्म के संकट मँडराने लगे थे। अब पुनः 'उन्हीं हथियारों से' यह लड़ाई नहीं लड़ी जा सकती थी। पाण्डेजयी ने इन संकटों के आलोक में आलोचना की भूमिका और उद्देश्यों को पुनर्नियोजित करने का काम किया।

इसे मैं यहाँ उनके तीन पुस्तकों के आलोक में रख रहा हूँ। यह तीन पुस्तकें हैं : 'शब्द और कर्म', 'अनभै साँचा' और 'आलोचना की सामाजिकता'। तीनों में संघर्षशीलता की भावना मौजूद है। लेकिन थोड़े फर्क के साथ। 'शब्द और कर्म' पाण्डेयजी के 1973-80 तक लिखे गये आलोचनात्मक लेखों का संग्रह है। जिसे अपनी समकालीनता से जिरह करनेवाली आलोचना कर्म की परम्परा में नामवर सिंह की 'इतिहास और आलोचना' तथा रामविलास शर्मा के 'आस्था और सौन्दर्य' के साथ रखा जा सकता है। मार्क्सवादी आलोचना अपने समकालीन पुराणपन्थियों, आधुनिकतावादियों और कलावादियों से संघर्ष करते हुए जिस प्रगतिशील और जनवादी मूल्यों की स्थापना की लड़ाई लड़ रही थी, पाण्डेयजी उसी में अपना योग देते हुए, उस परम्परा का विस्तार करते हैं। 'शब्द और कर्म' में संकलित लेखों में व्यक्त विचारों को सामने रखने से बात ज्यादा स्पष्ट होगी। 'यथार्थवाद बनाम विचारधारा' में पाण्डेयजी ''कला रचना को मानवीय श्रम के दूसरे रूपों की तरह एक प्रयोजनयुक्त मानवीय क्रिया मानते हैं और उसके मूल्य में विचारधारा को प्रयोजन के रूप में काम करता हुआ पाते हैं, उसी के अनुरूप रचना प्रक्रिया का स्वरूप, रचना का रूप विकसित होता है और कृति के रूप में वही प्रयोजन साकार होता है। सामाजिक प्रयोजनीयता विचारधारा का ही एक पक्ष है और कला को ऐतिहासिक दृष्टि से देखने पर उसका समाज, वर्ग और विचारधारा से सम्बन्ध प्रकट होता है। तभी व्यापक सामाजिक प्रक्रिया में कलाकृति की क्रान्तिकारी या प्रतिक्रियावादी भूमिका स्पष्ट होती है।'' पाण्डेयजी यह भी मानते हैं कि ''यथार्थवादी साहित्य और कला की यह क्रान्तिकारी भूमिका निभा सकती है। क्रान्तिकारिता का विरोध यथास्थितिवादी और प्रतिक्रियावादी शक्तियाँ करती हैं। चूँकि मार्क्सवादी साहित्य-चिन्तन की विशेषता साहित्य के वर्गीय आधार, विचारधारात्मक स्वरूप और क्रान्तिकारी भूमिका पर बल देने में है इसलिए यथार्थवाद के विचारधारात्मक और राजनीतिक अभिप्रायों के विरोध के कारण रूढ़िवादी, आधुनिकतावादी और कलावादी एक साथ होते हैं।

'साहित्य और सर्वहारा' में पाण्डेयजी साहित्य की स्वायत्तता और साहित्य की अभिजनवादी विचारधारा का विरोध करते हुए साहित्य की जनवादी धारणा को रखते हैं, जिसके अनुसार 'साहित्य की सामाजिकता और प्रयोजनीयता का मूलगामी अर्थ उसे

बुनियादी बदलाव का साधन मानने में निहित है। साहित्य के स्वरूप, उद्देश्य और विकास का सामाजिक विकास से गहरा सम्बन्ध दिखलाते हुए साहित्य को मानव-समाज के विकास का परिणाम और प्रमाण बताते हैं। साहित्य को सिर्फ यथार्थ और चेतना के सम्बन्ध बोध का माध्यम ही नहीं बल्कि सामाजिक चेतना के निर्माण और सामाजिक जीवन की रूपान्तरणशीलता का साधन भी बताया। साहित्य को चेतना के जागरण का माध्यम बताया। चेतना के जागरण का अर्थ बताते हुए कहा कि "अपनी सामाजिकता और मानवीयता का बोध और जाग्रत सामाजिक चेतना ही अग्रगामी परिवतर्नकारी चेतना बनती है। लेकिन इसके लिए यह आवश्यक है कि रचनाकार की विश्व दृष्टि और पाठक की विश्व दृष्टि में एकता के अतिरिक्त रचनाकार की कलात्मक चेतना और सामाजिक चेतना में एकता हो।"

विचार के स्तर पर जिन बातों की प्रस्तावना पाण्डेयजी कर रहे थे, व्यवहार के स्तर पर उसे उतारने का प्रयत्न भी उन्होंने किया। इसकी शुरुआत उन्होंने अपने घर अर्थात् आलोचना से की। ऐसा करते हुए एक ओर उन्होंने 'नये मार्क्सवादी सौन्दर्यशास्त्र की आवश्यकता' को रेखांकित किया तो दूसरी ओर 'साहित्य का समाजशास्त्र और मार्क्सवादी आलोचना' के अन्तर्सबन्धों की पड़ताल की एक और आलोचना के समकालीन के विभिन्न आयामों की चर्चा की तो दूसरी ओर 'समकालीन जनवादी लेखन की समस्याओं' पर अँगुली रखने का काम किया। तत्कालीन सन्दर्भों में प्रगतिकामी और मुक्तिकामी चिन्तन परम्परा का संघर्ष मुख्य रूप से कलावादी, आधुनिकतावादी, पुराणपन्थियों तथा भटके हुए मार्क्सवादियों से था। इसके लिए एक ओर वे 'लु शून की विरासत' को सामने रखते हैं तो दूसरी ओर "मुक्तिबोध के आलोचनात्मक संघर्ष को। पाण्डेयजी बताते हैं 'लू शुन' को मुख्य रूप से तीन प्रकार की प्रवृत्तियों के लेखकों से संघर्ष करना पड़ा—कलावादी, आधुनिकतावादी और भटके हुए मार्क्सवादी। 'वहीं मुक्तिबोध के आलोचनात्मक संघर्ष को वे बहुत कुछ आत्मालोचन जैसे मानते हुए यह सबके सामने रखते हैं कि "मार्क्सवादी केवल वर्ग-शत्रुओं से ही संघर्ष नहीं करते, वे अपने व्यावहारिक अनुभवों के आलोक में आत्मालोचन करते हुए अपनी कमजोरियों पर भी अपनी विजय प्राप्त करते हैं।" 'लू शुन की विरासत' और 'मुक्तिबोध के आलोचनात्मक संघर्ष' के विचार सूत्र पाण्डेयजी की आलोचना में प्रभावकारी रूप में उपस्थित है। 'शब्द और कर्म' में उपस्थित ऐसे कुछ विचार स्फुलिंगों को उदाहरण के तौर पर देखा जा सकता है।

जैसे पाण्डेयजी लिखते हैं कि "सच बात तो यह है कि सौन्दर्यबोधी प्रभाव भी विचारधारात्मक प्रभाव से एकदम अछूता नहीं होता।"[3] परम्परा और समकालीनता के आपसी सम्बन्ध की व्याख्या करते हुए लिखते हैं कि "हमारा आग्रह केवल यह है कि परम्परा समकालीनता के लिए होती है। समकालीनता की कीमत पर परम्परा को प्रतिष्ठित करना जड़ता का प्रचार करना है।"[4] अधिकतर प्रगतिवादी कविताओं के अल्पजीवी होने का कारण वे उनमें व्यक्त सहानुभूति के काल्पनिक और बौद्धिक होने को मानते हैं, आदि। इस तरह जहाँ उन्होंने आलोचना में एक विश्वसनीय धार पैदा की वहीं जमीनी साहित्य

और साहित्य के जमीन के विस्तार के तरीके भी सुझाये। 'दुनियादारी के सामने ईमानदारी की विडम्बना' को उजागर करते हुए शब्द-साधना की कठिनताओं का बोध कराया। जिसके विकल्प के तौर पर साहित्य की 'चेतना को जगानेवाली' भूमिका को सामने रखा। ऐसा करने के लिए शब्द को अर्थवान बनाये जाने की जरूरत को रेखांकित करते हुए लिखा कि "शब्दों में शक्ति कर्म से आती है, कर्मशील व्यक्ति के शब्द अर्थवान होते हैं।"[5] शब्द और कर्म की एकरूपता स्थापित किये बिना न तो उसकी साहित्यिकता, न तो उसकी सामाजिकता और न ही उसकी ऐतिहासिकता की रक्षा की जा सकती है।

'शब्द और कर्म' में व्यक्त चिन्तन और विचारों का प्रसार उनके आलोचनात्मक लेखों की दूसरी पुस्तक 'अनभै साँचा' में देखने को मिलता है। 'अनभै साँचा' मूलतः 1980 से 2000 तक प्रकाशित पाण्डेयजी के आलोचनात्मक लेखन से एक चयन है। पाण्डेयजी के आलोचना कर्म का यह वह दौर है जब उनके आलोचनात्मक मानकों और साहित्य की प्रयोजनमूलक दृष्टि में 'मुक्तिधर्मिता' एक अनिवार्य गुण के तौर पर सचेत रूप में स्थान बनाती है। आलोचना के प्रचलित फैशन के खिलाफ पाण्डेय जी यहाँ 'अनभै साँचा' को आलोचनात्मक मूल्य के तौर पर प्रस्तावित करते हुए उसे साहित्य की जीवन्तता और दीर्घजीविता से जोड़ते हैं। 'अनभै साँचा' का अर्थ करते हैं—अनुभव का सच, अनभय सच और अनुभव का अनभय सच भी।' आगे चलकर इस 'अनभै साँचा' को वे समाज के बौद्धिक (Peoples Intellectual) होने के अनिवार्य गुणों में से एक बताते हैं। यह वह दौर है जब पाण्डेयजी 'आलोचना की प्रामाणिकता' की भी थोड़ी चिन्ता करते हैं। यह अलग विषय है कि 1980-2000 के बीच वे कौन से कारण थे जिसके कारण आलोचना की प्रामाणिकता की चिन्ता करनी पड़ी। आलोचना की घटती प्रामाणिकता के परिदृश्य को ध्यान में रखने से 'अनभै साँचा' पर दिये जाने वाले जोर का कारण समझा जा सकता है।

पाण्डेयजी लिखते हैं आलोचना की प्रामाणिकता 'अनुभव के सच' पर निर्भर होती है और उसकी प्रभावशीलता सच के 'अनभय कथन' पर। 1982 में ब्रजमोहन सिंह से एक बातचीत के क्रम में पाण्डेयजी ने कहा था कि "कलात्मकता से मतलब है प्रभावशीलता। माओ ने कहा था कि कलात्मकता और लोकप्रियता को परस्पर विरोधी समझना ठीक नहीं है। आज के सन्दर्भ में लोकप्रियता की अपेक्षा करके कलात्मकता की बात करना ही कलावाद है।"[6] पाण्डेयजी माओ की कलात्मकता की ज्यादा सुसंगत व्याख्या करते हुए उसके नये आयाम को उद्घाटित करते हैं। मुक्तिबोध आलोचना को 'सभ्यता समीक्षा' के तौर पर विकसित करना और होते देखना चाहते थे। पाण्डेयजी उस सभ्यता-समीक्षा की शक्ति का स्रोत 'अनभै साँचा' को प्रस्तावित करते हैं। 'अनभै साँचा' में ऐसे उदाहरण भरे पड़े हैं। कुछेक बानगी के तौर पर प्रस्तुत हैं। "सगुण काव्य-धारा की सीमा बताने के लिए मुक्तिबोध ने यह सवाल किया है : 'क्या यह एक महत्त्वपूर्ण तथ्या नहीं है कि राम भक्ति शाखा के अन्तर्गत एक भी प्रभावशाली और महत्त्वपूर्ण कवि निम्नजातीय शूद्र वर्गों से नहीं आया? यह तथ्य है। लेकिन इससे क्या साबित

होता है? तथ्य तो यह भी है कि आधुनिक काल में प्रगतिशील आन्दोलन के अन्तर्गत भी कोई महत्त्वपूर्ण और प्रभावशाली कवि निम्नजातीय शूद्र वर्गों से नहीं आया। तब क्या इससे यह साबित होता है कि प्रगतिवाद के बड़े कवि उच्चवंशी, उच्चजातीय वर्गों के प्रभुत्व के प्रमाण हैं। महत्त्वपूर्ण तथ्य और भी है। प्रेमचन्द ने 'ठाकुर का कुआँ' और 'सद्गति' जैसी कहानिया लिखी हैं और नागार्जुन ने 'हरिजन गाथा' जैसी कविता। इन रचनाओं के लेखक शूद्र समुदाय से नहीं आये हैं, इसलिए क्या उनका कोई महत्त्व नहीं है?''[7] जैसा कि पीछे मैंने संकेत किया है कि इस दौर में पाण्डेयजी के आलोचनात्मक मानकों में 'मुक्तिधर्मिता' एक अनिवार्य विशिष्टता के तौर पर अपनी जगह बनाती है। दलित और स्त्री प्रश्नों के बरक्स हिन्दी साहित्य के इतिहास को पुनर्व्याख्यायित करते हुए सामन्तवाद के आधुनिक अवशेषों पर प्रहार करते हैं। एक ओर जहाँ दलित और स्त्री दृष्टि से हिन्दी 'नवजागरण को देखते हुए उसकी सीमाओं का उद्घाटन करते हैं तो वहीं दूसरी ओर समाजशास्त्र के बौद्धिकों से बालसुलभ जिज्ञासा के साथ यह भी पूछने से गुरेज नहीं करते कि 'क्या आपने वज्र-सूची का नाम सुना है?' पाण्डेयजी लिखते हैं, ''जाति प्रथा पर लिखनेवाले अधिकांश समाजशास्त्री 'वज्र-सूची का नाम भी नहीं जानते।''[8] ऐसा सिर्फ वज्र-सूची के साथ इस देश में नहीं हुआ है बल्कि बौद्धों के अतिरिक्त चार्वाक, आजीवक और अन्य अनेक भौतिकवादी अनात्मवादी विचारकों की रचनाएँ भी अब इस देश में नहीं मिलतीं। आखिर ऐसा क्यों और कैसे हुआ? यह भारतीय समाज में विचारों के इतिहास की एक ऐसी विडम्बना है, जिसकी उपेक्षा करके उस इतिहास के अन्तर्विरोधों की पहचान सम्भव नहीं है। पाण्डेयजी आश्चर्य इस बात पर व्यक्त करते हैं कि जो लोग संस्कृत को भारतीय संस्कृति का पर्याय मानते हैं, वे भी संस्कृत में लिखे बौद्ध साहित्य को अपनी परम्परा से बाहर रखते हैं। क्या परम्परा की इस छँटाई में संकीर्ण सांस्कृतिक दृष्टि के साथ-साथ धार्मिक विद्वेष भी सक्रिय नहीं है? इसलिए पाण्डेयजी के लिए हिन्दी में 'वज्र-सूची' की उपेक्षा केवल एक किताब की उपेक्षा नहीं है। वह भारतीय समाज में सामन्तवाद के सबसे मजबूत और घिनौने अवशेष जाति-प्रथा की उपेक्षा है, जाति-प्रथा की क्रूरता और वीभत्सता की उपेक्षा है और जाति-प्रथा के उन्मूलन के लिए कटिबद्ध एक क्रान्तिकारी दृष्टि की उपेक्षा है। इस उपेक्षा के कारण हिन्दी नवजागरण की चेतना लँगड़ी हुई है, उसका सामान्तवाद विरोधी स्वर दुर्बल हुआ है।' जैसे जातिप्रथा के उन्मूलन की हिन्दी नवजागरण में उपेक्षा दिखायी देती है वैसे ही बौद्ध दर्शन के प्रति विरोध का भाव हिन्दी नवजागरण के अधिकांश निर्माताओं और व्याख्याकारों के लेखन में मौजूद है। इसी भाँति 'स्त्री की स्वाधीनता का सवाल हिन्दी नवजागरण का मुख्य सवाल कभी नहीं बन पाया। वह हमेशा हाशिये पर ही रहा। आरम्भ में स्त्रियों की पराधीनता और उनकी दारुण स्थिति के बारे में जो चिन्ता थी, वह भी बाद में कम हो गयी। यह एक विडम्बानपूर्ण सच्चाई है कि भारतीय स्वाधीनता आन्दोलन के दौरान साम्राज्यवाद विरोधी चेतना के विस्तार के समानान्तर सामान्तवाद विरोधी चेतना क्रमशः कमजोर हुई। परम्परा और राष्ट्रवाद की वेदी पर स्त्री की स्वाधीनता की बलि

चढ़ा दी गयी।''[9] ऐसे अनेक सवाल हैं जो न सिर्फ हमें आईना दिखाने का काम करते हैं बल्कि असहज भी करते हैं जैसे कबीर के सवाल किया करते थे।

'अनभै साँचा' में संकलित 1980-2005 तक के आलोचनात्मक लेखों में पाण्डेयजी की पिछली चार किताबों की भूमिकाएँ भी शामिल हैं। दरअसल यह वही समय था जब प्राणान्तकारी निजी अनुभव के बाद आलोचना कर्म तो दूर स्वयं अपनी भूमिका तय कर पाना नितान्त कठिन था। ऐसे समय में अपनी भूमिका पुनः तय कर पाने में उन्होंने अपनी पिछली भूमिकाओं का स्मरण किया तो अचरज नहीं होना चाहिए। यह अपनी जड़ों को समेटकर उनमें नयी प्राणवत्ता का संचार करने की क्रिया के समान था। यह ऐसा समय था जब जीवन और आलोचना दोनों के अप्रासंगिक हो जाने का खतरा उत्पन्न हो गया था।

'राम की शक्तिपूजा' का एक प्रसंग है 'अन्याय जिधर है उधर है शक्ति'। ऐसी अवस्था से उबरने के लिए 'शक्ति की मौलिक परिकल्पना' करनी होती है। राम के उस संघर्ष में विगत की स्मृतियाँ निर्णायक भूमिका निभाती हैं। यहाँ पाण्डेयजी भी अपनी विगत भूमिकाओं को याद करके स्वयं को पुनर्संयोजित और पुनर्गठित करते हैं। इस सन्दर्भ में 'अनभै साँचा' और 'आलोचना की सामाजिकता' की भूमिका को एक साथ मिलाकर पढ़ने की जरूरत है। 'अनभै साँचा' की भूमिका में पाण्डेयजी लिखते हैं 'आज के उत्तर आधुनिक समय में जब उत्तरवादियों ने चेतना की मौत की घोषणा के साथ अनुभव और सच के अस्तित्व को भी सन्देहास्पद बना दिया है। ऐसे में अनुभव के सच और अनभय सच की बात करना आलोचना में प्रचलित फैशन के खिलाफ चलना है, लेकिन इन दोनों को भुलाकर आलोचना की चिन्ता करना आलोचनात्मक चेतना की शव-यात्रा में शामिल होना होगा। उत्तरवादियों द्वारा ज्ञान, विवेक, चेतना, अनुभव और इतिहास के अन्त की घोषणाओं के बावजूद अनुभव के सच और अनभय सच की जरूरत पर जोर देने वाली यह पुस्तक पाठकों के हाथों में इस उम्मीद के साथ सौंपी जा रही है कि आज भी मनुष्य की स्वतन्त्रता की आकांक्षा मरी नहीं है और उसे अर्जित करने की कोशिशों का भी अन्त नहीं हुआ है। ऐसे में आलोचना आत्मतुष्ट सोच का परिणाम या आत्ममुग्ध चेतना की परिणति नहीं है तो उसकी मुक्तिधर्मी सजगता मनुष्य की स्वतन्त्रता के पक्ष में 'अनभय सच' ही कहेगी।' आलोचना की सामाजिकता की भूमिका में पाण्डेयजी लिखते हैं 'आलोचना' चाहे समाज की हो या साहित्य की, वह सामाजिक बनती है, एडवर्ड सईद के शब्दों में, सत्ता के सामने सच कहने के साहस से।'

'अनभै साँचा' में 'चेतना की मौत' की चिन्ता का विस्तार आलोचना की सामाजिकता' में 'सामाजिक के मृत्यु' की चिन्ता के तौर पर देखने को मिलता है। ऐसी स्थिति में साहित्य की सामाजिकता की चिन्ता का क्या कोई अर्थ और प्रयोजन रह जाता है? पाण्डेयजी ऐसी स्थिति में 'आलोचना की सामाजिकता की चिन्ता को असल में पूँजीवाद द्वारा प्रकृति और संस्कृति के निजीकरण के प्रयत्न के विरुद्ध प्रतिरोध की चिन्ता के तौर पर प्रस्तावित करते हैं' इस तरह हम पाते हैं कि साहित्य की सामाजिकता के

बदलते स्वरूपों के साथ पाण्डेयजी अपनी आलोचना की सामाजिकता की भूमिकाओं में भी बदलाव लाकर 'सामाजिकता' की अपनी विशिष्ट अवधारणा को युगानुकूल सन्दर्भों में प्रासंगिक बनाये रखते हैं। मसलन "पिछले कुछ दशकों से हिन्दी में स्त्री लेखन, दलित लेखन और आदिवासी लेखन का जो विकास हुआ है उससे साहित्य और साहित्यिकता की पुरानी धारणाएँ और मान्यताएँ लगभग ध्वस्त हुई हैं और साहित्य की नयी सामाजिकता सामने आयी है। यह साहित्य विनोद का साधन नहीं है, वह स्वतन्त्रता के लिए बेचैन आत्मा की पुकार है। इस साहित्य की व्याख्या में वही आलोचना सक्षम होगी जो स्त्रियों, दलितों और आदिवासियों की स्वतन्त्रता की आकांक्षा की पहचान करेगी और उनके रचने की सामाजिकता का मूल्यांकन करेगी। वही आलोचना सामाजिक भी होगी" यहाँ पाण्डेयजी 'चेतना की मौत' को झुठलाने के लिए पुनः एक बार आलोचना की भूमिका और उद्देश्यों को समकालीन सन्दर्भों में प्रासंगिक बनाये रखने की लड़ाई लड़ते हैं। वे स्वीकार करते हैं कि "पहले यह माना जाता था कि आलोचना सामाजिक बनती है रचनाओं की सामाजिकता की व्याख्या और रक्षा करती हुई और साथ ही उनकी असामाजिकता की पहचान करती हुई, अब आलोचना की सामाजिक अस्मिता के लिए इतना ही पर्याप्त नहीं है।...आलोचना की घटती सामाजिकता का कारण केवल बाहरी नहीं है, आन्तरिक भी है जिसका सम्बन्ध आलोचना-दृष्टि से है। आज हिन्दी आलोचना को अभिजन संस्कृति का हिस्सा बनाने और उसकी सामाजिकता को सीमित करने का काम आलोचना की भाषा भी कर रही है।...हिन्दी आलोचना की सामाजिकता को सन्देहास्पद बनाने वाली एक प्रवृत्ति वह है जो किसी रचना की समीक्षा के दौरान उसमें मौजूद समाज पर ध्यान नहीं देती।...आज जबकि संस्कृति को राजनीति निगल रही है तब आलोचना केवल साहित्यिक और सांस्कृतिक की नहीं रहेगी वह राजनीतिक भी होगी।...आज हिन्दी आलोचना हिन्दी भाषा की सामाजिकता और मानवीयता के सामने खड़े इस खतरे की पहचान करती हुई अपनी सामाजिकता अर्जित कर सकती है।...इस पूरी प्रक्रिया की जटिलता को समझने के लिए आलोचक को समाज का बौद्धिक बनना होगा, केवल साहित्य का बुद्धिजीवी होना पर्याप्त नहीं है।"[10] यहाँ पाण्डेयजी ने एक साथ साहित्य और समाज के बदलते स्वरूप के कारण उपजे संकट और चुनौतियों का बोध कराया है तथा उन संकट और चुनौतियों से उबरने के सम्भावित विकल्पों की प्रस्तावना की है।

जब प्रतिगामी शक्तियाँ एकजुट हो जायें तो प्रगतिकामी ताकतों को भी एक साथ हो जाना चाहिए। लेकिन पाण्डेयजी की ऐसी सारी कोशिश प्रोमिथियस के आग चुराने के प्रयत्न सरीखे साबित हुए। हिन्दी समाज संघर्ष की इस गुहार में 'भूधर की तरह ध्यान मग्न रहा और केवल जलती मशाल' के तौर पर पाण्डेयजी निष्कम्प खड़े रहे। बहुत दुःख और अफसोस के साथ उन्होंने 'आलोचना की सामाजिकता' की भूमिका में लिखा कि "किसी भी समाज में आलोचना का स्वास्थ्य उस समाज के बौद्धिक वातावरण पर निर्भर होता है। अगर समाज का बौद्धिक वातावरण उन्मुक्त और संवादधर्मी होगा तो आलोचना

भी मूलगामी, उत्सुक, तेजस्वी, प्रश्नाकुल और सत्यनिष्ठ होगी। लेकिन अगर बौद्धिक वातावरण रूढ़िवादी, पीछे देखू और सहमतिवादी होगा तो आलोचना वैसी ही होगी। हिन्दी आलोचना के बेजान और बीमार होने का एक कारण हमारे समाज का वह बौद्धिक वातावरण है जिसमें साहित्यवाद का सहयोगी सहमतिवाद है। ऐसे वातावरण में पलने वाली आलोचना अगर असामाजिक हो तो आश्चर्य की क्या बात है।" हिन्दी के बौद्धिक समाज के इस आचरण को इन तथ्यों के सन्दर्भ में जरा देखें। मैनेजर पाण्डेय कि किताबों की जैसी चर्चा आलोचकों के बीच होनी चाहिए थी वैसी हुई नहीं। क्या इसे सिर्फ दुर्भाग्यपूर्ण कहकर टाला जा सकता है? यह महज संयोग मात्र नहीं है। संवाद का आग्रह करती आलोचना को एकालाप में बदलने की यह अपेक्षापूर्ण चुप्पी कुछ और इशारा करती है। इस उपेक्षामूलक बौद्धिक चुप्पी के समाजशास्त्र का विश्लेषण अलग शोध का विषय है। एक दूसरा उदाहरण लें, दलित, स्त्री और आदिवासी प्रश्नों को केन्द्र में रखकर लिखे जाने वाले साहित्य की ऐतिहासिकता, समकालीनता, सामाजिकता और साहित्यिकता से जुड़े अनेक आयामों का उद्‌घाटन करते हुए उसकी महत्ता से हिन्दी समाज को रू-ब-रू कराने का काम पाण्डेयजी ने किया। 1980 के अब तक इन प्रश्नों को लेकर उनके चिन्तन की निरन्तरता को देखा जा सकता है। लेकिन दलितों के बौद्धिकों ने इस स्वर की निरन्तरता की अनदेखी करते हुए 'सम्भावनाओं को पुरस्कृत' करना जरूरी समझा। यह तो उनके साहित्य साधना (आलोचकीय कर्म) का हिन्दी समाज द्वारा दिया गया प्रतिदान है। एक और क्षेत्र है—अकादेमिक शिक्षण का। नामवर जी के जेएनयू से जाने के बाद उनकी कमी को पाण्डेयजी ने खलने नहीं दया था। 'साहित्य का इतिहासदर्शन' और 'साहित्य का समाजशास्त्र' ये जेएनयू के पाठयक्रम के वे हिस्से हैं जो वहाँ के शोधार्थियों को भारत भर में अलग खड़ा करते हैं। आज उन पाठ्यक्रमों का क्या हो रहा है? क्या वहाँ पाण्डेयजी के विरासत को आगे बढ़ाने वाला कोई आ सका?

पाण्डेयजी ने समाज में वर्चस्ववादी विचारधारा की कार्य पद्धति का विश्लेषण करते हुए विरोधी विचारधारा के साथ किये जाने वाले व्यवहार की प्रक्रिया को चिह्नित करते हुए उसके चार चरणों को रेखांकित किया है। उपेक्षा, विरोध, विकृति और समाहार। इस प्रक्रिया में सबसे पहले विरोधी विचार की उपेक्षा की जाती है। उसके बाद भी वह बचा रहता है तो उसका विरोध किया जाता है। विरोध के बाद भी वह नष्ट नहीं होता तो उसे विकृत करने की कोशिश होती है। इसके बाद भी यदि विरोधी विचार जीवित रहता है, तो उसके विरोध की धार को तेजी से नष्ट करके अपने भीतर समेट लेने का प्रयत्न चलता है। उपेक्षा, विरोध, विकृति और समाहार की इस सर्वग्रासी प्रक्रिया के शिकार निराला और मुक्तिबोध भी हो चुके हैं। पाण्डेयजी सम्भवतः इस सर्वग्रासी प्रक्रिया के विरोध और विकृति के बीच में कहीं पहुँचे हैं।

यह उनके आलोचनात्मक कर्म का एक संक्षिप्त और अधूरा-सा खाका है। समग्रता और विस्तार के लिए स्वतन्त्र पुस्तक की आवश्यकता है क्योंकि मैनेजर पाण्डेय सन्दर्भवान आलोचकों में से एक हैं। वे क्यों सन्दर्भवान हैं, इसकी थोड़ी चर्चा आवश्यक है। पाण्डेयजी

ने अपने अध्ययन-मनन और चिन्तन से जो वस्तुनिष्ठ दृष्टि अर्जित की है, वह मूल का उद्‌घाटन करने के कारण सच्चे अर्थों में मूलगामी (रेडिकल) है। उनकी दृष्टि की यह मूलगामिता उन्हें वर्तमान हिन्दी आलोचना जगत् में सम्भवतः उस अकेले चिन्तक-विचारक के तौर पर प्रस्तावित करती है जो "आज के भारतीय सन्दर्भ में व्याप्त राजनीतिक, सामाजिक और सांस्कृतिक समस्याओं के मूल में उत्तर-आधुनिक विचारधाराओं की भूमिका का विश्लेषण कर रहे हैं।" आज हिन्दी आलोचना में उत्तर-आधुनिकता पर विचार करने वाले आलोचक-समीक्षक जहाँ उत्तर-आधुनिकता की अवधारणा और सिद्धान्तों का परिचय प्रस्तुत कर या अंग्रेजी लेखों का हिन्दी अनुवाद कर स्वयं को कृतार्थ महसूस कर रहे हैं, वहीं पाण्डेयजी उत्तर-आधुनिकतावाद, उत्तर-यथार्थवाद, उत्तर-संरचनावाद और उत्तर-औपनिवेशिकतावाद की अवधारणा में निहित राजनीति का अभिप्राय पाठकों के सामने स्पष्ट कर रहे हैं। पाण्डेयजी कहते हैं, "उत्तर-आधुनिकतावाद की एक मान्यता यह है कि संस्कृति और साहित्य की दुनिया अब यथार्थवाद के समय से निकलकर उत्तर-यथार्थवाद के समय में आ गयी है। यथार्थवादी साहित्य के ज्ञानात्मक मूल्य को महत्त्व देता है। उसके अनुसार साहित्य में जीवन के यथार्थ की अभिव्यक्ति होती है, जिसके बोध से जीवन को समझने और उसे बदलने की प्रेरणा मिलती है। उत्तर यथार्थवाद इस प्रक्रिया को अस्वीकार करते हुए साहित्य की परिवर्तनकारी भूमिका को नकारता है। ...उत्तर यथार्थवाद की बात करने वाले यह चाहते हैं कि जनसमुदाय साहित्य के माध्यम से समाज के यथार्थ को जानने की और उसे बदलने की कोई कोशिश न करें। यह है उत्तर यथार्थवाद की राजनीतिक भूमिका। इसका उत्तर आधुनिकतावाद के इतिहास के अन्त और मुक्ति के आख्यान के अन्त की घोषणाओं से गहरा सम्बन्ध है। उत्तर आधुनिकतावाद की एक शाखा समाज में सच के अस्तित्व, साहित्य में उसकी अभिव्यक्ति और आलोचना में उसकी खोज के बारे में सन्देह पैदा करती हुई साहित्य के सम्पूर्ण व्यापार को अनिश्चितता के घेरे में डाल देती है जिसके परिणामस्वरूप साहित्य से सच पाने की उम्मीद करना आवश्यक ही नहीं, निरर्थक भी हो जायेगा। उत्तर आधुनिकतावाद में निहित राजनीति का यह दूसरा पहलू है।"[11] इसी तरह उत्तर औपनिवेशिकता की राजनीति का खुलासा करते हुए लिखते हैं, "इसका एक तात्पर्य यह भी है कि अब कहीं किसी तरह का कोई उपनिवेशवाद नहीं है, जबकि भूमण्डलीकरण नये ढंग का अमेरिकी औपनिवेशिक अभियान ही है।"[12] ऐसे ही संरचनावाद और उत्तर संरचनावाद की बात करते हुए वे कहते हैं, "संरचनावाद और उत्तर संरचनावाद ने साहित्य और भाषा का जाना-पहचाना सम्बन्ध बदल दिया है, बल्कि उलट दिया है। ये लोग साहित्यिक रचना को आत्मनिर्भर भाषिक संरचना मानकर उसकी रूपगत विशेषताओं का विश्लेषण करते हैं।"[13] रचना को भाषिक संरचना के साँचे में सीमित कर देना उसकी सामाजिकता की हत्या करना है। इस पूरे प्रसंग को ध्यान में रखते हुए "अगर हम पूँजीवाद के वर्तमान दौर में संस्कृति की वास्तविक भूमि, भूमिका और क्रियाशीलता पर ध्यान दें तो यह स्पष्ट हो जाएगा कि अन्ततः अर्थतन्त्र ही संस्कृति को नियन्त्रित-संचालित ओर अनुशासित

कर रहा है।"[14] पाण्डेयजी की मूलगामी आलोचना दृष्टि को देखकर आचार्य शुक्ल के 'कविता क्या है?' में कहा गया वह वाक्य याद आता है कि "ज्यों ज्यों हमारी वृत्तियों पर सभ्यता के नये-नये आवरण चढ़ते जायेंगे त्यों-त्यों एक ओर तो कविता की आवश्यकता बढ़ती जायेगी, दूसरी ओर कवि कर्म कठिन हो जाएगा।" क्योंकि परत दर परत चढ़ते आवरणों को हटाकर 'प्रकृत रूप का प्रत्यक्षीकरण' एक कठिन कर्म साबित होगा। आचार्य शुक्ल ने आने वाले समय में कवि-कर्म के लिए 'प्रकृत रूप के प्रत्यक्षीकरण' (असलियत का उद्घाटन) का जो विधान किया था, पाण्डेयजी उसे आलोचना के क्षेत्र में लागू करते नजर आते हैं। यहाँ उनका आलोचना कर्म सामाजिक कर्म की सीमा को लाँघता हुआ सांस्कृतिक कर्म की देहरी में प्रवेश कर जाता है। आलोचना को सांस्कृतिक कर्म और सांस्कृतिक प्रक्रिया के रूप में विकसित करने के कारण हिन्दी साहित्येतिहास से जुड़े उनके विचार संस्कृति के इतिहास का भी हिस्सा जान पड़ते हैं। पाण्डेयजी यहाँ आलोचना की सामाजिकता को बचाये रखकर आलोचना की संस्कृति से उनकी परस्परावलम्बता को जोड़ते हुए अपने आलोचना कर्म को मुक्तिबोध की परम्परा में 'सभ्यता समीक्षा' के तौर पर विकसित करते हैं साथ ही इस तथ्य को भी नजरों से ओझल नहीं होने देते कि "आधुनिक काल में साहित्य पहले से अधिक राजनीतिक हुआ है। इसलिए आलोचना को भी उसी अनुपात में राजनीतिक होना होगा; क्योंकि आज जब संस्कृति को राजनीति निगल रही है तो आलोचना सिर्फ साहित्यिक और सांस्कृतिक बने रहकर अपनी रक्षा नहीं कर पायेगी। उसे राजनीतिक दायित्व का बोध अर्जित करना ही होगा। अपनी सामाजिकता की रक्षा के लिए अन्तर्ज्ञानानुशासनात्मक (Inter disciplinary) होना ही होगा।" इस प्रकार पाण्डेयजी साहित्यिकता, सामाजिकता और प्रामाणिकता के मेल से आलोचना का 'सुरक्षा चक्र' बनाते हैं। मतलब आलोचना का सौन्दर्य उसकी साहित्यिकता से, आलोचना की सार्थकता उसकी सामाजिकता से और आलोचना की प्रामाणिकता अन्य ज्ञानानुशासनों से पुष्ट होती है। पाण्डेयजी का आलोचना कर्म एक स्तर पर स्वयं आलोचना को कैसे सामाजिक-सांस्कृतिक और राजनीतिक कर्म के रूप में विकसित किया जा सकता है, इसका आरम्भिक प्रशिक्षण और बुनियादी तमीज देती जान पड़ती है।

सन्दर्भवत्ता की दूसरी वजह, सामाजिक अन्तः सम्बन्धों, उनकी अन्तः क्रियाओं, प्रभावों, अन्तर्विरोधों की जटिलताओं की अचूक पहचान पाण्डेयजी की आलोचना दृष्टि की अन्यतम विशेषता है। यह उनकी आलोचना की ताकत भी है। बहुत छोटे-छोटे वाक्यों में वे शोध का सार देते चलते हैं, जैसे—"कई बार उपनिवेशवाद की जरूरतें राष्ट्रवाद की जरूरतों से मिल जाती हैं। भारत में जिस प्रकार का राष्ट्रवाद विकसित हुआ है, उसकी कई विशेषताएँ तो सीधे-सीधे उपनिवेशवाद से सीखी और स्वीकार की गयी है।" प्राच्यविदों और भारतविदों के द्वारा प्रस्तुत साक्ष्यों के आधार यह "भारत भारतीयता, भारतीय समाज, संस्कृति और इतिहास सम्बन्धी विचार विमर्श तथा आख्यान से भारत की जो पहचान, छवि या अस्मिता निर्मित हुई वह एक प्रकार से अनूदित अस्मिता थी।"[15]

ऐसे अनेक उदाहरण पाण्डेय जी की आलोचना में भरे पड़े हैं, जहाँ 'झागदार चर्चा' की जगह 'सारग्राही विश्लेषण' अपनी सटीकता के साथ उपस्थित है। नामवर जी हिन्दी आलोचना में यदि अपनी 'फ्लैशेज' के कारण जाने जायेंगे तो पाण्डेयजी अपनी सूत्रात्मकता और वस्तुनिष्ठता के लिए। रामविलास शर्मा ने शुक्लजी के सन्दर्भ में लिखा है कि 'शुक्लजी की एक बहुत बड़ी विशेषता अत्यन्त सारगर्भित वाक्य रचने की क्षमता है।' पाण्डेयजी के सन्दर्भ में भी यह बात अक्षरशः लागू होती है।

सन्दर्भवत्ता की तीसरी वजह, पाण्डेयजी मानते हैं कि रचना की राजनीति की खोज और उसकी व्याख्या आलोचना का काम है इसलिए "रचनाकार की राजनीतिक दृष्टि की उपेक्षा की जा सकती है लेकिन रचना के राजनीतिक अभाव और प्रयोजन की उपेक्षा नहीं की जां सकती।" रचना की सार्थकता को रेखांकित करने के लिए उसकी सटीक व्याख्या जरूरी होती है। पाण्डेयजी का आलोचना कर्म सन्दर्भगत व्याख्याओं के कारण भी विश्वसनीयता का विस्तार करता है। एक साक्षात्कार में पूछे गये सवाल कि, "भारत की दूसरी खोज' की प्रक्रिया क्या है? भारत की पहली खोज से यह किस तरह भिन्न है?" का जवाब देते हुए पाण्डेयजी ने कहा था कि "पहली खोज के पीछे भारत का स्वाधीनता आन्दोलन था और स्वाधीनता आन्दोलन की गति और शक्ति देने के लिए ही वह खोज शुरू हुई थी, जो अठारहवीं सदी के अन्त से शुरू होकर बीसवीं सदी के आरम्भिक चार दशकों तक चलती है। मेरा मतलब राजा राममोहन राय से लेकर नेहरू तक के प्रयत्न को भारत की पहली खोज कह सकते हैं।...उस काल के अनेक दूसरे इतिहास की ओर उन्मुख रचनाकारों की जो प्रवृत्ति है, उसमें आपको अतीत की वर्तमानता की खोज दिखायी देगी जबकि इस दूसरी खोज के प्रसंग में वर्तमान की अतीतता सिद्ध करने का प्रयास दिखायी देगा। ये बुनियादी फर्क है दोनों में।"[16] अन्यत्र 'शब्दों' की बात करते हुए केदारनाथ सिंह की कविता, 'बाघ' की जो व्याख्या वे करते हैं, वह देखने लायक है। धूमिल की कविताओं की उनके द्वारा की गयी व्याख्या से ऐसा बोध होता है कि कभी-कभी स्वयं इतिहास रचनाओं की प्रासंगिकता का अवसर पैदा करता है। आचार्य शुक्ल के शब्द-शक्तियों पर किये गये विचारों की व्याख्या करते हुए वे लिखते हैं कि "भारतीय काव्यशास्त्र की स्थापित परम्परा का विरोध करते हुए लक्षणा और व्यंजना की तुलना में आचार्य शुक्ल ने अभिधा को अधिक महत्त्व दिया है। उन्होंने जोर देकर लिखा है कि वाच्यार्थ में ही काव्य होता है। आखिर इस विरोध और साहस का उद्देश्य क्या है? आचार्य शुक्ल जीवन और काव्य में पाखण्ड प्रचार के विरोधी थे। उनको मालूम था कि व्यंजना पाखण्डियों के बड़े काम की होती है। 'काव्य क्षेत्र में राजनीति के समान पाखण्ड के प्रचार की आशंका थी इसीलिए उन्होंने काव्य क्षेत्र को पाखण्ड के प्रचार से बचाने के लिए व्यंजना की जगह अभिधा को स्थापित किया। अभिधा में भी पाखण्ड की सम्भाना है लेकिन लक्षणा और व्यंजना से कम। सब जानते हैं कि पाखण्डी के लिए दुविधा की भाषा सुविधाजनक होती है, इसीलिए जब समाज में पाखण्ड का प्रचार होता है तब कविता में व्यंजना का प्रसार होता है। आजकल यह स्थिति चारों ओर

दिखायी दे रही है। यहाँ कविता में अभिधा को महत्त्व देने के पीछे जीवन सत्य से काव्य-सत्य की निकटता और एकता का आग्रह है।"[17] ऐसे प्रसंगों में पाण्डेयजी आलोचना-दृष्टि अपनी शक्ति का बोध कराती हुई आलोचना की प्रयोजनमूलकता और प्रासंगिकता को सामान्य पाठकों के लिए सम्प्रेष्य और प्रामाणिक बनाने का काम करती है।

सन्दर्भवत्ता की चौथी वजह, आलोचना का सन्तुलित स्वर है। पाण्डेयजी के आलोचना कर्म में व्यक्गित राग-द्वेष के कारण अतिरंजित प्रशंसा और रक्तरंजित निन्दा की सीमाओं का स्पर्श करने वाली अतिरंजना, सरलीकरण, धमकी, फतवा और आशीर्वाद आलोचना के लिए कोई जगह नहीं है। कविता विषयक उनके चिन्तन से कुछ उदाहरण प्रस्तुत है जो उनके सन्तुलित दृष्टिकोण की संगतता का परिचायक है। पाण्डेयजी लिखते हैं कि "जो लोग कविता को आलोचना का हथियार मानने से इनकार करते हैं वे साहित्य की पक्षधर भूमिकाओं को अस्वीकार करते हैं और जो लोग कविता को केवल हथियार समझते हैं वे कविता के स्वरूप, प्रयोजन एवं क्रान्ति में उसकी भूमिका के बारे में भ्रम पैदा करते हैं।"[18]

नयी कविता के सन्दर्भ में वे कहते हैं कि "नयी कविता को कुछ लोग प्रयोगवाद का ही विस्तार मानते हैं। मुझे यह बात ठीक नहीं लगती। कुछ दूसरे लोग इसे प्रगतिशील कविता का नया रूप मानते हैं। मैं इसे भी सही मानता। मैं समझता हूँ कि चूँकि नयी कविता, प्रगतिवाद और प्रयोगवाद के टकराव से पैदा हुई थी, इसलिए उसमें उन दोनों प्रवृत्तियों का विकास मिलता है और साथ ही इन दोनों से भिन्न भी काफी कुछ विकसित दिखायी देता है।"[19] कविता में सौन्दर्य तलाशती दृष्टि की सीमा रेखांकित करते हुए वे कहते हैं कि "कुछ लोग ऐसे हैं जो जटिलता में ही कविता का सौन्दर्य खोजते हैं यह एक गड़बड़ी है। दूसरी गड़बड़ी यह है कि कुछ सरलता में सौन्दर्य खोजते हैं।"[20] ज्ञान, तर्क और विवेक से लैस पाण्डेयजी की सत्यान्वेषी दृष्टि मार्क्सवादी आलोचना की सीमाओं का भी उसी निर्भय सहजता से उद्‌घाटन करती है। किसी किस्म के 'अन्तरंगता और पक्षधरता' का अभाव यहाँ देखने को मिलता है। मार्क्सवादी आलोचना को पार्टी लाइन के आधार पर लागू किये जाने का लगातार मुखर विरोध मार्क्सवादी आलोचक होने के बावजूद (नाते) पाण्डेयजी ने किया है, वह चाहे नागार्जुन के प्रसंग में नन्दकिशोर नवल हों या अन्य सन्दर्भों में रामविलास शर्मा। नर्मदा आन्दोलन के प्रसंग में उनके विचारों पर ध्यान दिये जाने की जरूरत है। वे लिखते हैं, "बड़े पैमाने पर नर्मदा के क्षेत्र में बसने वाले आदिवासियों और दूसरे जनसमुदायों के अस्तित्व की रक्षा का आन्दोलन है। उनकी जिन्दगी, उनकी संस्कृति और उनकी जीवन पद्धति की रक्षा का आन्दोलन है। यह आन्दोलन महत्त्वपूर्ण कितना है, इसका अन्दाजा केवल इससे लगाया जा सकता है कि उस एक आन्दोलन ने इस देश के कम से कम तीन सरकारों—गुजरात, महाराष्ट्र और मध्यप्रदेश को हिलाया है, उनकी चेतना के सामने सवाल खड़े किये हैं और केन्द्र की सरकार को भी दुविधा में जाने और झूठ बोलने तक के लिए मजबूर किया है।

पर हमारी वामपन्थी पार्टियों की आदत यह रही है कि उनके नेतृत्व में जो आन्दोलन नहीं चलते, उन आन्दोलनों को वे महत्त्व नहीं देते। चाहे वह कितने ही सार्थक और महत्त्वपूर्ण क्यों न हो।"[21] इस दृष्टिकोण से वे 'ऑफिशियल मार्क्सवादी' नहीं हैं। इसके बाद भी अगर कोई उन्हें रूढ़ अर्थों में मार्क्सवादी समझे तो उनके इन पंक्तियों को एक बार पढ़ लें। "जैसे गैर मार्क्सवादी होते हुए भी कुछ लोग अच्छे आलोचक हैं, वैसे ही इसके ठीक विपरीत कुछ लोग मार्क्सवादी होते हुए भी, न केवल खराब आलोचक हैं, बल्कि आलोचक ही नहीं हैं, फिर भी आलोचक कहे जाते हैं।"[22] इसके अलावा सन्दर्भवत्ता के अनेक कारण हैं, जिन पर स्वतन्त्र रूप से विचार किया जा सकता है लेकिन यहाँ मैं संकेत भर कर रहा हूँ। ऐतिहासिकता की पहचान और मूलगामी मीमांसा, लेखों की बहुआयामिता, उद्धरणों के उपयोग की कला और उनकी आलोचना में भाषा की सहजता का आग्रह और आक्रान्त कर देने वाली शब्दावली का अभाव आदि।

पाण्डेयजी साहित्य के काल्पनिक और स्वायत्त गणतन्त्र के नागरिक नहीं हैं। इसलिए उनकी आलोचना दृष्टि भी स्वायत्त नहीं है। वह परम्परा से ग्रहण और त्याग का परिणाम है। वह भी 'संग्रह त्याग न बिनु पहिचाने'। स्वयं पाण्डेजी की आलोचना-दृष्टि हिन्दी आलोचना की प्रगतिशील परम्परा का पूँजीभूत रूप तो है ही, विश्व की मार्क्सवादी आलोचना की परम्परा से भी उन्होंने अपने लिए और हिन्दी आलोचना के लिए कई आलोचनात्मक प्रतिमान जुटाये हैं। साथ ही साथ पहले के जाने हुए 'आलोचनात्मक टूल्स' को इन्होंने हमारे लिए पहचाना हुआ भी बनाया है। आचार्य शुक्ल के 'प्रकृत रूप का प्रत्यक्षीकरण' से हम परिचित हो चुके हैं। अगर पाण्डेयजी के आलोचनात्मक सरोकारों से आप परिचित हैं तो यह बात आपको अटपटी नहीं जान पड़ेगी कि उनका लेखन एक 'सचेत परिवर्तनेच्छा' की चेतना से चालित है और उसी चेतना के प्रचार-प्रसार में वे रत हैं। यह 'सचेत परिवर्तनेच्छा' हजारीप्रसाद द्विवेदी की आलोचना-दृष्टि की बुनियादी विशेषता है। रामविलास जी के यहाँ हर प्रश्न 'विगत सार्थकता और वर्तमान अर्थवत्ता' की कसौटी से गुजरे बिना उनके लेखन में स्थान नहीं पा सका है। पाण्डेयजी की आलोचना-दृष्टि की भी एक प्रमुख विशेषता है—'विगत सार्थकता और वर्तमान अर्थवत्ता'। मुक्तिबोध आलोचना को 'सभ्यता-समीक्षा' के रूप में देखते हैं। 'सभ्यता-समीक्षा' रचना और आलोचना के बीच समानधर्मिता पर बल देती है और आलोचना को सांस्कृतिक समालोचना के रूप में विकसित करने की बात करती है। कहना न होगा कि आलोचना को सांस्कृतिक कर्म और सांस्कृतिक प्रक्रिया का अंग कौन मानता है और किनके यहाँ आलोचना 'सभ्यता समीक्षा' के रूप में विकसित हो रही है। नामवर जी और पाण्डेयजी की आलोचना दृष्टि में भी कई समानताएँ हैं; जैसे सामयिक साहित्यिक वातावरण में निहित प्रतिमानों की खोज का प्रयत्न, संशलिष्ट सामयिक बोध को परिभाषित और संगठित करने का प्रत्यन तथा कला-दृष्टि और विश्व-दृष्टि पर बराबर बल दिये जाने की विशेषता आदि। इसे देखकर यही लगता है कि आलोचना वाद-विवाद-संवाद के माध्यम से भी विकसित होती है।

इससे यह समझने की भूल नहीं करनी चाहिए कि पाण्डेयजी ने हिन्दी आलोचना

का अनुकरण किया है। बल्कि वास्तविकता यह है कि उन्होंने हिन्दी आलोचना की प्रगतिशील मार्क्सवादी परम्परा के धनात्मक पक्षों का अनुसरण किया है। अनुकरण और अनुसरण में फर्क है। अनुकरण कोरा नकल मात्र होता है जबकि अनुसरण उस प्रवृत्ति को कहेंगे जिसमें हम किसी से प्रेरणा ग्रहण कर, उसका आत्मसात् करके, उसको उससे ज्यादा आगे तक विकसित कर सकें। हजारीप्रसाद द्विवेदी ने मौलिकता को 'सामंजस्यविधायनी दृष्टि की स्वकीयता' कहा था। पाण्डेयजी का आलोचना कर्म इस अर्थ में मौलिक आलोचना कर्म है। इसलिए उन्होंने जो प्रेरणा ग्रहण की है वह प्रभाव मात्र ही है, परिणाम नहीं है।

सार्थक रचना की तरह सार्थक आलोचना भी अपने समय और समाज की हलचलों और वैचारिक तथा संवेदनात्मक परिवर्तनों के बारे में सजग होती है, तभी वह रचनाओं से स्वतन्त्र और कभी-कभी उनके समानान्तर अपनी सामाजिक दृष्टि निर्मित करती है, जिससे वह रचनाशीलता विकसित होती है जो अपने युग के विवेक का प्रतिनिधित्व करती है। ऐसी आलोचना केवल साहित्यिक नहीं होती, वह सामाजिक आलोचना भी होती है। जाहिर है कि इस प्रकार की आलोचना का विकास करने वाले आलोचक किसी भी भाषा में बहुत नहीं होते, लेकिन आलोचना की दुनिया में ऐसे आलोचकों का एकदम अभाव भी नहीं रहा है और आज के समय में हिन्दी आलोचना इस बात पर गर्व कर सकती है कि कम से कम इसका एक जेनुइन उदाहरण हमारे बीच मौजूद है।

अन्त में यही कहना चाहूँगा कि पाण्डेयजी का आलोचना कर्म मुक्ति की मानसिकता निर्मित करने वाला है। इसलिए उनकी आलोचना अपने चरित्र में संवादधर्मी है और उद्देश्य में मुक्तिधर्मी। पाण्डेयजी ने रामविलास शर्मा के सन्दर्भ में लिखा है कि 'रामविलास शर्मा शुद्ध साहित्य के विशुद्ध आलोचक और इतिहासकार नहीं हैं।' क्या आपको नहीं लगता कि यह वाक्य प्रो. मैनेजर पाण्डेय पर भी अक्षरशः लागू होता है।

सन्दर्भ :

1. मैनेजर पाण्डेय–साहित्य और इतिहास दृष्टि, अरुणोदय प्रकाशन, नई दिल्ली, 1992, भूमिका से
2. किशन कालजयी द्वारा सम्पादित मैनेजर पाण्डेय पर केन्द्रित अंक संवेद फरवरी, 2002, पृ. 153
3. मैनेजर पाण्डेय–शब्द और कर्म, वाणी प्रकाशन, नई दिल्ली, 1997, पृ. 15
4. वही, पृ. 73
5. वही, पृ. 274
6. मैनेजर पाण्डेय–मेरे साक्षात्कार, किताब महल, नई दिल्ली, 1998, पृ. 10
7. मैनेजर पाण्डेय–अनभै साँचा, पूर्वोदय प्रकाशन, नई दिल्ली, 2002, पृ. 26
8. देखें, अनभै साँचा में, क्या आपने 'वज्र-सूची' का नाम सुना है?
9. देखें, अनभै साँचा में, शृंखला की कड़ियाँ : मुक्ति की राहें।

10. मैनेजर पाण्डेय–आलोचना की सामाजिकता, वाणी प्रकाशन, नई दिल्ली, 2008, पृ. 13-20
11. वही, पृ. 25
12. वही, पृ. 25
13. वही, पृ. 48
14. वही, भूमिका से
15. सखाराम गणेश देउस्कर–देश की बात, मैनेजर पाण्डेय (संपा.) नेशनल बुक ट्रस्ट, नई दिल्ली, 2005, पृ. 12
16. मेरे साक्षात्कार, पृ. 84
17. आलोचना की सामाजिकता, पृ. 52
18. मेरे साक्षात्कार, पृ. 13
19. वही, पृ. 23
20. वही, पृ. 59
21. वही, पृ. 85
22. वही, पृ. 86

मैनेजर पाण्डेय का आलोचना साहित्य
(साहित्य और समाज में मार्क्सवादी विचारधारा की सामाजिक सार्थकता का अन्वेषण)

■ राकेश कुमार सिंह

आलोचना की आलोचना हो चाहे संस्कृति, साहित्य, समाज या इतिहास की आलोचना हो, आलोचना की इस नयी प्रकृति एवं संस्कृति को समकालीन हिन्दी आलोचना के परिदृश्य पर ठोस आधार प्रदान करने वाले आलोचकों में मैनेजर पाण्डेय की भूमिका महत्त्वपूर्ण रही है। उनकी आलोचनात्मक दृष्टि मूलतः मार्क्सवादी होने के बावजूद भी 'संग्रह त्याग व बिनु पहचाने' के प्रतिमान को महत्त्व देती है, क्योंकि वह आलोचना में आलोचनात्मक-विवेक का होना जरूरी मानते हैं। फिर भी आलोचना में पक्षधरता उनके आलोचना-कर्म को गहराई से प्रभावित करती है। यह पक्षधरता विचारधारात्मक बोध का परिणाम है जिसे वे ऐतिहासिक चेतना कहते हैं, जो आलोचक और उसकी आलोचना की संवेदनशीलता पर परिपक्व प्रभाव छोड़ती है।

मैनेजर पाण्डेय विचारधारा का प्रभाव सिर्फ इतिहास चेतना तक ही सीमित नहीं मानते, बल्कि सौन्दर्यबोध और रचना की भाषा मे भी मानते हैं, "जिसे सौन्दर्यबोध कहा जाता है उसका भी विचारधारा से एक रिश्ता बनता है। सौन्दर्यबोध जीवन-विवेक का अंग होता है और जीवन-विवेक का सामाजिक-विवेक से तथा सामाजिक-विवेक का इतिहास-विवेक से गहरा सम्बन्ध होता है।"[1] इसलिए किसी कविता का एक बिम्ब एक विचारधारा के लोगों को पसन्द आता है, तो वही दूसरी विचारधारा के लोगों को पसन्द नहीं आता।

इसी तरह रचना की भाषा से विचारधारा के अन्तर्सम्बन्ध को जोड़ते हुए वे कहते हैं कि, "कुछ आलोचक समझते हैं कि रचना की भाषा पर बात करने से ही आलोचना की प्रक्रिया पूरी हो जाती है, लेकिन भाषा में भी विचारधार होती है...कभी-कभी रचना में आया एक शब्द रचना के बोध को प्रभावित करता है तो वह पाठक की चेतना को विचलित भी करता है।"[2] इसीलिए आलोचना उनके लिए एक प्रकार की विचारधारात्मक

गतिविधि है जो–"रचना में व्यक्त और अव्यक्त मूल्यों तथा विश्वासों की व्याख्या करती है, साथ ही यह सामाजिक जीवन में मौजूद और रचना में व्यक्त शक्ति-सम्बन्धों की भी पहचान कराती है।"[3]

आलोचना के क्षेत्र में मैनेजर पाण्डेय ने लम्बी, व्यापक और गम्भीर तैयारी के बाद कदम रखा। उनके शोध ग्रन्थ 'भक्ति आन्दोलन और सूरदास का काव्य' (1993) तथा उनकी महत्त्वपूर्ण पुस्तक 'साहित्य के समाजशास्त्र की भूमिका' (1989) को छोड़ दिया जाये तो आमतौर पर उनका आलोचनात्मक लेखन निबन्धों के रूप में ही हुआ है जो बाद में पुस्तकों के रूप में प्रकाशित हुए, जिन्हें हम उनकी 'शब्द और कर्म' (1981), साहित्य और इतिहास-दृष्टि (1981), 'संकट के बावजूद' (1998), 'अनभै साँचा' (2002), 'आलोचना की सामाजिकता' (2005) आदि पुस्तकों में देख सकते हैं। इसके अलावा उनके साक्षात्कारों से जुड़े संकलन 'मेरे साक्षात्कार' (1998), 'मैं भी मुँह में जबान रखता हूँ' (2006) में अभिव्यक्त विचारों से भी उनकी आलोचना-दृष्टि एवं प्रवृत्ति का आकलन किया जा सकता है।

उनके आलोचना कर्म की परिपक्व एवं सशक्त शुरुआत शोधकार्य से होती है। जो भक्ति आन्दोलन के प्रमुख कवि सूरदास को लेकर किया गया है। भाषा, साहित्य, संगीत, नृत्य चित्र, मूर्ति, स्थापत्य, धर्म और दर्शन से निर्मित परम्परा का जो बहुआयामी रूप भारतीय समाज में दिखायी देता है उसे वह भक्ति आन्दोलन की बहुत बड़ी देन मानते हैं। इस आन्दोलन ने भारतीय संस्कृति के अतीत, वर्तमान और भविष्य पर व्यापक और स्थायी प्रभाव छोड़ा, इसलिए उनकी दृष्टि में "यह केवल सांस्कृतिक आन्दोलन ही नहीं है, बल्कि एक व्यापक सामाजिक आन्दोलन भी है, क्योंकि उसमें संस्कृति के विभिन्न रूपों में जनता के सामाजिक जीवन की वास्तविकताओं और आकांक्षाओं की अभिव्यक्ति मिलती है।"[4]

भक्तिकाव्य में प्रेम की महत्ता पर लगभग सभी भक्त कवियों ने प्रत्यक्ष-अप्रत्यक्ष तरीके से प्रकाश डाला है। इस तरह से प्रेम भक्तिकाव्य के केन्द्र में है। भक्तिकाव्य में प्रेम को मैनेजर पाण्डेय ने भी मूलभाव माना है। इस पर उनका तर्क यह है कि "भक्ति हृदय का धर्म है। हृदय के धर्मों में सर्वाधिक व्यापक, उदात्त और मानवीय धर्म है–प्रेम। वही भक्ति का मूलभाव और भक्ति काव्य का बीज-भाव भी है। वह मनुष्य को कुल, जाति, धर्म, सम्प्रदाय आदि की सीमाओं से ऊपर उठाता है और हर तरह की सत्ता के भय से मुक्त करता है।"[5] उनके द्वारा भक्ति काव्य का मूलभाव प्रेम को मानकर और उसके महत्त्व को सामाजिक विकास के साथ जोड़कर देखना, प्रेम की प्रासंगिकता को मानव समाज में बनाये रखना भी है।

अपनी इस पुस्तक में वे भक्तिकाव्य के आलोचनात्मक मूल्यांकन को हिन्दी आलोचना में अपर्याप्त मानते हुए उसके मूल्यांकन की समस्याओं का ठोस और बुनियादी तर्कों के आधार पर विवेचन-विश्लेषण करते हैं। उनका संकेत मुख्य रूप से भक्ति काव्य की व्याख्या, स्त्री सम्बन्धी दृष्टिकोण, मूल्यांकन सम्बन्धी मतभेद, प्रेम स्वरूप और उसके

महत्त्व और भक्ति आन्दोलन की विफलता के सन्दर्भों के बोध की तरफ है। वे मूल्यांकन की इन समस्याओं के बीच से ही कुछ वस्तुगत निष्कर्षों के सामने लाते हैं। जैसे आचार्य शुक्ल ने कबीर पर जो आलोचनात्मक टिप्पणी की है, उसे वे पहले से स्थापित और स्थिर समाज दर्शन का परिणाम मानते हुए, कबीर और तुलसी पर बने दो पक्षों को ध्यान में रखते हुए, कबीर की कविता को प्रश्न पैदा करने वाली और तुलसी की कविता को उत्तर देने वाली मानते हैं। इसी तरह वे जायसी को मनुष्य के चरम मूल्यों के व्याख्याकार मानते हैं। तथा मीरा की रचनाओं में उन्हें प्रेम में आत्मसमर्पण और आत्मविश्वास के सन्तुलित स्वरूप का मेल दिखायी देता है।

सूरदास के काव्य के आलोचनात्मक मूल्यांकन सम्बन्धी अपनी दृष्टि के तहत वे उनकी वात्सल्य प्रेम और सौन्दर्य के कवि के रूप में निर्मित एवं स्थापित छवि के अतिरिक्त किसान-जीवन एवं संस्कृति तथा राजनीति के कवि के रूप में पहचान कराकर उनके कवि व्यक्तित्व में नये अभिप्रायों एवं आयामों को जोड़ते हैं, जो कि काफी रोचक, महत्त्वपूर्ण एवं ध्यान देने योग्य हैं।

सूर के काव्य में जिस किसान जीवन की अभिव्यक्ति को वे पाते हैं, उसका आलोचनात्मक आधार उन्हें आचार्य रामचन्द्र शुक्ल के यहाँ से मिलता है। आचार्य शुक्ल ने उनके काव्य में पशुचारण-काव्य की प्रवृत्ति की ओर संकेत किया है जो कि कृषि और वाणिज्य जीवन की जटिलताओं से निकलकर प्रकृति के विस्तृत क्षेत्र में विचरने के लिए सबसे अधिक अवकाश उपलब्ध कराती है। इस आलोचनात्मक टिप्पणी का अर्थ-विस्तार करते हुए ही मैनेजर पाण्डे ने लिखा है कि, "तात्पर्य यह है कि गोचारण-काव्य सामन्ती और पूँजीवादी समाजों के जटिल बन्धनों से मानव-मन की मुक्ति में सहायक बनता है।"[6]

इस गोचारण की प्रवृत्ति को मैनेजर पाण्डेय किसान जीवन से जोड़ते हुए उसके व्यापक अनुभवों के हिस्सों के रूप में देखते हैं जिसका चित्रण वे हर कविता में जीवन के यथार्थ और अनुभव की अभिव्यक्ति के दो रूपों—प्रत्यक्ष और सांकेतिक, को सूर के काव्य में भी पाते हैं, लेकिन उनके काव्य में "किसान जीवन के अनुभवों, यथार्थ का जितना प्रत्यक्ष चित्रण है, उससे अधिक किसान जीवन के अनुभवों की सांकेतिक व्यंजना है। विनय के पदों में किसान-जीवन के यथार्थ के प्रतिनिधिक चित्र अधिक हैं, जबकि भ्रमरगीत में मुहावरों, कहावतों, लोकोक्तियों और अलंकारों के माध्यम से उस जीवन के अनुभव सांकेतिक रूप में आये हैं।"[7]

किसान जीवन के अलावा राजनीतिक रूपों और अभिप्रायों की पहचान करने वाले कवि के रूप में भी वे सूर को देखते हैं क्योंकि "सूर के काव्य में तत्कालीन शासन-व्यवस्था की राजनीति के रूप और अभिप्राय की पहचान है और साथ ही जनता के हित की राजनीति की चिन्ता भी है, इसीलिए सूर ने लिखा है—

'राजधर्म सब भए सूर, जहाँ प्रजा न जाये सताये।'

यहाँ अनीति और अत्याचार से मुक्त राजनीति की माँग है, सामन्ती युग में प्रजातन्त्र की आकांक्षा की अभिव्यक्ति है।"[8]

आलोचनात्मक निर्णय मुख्य रूप से आलोचक के आलोचनात्मक विवेक के स्तर का निर्धारण करता है जिससे उसकी पक्षधरता की परिपक्वता की पहचान की जा सकती है। अपनी पक्षधरता को अभिव्यक्त करने का विवेक और साहस दोनों मैनेजर पाण्डेय के आलोचना कर्म में देखा जा सकता है। 'शब्द और कर्म' उनके इसी प्रकार के आलोचनात्मक विचारों पर आधारित निबन्धों का संकलन है। इनका सम्बन्ध समकालीन हिन्दी आलोचना के दौर के आलोचनात्मक वातावरण से जुड़ा हुआ है, जिसके "अधिकांश निबन्ध सैद्धान्तिक लगते हुए भी रचना और आलोचना के व्यवहार की वर्तमान समस्याओं से जुड़े हुए हैं।"[9] जिनमें "आलोचना को रचना कर्म की तरह ही एक सामाजिक कर्म और विचाराधारात्मक संघर्ष का साधन मानकर दूसरे सामाजिक व्यवहारों और विचारों से उसके गहरे सम्बन्ध पर बार-बार बल दिया गया है।"[10]

सिद्धान्तों को आधार बनाकर, रचना और आलोचना में उसकी व्यावहारिक अभिव्यक्ति की पहल के क्रम में यथार्थवाद और विचारधारा निबन्ध से शुरू हुई यह पुस्तक 'शब्द और कर्म' नामक निबन्ध तक की उनकी आलोचनात्मक यात्रा को बयान करती है, जिसमें साहित्य और सर्वहारा, साहित्य का समाजशास्त्र और मार्क्सवादी आलोचना, लोकप्रिय कविता का स्वरूप, मुक्तिबोध का आलोचनात्मक संघर्ष आदि प्रमुख निबन्ध हैं। और भी महत्त्वपूर्ण निबन्ध हैं लेकिन उपरोक्त निबन्ध ही सिद्धान्तों के रचना और आलोचना की व्यावहारिकता के साथ अन्तर्सम्बन्धों के आयामों के विषय में उनके बोध को समझने की दृष्टि से काफी महत्त्वपूर्ण है।

यथार्थवाद और विचारधारा का रचना के साथ सम्बन्ध निरूपण मार्क्सवादी सौन्दर्यशास्त्र और मार्क्सवादी आलोचना की देन है। हालाँकि यथार्थवाद और विचारधारा के अन्तर्सम्बन्ध पर वैश्विक स्तर पर बुद्धिजीवियों में काफी विवाद है। मैनेजर पाण्डेय ने मार्क्सवादी आलोचना के वैश्विक-विकास के क्रम एवं उसके रूपवादी विचारधारा के द्वन्द्व के क्रम में इनके अन्तर्सम्बन्धों का विवेचन-विश्लेषण करने के बाद यह माना है कि "किसी रचना की विचारधारा से उसके यथार्थवाद के सम्बन्ध की खोज तीन स्तरों पर हो सकती है–रचना की विचारधारा और यथार्थवाद की ऐतिहासिकता, रचना में दोनों का विशिष्ट स्वरूप और रचना की सम्पूर्ण संरचना में दोनों का सम्बन्ध। इनमें से किसी भी स्तर की उपेक्षा करने वाली आलोचना विचारधारा और यथार्थवाद के सम्बन्ध के बारे में सरलीकरण का शिकार होती है।"[11]

यथार्थवाद में वे सामाजिक यथार्थवाद को सर्वाधिक महत्त्व देते हैं, क्योंकि "सामाजिक यथार्थ, यथार्थ के दूसरे रूपों से अधिक गतिशील, परिवर्तनशील और इतिहासबद्ध होता है। लेखक सामाजिक प्रक्रिया में हिस्सा लेते हुए सामाजिक यथार्थ के विभिन्न पक्षों और रूपों का अनुभव करता रहता है।"[12] वे उस यथार्थवाद को अधूरा मानते हैं जो सामाजिक-राजनीतिक व्यवस्था और संस्थाओं की संरचनाओं की पहचान से वंचित हो। इस तरह से यथार्थवाद और विचारधारा के सम्बन्ध को सिर्फ सामाजिकता से ही नहीं बल्कि वे राजनीति और सामाजिक संस्थाओं से भी जोड़ते हैं। क्योंकि उन्होंने

ब्रेख्त के कथन के हवाले से उपर्युक्त कथन को पुष्ट करते हुए लिखा है कि "यथार्थवाद का प्रश्न केवल साहित्यिक प्रश्न नहीं है। वह महत्त्वपूर्ण राजनीतिक, दार्शनिक और व्यावहारिक प्रश्न है।"[13]

जिस तरह वे साहित्य का विचारधारा और यथार्थवाद से गहरा सम्बन्ध मानते हैं, उसी विचारक्रम में वे सर्वहारा की साहित्य में अभिव्यक्ति को व्यक्ति की सामाजिक चेतना के विकास के लिए जरूरी समझते हैं। वे कुल नौ बिन्दुओं : पतनशील बुर्जुआ जीवन पद्धति और मरणोन्मुख बुर्जुआ संस्कृति की वास्तविकता की छानबीन करना और उसकी कमजोरियों का चित्रण करना, समाज के सम्पूर्ण जीवन के साथ बुर्जुआ जीवनपद्धति की असंगति और समाज के विकास में बुर्जुआ समाज-व्यवस्था और जीवन पद्धति के बाधक स्वरूप का उद्घाटन करना, बुर्जुआ वर्ग के सांस्कृतिक और राजनीतिक प्रभुत्व के टूटने की प्रक्रिया और तोड़ने के तरीकों का वर्णन करना, सामाजिक सम्बन्धों की समग्रता के बीच सर्वहारा के जीवन संघर्षों का चित्रण करना, सर्वहारा दृष्टिकोण के अनुरूप एक अधिक मानवीय संसार की रचना की कोशिश करना, सामाजिक जीवन के यथार्थ का चित्रण करते समय वर्ग संघर्ष की प्रक्रिया और रूप को समझना तथा वर्ग-संघर्ष के प्रत्येक रूप के राजनीतिक प्रयोजन को पहचानना, क्योंकि "प्रत्येक वर्ग-संघर्ष राजनीतिक संघर्ष होता है।" सर्वहारा के सामाजिक संघर्ष का चित्रण करते हुए सर्वहारा वर्ग की एकता को मजबूत करने और उसे आगे बढ़ाने की कोशिश करना, सर्वहारा को 'मिथ्याचेतना' से मुक्त करने और उसकी वर्ग चेतना और मानवीय चेतना को विकसित करने का प्रयत्न करना और सर्वहारा को इतिहास-प्रक्रिया की दिशा और गति का बोध कराते हुए उसके ऐतिहासिक दायित्व का बोध जगाना।"[14] के मद्देनजर सर्वहारा के पक्षधर साहित्य का उद्देश्य निर्धारित करते हैं। इस तरह सर्वहारा के पक्षधर साहित्य का उद्देश्य उसके सामाजिक, राजनीतिक, सांस्कृतिक एवं ऐतिहासिक संरचनाओं के सम्बन्धों की प्रक्रिया के आधार पर निर्मित होता है।

सर्वहारा के साहित्य के स्वरूप पर जब मैनेजर पाण्डेय विचार करते हैं तो उन्हें 'साहित्य की लोकप्रियता' और 'कलात्मक श्रेष्ठता' का आपसी सम्बन्ध भी विचारणीय लगता है क्येांकि 'प्रायः लोकप्रियता और कलात्मक श्रेष्ठता को परस्पर विरोधी प्रवृत्तियों के रूप में उपस्थित किया जाता है। लोकप्रियता को समकालीनता से जोड़ा जाता है और कलात्मक श्रेष्ठता को कालातीतता से।"[15] वे सर्वहारा साहित्य के सन्दर्भ में कलात्मक श्रेष्ठता और लोकप्रियता के सम्बन्ध पर विचार एवं व्यवहार करते समय अतिवादी दृष्टिकोणों से बचने का सुझाव देते हैं क्योंकि "लोकप्रियता की उपेक्षा करके कलात्मक श्रेष्ठता को अधिक महत्त्व देने से कलावादी आग्रहों और सौन्दर्यवादी रुझानों के शिकार होने का खतरा है...दूसरी ओर कलात्मकता की उपेक्षा करके केवल लोकप्रियता को महत्त्व देने से कलात्मकता का ह्रास होता है और जनता की कला चेतना का विकास नहीं हो सकता।"[16]

सर्वहारा का श्रम से गहरा और व्यापक सम्बन्ध होता है, इसलिए मैनेजर पाण्डेय

उससे जुड़े साहित्य को श्रम और कला और कलाकार के रूप में उसकी चेतना के विकास से भी जोड़कर देखते हैं। उनका मानना है कि "श्रम की प्रक्रिया में अस्तित्व और चेतना के मूर्तीकरण की प्रक्रिया में ही सौन्दर्यानुभूति का भी विकास होता है, क्योंकि मनुष्य श्रम के सहारे जो कुछ पैदा करता है उसे वह केवल अपने अस्तित्व की आवश्यकताओं के लिए ही पैदा नहीं करता बल्कि मार्क्स के शब्दों में 'सौन्दर्य के नियमों के अनुसार भी पैदा करता है।' इस प्रकार मनुष्य द्वारा उत्पादित वस्तुओं का केवल उपयोगितावादी मूल्य नहीं होता, उनका सौन्दर्यबोधीय मूल्य भी होता है।"[17] इस तरह वे श्रम और कला दोनों को इस परिप्रेक्ष्य के हिसाब से स्वतन्त्र और रचनात्मक मानवीय क्रियाएँ मानते हैं। जो अगर अपने विकास की स्वाभाविक प्रक्रिया से गुजरे तो समाज में मनुष्य के अस्तित्व और सत्व की व्यंजना होती है। अगर इनका सम्पर्क पूँजीवादी समाज और संस्कृति से होता है तो इनका अस्तित्व और सत्त्व समाप्त होने की पूरी सम्भावना बनी रहती है।

साहित्य का समाजशास्त्र से क्या सम्बन्ध है? उसकी साहित्यिक उपयोगिता क्या है? इसके अलावा भी साहित्य और समाजशास्त्र के सम्बन्धों के अनेकों आयामों पर विचार करने वाले चिन्तकों के बारे में हिन्दी आलोचना में मैनेजर पाण्डेय ने सबसे गम्भीर एवं व्यापक स्तर पर काम किया है। साहित्य के समाजशास्त्र को स्पष्ट करते हुए उनका मानना है कि "साहित्य का समाजशास्त्र, समाजशास्त्र के बुनियादी प्रयोजन और पद्धति का ही साहित्य चिन्तन के क्षेत्र में विस्तार है।"[18] वे साहित्य के समाजशास्त्र को साहित्यिक--सृजन के हर स्तर का मूल्यांकन करने में अक्षम पाते हैं। मुख्य रूप से यह पद्धति साहित्य-सृजन में रचनाकार की सृजनात्मक चेतना और कल्पना की, उसके निजी प्रयास के महत्त्वपूर्ण भूमिका की, साहित्य और कला रचना द्वारा मूल्य सृजन का आलोचनात्मक विश्लेषण सम्यक् रूप से नहीं कर पाती। अर्थात् "... साहित्य का समाजशास्त्र साहित्य-विश्लेषण में वस्तुनिष्ठता और मूल्य-निरपेक्षता के नाम पर रचना के मानवीय परिप्रेक्ष्य की उपेक्षा करता है।"[19]

मैनेजर पाण्डेय मूलतः मार्क्सवादी आलोचक हैं। जब बात साहित्य के समाजशास्त्र और मार्क्सवादी आलोचना के सम्बन्ध की आती है तो वे इस पद्धति को मार्क्सवादी आलोचना से बुनियादी तौर पर अलग मानते हैं। अनेक उदाहरणों के द्वारा वह इनके बीच के बुनियादी अन्तर को स्पष्ट करते हैं। इन दोनों में सबसे बड़ा बुनियादी अन्तर वे साहित्य और राजनीति के सम्बन्ध से जुड़ी अवधारणा को मानते हैं। उनके अनुसार "साहित्य का समाजशास्त्र लेखक की राजनीतिक प्रतिबद्धता तथा रचना के राजनीतिक प्रभाव और प्रयोजन को रचना के विश्लेषण के लिए आवश्यक नहीं मानता...मार्क्सवादी साहित्य-चिन्तन रचनाओं, रचनाकारों और साहित्यिक आन्दोलनों के राजनीतिक पक्ष की उपेक्षा नहीं करता...मार्क्सवादी आलोचना सरकार की विचारधारा और राजनीतिक दृष्टि की चिन्ता करते हुए भी उसके यथार्थबोध और कलात्मक श्रेष्ठता को अधिक महत्त्व देती है।"[20] समाजशास्त्र और मार्क्सवाद को मिलाकर साहित्य का समाजशास्त्र विकसित

न हो पाना इन बुनियादी अन्तरों के चलते ही है, इसीलिए साहित्य के समाजशास्त्र को मार्क्सवादी आलोचना के विकल्प के रूप में पेश करना उनकी दृष्टि में गलत प्रयास है। इस दृष्टि से निर्मित उनका तर्क साहित्य के समाजशास्त्र की अपेक्षा मार्क्सवादी आलोचना को बेहतर मानने की वकालत करता है।

मैनेजर पाण्डेय लोकप्रिय साहित्य के स्वरूप और साहित्य की लोकप्रियता के विषय में गम्भीरतापूर्वक विचार करने वाले हिन्दी के कुछ एक आलोचकों में से हैं। उन्होंने इस विषय के बारे में फैली भ्रान्त धारणाओं का निराकरण करते हुए हिन्दी कविता की लोकप्रियता का स्वरूप और कवि की लोकप्रियता के विकास को स्पष्ट करने की भी कोशिश की है। लोकप्रियता से उनका आशय तत्कालीन लोकप्रियता से नहीं है, बल्कि कालजयी और कालजीवी लोकप्रियता से है। इसी आधार पर वह साहित्य की लोकप्रियता के साथ-साथ कविता की लोकप्रियता का भी प्रतिमान बनाते हैं। इस विषय में उनकी मान्यता यह है कि "लोकप्रिय कविता, कविता की एक विशिष्ट धारणा है, उसका एक विशेष चरित्र होता है। अपने समय के समाज और जनता की इच्छाओं, भावनाओं, जीवन-उद्देश्यों, जीवन-स्थितियों और संघर्षों की अभिव्यक्ति करने वाली कविता, लोकप्रिय कविता होती है। लोकप्रिय कविता में जनता की संघर्षशीलता के साथ-साथ उसकी सृजनशीलता की भी अभिव्यक्ति होती है।"[21] इसी वक्तव्य का विस्तार करते हुए वे आगे कहते हैं, "लोकप्रिय कविता यथार्थवादी कविता होती है। ऐसी कविता दृष्टिकोण और शिल्प दोनों ही स्तरों पर यथार्थवादी होती है।"[22] उनके लिए यथार्थवाद जीवन की विकासशीलता में आस्था रखनेवाली रचना दृष्टि का सिद्धान्त है इसीलिए "रचना का स्वरूप सामाजिक यथार्थ और रचना के भीतर के यथार्थ के सम्बन्ध से निर्धारित होता है।"[23]

इन सबके बावजूद वे लोकप्रियता को कोई स्थायी स्थिति नहीं मानते। उनका मानना है कि "रचनाओं की लोकप्रियता घटती-बढ़ती रहती है। भारतीय साहित्य में प्रगतिशील आन्दोलन के कारण हिन्दी में कबीर और उर्दू में नजीर की लोकप्रियता बढ़ी। निराला की कविता का मजाक उड़ाया गया और पन्त को छायावाद का राजकुमार घोषित किया गया, लेकिन बाद में पन्त की लोकप्रियता क्रमशः घटती गयी और निराला की लोकप्रियता अब भी निरन्तर बढ़ती जा रही है।...मुक्तिबोध की स्थिति भी बहुत कुछ निराला जैसी ही है।"[24]

लोकप्रियता के विकास के लिए लोकप्रियता और यथार्थवाद की एकता को मैनेजर पाण्डेय आवश्यक मानते हैं। यह विचारदृष्टि उन्हें ब्रेख्त के यहाँ मिली है। ब्रेख्त ने लोकप्रियता को व्यापक जनता की समझदारी का हिस्सा बनने, जनता के अभिव्यक्ति रूपों को अपनाने और उन्हें विकसित करने, उस जनता के दृष्टिकोण को स्वीकार करने और उसमें सुधार की गुंजाइश पैदा करने, उसके प्रगतिशील हिस्से के नेतृत्वकारी शक्तियों के चित्रण और शासन के बदले राष्ट्र और समाज का नेतृत्व करनेवाली जनता की पहुँच के अन्दर होना माना है।

रचनाकार आलोचकों में मुक्तिबोध ने हिन्दी की मार्क्सवादी आलोचना में अपने आलोचनात्मक विचारों द्वारा साहित्य, समाज और आलोचना से जुड़े मूल्यों के विचारणीय आयाम स्थापित किये हैं। मैनेजर पाण्डेय ने उनके इस आलोचनात्मक संघर्ष को आत्मालोचन की प्रकृति माना है। उनके शब्दों में "मुक्तिबोध ने प्रगतिशील आलोचकों और आलोचना के साथ जो आलोचनात्मक संघर्ष किया है, वह एक प्रकार से उनके आत्मालोचन का ही प्रयास है...कहीं-कहीं अगर उनके स्वर में तीखापन है तो वह अपने समय की प्रगतिशील आलोचना द्वारा प्रगतिशील रचनाशीलता की उपेक्षा और प्रगतिशील आलोचना की कमजोरी के कारण प्रगति विरोधियों के बढ़ते हुए प्रभाव से उत्पन्न गहरी वेदना और विक्षोभ से पैदा हुआ है।"[25] मुक्तिबोध के आत्मालोचन से निर्मित इस आलोचनात्मक आत्मसंघर्ष को, वे प्रगतिशील आलोचना को, भविष्य में पहले की कमजोरियों से मुक्त होने की प्रक्रिया के रूप में देखते हैं।

साहित्य में शब्द और अर्थ और उससे जुड़ी व्यावहारिकता की सम्भावना किस प्रकार की हो सकती है, इस पर अज्ञेय से असहमति प्रकट करते हुए मैनेजर पाण्डेय ने माना है कि अर्थपूर्ण शब्द अन्ततः शब्द नहीं है बल्कि वह एक प्रकार से जीवन कर्म के बोध से जुड़ा हुआ है। शब्द, अर्थ और कर्म के सह-सम्बन्ध पर आलोचनात्मक चिन्तन करते हुए उन्होंने लिखा है कि "वास्तव में शब्द को कर्म से जोड़ने का अर्थ है, शब्द को अर्थ से, साहित्य को जीवन से, चिन्तन को यथार्थ से, विचार क्षेत्र को कर्मक्षेत्र से और साहित्य को क्रान्ति से जोड़ना।"[26]

शब्द, अर्थ और कर्म का प्रश्न मूलतः भाषा का प्रश्न है। भाषा के अस्तित्व के प्रश्न के विषय पर वे मार्क्स के तर्क को सही और सटीक मानते हैं जिसमें कहा गया है कि "भाषा उतनी ही पुरानी है, जितनी मनुष्य की चेतना, भाषा व्यावहारिक चेतना है। चेतना की तरह भाषा का भी विकास मनुष्य के पारस्परिक सम्पर्क, साहचर्य और सहयोग की आवश्यकता तथा प्रक्रिया से होता है।"[27]

अज्ञेय की अवधारणा की तरह वे निर्मल वर्मा की अवधारणा "शब्द, भाषा, साहित्य और विचार का जीवन के यथार्थ व्यवहार और इतिहास की प्रक्रिया से कोई सम्बन्ध नहीं होता"[28] से भी असहमति प्रकट करते हैं। वे उनकी शब्द और स्मृति पर आधारित उपर्युक्त अवधारणा की जगह 'जातीय जीवन की स्मृतियों' को महत्त्व देते हैं। उनका तर्क है कि "जैसे वर्तमान समाज और जनता का जीवन जातीय स्मृतियों से जुड़ा हुआ है वैसे ही भाषा और साहित्य के वर्तमान जातीय स्वरूप में भी जातीय स्मृतियाँ प्रकट होती हैं। लेकिन जातीय स्मृतियाँ निर्वैयक्तिक, गैर-ऐतिहासिक, मिथक सम्पन्न अँधेरी स्मृतियाँ नहीं होतीं वे विशेष ऐतिहासिक अवस्था में जातीय जीवन के कर्म और चिन्तन की स्मृतियाँ होती हैं।"[29]

इसी कारण वे कवि, आलोचक अशोक वाजपेयी की भी आलोचना करते हैं और यह मानते हैं कि अगर रचनाकार "अपने कर्म को, रचनाकर्म को और उसके माध्यम शब्द को जनता के क्रान्तिकारी कर्म से जोड़ना चाहेगा। इसी प्रक्रिया में वह साहित्य

को सामाजिक बदलाव के क्रान्तिकारी कर्म का सहायक बन सकता है, शब्द को कर्म में बदल सकता है।"[30]

शब्द का अर्थ और उस अर्थ से जुड़ी कर्म की सम्भावना और सार्थकता कहीं-न-कहीं अनुभव के सच और उस सच को भयमुक्त होकर कर्म में शामिल करने से जुड़ी है। खासकर यह बात जब रचना और आलोचना के कर्म से जुड़ती है तो और भी प्रासंगिक लगती है क्योंकि "रचना में जीवन के अनुभव के सच का साक्ष्य मिलता है और आलोचना में रचना को आत्मसात् करने के अनुभव के साथ-साथ आलोचक के अपने जीवनानुभव के सच का साक्ष्य भी। लेकिन साक्षी की आवाज-चाहे वह रचनाकार की हो या आलोचक की, तभी प्रामाणिक और प्रभावशाली होती है जब वह अनभै हो, अर्थात् आत्मपरक और परिवेशगत सेन्सरशिप के हर प्रकार के दबावों से मुक्त हो।"[31]

जीवनानुभव पर आधारित इस अनभय सच से हिन्दी की मार्क्सवादी आलोचना का सच भी मैनेजर पाण्डेय निर्धारित करते हैं, जिससे वे खुद जुड़े हुए हैं। वे उसकी खामियों और रचनात्मक प्रयासों, दोनों पर प्रकाश डालते हैं। वे मानते हैं कि हिन्दी में मार्क्सवादी आलोचना का बहुत बड़ा हिस्सा सिर्फ राजनीतिक आलोचना का हिस्सा बनकर रह गया है, जिसमें कला की आलोचना की पूरी तरह उपेक्षा की गयी है। इसके अलावा भी "हिन्दी की मार्क्सवादी आलोचना ने विरोधी दृष्टिकोणों से संघर्ष का काम जितना किया है, उसकी तुलना में प्रगतिशील रचनाशीलता के मूल्यांकन का काम हुआ है।"[32]

सिद्धान्त और व्यवहार में फर्क होने पर उस सिद्धान्त पर प्रश्नचिह्न लगना स्वाभाविक है। हिन्दी की मार्क्सवादी आलोचना पर ऐसा ही प्रश्नचिह्न मैनेजर पाण्डेय लगाते हैं। उनका मानना है कि "मार्क्सवाद सिद्धान्त और व्यवहार के बीच दूरी का कायल नहीं है, जैसा हिन्दी की मार्क्सवादी आलोचना में दिखायी देता है। मार्क्सवाद को इतिहास का विज्ञान कहना ही सिद्धान्त और व्यवहार के बीच द्वन्द्वात्मक सम्बन्ध की ओर संकेत है। हिन्दी की मार्क्सवादी आलोचना में सैद्धान्तिक सवालों के बारे में महत्त्वपूर्ण आलोचकों के यहाँ जैसी अरुचि और उपेक्षा दिखायी देती है, वैसी मार्क्सवादी आलोचना की परम्परा में और कहीं नहीं मिलती।"[33] इसका कारण वे आलोचना दृष्टि में दुराग्रह से मुक्त न हो पाने को मानते हैं। उपर्युक्त तथ्यों के आधार पर ही वे हिन्दी के दो महत्त्वपूर्ण मार्क्सवादी आलोचकों रामविलास शर्मा और नामवर सिंह की आलोचना करते हैं।

जहाँ तक मार्क्सवादी आलोचना के रचनात्मक प्रयासों की विशेषता और विकास का सवाल है तो मार्क्सवाद का निर्माण और विकास "समाज के विकास के बोध और उसके बदलने, बनाने के प्रयत्न में सक्रिय साझेदारी के बीच से विकसित हुआ है। मार्क्सवादी आलोचना का विकास भी साहित्य-प्रक्रिया की वास्तविकता के बोध और उसके बदलने-बनाने में साझेदारी के माध्यम से ही हुआ है।"[34] इस विकास में हिन्दी की मार्क्सवादी आलोचना ने जो महत्त्वपूर्ण योगदान दिया है, वह मैनेजर पाण्डेय के अनुसार कविता की आलोचना से जुड़ा है जो कि इस क्षेत्र में मार्क्सवादी आलोचना के वैश्विक

परिदृश्य पर हिन्दी की मार्क्सवादी आलोचना की सार्थक सफलता है क्योंकि ''यूरोपीय मार्क्सवादी आलोचना में सैद्धान्तिक सवालों पर बहस भी उपन्यास और नाटक के आसपास ही चलती रही है और मार्क्सवादी आलोचना सम्बन्धी अनेक अवधारणाओं का विकास भी इसी प्रक्रिया में हुआ है। यथार्थवाद की धारणा उपन्यास की आलोचना से विकसित हुई है। हिन्दी की मार्क्सवादी आलोचना में कविता की आलोचना का जो विकास हुआ है, उसे दुनिया भर की मार्क्सवादी आलोचना की परम्परा के लिए एक विशिष्ट योगदान मानना अनुचित न होगा।''[35] इसका श्रेय वे रामविलास शर्मा और नामवर सिंह को देते हैं और मार्क्सवादी आलोचना की सार्थक भूमिका, साहित्यिक आलोचना से सही तालमेल में देखते हैं।

हिन्दी की प्रगतिशील काव्यधारा की व्यापकता और विविधता का बोध भी मैनेजर पाण्डेय को है। नागार्जुन, केदारनाथ अग्रवाल, मुक्तिबोध, शमशेर, त्रिलोचन की रचनाशीलता की समग्रता को देखने पर इस बात की पुष्टि भी हो जाती है। नागार्जुन की कविताओं में व्यंग्य की धार अप्रतिम है, मुक्तिबोध में गहन विचारधारा, शमशेर की कलात्मकता से वे यह सब सम्भव मानते हैं। जब बात त्रिलोचन की आती है तो उन्हें उनका काव्य 'किसान जीवन की लय में मानव-मुक्ति का सधा हुआ राग' लगता है। यह किसान-जीवन उनके यहाँ एक धारणा या विचारमात्र के रूप में नहीं बल्कि जीते-जागते मानव समुदाय के रूप में हुआ है। इसीलिए मानव-समुदाय को प्रभावित करने वाले कारकों जैसे प्रकृति, सुख-दुःख, प्रेम, स्वतन्त्रता आदि का जातीय अनुभव पर आधारित चित्रण मिलता है। इसके चलते वे उन्हें घटनाओं का नहीं, जीवन मूल्यों का कवि मानते हैं। क्योंकि ''उनकी कविता में सामाजिक-राजनीतिक घटनाओं का चित्रण-वर्णन बहुत कम है, मानव जीवन की दशाओं और अनुभवों की अभिव्यक्ति अधिक है। वे मानवीय-अनुभवों और जीवन-दशाओं की अभिव्यक्ति करते हुए संघर्ष, आस्था, जिजीविषा, प्रेम, न्याय और स्वतन्त्रता जैसे जीवन-मूल्यों की व्यंजना करते हैं। इन जीवन मूल्यों के बारे में वे कविता में वक्तव्य भी देते हैं, लेकिन कविता वहीं होती है, जहाँ मूल्य या तो जीवन के अनुभवों के बीच व्यक्त होते हैं या वक्तव्य के पीछे में रहते हैं।''[36]

कविता में खबर की वकालत करना अपने-आप में चौंकानेवाली बात है, लेकिन रघुवीर सहाय की कविता की निर्मिति में अहम भूमिका निभाने वाली अन्तर्वस्तु की बात की जाय तो खबर अपने खास स्वरूप में उनकी कविता की अन्तर्वस्तु के रूप में विद्यमान है। मैनेजर पाण्डेय ने भी उनकी कविता में खबर को रचनात्मक अनुभव के रूप में महसूस किया है। उनके अनुसार ''रघुवीर सहाय उन कवियों में हैं जो अपने समय और समाज का कवि होने में अपने कवि-कर्म की सार्थकता मानते हैं, इसलिए वे समकालीन जिन्दगी की भाषा में उसी जिन्दगी की वास्तविक स्थितियों और अनुभवों की कविता लिखते हैं। इस सजगता के मूल में उनकी पत्रकार-दृष्टि की सक्रियता भी एक कारण है। उनकी कविता में समकालीन समाज की खबरें हैं, लेकिन वे मानवीय अनुभवों की खबरे हैं। उन खबरों में टूटते-बिखरते मानवीय रिश्तों की पहचान है और नये मानवीय रिश्तों की

खोज भी। वहाँ अनुभवों की तात्कालिकता है, लेकिन उसके साथ ही संघर्ष की चेतना की परम्परा का अभिज्ञान भी है।''[37]

अपने जीवन के अन्तिम पड़ाव पर लिखी एक कविता में कुमार विकल ने अपने-आपको 'धूप का पक्षधर' माना है। धूप की यह पक्षधरता उनके द्वारा अँधेरे से धूप के निरन्तर द्वन्द्व को अभिव्यक्त करती है। इसीलिए मैनेजर पाण्डेय ने उन्हें 'धूपधर्मी कविताओं का कवि' माना है। यह धूप धर्मिता उनके अन्दर मनुष्य की पीड़ा, उसकी यातना, उसकी आस्था के विघटन और जिजीविषा के अन्तर्द्वन्द्व, से उत्पन्न बेचैनी को व्यक्त करती है। ''कुमार विकल की बेचैनी जितनी राजनीतिक है, उतनी ही नैतिक भी। वे एक ओर भारत में फैलते वनतन्त्र में साधारण आदमी को लगातार असुरक्षित देखकर बेचैन होते हैं तो दूसरी ओर सुरक्षा की चाहत के शिकार मनुष्य की मरती हुई मनुष्यता भी उन्हें बेचैन करती है।''[38]

हिन्दी कविता को नयी पृष्ठभूमि प्रदान करके उसका विस्तार करनेवाले कवियों में नागार्जुन की कविता का विशिष्ट महत्त्व है। इसका कारण उनके द्वारा हिन्दी कविता को ऐसे वर्जित प्रदेश से जोड़ना है जिस पर आमतौर पर कविताएँ नहीं लिखी गयी हैं। मैनेजर पाण्डेय उनकी कविता की इस प्रकृति और संस्कृति को निराला की कविता की प्रकृति एवं संस्कृति का विस्तार मानते हैं। अर्थात् ''नागार्जुन की कविता की दुनिया में विभिन्न सामाजिक वर्गों, समुदायों और जातियों से लेकर जीव-जन्तुओं के लिए जगह है।''[39] निराला की 'कुकुरमुत्ता' और 'गर्म-पकौड़ी' की तरह नागार्जुन ने भी 'हरिजन-गाथा', 'पैने दाँतों वाली', 'प्रेत का बयान' और 'कालीदास सच-सच बतलाना' जैसी भिन्न प्रकृति की कविताएँ लिखी हैं। उनकी कविता की भाषा को वे तुलसीदास और निराला की परम्परा में देखते हैं क्योंकि उन्होंने तुलसीदास और निराला की तरह अपनी काव्य-भूमि का विस्तार काव्य-भाषा की अनेकरूपता में किया है।

हिन्दी में कविता की समृद्ध परम्परा रहने के बावजूद समकालीन समय में कविता के अस्तित्व और विकास के आयाम लगातार सिकुड़ते जा रहे हैं। कविता के ऊपर आये इस संकट को मैनेजर पाण्डेय 'अचानक या अकारण' आया हुआ नहीं मानते, बल्कि लम्बी ऐतिहासिक प्रक्रिया का परिणाम मानते हैं क्योंकि ''सभ्यता के विकास के साथ समाज से कविता का सम्बन्ध बदलता रहा है।''[40] कविता के इतिहास में हुए तीन मूलगामी परिवर्तनों मौखिक, लिखित और मुद्रण को वे कविता के रूवरूप पर पड़े इस गहरे प्रभाव के लिए जिम्मेदार मानते हैं।

कविता के लिए वर्तमान समय में सबसे बड़ा संकट वे उद्योग की संस्कृति को मानते हैं जो कि अडोर्नो की बहुत गम्भीर और व्यापक अवधारणा है। अडोर्नो की अवधारणा के आधार पर वे संस्कृति के उद्योग से समकालीन कविता के सम्बन्ध को विश्लेषित और मूल्यांकित करते हुए लिखते हैं कि—''यह संस्कृति का उद्योग फैण्टेसी की दुनिया रचता है, जिससे झूठे-सच का विस्तार होता है। वह ऐसी माया की संस्कृति गढ़ता है, जो रहस्य, रोमांच, विलक्षणता और सनसनी के सहारे चलती है। उसमें अचरज

का राज होता है, जो दर्शकों को उत्सुकता के अन्तहीन सिलसिले में बाँधे रहता है। ...हिन्दी में यह माध्यम अति आधुनिक टेक्नोलॉजी और अत्यन्त आदिम मानसिकता के सहयोग से ऐसा अतियथार्थवादी मानस पैदा कर रहा है जो उत्तेजना और मौज के भँवर से बाहर निकलना नहीं चाहता और अगर कभी निकलता भी है तो वह कविता का सामना करने के काबिल नहीं रहता।''[41] इसके अलावा भी बहुत सारे संकटों का वे विश्लेषण और मूल्यांकन करते हैं। जब बात कविता को संकट से बचाने की आती है तो वे उसके श्रव्य रूप की ओर लौटने की वकालत करते हैं, जिसका आशय यह है कि ''कविता केवल विशेषज्ञों के लिए न हो, व्यापक समाज के लिए भी हो। वह केवल पढ़ने के लिए न हो, सुनने-सुनाने लायक भी हो। अगर कहानी को बचाने के लिए तरह-तरह के प्रयोगों के बाद किस्सागोई की माँगें उचित हैं। तो कविंता के श्रव्य रूप और गुण की चिन्ता उचित क्यों नहीं है?''[42] कविता का उसके श्रव्य रूप की तरफ लौटना कहीं-न-कहीं उसका लोक-संस्कृति की आदिम अवस्था की तरफ लौटना है। मैनेजर पाण्डेय के अनुसार अगर कवि इस ओर लौटता है तो उसके द्वारा ''लोक संस्कृति की परम्परा का नया संस्कार होता है और बोलचाल की भाषा की कथन भंगिमाओं का परिष्कार भी। इससे हिन्दी भाषा के मूलभूत काव्यत्व की सम्भावनाओं का विकास भी होता है।''[43]

साहित्य के साथ इतिहास और आलोचना के सम्बन्ध के प्रति समझ विकसित करना सामान्य कार्य नहीं है क्योंकि ''साहित्य के स्वरूप और प्रयोजन सम्बन्धी अनेक दृष्टिकोण हैं। इन दृष्टिकोणों में अन्तर के कारण ही आलोचना और इतिहास के विभिन्न सिद्धान्तों और पद्धतियों में बुनियादी अन्तर होता है। ऐतिहासिक दृष्टि से साहित्य के अनुशीलन के लिए साहित्य के ऐतिहासिक स्वरूप और उसके सामाजिक प्रयोजन को पहचानना जरूरी है।''[44] क्योंकि ''साहित्य की रचना और आलोचना की अधिकांश समस्याएँ साहित्य के इतिहास की समस्याएँ होती हैं।''[45] साहित्य के इतिहास को मैनजेर पाण्डेय सामाजिक विकास से अलग करके नहीं देखते। क्योंकि वे साहित्य के अस्तित्व को समाज और उसके विकास से अलग नहीं मानते। इस अवधारणा के पीछे उनका तर्क यह है कि ''साहित्य कर्म की पूरी प्रक्रिया सामाजिक व्यवहार का ही एक विशिष्ट रूप है; इसीलिए साहित्य का इतिहास समाज के इतिहास से अनेक रूपों में जुड़ा होता है। साहित्य का इतिहास व्यापक सामाजिक इतिहास का अंग है। इसी रूप में साहित्य के इतिहास को समझने-समझाने के दृष्टिकोण, प्रयोजन और पद्धति की सहायता से साहित्य के इतिहास लेखन की सामाजिक सार्थकता का विकास हो सकता है।''[46] इसी आधार पर उन्होंने साहित्य और उसके इतिहास का विवेचन-विश्लेषण करते हुए समकालीन इतिहास में इस धारणा से सामंजस्य न बैठा पाने वाली अवधारणाओं, संरचनावाद, शैली-विज्ञान, जो कि इतिहास और विचारधारा के अन्त की घोषणा की बुनियाद पर निर्मित हुई है, के साथ-साथ प्रभाववादी मनोवैज्ञानिक, मिथकीय, बिम्बवादी और अमेरिकी नयी समीक्षा की भी विस्तृत रूप में आलोचना करते हैं।

इतिहास और आलोचना में बुनियादी तौर पर व्यापक अन्तर की बात को मैनेजर पाण्डेय नहीं स्वीकार करते। इसका कारण वे यह मानते हैं कि "आलोचना और इतिहास दोनों की चिन्ता का मुख्य विषय रचना ही है और रचना अन्ततः रचनाकार की चेतना की संवेनशीलता, कल्पनाशक्ति और सृजनशीलता का ही फल है। सामाजिक व्यवहार के परिवर्तन के साथ-साथ चेतना के विकास की व्याख्या करने से ही परिवेश और चेतना के सम्बन्ध का बोध प्रकट होगा और रचना की सृजनशीलता की व्याख्या भी हो सकेगी। इस प्रकार सामाजिक व्यवहार, उससे प्रभावित होने वाली चेतना और उस चेतना की सृजनशीलता से उत्पन्न होने वाले साहित्य की विकासशीलता का समन्वित अनुशीलन हो सकेगा। रचना कर्म को सामाजिक व्यवहार का अंग मानने पर रचना के अन्तर्जगत और उसके परिवेश का सम्बन्ध स्पष्ट होगा और व्यापक जीवन मूल्यों से रचना के सौन्दर्यबोधी मूल्यों की सापेक्षता भी प्रकट होगी। इस प्रक्रिया के अन्तर्गत रचना की विशिष्टता और उसकी सामाजिकता में एकता स्थापित होगी और आलोचना तथा इतिहास का अलगाव भी दूर होगा।"[47]

हिन्दी साहित्य के इतिहास लेखन में अब तक जो भी कार्य हुए हैं, उनमें मैनेजर पाण्डेय आचार्य रामचन्द्र शुक्ल, पण्डित हजारीप्रसाद द्विवेदी और डॉ. रामविलास शर्मा के कार्यों को महत्त्वपूर्ण मानते हुए साहित्य के इतिहास लेखन की दिशाओं का विवचेन-विश्लेषण करते हैं। इस विवेचन-विश्लेषण के आधार पर वे आचार्य शुक्ल को 'साहित्य के विकास के सामाजिक आधारों की खोज", पण्डित द्विवेदी को 'परम्पराओं की निरन्तरता का अनुशीलन' और डॉ. शर्मा को 'जातीय साहित्य की प्रगति की पहचान के खोजकर्त्ता के रूप में देखते हैं। साहित्य के इतिहास लेखन की इन दिशाओं का आधार सामाजिक आयाम ही है। इन्हीं आयामों के बोध पर आधारित साहित्य के इतिहास लेखन का मुख्य प्रयोजन मानते हुए वे लिखते हैं "साहित्य का इतिहास लिखते समय समाज को भूमिका या उपसंहार में जगह देने के बदले, साहित्य की विकास प्रक्रिया को सम्पूर्ण सामाजिक प्रक्रिया के अंग के रूप में देखना-समझना जरूरी है। साहित्य का ऐसा इतिहास जरूरी है जिसके व्यापक सामाजिक सन्दर्भ में लेखक, रचना और पाठक का विकासशील सम्बन्ध प्रकट हो, साहित्य रूप और सामाजिक विकास का सम्बन्ध सामने आये और सामाजिक विकास के साथ साहित्य के विकास सम्बन्ध भी स्पष्ट हो सके। कहने का तात्पर्य यह है कि साहित्य की सामाजिकता, साहित्यिकता और विकासशीलता का उद्‌घाटन करना ही साहित्य के इतिहास लेखन का मुख्य प्रयोजन है।"[48] इसी आधार पर वे स्वातन्त्र्योत्तर हिन्दी साहित्य के इतिहास लेखन और उस लेखन से सम्बन्धित समस्याओं का विवेचन-विश्लेषण करते हुए मार्क्सवादी दृष्टिकोण के आधार पर ऐसे इतिहास लेखन की जरूरत महसूस करते हैं जिसमें हिन्दी साहित्य की सामाजिकता और साहित्यिकता की रक्षा हो सके।

स्वातन्त्र्योत्तर हिन्दी साहित्य में आये महत्त्वपूर्ण बदलावों की व्याख्या करते हुए मैनेजर पाण्डेय इस दौर के इतिहास को यथार्थवादी और गैर-यथार्थवादी रचनादृष्टियों

के संघर्ष के आधार पर समझना बेहतर बताते हैं। इन दोनों में से उनका पक्ष इतिहास लेखन यथार्थवादी दृष्टि से जुड़ा हुआ है, जो कि उनकी दृष्टि में यथार्थवादी और यथार्थ विरोधी रचना दृष्टि के संघर्ष की समाप्ति पर ही सम्भव है।

साहित्य से इतिहास और आलोचना के अलावा समाजशास्त्र के सम्बन्धों की सूक्ष्म पड़ताल मैनेजर पाण्डेय के आलोचना-साहित्य का महत्त्वपूर्ण हिस्सा है। उनके अनुसार आधुनिक युग में साहित्य पर सामाजिक सन्दर्भ और राजनीतिक परिवेश का जितना व्यापक और निर्णायक प्रभाव पड़ रहा है, उतना पहले कभी नहीं था। आज की दुनिया केवल सौन्दर्य और प्रेम की एकान्त साधना के सहारे नहीं चलती है। वह समाज के आर्थिक ढाँचे, राजनीतिक परिवेश, सामाजिक संरचनाओं और सांस्कृतिक संस्थाओं से बहुत दूर तक प्रभावित होती है। जबसे साहित्य की दुनिया में लेखक और पाठक के बीच पुस्तक-बाजार आ गया है और संस्कृति का क्षेत्र 'प्रतीकात्मक वस्तुओं का बाजार' बन गया है, तब से समाज में साहित्य की स्थिति बहुत बदल गई है। जो लेखक वर्तमान सत्ता और व्यवस्था के अंग हैं वे भी इस परिवर्तन से प्रभावित हो रहे हैं और जो वर्तमान व्यवस्था के विरोधी हैं, उन पर भी इस परिवर्तन की छाया पड़ रही है। लेखक की सामाजिक स्थिति से उसके अनेक प्रकार के सम्बन्धों की पहचान साहित्य के समाजशास्त्र की एक विशेषता है।''[49] साहित्य का समाजशास्त्र आधुनिक युग में साहित्य पर सामाजिक सन्दर्भों की देन है, जिसमें कृति की केवल व्याख्या ही नहीं होती क्योंकि आम तौर पर हर आलोचना पद्धतियाँ यही काम करती हैं। इसका उद्देश्य ''साहित्यिक कृति की सामाजिक अस्मिता की व्याख्या है। साहित्यिक कृति की सामाजिक अस्मिता रचना के सामाजिक सन्दर्भ और सामाजिक अस्तित्व से निर्मित होती है। इसीलिए साहित्य के समाजशास्त्र में उस पूरी प्रक्रिया को समझने की होती है जिसमें कोई रचना साहित्यिक कृति बनती है।''[50]

साहित्य के समाजशास्त्र की मुख्य प्रवृत्ति समग्रतावादी मानी जाती है, जिसमें साहित्य के सभी रूपों और पक्षों को समग्रता में समझने में जोर दिया जाता है। इसके अनुसार साहित्य की प्रक्रिया के मुख्यतः तीन पक्ष लेखक, रचना और पाठक हैं। इसमें तीनों के विवेचन के साथ-साथ उनके आपसी सम्बन्धों का भी विवेचन होता है। उनका मानना है कि ''केवल साहित्य के समाजशास्त्र में ही साहित्य-प्रक्रिया के अनुभवों और तथ्यों का व्यावहारिक विवेचन होता है, जिसमें साहित्य के लेखन, प्रकाशन, वितरण और उपभोग की पूरी व्यवस्था की भूमिका स्पष्ट होती है।...इसका महत्त्व इस बात में भी है कि साहित्य का समाजशास्त्र किसी भी रचना को ठीक से समझने के लिए उस सामाजिक यथार्थ को अलग से समझने की माँग करता है जिससे रचना अनेक रूपों में जुड़ी होती है।''[51] इसकी मुख्य तौर पर दो धाराएँ मीमांसापरक और अनुभववादी हैं, जिसमें से एक में सामाजिक महत्त्व और अर्थ का विश्लेषण किया जाता है और दूसरी में साहित्य के सामाजिक अस्तित्व का।

साहित्य के समाजशास्त्र सम्बन्धी अपने लेखन में मैनेजर पाण्डेय ने साहित्य के समाजशास्त्र की दृष्टियों, पद्धतियों, साहित्य के समाजशास्त्र की भारतीय परम्परा के

विकास की सम्भावनाओं, पश्चिम के प्रमुख समाजशास्त्रियों तेन, लियो लावेंथल, लूसिए गोल्डमान और रेमण्ड विलियम्स की साहित्य के समाजशास्त्र के विकास में योगदान, साहित्य के विविध रूपों और विधाओं के सामाजिक आधार, कविता का समाजशास्त्र और उसकी समस्याओं, तीसरी दुनिया में उपन्यास के समाजशास्त्र की दिशा, कलात्मक साहित्य के साथ-साथ लोकप्रिय साहित्य की सामाजिक सत्ता और भूमिका आदि विषय का गहन, गम्भीर, दिलचस्प और विशद-विवेचन-विश्लेषण किया है।

साहित्य से समाज और उसकी संस्कृति का अन्तर्सम्बन्ध हमेशा से बहुआयामी रहा है। इसीलिए किसी भी बहु-सांस्कृतिक समाज में संस्कृतियों की विभिन्नता के बीच एकता और द्वन्द्व की समस्या रहती है। इसी तर्क के आधार पर संस्कृति के विषय में विभिन्न समाजशास्त्रियों के मतों का विवेचन करते हुए मैनेजर पाण्डेय इस निष्कर्ष पर पहुँचते हैं कि "प्रायः संस्कृति के समाजशास्त्र में जिस संस्कृति के विश्लेषण और मूल्यांकन के प्रयास हुए हैं वह आधिकारिक या केन्द्रीय या मुख्यधारा की संस्कृति है। कुछ समाजशास्त्रियों ने लोकप्रिय संस्कृति का भी विवेचन किया है। लेकिन वह बाजार के लिए उत्पादित बाजारू संस्कृति है, सच्ची लोक संस्कृति या जन संस्कृति नहीं। सच्ची लोक संस्कृति जनता के लिए जनता द्वारा और जनता के बारे में रचित संस्कृति है। अभिजनवादी समाजशास्त्री लोक संस्कृति, लोकप्रिय संस्कृति और संस्कृति में फर्क नहीं करते, वे सबकी एक साथ आलोचना करते हैं।"[52] इस तरह लोक संस्कृति जो कि जनता की संस्कृति है, को ही वास्तविक तौर पर संस्कृति मानते हैं।

हिन्दी में आलोचना का समाज आधुनिक युग में ही निर्मित हुआ जो आज तक हिन्दी आलोचना के साथ अपने अन्तर्विरोधों के बावजूद भी जुड़ा हुआ है। "ये जुड़ाव हालाँकि किसी व्यापक परिप्रेक्ष्य को निर्मित नहीं करते। आमतौर पर हिन्दी में आलोचना का समाज और उसका शास्त्र निर्मित करने का श्रेय निर्विवाद रूप से आचार्य रामचन्द्र शुक्ल को दिया जाता है लेकिन उनके बाद से आलोचना के विकास का दायरा क्रमशः संकुचित ही होता गया, क्योंकि "वह व्यापक समाज और लोकमत से धीरे-धीरे दूर होती हुई अधिकाधिक साहित्यिक और विशेषज्ञतापरक हुई है, जबकि आरम्भ में हिन्दी आलोचना व्यापक वाङ्मय-विमर्श का हिस्सा थी और स्वाधीनता आन्दोलन से जुड़ी हुई थी।"[53] एक तरफ मैनेजर पाण्डेय का यह तर्क समकालीन हिन्दी आलोचना की विसंगतियों की तरफ संकेत करता है वहीं दूसरी तरफ वे आलोचना और उसके समाज की सामाजिकता, मुक्तिबोध और नामवर सिंह द्वारा आलोचना के अभिप्राय के आधार पर तय करते हैं। जहाँ मुक्तिबोध आलोचना को सभ्यता समीक्षा मानते हैं, जिसमें सत चित् आनन्द की जगह सत चित वेदना का बोध है, वहीं नामवर सिंह आलोचना को अपने समय की ऐसी बौद्धिकता मानते हैं; जिसमें अपने समाज के वर्चस्ववादी विमर्श की काल्पनिक सहमति के छद्म की निर्मम आलोचना हो। इस विषय पर अपना तर्क निर्मित करते हुए वे कहते हैं कि, "आलोचना सामाजिक बनती है अपने समाज के मानस की रचनात्मक क्रियाशीलता की समग्रता के बोध और उसकी व्याख्या के माध्यम

से।"[54] साहित्य और आलोचना में राजनीति का परिप्रेक्ष्य उसकी पहचान और उसकी सार्थकता के विषय पर विचार करना काफी रोचक एवं ध्यान देने योग्य है। इसका कारण यह है कि "साहित्य अपने समय और समाज के मनुष्य की स्थिति तथा नियति की चिन्ता करता है, इसीलिए उसमें मनुष्य की नियति को निर्धारित करने वाली राजनीति की चिन्ता भी मौजूद होती है। ऐसे साहित्य की व्याख्या की कोशिश करने वाली आलोचना राजनीति की उपेक्षा कैसे कर सकती है।"[55] मैनेजर पाण्डेय का यह विचार आलोचना द्वारा रचना में राजनीतिक सन्दर्भों की व्याख्या से जुड़ा हुआ है।

मैनेजर पाण्डेय आलोचक रामचन्द्र शुक्ल की आलोचना में राजनीतिक सन्दर्भों की व्यापक व्याख्या मौजूद मानते हैं, क्योंकि उनके अनुसार "हिन्दी साहित्य की आधुनिकता के केन्द्र में स्वाधीनता की चेतना रही है। उस स्वाधीनता की चेतना का पहला सन्दर्भ राजनीतिक था, जिसका लक्ष्य था, उपनिवेशवाद से मुक्ति। दूसरा सन्दर्भ सामाजिक स्वाधीनता का था, जिसमें किसानों, दलितों और स्त्रियों की आजादी का प्रश्न महत्त्वपूर्ण था। इस तरह स्वाधीनता आन्दोलन के दौर के हिन्दी साहित्य की आधुनिकता की चेतना साम्राज्यवाद विरोध और सामन्तवाद विरोध से जुड़ी हुई थी। ऐसे साहित्य की आलोचना का राजनीतिक होना अनिवार्य था। इसीलिए रामचन्द्र शुक्ल की आलोचना में राजनीति मौजूद है।"[56] इसी तरह वे देशी-विदेशी आलोचकों की आलोचना में राजनीति के परिप्रेक्ष्य की पहचान और उसकी सार्थकता के मुद्दे का विश्लेषण एवं मूल्यांकन करते हैं और समकालीन आलोचक और उसकी आलोचनात्मक चेतना के निर्माण और विकास के लिए यह जरूरी मानते हैं कि "वह अपने समय और समाज की सामाजिक-राजनीतिक वास्तविकताओं तथा सम्भावनाओं की जटिल समग्रताओं का बोध अर्जित करे।"[57] आलोचना के सामाजिक और राजनीतिक पहलू के साथ-साथ उसकी सार्थकता और निरर्थकता के प्रति उनका नजरिया भी महत्त्वपूर्ण है। उन्होंने आलोचना को 'सर्जनात्मक या अकादेमिक' रूप में देखने के बजाय 'सार्थक या निरर्थक' रूप में पहचान करने की जरूरत पर बल दिया है। उनकी दृष्टि में "आलोचना में अगर विचारों की नवीनता, व्याख्या की विश्सनीयता और भाषा की रचनात्मकता ऐसी है जो पाठकों की साहित्यिक समझदारी और उनकी सामाजिक संवेदनशीलता का विकास करे, उन्हें बेहतर मनुष्य बनाये तो वह सार्थक आलोचना ही होगी अन्यथा निरर्थक, जिसे आलोचना कहना ही गलत है।"[58] वे मानते हैं कि आलोचनात्मक विवेक के मूल में आलोचक का सामाजिक विवेक है जो बहुत दूर तक वर्तमान के बोध से जुड़ा हुआ होता है। इसी विवेक से आलोचक की सार्थकता और सजगता का स्तर निर्धारित होती है। क्योंकि "सार्थक रचना की तरह सार्थक आलोचना भी अपने समय और समाज की हलचलों और वैचारिक तथा संवेदनात्मक परिवर्तनों के बारे में सजग होती है, तभी वह रचनाओं से स्वतन्त्र और कभी-कभी उनके समानान्तर अपनी सामाजिक दृष्टि निर्मित करती है, जिससे वह विचारशीलता विकसित होती है जो अपने युग के विवेक का प्रतिनिधित्व करती है। ऐसी आलोचना केवल साहित्यिक ही नहीं होती, वह सामाजिक आलोचना भी होती है।"[59]

समाज में लोकतन्त्र का अस्तित्व आधुनिक युग की महत्त्वपूर्ण घटना है। इस लोकतन्त्र ने समाज के लोकतान्त्रीकरण की प्रक्रिया में आधुनिक युग में जिन साहित्यिक विधाओं का जन्म हुआ, उनमें उपन्यास विधा महत्त्वपूर्ण साहित्यिक विधा बन के उभरी। इस तरह से उपन्यास और लोकतन्त्र उदय आधुनिक काल की देन है। इनके सम्बन्धों के आयामों की पड़ताल के लिए मैनेजर पाण्डेय विदेशी और देशी विचारकों की विचार-दृष्टियों के आधार पर अपना दृष्टिकोण निर्मित करते हुए यूरोप में और भारत में उपन्यासों के उदय के कारणों को विवेचित करते हुए लिखते हैं, "उपन्यास का जन्म यूरोप में उस समय हुआ जब यूरोप के अनेक देश उपनिवेश बनाने के अभियान में लगे थे। उस उपनिवेशवादी अभियान के प्रमाण और प्रभाव स्पेन और इंग्लैण्ड के उपन्यासों में दिखायी देते हैं...भारतीय उपन्यास वास्तव में तब आरम्भ हुआ जब वह मुक्ति के आख्यान के रूप में विकसित होने लगा। बांग्ला में बंकिमचन्द्र ने ऐतिहासिक रोमांस के माध्यम से राष्ट्र की कल्पना, राष्ट्रीय चेतना की सजगता और स्वाधीनता की आकांक्षा को व्यक्त करते हुए उपन्यास को मुक्ति का आख्यान बनाया। हिन्दी में आरम्भ में उपन्यास सामाजिक रूढ़ियों से मुक्ति की आकांक्षा के रूप में विकसित हुआ, लेकिन उसे सामाजिक के साथ-साथ राजनीतिक स्वाधीनता का आख्यान बनाया प्रेमचन्द ने।"[60] उपन्यास में लोकतन्त्र की उपस्थिति के सन्दर्भ में उनकी मान्यता है कि, "उपन्यास में लोकतन्त्र के पीछे यह मान्यता है कि मानव-स्वभाव और मानव-समाज परिवर्तनशील है। इस परिवर्तनशीलता की पहचान और अभिव्यक्ति उपन्यास का प्रयोजन है। परिवर्तन की चिन्ता ही उपन्यास को द्वन्द्वात्मक चिन्तन से जोड़ती है, जिसमें डेविड हार्वे के शब्दों में, "प्रक्रिया प्रवाहों और परिवर्तनों की समझ को विशेष महत्त्व दिया जाता है।"[61] इसी तर्क के आधार पर वे हिन्दी उपन्यास लेखन में वास्तविक रूप में लोकतन्त्र तब आया मानते हैं, जब हाशिये के लोगों जैसे दलितों और मुसलमानों ने अपने अस्तित्व और उसके सामाजिक विकास का योगदान और अधिकारों के लिए सामाजिक, राजनीतिक और आर्थिक परिस्थितियों का ठेठ यथार्थवादी रूप में विश्लेषण और मूल्यांकन परक चित्रण किया।

उपन्यास और लोकतन्त्र की तरह ही आधुनिक राष्ट्रवाद की अवधारण को भी मैनेजर पाण्डेय उपनिवेशवाद की ही उत्पत्ति मानते हैं। इस राष्ट्रवाद का प्रभाव प्रेमचन्द के विचारों और उपन्यासों में किस रूप में व्यक्त हुआ है, इसका विश्लेषण और मूल्यांकन वे आधुनिक राष्ट्रवाद की अवधारणा की व्याख्या, उस आधार पर लिखित नामवर सिंह के आलोचना सम्बन्धी लेखों का मूल्यांकन, प्रेमचन्द द्वारा गाँधी के वैचारिक अन्तर्विरोधों की पहचान और उनके उपन्यासों में उसके स्वरूप के आधार पर करते हैं। उनके अनुसार राष्ट्रीय भावना का आधार स्वतन्त्रता, समता और बन्धुता रही है। ऐसा राष्ट्रवाद उन्हें न पश्चिम में दिखता था न पूरब में, इसीलिए उन्होंने राष्ट्रीय चेतना के बावजूद राष्ट्रवाद की तीखी आलोचना की। उनके अनुसार "प्रेमचन्द स्वाधीनता आन्दोलन के उन विचारकों से असहमत थे जो यूरोप की इस ईजाद का भारतीयकरण करते हुए अरविन्द की तरह

उसे ब्रह्म की शक्ति का अवतार कहते थे। वे रवीन्द्रनाथ टैगोर से सहमत थे तथा राष्ट्रवाद के बारे में श्रमजीवी जनता की दृष्टि से सोचते थे, जो यूरोप और भारत में भी राष्ट्रवाद के हाशिये पर रहने के लिए मजबूर थी। राष्ट्रवाद उसका उपयोग करता था, लेकिन उसके जीवन की वास्तविकताओं और समस्याओं की उपेक्षा भी करता था।"[62] अर्थात् उनके उपन्यासों मे भारतीय राष्ट्रवाद के वर्ग-चरित्र की पहचान है।

आलोचना के सैद्धान्तिक पक्षों की आलोचना के अलावा मैनेजर पाण्डेय कृति केन्द्रित समीक्षा के क्षेत्र में भी सक्रिय एवं महत्त्वपूर्ण भूमिका निभा रहे हैं। 'सुनीता और स्त्री की स्वतन्त्रता', 'रतिनाथ की चाची' और 'स्त्री की पराधीनता का प्रश्न', 'शृंखला की कड़ियाँ', 'मुक्ति की राहें' और 'ग्लोबल गाँव का देवता' 'यथार्थ से मिथक बनते एक समुदाय की व्यथा कथा' आदि आलोचनात्मक निबन्ध उनकी सक्रिय एवं सशक्त भागीदारी के ही परिणाम हैं।

'सुनीता', 'रतिनाथ की चाची' और 'शृंखला की कड़ियाँ' की जो आलोचना मैनेजर पाण्डेय ने की है वह स्त्री जीवन के अनुभवों और आकांक्षाओं का आलोचनात्मक मूल्यांकन है, जो स्त्री की स्वतन्त्रता, परतन्त्रता और सामाजिक अस्तित्व के विभिन्न बिन्दुओं की चिन्ता से जुड़ा है। अश्वघोष की रचना 'वज्र-सूची' की आलोचना में सामाजिक वर्ण-व्यवस्था और वर्ग-व्यवस्था से जुड़े सामाजिक विषमता की आलोचना की गयी है। वहीं 'ग्लोबल गाँव का देवता' जो कि समकालीन हिन्दी कथा साहित्य में आदिवासी समुदाय 'असुर' की व्यथा-कथा बयान करने वाला उपन्यास है, की आलोचना करते समय इस समुदाय के सामाजिक जीवन और सांस्कृतिक पहलुओं का विश्लेषण और मूल्यांकन है, "जिसमें असुर समुदाय के जीवन और संस्कृति के अदृश्य इतिहास की जिन्दगी के यातनाओं के प्रति गहरी संवेदनशीलता के ताने-बाने से बुना हुआ आख्यान है।"[63]

इधर बीच मैनेजर पाण्डेय 'उत्तर आधुनिक' समय में मध्ययुगीनता की वापसी कराने के कारण समकालीन हिन्दी आलोचना-परिदृश्य पर चर्चा में बने हुए हैं। अपनी इस अवधारणा के पीछे उनका तर्क यह है कि "पिछले कुछ वर्षों में उत्तर आधुनिकतावाद ने केवल ज्ञानोदय और आधुनिकता की आलोचना ही नहीं की है। उसके अनेक विचारकों ने वर्तमान समय को उत्तर धर्मनिरपेक्ष समय भी घोषित कर दिया है। सम्भवतः इसलिए हाल के वर्षों में राजनीति पर बहसें कम हुई हैं और नैतिकता, धार्मिक आस्था और मूल्यों से सम्बन्धित विवाद अधिक हुए हैं। आधुनिकता के दौर में व्यक्ति की जो अस्मिता सामाजिक, राजनीतिक स्थितियों से निश्चित होती है, वहीं अस्मिता अब धर्म से तय होने लगी है।"[64] पश्चिमी विचारकों की यह चिन्ता उन्हें भी सही लगती है कि क्योंकि "मध्ययुग बहाने के रूप में, विडम्बनापूर्ण पुनर्यात्रा के रूप में, दार्शनिक स्रोत के रूप में, राष्ट्रीय अस्मिताओं के रूप में, भाषा शास्त्री पुनर्निर्मित के रूप में, पतन के युगों के रूप में, परम्परा के रूप में और आशा के स्रोत के रूप में। आज के समय में मध्ययुग के ये सभी रूप यूरोप और अमेरिका में ही नहीं भारत में भी मौजूद हैं, जिनसे हमारा चिन्तन, लेखन, सृजन और विचार के साथ-साथ जीवन भी प्रभावित हो रहा है।"[65] हाल

के वर्षों में मध्ययुगीनता की यह मानसिकता उन्हें विदेशों में बौद्धिक परिकल्पना के रूप में ईश्वर के अस्तित्व पर आस्था से जुड़ी दिखायी देती है। वहीं यह मानसिकता भारत में आजादी के बाद विज्ञान और अध्यात्म की एकता और राजनीति में इसकी वकालत करने के चलते पैदा हुई मानते हैं। उनकी दृष्टि में भारत एक ऐसा देश है जहाँ आदिम, मध्ययुगीन, आधुनिक और उत्तर आधुनिक स्थितियाँ साथ-साथ मौजूद हैं। आदिवासी समाजों में आदिमता, ग्रामीण जीवन में मध्ययुगीनता, छोटे-बड़े शहरों में आधुनिकता और महानगरों में उत्तर-आधुनिकता। इसीलिए मध्ययुगीनता यहाँ आज भी है, क्योंकि आधुनिक युग में इस देश की साहित्यिक, सामाजिक और राजनीतिक परिस्थितियों को गहरे स्तर पर प्रभावित करने वाला मध्यवर्ग "एक साथ मध्ययुगीन मानसिकता, आधुनिक सुविधा और उत्तर आधुनिक आकांक्षा के साथ जीता है, इसलिए वह कभी-कभी इन तीनों से जुड़ता और अलग होता दिखायी देता है।"[66] मध्ययुगीनता की यह वापसी चाहे किसी समाज में हो उनकी नजर में यह प्रगतिविरोधी स्थिति है। इससे स्त्रियों और दलितों की स्वतन्त्रता और मुक्ति का कार्य बाधित ही होगा क्योंकि मध्ययुगीनता प्रायः दमन की सत्ता का समर्थन करती है।

मैनेजर पाण्डेय के उत्तर आधुनिक से युक्त समय में मध्ययुगीनता की वापसी के तर्क पर प्रतिक्रिया व्यक्त करते हुए अजय तिवारी और कृष्णदत्त पालीवाल इस वापसी को पूरी तरह से इनकार करते हैं। दोनों के द्वारा दिये गये तर्क प्रत्यक्ष-अप्रत्यक्ष तरीके से इस वापसी से असहमति जताते हुए लगभग इसी बात पर जोर देते हैं कि "तर्क, विवेक, लौकिकता, मानववाद जैसी अवधारणों के साथ यूरोप में जिस पुनर्जागरण का अथवा एशिया में सूफी और भक्ति आन्दोलन का सूत्रपात हुआ था, उसमें मध्ययुगीनता भी दृढ़तापूर्वक उपस्थित थी। बीसवीं सदी के अन्तिम चरण में आनेवाली उत्तर आधुनिकता के साथ भी मध्ययुगीनता लगी हुई है, जिसे देखकर हम चिन्तित होते हैं। दोनों की मध्ययुगीनता एक नहीं है फिर भी अगर पूँजीवाद (आधुनिक) विकास का कोई चरण मध्ययुगीनता से पूरी तरह मुक्त नहीं है तो आज हम उसे 'वापसी' कैसे कह सकते हैं।"[67]

मेरी दृष्टि में इस वापसी पर की गयी आलोचनात्मक प्रतिक्रिया तर्कसंगत लगती है क्योंकि यह सही है कि पूँजीवाद विकास का कोई चरण मध्ययुगीनता से पूरी तरह से मुक्त नहीं रहा है। इसीलिए इसमें इसकी वापसी की कोई बात सार्थकता नहीं रखती।

हिन्दी आलोचना में सूरदास की आलोचना से अपनी आलोचना की शुरुआत करने वाले मैनेजर पाण्डेय ने 'उत्तर आधुनिक समय में मध्ययुगीनता की वापसी' और 'ग्लोबल गाँव के देवता' की समीक्षा तक की आलोचना-यात्रा में मार्क्सवाद से निर्मित विचारधारात्मक दृष्टिकोण के प्रति सर्तक एवं सशक्त प्रतिबद्धता दिखायी है। हालाँकि उन्होंने इस विचारधारा से जुड़े देशी-विदेशी विचारकों एवं रचनाकारों के विचारधारात्मक दृष्टिकोण की आलोचना करते हुए इसमें समय, समाज और साहित्य के अनुरूप परिवर्तन को आवश्यक माना है, क्योंकि इससे साहित्य और समाज का जातीय स्वरूप सुरक्षित रहता है।

आलोचना में विचारधारा को महत्त्व देने के कारण मैनेजर पाण्डेय की आलोचना

में विचारों की जितनी सतर्क और सशक्त आलोचना मिलती है, उतनी कला की नहीं। उनकी आलोचना की भाषा भी उनकी विचारधारा से गहरे और व्यापक स्तर पर जुड़ी हुई है। वे भी अन्य मार्क्सवादी आलोचकों की तरह मार्क्सवाद से जुड़ी पारिभाषिक शब्दावलियों का प्रयोग तो करते हैं लेकिन उनके रचनात्मक उपयोग की उपेक्षा नहीं करते। उनकी आलोचना दृष्टि समय, समाज, इतिहास, चेतना, वर्ग और वर्ण चेतना, विचारधारा की संरचनाओं और मूल्यांकन के क्रम में निर्मित और विकसित हुई है। चाहे विचार की आलोचना हो या साहित्य की, उनकी आलोचना यात्रा में आलोचना-दृष्टि से सम्बन्धित कोई बुनियादी बदलाव नजर नहीं आता। उनकी आलोचना दृष्टि को निर्मित और विकसित करने में अनेक देशी-विदेशी विचारकों एवं रचनाकारों का हाथ रहा है। हिन्दी में मुख्य तौर पर आचार्य रामचन्द्र शुक्ल, पं. हजारी प्रसाद द्विवेदी, डॉ. रामविलास शर्मा, डॉ. नामवर सिंह, कबीर, निराला, नागार्जुन, मुक्तिबोध, त्रिलोचन, रघुवीर सहाय तथा पश्चिम के मार्क्स, एंगेल्स, अल्थुसेर, लूकाच, ग्राम्शी, टाल्स्टाय, गोर्की, बालजाक, ब्रेख्त, पाब्लो नेरूदा आदि जैसे महत्त्वपूर्ण विचारकों और रचनाकारों ने उनकी आलोचना-दृष्टि के निर्माण में मुख्य भूमिका निभायी है।

आलोचना मैनेजर पाण्डेय के लिए सिर्फ शब्द नहीं है, बल्कि एक सामाजिक कर्म भी है। यह कर्म साहित्य और समाज में हाशिये की आवाज बनकर उसके सामाजिक अस्तित्व और अस्मिता के लिए हो रहे संघर्ष का सशक्त समर्थन करता है। उनकी आलोचना पूँजीवादी संस्कृति के इस दौर में सभ्यता, संस्कृति, विचारधारा और साहित्य के ऊपर संकट के बावजूद इस बुरे दौर में और अधिक आत्मविश्वास के साथ अपने सम्पूर्ण जातीय विकास के लिए सशक्त प्रतिरोध की चेतना विकसित करने पर बल देती है।

सन्दर्भ :

1. मैनेजर पाण्डेय, संकलित निबन्ध, पृ. 45
2. मैनेजर पाण्डेय, संकलित निबन्ध, पृ. 45
3. मैनेजर पाण्डेय, संकलित निबन्ध, पृ. 45
4. भक्ति आन्दोलन और सूरदास का काव्य, मैनेजर पाण्डेय, दूसरे संस्करण की भूमिका से
5. भक्ति आन्दोलन और सूरदास का काव्य, मैनेजर पाण्डेय, दूसरे संस्करण की भूमिका से
6. भक्ति आन्दोलन और सूरदास का काव्य, मैनेजर पाण्डेय, पृ. 292
7. भक्ति आन्दोलन और सूरदास का काव्य, मैनेजर पाण्डेय, पृ. 295
8. भक्ति आन्दोलन और सूरदास का काव्य, मैनेजर पाण्डेय, पृ. 307
9. शब्द और कर्म, मैनेजर पाण्डेय, प्रथम संस्करण की भूमिका से
10. शब्द और कर्म, मैनेजर पाण्डेय, प्रथम संस्करण की भूमिका से
11. शब्द और कर्म, मैनेजर पाण्डेय, पृ. 26।
12. शब्द और कर्म, मैनेजर पाण्डेय, पृ. 29

13. शब्द और कर्म, मैनेजर पाण्डेय, पृ. 30
14. शब्द और कर्म, मैनेजर पाण्डेय, पृ. 38-39
15. शब्द और कर्म, मैनेजर पाण्डेय, पृ. 39
16. शब्द और कर्म, मैनेजर पाण्डेय, पृ. 41
17. शब्द और कर्म, मैनेजर पाण्डेय, पृ. 49
18. शब्द और कर्म, मैनेजर पाण्डेय, पृ. 60
19. शब्द और कर्म, मैनेजर पाण्डेय, पृ. 60
20. शब्द और कर्म, मैनेजर पाण्डेय, पृ. 63-64
21. शब्द और कर्म, मैनेजर पाण्डेय, पृ. 119
22. शब्द और कर्म, मैनेजर पाण्डेय, पृ.
23. शब्द और कर्म, मैनेजर पाण्डेय, पृ. 119
24. शब्द और कर्म, मैनेजर पाण्डेय, पृ. 117-118
25. शब्द और कर्म, मैनेजर पाण्डेय, पृ. 259-60
26. शब्द और कर्म, मैनेजर पाण्डेय, पृ. 262
27. शब्द और कर्म, मैनेजर पाण्डेय, पृ. 263
28. शब्द और कर्म, मैनेजर पाण्डेय, पृ. 267
29. शब्द और कर्म, मैनेजर पाण्डेय, पृ. 267
30. शब्द और कर्म, मैनेजर पाण्डेय, पृ. 269
31. अनभै साँचा, मैनेजर पाण्डेय, प्रथम संस्करण की भूमिका से
32. अनभै साँचा, मैनेजर पाण्डेय, पृ. 72
33. अनभै साँचा, मैनेजर पाण्डेय, पृ. 73
34. अनभै साँचा, मैनेजर पाण्डेय, पृ. 72
35. अनभै साँचा, मैनेजर पाण्डेय, पृ. 74
36. अनभै साँचा, मैनेजर पाण्डेय, पृ. 113-114
37. अनभै साँचा, मैनेजर पाण्डेय, पृ. 122
38. अनभै साँचा, मैनेजर पाण्डेय, पृ. 135
39. मैनेजर पाण्डेय, संकलित निबन्ध, पृ. 164-165
40. मैनेजर पाण्डेय, संकलित निबन्ध, पृ. 153
41. मैनेजर पाण्डेय, संकलित निबन्ध, पृ. 155
42. मैनेजर पाण्डेय, संकलित निबन्ध, पृ. 156-157
43. मैनेजर पाण्डेय, संकलित निबन्ध, पृ. 163
44. साहित्य और इतिहास दृष्टि, मैनेजर पाण्डेय, प्रथम संस्करण की भूमिका से
45. साहित्य और इतिहास दृष्टि, मैनेजर पाण्डेय, पृ. VIII (8)
46. साहित्य और इतिहास दृष्टि, मैनेजर पाण्डेय, पृ. VII
47. साहित्य और इतिहास दृष्टि, मैनेजर पाण्डेय, पृ. 87
48. साहित्य और इतिहास दृष्टि, मैनेजर पाण्डेय, पृ. 207-208
49. साहित्य के समाजशास्त्र की भूमिका, मैनेजर पाण्डेय, भूमिका संग्रह त्याग न बिनु पहिचाने से, पृ. X-XI (10-11)

50. साहित्य के समाजशास्त्र की भूमिका, मैनेजर पाण्डे, भूमिका 'संग्रह त्याग न बिनु पहिचाने' से, पृ. XII (12)
51. साहित्य के समाजशास्त्र की भूमिका, मैनेजर पाण्डे, भूमिका संग्रह त्याग न बिनु पहिचाने से, XIV पृ. 14
52. मैनेजर पाण्डेय, संकलित निबन्ध, पृ. 210
53. आलोचना की सामाजिकता, मैनेजर पाण्डेय, पृ. 15
54. आलोचना की सामाजिकता, मैनेजर पाण्डेय, पृ. 18
55. आलोचना की सामाजिकता, मैनेजर पाण्डेय, पृ. 22
56. आलोचना की सामाजिकता, मैनेजर पाण्डेय, पृ. 2[illegible]
57. आलोचना की सामाजिकता, मैनेजर पाण्डेय, पृ. 25
58. आलोचना की सामाजिकता, मैनेजर पाण्डेय, पृ. 33-34
59. आलोचना की सामाजिकता, मैनेजर पाण्डेय, पृ. 34
60. मैनेजर पाण्डेय संकलित निबन्ध, पृ. 98-99
61. मैनेजर पाण्डेय संकलित निबन्ध, पृ. 96
62. मैनेजर पाण्डेय संकलित निबन्ध, पृ. 127
63. नया ज्ञानोदय, सम्पादक, रवीन्द्र कालिया, अंक-85, मार्च, 2010, पृ. 18
64. नया ज्ञानोदय, सम्पादक, रवीन्द्र कालिया, अंक-82, मार्च, 2009, पृ. 20
65. नया ज्ञानोदय, सम्पादक, रवीन्द्र कालिया, अंक-82, मार्च, 2009, पृ. 21
66. नया ज्ञानोदय, सम्पादक, रवीन्द्र कालिया, अंक-82, मार्च, 2009, पृ. 23
67. नया ज्ञानोदय, सम्पादक, रवीन्द्र कालिया, अंक-84, फरवरी, 2010, पृ. 79

सन्दर्भ ग्रन्थ :

1. मैनेजर पाण्डेय, संकलित निबन्ध, प्रकाशक, नेशनल बुक ट्रस्ट, नयी दिल्ली
2. भक्ति आन्दोलन और सूरदास का काव्य, मैनेजर पाण्डेय, प्रकाशक, वाणी प्रकाशन, नयी दिल्ली
3. शब्द और कर्म, मैनेजर पाण्डेय, प्रकाशक, वाणी प्रकाशन, नयी दिल्ली
4. अनभै साँचा, मैनेजर पाण्डेय, प्रकाशक-पूर्वोदय प्रकाशन, नयी दिल्ली
5. साहित्य के समाजशास्त्र की भूमिका, मैनेजर पाण्डेय, प्रकाशक, हरियाणा साहित्य अकादेमी
6. साहित्य और इतिहास दृष्टि, मैनेजर पाण्डेय, प्रकाशक, वाणी प्रकाशन, नयी दिल्ली
7. आलोचना की सामाजिकता, मैनेजर पाण्डेय, प्रकाशक, वाणी प्रकाशन, नयी दिल्ली
8. नया ज्ञानोदय (पत्रिका), सम्पादक-रवीन्द्र कालिया, प्रकाशक, भारतीय ज्ञानपीठ, नयी दिल्ली

मैनेजर पाण्डेय का आलोचना साहित्य

■ मनोज कुमार मौर्य

डॉ. मैनेजर पाण्डेय के आलोचना कर्म की शुरुआत सातवें दशक से शुरू होती है। उनकी ख्याति एक प्रखर आलोचक के रूप में रही है। अपने युग की सांस्कृतिक और साहित्यिक गतिविधियों का गहरा असर उनकी आलोचना में परिलक्षित होता है, इसलिए स्वाभाविक है कि पहला सवाल उनके लेखन के सन्दर्भ में उठाया जाना चाहिए कि उनकी आलोचना दृष्टि क्या है? जैसा कि यह सर्वविदित है कि वे मार्क्सवादी आलोचक हैं, लेकिन इतना भर कह देने से उनके कृतित्व का मूल्यांकन नहीं हो जाता। मसलन, देखा जाये तो साहित्य में प्रतिबद्ध आलोचकों के सम्बन्ध में पूँजीवादी प्रचारतन्त्र ने यह भ्रम फैला रखा है कि वे बने-बनाये खाँचे में रचना को फिट करते हैं। जबकि सत्य यह है कि प्रकृति और मानवीय इतिहास के व्यापक अन्तराल के भीतर अनवरत तथा बेहतर से बेहतर भविष्य की सार्थक सम्भावनाओं को खोजने का काम इन प्रतिबद्ध आलोचकों के द्वारा होता है। उनकी पूर्णतः यह कोशिश होती है कि समाज और उसकी कला की ऐसी जाँच-पड़ताल करें कि उसकी सम्पूर्ण असंगतियाँ और अन्तर्विरोध सामने आ जायें, कला अतीत को पुनः दुहराने की अपेक्षा उसका विकास करे। मैनेजर पाण्डेय से यह जानने की आवश्यकता है कि क्या वे उन स्थितियों से निपट चुके हैं जो एक मार्क्सवादी आलोचक के लिए जरूरी है, सैद्धान्तिक और व्यावहारिक आलोचना के अन्दर स्थापनाओं में कोई अन्तर्विरोध तो नहीं है। और यदि है तो क्या अभी उनके खुद के रूपान्तरण में उलझाव और भ्रम शेष है? उनकी उल्लेखनीय पुस्तकें हैं—'शब्द और कर्म' (1981), 'साहित्य और इतिहास-दृष्टि' (1981), 'भक्ति आन्दोलन और सूरदास का काव्य' (1993), 'साहित्य के समाजशास्त्र की भूमिका' (1989), 'मेरे साक्षात्कार' (1998), 'संकट के बावजूद' (1998), 'अनभै साँचा' (2002), 'आलोचना की सामाजिकता' (2005), 'मैं भी मुँह में जबान रखता हूँ' (2006), 'मैनेजर पाण्डेय : संकलित निबन्ध' (2008)।

पाण्डेयजी ने मुक्त हृदय से यह स्वीकार किया है कि 'मेरी दिलचस्पी का मुख्य क्षेत्र साहित्य है, लेकिन मैं उन लोगों में नहीं हूँ जो साहित्य के काल्पनिक स्वायत्त गणतन्त्र

में रहने का दावा करते हैं। साहित्य के साथ-साथ आज के भारतीय समाज के सामने खड़े सवाल मुझे बेचैन करते हैं, वे चाहे सांस्कृतिक हों अथवा राजनीतिक।'[1]

'साहित्य और इतिहास–दृष्टि' पुस्तक में उन्होंने साहित्य के इतिहास की व्याख्या करते हुए समकालीन इतिहास-विरोधी चिन्तन की गम्भीर और व्यापक पड़ताल की है। उनका स्पष्ट रूप से मानना है कि 'ऐतिहासिक दृष्टि से साहित्य के अनुशीलन के लिए साहित्य के ऐतिहासिक स्वरूप और उसके सामाजिक प्रयोजनों को पहचानना जरूरी है।'[2] यदि देखा जाये तो किसी भी साहित्यिक कृति के निर्माण में इतिहास का महत्त्वपूर्ण योगदान होता है। जैसा की पाण्डेयजी ने लिखा भी है–'साहित्यिक रचनाएँ इतिहास से निर्मित होती हैं और इतिहास का निर्माण भी करती हैं। रचना का अस्तित्व इतिहास के भीतर होता है, इतिहास के बाहर नहीं। कृतियों की उत्पत्ति में इतिहास की सक्रिय भूमिका होती है और पाठकों द्वारा उनके अनुभव तथा मूल्यांकन का इतिहास उनके जीवन का इतिहास होता है।'[3] यानी, साहित्य एक सामाजिक रचना है। समाज से अलग रहकर कभी साहित्य का विकास नहीं हो सकता। साहित्येतिहास सामाजिक इतिहास के एक अंग के रूप में है। अतः साहित्य का इतिहास समाज के इतिहास से अनेक रूपों से जुड़ा रहता है।

साहित्य के इतिहास में अन्तर्वस्तु, और रूप के सम्बन्धों पर वस्तुवादी और रूपवादी साहित्येतिहास की धारणाएँ पैदा हुई हैं, जिनसे इनके महत्त्व को लेकर आपस में खींचातानी है। मैनेजर पाण्डेय के यहाँ साहित्य का इतिहास रूप या वस्तु का इतिहास नहीं है बल्कि, वह रचना में व्यक्त रचनाकार के सृजनशील चेतना का भी इतिहास है। लेकिन रचना में केन्द्रीयता अन्तर्वस्तु की ही होती है। उन्होंने लिखा भी है–'वस्तु और रूप दोनों ही सामाजिक यथार्थ और उसके प्रति रचनाकार के दृष्टिकोण से प्रभावित, निर्मित होते हैं, लेकिन केन्द्रीय वस्तु अन्तर्वस्तु ही है, और अन्तर्वस्तु की नवीनता से ही रूप की नवीनता विकसित होती है।'[4] मसलन देखा जाये तो साहित्यानुशीलन के केन्द्र में आलोचना का प्रवेश रूपवादी चिन्तन के फलस्वरूप हुआ है। इसके कारण ही साहित्यानुशीलन में इतिहास की स्थिति संदिग्ध हो गयी है, जबकि साहित्य में दोनों का विशेष महत्त्व है। पाण्डेयजी की मान्यता है कि–'प्रायः आलोचना में कृति की अस्मिता की खोज होती है और इतिहास में कृति के अस्तित्व की...आलोचना में रचना को एक सौन्दर्यबोध वस्तु के रूप में ही देखा-परखा जाता है, लेकिन इतिहास में उसे एक सौद्देश्य मानवीय-क्रिया और रचनात्मक घटना के रूप में भी समझने का प्रयास होता है।'[5] यद्यपि अस्तित्व से ही अस्मिता का निर्माण होता है। एक इतिहासकार का ध्यान रचना के ऊपर उतना नहीं जाता, जितना कि रचनाकाल के ऊपर। लेकिन एक सार्थक इतिहास सदैव रचनाकाल की अपेक्षा, रचना और रचनाकाल के जीवन की खोज पर अधिक जोर देता है। आलोचना के विकास में इतिहास की महत्त्वपूर्ण भूमिका होती है। पाण्डेय जी इसी बात पर जोर देते हुए कहते हैं कि 'इतिहास का काम केवल महान और महत्त्वपूर्ण रचनाओं की खोज करना नहीं है, उसका उद्देश्य साहित्य परम्परा की रचनात्मक चेतना के विविध रूपों और अभिव्यक्तियों से सम्बन्धित परिवर्तनों की प्रक्रिया और दिशा का

बोध कराना भी है। साहित्य परम्परा की रचनात्मक चेतना की विविधता के बोध से आलोचनात्मक विवेक भी समृद्ध होता है। इस प्रकार से आलोचना की शक्ति और सरहदों का विस्तार होता है।'[6] वे जीवन-वृत्ति के अंग के रूप में कलाकृति की व्याख्या करते हैं, जिसका विवेचन परिवेश और परिस्थितियों के ऐतिहासिक सन्दर्भ में ही सम्भव है। इतिहास विरोधी चिन्तन अपनी प्रकृति में मानव-विरोधी चिन्तन माना जाता है। संरचनावादी और शैली-वैज्ञानिक इतिहास-दृष्टि का विरोध वे इसी आधार पर करते हैं। क्योंकि, ये आलोचना पद्धतियाँ इतिहास और विचार के निषेध पर बल देती हैं। संरचनावाद साहित्येतिहास लेखन के लिए कोई विशेष महत्त्व नहीं रखता है, क्योंकि यह इतिहास की महत्ता को स्वीकार नहीं करता तथा मानव की चेतना की क्रियाशीलता व स्वतन्त्रता का विरोध करता है। पाण्डेयजी लिखते हैं कि 'संरचनावाद विकास, परिवर्तन और प्रगति की धारणाओं का विरोधी होने के कारण मानव समाज, संस्कृति और इतिहास के लिए हानिकर हैं और साहित्य के इतिहास के लिए अनुपयोगी भी।'[7]

हिन्दी में आचार्य रामचन्द्र शुक्ल, पण्डित हजारी प्रसाद द्विवेदी तथा डॉ. रामविलास शर्मा के साहित्येतिहास की आलोचना-दृष्टियों पर मैनेजर पाण्डेय ने विस्तार से विचार किया है, और क्रमशः इनके विवेचन के केन्द्र में 'साहित्य के विकास के सामाजिक आधार की खोज', 'परम्पराओं की निरन्तरता का अनुशीलन' तथा 'जातीय साहित्य की प्रगति की पहचान' को स्वीकार किया है। उन्होंने आचार्य रामचन्द्र शुक्ल की इतिहास-दृष्टि के सन्दर्भ लिखा है : 'आचार्य शुक्ल की इतिहास-दृष्टि द्वन्द्वात्मक इतिहास-दृष्टि के निकट है, जिसमें साहित्य और समाज के सम्बन्ध में भी द्वन्द्वात्मकता, जटिलता और विकासशीलता की पहचान है, साहित्य की समाज-सापेक्षता के साथ-साथ उसकी अपनी विशिष्टता का भी बोध है।'[8] देखा जाये तो आचार्य शुक्ल की साहित्येतिहास-दृष्टि में साहित्य और समाज के दृष्टिकोण में 'जनता' और 'शिक्षित जनता' का द्वन्द्व स्पष्ट रूप से दिखायी देता है। यह द्वन्द्व कई दफे सामाजिकता एवं साहित्यिकता के रूप में उभरता है। इतिहास में कभी यह भी देखने को मिलता है कि रचनाओं की सामाजिकता उसकी साहित्यिकता का निर्माण करती है। सामाजिकता में 'लोक' का भाव मुख्य रूप से होता है और साहित्यिकता में 'शिक्षित जनता' का भाव। पण्डित हजारी प्रसाद द्विवेदी ने अपने इतिहास में 'शिक्षित जनता' की तुलना में 'लोक' को अधिक महत्त्व दिया है। पाण्डेयजी द्विवेदीजी की साहित्येतिहास के सन्दर्भ में लिखते हैं, द्विवेदी जी इतिहास में परिवर्तन, क्रान्ति, प्रवाह, प्रगति और विकास आदि की बात करते समय अतीत, वर्तमान और भविष्य के विकासशील सम्बन्ध को याद रखते हैं। साहित्य के इतिहास में विभिन्न कालों की रचनाओं, रचनाकारों और प्रवृत्तियों के मूल्यांकन में उनका यह दृष्टिकोण दिखायी देता है।'[9]

साहित्य और संस्कृति के व्यवसायीकरण के इस दौर में अपसंस्कृति के विरुद्ध संघर्ष के लिए मैनेजर पाण्डेय, ऐतिहासिकता, सामाजिक यथार्थ के विभिन्न पक्षों से साहित्य के वास्तविक सम्बन्धों की समझ को जरूरी मानते हैं। वे मानते हैं कि साहित्य

का समाजशास्त्र केवल कृति की व्याख्या ही नहीं करता है, बल्कि कृति की जाँच-पड़ताल भी करता है। उन्होंने लिखा भी है 'साहित्य के समाजशास्त्र का लक्ष्य कृति की केवल व्याख्या नहीं है। यह काम दूसरी आलोचना पद्धतियों में भी होता है। उसका लक्ष्य साहित्यिक कृति की सामाजिक अस्मिता की व्याख्या है। साहित्यिक कृति सामाजिक अस्मिता, रचना के सामाजिक सन्दर्भ और सामाजिक अस्तित्व से निर्मित होती है। इसलिए साहित्य के समाजशास्त्र में उस पूरी प्रक्रिया को समझने की कोशिश होती है, जिसमें कोई रचना साहित्यिक कृति बनती है।'[10]

मसलन, देखा जाये तो साहित्य के समाजशास्त्र के केन्द्र में समग्रतावादी दृष्टि होती है, जो साहित्य को उसके समग्र रूप में समझने का प्रयास करती है। इसमें लेखक, रचना और पाठक—जो कि साहित्य प्रक्रिया के तीन मुख्य पक्ष हैं—इन तीनों को साथ में रखकर किसी कृति के अनुभवों और तथ्यों का व्यावहारिक विवेचन होता है। मैनेजर पाण्डेय 'साहित्य के समाजशास्त्र की भूमिका' पुस्तक में साहित्य के समाजशास्त्र की यूरोपीय परम्परा में विकसित दृष्टियों और पद्धतियों पर विस्तार से विचार किया है, तथा साहित्य के सामाजिक दृष्टि की भारतीय परम्परा के बिखरे सूत्रों को सहेजते हुए धूर्जटि प्रसाद मुखर्जी एवं पूरनचन्द्र जोशी जैसे समाजशास्त्रियों और दामोदर धर्मानन्द कोसाम्बी, रोमिला थापर तथा अन्य इतिहासकारों के साहित्य-चिन्तन के सहारे साहित्य के समाजशास्त्र की भारतीय परम्परा के विकास की सम्भावनाओं की तलाश की है। वे डी. पी. मुखर्जी के सन्दर्भ में टिप्पणी करते हैं : 'डी. पी. मुखर्जी के साहित्य के समाजशास्त्र का स्वरूप यह है कि वे पहले साहित्य की प्रक्रिया की पहचान करते हैं, फिर उसके सांस्कृतिक स्रोतों को तलाश करते हैं और अन्त में सांस्कृतिक-प्रक्रिया के मूलाधार के रूप में सामाजिकता प्रक्रिया की खोज करते हैं।'[11] साहित्य के समाजशास्त्र की भारतीय परम्परा के साथ-साथ उन्होंने पश्चिम के कुछ प्रमुख साहित्यिक समाजशास्त्रियों—इप्पोलाइत अडोल्फ तेन, लियो लावेंथल, लूसिए गोल्डमान और रेमेण्ड विलियम्स के चिन्तन और लेखन का मूल्यांकन किया है। गोडल्मान के महत्त्व को स्वीकार करते हुए वे लिखते हैं 'गोल्डमान केवल साहित्य के समाजशास्त्री नहीं हैं, वे दर्शन, समाजशास्त्र और मनोविज्ञान की विवेक यात्रा करते हुए साहित्य-चिंतन की ओर आये। इसलिए उनके चिन्तन में ऐसी व्यापकता है, जो केवल साहित्यिक समाजशास्त्रियों के चिन्तन में नहीं मिलती। उन्होंने एक व्यापक ऐतिहासिक समाजशास्त्रीय दृष्टिकोण के निर्माण का प्रयत्न किया है।'[12]

हिन्दी साहित्य में कविता के समाजशास्त्रीय अध्ययन को लेकर विद्वानों में दो खेमा दिखायी देता है, जिसमें पहले खेमे का मानना है कि कविता का समाजशास्त्रीय अध्ययन किया जा सकता है, और दूसरा खेमा कविता के समाजशास्त्रीय अध्ययन को स्वीकार नहीं करता है। इसमें मैनेजर पाण्डेय दूसरे खेमे के साथ हैं। वे कविता को साहित्य के समाजशास्त्र के लिए चुनौती मानते हुए उसकी समस्याओं का विवेचन करते हुए लिखते हैं कि 'कविता में जीवानुभव या अनुभूति से रूप का सम्बन्ध दूसरे साहित्य रूपों की तुलना में अधिक आत्मीय और कुछ जटिल होता है। बिम्ब, प्रतीक, संकेत,

फैंटेसी या अभेद की स्थिति होती है। फिर लय, छन्द और आन्तरिक संरचना से भी कविता का विशिष्ट रूप बनता है। इन सबकी उपेक्षा करके केवल सामाजिक सत्य खोजने वाला साहित्य का समाजशास्त्र कविता का समाजशास्त्र, नहीं हो सकता।'[13] इसलिए कविता के समाजशास्त्र के विकास के लिए वे यह जरूरी समझते हैं कि उसके स्वरूप, बनावट और कला की बारीकियों को समझकर उसकी ऐतिहासिक और सामाजिकता की खोज करने में सक्षम पद्धति का विकास हो। वे इस बात से भी सहमत हैं कि कविता में भाषा की स्थिति महत्त्वपूर्ण होती है, और भाषा के स्तर पर जब कविता समाज से जुड़ती है तब वह न केवल कवि की मानसिकता को व्यक्त करती है, बल्कि अपने समय व समाज की मानसिकता का भी परिचय देती है।

साहित्य की सभी विधाओं में उपन्यास समाजशास्त्रीय विश्लेषण के सबसे निकट है। क्योंकि इसमें न कविता की भाँति आत्मपरकता होती है और न ही नाटक के यथार्थ के भ्रम होने की सम्भावना। उपन्यास का समाजशास्त्रीय अध्ययन एक कला के रूप में होना चाहिए न कि केवल सामाजिक दस्तावेज के रूप में। मैनेजर पाण्डेय इसी बात की ओर संकेत करते हुए लिखते हैं कि 'दूसरे कला रूपों और साहित्य रूपों की तुलना में उपन्यास का स्वरूप समाज पर अधिक निर्भर होता है और उसका विकास समाज के इतिहास के साथ होता है। लेकिन, यह भी सत्य है कि वह एक कला है, केवल सामाजिक दस्तावेज नहीं, इसलिए सामाजिक यथार्थ जीवन के अनुभव और इतिहास की गति रचनाकार की सृजनशीलता से पुनर्रचित होकर ही उपन्यास में आते हैं।'[14] जहाँ एक ओर रूपवादी आलोचक उपन्यास को एक कला के रूप में देखते हैं तो, वहीं दूसरी तरफ समाजशास्त्री उसे एक सामाजिक अभिव्यक्ति का एक रूप मानते हैं। लेकिन पाण्डेयजी उपन्यास को सामाजिक यथार्थ की एक कला के रूप में देखना अधिक उचित समझते हैं। अपने निबन्ध 'उपन्यास और लोकतन्त्र' में उन्होंने उपन्यास को मुक्तिधर्मी आख्यान मानते हुए लिखा है : 'उपन्यास ने सामाजिक व्यवस्थाओं, विचारधाराओं, पितृसत्ता से उपजी पराधीनताओं, जाति-व्यवस्था, गुलामी, नस्लभेद, उपनिवेशवाद आधिपत्य, अस्मिता, साम्प्रदायिकता, लोकतन्त्र और यहाँ तक कि स्वयं अपने स्वरूप के बारे में प्रश्न करते हुए पाठकों की चेतना और सहानुभूतियों का विस्तार किया है।'[15] और यही कारण है कि उपन्यास ने शरीर और आत्मा के द्वैत वाली अवधारणा को समाप्त करके उसके स्थान पर व्यक्तिगत अनुभवों को लोकमत से अधिक महत्त्वपूर्ण बनाया है। पाण्डेय जी ने मुंशी प्रेमचन्द के उपन्यासों में राष्ट्रवादी चरित्रों की पहचान बखूबी की है। उन्होंने लिखा है 'प्रेमचन्द के उपन्यासों में भारतीय राष्ट्रवाद के वर्ग-चरित्रों की पहचान है। उनके उपन्यासों में उनके जमींदार और पूँजीपति राष्ट्रवादी हैं, क्योंकि वही स्वाधीनता आन्दोलन के नेता थे। प्रेमचन्द ऐसे राष्ट्रवादियों की कथनी और करनी में दूरी, अंग्रेजी राज से साँठ-गाँठ और दिमागी गुलामी की असलियत सामने लाते हैं।'[16] वे नागार्जुन के उपन्यासों की सराहना इसलिए करते हैं क्योंकि उनके उपन्यासों में मिथिलांचल के जन-जीवन की समग्रता की कथा है, और उसमें केन्द्रीय स्थिति किसान

की है। 'रतिनाथ की चाची' में तो नागार्जुन ने स्त्री की पराधीनता की पूरी दास्तान ही कह डाली है। इस सन्दर्भ में वे लिखते हैं 'उन्होंने मिथिला के ब्राह्मण-समाज में बाल-विवाह तथा बहु-विवाह की प्रथाओं में और पितृसत्तात्मक मूल्यों की जंजीरों में जकड़ी स्त्री की पराधीनता का, यातनाओं का जैसा और जितना मार्मिक चित्रण किया है, वैसा अन्यत्र दुर्लभ है।[17] अभी हाल-फिलहाल में रणेन्द्र का उपन्यास 'ग्लोबल गाँव के देवता' आया है। जिसकी समीक्षा मैनेजर पाण्डेय ने 'नया ज्ञानोदय' में की है। यह उपन्यास अपने आप में बहुत ही महत्त्वपूर्ण है। इसके केन्द्र में असुरों (आदिवासी) के शोषण की कथा है। उन्होंने इस उपन्यास के सन्दर्भ में लिखा है कि 'ग्लोबल गाँव का देवता टोनी मॉरीसन (अमेरिका की अश्वेत कथा लेखिका) की कथा-दृष्टि की परम्परा का उपन्यास है, जिसमें असुर समुदाय के जीवन और संस्कृत के उन दृश्य, इतिहास की भूली-बिसरी पगडण्डियों के ज्ञान और उस समुदाय के स्त्री-पुरुषों की जिन्दगी की यातनाओं के प्रति गहरी संवेदनशीलता के ताने-बाने में बुना हुआ आख्यान है।'[18]

'भक्ति आन्दोलन और सूरदास का काव्य' मैनेजर पाण्डेय की एक उल्लेखनीय पुस्तक है, जिसके केन्द्र में सूरदास हैं। पाण्डेय जी भक्तिकाव्य के ऐतिहासिक सन्दर्भ की निर्भ्रान्त पहचान करने के साथ-साथ हमें समकालीन सवालों से भी अवगत कराते हैं। जैसा कि सर्वविदित है कि भक्ति आन्दोलन सांस्कृतिक आन्दोलन के साथ-साथ एक सामाजिक आन्दोलन भी था, जिसमें संस्कृति के विभिन्न रूप व जनता के सामाजिक जीवन का यथार्थ चित्रण देखने को मिलता है। इस आन्दोलन का प्रधान लक्ष्य वे मानुष-सत्य मानते हैं। उनका कहना है कि 'भक्ति आन्दोलन का लक्ष्य है मानुष-सत्य या कि मनुष्यत्व की रक्षा और विकास। भक्ति काव्य की सम्पूर्ण रचनाशीलता इसी लक्ष्य की ओर उन्मुख है। भक्त कवियों की दृष्टि में मानुष–सत्य के ऊपर कुछ भी नहीं है–न कुल, न जाति, न धर्म, न सम्प्रदाय, न स्त्री-पुरुष का भेद, न किसी शास्त्र का भय और न लोक का भ्रम–इन सबका दुराग्रह, भक्तिकाल के विकास में बाधक बनता है। इसलिए, इनकी भक्तिकाव्य में निद्वन्द्व और निर्भीक आलोचना है।[19]

जार्ज ग्रियर्सन, आचार्य रामचन्द्र शुक्ल और पं. हजारी प्रसाद द्विवेदी के भक्ति आन्दोलन के सन्दर्भ में अलग-अलग मत हैं। ग्रियर्सन के यहाँ वह एक बाह्य प्रभाव है, आचार्य शुक्ल के लिए वह मुस्लिम आक्रमण की प्रतिक्रिया नहीं, द्विवेदी जी उसे भारतीय परम्परा का स्वतः स्फूर्त विकास मानते हैं। मध्यकाल में यह आन्दोलन व्यापक सांस्कृतिक एवं सामाजिक रूप में दिखायी देता है। मैनेजर पाण्डेय इस सन्दर्भ में लिखते हैं 'भक्ति आन्दोलन के साथ भारतीय समाज, संस्कृति और साहित्य के विकास की नयी अवस्था का आरम्भ होता है। भक्ति आन्दोलन व्यापक सांस्कृतिक आन्दोलन है, जिसकी अभिव्यक्ति दर्शन, धर्म, कला, साहित्य, भाषा और संस्कृति के दूसरे रूपों में दिखायी देती है। वास्तव में यह सामन्ती संस्कृति के विरुद्ध जनसंस्कृति के उत्थान का अखिल भारतीय आन्दोलन है।'[20] इसमें कबीर, सूर, तुलसी, जायसी और मीरा जैसी विभूतियों ने जन्म लिया। कबीर जैसा विद्रोही और प्रश्नकर्ता कवि उस समय में दूसरा

कोई नहीं था। उस समय के समाज, उसकी व्यवस्था और उसके धर्म का कोई भी पक्ष कबीर के प्रश्नों से बच नहीं पाया है। कबीर मानवीय भावों और उससे विकसित मानवीय गुणों को लोकधर्म का आधार मानते हैं। उन्होंने यह तो स्वीकार किया ही है कि कबीर की सामाजिक चेतना में उस समय का समाज दिखायी देता है, और विद्रोह भावना में सामाजिक चेतना से मुक्ति की कामना प्रकट होती है। लेकिन इससे भी आगे बढ़कर उन्होंने लिखा है कि 'वे केवल असहमति और विरोध के कवि नहीं हैं। उनकी सामाजिक सजगता असहमति और विरोध से आगे बढ़कर समाज में मनुष्यत्व की भावना को विकसित करने और मानुष-सत्य को प्रतिष्ठित करने के लक्ष्य को सामने रखती है।'[21]

भक्त कवियों की प्रेमानुभूति के स्वरूप और महत्त्व को लेकर हिन्दी विद्वानों में प्रायः मतभेद रहा है। आचार्य शुक्ल ने तुलसीदास को छोड़कर बाकी सभी कवियों के प्रेम को एकान्तिक माना है। लेकिन मैनेजर पाण्डेय ने भक्त कवियों के प्रेम के स्वरूप को लेकर अलग निष्कर्ष दिये हैं। उनकी मान्यता है कि "तुलसी और जायसी के कथात्मक काव्य में उभयपक्षी प्रेम अधिक उभरा है। सूर की कविता में कथा बहुत झीनी है, इसलिए वहाँ गोपियों का आत्म-निवेदन ही प्रमुख है। कबीर और मीरा की प्रेमानुभूति प्रगीत में ढली हुई विशुद्ध आत्माभिव्यक्ति है, जहाँ दूसरे पक्ष के अनुभव की खोज व्यर्थ है।'[22]

यह सत्य है कि किसी भी काव्य के प्रेम को स्वकीया-परकीया, सम-विषम, लोकबद्ध और एकान्तिक के रूप में बाँटकर देखना गलत है। यदि केवल प्रेम में तल्लीनता हो तो काफी है। सूर की सर्जनात्मक कल्पना और अद्वितीय रचना-शक्ति की तारीफ उन्होंने बार-बार की है। उन्होंने लिखा है कि 'सूरसागर के प्रत्येक सहृदय पाठक के समक्ष देवत्व और नरत्व, मानवीय और अमानवीय लीला, सगुण और निर्गुण ब्रह्म के स्वरूप, वैधी और रागानुराग भक्ति, राग और विराग, प्रवृत्ति और निवृत्ति, रूप और अरूप, शरीर और आत्मा, भक्ति और शृंगार, प्रकृति और मानव, व्यक्ति और समाज, दर्शन और काव्य, काव्य और संगीत, चित्र, नृत्य आदि का समन्वित स्वरूप उप्रस्थित होता है।'[23] यानी 'सूरसागर' में सूर ने अपनी कल्पना के द्वारा सारी विषमताओं को एकाकार कर दिया है। वे दैवी लीला की अपेक्षा मानवोचित व्यवहारों को अधिक महत्त्व देते हैं और मानवीय व्यवहारों में भी सामाजिक चेतना की अभिव्यक्ति मुखर रूप से करते हैं। वे मानते हैं कि सूर की कविता अपने समाज की आलोचना नहीं करती है बल्कि, उस सामन्ती-समाज की राजनीतिक, सामाजिक और धार्मिक रूढ़ियों का निषेध करते हुए एक ऐसे समाज की रचना करती है जिसमें लोक एवं शास्त्र के बन्धनों से मुक्त होकर सहज रूप में मानवीय भावनाओं और सम्बन्धों का स्वाभाविक विकास हुआ है। उन्होंने लिखा भी है कि 'सूर का 'वृन्दावन' जायसी के 'सिंहलद्वीप' और तुलसी के 'रामराज्य' तुलनात्मक रूप में उस काल के सामन्ती समाज की सीमाओं से अधिक स्वतन्त्र हैं। उसमें स्वतन्त्र मानवीय सम्बन्धों की आकांक्षा अधिक मूर्त और ग्राह्य रूप में व्यक्त हुई है।'[24] हिन्दी साहित्य के कई महत्त्वपूर्ण आलोचकों ने सूर का मूल्यांकन अपने-अपने ढंग से किया है जिसमें आचार्य शुक्ल और पं. हजारी प्रसाद द्विवेदी भी हैं। शुक्ल जी सूर की सहृदयता,

कल्पनाशीलता, तन्मयता, नवीन प्रसंगों की उद्‌भावना शक्ति, वाग्विदग्धता, वात्सल्यता आदि की भरपूर तारीफ करते हैं। लेकिन फिर भी उनको सूर के काव्य में 'लोकसंग्रह' का अभाव दिखायी देता है, और द्विवेदी जी सूर की शास्त्र-निरपेक्षता, रचना-दृष्टि की नवीनता, कवि व्यक्तित्व की स्वाधीनता, प्रेम के विद्रोही स्वभाव, सूरसागर में स्त्री-चरित्रों की प्रधानता, पदों की रचना-पद्धति इत्यादि की जी भर के सराहना करते हैं, लेकिन उनकी दिलचस्पी कवि सूरदास की अपेक्षा महात्मा सूरदास में कुछ अधिक है। हिन्दी साहित्य में पहली बार मैनेजर पाण्डेय ने सूर का मूल्यांकन एक किसान-संस्कृति के कवि के रूप में किया है। सूरदास को किसान-जीवन का कवि मानते हुए तथा उस समय के राजनीतिक अभिप्रायों की खोज करते हुए उन्होंने लिखा है कि 'सूर ने परम्परा से पाई भाषा में कविता लिखने के बदले किसान-जीवन की वास्तविक भाषा से अपनी कविता की दुनिया बनायी है, इसलिए उनकी भाषा में अनेक स्तरों पर ग्राम-समाज और किसान-जीवन प्रतिबिम्बित है। वे यौवन को 'हरिहर खेत' और प्रिय को 'हारिल की लकड़ी' कह सकते हैं। वास्तव में सूर की भाषिक संवेदनशीलता में उनकी सामाजिक संवेदनशीलता प्रकट हुई है।'[25]

'शब्द और कर्म' से लेकर 'अनभै-साँचा' तक में मैनेजर पाण्डेय के ऐसे कई निबन्ध हैं जो मुख्य रूप से लेखकों और कृतियों पर हैं। पाण्डेयजी ने अपने समय के अनेक महत्त्वपूर्ण कवियों-मुक्तिबोध, नागार्जुन, त्रिलोचन, रघुवीर सहाय, धूमिल, कुमार विकल इत्यादि पर लिखते हुए उनके काव्य में मर्म तथा वैशिष्ट्य का उद्‌घाटन किया है। मुक्तिबोध के आत्म-संघर्ष के सन्दर्भ में वे लिखते हैं 'मुक्तिबोध ने यथार्थ-चित्रण और आत्म-संघर्ष के दोहरे स्तर पर निरन्तर अपने को जनता से जोड़ने और शोषक-व्यवस्था के वास्तविक रूप को उद्‌घाटित करने का प्रयास किया है। उनकी कविता इस बात का प्रमाण है कि रचनाकार का आत्म-संघर्ष तभी सार्थक और सर्जनात्मक होता है, जब वह व्यापक सामाजिक संघर्षों से जुड़ा हो। रचनाकार के आत्म-संघर्ष को मुक्तिबोध केवल 'आत्मपरक ईमानदारी' तक ही सीमित नहीं रखते, वे उसे वस्तुपरक सत्य परायणता' तक ले जाते हैं और इस प्रक्रिया में ही वे समाज-व्यवस्था और उसकी वास्तविकता का सामना करते हैं।'[26] जिन्दगी में सरलता या कहें तो सपाटता वहीं होती है, जहाँ बाहरी और भीतरी द्वन्द्व या तनाव होता है। मुक्तिबोध का आत्म-संघर्ष बाहर-भीतर दोनों का है। मैनेजर पाण्डेय मुक्तिबोध के साहित्य को मनोरंजन एवं आत्मतोष की चीज नहीं मानते। बल्कि, वे उसे संवेदनशील व्यक्ति की चेतना को बेचैन करने वाला जनवादी संघर्षों को गति देने वाला साहित्य मानते हैं। मुक्तिबोध ने अपने आलोचनात्मक संघर्ष के दौरान रचना, आलोचना से सम्बन्धित विभिन्न समस्याओं के विषय में जो महत्त्वपूर्ण और मौलिक चिन्तन किया है, उसके आधार पर पाण्डेयजी उन्हें आचार्य शुक्ल के बाद हिन्दी का सबसे बड़ा साहित्य-विचारक सिद्ध करते हैं। उनके प्रिय कवियों में नागार्जुन भी हैं। यदि देखा जाये तो बाबा नागार्जुन की कविताओं का इतिहास से गहरा सम्बन्ध रहा है। उनकी कविताओं में चौथे से नौवें दशक तक के भारतीय समाज का इतिहास बखूबी से

प्रतिबिम्बित होता है। नागार्जुन को काव्य-दृष्टि पर लेकर उनकी टिप्पणी है 'नागार्जुन की काव्य-दृष्टि में कोई दुविधा नहीं है इसलिए उनकी कविता की संवादधर्मिता में न हकलाहट है, न शब्दों का दोमुँहापन। नागार्जुन अपनी कविता में सरलता का सौन्दर्यशास्त्र रचते हुए कविता को एक ओर जटिलता के रोग से बचाते हैं तो दूसरी ओर लोकप्रियता के बाजारूपन से भी, इसलिए न तो वे चौकाऊँ टेकनीक का प्रयोग करते हैं और न शिल्प के भौंडेपन का। वे जब सरलता का सौन्दर्यशास्त्र रचते हैं तब सरलता को उस सरलीकरण से भी बचाते हैं, जिसमें कविता के अर्थ-गौरव का नाश होता है।'[27]

रघुवीर सहाय को मैनेजर पाण्डेय उन कवियों में स्थान देते हैं जो अपने समय और समाज का कवि होने में अपने कवि-कर्म की सार्थकता मानते हैं। यदि सही रूप में देखा जाय तो रघुवीर सहाय की कविता जिन्दगी की वास्तविकता और सच्चाइयों के अनुभव की खबर देती है, और साथ ही हमें मानवीय अनुभवों और रिश्तों को हर तरह के हमलों से बचाती है। उन्होंने लिखा भी है कि 'उनकी कविता में समकालीन समाज की खबरें हैं, लेकिन वे मानवीय अनुभवों की खबरें हैं। उन खबरों में टूटते-बिखरते मानवीय रिश्तों की पहचान है और नये मानवीय रिश्तों की खोज भी। वहाँ अनुभवों की तात्कालीनता है। लेकिन, उसके साथ ही संघर्ष की चेतना की परम्परा का अभिज्ञान भी है।'[28] मसलन, देखा जाये तो रघुवीर सहाय सही अर्थों में संसद, नेताओं, भारतीय लोकतन्त्र, राजतन्त्र इत्यादि की पोल खोलने वाले कवि हैं। उनकी कविताओं को कुछ आलोचकों ने 'अखबार की कतरन' तक कहा है। इसी तरह धूमिल की कविताओं का मूल्यांकन करते हुए वे अपना निष्कर्ष देते हैं कि 'धूमिल की कविताओं में पूँजीवादी व्यवस्था और उसके लोकतन्त्र की पहचान है। उससे स्पष्ट विरोध का बोध भी है और उसके खिलाफ संघर्ष करने की आकांक्षा भी है, लेकिन इतिहास की गति और प्रक्रिया की समझ के अभाव में वे इस व्यवस्था और इसके लोकतन्त्र की भावी परिणतियों को नहीं देख पाते।''[29] कुमार विकल को 'धूपधर्मी कविताओं का कवि' मानते हुए उनकी कविताओं में आये हुए अँधेरे की शिनाख्त बड़ी मुस्तैदी से करते हैं। उन्होंने लिखा है : कुमार विकल की अधिकांश कविताओं में किसी न किसी तरह के अँधेरे की ओर संकेत है और उससे संघर्ष की गहरी चिन्ता भी। उसमें अपने समय, समाज, व्यवस्था, राजनीति, विचारधारा, परिवार और व्यक्ति की चेतना में फैले अँधेरे के विभिन्न रूपों की खोज और पहचान है। उनकी कविता में कहीं अमानवीय व्यवस्था के आतंक के अँधेरे की शिनाख्त है तो कहीं खूँखार सत्ता द्वारा दमन और उत्पीड़न के अँधेरे की।'[30]

मैनेजर पाण्डेय के समग्र आलोचना-साहित्य को देखने के बाद यह कहना अधिक ठीक होगा कि उन्होंने हिन्दी के उन थोड़े से आलोचकों में अपनी जगह बनायी है जो कि साहित्य के अस्तित्व का मूल्यांकन समाज से जोड़कर करते हैं। इसलिए यह स्वाभाविक है कि साहित्य का विकास समाज के विकास के साथ ही होगा। उनको साहित्य का समाजशास्त्रीय आलोचक कहना अधिक उपयुक्त होगा। उनकी आलोचना पद्धति कृति का मूल्यांकन तो करती है, कृति की सामाजिक अस्मिता की व्याख्या भी करती है।

अभी उनका आलोचना कर्म जारी है, अतः उसके विकास की और अधिक सम्भावनाएँ हैं। उनसे यह आशा की जा सकती है वह आज के नवीनतम साहित्य की व्याख्या करके ऐसे सैद्धान्तिक और व्याख्यात्मक आधारों की खोज करेंगे जो भावी-समीक्षा के आधार बन सकें।

सन्दर्भ :

1. मेरे साक्षात्कार, मैनेजर पाण्डेय, पृ. 6
2. साहित्य और इतिहास दृष्टि मैनेजर पाण्डेय, पृ. 7 (भूमिका)
3. वही
4. वही, पृ. 15
5. वही, पृ. 78-79
6. वही, पृ. 80
7. वही, पृ. 59
8. वही, पृ. 103
9. वही, पृ. 152
10. साहित्य के समाजशास्त्र की भूमिका, मैनेजर पाण्डेय, पृ. 12
11. वही, पृ. 86
12. वही, पृ. 145
13. वही, पृ. 225
14. साहित्य के समाजशास्त्र की भूमिका, पृ. 231
15. मैनेजर पाण्डेय : संकलित निबन्ध, पृ. 115
16. वही, पृ. 127
17. मैनेजर पाण्डेय : संकलित निबन्ध, पृ. 138
18. नया ज्ञानोदय, मार्च, 2010
19. भक्ति आन्दोलन और सूरदास का काव्य-मैनेजर पाण्डेय, दूसरे सं. की भूमिका
20. वही, प्रथम सं. की भूमिका
21. वही, पृ. 33
22. वही, पृ. 44
23. वही, पृ. 92
24. वही, पृ. 291
25. वही, पृ. 302
26. शब्द और कर्म, मैनेजर पाण्डेय, पृ. 86
27. मैनेजर पाण्डेय : संकलित निबन्ध, पृ. 171
28. वही, पृ. 180
29. वही, पृ. 186
30. शब्द और कर्म–मैनेजर पाण्डेय, पृ. 84

विचारधारात्मक प्रतिबद्धता और मैनेजर पाण्डेय की आलोचना

■ राजीव कुमार

रचना को आलोचना से दूर रखने की बहस हिन्दी साहित्य में लगातार विद्यमान रही है। इस तरह की बहस चलाने वालों का तर्क होता है कि आलोचना रचना की सृजनात्मकता को नुकसान पहुँचाने वाली वस्तु है। रचना की व्यापक सम्भावना को आलोचना किसी एक विचार से आबद्ध कर रचना के अर्थ और सम्प्रेषण का क्षेत्र-विस्तार संकुचित कर देती है। ऐसे लोगों के अनुसार रचना स्वयं पाठकों तक पहुँचकर अपने महत्त्व की स्थापना करती है या रचना को ऐसा करने देना चाहिए। वास्तव में ऐसा करते हुए वे न केवल आलोचना बल्कि रचना के अर्थ को भी संकुचित कर देते हैं। उनके लिए आलोचना का सीमित या नकारात्मक अर्थ ही मायने रखता है, जबकि एक अच्छी आलोचना सर्वप्रथम स्वयं में एक रचना होती है। इसलिए अच्छी आलोचना का रचना के साथ प्रतिद्वन्द्विता का भाव नहीं होता बल्कि वह रचना की अच्छी दोस्त होती है। आलोचना कोई तीर मारने की कला का नाम नहीं है बल्कि वह साहित्य को समझने और उसके अर्थ को सामाजिक विस्तार देने की कला है। *आलोचना रचना के बाह्य और अन्तर को परखती है, उसके मर्म की पड़ताल करती है एवं रचना के अर्थ और अनुभूति के आत्मसंघर्ष की सामाजिक परिवेश में पहचान करती है।* ऐसे में वह सिर्फ रचना-प्रक्रिया और रचना के महत्त्व के विभिन्न आयामों को निरूपित मात्र नहीं करती, बल्कि खुद भी एक रचना में परिवर्तित हो जाती है। इस तरह मैं एक श्रेष्ठ आलोचना की सफलता रचना की पुनर्रचना करते हुए स्वयं रचना हो जाने में समझता हूँ।

रचना और आलोचना के बीच परस्पर विरोध का सिद्धान्त साहित्य की सामाजिकता के लिए भ्रान्तिपूर्ण और खतरनाक है। इस मत के समर्थकों के अनुसार आलोचना एक सर्वथा नीरस वस्तु है। ऐसे में रचना या साहित्य जो रस की निष्पत्ति करते हैं उसका भोग आलोचना के माध्यम से नहीं किया जा सकता है बल्कि 'रसबोध' की प्रक्रिया को आलोचना बाधित ही करती है। रचना का किसी भी तरह का विश्लेषण जो उन्हें अप्रिय महसूस होता है, उसे वे आलोचना का नाम दे देते हैं। उनका यह शुद्धतावादी दृष्टिकोण आलोचना को रचना के प्रतिपक्ष में ही खड़ा करता है। किन्तु आलोचना को

ऐसे किसी 'छद्म-चेतना' तक ही सीमित रखने और उसे व्यापक दृष्टिकोण से अलग करके देखने के इस प्रकार के प्रयासों से हम कुछ ऐसे भ्रान्तिपूर्ण निष्कर्षों पर पहुँच सकते हैं (पहुँचे भी हैं) जिनके कारण साहित्य के बारे में हमारा चिन्तन दोषपूर्ण हो सकता है। इस सन्दर्भ में आज भी अधिकांश हिन्दी साहित्य के विद्यार्थियों में कवियों, लेखकों, आलोचकों आदि के प्रति पाये जाने वाले पूजा-भाव को एक उदाहरण के रूप में देखा जा सकता है।

आज न केवल रचना बल्कि आलोचना का अर्थ भी व्यापक हुआ है। ऐसे में आलोचना के स्वरूप और आवश्यकता पर नये तरीके से गहन विचार-विमर्श करने की आवश्यकता है। साहित्य रचना का अर्थ आज किसी विशेष विषय-वस्तु तक सीमित नहीं है। साहित्य ने रूप और वस्तु दोनों स्तर पर अपनी पुरानी जड़ता को उतार फेंका है। आज साहित्य का सम्बन्ध समाज, राजनीति, संस्कृति, अर्थतन्त्र आदि से ज्यादा मजबूती के साथ स्थापित हुआ है। वैश्वीकरण, मुक्त बाजार, अमरीकी सत्ता के वर्चस्व, मूल्यों की ब्राण्ड में परिणति, लोकतन्त्र का दमनतन्त्र में स्पष्ट परिवर्तन आदि की उपस्थिति आज साहित्य में व्यापक पैमाने पर दिखायी पड़ती है। साथ ही उसने उपेक्षित समुदाय के जीवन-संघर्ष, साम्राज्यवादविरोधी चेतना आदि को भी खुलकर अभिजात किया है। ऐसा करते हुए वह स्वयं को अपनी पूर्ववर्ती परम्परा से जोड़ता और उसकी पुनर्परीक्षा करता है। इसलिए मुक्तिबोध साहित्य को 'सभ्यता-समीक्षा' मानते थे। वही साहित्य उच्च कोटि का होता है जो एक तरफ अपने समाज की गहरी छानबीन करके नवीन जानकारी देता है तो दूसरी तरफ 'जो है उससे बेहतर चाहिए' के लिए संघर्ष की चेतना पैदा करता है। अर्थात् साहित्य न केवल वर्णन करता है, न केवल ब्यौरा प्रस्तुत करता है बल्कि आलोचनात्मक मूल्यांकन भी करता है। मतलब यह कि साहित्य स्वयं आलोचना को रचना के लिए जरूरी मानता है, जिसके अभाव में कोई भी साहित्यिक रचना दस्तावेज मात्र बनकर रह जायेगी।

ऐसे में मैनेजर पाण्डेय हमें याद दिलाते हैं कि मुक्तिबोध 'सभ्यता-समीक्षा' को रचना और आलोचना दोनों के लिए आवश्यक मानते हैं। उनकी 'कामायनी' की आलोचना जयशंकर प्रसाद की सभ्यता-समीक्षा की आलोचना है तो स्वयं मुक्तिबोध की कविताएँ रचना में सभ्यता समीक्षा का प्रमाण देती हैं। इस सन्दर्भ में रचना और आलोचना के द्वन्द्वात्मक सम्बन्ध को भी ध्यान में रखना चाहिए। मैनेजर पाण्डेय ने आलोचना को रचना के समान और कई मायनों में उससे बेहतर सामाजिक वस्तु माना है। उनके विश्लेषण में कई जगहों पर आलोचना रचना से ज्यादा साहसी नजर आती है। रचना सत्ता या राज्य के खिलाफ जिस सच्चाई को बारीक ढंग या इशारों में कहती है, सार्थक आलोचना उसके मर्म को पूरी निर्भीकता के साथ सबके सामने प्रस्तुत कर देती है। हम कह सकते हैं कि एक सार्थक आलोचना रचना को निरन्तर साहसी बनाने का नाम है। मैनेजर पाण्डेय के अनुसार एडवर्ड सईद के शब्दों में आलोचना का मतलब 'सत्ता के सामने सच कहने के साहस से है। मैनेजर पाण्डेय के शब्दों को थोड़ा बदलकर कहें

तो ऐसी ही आलोचना मनुष्य की स्वतन्त्रता के पक्ष में खड़ी होती हुई, सामाजिक बनती हुई साहित्य का समाजशास्त्र रचती है।

आलोचना इसी क्रम में विचारधारा से भी जुड़ती है। विचारधारा की मदद के बिना आलोचना अपने समय, साहित्य और सत्ता की आलोचना नहीं कर सकती। सत्ता की भी अपनी विचारधारा होती है, मार्क्स ने जिसे 'छद्म-चेतना' कहा है। यह 'छद्म-चेतना' सत्ता या वर्चस्ववाद वर्ग की निर्मित्त होती है, जिसके सहारे वह अपने द्वारा किये जा रहे 'कृत्यों' को जायज ठहराता है। साथ ही मार्क्स ने संघर्षशील जनता (किसान-मजदूर) की विचारधारा की भी बात कही, जो सत्ता द्वारा किये जा रहे कार्यों के पीछे के उद्देश्यों की पहचान करता है, इसे मार्क्स ने 'वर्ग-चेतना' कहा। इन दो चेतनाओं के टकराव से द्वन्द्वात्मक सम्बन्ध से उस आलोचनात्मक विवेक का निर्माण होता है, जो सत्ता के सामने निर्भीकता से सच कहती हुई जन समूह के स्वतन्त्रता और अधिकारों के संघर्ष के पक्ष में खड़ी होती है। असल में आलोचना की जरूरत उस व्यापक जन-समूह के लिए है जो परिवर्तन की राह देख रहा है, परिवर्तन के लिए राह तैयार कर रहा है।

मैनेजर पाण्डेय का सम्पूर्ण आलोचना कर्म मार्क्सवादी विचारधारा के सुदृढ़ आधार पर खड़ा है। इसलिए उनके यहाँ आलोचना सिर्फ बौद्धिक कसरत या चहलकदमी न होकर एक सामाजिक कार्य है। मैनेजर पाण्डेय के अनुसार "आलोचना सामाजिक बनती है अपने समाज के मानस की रचनात्मक क्रियाशीलता की समग्रता के बोध और उसकी व्याख्या के माध्यम से।"[1] इसी कारण मुक्तिबोध के हवाले से बताते हुए वे लिखते हैं—"मुक्तिबोध सभ्यता-समीक्षा के लिए सत् चित आनन्द के बदले सत् चित वेदना का बोध जरूरी समझते हैं, जिससे पैदा होती है सत्ताओं द्वारा सताये गये लोगों के प्रति गहरी संवेदनशीलता, जो मुक्तिधर्मी आलोचना की शक्ति का स्रोत है और उसकी सामाजिकता की एक जरूरी शर्त भी।"[2] इसलिए आलोचना की सामाजिकता के लिए विचारधारा का आधार जरूरी है।

इस उत्तर आधुनिकतावादी समय (जिसे मैनेजर पाण्डेय 'अन्तवादी' समय भी कहते हैं) में जबकि इतिहास, साहित्य, विचारधारा सबके अन्त की घोषणा कर दी गयी तब किसी विचारधारा और वह भी मार्क्सवादी विचारधारा की बात करना कई लोगों को अप्रासंगिक लग सकता है। उत्तर-आधुनिकतावादी विमर्श की स्थापनाएँ कितनी मान्य हैं, इसे इस तरह समझा जा सकता है कि जो उत्तर-आधुनिकता इतिहास के अन्त की बात करती है उसी का इतिहास अब पचास वर्षों का तो हो ही चुका है और अब तो यह बात भी छिपी नहीं है कि उत्तर-आधुनिकतावादियों का समस्त विमर्श सामाजवाद के विरोध की विचारधारा पर आधारित है।

ऐसे में यह ध्यान रखना जरूरी है कि विचारधारा के फार्मूला की तरह प्रयोग मात्र से ही कोई रचना सामाजिक या क्रान्तिकारी नहीं हो जाती। जार्ज लुकाच के अनुसार 'विचारधारा कोई झण्डा नहीं है जिसे लड़ाई के मैदान में ले जाकर गाड़ना है।'[3] "विचारधारा रचना के मूल में प्रयोजन के रूप में मौजूद होती है, उसी के अनुरूप रचना

का रूप विकसित होता है और कृति के रूप में वही प्रयोजन साकार होता है।"[4] एंगेल्स ने भी रचना में विचारधारा के स्वरूप की ओर संकेत करते हुए मार्गरिट हार्कनेस को लिखे अपने पत्र में लिखा कि—"लेखक के विचार जितने छुपे होते हैं, रचना उतनी ही श्रेष्ठ होती है।"[5] एंगेल्स के इस कथन का कई लोगों ने 'विखण्डन' करते हुए सर्वथा विरोधी पाठ ही निर्मित कर लिया। इस सन्दर्भ में विनय दुबे की इस कविता को देखा जा सकता है जिसे वागर्थ ने बड़ी प्रमुखता के साथ सितम्बर, 2009 के अंक में प्रकाशित किया—

"जब मैं कविता लिखता हूँ
और कविता में भूख लिखता हूँ
तो भूख को भूख लिखता हूँ
विचार या विचारधारा नहीं लिखता
जब मैं कविता लिखता हूँ
और कविता में तितली लिखता हूँ
तो तितली को तितली लिखता हूँ
विचार या विचारधारा नहीं लिखता
जब मैं कविता लिखता हूँ
और कविता में स्त्री लिखता हूँ
तो स्त्री को स्त्री लिखता हूँ
विचार या विचारधारा नहीं लिखता
विचार या विचारधारा के बारे में आप
कमला प्रसाद जी से बात करें
मैं तो कविता लिखता हूँ"[6]

ऐसे में सवाल यह है कि अगर भूख कोई विचारधारा नहीं है तो दुनिया के सारे संघर्षों, लड़ाइयों और साहित्य का क्या कोई अर्थ रह जाता है? स्त्री अगर विचारधारा नहीं है तो क्या अब भी वह मात्र भोग्या या पूज्या ही है? और सबसे महत्त्वपूर्ण यह कि कविता में तितली लिखने की भी एक विचारधारा होती है। ऐसे में विचारधारा का बोझ किसी व्यक्ति विशेष पर डालकर, भूख, तितली और स्त्री को एक ही साँचे से देखकर विचारधारा से मुक्त होने का दम्भ कैसे भरा जा सकता है। गोरख ने इसे ही 'गोल-मोल भाषा का तर्क' कहा था। इसलिए यहाँ अपनी बात को संक्षेप में प्रामाणिक ढंग से रखने के लिए गोरख की कविता के एक अंश को ही उद्धृत करना उचित समझता हूँ—

"हवा का रुख कैसा है, हम समझते हैं
हम उसे पीठ क्यों दे देते हैं, हम समझते हैं
क्या है पक्ष में विपक्ष में क्या है, हम समझते हैं
हम इतना समझते हैं

कि समझने से डरते हैं और चुप रहते हैं
चुप्पी का मतलब भी हम समझते हैं"[7]

ब्रेख्त ने ठीक कहा था कि 'विचारधारा के विरोध की भी एक विचारधारा होती है।' यह अकारण नहीं कि ब्रेख्त का यह विचार मैनेजर पाण्डेय की आलोचना में अन्तर्धारा के रूप में व्याप्त मिलता है। मैनेजर पाण्डेय ने ठीक लिखा है कि "साहित्य में विचारधारा केवल विचारों की धारा के रूप में ही व्यक्त नहीं होती, बल्कि जीवन-जगत् को देखने की दृष्टि से लेकर रचना की संरचना से लेक भाषा की बनावट तक विचारधारा मौजूद होती है।"[8] इसलिए मैनेजर पाण्डेय यह जोर देकर कहते हैं कि–"मैं यह समझता हूँ कि विचारधारा विहीन साहित्य न आज तक लिखा गया है और न भविष्य में कभी लिखा जायेगा।"[9] साथ ही वह एंगेल्स के विचारों को ही परिवर्तित रूप में प्रस्तुत करते हुए आगाह भी करते हैं कि–"साहित्य में विचारधारा दूध में पानी की तरह है या पानी में तेल की तरह, यह अलग सवाल है इस पर बात होनी चाहिए।"[10]

मैनेजर पाण्डेय का समस्त आलोचना कर्म विचारधारा का सुदृढ़ आधार लेकर चलता है। इस प्रक्रिया में वह प्रगतिशील और प्रतिक्रियावादी साहित्य की पहचान करता चलता है। इसलिए वह रचनाकर्म को भी एक विचारधारात्मक कर्म मानते हैं। उनके अनुसार-- "रचनाकर्म एक विचारधारात्मक कर्म है। रचना उसका फल है। रचनाकार की विचारधारा को जानने का विश्वसनीय साधन उसकी रचना ही है।"[11] अतः वह रचना के विचारधारा और उसके यथार्थवाद के सम्बन्ध की खोज करना ही वस्तुपरक आलोचना–दृष्टि के विकास के लिए आवश्यक मानते हैं। मधुरेश ने ठीक नोट किया है कि–"मैनेजर पाण्डेय की आलोचना का मूल-मन्त्र है–'संग्रह त्याग न बिनु पहचाने।'[12]

अपने इसी पहचान करने के सामर्थ्य के आधार पर जो कुछ संग्रह और त्याग वे अपनी आलोचना में करते हैं कि वह हिन्दी साहित्य के नये उन्मेष के लिए संग्रहणीय और विचारणीय है। अपनी आलोचना में वे प्रारम्भ से ही संघर्षशील जनता के जीवन-मरण, आचार-व्यवहार, जय-पराजय, आदि को व्यापक महत्त्व देते हैं। इसी कारण सूरदास के काव्य की पहचान किसानी-संस्कृति के परिप्रेक्ष्य में, कबीर के प्रश्न करने और प्रश्न पैदा करने की प्रवृत्ति तुलसी के आत्मसंघर्ष जायसी का 'दिल्लीश्वर' को चुनौती देने की भावना में तथा मीरा के सत्ता और लोक को चुनौती देते स्त्री-स्वातन्त्र्य-स्वर को, वे सामाजिक सन्दर्भों में देखते व व्याख्यायित करते हैं। इसी प्रकार वे प्रेमचन्द, नागार्जुन, मुक्तिबोध, अश्वघोष, नाथूराम शर्मा 'शंकर', रघुवीर सहाय, त्रिलोचन, धूमिल, कुमार विकल, महादेवी वर्मा, वरवर राव आदि के साहित्य की प्रगतिशील भूमिका को आज के संकट के सन्दर्भ में व्याख्यायिता करते हैं। दलित, आदिवासी और स्त्री लेखन को लेकर वे सजग ही नहीं बल्कि हर मोर्चे पर उनका समर्थन करते नजर आते हैं। ऐसा करते हुए वे स्वाधीनता, लोकतन्त्र और समाजवाद के पक्ष में खड़े होकर साहित्य, संस्कृति एवं समाजशास्त्र के परस्पर सम्बन्ध की अधुनातन भूमिका को भी रेखांकित करते हैं।

आलोचकीय दायित्व को सामाजिक दायित्व से जोड़ते हुए, नयी संस्कृति के निर्माण

के लिए वैचारिक हस्तक्षेप का स्पष्ट प्रमाण, उनके द्वारा लगातार किये जा रहे सांस्कृतिक राष्ट्रवाद के विरोध में दिखायी पड़ता है। वे अपनी आलोचनाओं और भाषणों के माध्यम से सांस्कृतिक राष्ट्रवाद को भी चुनौती देते हैं। सांस्कृतिक राष्ट्रवाद जो मूलतः एक फासीवादी अवधारणा है जो समस्त भारतीय संस्कृति को हिन्दुत्व के आईने में देखने और व्याख्यायित करने का दावा करने वाला सिद्धान्त है। यह सिद्धान्त भारतीय संस्कृति की अवधारण को ही खत्म करने का षड्यन्त्र है ताकि एक खास विचारधारा से जुड़े लोग अपनी राजनीतिक शक्ति का विस्तार कर सकें। यह सिद्धान्त न केवल जातिगत श्रेणीबद्धता का समर्थक है बल्कि लोकतन्त्र और सामाजिक समानता के समस्त प्रयासों को ध्वस्त करने का भी कट्टर हिमायती है। मैनेजर पाण्डेय इस सन्दर्भ में लिखते हैं कि–"कुछ लोग संस्कृति और धर्म को पर्यायवाची समझते हैं और वे प्रयत्न कर रहे हैं कि दूसरे भी यही मानें।...वे संस्कृति, धर्म, सम्प्रदाय और राष्ट्र को एक समझते हैं जिसका नाम है हिन्दुत्व।"[13] मनुष्यता की विरोधी और व्यापक जन समूह के लिए अहितकारी हर प्रकार की विचारधारा का विरोध उनकी आलोचनात्मक कृतियों में स्पष्ट दिखायी पड़ता है। इसलिए यह अन्यथा नहीं है कि वे आलोचना के समाजशास्त्र की माँग उठाते हैं। मैनेजर पाण्डेय लिखते हैं–"ग्राम्शी ने लिखा है कि आलोचना का एक दायित्व नयी संस्कृति के लिए संघर्ष भी है, वह नयी संस्कृति साहित्य की भी होगी और समाज की भी। इस प्रक्रिया में आलोचना नये समाज के निर्माण के लिए वैचारिक संघर्ष भी है। कोई आलोचना यह काम कर रही है या नहीं कर रही है, यह जाँचने और जानने के लिए आलोचना का समाजशास्त्र जरूरी है।"[14]

अपनी आलोचना द्वारा नये समाज के निर्माण के लिए मैनेजर पाण्डेय वैचारिक संघर्ष लगातार चलाते रहे हैं। जिसका एक रूप अभी हाल में ही उनके द्वारा की गयी 'ग्लोबल गाँव के देवता' की समीक्षा दिखायी पड़ता है। आज जबकि पूँजीवाद व्यवस्था को चिरस्थायी मान लिया गया है। पूँजीवादी हिजेमनी को चुनौती देने की बात सोची भी नहीं जा रही, उसके वर्चस्व को शाश्वत मानकर हम जीने के अभ्यस्त हो चुके हैं। तब इस पूँजीवादी वर्चस्व के खिलाफ 'ग्लोबल गाँव के देवता' उपन्यास में असूर आदिवासी समुदाय के संघर्ष के माध्यम से चेतना उत्पन्न करने का एक प्रयास रणेन्द्र ने किया है। जिसे आज के आदिवासी एवं अन्य उपेक्षित समुदायों के संघर्ष के सन्दर्भ में व्याख्यायित करते हुए मैनेजर पाण्डेय रचना के महत्त्व को विस्तार देते हैं। आदिवासियों के संघर्ष के साथ अपनी प्रतिबद्धता स्पष्ट करने के साथ, आज के सत्तासीनों के दलीलों तथा मुख्यधारा के भद्रवर्णीय सोच मीडिया के जनतांत्रिक मुखौटे को स्पष्ट करते हुए एवं आज के राजनीति और वैचारिक माहौल को स्पष्ट करते हुए वे लिखते हैं–'जब राष्ट्र-राज्य और एकाधिकारी पूँजीवादी की एकता के स्वागत में जनसंचार के माध्यमों के नगाड़े बजने लगते हैं तब विरोध का कोई भी विसंवादी स्वर सुनायी नहीं देता। आजकल भारत में यही हो रहा है। जबसे पूँजी की सत्ता और सत्ता की शक्ति ने मिल-जुलकर खनिज पदार्थों को हथियाने के लिए आदिवासी क्षेत्रों के जंगल और जमीन

पर सम्मिलित रूप से हमला शुरू किया है तब से विभिन्न क्षेत्रों के आदिवासी समुदायों ने भी अपनी अस्तित्व और अस्मिता की रक्षा के लिए सक्रिय प्रतिरोध करना आरम्भ किया है। उस प्रतिरोध को दबाने के लिए सरकार ने अभियान चला रखा है। आदिवासियों को जमीन से बेदखल करने और मार भगाने के लिए पहले उनको दानव कहा जाता था अब उनको माओवादी कहा जाता है। यह दानवीकरण की प्रक्रिया की नयी भाषा है।''[15]

'ग्लोबल गाँव के देवता' उपन्यास की समझ को मैनेजर पाण्डेय की आलोचना अपनी समझ से विस्तार देती है, जिससे हमारी समझ का भी विस्तार होता है। इस तरह आलोचना रचना से यात्रा प्रारम्भ करती है और समाज के हलचलों में प्रवेश करती हुई, आलोचना का समाजशास्त्र रचती है।

आलोचना की भूमिका सिर्फ रचनाओं के रीति, गुण या शील की तारीफ करने, नुक्ताचीनी करने तक सीमित नहीं होती है। इसके आगे न सिर्फ वह किसी रचना की सामाजिक परिप्रेक्ष्य में व्याख्या करने तक सीमित होती है, बल्कि वह हमारे अन्दर जड़ जमाये संस्कारों पर चोट करती हुई मनुष्यता की सामाजिकता को दिशा देने में भी महत्त्वपूर्ण भूमिका अदा करती है। हमारे अन्दर के तथाकथित आस्थाओं पर चोट कर प्रश्नाकुलता की अकुलाहट पैदा करने का कार्य भी एक सार्थक आलोचना बखूबी करती है। इस दृष्टि से सचेत रहते हुए ही मैनेजर पाण्डेय अपनी आलोचना को निर्मित और विकसित करते हैं। प्रेमचन्द की प्रासंगिकता के सवाल पर लिखते हुए वे बताते हैं—''प्रेमचन्द की रचनाओं से हिन्दी पाठकों का विकास हुआ और इस विकसित चेतना के आधार पर पाठक न केवल प्रेमचन्द की रचनाओं की सार्थकता पहचानने में सक्षम हुए बल्कि पहले और बाद के कथा साहित्य के बोध की क्षमता भी पाठकों में आयी।''[16] सम्भव है अपनी आलोचना से भी वे इसी तरह की अपेक्षा रखते हैं। मैनेजर पाण्डेय की आलोचना ने न केवल आलोचना की सामाजिकता को निर्मित करने का प्रयास किया बल्कि अपने पूर्व और आज की आलोचना को समझने और जाँचने की क्षमता भी पाठकों में विकसित की। गोपाल प्रधान ने ठीक ही लक्षित किया है कि—''अपनी चिन्ताओं, सरोकारों और वर्तमान की क्रियाशीलता के प्रति सम्बद्धता तथा मार्क्सवाद में आस्था से अर्जित श्रमभेदक दृष्टि के कारण वे साहित्य को सामाजिक हलचलों के भीतर रखकर देखनेवालों के लिए जीवन्त आश्वासन की तरह लगते हैं।''[17]

अन्त में इस संकटपूर्ण समय में आलोचना या साहित्य की सामाजिकता तथा समाजशास्त्र को विकसित करने के लिए हमें किन खतरों का सामना करना पड़ सकता है, इस प्रश्न पर विचार कर लेना आवश्यक प्रतीत होता है। सर्वप्रथम प्रणय कृष्ण द्वारा जसम के 11 वें अधिवेशन में दिये गये वक्तव्य को देखना लाजमी प्रतीत होता है—''आजकल यह कहने का चलन हो गया है कि साहित्य प्रतिरोध का क्षेत्र है, मानो कि यह कोई स्वयंसिद्ध बात हो। लेकिन यदि हम प्रकाशन जगत्, सरकारी खरीद, साहित्य-संस्कृति की सरकारी संस्थाओं, कारपोरेट घरानों के साहित्यिक ट्रस्टों के जाल

पर नजर दौड़ाएँ तो साहित्य की वर्तमान दशा-दिशा पर उनके प्रभाव को अनदेखा नहीं किया जा सकता। यह मानना गलत होगा कि पूँजीवाद बाजार और राजसत्ता ने साहित्य के क्षेत्र को अछूता छोड़ दिया है।''[18] दूसरी तरफ नामवर सिंह जैसे वरिष्ठ मार्क्सवादी आलोचक जब साहित्य और विचारधारा के सवाल पर कह रहे हों कि—''विचारधारा के अन्त की घोषणा तो बीसवीं शताब्दी के अन्त से पहले ही हो गयी थी। उत्तर आधुनिकता और उत्तर संरचनावाद जैसी विचारधाराओं के बाद अब कोई नयी विचारधारा तो पश्चिम में भी नहीं आयी है, तो भारत का जिक्र ही क्या! अम्बेडकरवाद भी बीसवीं शताब्दी की चीज है और मार्क्सवाद में भी किसी नये उन्मेष की झलक नहीं मिलती।''[19] अर्थात् संकट जितना बहार से है उतना ही अन्दर से भी है। ऐसे भीषण संकट के समय में आलोचनात्मक विवेक के निर्माण के लिए छोटे-छोटे ही सही पर पूरे भारत में उभार लेते हुए जन-आन्दोलनों की तरफ लौटने की, मैनेजर पाण्डेय की बात हमें आशान्वित कर जाती है। वे लिखते हैं—''आज के समय में आलोचनात्मक चेतना के निर्माण और विकास का स्रोत जन-आन्दोलन है।''[20] इसी कारण उनकी आलोचना जनतन्त्र के साथ जुड़ी आलोचना है, जो लोकमत और लोकचेतना के निर्माण में महत्त्वपूर्ण भूमिका निभाती है।

असल में मैनेजर पाण्डेय की आलोचना-दृष्टि आलोचना और प्रकारान्तर से साहित्य के लोकतन्त्र की समर्थक है। वह अभी तक के स्थापित अभिजात्यपूर्ण आलोचनात्मक और साहित्यिक प्रतिमानों पर हमसे पुनर्विचार की अपेक्षा रखती हुई, हर प्रकार के वर्चस्ववादी और जनविरोधी शक्तियों के प्रतिरोध की समर्थक है।

सन्दर्भ :

1. आलोचना की सामाजिकता, पृ. 18
2. पूर्वोक्त, पृ. 17
3. शब्द और कर्म, पृ. 16
4. पूर्वोक्त
5. मार्क्स एंगेल्स, साहित्य और कला, पृ. 107
6. वागर्थ, अंक 17, सितम्बर 2009
7. गोरख पाण्डेय, जागते रहो सोने वालो, पृ. 32
8. राजेन्द्र यादव (संपा), हंस, अगस्त 2009, पृ. 31
9. पूर्वोक्त
10. पूर्वोक्त
11. शब्द और कर्म, पृ. 23
12. मैनेजर पाण्डेय, संकलित निबन्ध, भूमिका, पृ. 10
13. पूर्वोक्त, पृ. 211
14. पूर्वोक्त, पृ. 203

15. रवीन्द्र कालिया (संपा.), नया ज्ञानोदय, मार्च 2010, पृ. 15
16. आलोचना की सामाजिकता, पृ. 293
17. सुधीर सुमन, प्रणय कृष्ण (संपा.), समकालीन जनमत, वर्ष 27, अंक 1, पृ. 13
18. हरिनारायण (संपा.), कथादेश, फरवरी 2009, पृ. 26
19. राजेन्द्र यादव (संपा.), हंस, अगस्त 2009, पृ. 29
20. आलोचना की सामाजिकता, पृ. 26

परिशिष्ट

हिन्दी आलोचना और मुक्ति का सवाल

■ मैनेजर पाण्डेय

हिन्दी आलोचना में मुक्ति की चिन्ता करने वाले पहले व्यक्ति थे, आचार्य रामचन्द्र शुक्ल। उन्होंने कविता के सन्दर्भ में हृदय की मुक्ति की बात की थी। उनके अनुसार 'अपनी सत्ता को लोक सत्ता में लीन करना ही हृदय की मुक्तावस्था है।' आलोचना बुद्धि की क्रिया है, इसीलिए नामवर सिंह ने कभी कहा था कि 'आलोचना बुद्धि की मुक्तावस्था है।' मुझे लगता है कि अपनी सत्ता को लोक सत्ता में लीन करना ही बुद्धि की भी मुक्तावस्था होगी। जो आलोचना-बुद्धि ऐसी कोशिश करेगी उसी से पैदा हुई आलोचना समाज के सन्दर्भ में मुक्ति की सच्ची चिन्ता करेगी। ऐसी मुक्तिधर्मी आलोचना को एडवर्ड सईद आलोचना की लौकिकता कहते हैं। उसे आलोचना की सामाजिकता भी कहा जा सकता है।

हिन्दी आलोचना संकट में है, यह बात बार-बार कही जाती है। ऐसी चिन्ता केवल हिन्दी में हो, ऐसा नहीं है। जिस पश्चिम से हिन्दी आलोचना पिछले लगभग डेढ़ सौ वर्षों से प्रेरणा और प्रभाव ग्रहण करती रही है, उस पश्चिम में भी आलोचना के संकट की चर्चा हो रही है। पश्चिम में कला और साहित्य के अन्त या मौत की घोषणाएँ हो चुकी हैं और साथ ही आलोचना के अन्त या मौत की भी। असल में कला, साहित्य और आलोचना के अन्त या मौत की घोषणा के मूल में मनुष्य, चेतना, सामाजिक, विचारधारा, लेखक और इतिहास के अन्त या मौत की मुनादी है। लेकिन पश्चिम में कुछ ऐसे विचारक भी हैं जो इस स्थिति को आलोचनात्मक चेतना या आलोचनात्मक मानस के संकट के रूप में देख रहे हैं और आलोचनात्मक मानस के पुनर्नवीकरण की चिन्ता कर रहे हैं। फ्रांस के जाने माने विचारक ब्रूनो लातूर ने 2004 के एक निबन्ध में यह प्रश्न किया था कि क्या समालोचना निस्तेज हो गयी है? उन्होंने माना था कि पश्चिम में आलोचनात्मक मानस निर्जीव हो गया है और उसके पुनर्नवीकरण की जरूरत है। उन्होंने यह भी लिखा था कि 'अगर आलोचनात्मक मानस का नवीनीकरण करना है और उसे पुनः प्रासंगिक बनाना है तो हमें दृढ़ता से यथार्थवादी दृष्टि को अपनाना होगा; एक ऐसा यथार्थवादी दृष्टिकोण जिसका सम्बन्ध तथ्यों के बदले सरोकारों अधिक हो।

असल में आज पूँजीवाद के भूमण्डलीकरण के कारण बड़े पैमाने पर आलोचनात्मक मानस निस्तेज हुआ है और आलोचना संकटग्रस्त हुई है, क्योंकि हार्बट मारक्यूस के शब्दों में पूँजीवाद ऐसी सहनशीलता चाहता है जिसमें सहमति की माँग अधिक होती है, इसीलिए असहमति या विरोध को अपराध घोषित किया जाता है। फिर भी सारी दुनिया में और भारत में भी असहमति, विरोध और प्रतिरोध की आवाजें जगह-जगह लगातार सुनायी दे रही हैं, कला और साहित्य की रचनाओं में बुद्धिजीवियों के विचारों में और आम आदमी के व्यवहारों में भी। इन सबको देखते हुए लगता है कि मौत और अन्त की सारी घोषणाएँ अफवाह अधिक हैं और सच्चाई कम।

हिन्दी आलोचना का वर्तमान अगर संकटग्रस्त है तो इसके कारणों की पहचान होनी चाहिए। इस संकट का सबसे बड़ा कारण है आलोचना में साहित्यिक को सामाजिक से अलग समझने और मानने की प्रवृत्ति। इसी प्रवृत्ति के कारण आलोचनात्मक व्यवहार के दौरान राजनीति, विचारधारा और सभ्यता के सवालों को साहित्य की आलोचना से बाहर कर दिया गया है। ऐसी स्थिति में आलोचना में लौकिकता या सामाजिकता कैसी होगी? इस आलोचना दृष्टि के पीछे दो प्रकार की आलोचनात्मक प्रवृत्तियाँ रही हैं। उनमें एक थी नयी आलोचना के समय की अन्तर्वर्ती आलोचना, जो रचना में राजनीति विचारधारा और सभ्यता के सवालों की बात करने वाली आलोचना को बाह्यवर्ती मानकर खारिज करती थी। दूसरी थी भारतीय साहित्य की परम्परा से प्राप्त भाष्य और टीका की पद्धति को अपनाने वाली आलोचना, जिसमें राजनीति, विचारधारा और सभ्यता के सवालों के लिए कोई जगह न थी। इन दोनों प्रकार की आलोचनाओं का मनुष्य की मुक्ति के प्रश्न से कोई सम्बन्ध नहीं था। आश्चर्य की बात तो यह है कि पश्चिम के अनेक आलोचकों ने लम्बे समय तक अन्तर्वर्ती आलोचना के सक्रिय रहने के बाद यह माना कि आलोचना सामाजिक चिन्ता के अभाव में सार्थक नहीं हो सकी। पाल डी मान को लिखना पड़ा कि आज के समय की हवा रूपवाद और अन्तर्वर्ती आलोचना की दिशा में नहीं बह रही है। लेकिन हिन्दी आलोचना में न तो अन्तर्वर्ती आलोचना की पहचान हुई और न भाष्य-टीका पद्धति की समकालीन व्यर्थता का बोध हुआ। हिन्दी आलोचना में इन दोनों पद्धतियों के प्रवक्ता और प्रयोक्ता आज भी क्रियाशील हैं।

हिन्दी आलोचना में भारतीय मनुष्य और समाज की मुक्ति की चेतना के विकास के लिए उसमें पहले से मौजूद कुछ प्रवृत्तियों और आदतों से खुद आलोचना की मुक्ति आवश्यक है। जो खुद मुक्त नहीं होगा वह दूसरों को क्या मुक्त करेगा। जिन प्रवृत्तियों और आदतों से हिन्दी आलोचना की मुक्ति आवश्यक है उनके बारे में बात करना जरूरी है।

हिन्दी आलोचना में समकालीनता के आग्रह का अतिरेक बहुत है। कुछ लोग समझते हैं कि आज आलोचक होने के लिए आज के साहित्य पर लिखना आवश्यक है। इस स्थिति को देखकर ही अशोक वाजपेयी कहते हैं कि हिन्दी आलोचना विस्मृति का शिकार है। यह सही है कि आलोचक वर्तमान की आँख से ही अपने समय की

रचनाशीलता को देखता है और अतीत की रचनाशीलता को भी। लेकिन जब समकालीन साहित्य को देखने की प्रक्रिया अतीत की स्मृतियों से रहित होती है, तब वर्तमान का मूल्यांकन भी अधूरा ही होता हे। यही नहीं, हर समय की आलोचना का एक दायित्व यह भी है कि वह अतीत की कालजयी कृतियों और कृतिकारों की विगत सार्थकता और वर्तमान अर्थवत्ता की खोज और व्याख्या करें।'

हिन्दी आलोचना के शिल्प में अतिरंजना और सरलीकरण की प्रवृत्ति बहुत व्यापक है। अतिरंजना और सरलीकरण के मूल में चमत्कार की चिन्ता होती है, जिससे पाठक या श्रोता चकित तो होते हैं, पर विवेकशील नहीं बनते। ध्यान से देखिए तो ये दोनों प्रवृत्तियाँ साथ-साथ सक्रिय होती हैं, एक दूसरी को मजबूत बनाती हैं।

हिन्दी आलोचना में एक आदत और भी है। कभी-कभी आलोचक खुद को सही साबित करने की जिद में दूसरों को गलत साबित करते हैं। ऐसी आलोचना विवेक से नहीं पूर्वाग्रह से संचालित होती है, इसीलिए उसमें दुर्व्याख्या का विस्तार प्रायः दिखायी देता है, इस आदत के कारण हिन्दी की मार्क्सवादी आलोचना कई बार दुर्घटना का शिकार हुई है। हिन्दी की मार्क्सवादी आलोचना की दुर्गति का एक कारण पक्षधरता और पक्षपात में अन्तर न कर पाने की आदत भी है। पक्षधरता का अर्थ है किसी रचना या रचनाकार की सृजनशीलता को उसके सन्दर्भ और उद्देश्य के साथ प्रस्तुत करते हुए उसके पक्ष में खड़ा होने की वैचारिक दृढ़ता, जबकि पक्षपात का मतलब है कि किसी के पक्ष में गिर पड़ना और अपने दुराग्रहों से दूसरी व्याख्या की राह का रोड़ा बनना। कार्ल मार्क्स ने कहा था कि समालोचना की पहली शर्त है, पूर्वाग्रह या पक्षपात से मुक्ति। इस शर्त को न जानने और न मानने के कारण हिन्दी की मार्क्सवादी आलोचना में अनेक असंगतियाँ आई हैं।

हिन्दी आलोचना की एक प्रवृत्ति अपनी सुविधा को सिद्धान्त बनाने की भी है। जो लोग कविता की बारीकियों का सामना नहीं कर सकते वे कहते हैं कि कविता सामन्ती विधा है। क्या वे नहीं जानते कि कविता आदिम युग से भूतपूर्व समाजवादी समाजों तक में क्रियाशील रही है और सार्थक भी। उसके सामने कई बार अस्तित्व सम्बन्धी संकट आये हैं, पर कविता ने उन संकटों का सामना करते हुए अपनी सार्थकता सिद्ध की है, जो लोग उपन्यास की व्यापकता और जटिलता को समझने में असमर्थ हैं वे कविता और कहानी में ही विशेषरूप से रमते हैं और उपन्यास की निन्दा करते हुए रस का अनुभव करते हैं। हिन्दी में कहानी के असंख्य आलोचक हैं, क्योंकि कहानी की खराब आलोचना लिखना जितना आसान है, उतना ही कठिन है कहानी की अच्छी आलोचना लिखना। लेकिन कहानी के आलोचक उसी को आज के हिन्दी साहित्य की केन्द्रीय विधा घोषित करते हैं। ये सभी बातें सुविधा को सिद्धान्त बनाने की गवाही देती हैं। सुविधा और सिद्धान्त का सम्बन्ध एक और प्रसंग में दिखायी देता है। हिन्दी आलोचना में मुक्तिबोध के बाद साहित्य सिद्धान्त की चिन्ता कहीं दिखायी नहीं देती, लेकिन जहाँ-तहाँ यह जरूर सुनायी देता है कि आलोचना तो केवल व्यावहारिक होती है। अगर

रामचन्द्र शुक्ल और मुक्तिबोध ने ऐसा ही माना होता तो हिन्दी आलोचना साहित्य-सिद्धान्त सम्बन्धी चिन्तन की दृष्टि से आज कहाँ होती, इसका अनुमान किया जा सकता है। अपने समय के अर्थशास्त्रियों के व्यवहारवाद को देखकर ही जे.एम. कीन्स ने कहा था कि जो अर्थशास्त्री सिद्धान्त को नापसन्द करते हैं या कहते हैं कि वे बिना सिद्धान्त के ही बेहतर काम कर सकते हैं वे किसी न किसी पुराने सिद्धान्त की गिरफ्त में होते हैं। यह बात हिन्दी आलोचना में सिद्धान्त सम्बन्धी सोच-विचार का विरोध करने वाले आलोचकों के बारे में कही जा सकती है।

हिन्दी के आलोचनात्मक मानस को भारतीय समाज के सन्दर्भ में मुक्तिधर्मी बनाने के लिए उसे नये-पुराने औपनिवेशिक विचारों, धारणाओं और मान्यताओं के प्रभाव से मुक्त करना और रखना जरूर है। यह जानी पहचानी बात है कि पहले यूरोपीय साम्राज्यवाद और अब अमेरिकी साम्राज्य द्वारा अपने समाज और इतिहास के अनुभवों तथा विशिष्ट स्थितियों से उपजी विश्व-दृष्टियों से निकली धारणाओं और मान्यताओं को सार्वभौम घोषित करते हुए उन्हें बाकी दुनिया में फैलाने का भरपूर प्रयत्न होता रहा है। यह प्रक्रिया ज्ञान के सभी क्षेत्रों और सभी रूपों को प्रभावित करती है। भारत में अठारहवीं सदी से बीसवीं सदी के लगभग मध्य तक भारतीय मानस को अपने विचारों का उपनिवेश बनाने का प्रयास अंग्रेजी साम्राज्यवाद ने किया तो बीसवीं सदी के मध्य के बाद से आज तक ऐसा ही प्रयास अमेरिकी साम्राज्यवाद की ओर से हो रहा है। सखाराम गणेश देउस्कर ने देसेर कथा (1904) में इस प्रक्रिया को सम्मोहन : चित्त विजय का अभियान कहा था।

इस अभियान का असर हिन्दी साहित्य और हिन्दी में क्रियाशील आलोचनात्मक मानस पर पहले भी था और अब तो और अधिक हो रहा है। आजकल हिन्दी आलोचना में भूमण्डलीकरण, विचारधारा के अन्त, इतिहास के अन्त और सभ्यताओं के संघर्ष की अमेरिकी धारणाओं की प्रतिध्वनियाँ बार-बार सुनायी देती हैं। यह भारतीय आलोचनात्मक मानस के औपनिवेशीकरण के नये दौर का प्रमाण है। अंग्रेजी साम्राज्यवाद के चित्तविजय की प्रक्रिया और प्रभावों को पहचानते हुए बहुत पहले आचार्य रामचन्द्र शुक्ल ने हिन्दी के आलोचकों और लेखकों को सावधान रहने की सलाह देते हुए कहा था कि 'आजकल पाश्चात्यवाद वृक्षों के बहुत से पत्ते कुछ हरे नोचे हुए, कुछ सूखकर गिरे पाये हुए—यहाँ पारिजात पत्र की तरह प्रदर्शित किये जाने लगे हैं, जिससे साहित्य के उपवन में बहुत गड़बड़ी दिखायी देने लगी हैं।' (चिन्ता मणि भाग-2 पृ. 165) आचार्य शुक्ल के इस कथन में दो बातें महत्त्वपूर्ण हैं। पहली यह कि पश्चिमी से जो विचार लिए जायें वे सोच-समझकर अपने विवेक की कसौटी पर कसकर सार्थक-निरर्थक की पहचान के बाद लिए जायें न कि जैसे-तैसे हड़बड़ी में। पश्चिम के 'वाद वृक्षों के कुछ हरे नोचे हुए, कुछ सूखकर गिरे पाये पत्ते' बटोरना ठीक नहीं है। दूसरी बात यह है कि पश्चिम से जो विचार लिए जायें उनकी ऐतिहासिक भूमि और भूमिका की जाँच-परख जरूरी है। शुक्ल जी के शब्दो में 'उन पेड़ों की परीक्षा करने की आवश्यकता है जिनके वे पत्ते

हैं।' भारत के आलोचनात्मक मानस को साम्राज्यवादी विचारों की औपनिवेशिकता से मुक्त करने का यह एक जरूरी तरीका हो सकता है।

हिन्दी आलोचना में भारतीय मनुष्य की मुक्ति की चिन्ता के विकास के लिए यह भी जरूरी है कि आलोचना, साहित्यवाद के आग्रह से मुक्त हो। यह देखकर आश्चर्य होता है कि जिस समय इतिहासकार, राजनीतिशास्त्री, समाजशास्त्री और दार्शनिक अपने सोच-विचार को व्यापक और अधिक सामाजिक बनाने के लिए साहित्य की ओर मुड़ रहे हैं, वे साहित्य के ऐतिहासिक महत्त्व, राजनीतिक अभिप्राय, समाजशास्त्रीय सार्थकता और दार्शनिकता अर्थवत्ता की खोज कर रहे हैं, उस समय साहित्य के कुछ समालोचक साहित्य की स्वायत्तता के नाम पर साहित्यवाद की वकालत कर रहे हैं।

साहित्य के जो आलोचक यह जानते हैं कि साहित्य में मानव-मानस की सम्पूर्ण क्रियाशीलता उसके अनुभव, सोच-विचार, स्वप्न और कल्पनाशीलता की अभिव्यक्ति होती है, वे यह भी जानते हैं कि साहित्य में मानव ज्ञान के सभी रूपों की अभिव्यक्ति होती है। इसीलिए साहित्य से मनोविज्ञान, दर्शन, राजनीति, अर्थशास्त्र, इतिहास और समाजशास्त्र ही नहीं, विज्ञान तक के सम्बन्ध की खोज और व्याख्या हुई है। बहुत पहले एफ.आर. लिविस ने लिखा था कि 'साहित्य में वास्तविक दिलचस्पी का अर्थ है मनुष्य, समाज और सभ्यता में दिलचस्पी।' जब साहित्य में आलोचक की ऐसी दिलचस्पी होगी तभी आलोचना में सामाजिकता या लौकिकता का विकास होगा। मुक्तिबोध जब आलोचना को सभ्यता-समीक्षा कहते थे तब वे साहित्य-विवेक को जीवन-विवेक, समाज-विवेक और इतिहास-विवेक से सम्बद्ध मानते थे। ऐसे साहित्य विवेक से सम्पन्न आलोचना ही मनुष्य तथा समाज की मुक्ति में सहायक हो सकती है।

आलोचना अगर रचना की व्याख्या है तो वह उन रचनाओं की व्याख्या करती हुई मुक्तिधर्मी बन सकती है जिनमें भारतीय समाज के पराधीनों की पीड़ा और उस पराधीनता की मुक्ति के लिए संघर्ष की कोशिशों की अभिव्यक्ति हो रही है। भारतीय समाज के सबसे अधिक शोषित, अपमानित और उपेक्षित जन हैं आदिवासी, दलित और स्त्रियाँ। आजकल इन तीनों समुदायों के रचनाकार अपने जीवन-संघर्ष और मुक्ति-संघर्ष की अभिव्यक्ति साहित्य के विभिन्न रूपों में कर रहे हैं। उनकी मुक्तिकामी रचनाओं की सम्यक समझ और समुचित व्याख्या करने वाली आलोचना मुक्तिधर्मी हो सकती है। लेकिन हिन्दी में साहित्यवाद का आग्रह ऐसी आलोचना के विकास में बाधक है। इस स्थिति को देखकर गालिब का एक शेर याद आता है। गालिब ने कहा था—

फरियाद की कोई लै नहीं है
नाल पाबन्दये नै नहीं है।

जो लोग आलोचना के दौरान कविता, कहानी और नाटक में मौजूद फरियाद की लय की किस्म की तलाश करते हैं और आर्तनाद में बाँसुरी का स्वर खोजते हैं उनकी अलोचना बौद्धिक ऐयाशी है, उसका मुक्ति की चिन्ता से क्या लेना-देना हो सकता है।

यह सब जानते हैं कि साहित्य भाषिक कला है जिसमें शब्द का विशेष महत्त्व

है। उस महत्त्व के मूल में शब्द की सामाजिकता है। साहित्य में शब्द और संसार के बीच अनन्त सम्बन्धों की खोज, पहचान और अभिव्यक्ति होती है। अगर आलोचना में रचना की भाषिक विशिष्टता की ही पहचान करनी हो तो शब्द की सामाजिकता की समझ के लिए शब्द से अर्थ के, अर्थ से अनुभव के, अनुभव से जीवन जगत् के यथार्थ के, यथार्थ से जीवन की परिस्थितियों के और जीवन की परिस्थितियों से इतिहास की प्रक्रियाओं के सम्बन्धों का बोध अर्जित करती हुई ही आलोचना सामाजिक हो सकती है और मुक्तिधर्मी भी।

आलोचना से मुक्ति के सम्बन्ध के सवाल में प्रसंग में यह याद रखना जरूरी है कि कला, साहित्य और आलोचना के माध्यम से जो मुक्ति अर्जित की जाती है, वह राजनीतिक, सामाजिक और सांस्कृतिक होती है। इस मुक्ति को अर्जित करने की दिशा में आगे बढ़ने के लिए मूलगामी आलोचनात्मक अन्तर्दृष्टि जरूरी है। मार्क्स ने लिखा है—मूलगामी का अर्थ है वस्तुओं के मूल तक पहुँचाना और मनुष्य के लिए मूल तो मनुष्य ही है। इसका तात्पर्य यह हुआ कि मूलगामी अन्तर्दृष्टि मनुष्य की नियति की चिन्ता से जुड़ी होती है।

मैं इस लेख के अन्त में एक ऐसे प्रसंग का उल्लेख करना चाहता हूँ जिससे कला की राजनीतिक भूमिका उजागर होती है। संयुक्त राष्ट्र संघ की सुरक्षा परिषद के दरवाजे पर पिकासों पर प्रसिद्ध चित्र गुएर्निका टँगा हुआ है जो युद्ध की विभीषिका के भीषण प्रभाव को दिखलाता है। 5 जनवरी 2003 को अमेरिका के उस समय के विदेश मन्त्री कोलिन पावेल इराक पर अमेरिका के आक्रमण की अनुमति लेने के लिए सुरक्षा परिषद में जाने वाले थे तब उनको एक समस्या का सामना करना पड़ा। उन्हें गुएर्निका के नीचे से गुजरते हुए सुरक्षा परिषद में जाकर एक ऐसी अनुमति लेनी थी जिसमें असंख्य गुएर्निका जैसे चित्र पैदा करने की सम्भावना छिपी हुई थी। इस असमंजस से छुटकारा पाने के लिए गुएर्निका को नीले कपड़े से ढँक दिया गया और उसके बदले सुरक्षा परिषद् का झण्डा प्रदर्शित किया गया। इस घटना से जाहिर होता है कि सत्ता की ताकत के खेल में एक महत्त्वपूर्ण कलाकृति सत्ता के विपक्ष में खड़ी हो सकती है, उसे असमंजस में डाल सकती है, वह अपने प्रभाव से हस्तक्षेप कर सकती है, तब उस कलाकृति की आलोचना ऐसा क्यों नहीं कर सकती। इससे यह भी स्पष्ट होता है कि कला और साहित्य की मुक्तिधर्मी सजगता का साथ देने वाली आलोचना ही मुक्तिधर्मी होगी।

हैदराबाद में युवा आलोचक

■ अशोक वाजपेयी

हैदराबाद केन्द्रीय विश्वविद्यालय में हिन्दी विभाग के अन्तर्गत उसके अध्यक्ष रविरंजन की पहल पर तीन दिनों की एक संगोष्ठी 'हिन्दी आलोचना और मैनेजर पाण्डेय' विषय पर आयोजित हुई। इस आयोजन में बड़ी संख्या में युवा आलोचक जैसे रोहिणी अग्रवाल, रविभूषण, कृष्णमोहन झा, पंकज चतुर्वेदी, वैभव सिंह, प्रणय कृष्ण, देवेन्द्र चौबे, ज्योतिष जोशी, रामबृक्ष आदि आलोचना के विचारधारात्मक अर्थ, काव्यालोचन आदि पर विचार-विमर्श के लिए एकत्र हुए। कुछ हम जैसे अधेड़ और बूढ़े भी थे, मैनेजर पाण्डेय के अलावा, जैसे विजय बहादुर सिंह और नन्दकिशोर आचार्य। पूरी संगोष्ठी में तो नहीं रह पाया, पर दो सत्र सुने। उनसे एक स्पष्ट प्रभाव तो यह पड़ा कि हिन्दी के, मेरे द्वारा ही बारहा निन्दित अकादेमिक जगत् में प्रतिभा, अध्यवसाय और निर्भीकता के लिए कुछ जगह बची है। जो निबन्ध पढ़े गये उनमें विस्तार का दोष तो था, लेकिन गम्भीरता और विश्लेषण की कमी नहीं थी। उदाहरण के लिए रोहिणी अग्रवाल ने बिना किसी परचे का सहारा लिए, मैनेजर पाण्डेय द्वारा जैनेन्द्र कुमार के उपन्यास 'सुनीता' के पाठ की व्याख्या करते हुए उसे उनके नारी-विमर्श के अन्य बिन्दुओं जैसे मीरा के विद्रोह, महादेवी की कृति 'शृंखला की कड़ियाँ' की उनकी नयी व्याख्या से बहुत सुधरता और कल्पनाशीलता से जोड़ा। रविभूषण ने अपने थोड़े लम्बे निबन्ध में हिन्दी के पाँच महाभूत आलोचक आचार्य शुक्ल, आचार्य हजारीप्रसाद द्विवेदी, रामवलिास शर्मा, नामवर सिंह और मैनेजर पाण्डेय बताये और पाण्डेयजी के वैचारिक मानस में दुनिया के विभिन्न विचारकों की मौजूदगी का जिक्र किया।

अपने प्रलाप में मैंने इस ओर ध्यान दिलाया कि हिन्दी आलोचना में इस समय कोई हरावल दस्ता यानी अवाँ गार्द नहीं है। उसकी एक बँधी-बधायी शैली और ढर्रा बन गये हैं और उनसे मुक्त होकर कुछ अलग करने या सोचने की कोई सुगबुगाहट नजर नहीं आती। वह आदि, मध्य, अन्त के रूढ़ तारतम्य से निकल नहीं पाती। हिन्दी में एक अविकसित सौन्दर्यशास्त्र है, जबकि आचार्य शुक्ल ने 'कर्म-सौन्दर्य' की समावेशी अवधारणा प्रस्तावित कर सौन्दर्य और संघर्ष, शब्द और कर्म के संग्रथन का रास्ता खोल

दिया था। उस पर आगे बहुत कम काम हुआ है। कर्म पर आग्रह है, यदा-कदा सौन्दर्य भी, लेकिन कर्म-सौन्दर्य पर नहीं। रचना की तरह आलोचना का सच भी पूर्वनिर्धारित नहीं होना चाहिए; जिसे अपना सच पहले से ही मालूम है और वह उसी को पाने या उसकी पुष्टि के लिए रचना या आलोचना का सहारा ले रहा है। यह अन्ततः हमारे काम का या टिकाऊ नहीं हो सकता। कई बार यह भी लगता रहा कि आज की आलोचना में साहित्य को लेकर आश्चर्य की भावना और रहस्य का भाव कम होते गये हैं। इससे आलोचना में रस की, मानवीय गरमाहट की हानि होती रही है। आलोचना में अज्ञेय, मुक्तिबोध, निर्मल वर्मा, मलयज जैसे कृतिकारों द्वारा किये गये योगदान से ऐसा लगता है, विश्वविद्यालयों में पढ़ाई और विन्यस्त की जा रही पढ़ाई-लिखाई में कोई खास एहतराम नहीं है। लगे हाथ यह भी विचारणीय है कि हिन्दी आलोचना का अधिकांश पुरुष-बहुल है और अधिकतर उल्लेखनीय आलोचक ब्राह्मण वर्ग से आते हैं। जाति-आधारित जनगणना का मामला इन दिनों सुर्खियों में है। सो, आलोचकों के इस जाति-चरित्र का जिक्र असामयिक नहीं है। अगर इसके बावजूद हिन्दी आलोचना मुख्यतः समाजधर्मी, स्वतन्त्रता-समता-न्याय की मूल्यत्रयी को पोसने वाली रही है और उसमें कुल मिलाकर इधर उभरे नारी और दलित विमर्शों के प्रति खुलापन रहा है, जैसा कि इस संगोष्ठी में कुछ नया युवा आलोचकों ने उचित ही और सप्रमाण दावा किया, तो यह मानना होगा कि जाति ने हमारी आलोचना में काई संकीर्ण भूमिका नहीं निभायी है।

विचारधारा के पहलू

अगर आप विचारधारा का विरोध करें तो यह मान लिया जाता है कि आप विचार के विरोधी हैं। सच्चाई यह है कि विचार के बिना न तो मनुष्य का काम चल सकता है, न साहित्य का। पर अक्सर विचारधारा में विचार कम होता है, धारा अधिक। यह भी साफ देखा जा सकता है कि विचारधारा बड़े लेखक के लिए तो मददगार हो सकती है, छोटे लेखक को वह संकीर्ण बनाती है और प्रायः नष्ट कर देती है। नेरूदा, हिकमत, ब्रेख्त, मुक्तिबोध, शमशेर आदि विचारधारा से लैस बड़े लेखक हैं। पर उनमें से हरके के मामले में यह तर्क सप्रमाण दिया जा सकता है कि वे बड़े इसलिए हो पाये कि उनमें अपनी विचारधारा से द्वन्द्वात्मक सम्बन्ध बनाने, उसमें आत्मसंघर्ष करने और जब-तब उसका अतिक्रमण करने का जरूरी और सर्जनात्मक दुस्साहस था। इस पर अलग से विचार करना चाहिए कि हमारे समय के दो बीज-विचार क्या 'संघर्ष' और 'अतिक्रमण' के नहीं हैं?

विचारधारा की एक मुश्किल यह भी है कि अक्सर उसके संगठन भी होते हैं, जो विचारधारा की ओर से निगरानी करते हैं। विचार को ऐसे संगठन या सत्ता की दरकार नहीं होती। विचारधारा के सत्ता-प्रतिष्ठान बनने के कई उदाहरण हमारे यहाँ मौजद हैं, अगर विदेश की बात न भी करें। ऐसे में तथाकथित वैचारिक प्रतिबद्धता वफादारी में

अवमूल्यित हो जाती है। ऐसे उदाहरण भी बहुतेरे हैं जब हिन्दी लेखक कोई शिल्पगत जोखिम उठाते ही अपनी वैचारिक वफादारी का इजहार करना नहीं भूलते ताकि उनके दुस्साहस को कहीं रूपवादी हरकत न करार दे दिया जाये। विचारधारा के धनुर्धर सिपहसालार अक्सर ऐसी वफादारी के इजहार से सन्तुष्ट हो जाते हैं : वे इसकी जाँच करने की जहमत नहीं उठाते कि अपने सर्जनात्मक व्यवहार और अभिव्यक्ति में किसी लेखक द्वारा विचारधारा का कहीं अतिक्रमण या प्रश्नांकन तो नहीं हो रहा है। प्रगतिशीलता, जनवादिता, कलावादिता, रूपवादिता आदि निरे समान्यीकरण हैं और इनके आधार पर लेखकों या रचनाओं का वर्गीकरण अब एक भावुक कार्रवाई भर है, आलोचनात्मक उद्यम नहीं।

हैदराबाद में जुड़े युवा आलोचक इस बात से बहुत आश्वस्त और लगभग आत्मतुष्ट लगे कि हिन्दी आलोचना की मुख्य और 'दिग्विजयी' धारा प्रगतिशील-जनवादी आलोचना की है। मैंने यह प्रश्न पूछना जरूरी समझा कि अगर ऐसा है तो हिन्दी समाज की साहि में घटी रुचि की ज्यादातर जिम्मेदारी क्या इसी आलोचना की नहीं बनती? 'अल्पसंख्यक और 'पराजित' (?) कलावादियों को इसका दुःश्रेय तो नहीं दिया जा सकता! यह प्रश्न भी उठता है कि क्या विचारधारा आलोचकों का व्यसन है, रचनाकारों का सरोकार नहीं। क्या उसमें कभी-कभार अवसरवादिता के लिए गुंजाइश नहीं निकलती रही है! क्या विचारधारा किसी तरह की बेवफाई, ईमानदारी संशय की इजाजत दे सकती है? हमारे यहाँ ऐसे कितने उदाहरण हैं, अगर हैं? यह याद रखना चाहिए कि पिकासो ने, जो कि साम्यवादी दल का सदस्य भी था, कहा था कि कला अवैध होकर ही सच्ची हो सकती है।

विचारधारा और बहुलता के बीच द्वन्द्व होता है, यह जगजाहिर है। हमारे यहाँ अज्ञेय, निर्मल वर्मा जैसे बड़े लेखकों की विचारधारा का विरोध करने के कारण प्रतिक्रियावादी, विचार और समाज विरोधी तक कहकर बराबर लांछित किया जाता रहा है। सिर्फ इसलिए कि ऐसे लेखक समाज-व्यवस्था और विकास के बारे में अलग दृष्टि रखते हैं। वे विचार या समाज-विरोधी कैसे हो गये, जबकि स्वतन्त्रता, न्याय और समता के मूल्यों के वे उतने ही पक्षधर रहे जितने और लेखक?

यह बात भी मुझे उठाने की लगी कि हमारी आलोचना में जिन लेखकों और कृतियों को बड़ा मान लिया गया है और जिस बारे में व्यापक मतैक्य जैसा है, उनके केननाइजेशन यानी कीर्ति-निर्माण का ब्योरे में अध्ययन और विश्लेषण क्यों नहीं किया जाता। अगर ऐसा किया जाये तो और नतीजों के अलावा ये दो नतीजे तो निकलेंगे ही। पहला यह कि इस कीर्ति निर्माण में उस आलोचनात्क मतैक्य की निर्णायक भूमिका है जो विचारधारात्मक मतभेदों के बावजूद विकसित होता रहा है। दूसरा यह है कि मुक्तिबोध, शमशेर, त्रिलोचन, रघुवीर सहाय जैसे लेखकों के कीर्ति-निर्माण में उन लेखकों, व्यक्तियों, संस्थाओं और पत्रिकाओं आदि ने महत्त्वपूर्ण भूमिका निभायी है, जिन्हें अहर्निश कलावादी आदि कहकर लांछित किया जाता रहा है। यह भी कहा जा सकता है कि जब-तब विचारधारा विचार को तो ध्रुवान्त पर ले जा सकती है, साहित्य को ध्रुवान्त पर ले जाने

में वह विफल ही रहती है। ऐसे अवसरों या कि मुकामों को विचार सृजन की विजय के रूप में भी देखा जा सकता है।

हिन्दी में, मराठी-बांग्ला-मलयालम की तुलना में, कलाओं की आलोचना की स्थिति बहुत कमजोर और विपन्न रही है। इसके कई कारण होंगे, पर क्या एक कारण यह नहीं हो सकता कि विचारधारा के आतंक ने उन कलामाध्यमों की ओर दुर्लक्ष्य करने का उपक्रम किया है, जिन्हें आसानी से विचारधारा के अहाते में नहीं खींचा जा सकता? इसका एक दुष्परिणाम यह है कि सर्जनात्मक अभिव्यक्ति की अनेक मार्मिक विधाएँ हिन्दी के आलोचनात्मक ध्यान और प्रत्यन से बाहर हैं। दूसरे शब्दों में, हिन्दी आलोचना समाजधर्मी होकर भी साहित्यवादी ही है।

चलते-चलते एक और पक्ष जिसे वामविरोधी कलावादी विचारधारा कहा जाता है उसमें क्या अधिक समावेशिता नहीं रही है? उसने बिना किसी हिचक के उनकी वामदृष्टि के बावजूद मुक्तिबोध, शमशेर, त्रिलोचन, नागार्जुन, नामवर सिंह, रामविलास शर्मा आदि की श्रेष्ठता स्वीकार की और कई बार उनका बेहतर विश्लेषण नहीं किया है।

जनसत्ता से साभार

रचनाकारों के पते

- शिवकुमार मिश्र, 17, मानसरोवर पार्क, वल्लभ विद्यानगर-388120 (गुजरात)
- रवि भूषण, हिन्दी विभाग, राँची विश्वविद्यालय, राँची, झारखण्ड
- सूर्यनारायण रणसुभे, निकष, अजिंक्या सिटी, अम्बजोगरी रोड, लातूर-413512 (महाराष्ट्र)
- रामबक्ष, भारतीय भाषा केन्द्र, जे.एन.यू., नयी दिल्ली-67
- गोपेश्वर सिंह, अध्यक्ष, हिन्दी विभाग, दिल्ली विश्वविद्यालय, दिल्ली-110007
- रोहिणी अग्रवाल, 258, हाउसिंग बोर्ड कॉलोनी, रोहतक-124001
- ज्योतिष जोशी, डी-4/37, एम.आई.जी. फ्लैट, सेक्टर-15, रोहिणी, दिल्ली-89
- प्रणय कृष्ण, हिन्दी विभाग, इलाहाबाद विश्वविद्यालय, इलाहाबाद
- देवेन्द्र चौबे, भारतीय भाषा केन्द्र, जे.एन.यू., नयी दिल्ली-67
- अरविन्द त्रिपाठी, 4/23, राजकीय कॉलोनी, उप डाकघर, गोरखपुर (उत्तर प्रदेश)
- आलोक पाण्डेय, हिन्दी विभाग, हैदराबाद विश्वविद्यालय, हैदराबाद-47
- वैभव सिंह, 202, जी.एच. 4, सेक्टर 5, प्रगति अपार्टमेंट्स, एम.डी.सी. पंचकुला, हरियाणा
- गजेन्द्र पाठक, महाराजा कॉलेज, आरा (बिहार)
- पंकज चतुर्वेदी, 203, उत्सव अपार्टमेंट, 389, लखनपुर, कानपुर-208029 (उत्तर प्रदेश)
- अभिषेक रौशन, हिन्दी एवं भारत अध्ययन विभाग, अंग्रेजी एवं विदेशी भाषा विश्वविद्यालय, हैदराबाद-500007

- प्रभात कुमार मिश्र, हिन्दी विभाग, असम विश्वविद्यालय, सिलचर, असम
- राहुल सिंह, ए.एस. कॉलेज, देवघर, झारखण्ड
- राकेश कुमार सिंह, शोध छात्र (पीएच.डी.), हिन्दी विभाग, हैदराबाद विश्वविद्यालय, हैदराबाद
- मनोज मौर्य, शोध छात्र (पीएच.डी.), हिन्दी विभाग, हैदराबाद विश्वविद्यालय, हैदराबाद
- राजीव कुमार, शोध छात्र (पीएच.डी.), हिन्दी विभाग, हैदराबाद विश्वविद्यालय, हैदराबाद

❐❐